URSULA v. MANGOLDT (Hrsg.)

DAS GROSSE BUCH DER
HANDLESE
KUNST

GOLDMANN VERLAG

Made in Germany · 3/91 · 1. Auflage dieser Ausgabe
Genehmigte Taschenbuchausgabe
© by Otto Wilhelm Barth Verlag, (im Scherz Verlag), Bern
Umschlaggestaltung: Design Team München
Druck: Elsnerdruck, Berlin
Verlagsnummer 13616
Lektorat: Michael Görden/JJ
Herstellung: Klaus D. Voigt
ISBN 3·442·13616·4

Inhalt

Einleitung

von Ursula von Mangoldt

Das Lesen aus den Formen und Linien der Hand gewinnt heute wissenschaftliche Bedeutung, nachdem es besonders in Amerika zur Diagnose von Krankheiten herangezogen wird. Ein langer Weg führt zu dieser Anerkennung von Seiten der Wissenschaft, die bisher der Chirologie – der Lehre von der Hand – kein Interesse zuwandte, sie ablehnte, mehr noch, sie lächerlich machte als reine Wahrsagerei und billigsten Dilettantismus.

Neben solchen Erkenntnismethoden stehen Versuche, die das Handlesen nicht als eine zur Naturwissenschaft gehörende Disziplin betrachten, die also nicht nach den Kausalzusammenhängen der Erscheinungsformen in der Hand fragen, sondern die Hand dem Bereich der Anthropologie zuordnen und ein äußeres Zeichen auf einen inneren Gehalt zurückführen. Dies ist vor allem die Arbeit von Prof. Graf Dürckheim, der zu der Erkenntnis kommt: »Handdeutung führt eine Gegebenheit nicht erklärend auf etwas anderes zurück, sondern zeigt, sie verstehend, das innere Leben auf, das sich in ihrer Gestalt ausdrückt«, oder: »Die Grundlagen der Handlesekunst können nur in einer Lehre vom Menschen verankert sein; sie gründen auf der Erkenntnis, daß ein gegebenes Äußeres die Erscheinungsform eines inneren Gehaltes und Sinnes ist«.

In meinen beiden Büchern DER MENSCH IM SPIEGEL DER HAND (in Zusammenarbeit mit Graf Dürckheim) und DIE INNENHAND habe ich auf diesen Gedanken die Lehre des Handlesens aufgebaut und damit versucht, Hand und Mensch in einen leib-seelischen Zusammenhang zu stellen. Es gibt noch andere Methoden, nach denen die moderne Chirologie – etwa Steindam-Ackermann und Dr. Charlotte Wolf – arbeiten; dies alles sind Versuche, der Hand ein selbständiges Deutungs- und Bedeutungsbereich zu geben.

Anders ist die Art des Vorgehens, die sich mit der Signatur der Hand beschäftigt und diese in eine umfassende Symbolik hineinstellt. Mit dieser Methode arbeiteten die frühen Chirologen. Bei ihnen sind meist Aussagen der Hand mit Signaturen und Planeten verbunden. Dieser Beziehung liegt das Wissen um die kosmische Allverbundenheit des Lebendigen zugrunde.

In einem frühen, aus dem 15. Jahrhundert stammenden chinesischen Handbuch, das sich auf Handdeutungen aus dem 1. Jh. v. Chr. stützt, wird die Einordnung des Menschen in einem größeren Zusammenhang deutlich durch Vereinigung des an sich Entgegengesetzten. Nach religiöser Tradition gibt es für den Chinesen keine Gegensätze, nur zwei sich ergänzende Ausdrucksformen, die einer gleichen Wurzel entstammen. Andeutungen hierzu sind in diesem chinesischen Buch auch aus der Hand zu erkennen. Daneben bringt es auf Beobachtung und Umweltserfahrungen aufgebaute Kenntnisse und neben mancher primitiven Deutung auch noch für uns sehr anregendes und wichtiges Material.

Der Pfarrherr zu Steinheim und Dechant zu St. Leonhard in Frankfurt Joannis Indagine weist in einem Anfang des 16. Jahrhunderts erschienenen Handbuch neben Erklärungen der Handformen und Handfläche, die zum Teil in die Tradition aufgenommen wurden, Parallelen zwischen Handbereichen und Planeten auf, die für die Sinndeutung der Handaussage aufschlußreich sind.

Der Arzt und Universitätsprofessor Carl Gustav Carus, 1798 in Dresden geboren, erkannte in seiner Gesamtschau des Lebens, die sich vor allem mit der Symbolik beschäftigt, die leibliche Erscheinungsform als Ausdruck einer göttlichen Idee. So ist auch die Hand für ihn stofflicher Ausdruck des menschlichen Urbildes, das sich in jedem Einzelnen in besonderer Weise ausprägt.

Adolphe Desbarolles, der im 19. Jahrhundert in Frankreich lebte, gründet sein Wissen um die Hand auf Tradition, langjährige eigene Erfahrungen und philosophisch-metaphysische Ideen, die den alten gnostischen Lehren und Mysterienweisheiten entnommen sind. Auf seinem Lehrbuch bauen viele späteren Werke auf.

In einer ähnlichen ganzheitlichen Betrachtung habe ich versucht, in einer früher erschienenen, erweiterten und diesem Sammelband eingefügten Arbeit dem Menschen seinen Ort im kosmischen Gesamtgefüge zu zeigen. Deshalb wurden auch planetarische Konstellationen in die

Handsignatur einbezogen. Ganz unabhängig davon, ob es tatsächlich Einflüsse gibt, die vom »Himmel« auf die Erde und damit auch auf die menschliche Natur einwirken, wie etwa die Mondphasen, ist der Augenblick der Geburt eines Menschen nichts Zufälliges. In ihm wirken Himmel und Erde zusammen nach der Erkenntnis des Paracelsus: »Der Himmel ist der Mensch und der Mensch ist der Himmel, alle Menschen zusammen sind der eine Himmel und der Himmel ist nichts als der Mensch ... Wie also das Sternengewölbe steht, so prägt sich dem ›inneren Himmel‹ des Menschen ein.«

Wenn Gott den Menschen der Natur entnommen hat, dann hat Er ihn auch in einer gewissen Weise der Natur unterstellt, so daß die zu seiner Geburt vorhandene Konstellation der natürlichen Kräfte bestimmte Zeichen ihm einprägt. Es ist deshalb wichtig, in welchem Raum, zu welcher Zeit und von welcher geschichtlichen Abfolge er stammt. Es ist mit seinem Geborgensein gleichsam ein Punkt gesetzt, an dem Oben und Unten, Vergangenheit und Zukunft zusammenfallen. Jenes andere aber, aus dem der Mensch geschaffen wurde, der Atem Gottes, den der Schöpfer ihm einblies, ist mit keinem äußeren Zeichen festzuhalten. Dies ist die Freiheit, die dem Einzelnen geschenkt ist, und in der er sich mit den natürlichen Gegebenheiten auseinandersetzen muß. Hier ist der Mensch Herr über die Natur und so wird das Tiefste, Einmalige im Menschen, seine freie Entscheidung nicht mehr aus irgend einem äußeren Erscheinungsbild erkennbar sein.

Dennoch bleibt in den Aussagen der Hand, in denen die Zusammengehörigkeit mit den Planetenkonstellationen zur Zeit der Geburt dargelegt wird, die Ordnung, das Gesetzmäßige, bestehen, denen ein jeder unterstellt ist. Diese bedeuten einen ebenso wesentlichen Faktor für den Menschen wie seine freien geistigen Möglichkeiten, da Leib, Seele und Geist in ihm zur Einheit verbunden sind. Die bisher – außer in der Kriminalistik – zu wenig beachtete Zeichnung der Papillarlinien wird in einer Arbeit von Gertrud Huth untersucht, um auch hier in einem augenfälligen Bild Anlagen und Gestaltungsmöglichkeiten des Menschen aufzuzeigen.

Die vorliegenden Bücher zeigen trotz ihrer ganz verschiedenen Methoden, Möglichkeiten dieser Gesamtschau, die dem Bild der Hand eine umfassende Bedeutung geben. So wird der Handlesende vielerlei Anregungen gewinnen, auf denen er eigene Methoden aufbauen kann und darüber hinaus auch etwas über den Menschen in seinem Bezug zum Ganzen erfahren.

Die Chirologie hat eine uralte Tradition, die von den Chaldäern und Babyloniern ausgeht. Ihre Anwendung kann von großem Nutzen sein, wenn man sie zum Erforschen des Menschen und der ihm gegebenen Möglichkeiten einsetzt. Daß heute in unseren spezialisierten und sachlich eingestellten Zeiten ein Handlesebuch herausgegeben wird, das zum Teil Material aus alter Tradition bringt und von Symbolen und Planeten spricht, mag von manchen in Opposition zu solchen »veralteten« mythischen Vorstellungen abgelehnt werden. Es könnte aber auch dem viel zu rationalen und von seinen Wurzeln abgespaltenen Menschen die Anregungen geben, wieder ein umfassendes Bild von Kosmos und Mensch zu suchen und Sinn, Anlage und Möglichkeiten des persönlichen Lebens kennenzulernen.

George Soulié de Morant

Chinesische Lehre der Hand

Der Titel des französischen Originals,
das auf chinesische Arbeiten aus dem
IV . Jh. v. Chr. aufbaut, lautet :
La Main. Les Sciences occultes en Chine
Übersetzung durch Ursula von Mangoldt

Inhalt

Einführung

In China macht sich keiner »Gedanken« über die Chiromantie, die Astrologie oder über Beschwörungen und Zaubersprüche, wie dies gewöhnlich voller Mißachtung in Europa im Hinblick auf die sogenannten okkulten Wissensgebiete geschieht. In Asien gehören diese Studien – mit einem Wort ausgedrückt – zur Wissenschaft und zwar nach Claude Bernard zur Wissenschaft, die auf Beobachtung und Erfahrung gründet.

Im fernen Osten fallen solcherart Forschungen unter zwei Gruppen: Die eine ist Siang jenn »die Erforschung des Menschen«, das heißt die aufmerksame Beobachtung der Beziehungen, die zwischen den einzelnen physischen Erscheinungen eines Menschen und seinen tiefen Gefühlen oder gewohnten Gedanken bestehen. Gemeint sind hiermit Chiromantie und Physiognomie. Die zweite, T'ièn oènn, »die Himmlischen Zeichen« ist die Erforschung der Beziehungen, die zwischen den verschiedenen menschlichen Schicksalen und den entsprechenden Zeichen der Sternen- oder Erdwelt bestehen können. Das heißt die Astrologie und die Zaubersprüche. Die Beschwörungen gehören zu beiden Gruppen, da sie das erforschen, was vom Menschen in der Astralwelt zurückbleibt und das viele als die Energie der Vorfahren betrachten, die zum Teil die Menschen beherrscht.

Europa weiß noch gar nichts vom Stand dieser Studien in China. Wir konnten nicht ein einziges Werk finden, das über dieses Thema veröffentlicht worden ist, selbst nicht in Rußland.

Die Chinesen, die seit jeher über ein Viertel der Menschheit bildeten, führen ihre Zivilisation auf mehr als 5 Millionen Jahre vor unserer Aera zurück.

Seit dem 3. Jahrhundert vor Chr. hat Chinas Schriftsprache sich nicht verändert, da sie die Gegenstände und Gedanken schematisch aufzeichnet und sie nicht willkürlich durch Laute wiedergibt, die sich immer wieder ändern.

Man bedenke, daß die Gedanken der Alten von Jahrhundert zu Jahrhundert nachgeprüft werden konnten und da sie auf Beobachtungen und Experimente gründen, ein hoch zu schätzender Führer sind.

Die okkulten Wissenschaften der Chinesen sind unter diesen Umständen von ganz besonderem Interesse.

Auf der anderen Seite entwickelte sich die Zivilisation Chinas weit entfernt vom Mittelmeerraum, in dem unsere ersten Erkenntnisse sich entfaltet haben. So blieb noch ein Bündel von ursprünglicher Tradition erhalten. Das besondere Interesse, das ihr gilt, verstärkt die Aufgeschlossenheit für die ununterbrochene Entwicklung Chinas.

Die Chinesen sind überdies für ihre geduldige und vorurteilslose Beobachtungs-Fähigkeit bekannt, ebenso für ihr aufmerksames und genaues Gedächtnis, für ihre klaren Schlußfolgerungen und ihre sinnreichen realistischen Begründungen. Sie haben immer der moralischen und intellektuellen Pflege der Menschen eine ursprüngliche Bedeutung beigemessen. Dies ging so weit, daß unter verschiedenen Kaisern Eltern und Nachkommen von Verbrechern unterdrückt wurden, um ungesunde Keime zu zerstören und bis auf die letzten Zeiten drei Generationen achtbarer Vorfahren mütterlicher- wie väterlicherseits für eine Beamtenlaufbahn Voraussetzung waren. Die Studien der Chinesen hatten stets die Erkenntnis der Menschen zum Ziel. Sie bildeten eine psychophysische Übung und Anwendung für alle und waren von jedem zu betreiben.

Während des fast halben Jahrhunderts, in dem ich schicksalhaft mit den Angelegenheiten der Chinesen verbunden war und während der 15 Jahre, in denen ich in China lebte, wurde ich immer erneut bewegt von dem leidenschaftlichen Interesse, das hohe Beamten wie alle großen Gelehrten für diese Studien hegten. Durch jene, die ich im Laufe meiner Karriere kennen lernte, gewann ich genaueste Kenntnisse und fügte meiner Bibliothek die besten Abhandlungen über alle Zweige dieser Forschungen ein. So kann ich heute zusammenfassen, was mir unter den vorhandenen unzähligen Traditionen am meisten verbürgt wurde.

Das Handlesen (*siang cheou*) gehört zum ersten Grad der okkulten Wissensgebiete. Es beruht auf den Ausmaßen, den Formen und Linien der Hand und auf der Farbe, die keine Dimensionen besitzt.

Nach der chinesischen Tradition geht das Handlesen auf das fernste Altertum zurück. Man führt auf jeden Fall Texte an, die im 2. Jahrhundert v. Chr. geschrieben wurden, wie jene des Siu Fou.

Indien hat Mitarbeit geleistet, aber erst in späteren Zeiten. Ta-mo (Bodhidharma) ein hinduistischer Yogi, der 535 in China starb, hinterließ Texte, die sorgfältig aufgehoben wurden.

Jeder Handlesende hat seine Beobachtungen veröffentlicht, und von Jahrhundert zu Jahrhundert wurden diese in Bänden zusammengestellt und kommentiert.

Das älteste, heute nicht mehr auffindbare Werk ist Siang jenn, »Wahrsagung über den Menschen«, das in der Reihe der bedeutenden Bücher über die Geschichte der Rann erwähnt wird (XXX; *oènn-tche; fa sing chou*), die von Pann Kou redigiert wurde (32–93 n. Chr.).

Unter den besten dieser Berichte, die zu unseren Zeiten wieder neu aufgelegt wurden, wollen wir aus dem 10. Jahrhundert aufführen: »Vollkommene Tabellen für die Entzifferung des Bewußtseins« in 12 Bänden. Diese Arbeit beruht auf Tchrenn Pouo *(trou-nann, fou lao-tse, paè-iunn siengcheng)* und stammt von I-Si, dem Wahrsager des Kaisers Traétsou der Song, der von 960 bis 976 regierte. Es wurde im 14. Jahrhundert wieder aufgelegt von Inann Tchong-tchre aus Léoutchrouang.

Die Ausübenden verfolgten ihre besonderen Studien bis zu dem Augenblick, da im Jahr 1680 (Datum des Vorworts) Fann Laé *(oènn-inan, ioutsié tao-jenn)* aus Raé-tchrang einen neuen Bericht mit Kommentaren veröffentlichte unter dem Titel: »Sammlung des Wasserspiegels zum Entziffern des Bewußtseins« *(chenn siang choé tsing tsi)* in vier Bänden. Aus diesen und dem vorher erwähnten Buch stammen die meisten Angaben dieses chinesischen Handbuches.

Auch heute hat dieses Wissensgebiet noch das gleiche Ansehen. Die Handlesenden veröffentlichen ihre Bemerkungen. Die Gelehrten interessieren sich dafür und machen sich die Freude, die Feststellungen der Spezialarbeiten zu kontrollieren. Sie stützen ihre Charakterstudien auf die Prüfung der Hände und gewinnen dadurch tiefere Kenntnisse, mit deren Hilfe sie sich selbst zu verbessern und gegen andere zu verteidigen suchen.

Die Ärzte verfehlen niemals, die Hände ihrer Kranken zu untersuchen. So wissen sie über viele Punkte Bescheid, die der Kranke nicht weiß oder verschweigt, und wäre es auch nur über die vitale Widerstandskraft, deren Fehlen jede Gesundwerdung verhindert. Sie erkennen auch die körperliche und moralische Verfassung des Kranken, seine wahrscheinlichen Reaktionen und die Art der Hilfe, die am wirksamsten sein kann.

Es gibt aber auch keinen Markt oder Jahrmarkt, auf dem nicht ein oder mehrere Krann cheou sièn-cheng Hand lesen und die Zukunft voraussagen, indem sie jedem die Gefahren aufzeigen, auf die er achtgeben und die günstigen Möglichkeiten, die er befolgen sollte.

Jeder erforscht mehr oder weniger intensiv dieses Wissensgebiet. Da es das Gesetz des irdischen Lebens ist, sich gegenseitig zu verzehren, ist es weise, die eigenen Kräfte zu kennen ebenso wie die Krallen jener, die uns nahekommen.

Haben die chinesischen und europäischen Handlehren einen gemeinsamen Ursprung und welcher Art wäre dieser? Chaldäisch, persisch, ägyptisch? Oder haben sie sich ohne Beziehung zueinander, zumindest mit genügender Unabhängigkeit, entwickelt, so daß die Übereinstimmungen aus vielfältigen eigenen Beobachtungen entstanden sind? Dies scheint am wahrscheinlichsten.

Man muß noch hinzufügen, daß die Texte der Tradition, die als die ältesten angeführt werden, auch wenn man die Anfänge der Chiromantie in das fernste Altertum versetzt, nicht weiter zurückreichen als in das 2. Jahrhundert v. Chr., in dem sich die Schrift einführte. Aus dem zweiten und dritten Jahrhundert v. Chr. berichtet die Geschichte, daß die höchsten Staatsstellungen unter mehreren Kaisern, Magiern und Magierinnen gegeben wurden. Diesen schreibt die Geschichte auch die Herstellung falscher Bronze-Altertümer zu, die sie durch »Ausstrahlungen« fanden. Die Prüfung solcher Vasen beweist durch die Art der Ornamente und ihren Stil, daß sie von Nicht-Chinesen hergestellt wurden mit einer Fülle von Symbolen, die in Zentral- und Westasien üblich waren.

Sollten diese vielleicht ausländischen Magier die Chiromantie und die okkulten Wissenschaften aus Persien und Mesopotamien, aus Ägypten oder Syrien nach China eingeführt haben? Spätere Forschungen werden diese Frage vielleicht lösen.

Sicher ist das eine: Mit dem Mahayana-Buddhismus brachte Indien durch seine Yogis die Kenntnis und die bei ihnen bestehende Ausübung der okkulten Wissenschaften nach China.

Wir können hauptsächlich im Hinblick auf die Physiognomie Texte anführen, die Ta-mo (Bodhidharma) zugeschrieben werden, dem letzten

Patriarchen Westindiens und dem ersten Ostasiens, der etwa 535 n. Chr. in China starb.

Ta-mo war der dritte Sohn eines Königs von Südindien. Man nimmt an, daß er 520 mit 60 Jahren nach China kam und dort vom Kaiser mit hohen Ehren empfangen wurde. Er lebte im Tempel Chaolinn, am Song-chann, in der Nähe von Lo-yang. Es wurden ihm verschiedene hohe magische Künste zugesprochen, wie das Durchqueren des Yang tse auf einem Schilfrohr. Nach seinem Tod berichtete ein Pilger, Song Iunn, er habe ihn auf der Straße nach Indien mit einer Sandale in der Hand gesehen. Als man das Grab öffnete, war es leer und enthielt nur eine Sandale. Man schreibt Bodhidharma auch die Einführung jener Kampfart in China zu, die heute von den Japanern jiu-jitsu genannt wird.

Die europäische und die chinesische Methode dieser Kunst, die gesondert oder aus einer gleichen Quelle stammen, unterscheiden sich selbst in den Hauptregeln grundsätzlich voneinander.

Während wir stets bemüht sind, den Grundsatz des freien Willens zu verteidigen, auch wenn wir anerkennen, daß jede Wirkung ihre Ursache hat, gibt es für die Chinesen keine Ausnahme von dem Gesetz der Kausalität. Sie beweisen, daß die Entscheidung des Menschen und seine Wahl für den einen oder anderen Weg, der sich ihm anbietet, nicht in seinem Willen liegt. Sie wird durch das entschieden, was er im Augenblick der Wahl ist. Ebenso gut könnte man sagen, man zöge aus freiem Willen ein Eisenstück an, wenn man in einem elektrischen Feld steht.

Diese Tatsache ist wichtig, weil sie dem Handlesen eine notwendige Logik gibt, ohne dabei künftige Veränderungen zu leugnen, die wieder von Vorhergehendem bestimmt sind.

Auf der anderen Seite haben die Chinesen stets das Leben in der Handlung, Bewegung und Dynamik erforscht, während die Europäer ihre Aufmerksamkeit auf die Zustände gerichtet haben, die, künstlich aus der Bewegung herausgestellt, festgelegt und ihrer Lebendigkeit beraubt wurden. Sie meinten diese besser verstehen zu können, wenn zuvor das Leben, dieses schwer zu begreifende Element, entfernt würde. Durch methodische Prüfung werden wir erkennen, wie sich eine wichtige psychologische Folgerung aus dieser Behandlung des Lebens ergibt: Wir trennen sehr genau Gefühle, die sich entgegengesetzt sind — etwa Liebe und Haß —, als entstünden diese aus verschiedenen Notwendigkeiten, aus verschiedenen Teilen des Wesens. Die Chinesen dagegen haben erkannt, daß diese Gegensätze miteinander verbunden sind, Teile einer gleichen Wurzel. Sie stoßen sich gegenseitig ab, entstehen aber — die eine aus der anderen — durch Wandlung. Man kann sie nicht gesondert untersuchen. Die Befriedigung der Begierde und ihre Abstoßung sind das gleiche. Für die europäische Denkart ist es schwer, in diesem Fall die Folgerungen zu verstehen, die denen logisch erscheinen, die eine andere Mentalität haben wie wir.

Wenn auch nach der europäischen Tradition Chiromantie mit Sicherheit auf die Ägypter, vielleicht auch auf die Chaldäer zurückgeführt wird, so stammt das erste veröffentlichte Werk doch erst aus dem Jahre 1519. Es ist »Opera nova de maestro Andrea Corvo da carpi habita a la Mirandola Tratta de la Chiromantia stampata con gratia«. Tricasse veröffentlichte 1534 »Chiromantia del Tricasso da Ceresari Mantuano«.

Die wesentlichen Werke unserer Zeit sind vor allem die Chiromantie von Desbarolles; »Ce que révèle la main« von Henri Rem; »La Mort, les Maladies, l'Intelligence, l'Heredité indiquées par les empreintes de mains« von G. Muchery in 2 Bänden.

Ich habe in diesen Werken Vergleichspunkte mit der chinesischen Lehre gefunden. So war es möglich, die zwei Traditionen zu vergleichen und häufige Entsprechungen festzustellen.

Die Methode, nach der sich die Prüfung der Hände vollziehen sollte, gründet auf der Tatsache, daß die Menschen doppelter oder gar dreifacher Natur sind. Zum ersten werden sie von tiefgründigen unbewußten Tendenzen getrieben, die vererbt sind oder seit Kindheit an durch bestimmte Umstände erworben wurden. In der Physiognomie nennt man dies die Farbe, chê, deren Kraft und Impulsquelle in unserm Gefühl von Liebe — Haß oder Anziehung — Abstoßung liegt. Diese Farbe kann mehr oder weniger intensiv und energisch in Erscheinung treten. Sie wird vom Sinn für die Wirklichkeit beherrscht, von der Wahrnehmung des Erinnerten oder tatsächlich Vorhandenen und von uns selbst. Dies nennt man das Bewußtsein, das auch seine eigene Intensität besitzt.

Die unbewußten Tendenzen liegen in der Handfläche mit ihren Bergen und Linien; das Bewußte liegt vor allem im Daumen. Die Energie zeigt sich in den Fingern, aber auch in den Handflächen durch Hervortreten, Klarheit und Farbe der Berge, Linien und Zeichen.

Vor allem anderen muß man entscheiden, was vorherrschend ist: Das Unbewußte oder das Bewußte. Dann muß man die Energie feststellen, mit der sich die aktive Kraft des vorherrschenden Prinzips manifestiert. Endlich wird der besondere Aspekt geprüft, unter dem diese Tatkraft in Erscheinung tritt.

Die Autoren des 17. Jahrhunderts fingen zur schnellen Prüfung mit der Handfläche an, dem Sitz der tiefgründigen Tendenzen und stellten erst in zweiter Linie fest, ob diese und in welchem Maße sie beherrscht werden.

Man muß zuerst die Handfläche prüfen (die tiefgründigen Tendenzen, die Farbe), ihre Länge, Breite und Festigkeit. Danach die Linien und das Netz der Blutgefäße (die Energie und den Aspekt der Tendenzen).

Nun sind Knochen und Fleisch abzutasten (Glück und Vorteil).

Danach werden Länge oder Kürze der Finger (Bewußtsein) betrachtet und festgestellt, ob die Muskeln hervortreten und die Gelenke ausgeprägt sind (Energie).

Jetzt kann die Entscheidung beginnen.

Wir haben es vorgezogen, der genauen Reihenfolge der alten Autoren nachzugehen und zuerst festzuhalten, was die bewußte Handlung bestimmt. Denn wie groß auch der mittelbare Einfluß des Denkens und der Gefühle auf die Worte und Handlungen eines Menschen sind, so existieren die Gefühle und Gedanken doch nur insofern sie sich manifestieren und im Außen in Erscheinung treten.

Diese Reihenfolge ist:

1. Anzeichen für Leben oder Tod.

2. Das Handgelenk (dessen Bedeutung klar und allgemein ist).

3. Allgemeines Aussehen der Hand (aus dem das Geschick des Fragenden sich erkennen läßt, so daß man den mühelos Glücklichen von dem ohne Ergebnis Arbeitenden unterscheiden kann).

4. Die Nägel (aus denen Festigkeit und Scharfblick spricht).

5. Die Finger (die bei den Gebildeten und Intellektuellen die Handfläche beherrschen und Vernunft, künstlerische Interessen, Willenskraft ausdrücken).

6. Die Handfläche (die die Farbe angibt, die Impulse zu Liebe, Geld, Krieg oder Träumerei).

7. Die Zeichen, von denen einige konstant bleiben, andere sich je nach ihrer Stelle verändern und Einzelheiten angeben.

Nach dieser Reihenfolge sind die Kapitel dieses Buches angeordnet. Die Handlesenden, die diese Ordnung anwenden, werden nicht alle Angaben eines Bereiches ausschöpfen, sondern zuerst in jedem die vorherrschende Tendenz heraussuchen.

Beim Gelenk: Ob man (schmales Gelenk) schwach oder (breites) stark ist, wodurch zu Erfolg oder Mißerfolg geführt werden kann.

Allgemeines Erscheinen der Hand: Ob alles ohne Mühen zufällt (gewölbte, fleischige Hand) oder ob man vergeblich arbeiten muß (hervortretende Muskeln), ob der Erfolg auf brutale Gewalt oder auf Geschicklichkeit und Zartheit zurückzuführen ist, ob man gierig (kurze Hand) oder großzügig (lange Hand) ist.

Bei den Nägeln: Ob Vitalität vorhanden ist (Dicke), Festigkeit (Härte), Ungeschicklichkeit (Trockenheit), Kühnheit (Länge), Glück (Dachziegelform), Scharfblick (spitze Form).

Bei den Fingern: Ob das Bewußtsein vorherrscht (Finger länger als Handfläche); ob die natürlichen Begabungen kultiviert und feinsinnig (spitze Finger) sind; ob Glück gegeben ist (glatt) oder Schwierigkeiten (Knoten), Geiz (gekrümmt) oder Einsamkeit (gebogen).

Diese großen und festgelegten Punkte, die die Hauptzüge des Charakters aufzeigen, können noch viel ausführlicher aufgeführt werden.

Viele der Handlesenden schreiben ihre Beobachtungen so gut es geht auf und geben auf diese Weise bleibende Ratschläge. Diese Methode ist auch für die Leser des vorliegenden Buches ein Mittel, um eine Genauigkeit zu erlangen, die ihr Gedächtnis, das von den Gefühlen beeinflußt wird, nicht erreichen kann.

Es wird schließlich noch geraten, daß man sich nicht an ein Zeichen allein hält, denn es gibt keine Tendenz und keine Erkenntnis im Menschen, die nicht durch andere Neigungen oder Erkenntnisse verändert wird.[1]

---

[1] In den Anmerkungen gibt George Soulié de Morant Deutungen der Hand nach der abendländischen Tradition wieder. Er stützt sich, wie er schreibt, dabei auf einige französische Bücher. Darunter auf Desbarolles, dessen klassisches Lehrbuch in diesem »Großen Buch der Hand« mitenthalten ist.
Bei anderen Aussagen und Deutungen von George Soulié de Morant sind die Quellen nicht immer zuverlässig. Auch gibt es in der Literatur über die Hand Bücher mit weit fortgeschrittenen Erfahrungen und Erkenntnissen, die der Leser, der sich hierfür interessiert, in Betracht ziehen sollte.

I. Methode der Untersuchung

Vor allem sei bedacht, drei Quellen des Irrtums zu vermeiden: Hände ohne Anzeichen; Tendenzen mit verschiedenen Namen; Zustand des Betrachtenden:

1. Wenn alle Anzeichen nur mittelmäßig sind, was häufig zutrifft, dann bedeutet dies, daß die Natur ohne Profilierung und das Schicksal ohne Höhen und Tiefen ist. Man findet nichts Auffallendes; Glück und Erfolg sind durchschnittlich, mehr ist nicht festzustellen. Es gibt solche Hände ohne Aussagen oder nur mit schwachen Anzeichen. Die Prognose ist ernst: Es handelt sich um einen schwachen Menschen, der den Umständen ausgeliefert ist und unbewußt in Verbrechen verstrickt werden kann. Ebenso auch in große Aktionen. Solchen Menschen sollte man ausweichen oder sie überwachen.

2. Bei jedem Zeichen, das man beobachtet, darf nicht vergessen werden, daß es für jede Tendenz zwei Ausdrücke gibt – einen beschönigenden und einen abwertenden. Scharfsichtigkeit bei dem einen kann bei einem anderen üble Nachrede sein; Sorge für die Unseren Eifersucht; Stolz kann Hochmut, Vorsicht Kleinmut, Liebe Haß sein. Krong tse (Confuzius) lehrte im 5. Jahrhundert v. Chr.: »Zuneigung – Abneigung, Liebe – Haß ist die große Ordnung des Herz-Geistes. Sie ist im Herz-Geist eingegraben, man kann sie nicht ergründen noch bemessen.

Das Schöne-Schreckliche wohnt zusammen im Herz-Geist. Nur auf eine ganz feine Art sind seine Tönungen zu unterscheiden und zu erkennen.

Sieben Gefühle entstehen hieraus: Zufriedenheit und Unzufriedenheit; Angst und Sorge; Liebe und Haß; Begierde … aber Begierde ist der Untergrund von allem.

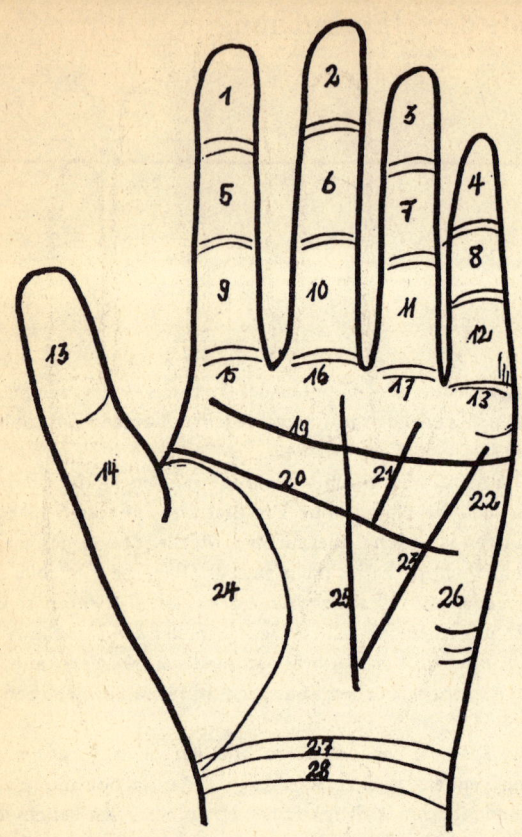

Abb. 1: Abendländische Methode. Namen und Bedeutungen

1. Religiosität. 2. Vorsicht. 3. Künste. 4. Studien. 5. Ehrgeiz. 6. Untersuchungen. 7. Kritik. 8. Spekulation. 9. Sinnlichkeit. 10. Konzentration. 11. Erfolg. 12. List. 13. Wille. 14. Logik. 15. Jupiterberg: Ehrgeiz. 16. Saturnberg: Unabhängigkeit. 17. Apolloberg: Künste. 18. Merkurberg: Handel. 19. Herzlinie. 20. Viereck Kopflinie. 21. Apollolinie. 22. Marsberg: Widerstand. 23. Intuitionslinie. 24. Venusberg: Liebe; Eleganz. 25. Schicksalslinie. 26. Mondberg: Einbildungskraft; Melancholie. 27./28. Raszette oder Armband.

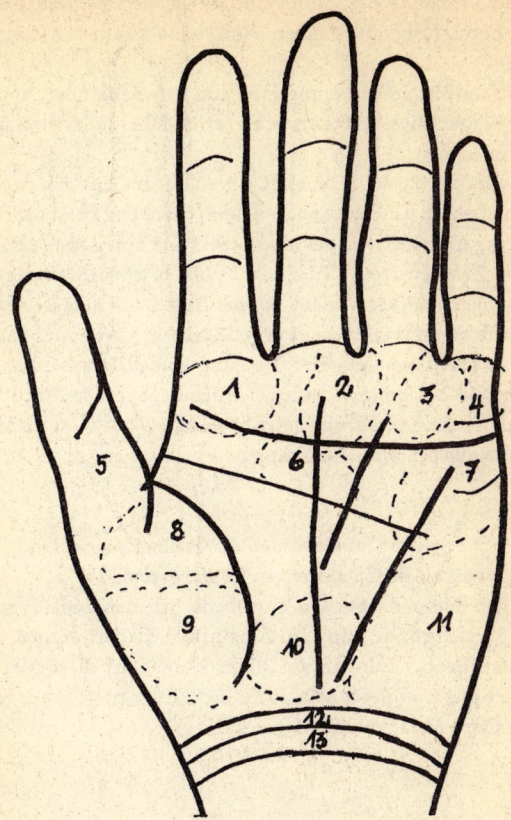

Abb. 2 : Chinesische Methode. Namen und Bedeutungen

1. Palast des Windes: Das eigene Selbst. 2. Palast der Trennung: Offizielle Angestellte; Autorität. 3. Palast der Erde: Schönheit. 4. Ehegatten und Favoriten. 5. Saal der Studien: Guter Menschenverstand. 6. Saal der Audienz: Glücksmöglichkeiten; Mißgeschick 7. Palast der Freude: Ehegatten. 8. Palast des Blitzschlages: Energie in Liebe und Arbeit. 9. Palast des Berges: Hindernisse, Brüder, Freude. 10. Palast des Grabens: Güter der Vorfahren. 11. Palast des Himmels: Erfolg von Vater und Söhnen. 12. Jade-Armband: Ehren, Glück, Reichtum.

Nahrung und sexuelle Beziehung sind die großen Begierden des Menschen. Tod, Erfolglosigkeit, Leiden sind seine großen Abneigungen.« (Litsi IV.)

In Wirklichkeit liegen Liebe und Haß eng nebeneinander, und das eine kann sich im Augenblick in das andere verwandeln. So können Menschen aus Liebe töten.

Man muß also zuerst die Intensität eines Gefühls mit den entgegengesetzten Möglichkeiten untersuchen und dann beachten, ob es nicht ein Zeichen für einen gefährlichen Umschlag gibt. Eine lange und schöne Herzlinie z. B., die Zeichen treuer Liebe ist, kann Ehebruch anzeigen, wenn eine Insel auf der Schicksals- oder Sonnenlinie liegt und Ketten auf der Linie der Verbindung (Inzest zeigt eine Insel auf dieser Linie an). Wenn die Lebenslinie gewunden ist, wird Neigung zum Betrug vorhanden sein.

3. Der Zustand des Betrachtenden. »Alles liegt in der Macht des prüfenden Auges. Wenn man Wein getrunken hat, kann man nicht klar sehen. Man sollte nur bei Sonnenaufgang oder -untergang arbeiten.«

Die Untersuchung der Hand sollte in der Reihenfolge dieses Buches erfolgen, denn gewisse Zeichen stehen im Vordergrund.

Man muß den hervorstechenden Zug ebenso wie den fehlenden in jedem Bereich der Hand prüfen, um ein Gesamtbild zu bekommen, das man durch genauere Beobachtungen ausfüllen kann. Auf diese Weise findet man Anzeichen für Langlebigkeit, für Glück, Energie, Ehren, Reichtum, auch für besondere Anlagen und Möglichkeiten.

II. Anzeichen für Leben und Tod

Wenn man noch diesen Abend sterben sollte, was würde dann alles andere nützen? So haben die Chinesen an die erste Stelle ihrer Untersuchungen Anzeichen für Leben oder Tod gesetzt.

Zeichen für Leben und Langlebigkeit

Es gilt zu unterscheiden zwischen der vorhandenen vitalen Widerstandskraft und dem Alter, das möglicherweise erreicht werden kann. Die vitale Widerstandskraft drückt sich im Aussehen der Haut und in der Farbe der Finger aus.

Wenn ein Mensch selbst lange krank war, doch keine Gefahr der Abmagerung besteht und wenn die zehn Finger rot sind und Glanz haben, dann ist das Gehirn mit Sicherheit noch gesund und der Tod ist noch nicht angezeigt.

Für Langlebigkeit müssen neben den Zeichen der vitalen Widerstandskraft noch Angaben für Gesundheit und Fehlen des Todeszeichens vorhanden sein:

Eine feste rosige Hand, dicke und feste Nägel, gewölbter Palast des Himmels (Mondberg). Die drei Hauptlinien müssen klar, lang, ohne Sperrungen und vorwiegend tief eingezeichnet sein. Die Linie der Glücksfülle (Sonnenlinie) sollte gut ausgeprägt sein als Zeichen von Glück und Reichtum.

Zeichen für Tod

Das große Todeszeichen ist das Zeichen des Sarges oder des Weißen Brettes, ein weißes Rechteck im Palast des Berges (Venusberg). Es muß aber vollkommen und gut ausgeprägt sein.

Zeichen des Sarges und schwarze Nägel: Krankheit am Morgen, Tod am Abend.

Wenn Ohren und Haare wie ein eiserner Federkiel sind und das Auge glänzt und hervorquillt als fiele es aus dem Körper, dann wird der Tod in wenigen Tagen eintreten.

Ist das Zeichen des Sarges unvollständig, dann bedeutet dies nichts besonderes. Nur wenn es vollständig ist, braucht man nicht mehr zu fragen, was kommen wird. Das Jahr, an dem dieses Zeichen entsteht, ist das Todesjahr.

Wenn das Zeichen des Sarges im Palast des Berges erschienen ist, wird die Todesart[1] durch eines der folgenden Zeichen angegeben:

Schwarze Farbtönung im Palast des Grabens (zwischen Venus- und Mondberg) – Tod durch Ertrinken.

Schwarze Farbtönung im Palast des Donners (oberhalb des Venusberges) – Tod durch Blitzschlag.

Schwarze Venen vom Palast der Freude (Marsberg) zum Palast des Berges (Unterer Venusberg) – Tod durch ein wildes Tier.

Schwarze Venen vom Palast der Unterwerfung (Saturnberg) zum Himmel (Mondberg) – Tod durch Schlangen.

---

[1] In der abendländischen Tradition werden folgende Zeichen genannt: Auf dem Venusberg bedeuten mehrere durchschnittene Linien am Daumengelenk Sturz vom Pferd, Unglück durch Fahrzeuge, Absturz vom Berg. Punkte beziehen sich auf Unfälle.

Wenn die Wurzel des Daumens an mehreren Stellen durchschnitten wird: Tod durch Ertrinken oder Erdrosselung.

Ein oder zwei breite Linien, die den Daumen durchqueren: Ermordung oder Enthauptung.

Ein breites Kreuz auf dem Marsberg, verbunden mit einer aus dem Venusberg kommenden Linie: Katastrophe an einem festgelegten Zeitpunkt. Ein Stern: schwere Verwundung; Gitter: gewaltsamer Tod.

Auf dem Mondberg bedeutet ein Stern: Paralyse, schmerzhaften Tod oder Ermordung.

Auf dem Apolloberg zeigen Löcher oder Gräben Krankheit der Nieren an.

Beginnt die Kopflinie unter dem Mittelfinger: Gefahr eines frühen Todes.

Veränderungen der Färbung in der Handfläche wurden von Mme. Fraya in einer großen Anzahl von Händen kurz vor dem Weltkrieg entdeckt und als Vorzeichen einer Katastrophe gedeutet. (Enzyklop.)

Schwarze Venen vom Berg der Trennung (Apolloberg) zum Graben (zwischen Venus- und Mondberg) – Tod durch Feuer.

Gelbe Farbe, die die ganze Handfläche übertönt – baldiger Tod.

Vorwiegend Querlinien in der Handfläche – tödliche Gefahr, Unglück.

Inseln auf allen drei Hauptlinien – Gefahr des Erhängens.

Geknotet am Ende, ähnlich einem Doppelboot – Gefahr des Ertrinkens.

Eine Schildkröte (Sonne), die von einer Linie durchkreuzt wird – Gefahr der Enthauptung.

III. Handgelenk

Die Chinesen schreiben dem Handgelenk einen Vorrang und eine Gewißheit der Aussage zu, die unsere Chiromantik nicht kennt.[1] Sie betrachten erstens das Aussehen des Handgelenks und zweitens die Linien auf ihm.

Aussehen

Dickes Handgelenk, ohne Hervortreten des Knochens – Grundeigenschaften oder erfolgreiche Laufbahn eines Beamten.

Dünnes Handgelenk – Körperliche Zartheit, geistige Sensibilität.

Linien auf dem Handgelenk

Diese Linien werden in Europa Raszetten genannt.

---

[1] Für die Lebensdauer genügen die Angaben der Lebenslinie; diese treffen auch zu.

Begnügen wir uns mit folgenden Angaben über die Raszetten: Schlecht gezeichnete Raszetten – mittelmäßige Gesundheit; kurze – schwere Unfälle; eine einzige – schlechte Gesundheit. Aussagen über die Raszetten müssen mit Vorbehalt gemacht werden, da sich diese mit etwa 20 Jahren verdoppeln, aushöhlen oder verlängern können.

Drei schöne, sehr klare, nicht unterbrochene Raszetten bilden das Königliche oder Dreifache Magische Armband. Nach der Tradition ist dieses von guter Vorbedeutung. Es läßt langes Leben, Gesundheit, Reichtum, Glück erkennen.

Unregelmäßig, gebrochen, durchschnitten, schlecht gezeichnet, zeigen diese Armbänder Schwierigkeiten im Leben an; Entehrung, Mißgeschick, Armut. Ein Kreuz in der Mitte der Raszetten heißt das »Vorlegeschloß« des Armbands. Es zeigt ein arbeitsreiches Leben.

Sind die Linien des Armbandes, vor allem die erste, gekettet, ist auf ein arbeitsames Leben zu schließen, das aber durch eine Erbschaft oder einen unerwarteten Gewinn verschönt wird.

Kreuze auf der Raszette sind stets Zeichen von Erbschaft oder von Vorteilen, mit denen man nicht rechnet.

Linien, die von der Raszette aus zum Mondberg führen, lassen zahlreiche Reisen erkennen. (Enzyklop.)

Es gibt Linien, die das Handgelenk bei Frauen und Männern einschnüren. Wenn sie das Handgelenk umkreisen, werden sie Jade-Armband genannt.

Sie zeigen Achtung und Liebe für die Mitmenschen.

Eine oder zwei Linien bedeuten Ruhm von Sonnenaufgang bis -untergang. Drei Linien: Höchste Stellungen.

Wenn die Raszetten trotz ihrer Kreisförmigkeit durchbrochen oder wenig glatt sind, wird sich die gute Vorhersage nicht bewahrheiten.

IV. Außenhand

Allgemeine Aspekte, Ausmaße, Farbe, Temperatur

Der allgemeine Aspekt der Hand macht Angaben über die Grundzüge der Persönlichkeit und gilt als Führer für die genaueren Deutungen.

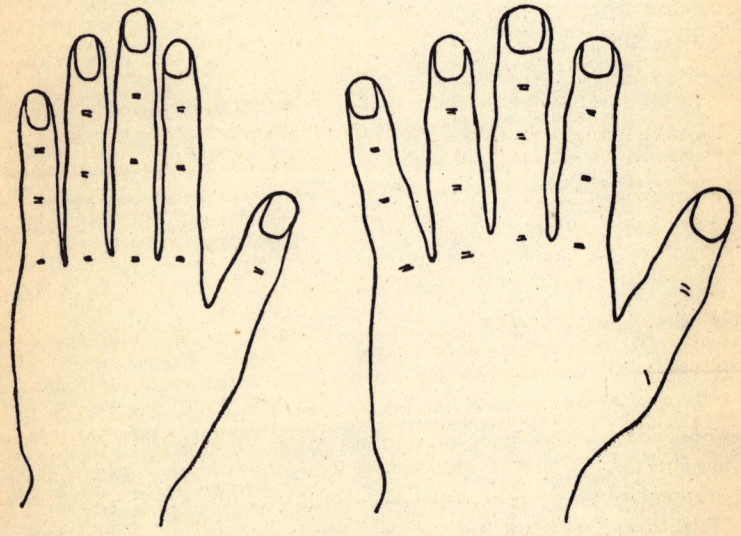

Abb. 3

Lange Hand
Großzügigkeit, Verschwendung

Kurze Hand
Habsucht

Relative Größe

Vor allem ist die Größe der Hand im Verhältnis zum Körper zu be-trachten.[1]

Eine lange Hand bei kleinem Körper ist Zeichen von Glück.

Eine kleine Hand bei großem Körper läßt auf Armut schließen.

Wenn Hände und Arme über die Schenkel reichen, ist dies Ausdruck von Weisheit.

Wenn Hände und Arme nur bis zu den Schenkeln reichen, wird das Leben in Armut und Erniedrigung verbracht.

Proportionen

Nun betrachte man Länge oder Kürze, Dicke oder Dünne. Bei Männern sollte die Hand kurz, bei Frauen lang sein.

Lange, schmale, dünne Hand: Rechthaberisch, egoistisch, unsozial.

Sehr schmale Frauenhand: Schwierige Niederkunft.

Kurze, schmale Hand: Geiz, Klatschsucht.

Kurz mit kleinen, dicken Fingern: Nachlässigkeit, Faulheit.

Gut proportioniert: Ausgeglichenheit.

Die menschliche Hand muß greifen und halten. Ihre Möglichkeiten liegen im Nehmen oder Lassen.

Eine lange, dünne Hand kann nicht halten: Die Natur des Menschen ist freigebig.

Die dicke und kurze Hand hat Kraft und will nehmen. Die Natur des Menschen kennt keine Skrupeln.

Frauenhände, die lang sind wie Bambusstiele, bedeuten grenzenloses Glück.

Verhältnis von Fleisch und Knochen

Man beobachte, ob die Hand knochig oder fleischig ist. Das Fleisch entspricht dem Nützlichkeitssinn. Man will viel. Die Knochen zeigen Glück an: Diese Menschen sind solide und zurückhaltend.

Ein glückliches Leben drückt sich in den Knochen, ein Leben für die Nützlichkeit im Fleisch aus.

---

[1] Zu lange Hand im Verhältnis zum Körper besagt nach abendländischer Tradition: ungeschicktes, listiges, habgieriges, kleinliches »schrulliges« Wesen. Im Verhältnis zu kurze Hand: Schlechter Charakter. (Rem.)

Schwere Knochen: schweres Glück. Leichte Knochen: Leichtes Glück. Reine Knochen: Reines Glück. Unreine Knochen: Unreines Glück.

Es ist sehr wichtig, daß an meiner Hand Knochen sichtbar sind. Treten sie aber zu stark hervor, ist der Mensch kalt, was Armut voraussagt.

Überladenes Fleisch: zuviel Begehren nach Nutzen und Vorteil. Wenig Fleischfülle: wenig Nützlichkeitsstreben.

Stark hervortretende Knochen ohne Fleisch: Glück aber kein Streben nach Vorteilen. Fleischfülle ohne hervortretende Knochen: Nützlichkeitsstreben ohne Glück.

Gleichgewicht zwischen Fleisch und Knochen: Vollkommenes Glück mit Nützlichkeitssinn.

Ausdruck der Muskeln

Die Muskeln zeigen die Anstrengung, das Fleisch das Ergebnis an. Hervortretende Muskeln bei dünnem hartem Fleisch: Betonte Schärfe.

Muskeln, die auf dem Handrücken hervortreten: Mühen bis zum Alter. Gespannte, unter der Fleischfülle kaum sichtbare Muskeln: Viel Geld.

Zartheit der Haut

Zartheit von Fleisch und Haut: Reichtum und Glück.

Zarte, feine Hand: Reichtum, Reinheit.

Zart und weich wie Watte: Großer Reichtum.

Zart und glatt: Bei Männern Glück und hohe Stellung.

Zu fester Händedruck läßt auf Starrheit;

Härte auf Grobheit schließen.

Harte Hände wie die Füße von Schweinen: Starrheit, niedrige Stellung.

Hart und dünn wie eine Hühnerpfote: Keine Lebensart, Armut.

Eine dünne, kraftlose Hand zeigt Armut an, eine dicke kräftige Hand Gewöhnlichkeit.[1]

---

[1] Nach abendländischer Tradition besagt ein brutaler Händedruck Prahlerei oder Unliebenswürdigkeit.
Offener, breiter Händedruck: Herzlichkeit, Freundschaft.
Werden nur die Fingerspitzen berührt: Frechheit.
Zärtlicher Händedruck: Wollust.
Kurzer Händedruck: Geiz oder Empfindungslosigkeit. (Enzyklop.)

Farbe

Die Farbe des Handrückens muß die gleiche wie die der Innenfläche oder dunkler sein als diese.[1]

Dunkler Rücken bei weißer Haut: Reichtum.

Rücken viel heller als die Handfläche: Armut.

Temperatur

Die Temperatur der Hand muß sich nach den Jahreszeiten richten. Die Gewohnheit kalter Hände ist ein schlechtes Zeichen.[2]

Den vier Jahreszeiten folgend sollte die Hand im Frühling lauwarm, im Sommer warm, im Herbst rein, im Winter trocken sein.

Ist die Hand im Sommer trocken oder im Winter heiß, sind Unterwürfigkeit, Unwissenheit, Dummheit angezeigt.

Jene, deren Hand im allgemeinen leicht temperiert und von gutem Duft ist, strahlen Reinheit und Frische aus.

Kalt und von schlechtem Geruch: Beunruhigung und niedrige Gedanken. Kalt: Armut.

Handrücken

Der Handrücken hat Bereiche mit bestimmten Namen und Bedeutungen: Auf dem Handrücken wird die Wurzel des Zeigefingers »Saal des Gerichts oder der Klarheit« genannt *(ming trang)*. Der gleiche Name kommt der Handflächenmitte zu.

---

[1] Die Unterschiede in der Färbung von Handrücken und Handfläche haben nicht die Aufmerksamkeit der Abendländer angezogen. Dagegen ist die Farbe an sich besser untersucht worden.
Weiß und durchsichtig: Gleichgültige, weiche Natur.
Weiß und weich: Lymphatisch.
Rosa mit durchscheinenden Venen: Wohlwollen.
Rot: Sanguinisch, schlechte Gesundheit.
Violettrot: Trägheit oder schlechte Gesundheit.
Gebräunt mit rosa Tönen: Gute Gesundheit, guter Charakter.
Dunkel, wie eine grüne Zitrone: Zorn, Bosheit.
Eine Hand sollte leicht gebräunt sein mit rosa Tönen und etwas hervortretenden Venen. Dies ist Zeichen für Wohlwollen, Güte, gute Gesundheit. (Rem.)

[2] Die Temperatur wird nach abendländischer Tradition in bezug auf die Handfläche, nicht aber für das Gesamt der Hand geprüft (vgl. Kap. über die Handfläche). Kalte Hand ist Zeichen von schlechter Blutzirkulation und nicht geregelter Funktion der Organe. Hieraus ergibt sich eine Schwäche, die nachteilig ist für den Lebenskampf. Das Sprichwort: »Kalte Hände, warmes Herz« trifft nach der Enzyklopädie nicht immer zu. Die Kälte der Hände ist für uns auch nicht Zeichen für ein kaltes Temperament, sondern für eine Unregelmäßigkeit der Funktionen, die sich mehr oder weniger ungünstig auf verschiedenste Weisen auswirkt.

Wenn sich hier Linien wie »Fliegende Vögel« bilden, werden hohe Stellen reiner Weisheit erlangt.

An der Wurzel des Mittelfingers liegt das »Tal der Leere« *(krong kou)*. Treten hier zahlreiche Querlinien auf, so daß kein Raum leer bleibt, ist großer Reichtum angezeigt.

Die Linien auf der Ringfingerwurzel beziehen sich auf Diener und Paläste.

An der Basis des kleinen Fingers liegt der »Saal der Macht«.

Günstige und ungünstige Aspekte

Das Aussehen glücklicher Hände zeigt sich in folgenden Hauptzügen: Wertvolle Menschen haben eine Hand, deren Muskeln nicht zu stark betont sind. Die Gelenke (Knoten) treten nicht hervor. Die Hand ist gerade gerichtet wie ein Stab, zart wie Seide, die Farbe ist weiß wie Jade oder rot wie Feuer. Die Linien sind klar, gut geschwungen oder bilden günstige Zeichen. Wenn man mit solchen Händen nicht reich wird, ist man zumindest wertvoll.

Ungünstige Hände haben folgendes Aussehen:

Menschen ohne besonderen Wert haben eine harte, dicke, schwere Hand. Die Muskeln sind gespannt. Derb wie die Erde; hart wie Stein; gewunden wie eine Ranke bei gleichsam aufgeblähtem Fleisch. Starke Gelenke, wenig Linien, grobe Knochen und hervortretende Muskeln, durchschnittene oder verwirrte Linien, die breit aber oberflächlich sind. Eine gleichsam vergitterte trockene Haut von schwärzlicher Farbe. Wenn man hiermit kein Bettler ist, tut man zumindest Übles.

Typen nach Elementen und Planeten

Das alte China kannte nur fünf Planeten: Venus, Jupiter, Mars, Saturn, Merkur. Jeder von diesen entspricht einem der fünf Elemente: Metall, Holz, Feuer, Erde, Wasser.

Den fünf Elementen und Planeten entsprechend sind fünf Handgruppen herausgearbeitet, die durch ihren Gesamtausdruck ein sicheres Urteil ermöglichen.[1]

---

[1] Neuzeitliche Untersuchungen, vor allem die von M. G. Muchery, haben eine planetare Typologie für die Hände entdeckt, die folgende Einteilung ermöglicht: Lange konische Hände: Sonnentypus; kurze konische Hände: Mondtypus; lange

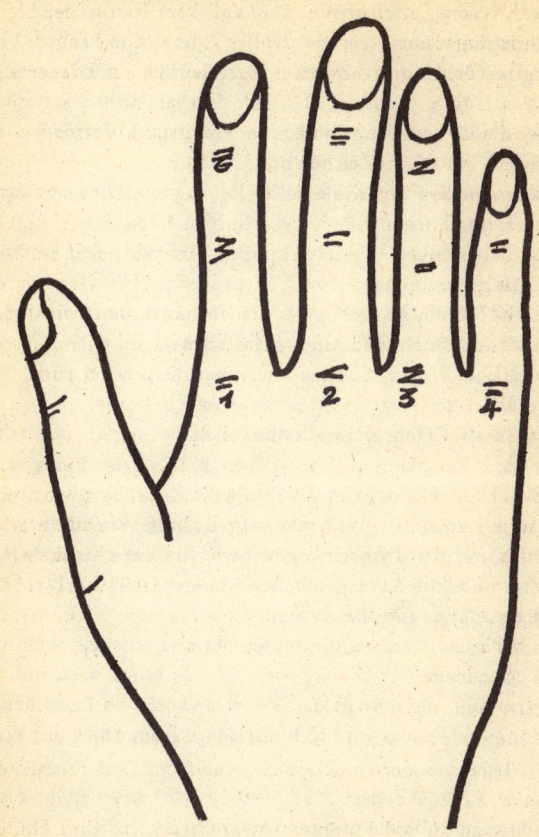

Abb. 4: Chinesische Methode: Handrücken

1. Saal der Audienz: Ehren. 2. Tal der Leere: Reichtümer. 3. Diener und
Paläste. 4. Macht.

1. Finger und Handfläche sind in ihren Dimensionen ausgeglichen, die inneren Gelenke der Finger haben drei Falten, Hand und Finger sind abgerundet ohne viele Linien. Dies ist der Ausdruck des Metalls (Venus, weiße Farbe).

2. Die Hand ist hart, ausgetrocknet, voller Adern. Die Finger, Venus- und Mondberg werden von zahlreichen Parallellinien durchquert. Dies ist Ausdruck des Holzes (Jupiter, bläuliche Farbe). Sicher kommt man zum Erfolg, wird aber niemals hohe Ehren oder großes Vermögen erlangen, selbst nicht bei günstigen Zeichen und Linien.

3. Dünne, zugespitzte Finger, die voller Leben sind. Dies ist Ausdruck des Feuers (Mars, rote Farbe).

Man begeht Fehler durch zuviel Aktivität und wird sich erschöpfen, ohne großen Erfolg zu erlangen.

4. Finger und Handfläche sind grob, schwer, kurz, hart, unvornehm. Dies ist der Ausdruck der Erde (Saturn, gelbe Farbe).

5. Handfläche und Finger sind geschwollen, übertrieben rund, füllig. Dies ist der Ausdruck des Wassers (Merkur, schwarze Farbe).

Man wird niemals Erfolg haben, selbst nicht bei feinen und schönen Linien.

Dieses fünferlei Aussehen muß mit dem Gesicht verglichen werden. Besteht Gleichheit, ist der Typ rein vorhanden. Bei Verschiedenheiten ist der Typ nicht rein und die Aussagen haben weniger Gewicht. Das Gesicht ist die Wurzel, die Hände sind die Zweige.

Wenn z. B. bei einem großen, dicken Körper und einem runden vollen Gesicht — den Anzeichen für Wasser — die Hände dünn, zart, mit zugespitzten Fingern sind, dann wird das Wässrige nicht vorherrschen. Die nervöse Erregung des Feuers wird sich mit dem Mißgeschick des Wassers verbinden.

Nur selten gibt es reine Typen. Man muß den vorherrschenden feststellen und die anderen, die diese Aussagen verändern.

Selten sind bei einem Menschen beide Hände gleich. Nach den Chine-

---

runde Hände: Jupitertypus; kurze runde Hände: Venustypus; lange eckige Hände: Marstypus; kurze viereckige Hände: Erdtypus; lange Spatelhände: Saturntypus; kurze Spatelhände: Merkurtypus.

Man kann auf drei Typen zurückgehen: Intellektueller Typ (Saturn, Sonne, Merkur); leidenschaftlicher (Mars) und materieller Typ (Jupiter, Mond, Erde). (Enzyklop.)

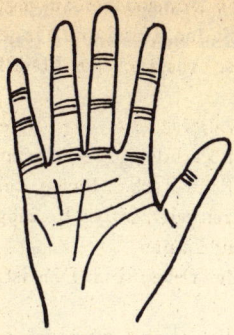

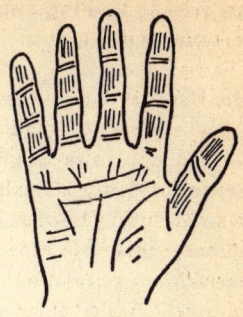

Hand des Metalls
Venus
glanzlos, glatt
mit dreifachen Linien an den Gelenken:
Erfolg ohne Mühe

Hand des Holzes
Jupiter
trocken
mit zahlreichen Strichen:
mittlerer Erfolg durch Mühen

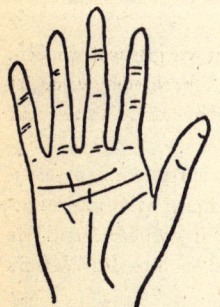

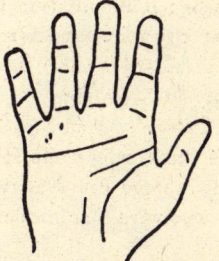

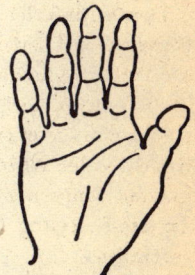

Hand des Feuers
Mars
Lang, fein, beweglich:
Erregung ohne
große Erfolge

Hand der Erde
Saturn
Kurz, dick, schwer:
Geringer Erfolg
nach schwerer Arbeit

Hand des Wassers
Merkur
Aufgeblasen:
kein Erfolg

Abb. 5: Die fünf Grundelemente in der Hand

sen sind die Aussagen der linken Hand maßgebend für Glück und Ehren; jene der rechten Hand für Reichtum. Dies steht nicht im Gegensatz zur europäischen Tradition.[1]

---

[1] Die rechte Hand ist Organ der Aktivität, die linke der Passivität. Ein Gefühls-betonter wird eine stärker ausgeprägte linke Hand haben und mehr das Glück des Zufalls erfahren. Die stärker betonte rechte Hand kann sich nur auf sich selbst ver-lassen. (Enzyklop.)

V. Nägel

Die Nägel sind von großer Bedeutung, da sie das Maß der vorhandenen Vitalität angeben, also Langlebigkeit, Energie, Intelligenz und Umsicht. Hieraus lassen sich auch Schlüsse ziehen auf die Wahrscheinlichkeit eines Glückes, das die unbewußte Vorausschau dessen ist, was gelingen muß.

Diese Aussagen haben ein bedeutsames Gewicht für die Angaben der zu prüfenden Zeichen.[1]

Härte und Dicke

Harte Nägel: Kompakte Natur. Man handelt wie Wind und Feuer. Feste Haltung.

Feste und dicke Nägel: Langes Leben.

Dick: Langlebigkeit mit viel Festlichkeiten.

Hart und lang: Hoher Flug des Wollens, großer Mut, Wagnis zu allem.

Weiche Nägel: Faulheit, Müdigkeit schon beim Aufstehen. Viel Versuch und wenig Erfolg; viel anfangen und nichts beenden.

Weich und dünn: Kurzes Leben, wenig Mut, kurzer Schicksalsweg, mühsame Situationen.

Trockenheit

Trockenheit der Nägel: Ungeschicklichkeit und Mißgeschick.[2]

Brechende und abgebrochene Nägel: Man beendet seine Pläne nicht. Nichts wird gut ausgeführt.

Trocken mit ausgetrockneter Haut: Schicksal eines Waisenkindes.

---

[1] Nach abendländischer Tradition bedeuten harte Nägel physische Kraft. Hart und gekrümmt: Ehrgeiz. Hart und spitz: Bosheit. Weich: Schwäche, mangelnde Willenskraft. (Enzyklop.)

[2] Nach abendländischer Tradition besagen brechende Nägel wechselnde Gesundheit. (Rem.)

Länge

Die Länge gibt das Maß an Kühnheit an.[1]

Lang und hart: Große Kühnheit.

Kurz: Wenig Wagemut.

Sehr lang: Enttäuschungen und Krankheiten. Man unternimmt mehr als man ausführen kann.

Abgerundet

Die abgerundete, halb zylinderförmige Form der Nägel bezieht sich auf Geschicklichkeit, Scharfsinn und die daraus folgenden Glücksmöglichkeiten.[2]

Wie ein halber Zylinder, einem Ziegel (des Südens) gleich:

Mit Sicherheit Glück.

Einem Kupferziegel gleich (rund und gelb): Geschicklichkeit und Zartheit.

Einem Bronzeziegel gleich und (rund und schwarz): Der Wein nimmt die Vernunft.

Wie ein herunterfallender Ziegel (uneben): Reinheit aber Schwerfälligkeit.

Spitz

Die spitze Nagelform läßt Scharfblick erkennen und schon früh erworbene Kenntnisse.[3]

Scharfe Zuspitzung: Intelligenz und Unterscheidung.

---

[1] Die abendländische Tradition kennt nicht die gleiche Diagnose. Statt dessen sind lange Nägel Zeichen von Schüchternheit, Zurückhaltung, Kleinlichkeit.

Lang und dunkel: Gefährliche Menschen.

Kurze Nägel: Liebe zum Widerspruch, Spitzfindigkeit, Ironie, Kritik und Beherrschung.

Rund, wie Uhrenglas gewölbt: Eiterung im Bronchen-Lungentrakt. (Enzyklop.)

Es scheint schwer, diese Deutungen mit den genau entgegengesetzten chinesischen Aussagen in Einklang zu bringen.

[2] Die abendländische Tradition spricht nicht von einem abgerundeten Nagel, sondern von flachen und breiten Nägeln als Anzeichen für List und Verstellung. (Rem.)

Ein Handleser fand in ziegelartig abgerundeten Nägeln ein Zeichen für Neigung zum Lügen, zumindest für Gewandtheit und Spitzfindigkeit.

[3] Im Abendland bedeuten spitze Nägel: Einbildung, Faulheit, Kunstsinn. Sehr spitze und zurückgebogene Nägel sind Zeichen für Leidenschaft und Bosheit; konische für Schönheitsempfinden. (Rem.) Ungleichmäßige, stumpfe Nägel weisen auf Habgier und Unabhängigkeit; am Ende magerer Finger spitzzulaufende: Kranke Lungen. (Enzyklop.)

Unebene Spitze, gleich der Oberfläche eines Steins: Niederer Stumpf-
sinn.

Gekrümmt wie Klauen bei einfallender Haut: Der Verstand wird sich
verdunkeln.

Glanz und Färbung

Glanz sagt Reichtum voraus. Jede Farbe hat eine besondere Bedeutung.[1]
Gelb oder rot lassen eine wichtige Situation erkennen.

Nägel mit strahlendem Glanz: Fülle an Reichtum.

Gelb und glänzend: Wertvolle, reine Menschen.

Rot und gerade: Offizielle Beamte.

Bläulich, aber glänzend: Treuer und loyaler Mensch.

Weiß und rein: Faulheit und Unbekümmertheit.

Oberfläche weiß: Verschlossene und verstellte Gefühle.

Schwarz und dünn: Bescheidene Stellungen.

Schwarz mit dem Zeichen des Sarges: Krank am Morgen, tot am Abend.

Im Chinesischen werden nicht die weißen Flecken (Zeichen von Nervosität, aber Glück) erwähnt, auch nicht die schwarzen Punkte (Unglück), die
Längsrillen (Übermaß an nervösen Strömen), die abgekauten Nägel (Nervosität, Reizbarkeit, Melancholie).

Der weiße Halbmond, der an der Nagelwurzel auftritt, wird um so größer sein und an um so mehr Fingern in Erscheinung treten, je kraft- und
widerstandsloser der Mensch ist. In Europa hält man den Halbmond für
ein Zeichen von Anämie.

---

[1] Die Angaben der abendländischen Tradition sind nicht die gleichen. Der Glanz
wird vernachlässigt, die Farben haben anderen Sinn.
    Rosa: Beständigkeit, Festigkeit.
    Dunkel und lang: Gefährliche Menschen. Dies gilt auch für graue, bleiche Färbung.
    Weiß: Verstellung. Solche Menschen sind zu meiden.
    Schieferfarbe erscheint bei Menschen mit Sumpffieber, ehe der erste Schüttelfrost
beginnt und vergeht im Stadium des Schweißausbruches. (Rem.)

VI. Finger

Verhältnis untereinander. Größe, Haltung, Farbe

Am wichtigsten für die Beurteilung einer Hand ist das Längenverhältnis zwischen Fingern und Handfläche. Denn immer überwiegen die Angaben der Finger, wenn Widersprüche zu den Aussagen der Innenfläche vorhanden sind. Normal ist das Gleichmaß zwischen der Länge des Mittelfingers, der von der Innenfläche aus genommen wird und der Länge, die von seiner Wurzel bis zur Linie des Handgelenks bemessen wird.[1]

Die Finger sind der Drache, die Handfläche der Tiger. Der Drache kann den Tiger verschlingen, dieser aber nicht den Drachen. Es ist also günstig, wenn die Knochen des Drachens lang sind und jene des Tigers kurz.

Mit langen, zugespitzten Fingern ist man von scharfem Verstand und hervorragenden Eigenschaften.

Finger länger als die Handfläche: Genügsame Intelligenz und Reichtümer.

Lange, spitze Finger: Kultiviert, voller Schwung und Weite. Sind trotz der langen Finger zahlreiche Querlinien in die Handfläche eingezeichnet, wird man Mißachtungen erfahren.

Finger kürzer als Handfläche: Alles unterliegt der Kritik.

---

[1] Nach abendländischer Tradition haben Menschen mit langen Fingern einen analytischen Verstand, Liebe zu Einzelheiten bis zu Kleinkrämerei. Sie sind eitel, argwöhnisch, stets zu Kritik und Widerspruch gereizt und hängen kleinlich an der Etikette. Solche Menschen sind selten gute Gefährten in der Liebe. Nur wer in einer erregten Atmosphäre leben will, sollte sie heiraten.
Menschen mit kurzen glatten Fingern haben ein augenblickliches und sehr oft richtiges Urteil. Sie bleiben nicht an Einzelheiten hängen und sind in Geschäften wie in der Liebe leicht zu haben. Sie denken mehr synthetisch als analytisch. Man muß klar, korrekt und bündig mit ihnen umgehen. Auf Ausgaben für Kleider legen sie wenig Wert. Die Obersten einer Verwaltung haben fast alle kurze, glatte und viereckige Finger. (Rem.)

Mit kurzen und nicht zugespitzten Fingern ist man ungeschickt und entbehrt des Erfolges.

Vergleiche des Längeverhältnisses der Finger

Die relative Länge der Finger ist sorgfältig zu beobachten. Jeder Finger hat seinen eigenen Charakter.[1]

Der Zeigefinger ist der Gastgeber (der die Einladung gibt). Der Ringfinger ist der Eingeladene. Wenn Gastgeber und Eingeladener in angenehmen Beziehungen zueinander stehen, das heißt gleich lang sind, ist alles zum besten.

Langer Zeigefinger: Friedliches Leben, nahe dem Erfolg.

Langer Ringfinger: Bescheidene und ungenügende Lebensstellung. Der Charakter erträgt keine Widrigkeiten.

Langer kleiner Finger: Wertvoller Mensch, der außergewöhnliches Glück gewinnt. Leiden und Zweifel haben keinen Bestand. Selbst Schmerzen durch Krankheit werden überwunden.

Menschen, bei denen die vier Finger gewöhnliches Aussehen haben, sind kleine Leute ohne besonderen Wert.

Ich habe in chinesischen Büchern keinerlei Angaben gefunden über das Verhältnis zwischen den drei Gliedern – dem ersten oder Nagelglied, dem zweiten oder mittleren und dem dritten, das an die Handfläche grenzt.

Diese Tatsache ist auffallend; denn die hier feststellbaren Unterschiede können nicht ohne Ursache und Erklärung sein. Möglicherweise gilt für

---

[1] Im Abendland gilt der lange Daumen als Zeichen für Willen, Festigkeit, Persönlichkeit, Vorherrschaft des Kopfes. Der kurze Daumen zeigt Impulsivität, Schwäche, Richtungslosigkeit an.

Langer Zeigefinger: Ehrgeiz ohne Energie; kurzer: Fehlender Ehrgeiz (es sei denn, er wäre breit und spatelförmig). Langer Mittelfinger: Fatalismus, verborgener, nicht gestillter Ehrgeiz; kurzer Mittelfinger: Unsicheres Schicksal.

Langer Ringfinger: Künstlerischer Geschmack, Sinn für Luxus und Ruhm; kurzer Ringfinger: Gleichgültig gegen Erfolg. Allein an das Gefühl gebunden; daher der Finger, der den Ehering trägt.

Langer kleiner Finger: Umsicht, Erfolg in der Welt; kurzer kleiner Finger: Synthetisches Erfassen, schlagfertige Erwiderungen, Anpassung.

Für uns besitzen die Proportionen bestimmter Finger zueinander eine besondere Bedeutung. Ist der Zeigefinger länger als der Ringfinger, ist mehr Freude an Glanz und Luxus vorhanden als an künstlerischen Interessen. Ist der Ringfinger länger als der Zeigefinger, überwiegt der Sinn für Kunst das Verlangen nach Genuß und Reichtum.

Ist der Ringfinger fast ebenso lang wie der mittlere, herrscht Liebe zum Spiel und Abenteuer (vor allem bei einer sehr feinen zum Merkur aufsteigenden Linie).

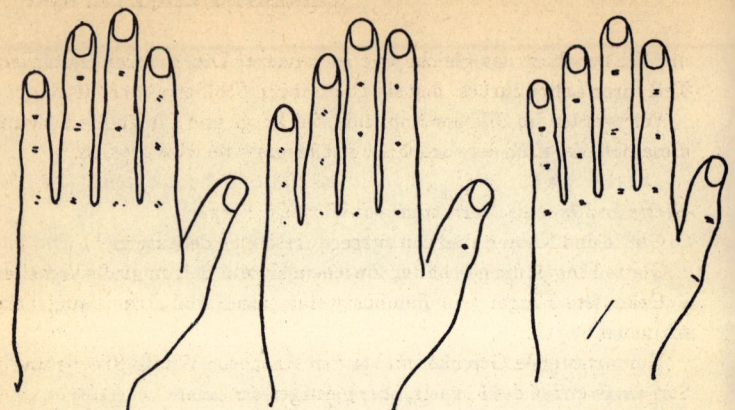

Abb. 6: *Langer Ringfinger*   *Langer Zeigefinger*   *Langer kleiner Finger*
Unfähigkeit   Friedliches Leben   Großes Glück
Bescheidene Lage   Nahe dem Erfolg

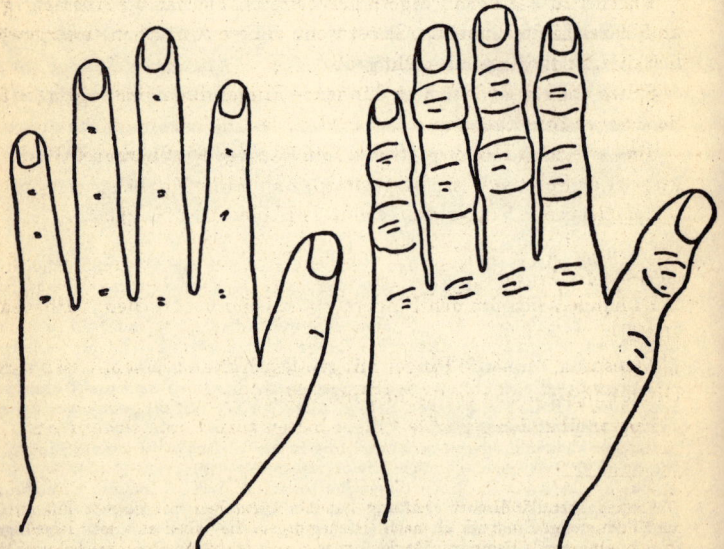

Abb. 7:   *Glatte Finger*   *Geknotete Finger*
Vorteile, Glück   Leben voller Widersprüche

die Wissenschaft das gleiche wie für andere: Die Autoren halten einen Teil ihrer Lehre zurück, den sie allein ihren Schülern übermitteln.

Wir werden im Bild der Kopflinie, der Berge und Linien die Bedeutung dieser Glieder nach der europäischen Chiromantie wiedergeben.

Glatte und knotige, spitze und spatelförmige Finger

Glätte und Knoten sind von entgegengesetzter Bedeutung.[1]

Glatte Finger, die geschälten Zwiebeln ähneln, zeigen große Vorteile an.

Geknotete Finger wie Bambuszweige lassen auf Armut und Sorgen schließen.

Hervortretende Gelenke mit starken Knochen: Wenig Freude und viel Sorgen. Freuden des Körpers, aber geistiger Kummer.

Gelenke wie ungeformte Knoten: Ein ganzes Leben voller Widerwärtigkeiten.

Sehr schwere Gelenke: Zeitweilige Sinnverwirrung, geschwächtes Bewußtsein, Gedankenfaulheit.

Knochen, die auf den Fingern hervortreten, machen die Aussagen guter und klarer Linien zunichte. Selbst wenn andere Anzeichen außergewöhnlich sind, ist das Ergebnis nicht groß.

Spitze und am Ende sich verdünnende Finger, Bambussprößlingen ähnlich, zeigen Intelligenz an.

Sind alle zehn Finger glatt und fein: Ruhige Muße, reines Glück. Zugespitzt, in Form von drei Bergspitzen: Zahlreiches Glück.

Spatelförmige Finger wie Trommelschläger: Einfältigkeit.

Abstand der Finger

Es handelt sich um den Fingerabstand beim natürlichen Aufheben der Hand.

Menschen, die steife Finger mit großem Abstand haben, lassen sich die Dinge entgehen oder zerbrechen und zerstören sie.

Eng aneinander gepreßte Finger halten zurück und sichern sich.

---

[1] Nach abendländischer Deutung handeln Menschen mit glatten Fingern eher nach dem ersten Eindruck als nach Überlegungen. Sie haben eine sehr lebendige Intuition, eine große Beeindruckbarkeit, passen sich leicht an, sind sensibel und künstlerisch veranlagt.

Geknotete Finger: Etwas langsame und schwerfällige Fassungskraft, die des Fleißes, der Arbeit, der Berechnung bedarf. (Rem.)

Gegenseitige Anlehnung der Finger

Zeigefinger biegt sich zum Mittelfinger hin: Augenkrankheit in der Jugend.

Mittelfinger zum Ringfinger gebogen: Krankheiten der Füße im mittleren Alter.

Gebogener Kleiner Finger: Schwächung der Energie im Alter. Man findet im Chinesischen keine Entsprechung zu europäischen Beobachtungen.[1]

Gebogene oder krumme Finger

Krumme Finger: Man kennt seinen Nutzen und wird ihn wahren.

Gebogene Finger: Einsamkeit.

Gerader Daumen: Unscheinbarer Mensch.

Gekrümmter Daumen: Ein Mensch, der seine Beute nicht losläßt.

Gebogener Daumen: Nichts ist vollkommen genug.[2]

Linien und Zeichen

Es gibt unter den Linien und Zeichen auf den Fingern einige, die in Europa nicht untersucht wurden. Hierzu gehören die »Bänder«, die Linien über und unter den Fingern und bestimmte Zeichen.

---

[1] Nach abendländischer Deutung läßt der zum Daumen hin geneigte Zeigefinger Selbstsucht erkennen. Zum Mittelfinger hingeneigt: Ehrgeiz in wissenschaftlichen Studien oder dem Fatalismus ausgeliefert.

Mittelfinger zum Zeigefinger geneigt: Freude an Philosophie; zum Ringfinger hin: Kunststudien, Interesse an Reklame.

Ringfinger zum Mittelfinger geneigt: Idealismus und Fatalismus; zum kleinen Finger hin: Kunst und Wissenschaft.

Kleiner Finger zum Ringfinger geneigt: Geschäftstüchtig in der Kunst.

Sind alle Finger zum Ringfinger gewendet: Künstlerische Fähigkeiten.

[2] Nach der abendländischen Tradition bezeichnet der gut entspannte Daumen Freizügigkeit, Mißachtung von Vorurteilen und Geld. An die Finger geklebt: Mangel an Großzügigkeit und Witz.

Gekrümmt wie eine Krebszange: Geiz, Habgier; nach hinten zurückgeworfen: Anlehnungsbedürfnis.

Liegt der Daumen fast in der Mitte der Handfläche, so daß er die Hand zusammenpreßt: Liebeswahnsinn.

Wird der Daumen in der Faust eingeschlossen: Intensive Unterdrückung oder Verschleierung des Wollens. Fatalismus.

Liegt der Daumen bei geschlossener Faust über dem Zeigefinger, handelt es sich um einen kämpferischen Menschen.

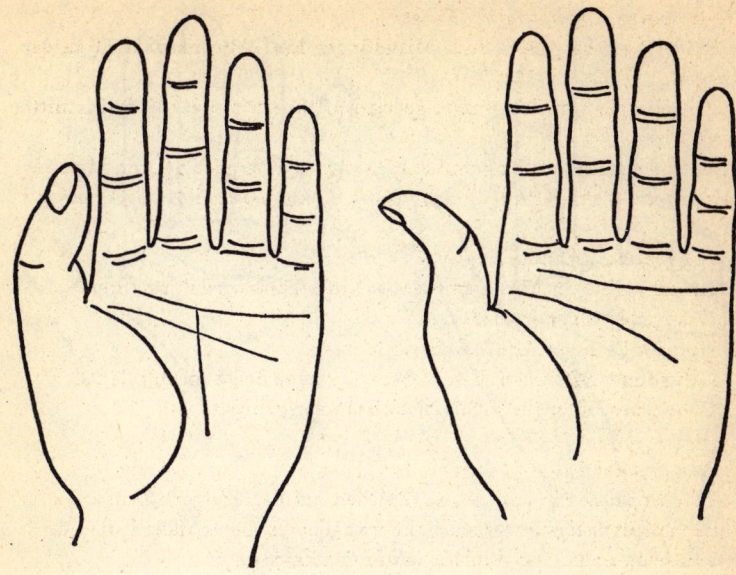

Abb. 8:

Gekrümmter Daumen   *Nach hinten gebogener Daumen*
Man läßt seine   Nichts ist vollkommen genug
Beute nicht los

Die Bänder oder Wege

Mit diesem Namen werden die inneren Falten an den Gelenken der Finger bezeichnet. Haben alle zehn Finger dreifache Bänder, wird man zu Reichtum und Ehren gelangen.

Haben die Finger nur ein Band, wird man ein bescheidenes Leben führen.

Wenn an zwei Gelenken eines Fingers keine Falten vorhanden sind, stirbt man plötzlich auf einer Reise.

Linien unter den Fingern

Wenn die Linien auf der unteren Seite der Finger fein und tief sind, ist dies ein günstiges Vorzeichen.

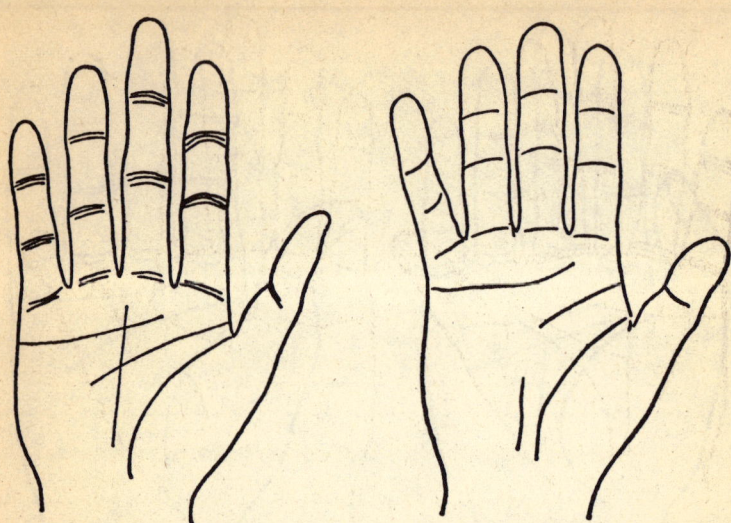

Abb. 9 :

Lange Finger
Intelligenz

Kurze Finger
Dummheit
Ungeschicklichkeit

Flache und oberflächliche Linien: Niedere Stellung.

Viele Linien: Möglichkeiten für höhere Stellungen.

Keine Linien: Geringe Möglichkeiten.

Wenn die Linien unter den Fingern vielerart gezeichnet sind, ist dies Anzeichen für Unruhe und Zersplitterungen.

Wenn die Linien von den Fingergelenken ausgehen, werden alle Unternehmungen zerschlagen und gesprengt.

Sind die Linien wie Schnecken eingerollt, ist Freude und Würde angezeigt.

Sind die Linien unter den zehn Fingern horizontal und bestehen drei Falten, bedeutet dies hohen Stand und viele Diener.

Ist aber neben diesen horizontalen Linien nur eine Falte vorhanden, ist die Stellung niedrig und man nimmt Befehle entgegen.

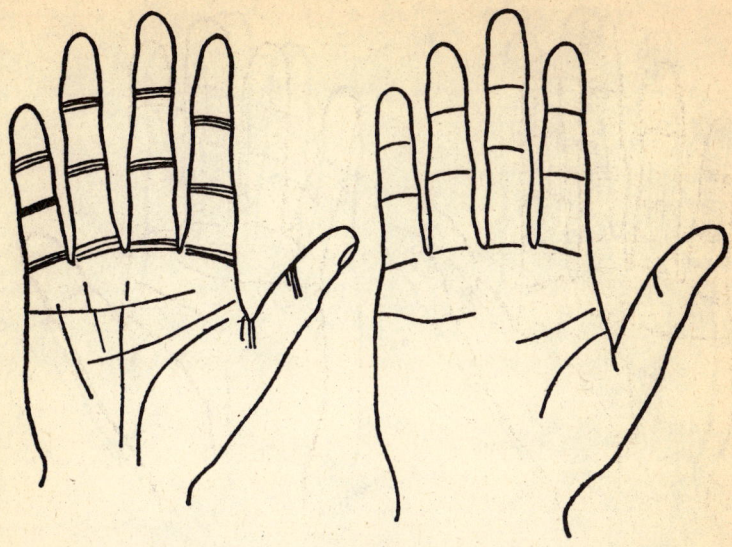

Abb. 10:

Dreifache Linien an den Fingergelenken   *Eine Linie*
           Ehren, Reichtum   Fußsoldat oder Knecht

Schwarze Linien, die das Gelenk des Zeigefingers durchkreuzen, deuten auf einen Menschen, dessen Natur keine Grenzen kennt. Unheilvolles Zeichen.

Linien auf den Fingern
Querlinien oder eingerollte Linien auf den Fingern sagen großen Grundbesitz voraus.
Vertikale Linien, die die Gelenke durchqueren, zeigen umfassenden Ruhm oder eine hohe militärische Stellung an.

Zeichen auf den Fingern
Zeichen für Tod auf großen Reisen, wenn der Mittelfinger auf zwei Gliedern eines der folgenden Zeichen trägt: »Netz«, »Treppe aus Jade«,

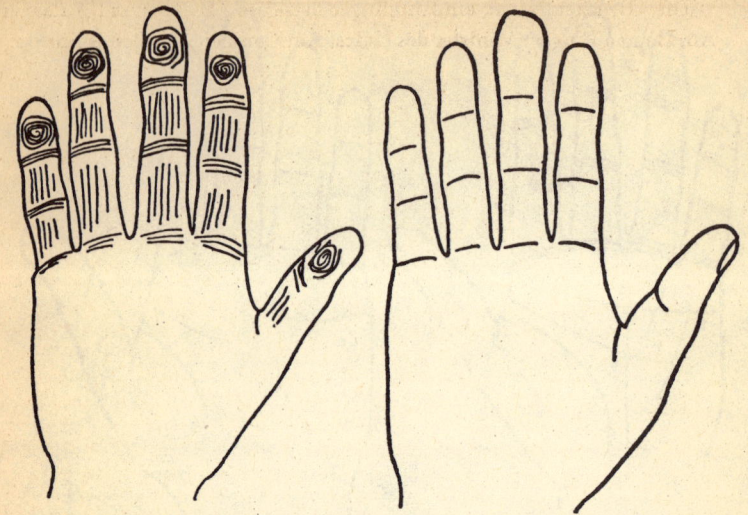

Abb. 11 :

Finger mit zahlreichen Linien	*Finger ohne Linien*
Höhere Möglichkeiten	Geringe Möglichkeiten

»Fliegende Nadeln«, »Flug wilder Gänse«, »Armbänder«, »Stern des Südens«, »Kleiner Bär«, »Schildkröte« (vgl. Tafel »Zeichen«).

Das »Fische-Zeichen« in den Händen: Friedliches Leben, Brüderlich-
keit. Wenn es senkrecht den Finger durchquert, einem Fischschwanz ähnlich: Verpflichtung zu edelmütiger Haltung.

Das »Auge des Herrn« (Kreis) am Daumen: Intelligenz.

Linien des »Drachen«, long oènn, am oberen Nagelgelenk auf dem
Rücken der fünf Finger: Posten eines kaiserlichen Ratgebers; am mittle-
ren Fingergelenk: Ministerposten; am unteren Fingergelenk: Stellung im
Land.

Die »Drachenlinien« am Ringfinger betreffen Minister und Aufseher. Am kleinen Finger: Minister des Hofes. Am Daumen: Großen Reichtum.[1]

---

[1] Nach abendländischen Angaben bedeutet ein Stern auf der inneren Spitze des Daumens: Galanterie, die bis zur Ausschweifung geht.

Auf dem Daumenrücken neben dem Nagel: Luxus; auf der Innenspitze der vier Finger: Gefahr.

An beiden Seiten des zweiten Daumengliedes oberhalb der Falte, die dieses Glied vom Venusberg trennt: Unglück durch Frauen, unglückliche Ehe.

Auf dem obersten Glied von Zeigefinger und kleinem Finger neben der Falte: Beredsamkeit, äußerster Ruhm oder Wahnsinn.

Auf dem obersten Glied des Mittelfingers neben der Gliedfalte: Äußerster Ruhm oder Wahnsinn.

Das Kreuz bedeutet auf dem untersten Glied des Zeigefingers oder auf der Gliedfalte: Glück; auf der Mitte des untersten Zeigefingergliedes: Luxus.

Auf der Mitte des zweiten Zeigefingergliedes: Einflußreiche Protektion. Auf der Mitte des untersten Ringfingergliedes: Keuschheit.

Auf der Mitte des obersten kleinen Fingergliedes: Diebstahl. (Rem.)

VII. Handfläche

Dimensionen, Farbe, Temperatur

Bevor man die Handfläche betrachtet, muß man sich vergegenwärtigen, daß ihre Aussagen nur Wert haben, wenn sie denen der Finger, Nägel und der ganzen Hand nicht widersprechen. Bei der Innenfläche handelt es sich um tiefverwurzelte Bestrebungen, die von Verstand und Bewußtsein beherrscht werden, wenn diese entwickelt genug sind, um die Impulse zu zügeln.[1]

Das gesamte Leben liegt in der Handfläche. Mit einem Blick wird man erfaßt, aber wenn man zu lange hinschaut, wird man verwirrt.

Zarte Handfläche: Zartfühlender Mensch.

Grobe Handfläche: Grober Mensch.

Länge, Dicke, Weichheit

Bei der Beurteilung der Länge muß man unterscheiden zwischen den Proportionen von Handfläche und Fingern, die das vorhandene oder fehlende Bewußtsein (Finger) angibt, und der Form der Handfläche, deren Länge die Bewertung gibt.

Normal ist die Gleichheit zwischen Handflächenlänge – vom Gelenk zum Mittelfingeransatz gerechnet – und der Größe des Mittelfingers.[2]

---

[1] Nach abendländischer Deutung zeigt die kleine kurze Handfläche, die wie eine verlängerte Fingerwurzel wirkt, einen geistreichen, feinfühligen Menschen an, den materielle Dinge wenig beschäftigen.
Die Handfläche, die viel länger ist als der Mittelfinger, kann in Händen sehr intelligenter Menschen gefunden werden, ist aber immer Zeichen, daß der Instinkt über den Verstand siegt. (Rem.)

[2] In westlicher Sicht läßt die kleine kurze Handfläche, die einer verlängerten Fingerwurzel ähnelt, einen geistreichen Menschen erkennen, der zart, feinsinnig und nur in geringster Weise materiell interessiert ist.
Eine Handfläche, die länger ist als der Mittelfinger, kann bei einem sehr intelligenten Menschen gefunden werden, ist aber Zeichen einer Triebhaftigkeit, die über das vernünftige Denken siegt.

Lange Handfläche, kurze Finger: Grundlose Verleumdungen.

Große Handfläche, kleine Finger: Man gleitet vom Weg ab und kümmert sich nicht um seinen Besitz.

Handfläche und Finger gleich lang und fein: Man kommt nicht zum Ziel.

Kleiner Mensch mit großer Handfläche: Geldgierig.

Die Form der Handfläche hängt mit ihrer Dicke zusammen.

Dicke Leute haben dicke Handflächen.

Lange dicke Handfläche: Wertvolle Menschen.

Kurze, dünne Handfläche: Unscheinbare Menschen.

Flache Handfläche, dünne Hände: Bescheidene Natur.

Schlaffe Handfläche: Undifferenzierter Mensch.

Gleichgültig, ob die Handfläche weich oder dick ist, ihre Röte, Linienfülle, Reinheit, Schönheit, ihre klaren Zeichnungen und zarten Zeichen lassen Reichtum, Adel, Intelligenz voraussagen.

Törichte Menschen haben eine harte und rundliche Handfläche.

Hohl oder flach

Die Handfläche ist hohl, wenn die Berge hervortreten: Günstiges Zeichen für höhere Gaben.[1]

Die Handfläche, die an allen vier Seiten von Erhöhungen begrenzt wird und deren Mitte flach ist, weist auf Reichtum hin.

Sind die vier begrenzenden Seiten dünn und die Handmitte flach, vergeuden die Menschen ihr Geld.

Sind die vier Seiten der Handfläche dick und die Handmitte tief, sind im allgemeinen Vorteil, Ehren, Reichtum, Freude gegeben.

Farbe der Handfläche

Die Chinesen haben eine häufige Beziehung zwischen der Farbe der Innenfläche und der feinen Haut unter dem Auge festgestellt. Bei den Alten hieß es: Wenn die Handfläche eine violettblaue Färbung hat, ist

---

[1] Im Abendland hat die hohle Handfläche eine ungünstige Bedeutung. Es fehlt die Festigkeit im Kampf. Sie wird häufig bei Bettlern gefunden und bei Menschen, die in ihren Unternehmungen erfolglos waren oder Schicksalsschläge empfingen, die nicht mehr zu heilen sind.

Die flache Innenfläche ohne Erhöhungen läßt Mangel an Kräften und verhältnismäßig wenig Leidenschaftlichkeit erkennen. Man darf aber nicht vergessen, daß Schwäche oft zu Gewaltsamkeiten führt. (Rem.)

diese Farbe auch unter den Augen zu finden. Solche Ähnlichkeit ist zu untersuchen.

Ist die Handfläche schwach gefärbt, ist das Angezeigte vorbei; ist sie dunkelfarbig, ist es erst im Kommen.

Rot und stark durchblutet: Wertvolle Menschen mit Erfolg.

Scharlachrot: Zeichen für hohe Stellungen.

Liegt in der Hand ein unterirdisches Feuer verborgen, werden Besitz und Vorteil nicht nachlassen.

Zeigt sich in der Hand gleichsam ein Zustrom von Blut, bezieht sich dies auf Ehren und hohe Stellungen.

Eine schwangere Frau, die eine rote Handfläche mit bläulicher Färbung und große Nägel hat, wird einen Sohn bekommen.

Tritt in der Handfläche ein helles Blau auf, wird es keine Sorgen und keine Angst geben. Wünsche stehen im Vordergrund.

Erscheint das helle Blau auf den vier Jahreszeiten (Venus-, Saturn-, Marsberg und auf der Vertiefung zwischen Venus- und Mondberg), kennt man weder Krankheit noch Verbitterung.

Blauschwarze Handfläche: Gram und Armut.

Weiße Handfläche: Viel Trauer.

Helles Gelb: Freude und Fröhlichkeit.

Dunkles Gelb, als wäre die Handfläche mit Erde eingerieben: Schwerste Erniedrigungen.

Wenn in der Handfläche dunkles Gelb auftritt, ist dies Zeichen des Lebensendes. Tod.

Schwarze Färbung: Zeichen von Gefahr.

Man beachte, wo die schwarze Farbe auftritt. Ist dies im Bereich der Plätze und Häuser unten (Venusberg), soll man sich vor Prozessen hüten.

Treten in der Handfläche schwarze Punkte auf und liegen auf den Fingern feste Wegstrecken, ist auf Wirrungen in der Jugend zu schließen, die sich aber in späteren Jahren auflösen.

Schwarze Linien, die das Gelenk des Zeigefingers durchkreuzen: Ungehemmte, freizügige Natur. Ein ungünstiges Zeichen.

Eine schwangere Frau, deren Handfläche gräulich ist, wird ein Mädchen bekommen.

Wenn das »Zeichen des Sarges« oder das »Weiße Brett« auf dem Venusberg liegen, wird die Gegend, auf der die schwarze Färbung in Erscheinung tritt, die Art des Todes anzeigen.

In der Mitte der Handfläche: Baldiger Tod.

Auf dem »Palast des Grabens« (zwischen Venus- und Mondberg): Ertrinken.

Auf dem »Palast des Blitzschlages« (oberhalb des Venusberges): Tod durch Blitzschlag.

Schwarze Venen vom Palast der Befriedigung (Mars) zum Berg (unterhalb des Daumens, dem Venusberg): Tod durch wilde Tiere.

Schwarze Venen vom Palast der Würde (Jupiterberg) zum Palast des Himmels (Mondberg): Tod durch Schlangenbiß.

Schwarze Venen vom Palast der Trennung (Saturn) zum Graben (zwischen Venus- und Mondberg): Tod durch Feuer.

Temperatur der Handfläche

Warm: Nervöse Erregung, oder Fieber

Kalt: Nervöse Depression oder Zirkulationsstörung.

Trocken oder Feucht

Menschen mit feuchter und nicht rauher Handfläche werden reich und wertvoll sein.

Menschen mit ausgetrockneter Haut sind arm und geschwächt.[1]

---

[1] Im Abendland läßt zeitweilig auftretende Feuchtigkeit auf einen sehr beeindruckbaren Menschen schließen. Gewohnheitsmäßige Feuchtigkeit zeigt eine starke lymphatische Natur an. Oft ist hiermit große Energie verbunden, die aber nur zu bestimmten Gelegenheiten auftritt. Sonst Zeichen von Passivität und Weichheit. Durch übermäßige Tätigkeit der Lymphdrüsen wird der Mensch schwach, ausschweifend mit starken Tendenzen zur Sinnlichkeit.

Im allgemeinen trockne Haut läßt eine geschwächte Funktion der Nerven erkennen. Ein solcher Mensch ist im Denken sensibler als im Gefühl.

VIII. Innenhand

Paläste und Bereiche

Die verschiedenen Bereiche der Handfläche sind in der chinesischen Tradition nicht genau die gleichen wie in der europäischen. So kennen wir vier Berge an den Fingerwurzeln, während die Chinesen nur die drei Muskelerhöhungen zwischen den Wurzeln betrachten. Wir haben auch keinen Namen für die Vertiefung zwischen Venus- und Mondberg nahe des Handgelenkes, während diese bei den Chinesen ein »Palast« ist.

Die Erhöhungen und Bereiche werden in verschiedene Gruppen eingeteilt:

1. Die Acht Koa
2. Die Neun Paläste, die die Acht Koas und den »Saal der Audienz« einschließen
3. Die Guten Besoldungen
4. Die Vier Jahreszeiten; die Vier Koa
5. Die Vier Pforten; die Vier anderen Koa

Die Acht Koa

Koa sind Gruppen von drei Linien, die übereinanderliegen und vollständig gezeichnet oder gebrochen sind. Ihre Verbindungen bilden acht deutliche Zeichen. Sie dienten den alten Handdeutern zum Wahrsagen und werden noch heute für verschiedene Aussagen benutzt.

Mit jedem Koa wird ein »Palast« der Handfläche bezeichnet. Da das Wort Palast öfter angewendet wird, wollen wir jedes Koa zusammen mit den Neun Palästen (die Acht Koa und der Saal der Audienz) beschreiben. Sie müssen erhaben sein. Dies läßt den Innenraum einfallen. Sind die Acht Koa erhöht, werden mit Sicherheit Reichtum und Ehren erworben.

Die Vorhersagen beziehen sich auf die Erhöhung der acht Berge.

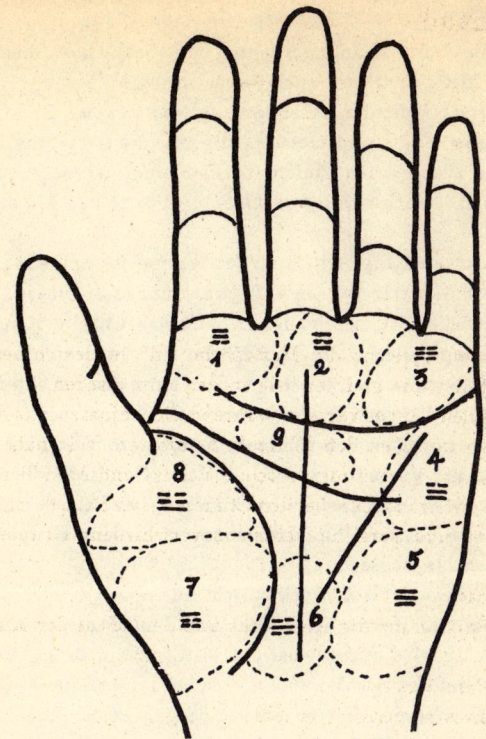

Abb. 12 : Die Acht Koa. Die Neun Paläste
Die Vier Tore. Die Vier Jahreszeiten

1. Palast des Windes, Tor des Metalls, Gipfel des Wertes; 1.–25. Jahr.
2. Palast der Trennung, Sommer, Gipfel der Vorteile; 25.–50. Jahr.
3. Palast der Erde, Tor der Erde, Gipfel des Glücks; 50.–75. Jahr. 4. Palast der Freude oder der Gatten und Favoriten, Herbst, Verbindungen.
5. Palast des Himmels, Tor des Feuers, Heimliche Protektion für sich selbst und die Erben. 6. Palast des Grabens oder Wassers, Winter, ererbte Werte. 7. Palast des Gebirges, Palast der Brüder, Tor des Waldes, Unteilbares Gut. 8. Palast des Blitzschlags, Frühling, Energie in der Liebe und Arbeit. 9. Saal der Audienz, Glücksmöglichkeiten.

Die Neun Paläste

Diese umfassen die Acht Koa, die Berge und den »Saal der Audienz«, den Hohlraum in der Mitte der Hand, auch Viereck genannt.

1. *Palast des Windes* (oder der Unterwerfung) *siuann kong*. Er entspricht der Verbindung von Kraft und Geschmeidigkeit, die der Wind bewegt. Das Koa wird von zwei ganzen Linien oberhalb einer gebrochenen gebildet. Der Palast heißt auch »Gast von Oben«, »Pforte aus Metall« oder »Gipfel der Werte«.

Er umschließt unseren Jupiterberg an der Wurzel des Zeigefingers und die Erhöhung des Muskels zwischen Jupiter- und Saturnberg.[1] Wenn dieser Palast entwickelt ist, bezeichnet er Selbstbewußtsein, Reichtümer und viel Geleit. Eingefallen ist er Zeichen von Unterwerfung. Seine Bedeutung gilt besonders bis zu 25 Jahren. Erhebt er sich zu einer hohen Spitze, handelt es sich um eine gütige Natur.

Niedrig und eingefallen mit zerbrochenen Linien mag er noch Reichtum und Vornehmheit ausdrücken, aber es besteht Gefahr für Wahnsinn.

Ist er breitausgedehnt und niedrig, irrt man lange auf Umwegen.

Das Zeichen »Frau«, auch »Auge, das durch Seide dringt« deutet Gelderwerb auf verdächtige Weise an.

2. *Palast der Trennung, li-kong* entspricht allem, was Glanz und Vornehmheit hat. Der Palast umschließt die Muskelerhöhung zwischen Saturn und Apollo. Er wird auch »Gast der Mitte«, »Spitze der Vorteile« oder »Frühling« genannt und ist eine der »Vier Jahreszeiten«. Das Koa wird von einer gebrochenen Linie zwischen zwei ganzen gebildet.[2]

---

[1] Nach der abendländischen Tradition besagt der Jupiterberg Herrschwillen und Ehrgeiz. Durch das Kreuz der Ehe und den Stern des Erfolgs, die auf dem Berg liegen, wird angezeigt, daß der Mensch aus eigener Kraft vorwärts kommt.

Erhöht ist der Jupiterberg Zeichen eines edlen Ehrgeizes und vieler Ehren.

Übermäßig erhöht, herrscht das Verlangen zu befehlen.

Eingefallen oder nicht vorhanden: Unterwürfiger Charakter, Mangel an Eigenliebe. (Rem.)

[2] In der abendländischen Tradition spiegelt der Saturnberg das Verhängnis, die Glücksmöglichkeit wieder.

Erhöht, ohne Linien: Ein Leben ohne Schwierigkeiten, Schicksalsweg ohne besondere Mühen oder Freuden. Es können trotzdem Vorsicht, Vernunft und Erfolg vorhanden sein.

Übermäßig erhöht: Ernsthafter Charakter, schwerfälliges Denken, Skepsis mit leidvoller Bitterkeit, Liebe zur Stille, Mißachtung des Lebens, Neigung zu einer harten, asketischen Religion.

Eingefallen oder flach: Leichtsinniger Charakter, zu keinen ernsten Studien fähig.

Der Apolloberg zeigt Ruhm, Glück, künstlerische Neigungen an.

Gut entwickelt: Künstlerischer Geschmack, Erfolg, Ruhm.

Der Palast läßt offizielle Stellungen, Reisen oder Trennung erkennen. Dies gilt vor allem in der Zeit zwischen 25 und 50 Jahren.

Ist er stark erhöht, sind voraussichtlich offizielle Stellungen und Vorteile gegeben.

Sind überdies die Linien in rechter Form und Regelmäßigkeit gezeichnet, wird man sich in Glück, Ruhm und Gedeihen wohlfühlen und alle seine Vorfahren übertreffen.

Ist der Berg erhöht, genießt man den Ruhm eines Gelehrten oder Beamten.

Ist er ausgedehnt: Bei einem Zivilisten wird der Gehalt verlängert, beim Soldaten bedeutet es Ruhm.

Eingefallen: Ruhm und Blütezeit dauern nicht lange an.

Das Zeichen »Brunnen« läßt eine Stellung bei Hof erkennen.

Das »Netz« gibt einen hohen Beamtengrad an.

3. *Palast der Erde, kroun kong*, entspricht der Kraft der Erde, der Fruchtbarkeit, der Fortpflanzung. Er wird auch »Gastgeber im unteren Bereich«, »Pforte der Erde«, »Gipfel des Glücks« genannt. Das Koa ist aus drei gebrochenen Linien gebildet.[1]

Dieser Palast umschließt die Muskelerhöhung zwischen Apollo und Merkur.

Wenn er entwickelt ist stellt er die Schönheit dar, das Angenehme und Erfreuliche. Glück durch Frauen und dies vor allem zwischen 50 und 65 Jahren.

Gut entwickelt ist er Glück und Wert, Vater und Mutter.

Unentwickelt ist er Zeichen, daß die Schönheit der Mädchen verwelkt.

Zerfurcht und eingefallen: Man wird mit unheilvollen Frauen zusammentreffen, seine Stellung auflösen, seinen Haushalt zerstören und als Einsiedler leben.

Überentwickelt: Liebe zum Prunk.
Eingefallen oder fehlend: Feind der Künste, grob, ohne Wissen um das Schöne und Gute.
[1] Nach abendländischer Tradtion ist dies der Merkurberg.
Gut entwickelt, zeigt er feinsinnige Intelligenz und Beobachtungsgabe, Interesse für Wissenschaft, geistige Arbeit, kluge und ehrenhafte Spekulationen, erfolgreiches Glück, Fleiß, Erfindungen, Neigung zu okkulten Wissenschaften wie etwa Alchemie.
Stark entwickelt: Sinn für Geschäfte.
Übermäßig entwickelt: Diebstahl, List, Lüge, schamlose Börsenspekulationen, anmaßende Unwissenheit.
Eingefallen oder fehlend: Ein negatives Leben, das sich nicht an Studien oder Geschäfte anpassen kann; stumpfsinnig oder dumpf-naiv.

Wichtig ist die Farbe des Palastes.

Warmes Zinoberrot: Wenig Krankheiten und Bitternis bis ins hohe Alter hinein.

Gelb und eiskalt: Viele zügellose Wünsche.

Das Zeichen »Zehn« auf diesem Palast gibt ein friedliches Leben und Reichtum durch die Hilfe eines mächtigen Mannes.

Der Kreis, »Auge des Buddha« genannt, läßt Sieg aus eigener Kraft erkennen.

Das Zeichen »Frau«: Reichtum. Liegt dieses Zeichen auch im »Palast der Freude«, wird Reichtum durch einen Beschützer erlangt. Das Zeichen »Fische« auf dem unteren Teil des Berges: Reiche Ehren.

4. *Palast der Freude, toé kong.* Er entspricht der Feuchtigkeit, und allem, was gesättigt, befriedigt, fröhlich ist. Er wird auch »Herbst« genannt, als eine der Vier Jahreszeichen, die Zeit der Ernte.

Im oberen Bereich, auf dem Merkur, liegt der Palast der Eheleute und Günstlinge. Im unteren Teil, auf dem Marsberg, befindet sich die Linie der Homosexualität. Das Koa wird von einer gebrochenen, oberhalb von zwei ganzen Linien gebildet.[1]

Der Palast liegt auf dem Marsberg und dehnt sich auf einen Teil des Merkurberges aus.

Er gibt Günstlinge und Diener an.

Der Palast sollte dick, hoch erhoben, ausgeschmückt, lauwarm und zart sein.

Ist er niedrig und eingefallen mit gebrochenen Linien, werden die Diener nicht lange bleiben.

Alle Schädigungen auf dem Palast der Freude lassen die Ehepartner zu Einzelgängern und Einsamen werden.

Das Zeichen »Frau« kündet auf diesem Palast und dem der Erde Reichtum durch einen Beschützer an.

5. *Palast des Himmels, tsièn kong.* Das Koa wird von drei vollen Linien gebildet, die übereinander liegen. Der Palast entspricht dem Himmel, dem Vater, der seine Gaben verteilt. Bewegung ohne Aufenthalt. Dieser Pa-

---

[1] Nach abendländischer Tradition der Marsberg.
Gut entwickelt: Mut, Ruhe, Kaltblütigkeit, Selbstbeherrschung.
Flach: Weichheit, Kindlichkeit, fehlende Charakterstärke und Mutlosigkeit, mangelnde Widerstandskraft. (Rem.)
Es ist seltsam, daß die Ehelinien in Europa auf der Außenseite des Merkurbergs oder an seiner Wurzel liegen.

last wird auch »Pforte des Feuers« oder »Palast der Väter und Söhne« genannt.

Er entspricht unserem Mondberg auf der Hypothenar-Erhöhung der Hand.[1]

Er beherrscht den Erfolg der Nachkommenschaft, die Voraussicht der Zukunft, den Erfolg.

Ist er hoch, wird der älteste Sohn Triumphe feiern.

Ist er dick und ausgeschmückt, liegt Würde auf der Nachkommenschaft.

Ist er erhöht, ist das Leben lang. Macht und Energie des Weisen werden zu einer hohen Stellung führen. Heimliche Protektion gibt Schutz, erfüllt den Palast und bewahrt vor Fallstricken. Der Weise wird sich, den ersten Lichtstrahlen des Jahres gleich, hoch erheben.

Selbst wenn er sich in einem wenig festgegründeten Palast niederläßt, wenn er viel auf Reisen ist, um Schwierigkeiten zu entgehen, selbst wenn er seine Stellung aufgibt, wird er dennoch aufsteigen und ein berühmter Gelehrter werden.

Das Zeichen des »Goldenen Siegels« (ein Viereck) in diesem Palast kündet einen großen Weisen an.

6. *Der Palast des Grabens, krann kong.* Das Koa wird von einer ganzen Linie zwischen zwei gebrochenen gebildet. Er entspricht dem Wasser, dem von Oben nach Unten Fließenden. Man nennt ihn auch »Palast des Wassers«, oder »Winter«, eine der »Vier Jahreszeiten« oder »Tor zum Meer«.

Er ist der Bereich zwischen Venus und Mond, nahe dem Handgelenk, von dem die Schicksalslinie ausgeht. In Europa gibt es keinen Namen für diesen Palast.

Er beherrscht die Würde der Eltern und ist der Sammelplatz für die Fähigkeiten, die von Vorfahren ererbt sind.

Erhoben ist er Zeichen für verborgene Protektion der Vorfahren. Dick und reichgeschmückt, zeigt er Würde an.

---

[1] Ähnlich wie im Abendland: Der Mond entspricht der Einbildungskraft. Das Vorhersehen der Zukunft setzt diese Gabe voraus.

Erhöht: Einbildungskraft, Freude an Lyrik, Träumerei, Meditation, Idealismus.

Übermäßig entwickelt: Launen, wirre Einbildungen, stete Gereiztheit, grundlose Hoffnungslosigkeit, immerwährende Unzufriedenheit. Dämpfe, Migränen.

Eingefallen oder flach: Mangel an Ideen und Poesie, Nüchternheit, Kälte, nicht fähig zur Begeisterung, hält sich ein solcher Mensch allein an Tatsachen und reale Gegebenheiten.

Riefen und Rillen: Reizbar, Tendenz zum Wahnsinn.

Niedrig und hohl mit überfließenden und zerstreuten Linien: Begegnung mit Wogen und Wind. Das Unglück wird vom Wasser kommen.

Durchkreuzt eine Linie den Palast in aufsteigender Richtung, gebührt einem solchen wertvollen Menschen Achtung (Schicksalslinie oder Säule aus Jade).

Die Bedeutung des Palastes wird durch die Linien verändert, die sich auf ihm befinden.

Eine Fülle von Linien auf dem Palast, Seidenfäden gleich, zeigen Glück an und Verwirklichung von Plänen.

Wenn eine Linie, die einen Haken bildet, gleich einer Hacke vom Gebirge (Venusberg) aus in den Graben mündet, wird man Glück durch einen Vorfahren genießen.

Öffnet sich eine Linie in drei Teile, läßt dies drei aufeinanderfolgende Wohnungen erkennen.

Sind die Linien gebrochen und später wieder geschlossen, sucht man Energie beim Anderen und empfängt sie.

Ein Dreieck auf dem Palast zeigt Neigung zu Diebstahl und Raub an. »Weidenkätzchen« (eine Gruppe von Winkeln): Eine Generation voller Ehren und Reichtum.

7. *Palast des Berges, kenn kong.* Das Koa wird von einer ganzen Linie gebildet, die über zwei gebrochen liegt. Der Palast stellt den Berg dar, das Hindernis, die Schwierigkeit. Er wird auch »Palast der Brüder« oder »Pforte des Waldes« genannt und ist eine der »Vier Pforten«.

Es ist der untere Teil des Venusberges.

Er herrscht über das gute Einvernehmen zwischen Brüdern. Der Berg bezeichnet die ungeteilten Güter: Gräber, Besitztümer und Häuser der Familie.

Ist er eingefallen, fügt man seinen Eltern und Kindern Schaden zu. Liegen »Fliegende Nadeln« (vielfache Striche) auf dem Palast, werden die Brüder sich zerstreuen und es wird viel Trennung geben. Ehe man dem Jugendalter entwachsen ist und die mittleren Jahre erreicht hat, muß man sich um seine eigenen Angelegenheiten selbst kümmern. Man wird lang allein bleiben, einsam auf seinem Ast. Das Zeichen des »Gitters«: Melancholie und Ekel vor allem, wenn man nicht eine ernsthafte Beschäftigung hat.

8. *Palast des Donnerschlags, tschenn kong.* Das Koa wird aus zwei gebrochenen Linien über einer Ganzen gebildet. Der Palast entspricht dem

Donner, dem Umwälzendem — man nennt ihn auch (etwas verwirrend) »Frühling«, eine der »Vier Jahreszeiten«.

Es ist der obere Teil des Venusberges.[1]

Er beherrscht die unruhige Erregung der Liebesempfindungen. Diese drängt zur Wahl von Ehegatten und Liebenden.

Durch diese Erregung wendet sich der Körper dem anderen Geschlecht zu.

Der Palast läßt den ganzen Körper sich aufrichten, läßt Ehegatten und Liebende den Sieg gewinnen.

Er gibt auch Energie.

Ist er erhöht, erwirkt man frühzeitig Gebiete und Häuser für eine ganze Generation.

In der Hand einer Frau ändert sich die Bedeutung ein wenig.

Erhöht, dick, weich, rot, glänzend mit dem Zeichen »Aufgereihtes Kleingeld«, »Degen« oder »Hügel«: Besitzergreifung männlicher Macht, großes Glück.

Niedrig, eingefallen mit fließenden Linien: Kein Reichtum, aber geheimer Einfluß auf den Mann und Zwietracht für die Kinder.

Linien verstärken die Bedeutung für beide Geschlechter: Sind sie vorhanden, sind die Ehepartner von übermäßig großer Lebensfreude. Dies kann zur Zerstörung der Familiengüter führen.

Das Zeichen »Ausschweifende Begierden« auf diesem Palast zeigt unermüdliche Verliebtheit an.

Das Zeichen »Brunnen« sagt große Besitztümer voraus.

9. *Saal der Audienz oder Klarheit, ming trang.* Dieser letzte Palast liegt

---

[1] Nach abendländischer Tradition ist der Venusberg Symbol des Gefühls, der Zärtlichkeit, der Liebe. Er stellt die große Antriebskraft des Lebens dar. Ohne erhöhten Venusberg sind alle Gefühle trocken und ichsüchtig.

Harmonisch mit einer Anzahl von Linien, die aber wenig hervortreten: Sinneslust, Wohlwollen, Liebe zur Schönheit und Anmut, der Wunsch zu gefallen, zu lieben und geliebt zu werden.

Flach, fast ohne Linien: Kälte, unbewegt in der Liebe, oft kurzes Leben, da der Saft der Liebe der Saft des Lebens ist.

Stark entwickelt ohne Linien: Menschenliebe und natürlicher Frohsinn.

Übermäßig entwickelt und voller Linien: Große Leidenschaftlichkeit, Ausschweifung, Koketterie, Leichtsinn, Unbeständigkeit, Trägheit.

Eingefallen: Fehlende Zärtlichkeit, wenig Aktivität und Gefühle im Künstlerischen, Kälte und Kraftlosigkeit in der Liebe.

Sehr breit, stark, hart und fest: Brutale Leidenschaft.

Sehr eng mit einer zum Daumen gepreßten Lebenslinie bedeutet in einer Frauenhand: Unfruchtbarkeit oder schwere Niederkunft. (Rem.)

in der Mitte der Handfläche und entspricht unserem Viereck zwischen Kopf- und Herzlinie.[1]

Der Saal der Audienz beherrscht Energie, Reichtümer, Fülle. Er liegt in der Mitte der Handfläche und betrifft augenblickliches Glück oder Mißgeschick.

Ist seine Färbung dunkel und schwarz, tritt mit Sicherheit Unglück auf.

Zeichen in diesem Palast haben besondere Bedeutung.

Sind es Siegel (Vierecke) oder Winkel, handelt es sich um einen wertvollen Menschen.

Der Kreis, der hier »Auge der Lehre« genannt wird, zeigt einen mystischen Menschen an.

»Brunnen« bedeuten Glück und große Ehren.

Die »Leiter aus Jade«: Weisheit und intellektuelle Gaben.

Das Zeichen »Frau« besagt, daß man um einer Frau willen eine Familie gründen wird. Ist dieses Zeichen aber von Linien durchkreuzt, deutet es auf Unglück durch eine Frau.

»Leiter aus Jade«: Erfolg bei Prüfungen, Reichtum.

»Stern des Südens«: Herrschaft über Landbesitz.

»Strick«: Selbstmord durch Erhängen.

---

[1] Nach abendländischer Tradition ist das Viereck der Raum zwischen Herz- und Kopflinie. Ist es regelmäßig gebildet, groß, breit und anmutig, ist eine gute Konstitution vorhanden. Loyaler, wohlwollender Charakter, inneres Gleichgewicht und klares Urteil.

Fehlt das Viereck in einer Hand, ist dies ein verhängnisvolles Zeichen für Bosheit und Unglück.

Liegen Herz- und Kopflinie zu nah aneinander, erscheint das Viereck sowohl eng wie unregelmäßig. Dies zeigt einen furchtsamen, unentschiedenen Menschen an mit einem beschränkten, unentschlossenen Charakter, dem Antrieb und Unmittelbarkeit fehlen.

Die im Abendland beobachteten Zeichen im Viereck sind: Das mystische Kreuz unter dem Mittelfinger; ein Kreuz nahe dem Marsberg, das erfolgreiche Reisen anzeigt; ein Stern als Zeichen von Verderbtheit durch eine Frau. Über diese Deutung herrschen Meinungsverschiedenheiten. (Rem.)

IX. Linien der Handfläche

A. Allgemeines

Ehe man die Linien der Handfläche in ihren Einzelheiten mit ihren Namen und besonderen Angaben prüft, muß man den Gesamtaspekt betrachten.

Die Bedeutung dieses Gesamts findet Rechtfertigung in einem seltsar Gesetz der Analogie:

Es gibt auf den Handflächen Linien, die denen des Waldes ähneln. Wenn die Linien des Holzes schön sind, spricht man von einer schönen Baumart. Sind die Linien der Handfläche schön, handelt es sich um einen wertvollen Menschen.

Deshalb sollten die Handflächen nicht ohne Linien sein.

Eine Handfläche mit Linien zeigt höhere Fähigkeiten; jene ohne Linien mindere.

So ist von Anfang an die Zahl der Linien ein wichtiges Zeichen.[1]

Wenn die Hand mit schönen Linien bedeckt ist, hat man in späteren Jahren Kleidung und Nahrung.

Linien wie Seidensträhnen: Glück und Reichtum.

Eine Fülle blühender Linien läßt langes Leben erkennen.

Zahlreiche Linien: Zahlreiches wird betrieben.

Wenn eine Handfläche ohne Linien ist, werden die Menschen schon früh ihre Güter verlieren und vergeuden.

Wenig Linien: Wenig geistige Hilfsquellen.

Zerstreute Linien: Weder Glück noch Reichtum.

---

[1] Nach abendländischer Tradtion sind regelmäßige, zahlreiche und rote Linien Zeichen eines Lebens mit höheren Zielen und lassen Intelligenz und Feinfühligkeit erkennen.
Sehr viele Linien: Leidenschaftlichkeit.
Handfläche fast oder ganz ohne Linien: Fatalismus. (Enzyklop.)
Der Venusring ist Ersatz für wenig Linien.

Ein Übermaß an Linien ist von unheilvoller Bedeutung.

Wenn die Linien zu sehr die Handfläche bedecken, ist die Situation mittelmäßig.

Die allgemeine Form der Linien steht in unmittelbarer Beziehung zur Form des Geist-Herzens.[1]

Um in den Geist und den Charakter der Menschen einzudringen, muß man ihre Handfläche betrachten. Kennt man diesen Bereich, wird man auch die Art ihres Geist-Herzens erkennen.

Friedliche Handfläche: Friedliches Geist-Herz.

Unruhige Handfläche: Erregtes Geist-Herz.

Lange Linien: Große Gesichtspunkte.

Kurze Linien: Kleine Gesichtspunkte.

Dennoch heißt es:

Zu lange Linien: Kleiner Charakter. Man macht nach außen große Worte, wenn man aber den Kopf umdreht, macht man sich lustig.

Bei wertvollen Menschen sind die Handlinien klar. Sie bilden harmonische Muster und korrekte Zeichen. Sie sind schön und regelmäßig.

Gewöhnliche Menschen haben dicke, unterbrochene Linien. Sie können auch unordentlich zerstreut sein oder dunkel und unangenehm.

Man stellt also am Anfang fest, ob viele oder wenige Linien vorhanden sind. Ferner, ob das Gesamt gut gezeichnet oder verwirrt ist. Danach prüft man ganz allgemein jeden Aspekt der Linien nach Klarheit oder Verwirrung, Tiefe und Breite, Unterbrechung, Gradlinigkeit, Richtung, Färbung.

Klarheit oder Verwirrung

Sind die Linien gut gezeichnet, handelt es sich um einen wertvollen Menschen.[2]

---

[1] Nach abendländischer Tradition bedeuten schöne Linien, d. h. ganze, klare, etwas breite und tiefe Linien: Gesundheit, Ausgeglichenheit und ein normales Schicksal.

Unvollkommen gezeichnete, verwirrte, gewundene Linien: Wunderliches Wesen, Gefahren, Bosheit, Böswilligkeit, Ausfallerscheinungen.

Grobe Linien: Grober Mensch. (Enzyklop.)

[2] Nach der abendländischen Tradition läßt das Übermaß, die Anhäufung von verwirrten Linien Erkrankungen der Nerven erkennen. Häufig auch Hysterie, wenn zu der Überfülle an Linien, vor allem auf Venus- und Mondberg, ein Venusring hinzukommt.

Ganz allgemein: Ein Mensch, dessen Hände mit Linien und Strichen überzogen sind, erregt sich ohne Unterlaß, wandelt seine Ängste und Hirngespinste in Wirklichkeiten um und fürchtet sich vor jedem Nichts. (Rem.)

Sind sie verwirrt, herrscht das ganze Leben lang Armut.

Geknotet, ineinander übergehend, zeigen sie Einsamkeit, Armut, Torheit und geistige Umnebelung.

Verwirrt wie Weidenknoten: Reisen in weite Länder.

Am Ende geknotet wie doppelte Boote: Tod durch Ertrinken.

Sind alle Linien geknotet und verwirrt, besteht ein undiszipliniertes Denken, selbst wenn es vielseitig ist. Dies macht den Menschen mißachtend und bös.

Wenn aber die Linien trotz ihrer Verwirrung gut gezeichnet und harmonisch sind, ist Glück vorhanden und es wird niemals Feuersbrunst und Mißgeschick geben.

Man darf aber die Klarheit in der Anordnung der Linien nicht verwechseln mit einer unordentlichen Zerstreuung, die ungünstig ist. Sind die Linien wie ein gesprungener Ball, wird man in Freuden leben.

Zerstreute, ungeordnete Linien zeigen ein Leben voller Zerstreuung und Verschlagenheit. Glück oder Mißgeschick des Tuns hängen nicht von eigenen Kräften ab.

Tiefe und Breite

Diese beiden Zeichen, die in ihrer Bedeutung recht verschieden sind, können zeitweilig verbunden sein.

Tiefe Linien: Schwer zu erforschende, tiefgründige Pläne.[1]

Tief eingezeichnete Linien: Tiefgründige Gedanken und Beschäftigungen. Tun ohne Umschweife.

Ausgehöhlt: Langlebigkeit, Glück, Wohlergehen im Alter.

Tiefe und feine Linien: Glück.

Oberflächliche (wenig tiefe) Linien: Oberflächliche Pläne.

Oberflächliche, kurze Linien: Leichtsinniger, oberflächlicher Mensch, der hoch hinausstrebt, selten aber etwas zu Ende bringt. Das ganze Leben ist auf der Flucht.

Wenig sichtbare Linien: Unklares Denken.

Feinheit ist besser als Breite.[2]

Feine Linien wie Seidenfäden: Intelligenz und gute Organisation.

Fein und tief: Glück.

---

[1] Nach abendländischer Tradition geben sehr tiefe Linien Intensität an. Oberflächliche Linien sind Zeichen von Ruhe und Apathie. (Enzyklop.)

[2] Nach abendländischer Tradition gelten feine und zahlreiche Linien als Zeichen von Aktivität und Nervosität. Breite bedeuten Weichheit und Apathie. (Enzyklop.)

Dick und breit wie Hobelspäne: Torheit und Armut.

Dick und oberflächlich: Niedrige Stellung.

Breit und oberflächlich: Unreinheit, Unruhe, Grobheit.

Unterbrechungen der Linien

Unterbrechungen sind Zeichen von Unvollkommenheit und Gefahr.[1] Selbst wenn gute Linien lange Unterbrechungen haben, weist dies immer auf Mangel, Gefahr, Unvollkommenheit hin.

Gebrochene und wieder aufgenommene Linien: Schnelle Begeisterung und ebenso schnelles Entmutigtsein.

Gradlinigkeit der Linien

Sind die Linien gerade, lang, ohne Biegungen, ist der Charakter gerade, loyal, scharf und intelligent.

Gerade Linien: Gerader Charakter.

Krumme Linien zeigen einen schurkischen Menschen an, ohne Loyalität und Rechtschaffenheit. Das ganze Leben lang kommt man mit seinen Unternehmungen nicht zuende.

Gewundene Linien: Viel Sorgen und Zweifel.[2]

Allgemeine Richtung der Linien

In manchen Händen wenden sich Nebenlinien oder Zweige von den Linien aus nach unten oder oben oder durchkreuzen die Linien.[3]

Handelt es sich vor allem um senkrechte Linien, ist der Mensch wertvoll und wird sich bis zum Rang der drei Minister erheben.

Steigen sie von unten nach oben auf, wird man ohne Niederlage seine Unternehmungen beenden. Glück oder Mißgeschick hängen vom eigenen Vermögen ab.

Wenn sie beim Aufsteigen die Handfläche bis zu den Fingern durchkreuzen, haben alle Unternehmungen Erfolg.

---

[1] Nach abendländischer Tradition verlieren gebrochene, durchschnittene, durch andere Linien getrennte Linien die ihnen angemessene Bedeutung und zeigen Stokkungen, Aufenthalte, Veränderungen der Lebensrichtung oder -situation, der Leidenschaften, des Wollens, des Schicksals an. (Rem.)

[2] Nach abendländischer Tradition bedeuten gewundene oder eingebogene Linien wenn nicht eine völlige Verhinderung so doch zumindest Schwächung der von der Linie angezeigten Möglichkeiten. (Rem.)

[3] Nach abendländischer Tradition sind aufsteigende Hilfslinien oder Striche immer von guter Bedeutung, günstig und erfolgreich.

Wenn sie aber die Einschnitte der Finger durchkreuzen und verwirrt sind, wird alles zerbrochen und vergeudet.

Querlinien: Streitsüchtiger Charakter.

Wenn die Linien der Handfläche im allgemeinen querlaufen, wird es ein unbeschreibliches Unglück geben.

Wenn die Linien nach unten fließen, vor allem, wenn sie aus den Gelenken kommen, ist Zersplitterung und Demütigung angezeigt.[1]

Von oben nach unten führend, zeigen sie einen zu lebhaften Charakter an. Man wird keinen Erfolg haben, sondern scheitern und unterdrückt werden. Es ist nicht wahrscheinlich, daß man Situationen durchbrechen wird.

Veränderung und Schwinden der Linien

Die Chinesen erwähnen Veränderungen der Linien und Zeichen vor einem Ereignis (Zeichen des »Sarges« für Tod; rot auf dem »Saal der Audienz« für nahe Freude etc.).

Sie untersuchen nicht das Schwinden der Linien nach Paralyse oder nach dem Tod, weil diese Tatsachen nicht sehr wichtig für Vorhersagen sind.

Farbe der Linien

Die Färbung der Linien wird nur kurz angegeben.

Rot ist günstig.

Blaß oder gelb ungünstig.

Schwarz ist Zeichen von Krankheit oder nahendem Tod.[2]

---

[1] Absteigende Linien haben immer einen ungünstigen Sinn.

[2] Nach abendländischer Tradition muß die Farbe der Linien in Betracht gezogen werden.

Bleich oder gelb: Lymphatisch, daraus folgende Apathie.

Gelb ist Zeichen von Galle. Daraus folgender Pessimismus, Traurigkeit, Bosheit.

Rot ist Zeichen von sanguinischem Temperament. Daraus folgt Kraft, Leidenschaft, vielleicht auch Gewaltsamkeit.

Bleifarbig, dunkelblau: Zeichen von Materialismus, Unordnung, Groll, vor allem, wenn die Finger diese Fehler bekräftigen. (Enzyklop.)

B. Die drei konstanten Linien

Es gibt in der Handfläche drei große konstante Linien, die immer zu finden sind. Sie heißen auch: Drei Mächtigkeiten, *sann tsraé*.

Am nächsten zu den Fingern liegt die »Linie des Himmels« (unsere Herzlinie).

In der Handmitte verläuft die »Linie des Menschen« (unsere Kopflinie).

Den Daumen umgibt die »Linie der Erde« (unsere Lebenslinie).[1]

Allgemeine Bedeutung

Sind diese drei Linien klar, rein, ungebrochen, ist dies Vorhersage von Glück und Reichtum.

Sind sie gerade und fest gezeichnet, handelt es sich um einen wertvollen Menschen.

Wenn sich aber, auch bei guter Zeichnung, in der Mitte eine Lücke oder ein Schnitt bemerkbar macht, ist dies Zeichen von Verlust, Gefahr und nicht Vollendung.

Von zahlreichen Querlinien durchkreuzt, ist die Vorhersage unheilvoll.

Von zahlreichen Nebenlinien begleitet: Dumpfe und niedrige Natur.

Am Ende in einem »Doppelboot« geknotet: Ertrinken.

Liegt auf diesen drei Linien ein »Aufgehender Mond« oder ein »Rad« (Kreis), herrschen Ruhm und Glück.

Das Zeichen *chenn* (Kreuz in einem Viereck mit einem Querstrich) zeigt einen wertvollen Menschen an.

Das Zeichen des »Feldes« (Kreuz in einem Viereck): Reichtum.

Das Zeichen des »Brunnens« (vier sich kreuzende Linien): Glück.

Kreuze: Vorteile.

---

[1] Herzlinie (Linie des Himmels). Sie beginnt am äußersten Handrand unter dem kleinen Finger und endet unter dem Zeigefinger. Eine Senkrechte, die von der Mitte des kleinen Fingers herabgelotet wird, entspricht dem zehnten Jahr; von der Mitte des Ringfingers herabführend dem zwanzigsten; von der Mitte des Mittelfingers herab dem fünfzigsten; vom Zeigefinger herab dem fünfundsiebzigsten Jahr.

Die Kopflinie entspringt zwischen Daumen und Zeigefinger und endet in der Nähe von Mars- oder Mondberg. Die Senkrechte von der Mitte des Zeigefingers herab gibt das zehnte, von der Mitte des Mittelfingers das fünfundzwanzigste, von der Mitte des Ringfingers das fünfzigste, von der Mitte des kleinen Fingers herab das fünfundsiebzigste Jahr an.

Die Lebenslinie entspringt zwischen Daumen und Zeigefinger an der Daumenwurzel. Die Mitte der Linie bedeutet das vierzigste Jahr. Im unteren Teil sind die Einteilungen enger.

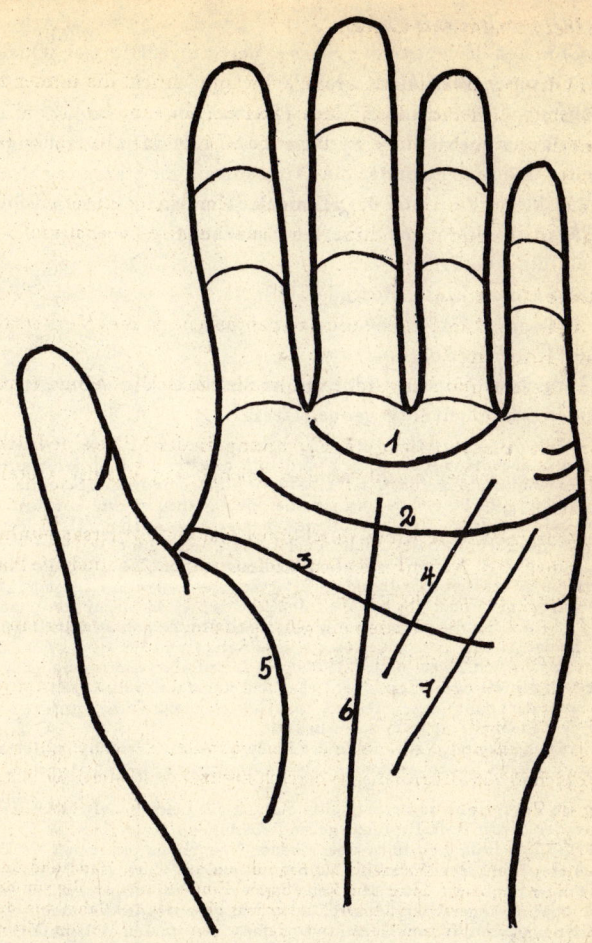

Abb. 13 : Konstante und allgemeine Linien

1. Hohe Unterstützung. 2. Linie des Himmels. 3. Linie des Menschen.
4. Fülle des Glücks. 5. Linie der Erde. 6. Säule aus Jade. 7. Heil dem
Minister.

Linie des Himmels (des Herzens)

Den Chinesen bedeuten die Sterne, der ganze Himmel, Quelle der Energie, die unser Geist-Herz belebt.[1]

Die oberste Linie entspricht dem Himmel. In ihm erblickt man den Herrn, den Vater. Sie stellt die wertvollen oder gemeinen Bestrebungen dar.

Je weiter und ungehemmter die Wirksamkeit der Sterne reicht, d. h. je länger und klarer die Linie des Himmels (Herzens) ist, um so edler und wertvoller ist die Natur, den Sternen entsprechend.

Kurze Linie: Wenig edle Natur.

Durchschnittene Linie: Störende Einflüsse.

Linie des Menschen (Kopflinie)

Der Mensch ist für den Chinesen der Intellekt, die Vernunft, die der instinktiven Schlauheit entgegengesetzt ist.[2]

---

[1] Nach der abendländischen Lehre wird kein direkter Einfluß der Sterne angenommen. Es wird nur angeführt, daß eine klare Linie ohne Inseln, Schnitte, Punkte, Flecken, die gut gefärbt, gerade, nicht zu tief eingegraben ist und auf dem Jupiterberg oder zwischen Zeige- und Mittelfinger endet, ein gutes Herz, Zärtlichkeit, Hingabe in Ehe und Freundschaft, Glück in der Liebe anzeigt. Im physischen Bereich ist das Herz gut ausgeglichen und von gesunder Konstitution. (Rem.) Ist die Linie lang mit einem durchfurchten Mondberg, ist Eifersucht (vor allem bei ausgeprägtem Venusring) angezeigt. Endet sie auf dem Jupiterberg, ist Idealismus mit möglichen Würden und Reichtümern vorhanden. Ihr Ende auf dem Zeigefinger ist ein gutes Zeichen. Schneidet sie aber in das Gelenk ein, ist Unglück und Verlust an Gütern angegeben. Ende zwischen Zeige- und Mittelfinger: Arbeit aber Glücksmöglichkeiten.
Unter dem Mittelfinger: Unruhiges Leben und Angst vor frühem Tod.
Ende unter dem Ringfinger: Herzens- und Geistesarmut; Verhängnis.
Unter dem Kleinen Finger: Geschicklichkeit.
Verwirrt und gekettet: Vielseitig in der Liebe. Physisch: Neigung zu Herzklopfen.
Sind die äußeren Enden gewunden: Herzerkrankungen; Gegabelt: Schlechte Zirkulation.
Wenn ein Zweig zum Jupiterberg aufsteigt, ist die Leidenschaft voller Kraft und zugleich voller Zärtlichkeit. Drei Äste geben Reichtum an. (Enzyklop.)
Herz- und Kopflinie ineinander übergehend: Neigung zu plötzlicher Verliebtheit.
[2] Nach abendländischer Tradition bedeutet eine lange, klare, sehr deutliche gerade Kopflinie ohne Punkt und Fleck, die zum Marsberg hinabführt und unter einer vom kleinen Finger herabgeloteten Senkrechten endet: gesundes Urteil, praktischen Verstand, offenes, gerades Wesen, Gerechtigkeit und einen starken Willen. (Rem.)
Zum Mondberg hinabfallend: Einbildungskraft; noch tiefer hinunter: Okkultismus.
Spät erst von der Lebenslinie abgelöst: Zögernd sich durchsetzende Intelligenz, langsames Verständnis.
Beginnt die Kopflinie, ohne die Lebenslinie zu berühren: Leichtsinniger Charakter, Phantasterei, unsicher aber Selbstvertrauen.
Kurze Kopflinie: Mangel an Charakter.
Am Anfang unterbrochen: Verwundungen durch Sturz. Am Anfang von Quer- oder Wellenlinien durchschnitten: Schwieriger Charakter in der Kindheit und Jugend.

In der »Linie des Menschen« (Kopflinie) sieht man Weisheit oder Torheit, Reichtum oder Armut.

Der Sinn für die Wirklichkeit steht in Beziehung zur Länge und Klarheit dieser Linie.

Linie der Erde (Lebenslinie)

Die Erde ist für die Chinesen die fruchtbare Vitalität.[1]

Die untere Linie entspricht der Erde. In ihr zeigt sich der Mensch als heranwachsendes Kind. Sie herrscht über die Langlebigkeit, die Unfälle oder Krankheiten.

Wenn sie nicht aus dem Daumen hervortritt, läßt sie eine geizige, harte Natur erkennen, die aber Reichtum ansammeln kann.

In mehreren Bruchstücken: Migräne, Mangel an Gedächtnis.
Unter Saturn gebrochen: Großes Verhängnis.
Schlecht gezeichnet und verwirrt: Schwaches Gehirn, Wahnsinn.
Der Lebenslinie zugeneigt: Sicheres Glück.
Die Herzlinie berührend: Das Herz beherrscht den Kopf.
Ein Zweig am Anfang, der mit einem Stern auf dem Jupiter endet: Großer Erfolg.
Zweig zum Jupiterfinger aufsteigend: Ehrgeiz. (Enzyklop.)
[1] Gleiche Bedeutung in abendländischer Tradition. Eine lange, klare, gut gezeichnete Lebenslinie ohne Hindernisse und Punkte: Robuste Vitalität, keine Krankheiten und Unfälle.
Kurz: Gefahr eines kurzen Lebens.
In beiden Händen in zwei Teile gebrochen: Tödliche Gefahr.
Doppelte Lebenslinie: Große Vitalität. Am Ende gegabelt: Schwäche im Alter.
Zweige am Anfang: Reichtum; am Ende: Verlust an Gütern.
Zweige zum Jupiterberg hin: Ehrgeiz, Erfolg; zur Kopflinie hin: Erfolg; zum Saturn- oder Sonnenberg: Ehrungen, Reichtum; zum Mars: Erfolg nach Prüfungen; zum Venusberg aufsteigend: Eher Erfolg in der Liebe als in Geschäften.
Alle aufsteigenden Linien: Erfolg durch persönlichen Verdienst.
Querlinien: Unglückliche Veränderungen; Querlinien, die mit einem Kreuz auf der Kopflinie enden: Scheidung. (Enzyklop.)
Kopf- und Lebenslinie zu Beginn verbunden: Schwerfälliges Verständnis, langsam erworbene Intelligenz.

C. Weitere Linien der Handfläche

Linien und Striche

Nebenlinien, die nur zeitweilig vorhanden sind, treten nicht in jeder Hand auf. Wenn aber eingezeichnet, liegen sie in bestimmten Bereichen. Striche sind kurz und ohne festen Ort.

Die Chinesen kannten die Mehrzahl unserer Nebenlinien:

Die Säule aus Jade (Schicksalslinie)

Sie wird auch »Himmlische Freude« genannt oder »Kommunikation mit dem Himmel« oder »Himmlische Säule« oder »Aufrechter Körper«.[1]

Es ist unsere Schicksalslinie, die auch »Linie des Glücks oder der Bestimmung« oder Saturnlinie heißt. Sie durchzieht die Hand von der Raszette zum Mittelfinger hin.

Wenn eine gerade Linie vom »Palast des Grabens« zum »Palast der Trennung« aufsteigt, sind Reichtum, Ehren und friedvolles Leben angezeigt. Man wird sich in Ruhm und Wohlstand einrichten. Es ist das Zeichen der Kommunikation mit dem Himmel.

Wenn die Linie durch die Handmitte läuft, wird sie »Himmlische Säule« genannt. Sie ist dann Zeichen eines langen und glücklichen Lebens.

Durchquert sie geradewegs den »Palast der Trennung« bis zum Gelenk des Mittelfingers hinauf, verspricht sie Ehren und Reichtümer. Steigt eine Linie ohne Unterbrechung vom »Palast des Grabens«, der Handwurzel, gerade aufwärts durch die Ebene, bringt sie Glück.

Sind jene, die diese Linie besitzen, gelehrt, werden sie großen Ruf erlangen. Arbeiter, werden sie aus eigener Kraft eine Familie gründen.

Durch diese Linie werden Wert und Talent, die ein Mensch einige Jahr-

---

[1] Nach abendländischer Tradition deutet diese Linie auf das Schicksal und sagt etwas aus über die soziale Situation. Denn sie gibt vor allem den Gang der Ereignisse (die soziale Lage) an, die das Leben bestimmen.

Wenn sie an die Kopflinie kommt, handelt es sich etwa um das dreißigste, am Mittelfinger um das fünfundsiebzigste Jahr. Sie ist tief einschneidend zu Zeiten wichtiger Ereignisse.

Steigt sie gerade auf, ist das Schicksal günstig. Ist sie unregelmäßig gezeichnet, handelt es sich um reizbare, empfindsame Menschen. Dies wird noch durch eine Begleitlinie verstärkt.

Verwirrt oder durchschnitten, ist sie Zeichen eines wechselnden Schicksals. Angehalten von der Kopflinie: Krankheit des Kopfes oder Gehirnschlag. An der Herzlinie angehalten: Herzkrankheit oder ein Schicksal, das durch eine Herzensangelegenheit, durch Güte oder Liebe aufgehalten wird. (Enzyklop.)

zehnte hindurch erworben hat, vererbt. Der Wert von Tausenden von Vorfahren überträgt sich weiter und wird zum Erbe der Generationen.

Jede Unterbrechung der Linie bezeichnet eine Niederlage.

Die Linie richtet unter dem Namen »Himmlische Freude« den Körper auf und bringt himmlisches Frohsein. Das ganze Leben lang herrscht eine Fülle von Glück und himmlischem Schutz, Ruhm, Freuden und Frieden. In allen Dingen liegt ein rechtes Maß an Gold.

Unter dem Namen »Säule aus Jade« steigt die Linie vom untersten Teil der Handfläche geradewegs auf. Sie zeigt einen energischen intellektuellen Menschen, der mit Sicherheit Verstand besitzt. Sind überdies auf dem »Saal der Audienz« (Viereck) strahlende und auffällige Linien vorhanden, wird man mit Sicherheit in der Mitte des Lebens Staatsminister.

Linie der Glücksfülle (Sonnenlinie)

Sie entsteht in der Mitte der Hand und steigt zum Sonnenberg auf, Zeichen eines geruhsamen Lebens ohne Unglück und Feuersbrunst, Mitleid mit den Armen und Großzügigkeit des Schenkens. Viele verborgene Tugenden. Man wird alt und reich.[1]

Linie: Heil dem Minister (Intuitionslinie)

Diese Linie steigt vom »Palast des Himmels« (Mond) auf.

Ist sie ebenso schön wie eine mit Jade geschmückte Laute, sind Natur und Gefühle rein und in Fülle vorhanden. Die Bildung ist außergewöhnlich, man steigt zu höchsten Ehren auf. Tiefbegründet sind die Hoffnungen, ein wertvoller Mensch zu werden.[2]

---

[1] Nach abendländischer Tradition geht die Sonnenlinie von Kopf- oder Herzlinie aus und führt zur Wurzel des Ringfingers. Sie gibt Erfolg, Ruhm, Berühmtheit nicht nur für die Menschen an, die sich mit Kunst, Poesie oder Literatur beschäftigen, sondern auch für Finanzen, Industrie und Handel. (Rem.)
Das Alter ist auf der Sonnenlinie in folgender Weise abzulesen: Das dreißigste Jahr liegt an der Begegnung mit der Kopflinie (die Zeit, in der sich der Beruf bestätigt); das vierzigste Jahr liegt an der Herzlinie, das fünfundsiebzigste am Ringfinger. Hierüber sagen die Chinesen nichts aus.
[2] Nach abendländischer Tradition gibt die klare, regelmäßige, lange Intuitionslinie ohne Punkte und Kreuze einen geraden, loyalen, intelligenten, feinsinnigen und praktischen, starken und schöpferischen Menschen an mit gesunder Phantasie, guter Gesundheit, hervorragendem Gedächtnis. In allem Genauigkeit und Klarheit auf den ersten Blick. Leichte Hand. Diese Linie ist auch Zeichen einer sehr intuitiven beeindruckbaren, sensitiven, nervösen Natur, die Vorahnungen unterworfen ist. Diese Aussagen sind also die gleichen wie in China.

Linien der ersten und zweiten Ehegatten (Verbindungen)

Diese Linien liegen auf der äußersten Seite des kleinen Fingers und führen in den Merkurberg hinein.[1]

Ihre Länge gibt die Dauer der Verbindungen an.

Wenn die Linie in den »Palast der Sklaven« und weiter einwärts dringt (Merkurberg), sind geheime Liebesbeziehungen vorhanden, ohne daß man die Bindung zu seinem ersten Ehepartner löst.

Linie der Hohen Unterstützung (Venusring)

Diese Linie verbindet die Basis von Mittel- und Ringfinger. Sie gibt Mannbarkeit.[2]

Linie einer einzigen Art

Sie liegt am äußersten Rand unter der Herzlinie neben dem »Berg der Freude« (Mars).

Diese Linie wird nicht in den europäischen Werken genannt. Hat sie hier die Bedeutung, die die Chinesen in sie legen?

Wenn diese Linie im »Palast der ersten Ehepartner« (Mars) liegt, wird man sich nicht an die Menschen wenden, mit denen man verheiratet ist, sondern an seine Brüder und Freunde.

Sind zwei Linien oder mehr vorhanden, ist man kinderlieb.

---

[1] Nach abendländischer Tradition lassen diese Linien durch ihre Zahl die Menge der freien oder rechtmäßigen Liebesverbindungen erkennen und durch die Länge ihre Dauer. Ketten besagen Untreue; Inseln geben Verbindung mit Verwandten an. (Enzyklop.)

[2] Nach abendländischer Tradition ist der mehrfach und klar gezeichnete Venusring Ausdruck von Ausschweifung. Einfach oder gebrochen: Übermaß an Vitalität oder Glücksmöglichkeiten. Er ersetzt die Sonnen- und Schicksalslinie. Früher hieß es: Heftige Leidenschaft.

X. Zeichen

Zeichen sind Ansammlungen kleiner Striche, die ein Muster bilden. Sie treten nicht immer schon von Jugend an auf, sondern können plötzlich entstehen und wieder vergehen.

Da sie selten vollkommen ausgeprägt sind, kann man sie nicht immer leicht identifizieren. Je klarer sie gezeichnet sind, um so stärker und genauer ist ihre Bedeutung.

Die Formen eines Zeichens sind natürlich zu zahlreich, als daß sie alle angeführt werden könnten. Man begnügt sich deshalb in den meisten europäischen Werken, den Typus einer Zeichnung anzugeben. Die Chinesen haben mehr Typen und geben Zeichnungen an, die der Wirklichkeit mehr oder weniger entsprechen.

So bildet etwa der Stern, der von selbst zu erkennen ist, bei den Chinesen zwei verschiedene Zeichen: mit fünf oder acht Armen. Der Winkel, den ein Zweig überschreitet, ist ein anderes Zeichen etc. Diese Verschiedenheiten führen zu einer recht wesentlichen Aufzählung. Wir geben nur die wichtigsten Zeichen wieder, die man am häufigsten findet.

Einige dieser Zeichen werden von den Chinesen in gleicher Form und mit derselben Bedeutung wiedergegeben, wie von der europäischen Tradition. Andere dagegen werden bei uns nirgends erwähnt.

Um das Nachschlagen zu erleichtern, geben wir eine Tafel der Zeichen, mit denen man die in der Hand vorhandenen vergleichen kann.

Fliegende Nadeln   Tier   Armbänder   Scheinleichnam

Feld   Weidenkätzchen   Strick   Blühender Deckel

Dämon   Ausschweifende Begierde   Doppelboot   Doppelbrunnen

Leiter aus Jade   Schachbrett   Einrollung   Eifersüchtige Ehepartner

Treppe aus Jade   Stern des Südens   Ausdehnung   Netz

Lotus   Abnehmender Mond   Aufgereihtes Kleingeld   Verlust des Besitzes

Nun   Nagel   Messer

Abb. 14a: Die Zeichen

Abb. 14b: Die Zeichen

Fliegende Nadeln

Diese sind kleine, feine, nicht zahlreiche Linien, die in der ganzen Hand anzutreffen sind. Man darf sie nicht mit dem Zeichen für »Ausschweifende Begierden« verwechseln. Sie haben auch nur Bedeutung, wenn sie durchblutet sind.

Dann zeigen sie Sieg an, vor allem, wenn die Handfläche zart ist. Werden sie von einer der Linien durchquert, heißt dies Tod durch Enthaupten. Auf zwei Gliedern des Mittelfingers: Tod auf großen Reisen.

Tier

Die erste Form nähert sich dem Zeichen »Tier« im Chinesischen. Die zweite ist nicht mit dem »Fünfarmigen Stern« oder der »Blühenden Sechs« zu verwechseln.

Dieses Zeichen sagt hohe Stellung, Arbeitserfolg oder Laufbahn voraus.

Armbänder

Dies sind kleine, sehr nah aneinander liegende Kreise oder Vertiefungen. Überall ein günstiges Zeichen. Durchblutet: Reichtum.

Schein-Leichnam

Sehr ungünstig, wo immer dies Zeichen auftritt. Leiden durch Ungerechtigkeit. Ruin.

Feld

Eine offensichtliche Verbindung von Viereck und Kreuz.

Wo immer dieses Zeichen gefunden wird, kündet es Reichtum an.

Weidenkätzchen

Diese sind übereinandergelegte Winkel (»Blühende Deckel« oder »Vereinigungen«) und nicht mit dem »Fisch« oder »Dreifachen Edelstein« zu verwechseln.

Auf dem »Palast des Grabens« (zwischen Venus und Mond): ein ganzes Leben der Ehren, der Reichtümer und hohe offizielle Stellungen.

Strick

Dieses Zeichen darf nicht mit dem Zeichen »Hand« verwechselt werden. Auf dem »Saal der Audienz«: Selbstmord durch Erhängen.

Blühender Deckel

Dieses Zeichen der zwei Äste ist zweifellos unser Zeichen für einen Winkel. Nicht zu verwechseln mit »Lotus« und »Vereinigungen«.

Es hat die Macht, die Vorhersagen auch der ungünstigsten Zeichen zu einem großen Teil abzumildern.

Dämon

Nicht mit dem Zeichen »Frau« zu verwechseln.

Überall ungünstig. Man ist niedrig oder gemein, ein Dieb oder Räuber

Ausschweifende Begierden

Dies ist der besondere Name für die langen Striche auf dem Venusberg.

Wenn dieses Zeichen auf dem »Palast des Donnerkeils« (oberer Venusberg) niederliegendem Gras gleicht, hat man eine Überfülle an Liebesgefühlen. Das Herz sehnt ruhelos den Regen der Liebe herab.

Doppel-Boot

Einer Acht zu vergleichen. Überall sehr ungünstig. Vorhersage für Not und Unglück.

Doppelbrunnen

Zwei Brunnen mit einem einzigen Barren. Nicht mit dem Zeichen »Schachbrett« oder der »Himmlischen Leiter« zu verwechseln.

Sicheres Vorzeichen für Reichtum und kostbaren Wert.

Leiter aus Jade

Nicht mit dem Zeichen »Brunnen«, dem »Doppelbrunnen« oder »Schachbrett« zu verwechseln.

Auf dem »Saal der Audienz« (Viereck) Zeichen für Weisheit und intellektuelle Begabungen.

Überall Glück und Freude.

Schachbrett

Offensichtlich unser Gitter, aber in einem völlig entgegengesetzten Sinn.

In allen Bereichen, mit Ausnahme des »Palastes des Gebirges«, kündet dieses Zeichen Ehren und Reichtümer an.

Auf dem »Palast des Gebirges« (unterer Venusberg) bedeutet es, wenn nicht genügend ernsthafte Beschäftigung vorhanden ist, Melancholie und Ekel vor allen gewohnten Tätigkeiten.

Einrollung

Ungünstig, wo immer es auftritt. Tod durch Erwürgen.

Eifersüchtige Ehepartner

Überall, wo dieses Zeichen auftritt, ist es sehr ungünstig. Man wird Opfer der eigenen Eifersucht oder der von anderen sein.

Treppe aus Jade

Überall Ehren und Reichtum.

In der Handmitte auf dem »Saal der Audienz«: Erfolg bei Prüfungen, Reichtum, hohe Stellung.

Stern des Südens

Aus zusammengruppierten Kreisen oder Vertiefungen gebildet, die zahlreicher sind als das Zeichen für den »Kleinen Bären«.

Auf dem »Saal der Audienz«: Landbesitz.

Durchblutet: Großer Reichtum, vor allem, wenn die Handfläche weich ist.

Durchkreuzt von einer Querlinie: Zeichen für Enthauptung. Auf zwei Gliedern des Mittelfingers: Tod auf Reisen.

Ausdehnung

In Wirklichkeit ein Viereck mit einem Kreuz, von dem zwei Arme hinauslangen.

Überall Zeichen von Ehren.

Netz

Ein Kreis mit einem eingezeichneten zunehmenden Mond.

Sehr günstig.

Nicht mit der »Kostbaren Spirale« zu verwechseln.

Auf dem »Palast der Trennung«: Hoher offizieller Rang.

Auf einem der anderen »Acht Paläste«: Militärischer Ruhm.

Lotus

Dieses Zeichen mit getrennten Ästen darf nicht mit dem Zeichen »Blühender Deckel« noch mit den »Vereinigungen« verwechselt werden. Es erinnert in seinem Aussehen an Hörner, die ungünstige Bedeutung haben. Auf dem »Saal der Audienz«: Religiöse Bestrebungen.

Abnehmender Mond

Bei den Chinesen ist dieses Zeichen das gleiche wie bei uns für den zunehmenden Mond. Die Bedeutung ist aber nicht die gleiche.
Überall sehr günstig: Ruhm und Glück.

Aufgereihtes Kleingeld

Sehr günstig. Überall wo dieses Zeichen auftritt, bedeutet es Reichtum und hohe Stellungen.

Verlust des Besitzes

Überall, wo dieses Zeichen sich befindet, zeigt es Ruin an.

Nun

Dieses Zeichen ist sehr ungünstig. Man wird von den vielen Plänen, die man macht, keinen durchsetzen.

Nagel

Dieses Zeichen ist sehr unheilvoll, wo immer es auftritt. Man kann sich keiner Schwierigkeit entziehen.

Messer

Überall, wo dieses Zeichen sich befindet, kündet es Armut oder Unglück an.

Zehn

Offensichtlich unser Kreuz. Es ist aber im Gegensatz zu der zeitweilig unheilvollen Bedeutung unseres Kreuzes überall günstig. Im allgemeinen: Stetes Glück und Erfolg.
Auf dem »Saal der Audienz« oder den »Palast des Himmels« (Mond) berührend: Friedvolles Leben in Macht und Fülle.
Auf dem »Palast der Erde« (zwischen Apollo und Merkur): Friedvolles

Leben. Man erhält verdächtige Reichtümer mit Hilfe mächtiger Gönner.

Frau

Allgemein auch »Auge der Weiden und Blumen« genannt. Dieses Zeichen trägt noch andere Namen, je nach seiner Lage.

Wird dieses Zeichen aber von einer Linie durchschnitten: Niederlage durch eine Frau.

Auf dem »Palast der Erde« (dort wird das Zeichen »Auge der fließenden Tränen« genannt) sagt es Reichtum voraus.

Auf dem Zeigefinger (dort heißt es »Blaues Auge«): Man wird hohe Stellungen erreichen.

Auf dem »Palast des Windes« (hier »Auge, das Seide durchdringt«, genannt): Unredlicher Erwerb von Reichtümern.

Im allgemeinen: Sinnlichkeit.

Auf dem »Palast der Erde und der Freude«: Man kann auf das Glück eines Gönners bauen.

Auf der Handmitte: Man gründet dank einer Frau eine Familie.

Feuer

Sehr ungünstiges Zeichen: Möglichkeiten für Fieber und Überspannung.

Hände

Dieses Zeichen darf nicht mit dem Strick verwechselt werden.

Überall ist es Ausdruck einer reinen und loyalen Natur.

Erde

Dieses Zeichen ist sehr ungünstig.

Ausdruck einer schwerfälligen grausamen Natur.

Tal

Immer und überall sehr günstig.

Die Söhne des Himmels haben dieses Zeichen. Es sichert allen Wesen Langlebigkeit, den Männern ein reiches und sicheres Alter, den Frauen Verehrung wie Heiligen.

Kleiner Bär

Gruppe von vier kleinen Kreisen oder Löchern.

Auf einem einzigen Palast: Großes Glück.

Durchblutet: Großer Reichtum

Von einer Linie durchkreuzt: Enthauptung.

Weißes Brett

Auch »Sarg« genannt. Dies ist das furchtbarste aller Zeichen. Denn, klar gezeichnet, kündet es den nahen Tod an. Der Name »Weißes Brett« beschreibt seine Form und Farbe.

Es hat nur in zwei Fällen Bedeutung: Der Ort, auf dem das Zeichen liegt muß der »Palast des Gebirges« (Untere Venus) sein, und er muß vollkommen klar und sichtbar gezeichnet sein. Wenn diese Bedingungen erfüllt sind, unterscheidet man:

Mit schwarz gewordenen Nägeln: Krankheit am Morgen, Tod am Abend.

Sind Ohren, Haare und Bart wie Federkiele und quillt das Auge hervor, wird der Tod zwischen dem dritten oder zehnten Tage eintreten.

Blau umrändert mit einem »Schwarzen Palast des Himmels« (Mond): Baldiger Tod.

Punkte

Diese umfassen unsere Punkte und kleinen Löcher. Treten sie in größerer Zahl auf, ähneln sie den »Armbändern«, dem »Kleinen Bären« und dem »Stern des Südens«.

Im Gegensatz zur europäischen Tradition sind die Punkte bei den Chinesen immer günstig.

Überall in der Hand verteilt: Viele Frauen und wenig Kinder.

Drei Punkte: Große Auszeichnung.

Fisch

Aus vier »Vereinigungen« oder zwei »Weidenkätzchen« gebildet.

Überall, wo dieses Zeichen auftritt: Friedvolles Leben.

Den Finger wie ein Fischschwanz durchquerend: Reichtum.

Auf dem »Palast der Ehepartner«: Ungetrübte Ehren.

Zusammengebundene Fische

Dieses Zeichen erinnert an zwei Klammern.

Überall zeigt es eine Zukunft voller Macht an.

Kostbare Spirale

Sein Name beschreibt dieses Zeichen.

Auf dem »Saal der Audienz« (Viereck) sagt das Zeichen hohe Stellung und Reichtum voraus.

Brunnen oder Brunnen aus Gold

Auf dem »Palast des Windes« auch »Öffnung der Riegel« genannt. Nicht mit der »Leiter aus Jade«, dem »Doppelbrunnen« oder den »Weiden und Riegeln« zu verwechseln.

Überall sehr ungünstig.

Auf dem »Palast des Windes« (dort »Öffnung der Riegel« genannt): Erfolg und Reichtum, Prunk.

Auf dem »Saal der Audienz«: Glück und große Würde.

Auf dem »Palast der Trennung«: Stellung am Hof.

Auf dem »Palast des Donnerkeils«: Großer Besitz.

Rad

Das »Rad« ist unser Zeichen für Kreis oder Zirkel (der auf den Bergen günstig, auf den Fingern ungünstig ist).

An verschiedenen Orten verändert es seinen Namen.

Auf dem Daumen (dort heißt es »Auge des Meisters«): Intelligenz.

Auf dem »Palast der Erde« (dort wird es »Auge des Buddha« genannt): Sieg aus eigener Kraft.

Auf dem »Saal der Audienz« (dort ist sein Name »Auge der Lehre«): Mystische Natur.

Es ist Symbol einer inneren Kraft, die sich gegen das Außen verteidigt.

Vorlegeschloß

Nicht mit dem Zeichen des »Brunnens« oder der »Leiter aus Jade« zu verwechseln.

Überall, wo dieses Zeichen auftritt, ist es sehr ungünstig: Eine unzüchtige und skrupellose Natur.

Stempel der Goldenen Blume

Es ist die genaue Form unseres achtarmigen Sternes. Während aber dieser sehr oft ungünstig ist, hat der »Stempel der Goldenen Blume« immer günstige Bedeutung.

Dieses Zeichen ist ein Panzer um den Körper. Es hält Sorgen und Armut fern und läßt Reichtum und Glück aufblühen.

Bei Männern: Wertvoller Mensch und Rang eines Ministers. Bei Frauen: Wertvolle Stellung in der Nation.

Es zeigt Kraftausstrahlung und weit entfaltete Tätigkeit an.

Goldstempel

Unser Viereck. Auf allen Bereichen günstig.

Auf dem »Saal der Audienz«: Gutes Verständnis. Von Jugend an Erfolg bei Prüfungen.

Auf dem »Palast des Himmels« kündet der Goldstempel einen großen Weisen an.

Überall sagt er Ehren und Reichtum voraus.

Blühende Sechs

Dieses Zeichen ähnelt einem Stern mit fünf Armen (in Europa nicht beachtet). Es ist nicht mit dem Zeichen für »Tier« zu verwechseln. Wenn ein Mensch dieses Zeichen hat, wird der Tag kommen, an dem sein Körper von Wohltaten übersät wird wie von himmlischem Tau. Dieses Zeichen wird mit Gewißheit Macht und ein großes Gefolge bringen.

Auch Ruhm wird mit Bestimmtheit in späteren Jahren eintreten und seine zinnoberrote Säulenhalle erglänzen lassen.

Abgeschlagener Kopf

Dieses Zeichen ist eindeutig ungünstig. Es muß aber klar gezeichnet sein. In diesem Fall läßt es in jedem Bereich Tod auf dem Schaffot erkennen.

Schildkröte oder Violette Schildkröte

Es handelt sich um einen Kreis mit Strahlen, das Zeichen für unsere Sonne. Die »Schildkröte« ist wie die Sonne in allen Bereichen eindeutig günstig.

Überall kündet sie großen Erfolg und Ruhm an.

Dreieck

Auf dem »Palast des Grabens« auch »Auge der Ratte« genannt. Es ist sowohl nach Form wie Bedeutung das gleiche Zeichen wie unser Dreieck.

Überall günstig, nur nicht auf dem Graben.

Man flößt Vertrauen ein, hat nichts von Gespenstern zu befürchten, übt Einfluß aus und hat ein stark ausgebildetes Bewußtsein und Gewissen.

Auf dem »Graben« (hier »Auge der Ratte« genannt) bedeutet es Begierde nach Diebstahl und Raub.

Dreifacher Edelstein

Eine Verbindung der drei »Vereinigungen« oder eineinhalb »Weidenkätzchen«.

Überall ein günstiges Zeichen.

Vereinigung

In Wirklichkeit ein »Blühender Deckel« (Winkel), dessen einer Zweig über den anderen hinausgeht.

Auf der Wurzel des Zeigefingers: Zwei Familien mit verschiedenen Namen werden zusammenwohnen und nicht legitime Söhne werden die Familie zu Reichtum bringen.

Flug Wilder Vögel

Dieses Zeichen ist aus mehreren gewundenen Linien gebildet. Es ist immer günstig und läßt Erfolg, Ruhm und hohe Stellung erkennen.

XI. Mehrere Anzeichen für eine persönliche Aussage

Nach Ansicht der Chinesen muß man etwa beim Auffinden von ein oder zwei Zeichen für Reichtum oder Ehren feststellen, ob auch alle anderen Angaben hierfür vorhanden sind.

Es ist nicht unbedingt notwendig, alle diese Zeichen zu haben, damit sich die Vorhersage erfüllt, aber es ist offensichtlich, daß die Möglichkeiten des Angezeigten um so sicherer eingelöst werden, je mehr solcher Zeichen zu finden sind. Man kann dadurch eindeutiger die Züge oder Zeichen bewerten, die nicht klar ausgeführt sind.

Glücksmöglichkeit

Unter dieser Bezeichnung verstehen wir die unbestimmbare und auch zeitweilig vorübergehende Chance, die neben den erbmäßig empfangenen oder selbst erworbenen Gaben das Unvorhergesehene ermöglicht. Fehlt diese Glücksmöglichkeit, können die vernünftigsten Unternehmungen scheitern.

Zeichen, die auf großes Glück deuten, sind: Dreifaches »Armband aus Jade«. Gewölbter Handrücken, auf dem keine Muskeln hervortreten. Nägel in Dachziegelform, gelblich, glänzend, spitz. Langer kleiner Finger; glatte Finger. Aufwärtsrichtung der Zweige. »Säule aus Jade« ohne Hindernis zum Mittelfinger gerade aufsteigend. Linie der Glücks-Fülle lang und gut ausgeprägt. Keine ungünstigen Zeichen.

Mittlerer Erfolg zeigt sich in folgendem an: Einfaches »Armband aus Jade«. Hervortretende Muskeln auf dem Handrücken. Glatte aber rote Nägel. Geknotete Finger. Angehaltene oder durchschnittene »Säule aus Jade«. Schwache Linie der »Glücks-Fülle« (Sonnenlinie). Wenig günstige Zeichen.

Mißgeschick zeigen an: Unterbrochene, gekettete oder vom »Armband aus Jade« angehaltene Linien. Schlecht gebildete, vertrocknete Hand. Brüchige, unharmonische Nägel. Kleiner Finger kurz. Finger kleiner als die Handfläche. Fehlende »Säule aus Jade« (Schicksalslinie) und Linie der »Glücks-Fülle« (Sonnenlinie). Zahlreiche ungünstige Zeichen.

Reichtum und Vorteile

Zeichen des »Brunnens« auf dem »Palast des Windes« (dort »Öffnung des Riegels« genannt). Viereck (Zeichen des »Siegels«). Die Lebenslinie, die nicht aus der Nähe des Daumens heraustritt, zeigt einen Geiz an, der zu Reichtum führen kann.

Das Zeichen »Frau« auf dem »Palast der Erde« und »der Freude« kann Güter durch einen Gönner bedeuten. Das Zeichen »Frau« in der Mitte läßt erkennen, daß eine Frau bei der Gründung der Familie hilft. Ist dieses Zeichen aber durchschnitten, wird man durch eine Frau Verlust erleiden. Auf dem »Palast des Donnerkeils« kann dieses Zeichen Reichtum bedeuten.

Das Zeichen »Zehn« (Kreuz) auf dem »Palast der Erde« zeigt zweideutige Reichtümer durch die Gunst eines Gönners an.

Es sei noch beachtet: Kurze, dicke, glatte Hand, aneinandergepreßte Finger, weiße Handfläche bei dunklerem Handrücken, auch ein gut gezeichnetes Dreieck sind von guter Bedeutung.

Ehren

Ehren ohne zusätzliche Verpflichtungen von geldlichen Zuwendungen.

Große Ehren: Dreifaches, klar gezeichnetes »Armband aus Jade«. Glatte Hände wie Watte mit gespannten aber nicht sichtbaren Muskeln und vollem Handrücken, Finger länger als die Handfläche, glatt und mit drei Falten in jedem Gelenk. Längliche Handfläche mit erhöhten Seiten und gut durchblutet. Drei obere »Paläste« (Wind, Trennung, Erde) erhöht. Linie: »Heil dem Minister« (Intuitionslinie) gut gezeichnet. Im Viereck »Brunnen« oder »Winkel«.

Mittlere Ehren haben nur einige dieser Anzeichen.

Kleine Ehren: Durchschnittenes und angehaltenes »Armband aus Jade«. Rauhe, unharmonische, kurze, kalte, schwärzliche Hand. Weiche, schlecht gebildete, glanzlose Nägel; kurze, geknotete Finger mit heraustretenden Knochen. Niedrige »Paläste«. Keine Linie »Heil dem Minister«. Die Berge »Donnerkeil« (Venus) und »Himmel« (Mond) voller Parallel-Linien.

Freude oder Traurigkeit

Ein chinesischer Ausdruck: »Freude inmitten von Traurigkeit zeigt sich im dunklen Gesicht mit glänzender Nasenspitze, in roten und fetten Handlinien. Traurigkeit inmitten von Freude zeigt sich in hellem Gesicht mit trockener und schwärzlicher Nasenspitze, trockener und vergitterter Handfläche«.

Füllige Knochen bei wenig vollem Fleisch: Glück ohne Geld.

Liebesgefühle

Erhöhter »Palast des Donnerkeils«. Auf diesem Berg Zeichen der »Ausschweifenden Begierden« wie niederliegendes Gras. Zeichen »Frau« klargezeichnet auf diesem Palast.

Zeichen der »Leiter aus Jade« auf dem »Saal der Audienz«. »Goldener Siegel«. Kreis am Daumen. Winkel.

Einsamkeit

Gekrümmte Finger.

»Palast der Erde« durchschnitten und hohl.

Kinder

Bei einer tragenden Frau bedeuten große Nägel und rote Handfläche einen Sohn; gräuliche Handfläche eine Tochter.

Erhöhter »Palast des Himmels«: Berühmte Nachfahren.

XII. Die Hand

Ein Text aus dem IV. Jahrhundert v. Chr.

Der Text, den wir hier wiedergeben, wird dem berühmten *Koé kou tse* zugeschrieben. Er ist im »Les Tablettes Complètes pour le Déchiffrement du Consaient« aufgeführt unter dem Titel: »Wie man im Verborgenen das Durchdringende erkennt«.

Siuann, »der Palast des Windes«, *tsraé pi*, »Reichtümer«. Je nach Höhe dieses Berges ist die Fähigkeit, Geld zu erwerben mehr oder weniger stark ausgeprägt. (Der Wind ist Symbol äußerster Kraft und äußerster Geschmeidigkeit, die sich miteinander verbinden. Dies gilt auch für den Reichtum.)

Mit Zeigefinger und Daumen greift man am besten zu. Der Berg unter dem Zeigefinger steht in Beziehung zu diesem Vermögen. *Li*, »Trennung«, *kong ming*, »Berühmtheit, Ruhm«. Der Höhe dieses Berges entsprechend wird der Ruhm, den offizielle Stellungen bringen, mehr oder weniger groß sein (in China verpflichten offizielle Stellungen zu stetem Ortswechsel, von Provinz zu Provinz, also Trennungen).

Kroun mou »Mutter Erde«, *nou prou* »Sklaven und Diener«. Die fruchtbare Erde gleicht einer Mutter, die alles hergibt ohne zu fragen. Ebenso tun Sklaven und Diener alles für ihren Herrn. Die Höhe dieses Berges entspricht dem, was das Schicksal ohne Gegenforderung schenken wird.

Toé »Befriedigung«, *tsri tsié* »Ehegatten und Günstlinge«, *tsri tse* »Ehegatten und Kinder«. Die Höhe dieses Berges gibt die Höhe der Befriedigung an, die das Leben bringen wird und zeigt das Verhältnis zwischen der Begierde, etwas zu erlangen und den Möglichkeiten hierzu. Gattin und Günstlinge für den Mann; Heirat und Kinder für die Frau. Dies ist das große Verlangen, das man vergeblich durch anderes zu ersetzen sucht.

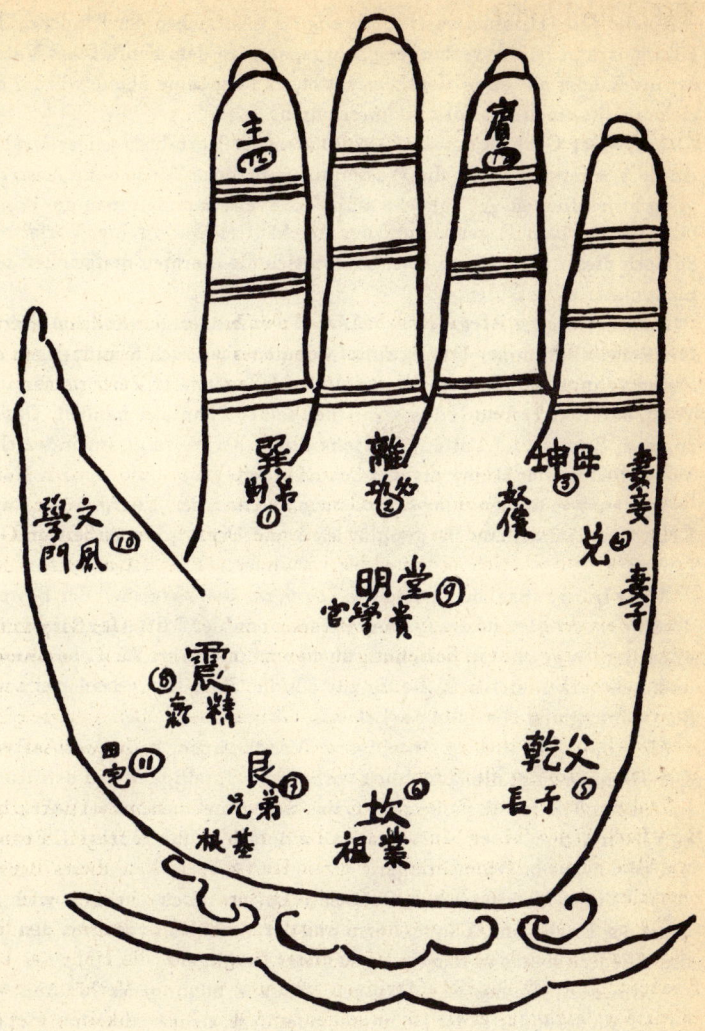

Abb. 15: Wiedergabe der Paläste nach Koé Kou tsé. IV. Jh. v. Chr.

Tsiènn fou »Himmelsvater«, *tchrang tse* »Aufziehen der Kinder«. Der Himmelsvater ist der verborgene Schutz, ähnlich dem Einfluß des Vaters der die Kinder aus allen Gefahren rettet, und der seine Söhne würdig erziehen läßt, um die Familie zu unterhalten.

Krann, »Der Graben«, *tsou ié* »Wohltaten der Vorfahren«. Der Graben ist die Vertiefung, in die die Wasser auf natürliche Weise ohne Anstrengung hineinfließen. Auf gleiche mühelose Weise sammelt man die Wohltaten der ererbten Tugenden und der angehäuften Güter seiner Vorfahren. So hoch dieser Berg ist, so hoch häufen sich die ererbten materiellen und nicht materiellen Güter an.

Kenn, »Gebirge, Berg«, *siong-ti*, *kenn-tsi* »Brüder, persönlicher Wert«. Die Berge sind immer Hindernisse, bedeuten aber auch Schutz gegen die Eindringlinge. So hindern die Brüder und Freunde und der persönliche Wert, daß man frei nach den Wünschen seiner Phantasie handelt. Das ist zugleich Schutz und Hilfe. Die Höhe dieses Berges zeigt an, in welcher Weise die Umwelt Hindernis oder Schutz bietet.

Tchrenn, »Donnerschlag«, *tsri-tsing*, »Atem der Energie«, sexuelle Kraft. Die Höhe dieses Berges gibt Maß und Energie der Arbeit und der Liebe an.

Ming trang, »Saal der Audienz«, *koann sio koé*, »Weisheit der Bewunderung, wertvolles Wesen«. Dieser Bereich in der Mitte der Hand, von allen Bergen geschützt, bestimmt, überwacht und führt das Leben. Glück und Achtbarkeit stehen in Bezug zur Klarheit und Kraft des Urteils und der Ordnung und Disziplin des Lebens.

Sio oênn, »Erfahrung, Intelligenz, Verständnis«, *kenn fong*, »Ruf«. Der Daumen zeigt die tatsächlich vorhandene Intelligenz und den Ruhm im Außen. Die Intelligenz ist die Gabe, wahrzunehmen, zu verstehen und zu verwirklichen. Wer einen Graben sieht, aber in ihn hineinfällt, ist ein Tor oder auch ein Wahnsinniger.

Die Kunst, Achtung und Gehorsam zu gewinnen, ist eine wichtige Gabe der Intelligenz. Länge, Form und das Verhältnis zwischen den beiden Gliedern stehen in Beziehung zu dieser Intelligenz.

Tienn che, »Felder und Häuser«. Diese Erhöhung des Muskels, die außerhalb des Palastes des Donnerschlages liegt, steht in Beziehung zu der Aufnahmefähigkeit des Daumens. Wird sie vom »Palast des Donnerkeils« beherrscht, gibt sie das Ergebnis der Energie zu erkennen, die auf den Erwerb materieller Güter angewendet wird.

Tchou, »Gastgeber« am Zeigefinger, *p'inn, der* »Eingeladene« am Ringfinger. Der Zeigefinger, dessen Wurzel der Venusberg (Reichtümer) ist, stellt den Nutzen, das heißt die Stellung dessen dar, der einlädt, Feste gibt und Gastgeber ist.

Der Ringfinger hat seine Wurzel auf dem Palast der Mutter Erde«, die alles ohne eigenes Zutun bewirkt. Er stellt den Aspekt eines Lebens ohne Mühen dar. Man läßt sich einladen, empfängt Geschenke und ist Gast.

Die Guten Belohnungen

Außerhalb der acht Berge und dem Bereich des »Saales der Audienz« kennen die Chinesen noch einen Bereich der guten Belohnungen, der unserem kleinen Dreieck entspricht, das von der »Linie des Menschen« (Kopflinie), der »Jade-Säule« (Schicksalslinie) und der Linie »Heil dem Minister« (Intuitionslinie) gebildet wird. Es läßt die intellektuellen Begabungen erkennen.

Gut gebildet, beherrscht dieser Bereich Fülle an Vorteilen und persönlichem Verdienst.

Gruppen des Palastes

Zum Studium werden einige der Acht Koa oder Paläste in verschiedene Gruppen eingeteilt. Diese heißen die »Drei Gastgeber oder Drei Wunderbaren, Vier Jahreszeiten, Vier Pforten«.

1. Die Drei Gastgeber oder Drei Wunderbaren

Diese sind die oberen Paläste unterhalb der Finger: Wind, Trennung, Erde.

»Gastgeber« sind sie aus folgenden Gründen:

Der Wind ist Gastgeber von Oben; die Trennung Gastgeber der Mitte; die Erde Gastgeber von Unten. Jeder beherrscht 25 Lebensjahre (der Wind vom 1. zum 25. Jahr usw.).

Voll und blühend zeigt jeder Palast Reichtum, Glück, Begeisterung und Erfolg an.

Eingefallen: Mißgeschick mit Besserungen.

Die »Drei Wunderbaren« sind: Wind, Trennung, Erde. Es sind die drei Handballen, die sich aufrichten.

Das Glück steigt im Verhältnis zur Erhöhung.

Ist der Gipfel des »Palastes des Windes« sehr hoch und groß, kommen Ruhm und Reichtum am Anfang des Lebens.

Ist der Gipfel des »Palastes der Trennung« sehr hoch und groß, sind Glück, hohe Anstellungen, reiche Belohnungen vor allem in mittleren Jahren vorhanden.

Ist der Gipfel des »Palastes der Erde« sehr hoch und groß, sind Glück, Werte und gute Aussichten am Ende des Lebens zu erwarten.

2. Die Vier Jahreszeiten

Die »Vier Jahreszeiten« sind: Bewegung (oberer Venusberg), die dem Frühling gilt.

Trennung (unter dem Mittelfinger): Sommer.

Freude (Mars): Herbst.

Graben (zwischen Venus- und Mondberg): Winter.

Stehen die »Vier Jahreszeiten« nicht in harmonischem Verhältnis, ist alles verwirrt und verschlossen: Mißgeschick.

Das Vorherrschen eines Palastes ist gefährlich, gleichgültig, ob es sich um die Bewegung (Liebe) oder die Trennung (Ehrgeiz) oder einen anderen Palast handelt.

Die Farbe ist auch sinnvoll. Ihre Intensität steht im Verhältnis zum Gefühl.

Frühling blau; Sommer rot; Herbst weiß; Winter leicht schwarz. Dies gibt Freude.

Weiß im Frühling, schwarz im Sommer, rot im Herbst, gelb im Winter ist unheilvoll.

3. Die Vier Pforten

Dies sind die vier Berge: Wind, Erde, Himmel, Gebirge. Wenn die Vier Pforten nicht gleich sind, wird der Körper bitter leiden.

Ioannis ab Indagine

Beispiele der Entsprechung von Hand und Planeten

Aus dem Kapitel: De Chyomantia

Entnommen dem Werk:
Ioannis ab Indagine
Introductio nes Apotelesmaticae
in Physiognomiam, Complexiones hominum,
Astrologiam naturalem, Naturas Planesarum

Augusta Trebocorum Simonis Paneli
MDC LXIII

Von dem Zeigefinger und seinem Berg und von den jovialen Menschen

Unter allen Planeten ist Jupiter der allergütigste und glückverheißendste. Er hat seinen Sitz oder Stand auf dem Hügel des Zeigefingers. Wenn dieser fein, eben und glatt ist, deutet das auf ein ehrbares Leben und eine gute Natur hin; dies umso mehr, wenn von dem Zeigefinger etliche kleine Linien auf seinen Hügel stoßen. Wenn solche Schnittlinien nicht weit voneinander stehen, zeigen sie viel zufallendes Gut und Ehre von Fürsten und großen Herren an. Will man die Situation noch genauer bestimmen, so kann man sagen, daß mit der Vielheit der Schnittlinien, Erfolge und Ehren solchen Menschen in reichem Maße zufallen. Jener Mensch, in dessen Hand eine gerade klare Linie von der Wurzel des Zeigefingers ausgeht und sich fast ganz mit der natürlichen Mittellinie beiderseits gegen den Winkel seines Hügels vereinigt, der hat ein hohes Gemüt und strebt nach großen Dingen, mit freudigem Vorsatz nach viel Lob, Ruhm und Taten. Diese Freudigkeit zeigt weiter an, daß wenn vom Handballen eine andere Linie bis zum Hügel des Zeigefingers ausgeht und wenn durch die genannten Linien Querlinien gehen, der Mensch an Störungen im Kopf leiden wird.

Sieht man eine starke rote Linie, die den Mittelfinger vom Zeigefinger trennt, so ist dies ein Zeichen dafür, daß der Mensch an Darmstörungen verschiedener Art leidet. Bei Männern droht Schwäche, bei Frauen schwere Geburten. Je röter die Linie ist, umso intensiver sind die Folgen. Da, wo eine Schnittlinie oder Linie vom Ende des Handballens sich geradestreckt gegen den Hügel des Zeigefingers, ist anzunehmen, daß der betroffene Mensch eines gewaltsamen, plötzlichen Todes stirbt. Je mehr Kreuze aber im Hügel des Zeigefingers sind, desto größere Ehren und Würdigungen fallen solchen Menschen zu.

Menschen, die man jovial nennt, leben unter dem Planeten Jupiter meist sehr glücklich. Sie sind wohlgestaltet, von gutem Aussehen, hellhäutig, mit vollem Haar, schönen Augen, rein und sauber in ihrem Lebenswandel und fröhlich im Wesen. Von Natur sind sie zu hohen Dingen ausersehen, weitherzig, voll warmen Gemüts, milde und großzügig und oft freigiebiger als es ihre Verhältnisse erlauben. Sie herrschen und gebieten gern und geben sich mit kleinen Angelegenheiten nicht ab, achten auch wenig der einfachen Menschen. Sie sind stolz, begehren Ehren und Ruhm, sind fröhliche, freundliche und heitere Gesellschafter. Manchmal sind sie auch aufgeblasen und hochmütig, geschickt in Liebesdingen und bei der Obrigkeit sich gern einschmeichelnd. Sie sind voll guten Glaubens, trachten nach Freundschaft und Harmonie, sind oft fromm und einfältig, wenn kein Betrug in ihnen steckt. Auch sind sie durchaus aufgeschlossen für Kunst und Weisheit und im allgemeinen mit bürgerlicher Umsicht begabt, schenken guten Ratschlag, wissen sich auszudrücken, haben einen gemessenen Gang, nicht zu schnell und nicht zu langsam, durchaus im Zusammenhang mit der Standhaftigkeit ihres Gemüts. Diese Menschen sind besonders glücklich veranlagt und erreichen ohne Schwierigkeiten, was sie begehren, genießen Schutz und Fürsprache von großen Herrn. Ihre Frauen und Kinder achten und lieben sie und mehren ihr Geschlecht in glücklicher Weise.

Und weil Jupiter ihr herrschender Planet ist, essen sie auch gern und oft mehr als ihnen gut tut, was in Magen- und Leberleiden zum Ausdruck kommt; sonst aber haben sie ein langes Leben. Im allgemeinen haben alle jovialen Menschen eine klare, helle Stimme und bestimmte Redeweise. Zwei obere Zähne stehen über den anderen. Frühreif in der Jugend, kommen sie schnell aus Armut heraus. Soviel zusammengefaßt von der Natur der Jovialen, die sonst keinen anderen bösen Einflüssen ausgesetzt sind.

Wenn in einer Frauenhand im obersten Teil des Zeigefingers etliche kleine Linien erscheinen, behaupten gewisse Gelehrte dieser Kunst, daß solch einer Frau beim Tode von Freunden oder Verwandten eine Erbschaft zufallen werde. Hat sie solche Linien auch im anderen Teil des Zeigefingers, dann allerdings ist sie neidisch, lügenhaft, und betrügerisch. Ist der Hügel ihres Zeigefingers von den angegebenen Linien durchzogen, so ist sie jähzornig, streitsüchtig und von unfreundlicher und unangenehmer Veranlagung. Und wenn in einer Frauenhand im mittleren Teil des Zeigefingers drei Linien der Länge des Fingers nach verlaufen, wenn die mittlere Linie etwas kürzer und stumpf ist gegenüber den zwei anderen und oben eine halbe Querlinie mitten durch die erwähnten drei Linien läuft, unten zwei dunkle Linien sich durch die zwei äußeren, längeren ziehen, ohne daß sie die mittlere Querlinie berühren, dann wären dies Zeichen einer sehr fruchtbaren Frau. Solche Frauen jedoch, die auf dem Hügel ihres Zeigefingers Sternchen mit einem halben Mond stehen haben, sind unsittlichen, unfreundlichen und schamlosen Gemüts.

Wenn in der Hand einer Frau im obersten Teil des Zeigefingers drei krumme Linien querlaufen, ist das ein Zeichen für ihre Unreinlichkeit. Dagegen wenn sich im mittleren Teil drei gleiche Linien der Länge nach herabziehen und sich mitten unter ihnen ein Sternlein befindet, so ist diese Person rein und keusch. In manchen Händen sieht man ein klares, helles Kreuz in lebhaften, guten Farben gerade auf dem Hügel des Zeigefingers stehen. Unterbrochen von anderen Linien oder Runzeln bedeutet das große Erbschaft und Reichtum, sei es durch Zufall geistlichen oder weltlichen Gutes. Einige haben in der Hand eine gerade Linie, welche von der Mitte des Mittelfingers ausgeht bis auf die auslaufenden Linien hinab; sie sind schwacher Natur, furchtsam, kleinmütig und noch daneben mit Neid und Geiz behaftet. Und einige Lehrer dieser Kunst behaupten hierzu, daß wenn diese hier erwähnte Linie unterbrochen ist und derselbige Mensch ins Gefängnis kommt, so werde er entweder darin umkommen oder zum Tode verurteilt und damit schmählich erledigt werden.

Von dem Mittelfinger und seinem Hügel oder Berg und von den saturnischen Menschen

Nach der Kunst der Chiromantik ist der Mittelfinger dem Saturn zugehörig. So heißt sein Hügel oder Berg: Saturn. Ist nun dieser Hügel des Mittelfingers fein und glatt, ohne Risse, dann ist das ein Zeichen für einen einfältigen Menschen, der arbeitsam und emsig ist, und ohne Betrug. Falls sich aber vom Handteller eine Linie durch den Hügel des Mittelfingers zieht, so läßt das auf einen wunderlichen, ängstlichen Menschen schließen, welcher ewig in Sorgen steckt, immer unruhig ist, voller Phantasien und Gedanken, die ihm nur schaden. Und obwohl er sich sehr darum bemüht, kommt er doch schwerlich zu Reichtum.

Sind z. B. viele Striche im Hügel des Mittelfingers, deuten sie auf ein angsterfülltes Leben, voll Armut, Dürftigkeit und Arbeit, Gefängnis und Peinigung. Geht eine gekrümmte Linie von der Wurzel des Goldfingers bis auf den Hügel des Mittelfingers, so ist das ein Zeichen für einen trägen, faulen, unartigen Menschen, der im allgemeinen dummdreist, frevlerisch und störrisch ist und selten etwas Geschicktes zu vollbringen weiß, der sich unvorsichtig in fremde Händel verstrickt, kurz ein grober und törichter Charakter.

Wenn in einer Frauenhand viel Striemlinien der Länge nach zwischen Mittel- und Goldfinger stehen, sowie auch zwischen dem Ohr- und Goldfinger, so besagt es, daß diese Frau viele Knaben gebären wird, obwohl sich solches nicht mit Bestimmtheit sagen läßt. Wenn in einer Hand von der Hauptlinie einige kleine Striemen ausgehen und sich bis zum Hügel des Mittelfingers erstrecken, ist dieser Mensch einer bösen Geschicklichkeit und berüchtigten Lebensweise verfallen. So behaupten auch einige, daß wenn im ersten Glied des Mittelfingers einer Frauenhand ein Kreuz oder Sternlein erscheint, dieselbe unfruchtbar sei. Und zusammengefaßt: Wo der Hügel des Mittelfingers eines Menschen von vielen Linien durchfurcht ist, mehr als die Hügel der anderen Finger, so ist er sicherlich von saturnischer Art und Eigenschaft.

Es muß auch noch erklärt werden, welches die Eigenschaften dieses Planeten sind, mit denen er diejenigen begabt, die unter ihm geboren werden: Diese Menschen sind von Natur aus blaß und bleich, mit unangenehmem Gesichtsausdruck, niedergeschlagenen Augen, mager und buckelig, mit langsamem Gang, unsittlichen Gebärden, denn ihr Planet Saturnus macht Betrüger aus ihnen. Diese Menschen halten sich von anderen fern, leben zurückgezogen und einsam. Sie sind völlig ungesellig, stehen niemandem mit Hilfe oder Freundschaft bei, sind gefräßig, große Säufer, von Unruhe verfolgt ohne Unterlaß, stets voll Ängstlichkeit und mit schweren, trüben Gedanken belastet. Sie leiden unter traurigen und furchtsamen Vorstellungen, leben meist in der Nähe von Pfützen und Weihern, verachtet, unsauber und wortkarg. Auch hören sie anderen Menschen ungern zu, wegen ihrer sie stets bedrängenden eigenen Gedanken und Phantasien. Sie sind kalt von Natur, schwächlichen Körpers und vielen Krankheiten unterworfen. Oft stinken sie wie die Böcke, haben krätzige Kopfhaut, als wären ihnen die Haare ausgefallen, besitzen eine dumpf-heisere Stimme, eine schwerfällige Zunge, sind neidisch, vergessen nicht erlittene Schmach und darum: wen sie einmal hassen, den hassen sie gründlich, wen sie aber lieben, den lieben sie ganz.

Ihre täglichen Gedanken beschäftigen sich mit Ackerbau und langwieriger Arbeit. Mit Frauen wissen sie nicht viel anzufangen, sie mögen auch Kinder nicht und sterben deshalb oft ohne Erben. Sie sind von grober, kurzsichtiger Art, ungeschlacht und doch begierig nach Freiheit, nach der sie Tag und Nacht streben. Sie wollen keinem Herren dienen, betrachten Knechtschaft und Unterwerfung mit großer Verachtung, lehnen es also ab, von anderen beherrscht zu werden. Sie tragen gern schwarze Kleider und lieben diese Farbe besonders. Sie reden schlecht und geringschätzig über andere Menschen und sind gleichzeitig voll Furcht und Argwohn, sehr abergläubisch und betrachten alle anderen Dinge als minderwertig und niederträchtig. Soviel über die saturnischen Menschen.

Von dem Goldfinger seinem Berg und von der Natur der solarischen Menschen

Der Sonnenberg liegt gerade zwischen dem Handteller und dem Gold-finger. Von diesem Hügel strecken sich einige kleine Linien bis zum Handteller aus. Sie zeigen einen solarischen Menschen an von scharfer, gnadenreicher Vernunft, der geschickt ist in vielen Künsten, von sich selbst überzeugt, hochmütig redend, sehr empfänglich für geistliche und weltliche Ehren und Würden. Wenn sich an ersterwähntem Ort zwei gleiche Linien befinden, in gleichem Abstand voneinander, dann ist dieser Tatsache zu entnehmen, daß damit nichts Unbilliges angezeigt wird. Die Wirkung ist dem Vorangehenden ähnlich. Obwohl diese Menschen hochmütig sind, leben sie doch ein nüchternes Leben von besonderer Ehrbarkeit.

Dies alles wirkt entgegengesetzt, wenn andere Linien nebeneinander sich überschneiden und durchziehen. Wenn aber solche Nebenlinien nicht durchgehen oder sich die zwei erwähnten Linien zwischen dem Goldfinger und dem Handteller zeigen, dann wirkt das erfreulich und beglückend. Es bedeutet, daß derselbe Mensch alle seine Feinde überwinden wird. Stehen am ersterwähnten Ort gleiche Linien, die weder den Goldfinger noch den Handteller berühren, sondern sich an den nächsten Finger anschließen, so ist auch der Mensch gleich wie diese Linien eines schwankenden Charakters. Gehen viele kleine zarte rote Linien durch den Hügel oder Berg des Goldfingers, so erscheint der Mensch mutig, fröhlich und fürsorglich. Sind aber dieselben kleinen roten Linien krumm gebogen, jedoch gleichmäßig rot, dann deuten sie auf Schmerzen, an denen dieser Mensch zur Zeit leidet. Falls sie blaß sind, zeigen sie vergangene Schmerzen an. Fügen sie sich übereinander, einem Andreaskreuz gleich und ziehen sie sich von dem Handteller durch den Berg bis an des Goldfingers erstes Glied, so ist derselbe Mensch wiederum vorsichtig und behandelt seine Angelegenheiten wohlbedacht und mit Bescheidenheit.

Wenn in einer Hand aus der Vielzahl der Linien zwei gleich krumme Linien nebeneinander aufsteigen, so ist dies Zeichen eines glückhaften Zu-Falls, nicht allein an hohen Würden und Ehren, sondern auch an höchsten Tugenden wie Kunst, Weisheit, Vernunft und Freimütigkeit. Sollten etliche kleine Linien im ersten Teil des Goldfingers zusammenfließen, so bedeutet das gleichmäßigen glücklichen Zufall in jeder Weise, wie vorher erwähnt und außerdem, daß eine solche Frau durch ihren Ehemann zu Wohlstand kommt und von ihm verehrt wird. Auch könnte eine solche Person sich eines geistlichen und gottseeligen Lebens befleißigen, jedoch ohne Klostergelübde noch andere Eide. Sind aber solche Linien im anderen Glied des Goldfingers, so wird diese Frau auch ihr Leben lang in Ehren gehalten, besonders von ihrem eigenen Geschlecht. Finden sich dieselben Linien sowohl in eines Mannes- als auch in einer Frauenhand, so würde das auf Reichtum schließen lassen, doch wäre es im Gegenteil zum Schaden, wenn sie bis hinunter zum Sonnenhügel reichen.

Die im Zeichen der Sonne, unter ihrem Einfluß und ihren Eigenschaften geborenen Menschen sind schön, von bräunlicher Hautfarbe, mit wohlgestaltetem Körper, vollen Lippen, einem ausgesprochenen Kinn, starkem Hals, schönem Bartwuchs, kleinen Augenbrauen, hoher Brust, kräftiger Gestalt. Sie haben feste Schenkel und Füße, viel Haar an Körper und Brust, sind oft voll grimmigen Zorns, den sie jedoch bald wieder vergessen, daneben wahrhaftig und aufrichtig, stetigen Charakters. Ohne Falsch kümmern sich nicht um ihre Neider und solche, die ihnen Böses nachreden. Sie werden mehr geliebt von Fremden als von ihren eigenen Freunden. Sie neigen wenig zu Lastern und besitzen ein kühnes und reines Herz. Ihre Wohltaten werden von den Menschen mit angemessenem Dank beantwortet, ihre Gebärden sind gütig, sie werden von Frauen geliebt und sind selbst heimliche Frauenliebhaber. In der Jugend wollen sie sich ausleben, möchten viel wissen, lieben schöne Kleider und sind sehr bedacht auf ihr Äußeres. Oft von gebieterischem Wesen, versuchen sie andere zu beherrschen und zu unterdrücken, selbst aber wollen sie von niemandem regiert werden und verlangen für ihre Person Respekt und Ehre und fördern die Gemeinnützigkeit.

Von dem Ohrfinger und seinem Hügel oder Berg und von den Merkurgeborenen

Der Berg des Merkur oder Ohrfingers befindet sich zwischen dem Handteller und dem kleinsten Finger. Wenn nun dieser Berg oder Hügel sauber und glatt ist, ohne Risse und Schrunden und wohlgefärbt, so bedeutet das bei Männern ein standhaftes Gemüt, bei Frauen einen ehrlichen und unbefleckten Lebenswandel. Wenn eine Linie vom Handteller entspringt, die da rein und wohl gefärbt ist und sich gerade oder schräg hinauf gegen die Wurzel des Ohrfingers zieht, so bedeutet es, daß derselbe Mensch eine offene Hand hat, milde und freigiebige Eigenschaften besitzt. Falls sich viele Linien zwischen dem erwähnten Teil des Ohrfingerhügels zeigen, so deuten sie ebensoviele Heiraten an. Hierbei aber behaupten einige Chiromantiker einen großen Unterschied zu sehen in den Linien, die lang oder kurz, zart oder grob erscheinen und von dieser oder jener Farbe sind. Sind sie bleich, so denken sie, die Vermählung sei bereits geschehen. Sind die Linien aber lang und kräftig gefärbt, so ist die Vermählung erst der Zukunft vorbehalten. Zeigen sie sich bisweilen einesteils grob und dazu von roter Farbe, so gehören sie einem lügenhaften Menschen an, der zu Diebstahl, Räuberei und im allgemeinen zu allen bösen Dingen fähig ist. Zieht sich aber vom Ohrfinger eine krumme oder niedergebogene Linie gegen den Mittelfinger, so deutet das auf einen vortrefflichen, sinnreichen Menschen, von dem man erhoffen kann, daß er in jeder Weise erfolgreich und glücklich ist. Befinden sich aber in einer Frauenhand kleine Gegenlinien am oberen Teil des Ohrfingers, so wird im allgemeinen angenommen, daß solch eine Person (nach der Eigenschaft böser Weiber) ungestüm, geschwätzig und unbeständig ist.

Die typische Physiognomie, an der man die merkurialischen Menschen erkennt, ist meist ein mittlerer Teint, weder weiß noch dunkel, eine hohe

Stirn, rundes Gesicht, schöne, liebliche Augen, doch nicht besonders dunkel, auch ein schwarzer Bart, jedoch nur dünn, scharfe, spitze Nase, schmale Lippen. Sie reden trocken und schnell daher, haben einen dünnen, zähen Körper, sind von gewöhnlicher Größe und raschem Gange. Sieht man den Hügel oder Berg am Ohrfinger an, so entdeckt man, daß er entweder durchzogen ist von geraden oder ungleichen Linien. Betrachten wir diesen Menschen, so ist er sinnreich, kühn, unverzagt und getreu, aber auch zu Lügen geneigt, daneben eigensinnig, ein Liebhaber von Sekten, obwohl er Andersgläubige und Aberglauben haßt und der Kirche wenig Achtung schenkt. Er ist begabt für Mathematik und Geometrie. Zusammengefaßt ist es ein Mensch, wie man ihn sich wünscht: ein Doktor, ein Dichter, ein Mathematiker und auch sonst mit allerlei Künsten begnadet, vieler Sprachen mächtig, kurzum ein vielseitiger Meister. Er ist beherzt, von gemessener Sittlichkeit, redet gern, jedoch nicht zum Schaden anderer Leute. Innerhalb des Handwerks bevorzugen die Merkurialen die sauberen, subtilen und kunstreichen Gewerbe und ihre Ausübung. Was Krankheiten anbelangt, so sind sie ihnen jedoch mehr unterworfen als andere Menschen und auch mit schädlichen Phantasien und Einbildungen behaftet.

Die im ersten Glied des Ohrfingers beim Merkur-Menschen vorhandenen Linien bedeuten, daß dieser Mensch der Beredtsamkeit und Kunst der Rhetorik huldigt, ruhmsüchtig, stolz und von hochmütigem Sinn ist. Wenn aber diese erwähnten Zeichen im anderen Teil des Ohrfingers stehen, so bedeutet es dasselbe wie eben gesagt und deutet weiterhin einen überzeugenden Verkünder des Wortes Gottes an. Erscheint solch ein Zeichen widersinnig umgedreht, so ist derselbe Mensch mancherlei Anfechtungen ausgesetzt, sowie auch vielen schreckhaften Träumen und allerhand bösen Phantasien. Steht aber dann im dritten Teil ein Kreuz, so kann daraus geschlossen werden, daß der Mensch arm, dürftig und nur mit geringem Eigentum versehen ist.

Von dem Fuß des Triangels in der Hand wo der Mond seinen Stand hat und vom lunarischen Menschen

Hier ist anfänglich notwendig zu erklären, was der Fuß des Triangels nach Auslegung dieser Kunst ist. Er entspringt dem Ausgang der Lebenslinie, die sich zur mittelnatürlichen Linie hinüberstreckt. Im allgemeinen wird sie als die Linie der Leber und des Magens bezeichnet, so daß daraus ein Triangel entsteht, wenn sie beide nebeneinander stehen. Dies findet man gewöhnlich in allen Händen, es sei denn, daß sie durch ein besonderes Hindernis bei der Geburt nicht gleich erscheinen, und darum ist es notwendig, daß wir etwas darüber sagen. Diese Linie macht gerade einen Winkel mit der Lebenslinie und der vorher erwähnten mittelnatürlichen Linie. Das zeigt gute Gesundheit sowie einen guten Zustand des Körpers und Gemütes. Falls aber diese Linien aufeinanderstoßen und unklar sind oder einige Punkte und Löchlein haben, so kann man urteilen, daß derselbe Mensch einen kränklichen Magen hat, zu Ausschlägen und gewissen Geschwüren neigt und anderen ähnlichen Krankheiten. Meist kommen Krämpfe und Verstopfung dazu, innerliches Stechen, Schmerzen im Magen und in den Rippen und ständige Transpiration. Ist diese Linie aber von feiner Röte, ähnlich der Farbe der Lebenslinie, so zeigt sie starke Kopfschmerzen an. Dagegen wenn die Röte die gleiche ist wie die der mittelnatürlichen Linie, so ist ein solcher Mensch Gelbsucht, Husten, Lungengeschwüren, langwierigem tödlichem Fieber und Schlaganfällen ausgesetzt.

Wenn im Standort des Mondes in der Handhöhle ein kleiner Kreis sichtbar ist, so wird dieser selbe Mensch, (was vielleicht einige bespötteln) ein Auge verlieren. Findet man aber an der erwähnten Stelle statt einem zwei Kreise, so verlöre dieser Mensch beide Augen oder wird blind, was auf Erfahrungen beruht und zwar nicht nur von den Gelehrten dieser Kunst.

Sollte noch ein Sternlein daselbst erscheinen, so deutet es auf einen schändlichen, boshaften und bösen Menschen.

Die Physiognomie der Menschen, auf die der Mond besonderen Einfluß hat, ist folgende: Sie sind blaß, fast ohne Farbe, ihre Augenbrauen sind beinahe zusammengewachsen, sie haben runde Backen, ungleiche Augen und sind von gewöhnlichem Aussehen. Von Natur sind sie ungeschickt, blöde, unstet, träge, faul, unweise, dürftige Menschen, was sich besonders in der Jugend zeigt. Im mittleren Alter fällt ihnen etwas mehr Reichtum zu, während sie im Alter wieder zurückfallen in Armut, Unglück und kindisches Gebaren. Sie lieben das Wandern und Reisen und andere Länder zu durchstreifen. Was Krankheiten betrifft, so sind sie der Epilepsie und dem Schlaganfall ausgesetzt, auch hohem Blutdruck. Sie leiden an Schmerzen und Stichen im Kopf und Gesicht, es sei denn, daß entweder die Sonne oder Jupiter im günstigen Zeichen steht, oder daß der Mond durch diese Planeten oder durch Venus bei der Geburt gestärkt wird.

Vom Stand
des Planeten Mars
in der Hand und
von der Natur
der Martialischen

Wenn im Triangel noch ein zweiter Triangel sichtbar wird, so könnte man urteilen, daß derselbe Mensch eine martialische Natur in all seinen Eigenschaften besitzt. Und je größer und stärker dieser Triangel ist, um so stärker zeigt sich in diesem Menschen das Erbe der boshaften Marsnatur, besonders wenn dieser innere Triangel breit und wohlgestaltet ist. Um dies alles aber besser zu verstehen, muß man dabei die Physiognomie berücksichtigen und nicht vergessen diese miteinzubeziehen, um eine Kunst mit der anderen zu konfrontieren, damit man der Chiromantik helfen kann. Auf andere Weise wäre es kaum möglich, alles richtig zu erkennen.

Die martialischen Menschen haben ein rotes Antlitz, als seien sie von der Sonne verbrannt, wenige und meist krause Haare, kleine Augen. Sie haben scharfe, trotzige Züge, eine etwas gebückte Haltung, sind freudigen, kühnen Gemüts, geizig, betrügerisch, gierige Materialisten von räuberischer Veranlagung, untreu und verlogen, schamlos, leichtfertig, unbeständig, zornig, aufrührerisch und ungeduldig. In ihren Gedanken tragen sie sich oft mit Mord und Totschlag, deren sie sich häufig rühmen. Sie sind spöttisch und meineidig, ständig geneigt zu allerlei falschen und betrügerischen Dingen und von absolut verdächtigem Charakter.

Wenn der Triangel wie oben erwähnt gesetzt ist und ein Zeichen von vier kleinen Linien hat, so läßt sich daraus schließen, daß derjenige Mensch martialisch veranlagt ist und sich in jeder Weise hüten sollte, daß er nicht durch den Strang ums Leben kommt. Die anderen drei Linien des Handtellers deuten auf Kühnheit, verwegenes, frevelhaftes Gemüt und einen rauhen starken Menschen hin, der sein väterliches Erbe verschwendet und seine Blutsverwandten unterdrückt.

Von dem Finger
des Planeten Venus;
dem Daumen

Der Planet Venus hat seinen Sitz im Ballen des Daumens, der wegen seiner Nähe zum Daumen der Daumenberg genannt wird. Wenn nun im ersten Teil oder Ballen des Daumens ein bestimmtes Zeichen steht, so wird solch ein Mensch fast in allen Dingen glücklich sein. Dasselbe Zeichen im anderen Glied deutet auf Armut. Im dritten jedoch, unter dem Nagel bedeutet es, daß er gesunde Kinder zeugen werde. Was sich sonst noch im Zeichen der Venus befindet, läßt auf einen venerischen Menschen schließen, der zu Unsittlichkeit und Unkeuschheit mit seinen eigenen Blutsverwandten neigt, dem es Freude macht, seine Frau zu schlagen und sie gemein zu behandeln.

Die von der Natur der Venus sind, haben drei Linien, die vom Daumen ausgehen und zum Zeigefinger führen. Menschen dieser Art sind vom Glück begünstigt, nicht grüblerisch, machen sich keine Sorgen um Besitz, kennen ihr Eigentum nicht, leben anspruchsvoll und wählerisch, und sind nicht auf die Bewahrung ihres Besitzes bedacht. Ohne Mühe leben sie leicht dahin, mit Glücksgütern gesegnet, großzügig in der Verwendung ihrer Güter. Sie hängen ihr Herz leicht an Frauen, sind mit Spürsinn begabt. Sie lieben Ausgelassenheit und geschlechtlichen Umgang, deswegen zeugen sie oft in Ehebruch Kinder.

Jeder liebt sie und bringt ihnen Vertrauen entgegen. Sie haben ein gefälliges Aussehen, eine angenehme Stimme und wohlgeformte Rede. Alles, was ihnen vor Augen kommt, erweckt ihre Begierde.

Diejenigen, die an der Stelle der Venus den göttlichen Buchstaben ›A‹ haben, sind ohne Zuverlässigkeit, lieben Frauen aus ärmlichen Verhältnissen, erdulden von ihnen Schlechtes und sind an Krankheit gefesselt.

Die aber an der gleichen Stelle den Buchstaben ›B‹ haben, sind froh, gehen mit Vornehmen um, durch Verlobung vornehmer Frauen erreichen sie Vorteile.

Die den Buchstaben ›C‹ haben, tun viel Unrecht, treiben viel Unzucht, verüben in der Verwandtschaft Verbrechen und werden durch Feuer oder Eisen an den Augen verletzt.

Die ›D‹ haben, werden Traumdeuter sein; Menschen, die das Verborgene aufspüren und Wahrsager. Sie lieben Irdisches und leiden an schändlicher Ausschweifung.

Die ›E‹ haben, sind fröhlich, finden ihr Vergnügen mit geistreichen Frauen, weshalb sie von allen getadelt werden. Im übrigen sind sie vom Glück begünstigt und werden Reichtum erwerben.

Die ›F‹ haben, werden in all ihren Unternehmungen gut vorankommen. Freude empfangen sie auf dem Wege der Wissenschaft.

Die ›G‹ haben, werden Liebhaber der Frauen sein und mit ihnen Besitz und Freude erlangen.

Carl Gustav Carus

Zeichensprache der Hand

Entnommen dem Werk:
Über Grund und Bedeutung der verschiedenen
Formen der Hand in verschiedenen Personen.
Eine Vorlesung von Dr. Carl Gustav Carus.
Stuttgart 1846.

Einführung

In der Gestalt und der gesamten äußeren Erscheinung des Menschen ist eine Zeichenschrift, eine Symbolik gegeben, an deren Entzifferung sich unbewußt schon das Kind und der Wilde versuchen, und mit deren vollkommener Auslegung auch der Erwachsene und Gebildete, ja der Weise nie ganz fertig werden. Wir urteilen oft, ohne daran zu denken, nach Statur, Gesichtsbildung und Gliederung über einen uns noch unbekannten Menschen und stellen eine Prognose über das Verhältnis, welches sich daraus von ihm zu uns voraussetzen lassen könnte. – Natürlich finden wir dabei bald, daß in einigen Gebilden bestimmter und mehr leserlich, in anderen dunkler und schwerer zu verstehen die Eigentümlichkeit des Innern sich verrät. – Das Haupt des Menschen, in welchem sich auf geheimnisvolle Weise sein ganzer übriger Bau wiederholt, und von dem man sagen kann, daß in ihm sich der ganze Mensch konzentriert, wie im Menschen als Mikrokosmos die ganze uns bekannte Schöpfung sich gleichsam vergeistigt wieder abbildet, im Haupte, sage ich, tritt diese Symbolik jedenfalls am deutlichsten hervor.

Es ist jedoch wohl auch noch keinem aufmerksamen Beobachter des Menschen entgangen, daß unter denjenigen Gebilden der Menschengestalt, welche von tieferer Bedeutung für sein inneres Wesen genannt werden können, zunächst dem Kopfbau und den Zügen des menschlichen Antlitzes, obenanstehe – die menschliche Hand. –

Je schärfer treffliche Künstler individualisiert haben in ihren Darstellungen, desto mehr haben sie die Verschiedenheit der Hände herausgehoben, und wer irgend Gelegenheit gehabt, das außerordentliche Werk Tizians - den Christus mit dem Zinsgroschen – auf der Dresdner Galerie zu betrachten, dem darf nicht entgangen sein die tiefsinnige Charakteristik, welche ein solcher Künstler in dem Gegensatze der Hände des Christus und des Zöllners aussprechen konnte, und nicht minder hat das ganze intelligente Deutschland, indem es sich an Lessings trefflichem Bilde — dem Huss vor dem Konzil in Konstanz — erfreute, zugleich anerkannt, welche tiefe Bedeutung auch ein moderner Künstler in eine Hand, wie die auf der Brust ausgebreitete des Huss, zu legen verstand. — Ebenso ist es feinen Menschenkennern nicht entgangen, wie bestimmt die edlere oder unedlere Rasse in den Händen sich ausspricht, und auf gleiche Weise haben Dichter und Gelehrte aller Zeiten hie und da einzelne Momente der Bedeutung der menschlichen Hand hervorgehoben. Ja selbst, daß die Hand bei fast allen Völkern eine besondere Symbolik erhielt, und daß der Aberglaube den Linien und Formen der Hand einen eigentümlich mysteriösen Zusammenhang zuschrieb mit den Schicksalen der Menschen, deutete an, daß man wohl fühlte, es habe dieses Organ eine andere und höhere Stellung zum geistigen Wesen des Menschen, als Bein oder Arm oder Fuß.

Wie es aber etwa ging bei der Betrachtung des Kopfbaues und der Symbolik des Schädels, daß man lange eine Ahnung hatte von der tieferen Bedeutsamkeit seiner Formen, ja daß man in der Gall'schen Schädellehre sogar einen Wust unhaltbarer sogenannter Organe fast abergläubisch eine Zeitlang verehrte, bevor es gelang, aus der verschiedenen physiologischen Signatur der drei großen Schädelwirbel, aus welchen die Knochenhülle für das Gehirn gebildet wird, einen wahren und festen Anhalt für eine neue Kranioskopie zu entnehmen, so ist auch die Lehre von physiologischer Bedeutung der verschiedenen Bildungen an der Hand, nachdem man die Verkehrtheit der Chiromantie bei Seite gelegt hatte, in ihrer wissenschaftlichen Beziehung noch immer ein fast unbebautes Feld geblieben. —

Es sind wohl einige zwanzig Jahre her, daß es mir zu einer besondern Aufgabe geworden war Materialien zu einer Lehre von den Handformen zu sammeln, namentlich genaue Zeichnungen und Abdrücke tierischer Hände im Vergleiche mit menschlichen zusammenzubringen, und daß ich beabsichtigte, diesen gewiß interessanten Gegenstand überhaupt einer eignen und genaueren Bearbeitung zu unterwerfen: indes vielfältige andere Lebensrichtungen schoben diesen Vorsatz immer wieder ins Weite und ließen ihn unerfüllt. — Neuerlich hat nun ein in Frankreich erschienenes Werk[1] das Gedächtnis solcher Studien lebhaft wieder in mir er-

---

[1] La Chirognomie ou l'art de reconnaître les tendances de l'intelligence d'après les formes de la main, par le Caine S. d'Arpentigny. Paris, 1843. Dasselbe in einer gelungenen deutschen Übersetzung: Stuttgart, 1846, Ad. Becher's Verlag.

weckt. Ganz unerwartet fand sich nämlich in demselben von einem Mann, der nichts weniger als Anatom, Physiolog oder Arzt ist, sondern wie es scheint, noch den napoleonischen Zügen als Offizier in der französischen Armee gefolgt war, dem aber Geschichte, Ethnographie und Literatur nicht fremd blieben, dieser Gegenstand nicht nur aufgenommen, sondern auch auf eine durchaus originelle Weise behandelt. – Ungefähr so nämlich, wie Lavater in der Physiognomik, ein Vorläufer Gall's, und dadurch auch der physiologischen Kranioskopie wurde, indem er immer nur die Erfahrung zu Hilfe nahm, und danach gewisse Grundformen von Kopf und Antlitz festsetzte, welche bestimmt mit gewissen psychischen Individualitäten verbunden vorkommen, so wurde Herr d'Arpentigny der Vorläufer einer wissenschaftlichen Lehre von der Bedeutung der Formen der Hand, und der Schöpfer einer Art von Handkunde, oder wie er es nannte Chirognomonie, welche einst allerdings einer physiologischen Wissenschaft von der Bedeutung der Hand, welche ich, in Analogie der Kranioskopie, Chiroskopie nennen möchte, wird untergeordnet werden müssen, aber immer doch wieder zuletzt gewissermaßen die Probe auf das Exempel der letzteren wird abgeben können. –

Wie aber die physiologische Kranioskopie etwa auf Entwicklungsgeschichte menschlichen Hirn- und Schädelbaues sich stützt, so würde natürlich die physiologische Chiroskopie durchaus auf Entwicklungsgeschichte der menschlichen Hand sich zu stützen haben; sie würde darstellen, wie in der Reihenfolge der Tiere die Hand zuerst sich vorbereitet, wie sie im Menschen, vom zartesten Keime an, sich allmählich entwickelt, sie würde zu zeigen haben, was das vorzüglich Charakteristische der menschlichen Hand im Gegensatze der tierischen sei, welche verschiedene und besondere physiologische Bedeutung die einzelnen Glieder der Hand erkennen lassen; und sie würde nachweisen, inwiefern ihr eigentümlicher Bau im notwendigen Zusammenhang stehe mit gewissen Eigentümlichkeiten der ganzen Organisation, ja wie dadurch in ihr allerdings ein gewisses Zeichen – ein Symbol – gegeben sei, aus welchem wir auf den besonderen Charakter gerade dieser Organisation und folglich auch gerade dieser psychischen Eigentümlichkeit (welche notwendig immer mit der Organisation im Verhältnis stehen wird) zu schließen berechtigt seien. – Eine vollständige Arbeit dieser Art würde allerdings ein großes Material und eine strenge wissenschaftliche Anordnung verlangen, und könnte durchaus nur auf dem

Boden der philosophischen Anatomie und Physiologie erwachsen. Hoffen wir, daß die nächstkünftige Zeit auch diese Frucht zur Reife bringt! —

Hier in einem kürzern Überblicke, welcher mehr als erster Entwurf für eine naturgemäße Betrachtung der Handkunde genommen werden soll, kann am wenigsten der Ort sein, ein so schwieriges Unternehmen durchzuführen und zu vollenden. Ich werde daher nur aus der großen Masse von Tatsachen, welche vor meinem Geiste angehäuft daliegen, Einiges herausgreifen, welches einigermaßen einen Überblick geben kann, was alles in Betracht kommen müßte und genauere Erwägung verdiente, wenn nur von einem einzigen solchen Gebilde menschlicher Organisation, wie es die Hand ist, eine einigermaßen erschöpfende Darstellung seiner Geschichte und seiner Bedeutung gegeben werden sollte. Zuerst freilich möchte ich es hier zu einiger Deutlichkeit bringen, was es eigentlich mit dem auf sich hat, was man ein organisches Ganze — einen Organismus nennen darf, denn wem das ganz oder größtenteils fremd ist, der wird nie und nimmer begreifen, wie überhaupt das einzelne Glied einer höhern Gesamtheit eine Bedeutung haben, ein Zeichen sein könne für die Eigentümlichkeit dieses Ganzen. — Es ist aber, um hier sogleich durch ein Beispiel zu erläutern, in unseren Tagen auch außerhalb des Kreises eigentlicher Wissenschaft sattsam bekannt geworden, daß die neueren wissenschaftlichen Bestrebungen ausnehmend viel Merkwürdiges und Gewisses über Bildung und Lebensweise von Geschöpfen ans Licht gebracht haben, welche schon vor vielen Jahrtausenden als Lebende von der Erde verschwunden sind. Die Möglichkeit davon, daß solche Nachweisungen gegeben werden konnten, beruht nur darauf, daß ein jeder Organismus, jedes organische Ganze, die Eigenschaft hat, daß alle Teile die genaueste, so nur eben hier vorkommende Beziehung aufeinander und zum Ganzen haben, und daß eben darum eigentlich allemal ein Teil — zumal ein irgend größerer und wichtigerer — ein bestimmtes Symbol, ein entschiedenes Zeichen des Ganzen darbieten wird. — Als daher G. Cuvier, welcher die Lehre von den fossilen Überresten größerer tierischer Geschöpfe mit Geist und Umsicht behandelte, aus den Steinbrüchen des Montmartre bei Paris die ersten Fragmente von Knochen jener dort in Gipslagern eingebetteten sonderbaren lamaartigen Tiere, der Paläotherien und Anaplotherien, erhielt, entzifferte er, noch ehe die übrigen Skeletteile gefunden waren, aus den Knochen der Vorderläufe (strenggenommen also auch eigentlich aus den Handknochen) nicht nur Größe und Stärke des ganzen Tiers, sondern gab, erleuchtet durch das

Licht der vergleichenden Anatomie über Bau des Kopfs und der Zähne, über Lebensweise und Nahrung des Tieres die bestimmtesten Aufschlüsse. — Dergleichen kommt uns wie Zeichendeuterei und Zauberei vor, aus so wenig Stücken Knochen so Vieles herauslesen zu können, aber es ist die Zeichendeuterei und Zauberei der Wissenschaft, und dies ist von jeher die eigentlich rechte und einzige gewesen.

Ich komme jedoch nochmals darauf zurück: all' dies wäre nicht möglich, wenn nicht jeder Organismus eben diese genaue Beziehung jedes Teils auf den andern und aller Teile auf das Ganze, als wesentlichste Eigenschaft hätte; als Eigenschaft, die ihn eben zum Vorbilde für alles Große macht, was auch der Mensch erschaffen kann; denn sei es nun ein Kunstwerk, oder ein Wissenschaftswerk, oder der Bau und die Gründung einer Staatsverfassung, alle sollen sie nach dem Bilde des Organismus geschaffen sein und alle sollen sie sich dieser engsten organischen Beziehung der Teile unter sich und aller Teile zum Ganzen erfreuen, wenn sie überhaupt von Wert zu sein den Anspruch machen.

Schon aus dieser Erkenntnis folgt also mit der größten Entschiedenheit: ein so edles Gebilde als die menschliche Hand müsse unbedingt in der engsten Beziehung zu dem ganzen menschlichen Organismus stehen, und sie müsse folglich auch ein bestimmtes Zeichen einer gewissen Individualität abgeben, und so wie es gewiß ist, daß z. B. die Stirn, das Auge, das Ohr nur gerade so sein könne bei einem so beschaffenen Kopfe, so kann eine so beschaffene Hand nur so bei einem so beschaffenen Menschen vorkommen. — Hiermit wäre also wirklich bereits sehr viel, ja Alles für Begründung einer wissenschaftlichen Chiroskopie gegeben, doch mehr wird sich die Wichtigkeit und Wahrheit derselben noch herausstellen, wenn wir nun weitergehen und einen Blick werfen auf die Geschichte der tausend merkwürdigen Formen, in welchen teils die der Hand entsprechenden Gebilde im Tierreiche, teils die Formen der eigentlichen Hand in der unendlichen Verschiedenheit der Menschen selbst sich darstellen.

Was das erstere, die verschiedenen Formen des Analogen der Hand im Tierreiche betrifft, so kann durchaus nicht geleugnet werden, daß die wesentlich verschiedenen Hauptformen desselben so schlagend charakteristisch für die Wesenheit des Tieres sind, daß wir daran sogleich die verschiedensten Klassen der Tiere zu unterscheiden vermögen. — Fragen wir also zuerst: Welches sind die wesentlich verschiedenen Formen desjenigen Leibesgliedes in den Tieren, welches in den Menschen Hand genannt wird? – und die Antwort wird sein: 1) die Flosse; 2) der Fuß; 3) der Flügel. – Die Brustflosse der Fische ist das erste Rudiment der Hand unter den Wirbeltieren und sie ist durchaus charakteristisch für das ganze Geschöpf. – Ich brauche nur von einem jetzt lebenden oder vorweltlichen Geschöpfe eine solche Flosse zu sehen, und ich weiß sogleich: dies Wesen gehört zu der Klasse der Fische, und teilt den Körper- und Seelencharakter der Fische. – Höchstens haben die Ichthyosauren unter den vorweltlichen Amphibien und die Walfische unter den lebenden Säugetieren ebenfalls die Hand als Flosse, und doch unterscheidet sich auch diese Flossenform schon sehr von der der Fische. – Ist nun die Flosse gleichsam der niederste konzentrierteste Endpunkt dieser Reihe, so erscheint dagegen der Flügel als der höchste expandierteste Endpunkt derselben. Der Flügel des Vogels wie der Flügel der Fledermäuse ist nichts als eine sonderbar umgebildete Hand, und beide sind wieder so außerordentlich charakteristisch, daß es für den Zoologen genug ist, nur dergleichen umgebildete Handformen zu sehen, und sogleich wird das Bild des ganzen Geschöpfes, dem die Gliedmaße gehörte, von ihm ausführlich konstruiert werden können.

Zwischen Flosse und Flügel liegen als Übergangsbildungen dieses Gliedes in der Mitte die große Verschiedenheit der Formen des Vorderfußes in den Säugetieren und Amphibien. Auch hier regen sich nun wieder die mannigfaltigsten Gebilde: zwischen der einfingrigen, noch ganz unkenntlichen Hand des Pferdes und der zweifingrigen Hand der Wiederkäuer, ja der plumpen fünffingrigen Hand des Elefanten (bei denen allen das Tier nur auf die Fingerspitzen auftritt) – bis zu der schon platten aber ganz ungeschickten Hand der Sohlengeher – Bären und Waschbären – und endlich der unvollkommenen wirklichen Hand der Affen, gibt es wieder eine Menge der abweichendsten Formen; aber allemal wird ein geschickter zoologischer Handdeuter nur eine dieser Gliedmaßen bedürfen, und wird daraus bestimmtest abnehmen können, welche besondere allgemeine Organisation sich damit verbindet.

Schon diese flüchtige Betrachtung der die Stelle der Hand vertretenden Gliedmaßen in den höheren Tieren kann uns zeigen, daß diese Gebilde allerdings so eigentümlich, so bedeutend, so charakteristisch sind, daß schon aus einem einzigen derselben der Naturforscher vollkommen im Stande ist, wenigstens die Klasse und die Ordnung, oftmals aber auch die Sippschaft, ja das Geschlecht, oder gar die Art des Geschöpfes, von welchem die Hand angenommen war, bestimmtest zu erraten.

Werfen wir nun einen Blick auf die große Verschiedenheit der Handformen in den verschiedenen menschlichen Organismen! — Man darf nur
etwas weiter sich umtun, so treten sogleich vier Gattungen von Mannig-
faltigkeiten der Hand auf das deutlichste hervor. Zuerst ist nämlich sehr
mannigfaltig verschieden die Hand des Menschen nach den verschiedenen
Altersstufen, sodann nach dem Geschlechte, ferner nach den verschiedenen
wesentlichen Stämmen der Menschheit und endlich nach verschiedenen
Anlagen, Charakteren und Persönlichkeiten.

Was die Altersstufen betrifft, so ist hier die Verschiedenheit der Handformen außerordentlich groß. Die früheste Andeutung dieser Gliedmaße
in ganz kleinen embryonalen Menschen ist nur die eines Körperchens, welches bedeutungsvoll noch mehr die Gestalt einer Kieme — d. h. eines At-
mungsorganes als einer Hand hat, und vollkommen die Gestalt der Hand
in den Fischen — d. h. die Form der Flosse wiederholt, also noch gar keine
Finger zeigt. Allmählich keimen dann die Finger heraus, aber die Handfläche waltet noch sehr vor. Auch im neugeborenen Kinde ist die Weichheit, vorherrschende Breite und Dicke der Handfläche bei noch kürzeren
Fingern charakteristisch. — Wie sehr endlich auch noch die Hand des Jüng-
lings von der des Mannes und des Greises abweicht, darf ich im Allgemeinen als bekannt voraussetzen.

Die zweite Verschiedenheit gewährt das Geschlecht. Hände von Männern und Frauen sind nicht minder wesentlich verschieden als Kopfbau, ja
als ihre gesamten Körperverhältnisse. — Es müßte ein sehr geringer Menschenkenner sein, dem man nicht zutrauen sollte, sogleich und einzig an
der dargebotenen Hand zu erkennen, ob sie einem Manne oder einer Frau
angehöre. — Im Allgemeinen ist namentlich der Bau der Frauenhand
kleiner, zarter, und besonders schmäler, außerdem feiner gegliedert, die
Gelenke minder stark hervortretend, und die Handfläche weicher; während die Männerhand größer, derber, verhältnismäßig breiter, und mit
stärkeren vorspringenden Gelenken versehen, und mit festerer, breiterer
Handfläche und gewölbteren Ballen des Daumens erscheint. — Daß also diese
festere, breitere, stärkere Hand ebenso ein Zeichen der kräftigeren, schärfer
denkenden, mehr praktisch wirksamen Individualität des Mannes genannt
werden muß, als die schmälere, feinere, weichere Hand, ein Symbol des
gemütvolleren, weicheren, sinnigeren Charakters der Frau, ist vollkommen
deutlich, und hiervon, wie von der verschiedenen Bedeutung der Formen
der Altersverschiedenheit der Hand, wird nun schon vielfältige Anwen-

dung gemacht werden können, um die Beziehung der Handform auf besondere Persönlichkeiten genügend darzustellen, und wir können wohl denken, daß eine mehr weibliche Hand bei einem Manne, und eine mehr männliche bei einer Frau eben so bestimmt auf ungewöhnliche und unerwünschte Eigentümlichkeit der Person deuten muß, als eine Hand mit ganz unentwickelten Fingern bei einem Erwachsenen, oder mit langen dürren Fingern bei einem Kinde. —

Was die dritte Art von Verschiedenheit der Hand, die nach den verschiedenen Menschenstämmen, betrifft, so hat man im Ganzen noch zu wenig genaue Untersuchungen, um etwas recht Bestimmtes darüber aussprechen zu dürfen. Der Stämme selbst sind wesentlich vier, und es wiederholen sich in ihnen anhaltend und immer von neuem die vier stets vorhandenen Zustände des Planeten: Tag, Nacht, Morgen- und Abenddämmerung, so wie die nach der größern oder geringern Abhängigkeit von den Tageszeiten sich ergebenden Unterschiede unendlicher auf ihm lebender Geschöpfe — Pflanzen und Tiere — in Tag- und Nacht- und Dämmerungsgeschöpfe. Diese Stämme heißen daher Tagvölker oder Kaukasier, Nachtvölker oder Äthiopier, östliche Dämmerungsvölker oder Mongolen, und westliche Dämmerungsvölker oder Amerikaner, wie ich sie denn ausführlicher in meinem System der Physiologie nach diesen Abteilungen charakterisiert habe. Die Angabe der schärferen Unterschiede der Handform je nach diesen verschiedenen Stämmen muß, wie gesagt, noch von Reisenden erwartet werden, welche, mit guter Beobachtungsgabe ausgerüstet, gerade diesem interessanten Gegenstand besondere Aufmerksamkeit zuwenden. Für jetzt kann hier fast allein die verschiedene Beschaffenheit des Hautorganes, wie es denn auch je in verschiedenen Händen ein anderes und besonderes sein muß, als entscheidend dargestellt werden. Die weiße Haut der Tagmenschen begünstigt, wie überhaupt so auch an den Händen, die feinste Sensibilität, und es wird von Interesse sein, dereinst zu untersuchen, ob die merkwürdigen Nervenknötchen an den Handnerven, welche Pacini in Pisa wieder auffand, nachdem sie schon früher Vater in einer Dissertation erwähnt hatte, und welche wahrscheinlich, als Kondensatoren der Innervation, das Geeignetsein der Hand für Ausübung des Lebensmagnetismus bedingen, in den anderen Menschheitsstämmen ebenso wie bei uns — den Tagmenschen — vorhanden sind. — Die starke Ablagerung von Pigment in der schwarzen Haut der Nachtvölker stimmt jedenfalls ihre Sensibilität herab. Die Hände beider Arten von Dämmerungsvölkern scheinen mehr ein Vorwalten in der Bedeutung der Hand als Bewegungsorgan darzustellen, weshalb denn ein gröberer, stark knochiger Bau sowohl den Händen der Amerikaner als Mongolen eigen ist. – Doch wie gesagt, mehr im Einzelnen wird erst künftig sich hierüber mitteilen lassen! –

Es bliebe denn nun noch übrig, von den Verschiedenheiten des Handbaues zu sprechen, welche in einem und demselben Alter, Geschlecht und Menschheitsstamme je nach den verschiedenen Anlagen, Charakteren und Persönlichkeiten vorkommen. – Man muß hier, will man streng wissenschaftlich verfahren, zuerst diejenigen besonders bezeichnenden Eigenschaften der Hand unterscheiden, welche dieses Organ mit der Gesamtheit der äußeren Körperbeschaffenheit gemein hat, und dann diejenigen betrachten, welche, inwiefern sie der Hand als besonderem Organ zukommen, für die Individualität des Menschen bezeichnend sind. Das erste kann man auch allgemeine Zeichen, aus dem Handbau entnommen, nennen, das andere hingegen als besondere chirognostische Zeichen oder Zeichen des Handbaues für den ganzen Menschen anführen. – Was das erstere betrifft, so gehört dahin der gröbere oder feinere Bau der Haut, die mehrere oder mindere Derbheit und Elastizität derselben, die reichlichere oder geringere Ablagerung von Fett und Zellstoff, durch welche entweder das Embonpoint oder die Magerkeit der Körperfläche dargestellt wird. – Wir wissen, daß, wenn wir einen Mann vor uns haben mit weichlicher, schwammiger Körperoberfläche, laxer Faser und reichlich aufgehäuftem Embonpoint, so wird uns dies eine andere Individualität andeuten, als wenn wir einen Mann sehen mit fester, strammer Haut, durch welche, nur von wenig Fett und Zellstoff verdeckt, eine elastische Muskulatur und ein starkes Knochengebäude hervortritt. Sehr bestimmt spricht sich eine solche allgemeine Beschaffenheit auch in der Hauttextur der Hand aus, und so wird also die weichliche, fettreiche, dicke Hand ebenso auf geringere Energie der Persönlichkeit und einen schlaffen, untätigen, weichlichen Charakter deuten als die mehr magere, derbere und mehr knochig muskulöse Hand einen energischen, auch wohl rauhen Charakter anzeigt. – Ebenso verhält es sich mit der Feinheit der Haut. Die sehr zarte sensible Hautbildung der Hand kommt nicht vor ohne eine ähnliche Beschaffenheit der Körperoberfläche überhaupt, und wird immer einer feineren, empfindlicheren, sinnigeren Eigenschaft des Geistes da sich verbunden zeigen, wo nicht zugleich etwa mangelhafte Hirnentwicklung das geistige Vermögen beschränkte. Im Gegenteil wird eine härtere, trocknere, gröbere Beschaffen-

heit der Haut einen härteren Charakter und mehr Muskelkraft als Sensibilität anzeigen. —

Gehen wir nun über zu den besonderen Zeichen, welche für allgemeine
Körper- und Geistesbeschaffenheit aus dem eigentümlichen Baue der Hand
zu entnehmen sind, so muß vor allen Dingen in Betrachtung kommen die
eigne physiologische Bestimmung des Organs. Es hat aber die Hand einmal die Bedeutung Sinnesorgan — feinstes Organ des Gefühls — des Tastsinns zu sein, — und ein andermal das feinste und geschickteste Bewe-
gungs-, Ergreifungs- und Kunstorgan darzustellen. Je nachdem nun entweder in zarter und feiner Gliederung, nur sehr mäßiger Größe, großer
Weichheit, geringem Auftreten des Knochenbaues und wenig vorragender
Gelenkbildung die Bedeutung als Sinnesorgan vorschlägt, oder je nachdem
in starker Muskulatur und Sehnenbildung, kräftig entwickeltem Skelett
und beträchtlicher Größe, die Hand zum gewaltigen Ergreifungsorgan
wird, läßt sich mit Bestimmtheit im ersten Falle auf eine feinere, zu Phantasie, Kunst und Scharfsinn geneigte, aber vielleicht schwächere Seele; im
andern Falle auf eine mehr der gewaltsamen Wirkung auf die Außenwelt
zugewendete und oft stärkere Seele, sei es Wirkung durch Waffen oder
durch Kultur des Bodens, oder durch die mechanischen Künste, schließen.
In so weit es nun in der Physiologie üblich ist, das was auf Bewegung Bezug hat, motorisch, das was auf die Empfindung Bezug hat, sensibel zu
nennen, kann man schlechthin das erste die sensible — die andere die motorische Hand nennen, und eine dritte und eigentlich höchste Bildung
wird es dann sein, wenn die Hand beide Bestimmungen, im feinsten
Gleichgewichte und zum freiesten Gebrauche des Geistes, am vollkom-
mensten erfüllt, wenn sie in zarten, konisch ausgezogenen, fein beweglichen Fingern und nur mäßig großer, weicher, feiner Handfläche, Empfindung und Bewegung in gleicher Vollkommenheit vereinigt, so daß
man diese Form dann ganz gut nach d'Arpentigny die seelische Hand
(main psychique) nennen darf, denn sie ist dann, und nur dann das für
jede Lebens-Äußerung und Innerung der Seele vollkommenste Werkzeug
und wird überhaupt nur bei höherer Seeleneigentümlichkeit sich vorfin-
den. — Erkennt man sonach diese Form unbedingt als die höchste, so wird
dagegen jedenfalls sich auch eine andere, und zwar die vierte Grundform
als die niedrigste darstellen, als die Form, wo die Hand in ihrem eigentlichen Typus noch am wenigsten entwickelt ist, wo sie noch an die
embryonale Hand und die Hand der höheren Säugetiere erinnert, die

Form, wo die Handfläche noch vorherrscht und eine nur unvollkommene Entwicklung kurzer, unbeholfener Finger gegeben ist, und eine solche Form, die sich bei roheren und unentwickelteren Eigentümlichkeiten der Seele findet, darf man denn mit d'Arpentigny, noch im tiefern Sinne als das Wort von ihm gebraucht worden ist, als die elementare Form bezeichnen.

So erhielten wir also, ganz rein der Geschichte der Hand selbst nachgehend, vier physiologisch deutlich begründete Formen dieses Organs: die elementare als die niedrigste, — die psychische, als die höchste und, als mitten inne liegende, die sensible und die motorische Form; die eine dieser letzteren wird durch Weichheit, Feinheit und gerundete Gestaltung eben so für zartere Fühlung, magnetische Wirkung und feinere Unterscheidung der Außenwelt bezeichnend sein als die andere durch starken Muskel- und Knochenbau und derber gegliederte Bildung, der massiven Bewältigung der Außenwelt mittelst der Kraft der Bewegung sich eignet. Natürlich wird die größte Menge einzelner wirklicher Handformen sich nun als in der Mitte liegend zwischen diesen vier Grundformen erweisen, als welche vier Formen sonach gleichsam nur die vier Weltgegenden andeuten sollen, nach denen hin die Bildung eines so wichtigen Organes streben kann. Von solchen mittleren Gestaltungen hat schon der französische Chirognom einige besonders benannt, so z. B. das, was er die spatelförmige und die philosophische Hand nennt, und man könnte jedenfalls noch mehr eigentümliche Mittelformen unterscheiden. Das Wichtigste bleibt es immer, daß zuerst die echten vier Grundformen deutlichst der Erkenntnis eingeprägt werden, denn alsdann wird man bald dahin gelangen, das übrige unendliche Material nach diesen Fächern zu ordnen. — Ich werde bei einer spätern ausführlichen Schilderung jener vier Formen und der Individualitäten, welcher sie angehören, auf die Darstellung des französischen Chirognomen mich beziehen, da von ihm einzelne derselben auch ohne die hier gegebenen Vorkenntnisse, sehr glücklich herausgegriffen sind, aber nützlich wird es bei alle dem sein, zu größerer Deutlichkeit schon jetzt für jede Form einen bekannten Charakter zu nennen. Und so mag man sich denn als Prototyp zuerst und immerhin die elementare Hand denken, etwa an einem Sancho Pansa, die motorische Hand, an einem Marius, die sensible Hand, an einem Tasso, und die psychische, an einem Christus.

So wäre es denn in den bisherigen Betrachtungen überhaupt ausgesprochen, welches eigentlich die ersten Grundzüge einer wissenschaftlichen Handkunde sein können, d. h. es wären die vier aus der Bedeutung des Organs selbst notwendig folgenden möglichen Verschiedenheiten nachgewiesen, welche überhaupt im Baue der Hand stattfinden können, und man sieht nun ein, daß die Bildungen der elementaren, der motorischen, der sensiblen und der psychischen Hand ebenso charakteristisch im Einzelnen für den innern Menschen sein müssen, als die massive und halbrohe – die muskulöse und starke – die feine und schwache sensible – so wie die ideale und im höhern Gleichgewichte vollendete Bildung des ganzen Organismus es sind für die Seeleneigentümlichkeiten des Menschen. Jedenfalls wird daher auch die Beachtung dieser aus dem Baue der Hand hervorgehenden Zeichen ein wahrhafter und recht eigentlicher Fingerzeig mehr sein, um die Bedeutung einer Individualität schneller zu verstehen, und gerade diese wissenschaftliche Auffassung wird vollkommen dagegen schützen, in das Mißverständnis zu verfallen, als könnten noch außerdem eine Menge spezieller Anlagen und Eigenschaften der Hand entziffert werden, als könnte man nach Art der alten Chiromantie daraus abnehmen, ob ein Mensch zum Räuber oder zum Tugendhelden, ob er zum Musiker oder zum Maler bestimmt sei usw., sondern man wird einsehen, daß man nur daraus überhaupt entnehmen könne, ob ein weiches, sensibles Naturell, oder ein hartes, tatkräftiges, ob ein gewisses roheres, im Empfinden und Tun noch dem Tierischen sich näherndes, oder ein höheres seelisches Naturell einem Menschen in der Anlage gegeben sei; die Art und Weise freilich, wie diese Anlage dann von dem Menschen und seinen Verhältnissen ausgebildet wurde, bleibt dann notwendig immer seinem Willen und seinem Schicksale überlassen.

Bevor ich jedoch jetzt noch auf eine nähere Schilderung der Hauptformen der Hand, sowohl des männlichen als des weiblichen Körpers eingehe, und zwar nicht ohne Rücksicht auf die oft sehr feinen Bemerkungen, welche d'Arpentigny in seiner Chirognomonie aufgenommen hat, halte ich es hier unerläßlich, noch über Bedeutung der einzelnen Teile der Hand, welchen man schon in früherer Zeit so verschiedene Bedeutungen beigelegt hat, einige besondere Betrachtungen voranzuschicken. –

Aufmerksam zu machen auf die reine Architektonik, welche der Hand eigentlich zu Grunde liegt, darf hierbei nicht unterlassen werden, denn es ist aus Betrachtung derselben alsbald ein Begriff zu gewinnen, welcher für Auffassung des Wesens aller hohen organischen Gestaltung sogleich einen besondern Nutzen gewähren wird. – Es ist hier nämlich zu erkennen, wie die Schönheit höherer Form vor allen Dingen dadurch herbeigeführt wird, daß einfache rationale Verhältnisse in vervielfachte und irrationale verändert werden. – Man wird mich sogleich verstehen, wenn ich zeige, wie die einfachste, überall nach 1:2:3:6 fortschreitende Gliederung eigentlich der ganzen Teilung der Gliedmaße des Arms zum Grunde liegt und zwar in folgendem Maße:

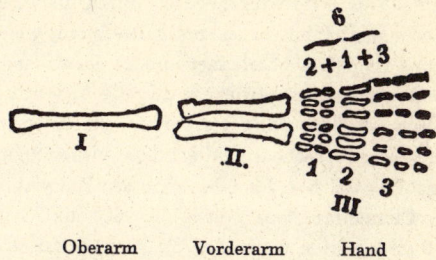

Oberarm   Vorderarm   Hand

Was nun hier in dem geometrischen Schema der Hand eine unschöne, einförmige Strahlung von 6 Wirbelkörperreihen ist, deren jede, auch in sich einförmig, in $2 + 1 + 3$ zerfällt, das wird alsbald an der wirklichen Handbildung in das schöne aber in seiner Form nun unsymmetrische und irrationale Gebilde verwandelt, allwo nur fünf Strahlungen sich entwickeln, wo die ersten zwei Reihen zu acht Handwurzelknochen (statt der bei 5 Fingern eigentlich geforderten 10) sich verbinden, wo von der dritten Reihe, d. i. der Mittelhand, ein Strahl sich als Mittelhandknochen des Daumens zur Gegenstellung von den anderen vier ablöst, welche durch Bänder und Muskeln enger verbunden bleiben, und ferner nur die eigentlichen Finger drei Wirbel oder Phalangen behalten, während der Daumen deren nur zwei erhält, so daß nun mit einem Male jener regelmäßige einfache, rationale Grundplan des Gliedes zerstört, aber die hohe Schönheit der Hand dadurch begründet ist; Vorgänge, die überall im Baue des Organismus sich wiederholen, die zu den merkwürdigsten Betrachtungen anregen, und denen ich einst ein zehnjähriges Studium widmete, dessen Resultate in meinem großen Werke »Von den Ur-Teilen des Knochen- und Schalengerüstes« niedergelegt sind. Hier will ich nur noch darauf aufmerksam machen, daß jenes nicht allzuselten vorkommende Verhältnis von sechs Fingern der Hand (ein Verhältnis, welches sich zuweilen in Familien regelmäßig forterbte, nur aus jener Anlage erklärlich wird, ebendeshalb uns aber allemal als unschön, als Mißbildung erscheinen muß.

Sehen wir nun aber gegenwärtig ab von allen tiefergehenden morphologisch-anatomischen Einteilungen, so dürfen wir doch gerade für den Zweck einer bestimmtern Symbolik der Hand nicht unterlassen, eine Teilung hervorzuheben, welche uns zu mancher interessanten Wahrnehmung leiten muß – ich meine die Teilung in das Wurzelgebilde und in die freien Gebilde. Das erste wird gegeben durch die in einem Ganzen vereinigten Glieder der Handwurzel und Mittelhand, welche zusammen das herstellen, was als palma bezeichnet und im Deutschen durch Handfläche nicht vollkommen ausgedrückt wird; die anderen sind die fünf freien Finger. Von der Bedeutung der verschiedenen Formen beider für den gesamten Menschen spreche ich daher zuerst insbesondere:–

Das Wurzelgebilde ist, wie der Überblick der Entwicklung der Hand gezeigt hat, das Elementare, aus ihm bilden sich die Finger allmählich hervor, in den Sohlengehern unter den Säugetieren ist es das, was noch fast die ganze Hand allein bildet, und in der Hand der meisten Affen wie in dem handähnlichen Fuße ist es noch mindestens das bei weitem größte Gebilde. Schon hieraus ist also klar, daß ein besonderes Vorherrschen der Handfläche über die Finger, der Hand des Menschen einen niedern Charakter aufdrücken muß; dagegen ist es aber merkwürdig, daß in der Handfläche, während die Finger mehr die Träger der Äußerung bewußten Seelenlebens sind (durch feineres Tasten und feinere Bewegung) die Handfläche gewissermaßen einen deutlichen Focus des unbewußten Seelenlebens abgibt, indem sie teils einen einzelnen Herd des Blutlebens darstellt (weshalb in Fiebern und Abzehrungen und vielen erhöhten Vegetationszuständen die Handfläche heiß gefunden zu werden pflegt), und indem sie teils den Stand des innern Nervenlebens kund gibt, wie es sich bald in magnetischer Ausstrahlung, bald in innigerer Empfindung verrät (daher erregt in vielen Personen das Berühren der Handfläche einen heftigen Kitzel). – Die Träger dieser Lebensäußerung des Unbewußten sind einerseits die starken Gefäßbögen in der Handfläche, teils die geringere oder größere Anhäufung der Pacinischen Körperchen an den dortigen Nerven.

In all dieser Beziehung ist daher jedenfalls die Bildung der Handfläche bedeutungsvoll für Eigentümlichkeit, ja selbst für den Gesundheitszustand des Menschen. – Suchte man doch schon in der alten Chiromantie die Lebenslinie als Zeichen längern oder kürzern Lebens in der Hand, und fand mit Recht, daß bleiche oder gelbe Färbungen der Linien in der Hand, auf Krankheit deuteten. Ebenso wird daher eine reingefärbte, weiche aufgelockerte, empfindliche, warme, feuchte Handfläche auf Jugend, Gesundheit, feinere Sensibilität und raschere Vegetation deuten[1], während in Trockenheit, Magerkeit, rauhere Hautbildung und Unempfindlichkeit dort der entgegengesetzte Charakter sich ausspricht. – Natürlich muß bei Untersuchungen dieser Art beachtet werden, daß die Lebensweise und namentlich schwere Arbeit die Handfläche in vieler Beziehung umändern kann, doch macht schon d'Arpentigny die Bemerkung, daß feste aber dabei nicht harte, und elastische aber dabei nicht weiche Hände, selbst unter anstrengenden Arbeiten nur schwer sich wirklich erhärten, während eine von Natur schon sehr derbe Hand im Gegenteile unter ähnlichen Verhältnissen schnell sich ganz verhärtet. Dieser Verfasser macht ganz richtig darauf aufmerksam, daß schon in der Haut verschiedener Rassen der Pferde etwas Ähnliches vorkomme, da die Haut der edleren Tiere, obwohl entschieden feiner, doch weit schwerer sich verbilde, als die der unedleren. Eben darum finde ich auch seine Bemerkung über das in den Händen sich bildende Horn sehr wahr, und dabei fein ausgedrückt: »Le cal de la main, presque toujours, jette une ombre sur l'esprit.« – Eben in so fern ist endlich die Bemerkung desselben über die mit den Jahren bei vielen Personen zunehmende besondere Lust an Beschäftigung mit Graben, Pflanzen, überhaupt mit Gärtnerei nicht ohne psychologische Wahrheit. Er deutet darauf, daß dieser Dilettantismus oft mit einem gewissen Nachlassen des Interesses für wissenschaftliche, patriotische, poetische Gegenstände zusammenhängt, und daß dasselbe Prinzip, was da macht, daß mit allgemeiner Fülle und Frische des Körpers auch die Weichheit und Elastizität der Hand es erklärt, daß jetzt statt höherer Kämpfe und Bestrebungen ein friedliches, aber materielles Streben hervortritt; er sagt: »c'est quand nos mains raidies, comme ossifiées, et deve-

---

[1] Othello sagt bei Shakespeare III. von der Hand der Desdemona:
Diese Hand ist warm.

– – – – – –

Dies deutet Fruchtbarkeit, freigeb'gen Sinn; –
Heiß, heiß und feucht! Solch einer Hand geziemt
Abtötung von der Welt, Gebet und Fasten,
Viel Selbstkasteiung, Andacht, fromm geübt.

nues presque insensibles, offrent la fidèle image de notre intelligence ap-
pauvrie, que cette manie de labourer, de jardiner, nous domine avec le
plus d'empire.« Im Allgemeinen erklärt er also die Weichheit der Hand
mit einer gewissen Weichheit und Bequemlichkeit des Charakters ebenso
im Verhältnisse, wie die Härte der Hand mit Strenge und einer gewissen
Rohigkeit der Seele.

Einen besondern Teil der Handfläche macht der Ballen des Daumens
aus, und in ihm findet sich dessen motorisches Element konzentriert, da
die starken, den Daumen und seinen Mittelhandknochen regierenden
Muskeln ihn insbesondere darstellen. d'Arpentigny nennt diesen Ballen,
dem die Chiromantie den Namen Mons Veneris gab, den Ausdruck des
überlegten Willens (volonté raisonnée) und meint damit einigermaßen
der ältern Bedeutung sich anzuschließen, indem er ganz originell und
eigentlich sehr richtig sagt: »aimer c'est vouloir, et vouloir c'est aimer.«

Die Sonderungslinie zwischen Ballen und Handteller bildete die Lebenslinie der Alten[1], und ohne in jene abergläubische Deutung zu fallen,
wird man sich doch überzeugen, daß diese Faltung energischer und mehr
aus dem Ganzen ist bei gesunden und lebenskräftigen, als bei schwächlichen und kränklichen Personen.

Unter den freien Gebilden der Hand, zu deren Bedeutung ich mich nun
wende, ist zunächst des Daumens Erwähnung zu tun. In ihm und seiner
eigentümlichen Gegenstellung gegen die übrige Hand wiederholt sich
eigentlich auf höhere Weise eine Form, welche in den Gliedern der Krebse,
mancher Arachniden und Kerfe als Schere ausgebildet vorkommt; und
wenn man mit der Hand die Vorderfüße niederer Säugetiere, wo alle
Zehen, wie in den Plantigraden, gleichartig verbunden sind, vergleicht,
so ist außerordentlich, was allein durch solche Gegenstellung eines Fingers gegen die anderen für eine Vollendung der ganzen Gliedmaße er-
zielt wird. – Und was ist der Daumen selbst noch bei den Affen für ein unvollkommenes Organ gegen den menschlichen Daumen. d'Arpentigny
sagt nicht mit Unrecht: »l'animal superieur est dans la main, l'homme
est dans le pouce« – denn dieses Glied ist es, welches am letzten und nur im
Menschen erst seine Vollendung erhält. Der Daumen ist daher auch im-

---

[1] 1. Die Kunst der Chiromantzey usw. Besehung der Hand usw. Zusammenverord-
net und verdeutscht durch Herrn Joannem Indagine, Pfarrherrn zu Steynheym usw.
mit vielen Holzschnitten 1563. 2. Joannes Taisnierius. Opus mathematicum octo
libros propemodum figuris innumeris idealibus manuum et physiognomiae etc. etc.
Colon. 1583.

mer sehr wichtig gewesen für die Symbolik, welche schon die Alten den Teilen der Hand beilegten, und man findet in mehreren Schriften[1] darüber Vielfältiges aufgezeichnet. – Selbst sein Name – andeutend, daß durch ihn besonders die Hand ihre Gewalt, ihre zwingende Macht erhält, wird ganz richtig von »Duomen, Doumen« (domare, zwingen) hergeleitet, und viele Gebräuche bezogen sich auf ihn, so die Entscheidung des römischen Volkes über Leben oder Tod der Gladiatoren, durch Erhebung oder Niederschlagung des Daumens, dahin auch das Daumenhalten und den Daumen beißen. – So ist ferner in den Angelsächsischen Gesetzen auf Verstümmelung des Daumens 20 Schilling Strafe gesetzt, und auf die des Mittelfingers nur 4 usw. In der erwähnten Chirognomonie heißt es daher auch: »die untere Phalanx des Daumen deute durch seine Größe auf Erkenntnis und Urteil, die obere auf Erfindung und Entscheidung. Leute mit kleinen Daumen, meinte der Verfasser, werden durch ihr Herz regiert, die mit großen Daumen durch ihren Kopf; – die erstere sei duldend, die andere ausschließend. – In der Vendée wird ein großer Daumen als eine Anlage zum Schwarzkünstler betrachtet, und die großen Daumen verkünden die Hartnäckigkeit ihres Charakters.« – Jedenfalls ist anzuerkennen, daß, da der Daumen den letzten, nur erst im Menschen sich vollendeten Finger darstellt, die starke Entwicklung desselben auf eine kräftigere menschliche Individualität deuten muß, und die geringere Entwicklung auf eine schwächere. Den stärksten Daumen wird sonach immer die motorische Hand haben.

Wenden wir uns jetzt zu der Bedeutung der übrigen vier Finger, so darf allerdings als eine wesentliche Verschiedenheit derselben hervorgehoben werden, was bereits d'Arpentigny geltend macht, nämlich einmal, ob die Finger stärker hervorstehende Gelenkhöcker zeigen, oder ob sie glatt und ohne Gelenkanschwellungen sind, und ein ander Mal, ob sie konisch gerundet, oder ob sie an den letzten Phalangen angeschwollen (spatelförmig), oder ob sie mehr viereckig sich endigen, und wichtig wird endlich auch sein die Länge derselben. – Die stärkere Entwicklung der Gelenkhöcker wird sich davon abhängig zeigen, ob die Muskulatur und das Skelett überhaupt sehr hervorragen oder nicht. Je mehr die Hand bloß Ergreifungsorgan ist, wird das erstere, je mehr sie bloß Sinnesorgan ist, um so mehr muß das letztere der Fall sein. Vereinigen sich daher die vorstehen-

---

[1] Proben aus einer Abhandlung über Namen und symbolische Bedeutung der Finger bei den Griechen und Römern, von D. Th. Echtermayer. Halle 1835.

den Gelenke noch mit Magerkeit, so werden Finger sich darstellen, wie wir sie an trockenen Verstandesmenschen, an Geizigen, auch wohl bei mechanischen Talenten und bei roherer Gewaltsamkeit der Natur antreffen. Selbst der Übergang einer dieser Formen zur anderen nach den verschiedenen Altern ist sehr charakteristisch, und die Chirognomonie hat nicht ganz Unrecht, wenn sie sagt: »Die Menschen werden um so mehr geordnet, um so weniger gläubig und um so mehr logisch, je deutlicher die Knochen ihrer Finger in den Umrissen sich herauszeichnen.« – Was die Endungen der Finger betrifft, so haben sie ebenfalls sehr verschiedene Bedeutungen. Die einfachste Endung ist die abgerundet viereckige, sie ist am meisten der elementaren und motorischen Hand eigen, und charakterisiert diese und die Individualität des Menschen, dem sie angehört. Die Endung, welche die zarteste ist und die seelische Hand bezeichnet, ist die abgerundet konische, und es ist merkwürdig genug, daß, wie durch ein Vorgefühl und ein unbewußtes Übereinkommen bestimmt, bei den verschiedensten Völkern, Abbildungen der Hände der Heiligen oder der Engel und wohltätigen Genien, oder auch die der Götterhände auf den ältesten griechischen Kunstwerken, stets diese gestreckte konische Endung zeigen. Dagegen muß aber auch erwähnt werden, daß, wie denn immer die Extreme nebeneinanderliegen, auch die Hände der bösen satanischen Dämonen, fast als hätte man die Finger der langhaarigen und langhändigen Affen zum Modell genommen, ebenfalls lang ausgezogen und zugespitzt, nur aber dann roh und knochig gebaut und mit langen Nägeln bewaffnet (als Krallen mehr denn als Finger) von jeher dargestellt wurden. Schön gebildet hingegen, mit abgerundeter Form und feinem Verhältnisse ist die konische Zuspitzung ohne Zweifel als die höchste Form zu betrachten. Als die vollendetste, künstlerische Darstellung solcher Finger an einer Frauenhand sind ohne Zweifel die Hände der Madonna auf der berühmten Nacht des Correggio zu betrachten und zu bewundern.

Endlich die etwas angeschwollenen rundlichen Fingerenden, welche d'Arpentigny »doigts en spatule« nennt, dürften immer ein gewisses Überwiegen des Tastens bezeichnen, und sind daher unter den vier Grundformen am meisten der sensiblen Hand eigen.

Was die verschiedenen Bedeutungen der einzelnen Finger betrifft, die Art wie Zeigefinger, Mittelfinger, Goldfinger und kleiner Finger eine besondere Symbolik bei verschiedenen Völkern erhalten haben, ebenso über die Art, wie die einzelnen Finger zur Fingersprache benützt werden, darüber verweise ich auf die dahin einschlagenden Schriften[1], denn mit der morphologischen Deutung, auf welche es uns hier allein ankommt, hat dergleichen streng genommen, weiter nichts zu schaffen.

Eher will ich noch ein paar Worte von den Nägeln beifügen, diesen merkwürdigen Gebilden, in welchen das hornartige Hautskelett, welches auf niederen Stufen des Tierreichs oft noch das ganze Geschöpf einschließt, auf eine ganz eigentümliche Weise sich auch im Menschen noch anzeigt:

Es herrscht nämlich auch in diesen Gebilden eine große Mannigfaltigkeit, bald sind sie lang und schmal (so meistens bei konischen Fingern), bald kurz und breit (an elementaren Händen), bald viereckig und stark (so bei der motorischen Hand) und zuweilen auch wohl verbildet, eingedrückt, oder aufgeworfen, hart und spröde, oder gerissen und verdickt bei manchen kachektischen Zuständen. – Stimmt daher ihre Beschaffenheit zu der der Hand, so verstärken sie allemal die Bedeutung der letztern, so wie im umgekehrten Falle sie diese Bedeutung ändern. Eine elementare Hand mit langen, schlanken Nägeln wird sogleich eine höhere Bedeutung erhalten, während, wenn die Nägel ebenso breit und kurz sind wie die Finger, dies die oben gegebene Symbolik dieser Handbildung natürlich verstärkt usw.

Zuletzt sei noch der Bedeutung der verschiedenen Größen der Hand, d. h. ihres verschiedenen Größenverhältnisses zum Körper, im allgemeinen gedacht, ehe wir die vier Grundformen und die wesentlichsten Zwischenformen der Hände im Einzelnen ausführlicher erwägen.

Es ist aber charakteristisch für die höhere sensible Bedeutung der Hand, daß die Größe des menschlichen Antlitzes, also der Gegend unserer gesamten Bildung, wo die höchsten Sinnesorgane zum feinsten, seelischen Ausdrucke zusammenwirken – daß gerade diese Größe nach Länge und Breite, das normale Maß der Hände bestimmt; beide Hände nebeneinandergelegt, bedecken nämlich die Breite des Antlitzes, während die Hand von der Handwurzel bis zu den Fingerspitzen der Länge des Antlitzes gleichkommt. – Wenn wir jedoch viele Individuen vergleichen, so werden sich einzelne mit verhältnismäßig etwas kleineren, andere mit verhältnismäßig etwas großen Händen finden. – Notwendig muß nun alle Bildung, welche verhältnismäßig gegen die Größe des Hauptes zu

---

[1] Echtermayer über die Finger, s. oben. Andrea de Sorio. La mimica degli antichi investigata nel gentine napoletano. Napoli 1832. M. G. Griessbach, Abhandlung von den Fingern, deren Verrichtungen und symbolische Bedeutung. Leipzig 1756.

sehr anwächst, eine geistig geringere Individualität verraten, und so wird man oft genug bei Vergleichung verschiedener Menschen bestätigt finden, daß relativ sehr große Hände und Füße nur geringe geistige Qualitäten anzeigen. Auch d'Arpentigny sagt: »Aux grand mains l'esprit de minutie et détail.« – Umgekehrt sind sehr kleine Hände Zeichen einer gewissen Schwäche und vorherrschender Sensibilität, und man darf das unterschreiben, was der französische Chirognom sagt: »Quand elles sont en majorité dans les masses, elles sont un signe de décrépitude nationale.« –

Das mittlere, dem Antlitze angemessene Größenverhältnis der Hände ist also jedenfalls das die geistige Entwicklung am meisten begünstigende.

Von den wesentlichen vier Grundformen der menschlichen Hand im Einzelnen

I. Die elementare Hand

Ihre Charakteristik ist: dicke Finger ohne Geschmeidigkeit, abgestumpfter oft zurückgeworfener Daumen, und was besonders wesentlich ist, eine im Verhältnis der geringen Länge der Finger, sehr große, dicke und harte Handfläche. – Die Bedeutung dieser elementaren Form ist von d'Arpentigny so gut ausgedrückt, daß ich nicht umhin kann, sie im Originale zu geben: »Aux mains élémentaires, en Europe le labourage, le soin des étables et la longue suite des travaux grossiers auxquels suffisent les confuses lumières de l'instinct. A elles la guerre, en tant, qu'il ne s'agit, que de prouesses personelles; à elles la colonisation, en tant qu'il ne s'agit, que d'arroser machinalement de la sueur un sol étranger. Enfermées dans le monde materiel elles ne se rattachent guère à l'ensemble politique, que par l'élément physique. Les convictions se forment en elles dans une sphère inaccessible au raisonnement et leurs vertus tiennent le plus souvent à des facultés négatives.« – Es ist nun allerdings keine Frage, daß diese Handform auch mit durch frühzeitige schwere Arbeit, welche die gesamte Entwicklung dieses Gebildes hindert, befördert werden kann, allein eben so wenig ist es zweifelhaft, daß sie auch bei völliger Schonung der Hand, und also auch in höheren Klassen, vorkommt. Früher ist übrigens schon erwähnt worden, daß für die physisch niedere Bedeutung solcher Handfor-

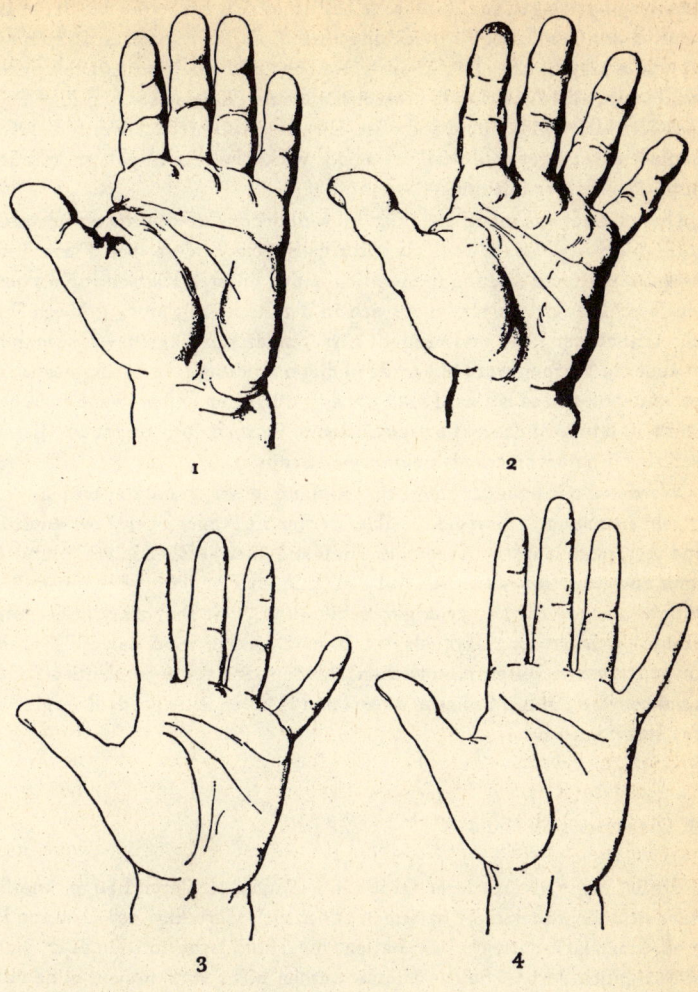

1, 2, 3, 4 – Die vier Handtypen nach Carus: 1 Die elementare Hand,
2 Die motorische Hand, 3 Die sensible Hand, 4 Die seelische Hand.

men der physiologische Grund sehr bestimmt sich nachweisen läßt; es ist nämlich das Gesetz der Entwicklung, daß die Finger später auftreten als die solide Handfläche. Der kleinste Embryo und die Plantigraden unter den Tieren, allwo die Hand zuerst sich andeutet, haben eine Hand, welche noch fast bloß solide Handfläche ist. Das, was also hier die Form der elementaren Hand genannt wird, ist sonach wirklich die eines rohern, minder ausgebildeten Organismus.

Diese Handform modifiziert sich im weiblichen Geschlechte etwas durch größere Schmalheit, kommt aber übrigens ganz in derselben Form, und zwar als häufigste Bildung namentlich in den unteren Klassen vor. In beiden Geschlechtern verbindet sie sich in der Regel mit einer gröbern Beschaffenheit der Haut und breiten, kürzeren, dicken Nägeln. — Übergänge zu anderen Formen werden gerade in dieser Bildung sehr häufig beobachtet, und daß dem so ist, wird man um so natürlicher finden, wenn man bedenkt, daß in Wahrheit alle verschiedenen Formen doch zuerst aus dieser, weil sie die embryonische ist, hervorgehen müssen.

Werden die Finger der elementaren Hand feiner, gespitzter und länger, so geht sie namentlich in die sensible, werden sie länger, aber stark, knochig und fest, so geht sie in die motorische Hand über. — Ebendaher kommt es denn auch, daß bei Menschen mit elementaren Händen und ursprünglich minder ausgezeichneter geistiger Befähigung, weit eher eine intelligente Bildung sich erreichen läßt, als es z. B. möglich sein wird, daß ein Mensch mit stark entwickelten motorischen Händen eine feine Sensibilität, oder umgekehrt, einer mit bedeutend sensiblen Händen, eine große Energie der Tat ausbilden wird.

II. Die motorische Hand

Sie ist mehr als mittlerer Größe, die Finger mittlerer Länge, knotig, stark und die äußersten Phalangen enden sich viereckig; der Daumen ist groß, mit stark entwickelten Ballen, die Handfläche mittelmäßig, hohl und ziemlich derb. — Solche Hände werden nicht vorkommen, ohne eine starke massive, aber keineswegs plumpe Entwicklung des Skeletts, und ohne eine ausgebildete Muskulatur. Menschen dieser Art pflegen weniger feinfühlend und intelligent, als entschieden willenskräftig und stark zu erscheinen. Der Charakter der alten Römer kann hier ein Vorbild abgeben, und was von Händen von Senatoren und Imperatoren auf plastischen Kunstwerken aus jener Zeit erhalten worden ist, trägt fast immer genau den motorischen Charakter. – D'Arpentigny sagt daher ganz scharfsinnig von den Römern, es sei ihnen in Bezug auf irdische Macht das Christentum eben so verderblich geworden, als der Platonismus den Griechen. Es wird dies in folgenden Worten von ihm hübsch ausgesprochen: »Quand leurs fortes mains, qu'ils avaient si longtemps tenues appuyées sur la terre asservie, detournées enfin de leur specialité par le spiritualisme chrétien, voulurent se lever vers le ciel, aussitot la terre leur echappa.« – Die motorische Hand ist ganz eigentlich die männliche Hand, und im allgemeinen dem stärkern Geschlechte ebenso charakteristisch, als die sensible Hand dem weiblichen. Nicht als ob sie im Weibe gar nicht vorkäme, aber sie ist seltener und gibt das Zeichen einer Individualität, welche dem Geschlechte nicht wohl sich eignet. Derbe Schweizer- oder Tirolerfrauen pflegen Hände dieser Art besonders zu zeigen; in unseren Gegenden sind es mehr Viragines, d.i. mannweibliche Kreaturen, welche diese Organisation verraten. –

D'Arpentigny, welcher, indem ihm der physiologische Standpunkt fehlte, zum Begriff des wichtigen Gegensatzes der motorischen und sensiblen Hand nicht füglich kommen konnte, faßt anstatt dieser Urformen mehrere abgeleitete auf. Seine »nützliche«, seine »spatelförmige« und zum Teil auch seine »philosophische« Hand sind nur abgeleitete Formen der motorischen, welche als Urform ihm überhaupt nicht deutlich geworden war. Am meisten fällt das, was er die nützliche Hand nennt, mit unserem Begriffe der motorischen zusammen, und in der Tat sind es die starken, die Hand namentlich als Bewegungsorgan nützenden Menschen, durch welche wir vieles rein nützliche, so namentlich die der Gesellschaft so wichtigen Handwerke ausgeführt sehen. Ist die motorische Hand etwas gestreckter, und mit den die größere Sensibilität der Tastspitzen der Finger bezeichnenden Anschwellungen der äußersten Phalangen versehen, so gibt dies eine Handform, welche eine Verbindung kräftiger Bewegung mit schärferer tastender Unterscheidung anzeigt, welche für feine Mechanik und ähnliches geeignet macht, und deshalb überhaupt auch auf eine kräftige, wohlgeordnete Denkweise hindeutet. – Sie ist das, was in der erwähnten Chirognomonie die »spatelförmige« Hand genannt wird. Menschen mit Händen dieser Art schreibt der Verfasser jener Chirognomonie besonders große Tätigkeit für materielle Zwecke zu; die Engländer, noch mehr die Schotten, pflegen häufig Hände dieser Art zu haben, und unter den südlicheren Stämmen werden insbesondere die Kabylen als mit Händen dieser Art versehen aufgeführt. – Menschen mit dergleichen Händen werden für Anlegung von Kolonien vorzüglich tauglich erklärt. Weiterhin heißt es von ihnen: »Amoureuses de l'art, de la poësie, du roman, des mystères, les mains pointues veulent un dieu selon leur imagination; amoureuses des sciences et de la réalité, les mains en spatule veulent un dieu selon leur raison.« – Ebendeshalb habe der Protestantismus sich hauptsächlich in nördlichen Gegenden ausgebreitet, wo spatelförmige Hände als die vorherrschenden gefunden werden. Dem Nordamerikaner wird diese Handform ebenfalls als eine vorherrschende gegeben, und eben in dieser Beziehung sagt er von ihm: »De même que le Lapon ne saurait se former une idée d'un Paradis sans neige, l'Yankée ne saurait comprendre son bonheur sans travail.«

Wie diese spatelförmige Hand den Übergang der motorischen zur sensiblen Hand ausdrückt; so gibt es dann auch einen Übergang der motorischen zur seelischen Hand, welcher dadurch besonders sich charakterisiert, daß zwar ein kräftiger Bau der Hand bleibt, aber die Größe derselben abnimmt, und das Muskulöse und Knochige derselben in eben dem Maße sich mindert, als das Edle, Schlankere und Feinere, welches die seelische Hand bezeichnet, sich steigert. Dies ist die Handform, welche d'Arpentigny mit dem Namen der philosophischen Hand belegt, welcher Name auch beibehalten zu werden wohl verdient, weil in der Regel Hände dieser Art bei einer kräftigen, zugleich aber geistig feinern Individualität vorkommen. Eine Bemerkung, die er hierzu mitteilt, wollen wir hier aufnehmen und zu weiterer Untersuchung empfehlen; er sagt von diesen Händen: »Très grandes, toutes ces mains tendent à l'analyse, très petites, elles tendent á la synthèse; avec un petit pouce, elles pensent par le coeur, avec un grand pouce, elles pensent par la tête.« –

III. Die sensible Hand

Wenn die motorische die eigentlich männliche Hand bezeichnet, so darf man die sensible als vorzugsweise weiblich ansprechen. Es ist sehr natürlich deshalb, daß auch da, wo die sensible Hand an Männern vorkommt, ihr ebenso ein etwas weiblicher Typus einwohnen wird, als man da, wo die motorische Hand an Frauen gefunden wird, eine gewisse männliche Bildung nicht verkennen kann. Eine weiche, nicht allzu breite Handfläche, feine, etwas zart gebaute und im Ganzen konische, zuletzt aber etwas angeschwollene, spatelförmig geendete Finger mit schmalen, sehr durchscheinenden Nägeln, ein fein gebauter, mehr kleiner Daumen und empfindliche feine Haut bei überhaupt geringer Größe der Hand sind die Momente, welche die sensible Hand bezeichnen. Die sensible Hand bei Frauen zeichnet sich insbesondere durch Kleinheit und Zartheit aus. d'Arpentigny, dem bei Ermangelung des physiologischen Prinzips der Begriff der sensiblen Hand nicht ganz klar werden konnte, dessen Beobachtung aber doch diese Gattung von Händen nicht wohl entgehen konnte, bringt die Schilderung derselben teils unter das, was er als artistische Hand, teils unter das, was er als seelische Hand aufführt. – Seine Schilderung der artistischen Hände enthält manchen Zug, der ganz hierhin gehört, und wie häufig die sensible Hand in der Masse des so beweglichen und leicht entzündlichen französischen Volkes vorkommt, beweist eine sehr charakteristische Stelle bei ihm, wo er hinsichtlich der französischen Armee von dem häufigen Vorkommen von Händen spricht, welche eine feinere Sensibilität anzeigen, und wo er sagt: »Nos armées sont pleines de mains artistiques de tout genre; elles leur doivent le caractère de mobilité avantureuse, insouciante, pittoresque; cet élan fulgurant et prime sautier, qui les distinguent – elles s'accommodent de tout et sont propres à tout. – On les enlève par la parole!« – Auch unter Italienern wird man feine, weiche, kleinere Hände dieser Art oft finden, und ich habe schon oben den Tasso als eine Individualität bezeichnet, welche wohl mit Händen dieser Art zu denken wäre. Es sei mir noch erlaubt zu bemerken, daß ich von weiblichen sensiblen Händen keine gefunden habe, welche vollkommener diesem Begriffe entspräche, als die Hand der beliebten Schriftstellerin Gräfin Ida Hahn-Hahn.

IV. Die seelische Hand

Unbedingt ist diese als die schönste, aber in höherer Vollkommenheit auch seltenste Form zu nennen. Sie wird immer nur von mittlerer Größe sein im Verhältnis zur Person, die Handfläche nur mäßige Breite und Länge mit einfachen größeren Linien, nie vielfältig gefurcht und gefaltet; die Finger sind fein, schlank und ziemlich lang, die Gelenke nicht hervorragend, oder nur leicht wellenförmig erhoben, an den äußeren Phalangen sind sie konisch und fein ausgezogen. Der Daumen gleichfalls fein und wohlgebildet, und immer nur mittlerer Länge. d'Arpentigny sagt von diesen Händen (denn er nimmt die Hände immer figürlich als Inbegriff der gesamten Individualität): »Elles attachent, elles ajoutent aux œuvres du penseur — comme l'artiste á l'œuvre de l'artisan, — la beauté, l'idealité; elles les dorent d'un rayon de soleil, elles les élévent sur un piedestal, elles leur ouvrent la porte des coeurs; l'âme, oubliée et laissée en arrière par les mains philosophiques, est leur guide, — la verité dans l'amour et la sublimité, leur but, et l'expansion leur moyen.« — Dieser Typus ist selten überhaupt, aber doch in den verschiedensten Klassen der Gesellschaft vorkommend. In den untersten vegetiert er, seiner selbst sich nicht bewußt und oft um so mehr verstoßen, als er ungeschickt und unfähig erscheinen läßt zu roherer Handarbeit. — Für die Individualität, welcher eine solche Handform eignet, haben wir Deutschen eine sehr bestimmte Bezeichnung: es ist nämlich das, was wir »eine schöne Seele« nennen; und Niemand, dem das Glück zu Teil geworden ist, im Leben einer solchen zu begegnen, wird leugnen, daß Geister dieser Art auch nur in einer feineren Hülle und mit einer Gliederung erscheinen, welche dem, was hiermit die seelische Hand (»main psychique«) genannt wird, gar wohl entsprechen. Um in einem Charakterzuge deutlich zu machen, auf welche Weise eine solche Seele über Religion zu denken pflegt, führt d'Arpentigny folgende kleine Geschichte aus den Kreuzzügen nach Joinville's Erzählung auf, welche in unserer religions-streitsüchtigen Zeit wohl allgemeiner bekannt zu werden verdient: — »Während der Belagerung von Damaskus«, heißt es, »begegnete zwischen Stadt und Lager ein Geistlicher der Franken einem orientalischen Weibe, tragend ein Becken mit glühenden Kohlen und ein Gefäß mit klarem Wasser. ›Was willst Du tun mit diesem Wasser in Deinem Gefäße, und was mit der Glut dieser Kohlen‹, fragte der Mönch. — ›Ich trage sie‹, erwiderte das Weib, ›um mit der Glut zu verbrennen das Paradies, und mit dem Wasser zu verlöschen die Flammen der Hölle — damit die Menschen künftighin Gott lieben und dienen mögen nur und ausschließend um der Liebe willen‹. Das Herz Ludwigs des Heiligen ward dermaßen erfreut von dieser ihm hinterbrachten Antwort, daß er in hohem Eifer die erhabene Frömmigkeit lobte, welche ihr diese Antwort eingegeben hatte.« — d'Arpentigny hält Asien und zwar das mittägige für das Land, welches die meisten psychi-

schen Hände erzeugt, und er bringt es damit in Zusammenhang, daß alle
großen Religionen von Asien ausgingen. Merkwürdig ist die andere
Äußerung dieses Beobachters, welcher sonst gerade gegen Deutschland
oft minder gerecht sich zeigt, nämlich daß, wie der Sanskrit mit dem
Deutschen, und der kontemplative Charakter des Brahmanen mit dem
tiefsinnigen Wesen der Deutschen Verwandtschaft habe, so kein euro-
päisches Land so reich sei an psychischen Handformen, als Deutschland.

Es ist nicht zu verkennen und es liegt in der im Ganzen feineren Organisation des weiblichen Körpers, daß die seelische Hand immer wieder
eine gewisse Hinneigung zum weiblichen Typus verraten muß, so wie die
elementare Hand durch ihren derberen, man darf sagen, roheren Bau, sich
der männlichen Bildung etwas mehr anschließt; und wenn auch dieser
geschlechtliche Gegensatz hier nicht so bedeutend und scharf ist, wie der
der motorischen und sensiblen, so mußte er doch noch angedeutet werden, und verrät sich in den Abbildungen hinreichend. – Nichts destoweni-
ger wird immer wieder ein bestimmter Unterschied vorhanden sein zwischen der weiblichen und der männlichen seelischen Hand, und wenn die
erstere diesen Typus überhaupt in höchster Feinheit darstellt, so wird die
andere ihn in etwas größerm Maßstabe und mit mehr Festigkeit ausdrücken. – Die Hand des Christus auf dem erwähnten Gemälde Tizians
wird immer hierfür ein schönes Vorbild abgeben.

So weit denn die Charakteristik der vier wesentlichen Grundformen der
Hand. –

Ich schließe noch mit einigen zum Teil der französischen Chirognomonie entlehnten Bemerkungen über die gemischten Handformen und
über die Hände der Frauen. Unter den gemischten Handformen sind aber
zu begreifen die Hände, deren unbestimmtere Linienverhältnisse zwei
eigentlich ganz verschiedene Typen in einer Bildung zu vereinigen scheinen. Eine solche mittlere Bildung würde das sein, was oben schon als
Übergang der motorischen zur seelischen als philosophische Hand erwähnt
wurde, oder was als Übergang der motorischen zur seelischen den Namen
der artistischen Hand bekommen darf, was als Übergang der elementaren
zur motorischen den Namen der nützlichen, als Übergang der elementaren
zur sensiblen den Namen der sinnlichen, als Übergang der motorischen zur
sensiblen den Namen der spatelförmigen Hand bekommen dürfte usw.

Wie die Handformen, so vermischen sich dann gewöhnlich in einem Individuum auch die Eigentümlichkeiten des Geistes zweier durch die erwähnten Grundformen charakterisierten Personen. d'Arpentigny nennt die Hände von scharf ausgeprägter Grundform »mains de race«, und schreibt den Personen, in welchen eine Grundform sich mit besonderer Bestimmtheit ausspricht, auch einen sehr bestimmten Willen zu, womit jeder Menschenkenner bald übereinstimmen wird. Er sagt: »Les hommes á la main de race ont l'esprit plus fort que varié; les hommes á la main mixte ont l'esprit plus varié que fort.«

Im Ganzen wird man, wenn man viele Hände vergleicht, sich bald überzeugen, daß jene reinen Grundformen ziemlich selten vorkommen, und daß bei weitem der größere Teil der Menschheit Hände hat, welche zum gemischten Typus gerechnet werden müssen. d'Arpentigny hat mehrere französische Stämme als durch solche gemischte Typen bezeichnet, erklärt, und ich erwähne aus diesen Schilderungen noch die der Einwohner der Vendée, bei welchen sich nach seinen Beschreibungen der motorische Typus mit dem elementaren vereinigt findet; es ist eine Charakteristik, welche die Geschichte der Vendée auf allen Blättern bestätigt: »Les Vendéens sont des gens d'un sens droit, mais court; plutôt opiniâtres que fanatiques, ils sont simples sans être naïfs; ils n'ont ni dans le coeur la poësie, qu'ont les Bretons, ni dans l'esprit l'imagination qu'ont les Normands. Leur costume n'offre non plus ni la singularité frappante, ni l'élégance quasi-orientale, qu'on remarque dans quelques-uns de ces deux peuples; — plus robustes qu'agiles, sans être paresseux ils sont lents. — Leur humeur est fière, irritable, morose; peu sensuels et bornés dans leurs désirs, plutôt faute d'imagination que de temperament, ils manifestent pour leur pays un amour, que dans leur coeur aucun autre amour n'égale.«

Was endlich die Hände der Frauen betrifft, so haben wir schon bemerklich gemacht, wie jene vier verschiedenen Grundformen auch bei diesem Geschlechte sich insbesondere charakterisieren, und auch bei ihnen auf dieselben Geisteseigenschaften deuten, wie beim männlichen. Wenn jedoch überhaupt Schärfe der Persönlichkeit dem weiblichen Geschlechte weniger allgemein eigen ist, als dem männlichen, so darf es auch nicht Wunder nehmen, wenn im Ganzen auch die Verschiedenheit der vier Grundformen nicht so scharf hervortritt als im Manne. d'Arpentigny macht hierüber eine nicht unpassende Bemerkung, indem er sagt: Die Lichtpunkte des Geistes und Herzens sind von enormem Unterschiede, wenn wir einen

Mann unserer Tage und einen des zehnten Jahrhunderts, oder wenn wir den gebildeten Einwohner unserer Großstädte und einen Insulaner Otaheiti's vergleichen; keineswegs auf gleiche Weise aber verhält es sich unter ähnlichen Bedingungen bei Frauen. Die Ursache hiervon scheint darin zu liegen, daß die Liebe, als eigentlicher Beruf der Frau, bei weitem weniger Nuancen und Stufen hat, als die Intelligenz, welche letztere den wesentlichen Beruf des Mannes ausmacht. — Die Tatsache ist allerdings wahr und merkwürdig genug; die Erklärung möchte jedoch auch noch auf manches Andere Rücksicht zu nehmen haben. — In Bezug auf die Entwicklung der Gelenkknoten der Finger bemerkt derselbe, daß sie den Frauen selten oder nur in geringem Maße eigen seien; eine Bildung, welche mit dem geringern weiblichen Kombinationsvermögen in Beziehung zu setzen sei.

Im Allgemeinen unterscheidet d'Arpentigny wesentlich zwei Arten von Frauenhänden: 1) die mit großen Daumen, und 2) die mit kleinen Daumen. Beide zu charakterisieren, verfährt er ganz eigentümlich und kurz: die ersteren weiset er an die Geschichte, die anderen an den Roman. Die erstere Bildung deutet auf Herrschsucht und Vorwalten eines trockenen Hausverstandes, die andere in Verbindung mit Zartheit, Weichheit und Kleinheit der Hand auf Liebenswürdigkeit und überhaupt echt weiblichen Charakter.

Schließlich ist es nicht uninteressant, zu vernehmen, was ein solcher aufmerksamer Beobachter über das Verhältnis der verschiedenen Fingerendungen unter den französischen Frauen ausspricht. Er rechnet in Frankreich von 100 Frauen 50 zum Typus der konischen, 30 zum Typus der viereckig endenden und 20 zum Typus der spatelförmig endenden Finger, und gewiß wird es überall im Charakter der weiblichen Hand liegen, daß verhältnismäßig der Typus, wo die Finger fein und konisch enden, und die Hand sich also mehr oder weniger der seelischen Form anschließt, wesentlich der vorherrschende dieses Geschlechts sei.

Doch mögen nun diese Fragmente einstweilen genügen, um mehr und mehr die Aufmerksamkeit auf Beobachtung und Vergleichung der Hände zu lenken! Auch hier wird man, je tiefer man eingeht, je mehr des Interessanten entdecken und sich abermals überzeugen, wie wahr das alte Wort sei:

»Das eigentliche Studium des Menschen ist der Mensch.«

Adolphe Desbarolles

Die Hand
und ihre Geheimnisse

Die Chiromantie ist wahr wie die Natur,
denn sie ist aufgebaut auf den Gesetzen der Harmonie.
(Desbarolles)

Übersetzung aus dem Französischen und
Bearbeitung durch Ursula v. Mangoldt

Zweite, neu durchgesehene Auflage
Erstveröffentlichung im
Otto Wilhelm Barth-Verlag,
1935, München-Planegg

Inhalt

Einführung

Ein Blick in die Geschichte der Menschheit zeigt, daß Zeiten rational wissenschaftlicher Weltbetrachtung von Zeiten mystisch-religiöser Schau abgelöst werden, daß jede übersteigert denkerisch eingestellte Haltung gefühlsmäßige Reaktionen hervorrufen muß. Selten war der Sieg der zur alleinigen Richterin aufgerufenen Vernunft größer und die aus dieser Herrschaft entstandenen Wirkungen unheilvoller als in Frankreich zur Zeit von Voltaire und den Enzyklopädisten. Theoretisch nüchternes Wissen, Kritik und religionsfeindliches Denken erstickten hier jedes gläubige Gefühl. Unter allem Theoretisieren und wissenschaftlichen Sezieren mußte das Lebendige, Intensive, das echte blutvolle Empfinden erstarren und verdorren. Doch wenn die übersteigert intellektuellen Systeme zusammenbrechen, dann wird die Sehnsucht nach überrationalen Gefühlswerten, nach einem inneren Halt und höheren Zielen wieder wach und die im Menschen durch Verzweiflung und Zusammenbruch aufgelockerte Wesenshaltung kann wieder fruchtbar werden und lebendige Empfindungen aufnehmen. So wuchs auch in Frankreich zu Beginn des 19. Jahrhunderts aus der nüchtern materialistischen Einstellung und dem Leugnen aller überrationalen, metaphysischen Ideale eine neue, auf Gefühlswerte aufgebaute Lebensbetrachtung hervor, die nichts mehr von Aufklärung und theoretischer Kritik wissen wollte, sondern im Unwirklichen, Unendlichen, in Glauben und Ehrfurcht vor Schöpfer und Schöpfung die Sehnsucht ihres Lebens suchte.

Lavater erlebte in dem Wunder der Signatur den innersten Zusammenhang jedes kleinsten Einzelteilchens mit dem göttlichen Weltganzen und fand im Ausdruck und in den Linien des Gesichts die Züge des menschlichen Charakters gezeichnet, während Gall an bestimmten Stellen des Schädels physiologische Parallelen zu den geistigen Fähigkeiten und Anlagen sah.

Einige Jahre später schuf Balzac sein gewaltiges psychologisch-magisches Werk, beeindruckt von den religiös mystischen Erkenntnissen St. Martins und den visionären Schauungen Swedenborgs und beeinflußt von dem gefühlstiefen, naturnahen Erleben der deutschen Romantik und den Ideen Mesmers, dessen Lehren und Methoden in Frankreich großes Aufsehen erregt hatten. Denn Mesmer stellte einen gegenseitigen Einfluß zwischen den Himmelskörpern, der Erde und den Menschen fest, der durch ein überall wirkendes Fluidum verursacht wird. Diesen Strom, der den beseelten wie den unbeseelten Körper gleicherweise durchströmt und auch die feinsten Körper durchdringt, bezeichnete Mesmer als magnetische Kraft, die im Menschen durch die Nerven wirkt.

Diese Gedanken sind es, auf denen Desbarolles seine Lehre aufbaute, und nur aus diesen Einflüssen heraus sind seine Erkenntnisse zu verstehen. Er wurde 1804 in Paris geboren, wo er 1866 starb. Auf einer Fußwanderung durch Spanien, die er als junger Maler mit einem Studienfreund unternahm, erhielt er die ersten Anregungen zu seinem Handstudium von Zigeunern, die vorgaben, ihr Wissen von ägyptischen Priestern der Isis empfangen zu haben.

In Paris lernte er durch seinen Freund Alexandre Dumas den Kapitän d'Arpentigny kennen, der in seinem Hauptwerk: »*La Chirognomie. La Science de la Main ou l'Art de reconnaître les tendances de l'intelligence d'après les formes de la main (Paris 1856)*« die wesentlichsten Grundzüge der Chirognomie darlegte. Auch Carus hatte sich von d'Arpentigny beeinflussen lassen.

Dieses Gebiet der Handlesekunst, das sich mit der äußeren Form und Gestalt der Hand beschäftigt, ist von dem geistreichen Franzosen entdeckt worden, während die Lehre der Chiromantie, das Wissen um die schicksalhafte Bedeutung der inneren Handfläche mit ihren Bergen, Linien und Zeichen, in alte Vergangenheit – nach Indien oder Ägypten – zurückreicht. Die Ergebnisse der Chirognomie verglich Desbarolles mit denen der Chiromantie und fand eine vollkommene Übereinstimmung in beiden Gebieten der Handlesekunst. Zwei Jahre lang hielt er kostenlose Beratungen, um sein theoretisches Wissen durch Beobachtungen zu ergänzen und schuf sich durch jahrelange Praxis einen großen Erfahrungsreichtum:

Das hier vorliegende Buch: »*Les Mystères de la Main. Révélés et expliqués. Art de connaître la Vie, le Caractère, les Aptitudes et la Destinée de*

Chacum d'après la seule inspection des Mains. Revue, corrigée et augmentée d'explications physiologiques«, ist die Summe seines chiromantischen Wissens, das sich ihm aus Tradition und eigenen Erfahrungen formte und das er durch philosophische und metaphysische Ideen zu erklären suchte. Bei diesem Versuch ist der Einfluß des großen Mystikers Eliphas Levi deutlich zu erkennen. Desbarolles war lange Zeit sein Schüler und lehnt sich zuweilen fast wörtlich an Ausführungen in Levis »Dogma der hohen Magie« an.

Desbarolles greift in seinem Buch auf die alten Lehren der Mystik und Gnosis zurück, in denen er die kosmische Verbundenheit des Menschen und seine Einbezogenheit in die höheren Welten erfährt. Immer wieder sieht er die eine große Wahrheit, daß alles in der Welt letzte Harmonie ist und der Mensch die Aufgabe seiner sittlichen Entwicklung ebenso vollkommen in der materiellen, wie in der seelisch-geistigen und göttlichen Welt erfüllen muß. Die Signaturen, die dem Menschen auf Hände, Gesicht, Schädel und Stirn aufgedrückt wurden, sprechen von dieser kosmischen Verbundenheit des Geschöpfs, das als Mensch wie alles Geschaffene, wie die Tiere, Bäume und Blumen Teil hat an der Natur, und wie die Engel in Gottes Reich hinauffragt. Diese Signaturen werden dem Menschen im Augenblick der Geburt durch den Einfluß der Sterne aufgedrückt und offenbaren so den Willen Gottes, der damit jedem seine Grenzen und Aufgaben stellt. Wenn auch Desbarolles von den astralen Einflüssen und Einwirkungen spricht, statt von den Entsprechungen gewisser Sternkonstellationen mit bestimmten schicksalsvollen Wesenszügen im Menschen zu reden, so lehrt er doch keine starre Prädestination, kein absolut festgelegtes Charakter- und Schicksalsbild des Menschen. Er erkennt in der Erbmasse einen selbständig wirkenden wesentlichen Faktor und stellt über alles die eigene freie Willensentscheidung des Menschen, an der sich sein eigentlichstes, tiefstes Wesen erfüllen muß, in der er sich über alles nur Geschöpfliche erhebt. Der Glaube an die Willensfreiheit gibt Desbarolles die Erklärung für die sonst scheinbar ungerechte Verschiedenheit der Menschen und ihrer Verhältnisse; er ist der große sittliche Antrieb, der sie immer wieder zur bewußten Auseinandersetzung, zum ehrlichen Kampf zwingt und jeden einzelnen in letzter Verantwortung vor Gott stellt. In tiefer Ehrfurcht steht Desbarolles vor der Allmacht und den Wundern Gottes und findet hier das einzig ausgleichende Gegengewicht gegen die materielle Beherrschung und das rationale Denken vergangener Zeiten. Den großen naturwissenschaftlichen Erfindungen von Dampf und Elektrizität, den wirtschaftlichen und verkehrstechnischen Entdeckungen, durch die sich der Mensch immer stärker als Herr der Schöpfung fühlte, stellt er die Welt des Geheimnisses und die Ehrfurcht vor der göttlichen Offenbarung entgegen.

Als stärkstes »Agens« des menschlichen Lebens sieht Desbarolles das Astrallicht, das von allen irdischen und himmlischen Wesen ein- und ausgeatmet wird und so die Verbindung zwischen Sternen, Welten und Menschen bewirkt. Mesmer glaubte dieses Verbindungsmittel im magnetischen Strom zu erkennen; Desbarolles fand es in der Elektrizität, diesem überall wirkenden Kräftestrom, der Himmel und Erde in wirksame Beziehung zueinander bringt. Auch wenn diese Annahme des alles verbindenden elektrischen Stromes falsch wäre, so ist doch die Beziehung von Weltall und Mensch ebenso geheimnisvoll und wunderbar wie der elektrische Strom, dessen Wirkungen der Mensch wohl kennt, dessen Wesen ihm aber noch immer unerklärbar bleibt. Vielleicht könnte man auch nach den neuesten Forschungen der Ionentheorie annehmen, daß in der Elektrizität wirklich geheimste, unfaßbare und unendliche Kräfte verborgen liegen. Seltsam schön ist auch die mögliche Vorstellung, daß ein elektrischer Strom durch alle Räume und Welten fließt, den jedes Wesen aufnehmen und in dessen ewigen Kreislauf es sich einschalten kann.

Desbarolles hat ehrfurchtsvoll und gläubig das Wunder der Signatur durch diesen elektrischen Strom zu erklären versucht, der die Reaktionen und Befehle des Gehirns in die äußeren Glieder des Menschen trägt. Wenn er dabei hofft, durch physiologische Erklärungen diesen Verbindungsweg beweisen zu können, so ist er vielleicht zu weit gegangen. Denn das letzte Geheimnis der Signatur wird vom Menschen wohl nie verstanden und gelöst werden können. Er kann nie begreifen, wie die Zeichen auf Pflanzen und menschliche Körper geschrieben wurden, und keine neue chemische oder sonstige naturwissenschaftliche Erkenntnis vermag die Zeichnung eines Blattes, die Maserung eines Baumes entstehen zu lassen. Deshalb sollte Staunen und Ehrfurcht dort beginnen, wo das Wissen versagt.

Die manchmal zu starke Betonung wissenschaftlicher Beweise und Lehren durch Desbarolles soll jede vage okkulte Spekulation und Täuschung unmöglich machen. Denn letztes Ziel bleibt die Erforschung der Wahrheit und der notwendigen Gesetzmäßigkeit in der Natur. So versucht Desbarolles seine chiromantischen Erfahrungen und Erkenntnisse durch me-

dizinische, physiologische, physikalische und chemische Beweise zu erklären und sein System auf naturwissenschaftlichen Voraussetzungen aufzubauen, um den Ernst seiner Forschungen zu unterstreichen. Deshalb
führt er auch mit besonderer Vorliebe Zitate wissenschaftlich anerkannter
Anatomen und Physiologen an, um durch sie seinen manchmal vielleicht
wunderbar wirkenden Ausführungen Anerkennung zu erzwingen. Selbst
in wissenschaftlichen Kreisen wurden seine Lehren ernst genommen, und
Desbarolles fand vor allem in Upsala eifrige Anhänger unter den Pro-
fessoren.

Neben den naturwissenschaftlichen Ausführungen spielt die mystische
und magische Naturbetrachtung eine große Rolle in Desbarolles' Buch.
Denn sie lehrt die totale Übereinstimmung der Schöpfung und die kosmische Verbundenheit alles Geschaffenen. Diese gesetzmäßige Entsprechung von Oben und Unten, Innen und Außen erkannte Desbarolles auch
in der Signatur der Hand. Aber hier geht er nur den großen Zusammenhängen nach ohne die Formen, Linien und Zeichen der Hand in ihrer
einzelnen Sinndeutigkeit aufzuzeigen. Oft führt er nur Rezepte an, die
manchmal trivial und unverständlich erscheinen, ohne die Bedeutung der
einzelnen Zeichen über ihre gesonderte Stellung hinaus in den großen
Zusammenhang sinnvoller Symbolik einzugliedern. Wenn Desbarolles
ohne Motivierung oft die Eigenschaften verschiedener Berge und Linien
nebeneinander aufzählt, klafft ein großer Abgrund zwischen diesen sche-
matischen Einzeldeutungen und den großen Zusammenhängen seiner
gnostischen Lehren.

Dennoch ist seine Bedeutung nicht zu unterschätzen. Sein Lehrbuch ist
groß angelegt, denn es spricht von allen Signaturen im Menschen, von
Chirologie und Chiromantie, von Phrenologie und Physiognomie, von
Graphologie und Astrologie; seine Deutungen sind klar und verständlich
und beruhen auf praktischen Erfahrungen. Und über allem liegt sein
Wissen um das Mysterium der Schöpfung, sein Wissen um den Menschen.
Er wurde der Lehrer der neueren Chiromantie. Aus seinen Werken schöpf-
ten die meisten Anregung und Wissen. Denn sein Material ist umfassend,
und es gibt wohl kaum ein Zeichen, eine Möglichkeit, die er nicht anführt
und deutet. Dabei hält er sich von jeglicher Wahrsagerei und billigem
Scharlantismus fern. Immer wieder betont er selbst, daß sein Wissen auf
Kombination und einfacher logischer Berechnung aufgebaut ist und nicht
von spekulativen Intuitionen abhängt. Intuitiv bleibt wohl seine Konzep-

tion, aber seine Ausführungen sind meist logisch durchgeführt und dort am stärksten, wo er über Daumen, Handformen und große Raumeinteilungen spricht, während er in den Linien, die schon bildhaft den stärksten Ausdruck der Signatur darstellen, nicht über ein schematisches Deuten hinausreicht und häufig hier wie auch bei den Zeichen oberflächliche Deutungen ohne psychologische Zusammenhänge gibt.

Bei der Bearbeitung dieses Buches habe ich einige Stellen gekürzt, die diesem Werk einen zu leichten, belletristischen Charakter geben, und in denen sich der typische Franzose auf eine geistreiche, aber aus dem Rahmen eines Lehrbuches herausfallende Art über die verschiedensten Themen unterhält. Einige Teile, die ein Spezialgebiet umfassen, wie die Lehre der Zahlen, wurden ausgelassen, da sie in einer zu losen Verbindung zur Chiromantie stehen, wenn auch in ihnen das Geheimnis der Signatur zutiefst offenbar wird. Diese Bearbeitung sollte einen geschlossenen Aufbau erhalten, um das Studium der Hand nicht zu erschweren. In geistreichen Ausschweifungen und häufig ohne innere Ordnung möchte Desbarolles alles zusammenfassen, was ihn in seinen Bemühungen um das Geheimnis der Schöpfung beschäftigt. Wir aber wollen aus seinem Buch das Geheimnis der Hand erfahren. Wenn er aus seinen mystischen Kenntnissen heraus immer wieder die Kabbala erwähnt, so sieht er in ihr die Zusammenfassung eines magisch-mystischen Wissens, das besser als *gnostische Erkenntnisse* angeführt wird. Die immer wiederkehrende Einteilung des Geschöpfes in die drei Welten bezieht sich auf die *materielle*, die körperliche, rein triebhafte Welt, auf die *seelisch-geistige* Welt oder die Welt der philosophischen, abstrakten Begriffe des Menschen und auf die *göttliche*, geistwesige Welt.

Der Wunsch nach wissenschaftlicher Anerkennung seines Systems läßt Desbarolles häufig zu weitschweifige Zitate von Medizinern, Physikern und Philosophen anführen, die zum Teil ausgelassen werden konnten, ohne den Zusammenhang des Buches zu stören.

Um das Verständnis zu erleichtern, habe ich versucht, in Anmerkungen einige wesentliche Erklärungen über die angeführten Mystiker, Gelehrten und Philosophen zu geben und schwer verständliche Ausdrücke zu erläutern. Bei diesen Anmerkungen hat mir Hans Ludwig Held in freundlichster Weise geholfen.

Diese Bearbeitung soll dazu beitragen, »Die Hand und ihre Geheimnisse« weiten Kreisen zugänglich zu machen. So hoffe ich, daß dieses bedeutende Werk, das neben seinen theoretischen Deutungen ein Bild mystisch-gnostischer Naturbetrachtung und interessanter zeitgeschichtlicher Züge gibt, in einer weniger komplizierten, aber lebendigeren Form, und immer unter Beibehaltung seiner Eigenart einen wesentlichen Platz auch in der deutschen Chiromantie einnehmen wird.

Ursula v. Mangoldt

Vorwort

Ist das Studium von Phrenologie, Chiromantie und den anderen Wissens-gebieten, die Charakter und Naturtriebe des Menschen aus seinem Kör-perbau zu deuten suchen ein frivoler Zeitvertreib, wird es auch nur einen Augenblick ohne Ernst oder als Zerstreuung für Schwärmer und wun-dersüchtige Phantasten betrieben, dann ist es verdammenswert. Denn es führt unfehlbar zu Aberglauben und Irrtum.

Wenn aber dies Studium auf ehrlichem Bemühen aufgebaut wird, kann es nie mit zuviel Eifer betrieben werden, nicht nur wegen der mit ihm ver-bundenen materiellen Vorteile, sondern weil es eine wichtige Rolle in der Erziehung unserer Kinder spielen soll, die unser Weiterleben in der Zu-kunft bedeuten.

Glück oder Unglück eines ganzen Lebens hängt bekanntlich von der gut oder schlecht geleiteten Erziehung ab. Zweifellos kann sich ein reich be-gabter Mensch eines Tages aus den Wirren und Irrungen seiner Jugend befreien, aber solch geistig hochstehende Menschen gibt es selten.

Im Augenblick interessiert es uns wenig, ob unsere Naturtriebe vom Einfluß der Sterne abhängen oder nicht. Welchen Grund wir auch an-nehmen, fest steht, daß wir mit besonderen Neigungen geboren werden und mit Eigenschaften und Fehlern, die unserer Natur anhaften. Diese Neigungen müssen uns zu unserem Glück oder Unglück führen, je nach der Richtung, die wir ihnen nach freiem Ermessen geben.

Die empfangene Erziehung beeinflußt offensichtlich auf eine mehr oder weniger vernünftige Art diese Richtung. Wenn sie also solchen Ein-fluß auf das individuelle, folglich auch auf das allgemeine Glück hat, warum versucht man nicht sie zu erleuchten und mit allen möglichen Mit-teln zu verbessern? Warum läßt man nicht nach reiflicher Prüfung alle

Wege zur Vervollkommnung zu, die durch Beweise als wertvoll bestätigt werden? Das Ziel lohnt die Mühe des Nachdenkens, auch der gesunde Menschenverstand verlangt es.

Die philosophischen Schulen haben ihre Aufgabe nicht zu Ende geführt. Sie gehen skeptisch und rechthaberisch an ihr vorbei und lassen den erreichten Fortschritt unbeachtet liegen. Sie gehen daran vorüber wie der versiegende Strom, der in seinem angesammelten Schutt Goldteilchen zurückläßt.

Noch lacht man über Phrenologie, Chiromantie und die okkulten Wissenschaften; aber schon weniger, weil es um diese Gebiete hell wird, und die Wahrheit sich über kurz oder lang immer Bahn bricht. Man lasse doch das Hohnlächeln der ewigen Zweifler und warte geduldig. Dank dieser so verpönten Wissenschaften wird die Zeit kommen, da man sich nicht mehr verstellen kann, sondern sich maskenlos geben muß, weil die Maske nichts mehr hilft – und diese Zeit ist nicht mehr weit.

Phrenologie und Chiromantie bitten zwar die Menschen, deren Charakter sie studieren wollen, um eine Gefälligkeit, bei der Chirognomie aber genügt ein Blick. Wenn der Wissende als Beschützer oder Freund zu einem Menschen geht, weiß er schon, wie er sich am besten geben muß. Hat er es aber mit einem Feind zu tun, so kennt er dessen verwundbare Seite und weiß sofort, wie er selbst angegriffen wird.

Kehren wir zu unserem Ausgangspunkt zurück.

Ein Kind braucht nicht vorsichtig behandelt zu werden. Es bietet keine Überraschung. Bei ihm kann man mit Muße Phrenologie, Chiromantie, Chirognomie und selbst die Physiognomie befragen.

Wenn diese Wissenschaften Wahrheitsgehalt haben, wenn man mit ihrer Hilfe die Neigungen und Fähigkeiten des kleinen, eben zur Welt gekommenen Wesens erraten und entwickeln kann, indem man von Anfang an, seine Anlagen und Fähigkeiten pflegt, welchen Dienst hat man ihm dann erwiesen! Wenn es auch nur eine einzige Fähigkeit hätte, kann man diese vorteilhaft verwerten; denn jeder Mensch hat bei seiner Geburt, wenn schon keine Angriffswaffen, so doch wenigstens eine zur Verteidigung mitbekommen.

Jeder, selbst der Unbegabteste, hat zumindest eine ungeordnete Vernunft, eine versteckte Intelligenz, die nur zur wahren Vernunft und Intelligenz werden, wenn man sie zu dem Ziel führt, zu dem sie notwendigerweise berufen sind, weil nur dort ihr Wesen nützlich wird. Stark

wäre die Welt, würde auf der Erde kein göttlicher Funke zunichte, wie
dank der höchsten Weisheit kein Grashalm in der Natur verloren geht.

Die Menschen sind nur schwach, weil sie nicht wie das Gras wachsen,
gehorsam der erhabenen Stimme der großen Mutter Natur, weil Nicht-
wissen oder Dummheit sie am Zuhören hindern, und ihnen ständig eine
andere Sprache ins Ohr schreien.

Man darf nicht glauben, daß das immer so sein wird. Eine Frucht
kommt nicht gleich zu ihrer Reife – sie braucht Tage des Regens und der
Sonne, sie muß Keim, Blüte und endlich Frucht werden. Monate und Monate, ganze Jahreszeiten vergehen darüber. Ihre Reife kann durch die
Kälte der letzten Herbsttage, durch den Reif des herannahenden Winters
verzögert werden, aber reifen wird sie.

Weil Gott seinen Willen irgendwo niedergeschrieben hat, muß er auch
eines Tages gelesen werden; und zur rechten Zeit, wenn die Frucht reif
ist, erscheint einer, ihn zu erklären. Gottes Güte ist unendlich. Er hat alle
Lehren, alles Wissen in die Natur gelegt; nur wollte er, daß man nachdenken solle, um zu verstehen, lernen solle, um zu wissen.

Wenn der Student einen Leichnam öffnet, staunt er voll Bewunderung.
Kein Wunder ist dem inneren Bau des menschlichen Körpers vergleichbar. Aber um diese Wunder zu entdecken, mußte die Liebe zur Wissenschaft das Seziermesser in die Hände des Denkers legen. Das Äußere des
Körpers ist nicht weniger bewunderungswürdig, aber die täglich sichtbaren Wunder stumpfen den Menschen ab.

Die Vorsehung hat in einer zunächst scheinbar ungerecht anmutenden
Laune Starke und Schwache, Reiche und Arme, Herrscher und Sklaven,
Mächtige und *Ohnmächtige* geschaffen, und zur selben Zeit hat sie in
ihrer Vernunft und Gerechtigkeit den Charakter jedes Einzelnen in sein
Gesicht, in die Krümmungen seines Schädels und die Form seiner Hände
geschrieben, um dem Menschen seinen freien Willen und seine Wider-
standskräfte zu lassen, um ihn davor zu bewahren, bei jedem Schritt zu
unterliegen, da das Leben selbst für die Mächtigen und Starken ein unaufhörlicher Kampf ist. Und wie sie den Landmann hieß, den Schoß der
Erde zu öffnen, um das Getreide zu säen, das ihn ernähren soll, wie sie
den Taucher lehrte, die Perle im Meeresgrund zu suchen, so rief sie jedem
zu: Lerne zu lesen; ich gebe nichts ohne Mühe; ich flechte um die Lorbeer-
krone die Brennessel, die die Stirne verbrennt; ich presse das Gift der
Krankheit in den Kelch der Wollust; an den Reichtum knüpfe ich Über-

druß und Langeweile; ich lasse jedes Vergnügen bezahlen, weil die Freude eine Belohnung ist und durch Anstrengung erkauft werden muß.

Suche und du wirst finden.

Von Zeit zu Zeit aber hat die Vorsehung Mitleid mit der Unfähigkeit und Blindheit der Menschen und schickt ihnen ein Wesen, sie zu unterweisen. Bald ist es ein Dichter – denn Dichtung ist fiebrig brennendes Wissen –, und dieser Auserwählte kann sich im Rausch, der ihn überfällt, mit den höheren Welten in Verbindung setzen und durch das Ausstoßen zusammenhangloser Worte wie die Sibylle von Cumä[1] die Finsternis des Unbekannten erhellen.

Bald ist es ein großer Führer, der die Nationen vereinigt, bald ein Gesetzgeber, der Ordnung schafft, und endlich ein Mensch, der neue Offenbarungen bringt.

Einmal Orpheus[2], Hermes Trismegistos[3], Vergil[4] und Apollonius[5].

Ein andermal Lavater[6], dann Gall[7], der, kälter und berechnender als

[1] Sibylle v. Cumae, die berühmteste der 10 Sibyllen (Prophetinnen), der sagenhaften Verfasserinnen der sog. sibyll. Bücher, die bis gegen 400 n. Chr. staatlich in Zeiten der Not befragt wurden. Die Cumänische Sibylle ist so genannt nach ihrer im Akropolisberg Cumäs gelegenen Orakelhöhle. Sie hat ihre Orakelbücher nach der Sage dem König Tarquinius Priscus verkauft. In Wirklichkeit dürfte ihre allmähliche Entstehung zwischen dem 2. Jahrh. v. Chr. und dem 2. Jahrh. n. Chr. gelegen haben.
[2] Orpheus, uralter thrakischer Gott, als solcher Gründer der sog. orphischen Geheimlehre. Sein Kult wurde später durch den jüngeren, ebenfalls thrakischen Dionysos-Kult umgestaltet. Die orphische Lehre enthält neben einer Götter- und Weltentstehungslehre (starke Beeinflussung des Pythagoras) eine Erlösungslehre, die wohl als Hauptgrund der jahrhundertealten Popularität des Orpheuskultes anzusehen ist. In der reichen orphischen Literatur erscheint Orpheus auch als *Erfinder der Magie*. In der Sage ist Orpheus ein Sänger, durch dessen Lieder selbst Bäume, Felsen und wilde Tiere bezaubert werden. Gemahl der Eurydike, deren Befreiung aus dem Reich des von Orpheus' Klageliedern gerührten Hades mißglückte.
[3] Der »dreimal größte« Hermes, identisch mit dem ägyptischen Gott »der große Toth«. Sagenhafter Begründer der griechisch-ägyptischen Geheimlehre (corpus hermeticum), die in vieler Hinsicht dem Neu-Pythagoreismus verwandt war. Entstehung 1. Jahrh. n. Chr.
[4] Vergil, Publius Maro. 70–19 v. Chr. Größter Dichter der Römer. Neben den Eclogen (auch Bucolica genannt) und der Aeneis begründeten seinen Ruhm ganz besonders die *Georgica*, die, als ein Lehrgedicht über den *Landbau*, für das Meisterstück des Dichters gelten. Mittelalter und Renaissance verehrten in Vergil den größten aller Dichter. Gleichzeitig erscheint Vergil in der Volksliteratur auch als Zauberer und weissagender Prophet.
[5] Apollonius v. Tyana, Prophet und Wundertäter. 1. Jahrh. n. Chr., Neuplatoniker. Sein legendäres Leben ist uns durch Flavius Philostratus (3. Jahrh. v. Chr.) überliefert.
[6] Lavater, Johann Kaspar, Philosoph und theol. Schriftsteller, 1741–1799. Anhänger des Mesmerismus, Somnambulismus und Spiritismus. Sein Hauptwerk sind die »Physiognomischen Fragmente zur Beförderung der Menschenkenntnis und Menschenliebe«, 4 Bde., 1775–78.

sein Vorgänger, wissenschaftlich nach Analogiegesetzen arbeitet, alles abwägt, schweigend prüft und nichts dem Zufall überläßt.

Ein drittes Mal ist es d'Arpentigny[1], der die Offenbarungen enthüllt. Er deutet den menschlichen Charakter aus der Form der Finger, wie die Chiromantie Triebe und Schicksalsfügungen aus der Beschaffenheit der Handberge und den die Handfläche durchziehenden Linien aufspürt.

Aber die Natur glaubte, durch die Eingebung einer großen Idee genug für ihn getan zu haben und gab ihm nicht mehr die Möglichkeit einer vollkommenen Erklärung seiner wunderbaren Entdeckung. Er hätte ihre Ursachen in der Natur suchen müssen, aber ein Mann der Phantasie lebt außerhalb der Natur. Sein Buch ist geistsprühend, voll feiner Beobachtungen, sehr gescheiter Überlegungen, wundervoll ausgewählter Zitate und meisterhaft dargestellter Charakterbilder, aber es fehlt allem an Klarheit. Ohne Erläuterungen bleibt das Buch ungenügend.

Wir versuchten lange sein System, das uns wahrhaft täglich an unbestreitbaren Beweisen bestätigt wurde, zu vereinfachen und zu erläutern und glaubten endlich, es durch gnostische Begriffe erklären und allgemein verständlich machen zu können.

Als Ausgangspunkt diente uns das Naturgesetz der Dreiteilung. Da sich alles wundervoll einfügte, suchten wir nach weiteren Erklärungen, nach Beweisen aus der Physiologie, Chemie, Physik und Medizin. Nach reichlich vielen Zweifeln wurden wir in heller Begeisterung überzeugt, und entschlossen uns nun, dies Buch zu veröffentlichen.

Der Chirognomie fügten wir als Ergänzung die Chiromantie hinzu, diese seltsame Wissenschaft, die im 16. Jahrhundert durch Unwissenheit und Scharlatanismus von Hexen und Gassenrednern entstellt wurde, die wir aber nun nach 15 Jahren ernsten, auf Erfahrung begründeten Studiums, wieder herzustellen imstande sind.

Wir beschäftigten uns vor allem mit den Signaturen der Sterne und ihren verschiedenen Bedeutungen und studierten dann nacheinander alle über Chiromantie geschriebenen Bücher, um durch Vergleiche unter all

---

[7] Gall, Franz Joseph, Arzt und Phrenologe, 1758–1828. Begründer der »Gall'schen Schädellehre«. Nach vielen Verfolgungen erschien 1809 sein Hauptwerk »Anatomie et physiologie du système nerveux en général, et du cerveau en particulier« in 4 Bdn. Das Werk erschien in der Folge in zahlreichen Ausgaben und Übersetzungen.

[1] D'Arpentigny, Stanislaus, Capitaine. Berühmter Chirognom. Lehrer Desbarolles'. Sein Hauptwerk: La chirognomie. La science de la main ou l'art de reconnaître les tendances de l'intelligence d'après les formes de la main. Paris 1856 ff.

den vielen Irrtümern die Wahrheit herauszufinden. Aus der alten Chiro-mantie haben wir nur einige, von allen angeführte und besonders bemer-kenswerte Zeichen beibehalten, die wir nach unseren Erfahrungen für richtig hielten und uns schließlich ganz zu eigen machten. Die übrigen bezeichneten wir als traditionelle Überlieferung (tr.), wenn wir auch fast nie ihre genaue Richtigkeit feststellen konnten und sie nur aus Ehrfurcht vor der alten Tradition bestehen ließen.

Wir haben der Chirognomie und Chiromantie einige Überblicke über Phrenologie und Physiognomik hinzugefügt und gaben uns Mühe, durch Aufzeigen eines gemeinsamen Ausgangspunktes zu beweisen, daß diese verschiedenen Wissenschaften miteinander in Verbindung stehen und nicht voneinander zu trennen sind. Wir haben also weder die Chirogno-mie, die d'Arpentigny's Entdeckung ist, erfunden, noch die Chiromantie, die aus Indien kommt und ebenso alt ist wie die Welt. Trotzdem haben wir einen nützlichen Anteil an dem Fortschritt dieser Wissenschaften, da wir die eine aus der anderen bewiesen und durch Erfahrungen aus der täg-lichen Anwendung der beiden kombinierten Systeme bereicherten. Wir haben aber noch mehr getan, wenn wir aller Wahrscheinlichkeit nach die bis dahin unbekannten Ursachen gefunden haben, die es diesen Wissen-schaften ermöglichen, die Triebe und *bis zu einem gewissen Grad* auch das Schicksal des Menschen anzugeben.

Bis zu einem gewissen Grad, da der Schicksalsglaube immer dem freien Willen unterworfen bleibt.

Die Mohamedaner, die sagen: *So war es bestimmt*, irren sich. Für die Menschen aber, die sich widerstandslos ihren Neigungen überlassen und ihr Leben treiben lassen, trifft dies *Vorherbestimmtsein* zu.

Unser Ziel ist es, durch die Veröffentlichung dieser Wahrheiten die vom Schicksal bedrohten Menschen gewaltsam aufzurütteln. Man schläft im Schiff, solange man sich weit von der Klippe glaubt, aber man peilt und wacht, wenn das Gewitter sich naht, wenn der Donner grollt und die Kü-ste voller Riffe ist.

Könnten wir dazu beitragen, eine traurige Zukunft zum Heil zu wan-deln, wir würden uns genug für unsere Arbeiten belohnt glauben und uns glücklich schätzen, wenn der Leser unsere Bemühungen anerkennen wollte.

Balzac und die Chiromantie

Physiologische Untersuchungen

Nervenverbindung zwischen Hand und Gehirn mit Hilfe der Elektrizität – durch diese Verbindung in die Handfläche eingezeichneten Linien.

Seitdem ich mich mit Chiromantie beschäftige, d. h. meine Aufmerksamkeit durch ein großes Beweismaterial auf diese merkwürdige Wissenschaft gelenkt wurde – wenn auch zuerst noch, ohne mich ganz zu überzeugen –, versuchte ich mich mit ihr auseinanderzusetzen, indem ich die Harmonie des Weltalls zum Ausgangspunkt nahm. Ich studierte die Lehre der *Gnosis*[1], die den Sternen unseres Sonnensystems Einfluß auf die ganze Schöpfung, besonders auf den Menschen, zugesteht und vor allem annimmt, daß die Triebe, ja selbst die Leidenschaften, zu körperlichen Ausdrucksformen in Beziehung stehen. Diese werden nach ihrer Meinung in gutem oder schlechtem Sinn durch die glückliche oder unheilvolle Gestirnkonstellation im Augenblick der Geburt oder vielleicht schon im Augenblick der Empfängnis in den Menschen gelegt.

Einen verändernden Einfluß räumen die Gnostiker jedoch der Vererbung ein und dem *Ich*, diesem geheimnisvollen Kern, der in Wahrheit das *Wesen, die menschliche Individualität* ausmacht. Ich sagte mir, daß diese Ansprüche der Metaphysik, die ich nicht ganz zurückwies, auch physikalisch erklärt werden müßten, wie dies Voraussetzung jeder echten Wissenschaft ist.

So begann ich mein Buch mit einer Darlegung gnostischer Überlieferungen.

Danach suchte ich ernsthafte Menschen auf meine Arbeiten aufmerk-

---

[1] Gnosis, spätantike und frühchristlich-religiöse Bewegung, die, auf Plato, dem hellenistischen Neupythagoreismus und der orientalischen Mystik fußend, ein kosmologisches und eschatologisches Lehrgebäude errichtet. Man unterscheidet eine christliche und heidnische Gnosis. Die letztere gründet mit auf der ägyptisch-hellenistischen Hermetik. Ihre Hauptvertreter sind Simon Magus, Saturninus, Valentinus Marcion, Basileides u. a. m. An Stelle des Glaubens (pistis) lehrten sie die Möglichkeit der Erlösung durch die *Erkenntnis* Gottes (gnosis).

sam zu machen und wendete mich an die *Physiologie*. Ich versuchte in diesem Buch, in Anlehnung an die Autorität der berühmtesten Physiologen festzustellen, *daß ein von außen eindringender Nervenstrom durch das Gehirn in Schwingung versetzt wird*. Diese geheimnisvolle Kraft, die wir nicht kennen und die wir nicht mit der dreifachen Hekate[1] der Alten vergleichen können, trägt in ihren verschiedenen Schattierungen die Namen: Licht, Elektrizität und Magnetismus.

Nach Herder ist es diese Kraft, die bei allen Seelenregungen den Ausschlag gibt. Ja, nach seiner Meinung ist sie die Seele selbst. So sagt er: »Mein *Gedanke* ist nichts anderes als diese Lichtseele, die alles durchdringt, was auf der Erde lebt und die verschiedensten Mächte der Schöpfung miteinander verbindet.«

Ich will nun untersuchen, ob nicht dieser gleiche nicht wägbare Strom, diese gleiche Kraft die Hände, denen der Tastsinn innewohnt, in direkte Beziehung zum Gehirn setzt, und ob sie nicht die Ursache der Linien ist, die die Handfläche durchziehen. Denn nur so können vernünftigerweise die Deutungen der Chiromantie angenommen werden. Aber vor diesen ernsthaften Untersuchungen scheint es mir notwendig, die Grundlage, das Prinzip meiner Lehre auseinanderzusetzen.

Alles in der Natur hat seine Ordnung, alles ist Harmonie.

Um sich hiervon zu überzeugen, genügt es, sich umzusehen. Jede seelischgeistige Veränderung, sei es Fortschritt, sei es Verschlechterung, findet ihren Widerschein im Außen. Die angeborene Schönheit und Vornehmheit wird durch Ausschweifungen ausgelöscht und erhält ein gewöhnliches Gepräge. Die Häßlichkeit verschönt sich durch den Ausdruck vernünftigen Denkens und vor allem durch die Gewohnheit einer geistigen Arbeit.

Das Seelisch-Geistige beeinflußt das Physische, und der Körper seinerseits wirkt auf das Seelisch-Geistige ein.

Dies ist absolut klar und auch die Physiologen geben in vollkommener Übereinstimmung mit der Gnosis zu, daß die Körperformen beim Tier mit besonderen Naturtrieben in Verbindung stehen.

Deshalb muß das Studium jeder einzelnen mit diesem oder jenem Naturtrieb in Beziehung stehenden Form dem Beobachter den Charakter des betreffenden Menschen aufzeigen.

---

[1] Hekate, ursprünglich chthonische Göttin; später volkstümliche Göttin der »Drei Wege«, des Spuks und der Zauberei. Darstellung: Drei Körper in einer Figur vereinigt.

Diese *enthüllenden* Formen, die die Alten *Signaturen* nannten, können am ganzen Körper gefunden und abgelesen werden, nicht nur am Schädel und im Gesicht, wie dies Gall und Lavater annahmen.

Alles im menschlichen Körper drängt zum Aufbau einer einzigen, vollkommenen Individualität. Alles steht in wunderbarer Beziehung zueinander, um eine einmalige Persönlichkeit zu schaffen. Alles! Die Gesichtszüge, die Krümmungen des Schädels, die Größe, Länge oder Kleinheit der Glieder, die Haltung, der Gang, der Blick, die Stimme, die Gebärden und selbst die Schrift.

Und wer gestaltet Bewegung und Schrift? *Die Hand.*

Nach den alten Philosophen ist Alles in Allem enthalten. Wenn dies wahr ist (was zweifellos der Fall ist), warum sollte die Hand, die so verständig, so feinempfindend, so voller Ausdruck ist, dann nicht der treue Spiegel des inneren Menschen sein?

Aristoteles[1] nennt die Hand das Organ der Organe, das Instrument der Instrumente des menschlichen Körpers, und auch Balzac legte der Hand keine geringere Bedeutung bei.

So lesen wir in der Physiologie der Ehe: »Zu allen Zeiten suchten die Hexen unser künftiges Schicksal aus den Handlinien zu deuten, die keine Phantasiegebilde sind, sondern mit den *Prinzipien des Lebens und Charakters* in Verbindung stehen.«

Und weiter: »Die Gefühlsempfindungen kennenzulernen, die feinen Veränderungen der Hand, die eine Frau fast immer vertrauensvoll herzeigt, ist ein weniger undankbares und jedenfalls sichereres Studium als das der Physiognomie. Dieses Wissen verleiht eine große Macht, und bildet den Faden, der durch das Labyrinth noch so verschlossener Herzen führt.«

Balzac spricht hier offensichtlich von den Deutungen der Handlinien, die für ihn nichts Phantastisches sind.

Aber noch klarer und weitgehender drückt er seine Gedanken im »Vetter Pons«[2] aus: »Wenn Gott für gewisse hellsichtige Wesen das Schicksal

---

[1] Aristoteles, griechischer Philosoph 384 v. Chr. bis 322. Gegenüber Plato betont er die Empirie als wesentlichen Faktor der Erkenntnis und beeinflußt die ganze spätere Philosophie. »Über die Seele« 8. Kap. ». . . So kann man auch die Seele mit der Hand vergleichen; denn wie die Hand das Werkzeug aller Werkzeuge ist, so ist die Vernunft die Form aller Formen und der Sinn die Form alles Wahrnehmbaren.« Übers. von Ad. Busse. Leipzig 1922.
[2] Vgl. die deutsche Übersetzung: Berlin Rowohlt Verl. S. 171 f.

jedes Menschen seiner Physiognomie aufgeprägt hat – dieses Wort als Ausdruck für den gesamten Körper genommen –, warum sollte dann die Hand nicht die Physiognomie zusammenfassen, da ja die Hand das ganze menschliche Handeln umfaßt und sein einziges Ausdrucksmittel ist?«

Er geht aber noch viel weiter, wenn er sagt: »*Kommende große Ereignisse* vorauszusagen, ist für den Hellseher keine ungewöhnlichere Leistung als die *Vergangenheit* zu deuten. Dem Ungläubigen erscheint es ebenso unmöglich, die Vergangenheit wie die Zukunft zu kennen. Wenn aber vollzogene Geschehnisse Spuren zurückließen, ist es ebenso wahrscheinlich, daß die *kommenden* Ereignisse ihre *Wurzeln haben*.

Wenn uns ein Wahrsager die nur uns bekannten Tatsachen aus unserem vergangenen Leben bis in kleinste Einzelheiten erzählt, kann er uns auch die Ereignisse angeben, die aus den bestehenden Ursachen entspringen werden.

Die seelisch-geistige Welt ist sozusagen nach dem Muster der materiellen Welt zugeschnitten. Dieselben Wirkungen müssen sich hier wiederfinden, nur mit den Unterscheidungen, die den verschiedenen Ebenen eigen sind.

Ebenso wie die Körper tatsächlich in die Atmosphäre ihr flüchtiges Abbild ausstrahlen, das durch die lichtempfindliche Platte aufgefangen und festgehalten wird, ebenso drücken sich die Vorstellungen, die wirkliche und handelnde Wesen sind, in dem aus, was man die Atmosphäre der geistigen Welt nennen muß, bringen hier Wirkungen hervor und leben als Schatten weiter. Deshalb können gewisse, mit seltenen Fähigkeiten begabte Menschen diese Formen oder Ideenspuren wahrnehmen.«

Wir müssen zugeben, daß Balzac weit überzeugter war als wir, da er hier, und später noch nachdrücklicher, behauptet, daß die Gabe des Deutens und Wahrsagens nur bei einigen außergewöhnlichen Naturen zu finden sei, während wir annehmen, daß jeder auch ohne Ekstase und übernatürliche Begabungen diese wertvollen Fähigkeiten erlangen kann; aber augenscheinlich – wie dies in allen Wissenschaften und Künsten zum Ausdruck kommt – in einem mehr oder weniger hohen Maß, entsprechend seiner mehr oder weniger entwickelten Einsicht und seinen mehr oder weniger energischen Bemühungen um dieses Studium.

Von seinem Gesichtspunkt aus hatte Balzac recht. Es gibt offensichtlich Menschen, die instinktiv die Zukunft vorherwissen. Das ist die Gabe des zweiten Gesichts, die aber immer nur *für Augenblicke* eintritt.

Es gibt in allen Wissenschaften und Künsten zwei Arten sinnvoller Betrachtung: intuitive Schau oder theoretisches und erworbenes Wissen.

Theoretisches Berechnen ist ein empirisches Wissen, d. h. — um häufigen Irrtum auszuschließen — ein auf Tatsachen aufgebautes Erfahrungswissen und die Einteilung dieser Tatsachen durch Vergleichsetzungen.

Diese Methode verwendete Gall beim Studium der Beziehungen von Charakter und Trieb.

Auch wir wollen bei unseren Deutungen von theoretischen Überlegungen ausgehen. Denn sie haben den großen Vorteil vor der Intuition, daß sie unveränderlich sind und, wenn auch langsam, so doch sicher zum Erfolg führen, während die Augenblicke der Erleuchtung unberechenbar sind. Dies ist der Fall, weil sie durch Nervenüberreizungen hervorgerufen werden, die selten in gleicher Intensität auftreten, und weil sie sich überdies oft als zu stark oder zu schwach erweisen und deshalb zum Irrtum führen können.

Wir wollen nun in wissenschaftlicher Arbeit versuchen, diesen theoretischen Überlegungen trotz ihres metaphysischen Ausgangspunktes eine ernsthafte Grundlage durch die Physiologie zu geben.

Die Nerven, die den ganzen Körper wie ein Netz bedecken, lassen gemeinsam mit dem Blut die vitale Elektrizität kreisen, von der sie durchdrungen sind. In ihren hohlen, rohrförmigen Wandungen enthalten sie einen durchsichtigen, stark empfindlichen Strom, der zweifellos das Fortpflanzungsmittel der *Empfindungen* bildet.

Das Gehirn ist der Behälter der nicht wägbaren Kraft (der Flüssigkeit oder Elektrizität), die von Blut und Nerven dargestellt wird. Es ist der Sitz des Lebens, des Verstandes und, aller Wahrscheinlichkeit nach, auch der Sitz der Seele. Denn hier befinden sich vier Hauptfaktoren der Seele, die wir als Sinne bezeichnen, nämlich der Gesichts-, Gehörs-, Geschmacks- und Geruchssinn.

Der fünfte Sinn, der Tastsinn, ist zwar weiter vom Gehirn entfernt, aber mit ihm nicht weniger eng als die anderen Sinne verbunden. Vielleicht steht er sogar in einer noch aktiveren Beziehung zu ihm, was wir hier untersuchen wollen.

Es gibt zwei Arten von Nerven, die verschiedene Aufgaben haben: Bewegungsnerven und Nerven des Gefühls oder der Empfindung.

Unter den Nerven, die vom Rückenmark und dem verlängerten Mark (dem sogenannten Gehirn) ausgehen und sich zur Hand hin erstrecken, sind die Nerven, die für die Empfindung bestimmt sind, fünfmal so wichtig als die Nerven, die der Bewegung dienen.

Dagegen können wir beobachten, daß bei Tieren, deren Gestalt noch nicht vollkommen entwickelt, deren Muskelkraft aber groß ist, wie z. B. beim Pferd, die Bewegungsnerven um ein Drittel wichtiger sind als die der Empfindung.

Aber das ist noch nicht alles.

Sind die Finger Werkzeuge des *bewußten* Seelenlebens, dann muß nach Ansicht einiger Physiologen die Handfläche, die durch Fieber, Auszehrungskrankheiten und wesentliche Reizstörungen erhitzt wird, gewissermaßen der Raum des unbewußt triebhaften Seelenlebens sein. Die Verbindungswege für diese Überfülle an triebhaftem Leben sind die Berge der Handfläche und eine mehr oder weniger starke Anhäufung von Tastkörperchen auf den dort befindlichen Nerven.

Diese Körperchen, die sich in der ganzen Handfläche finden, in Bergen und Fingerspitzen – 250 bis 300 an der Zahl, – sind Nervenanhäufungen, wie Doktor Pacini[1] in Pisa entdeckte, die wahrscheinlich als Verdichter der *Nerventätigkeit* durch Ausstrahlung magnetischer Kräfte die besondere Eigentümlichkeit der Hand bilden. Sie sind auch *Sammelbecken für die Elektrizität* und geben der Hand eine ganz ausgezeichnete *Empfindsamkeit*.

Zweifellos führt der Gesichts- und Gehörsinn und, in geringem Maß, auf einer materielleren Stufe auch der Geschmacks- und Geruchssinn dem Gehirn Empfindungen zu, aber bei diesen vier Sinnen handelt jeder für sich allein, und keiner ist in der Lage, nach außen zurückzuwirken. Sie benachrichtigen das Gehirn, aber nur in negativer Weise, und ruhen aus, sobald ihre Aufgabe der Reflexion beendet ist.

Nur das Auge gibt die empfangenen Eindrücke zurück, aber auf eine unvollständige und passive Art.

Anders bei der Hand, die den Tastsinn in sich schließt. Sie steht mit allen Sinnen in Beziehung und verbindet diese miteinander. Sie hat die leisesten Willensregungen des Gehirns auszuführen. Ohne sie wären die

---

[1] Pacini Philippo, italienischer Anatom 1812–1883; Entdecker der sog. Pacinischen Körperchen, das sind Nervenendkörperchen im Unterhautzellgewebe. Ihre Bedeutung ist unklar; man nimmt aber an, daß sie die Sinnesorgane für den Kraftsinn sind. Die Pacinischen Körperchen waren bereits früher von dem Wittenberger Anatomen Abraham Vater (1684 bis 1751) gefunden, in der Folge aber wieder vergessen worden.

Fähigkeiten der anderen Sinne nutzlos oder ohnmächtig. Sie unterstützt die menschliche Stimme, diese erhabene Gabe der Menschheit und, wenn das richtige Wort fehlt, kann sie es durch die Gebärde ersetzen. Sie ist die Sprache des armen Taubstummen, und in der Nacht, wenn das Tasten das Sehen ersetzt, übernimmt die Hand die Rolle des Gehirns.

Sicher führt die Hand durch ihre außerordentliche Empfindsamkeit dem Gehirn die Eindrücke zu, aus denen die Gedanken entspringen.

Wie der Gesichts- und Gehörsinn bringt sie durch ihr *Tastorgan,* ja allein schon durch die Form ihrer *einsaugenden* Finger, diese Eindrücke zum Gehirn, verbessert sie aber noch durch die reale Kontrolle des Tastsinns. Nur sie bringt den Willen des Menschen in Handlung und vollendeter Tat zum Ausdruck, die ohne sie unmöglich wären. Ohne sie wäre das Leben überhaupt nicht denkbar, denn Handlung und Bewegung ist Schöpfung und Leben.

Muß dieser unaufhörliche Durchgang, dieses fortwährende Hin und Her der von den elektrischen Strömen erweckten Empfindungen nicht Spuren hinterlassen? Sieht man nicht in der Natur, daß der festeste Marmor durch das fortwährende Betreten vorübergehender Menschen verändert wird? Sah ich nicht in der Kirche Ara-Coeli in Rom die Stufen der Steintreppe von den Knien der Gläubigen abgenützt? Sah ich nicht in St. Peter die bronzenen Füße der Apostelstatuen durch die Küsse der Pilger beschädigt? Und nun sollte ein so empfindsames Organ, das unaufhörlich von der größten irdischen Kraft durchpulst wird, unberührter und weniger abgenutzt bleiben als Marmor oder Bronze?

Der einfache Menschenverstand kann das nicht zugeben.

In einem so wichtigen Organ kann nichts gleichgültig sein, sonst wären die Linien der Innenhand, die diesen Brennpunkt des unbewußt triebhaften Seelenlebens durchziehen, in ihrer grenzenlosen Verschiedenheit nur einfaches Spiel des Zufalls, Laune der Natur, die wohl notwendige Unregelmäßigkeiten, aber keine Launen hat. Das ist wahrhaftig nicht möglich.

Aristoteles, der wohl um die erleuchteten Überlieferungen der ägyptischen Priester wußte, verband mit diesen Linien eine wichtige Bedeutung, deren Verständnis der Mensch mit aller Kraft erstreben sollte.

In seinem Buch: »De coelo et mundi causa« heißt es, daß die Linien nicht ohne Ursachen in die Hand der Menschen geschrieben seien, sondern hauptsächlich dem Einfluß des Himmels und der eigenen menschlichen Individualität zuzuschreiben wären.

Ich glaube in seinem Sinn zu handeln, wenn ich das, was er den himmlischen Einflüssen zuteilte, der Elektrizität zuschreibe.

Seitdem die unbestreitbaren Experimente von Young[1] und Fresnel[2] das System der Leere durch das der Fülle ersetzten, das zuerst von Newton[3] und jetzt allgemein von der Wissenschaft übernommen wurde, seitdem man erkannt hat, daß der Himmelsraum von einer gasförmigen Substanz angefüllt ist, die in ihrer flüssigen Form genug Widerstandskraft bietet, um den Lauf der Planeten aufzuhalten, und durch diese Anfüllung des Raumes die Welten miteinander verbindet, seitdem die Entdeckungen von Melloni[4] und die Photographie des Mondes bewiesen haben, daß der Mond Wärme auf die Erde ausstrahlt, ist die Annahme nicht zu unvernünftig, daß die Elektrizität, die auch Licht, Wärme und Magnetismus ist, das Bindeglied aller Welten bedeutet und die wechselseitigen Einflüsse der Himmelskörper von einem Stern zum andern leitet. Und zweifellos ist der Mensch, der selbst eine kleine Welt bildet ein Glied dieser unermeßlichen Kette der allumfassenden Harmonie.

Chetenham d'Aubenay, ein berühmter Professor, eröffnete als Vorsitzender bei einer Versammlung der englischen Gesellschaft eine Rede mit den Worten: »Wenn nach dem Beweis des Oberst Sabine die Richtung eines Stahlstückes, das einige Entfernung über der Erde aufgehängt ist, durch die Stellung eines Körpers wie des Mondes beeinflußt werden kann, der 200 000 Meilen (nach englischer Rechnung) von unserem Planeten entfernt ist, wer kann dann den Glauben der Astrologen vom Einfluß der Gestirne auf die menschlichen Geschicke als überspannt bezeichnen?«

Dies unparteiische Geständnis der Wissenschaft erscheint uns bemerkenswert und wir wollen, hierauf gestützt, zu beweisen suchen, daß die

---

[1] Young, Edward, englischer Dichter, 1681–1765. Ursprünglich Jurist, später Geistlicher; als solcher Kabinettsprediger der verwitweten Prinzessin von Wales. Vor allem berühmt durch seine »Nachtgedanken«, die unter dem Titel »The complaint or nightthoughts« erstmals 1742–46 erschienen. Das umfangreiche (oft ins Deutsche übersetzte) Werk ergeht sich in melancholischen Reflexionen und Deklamationen über die Nichtigkeit des Irdischen, über Leben, Tod und Unsterblichkeit.
[2] Fresnel, Augustin Jean Franz, Physiker, 1788–1827. Er erkannte die Transversalität der Lichtwellen. Oeuvres complètes, 3 Bde. 1866–70.
[3] Newton, Isaak, 1643–1727, engl. Mathematiker und Physiker, Begründer der Gravitationstheorie (Lehre von der Schwerkraft), mit deren Hilfe er die Mechanik des Kosmos beweist. Hauptwerk: Naturalis philosophiae principia mathematica, 1687.
[4] Melloni, Macedonio, ital. Physiker, 1798–1854. Bedeutend durch seine wertvollen Untersuchungen über die Wärmestrahlung, über deren Wellennatur und die Absorption elektromagnetischer Wellen.

Elektrizität oder jede andere freie Kraft derselben Art, als Seele und Band der Welten, die Ursache der die Handfläche zeichnenden Linien ist.

Nach den alten Magiern – und Aristoteles griff es wieder auf – werden die Linien ebenso wie die als Signaturen bezeichneten Körperformen durch den Einfluß der Sterne verursacht, im wesentlichen durch den bei der Geburt vorherrschenden Einfluß, der jedoch durch die Persönlichkeit oder Individualität und zweifellos auch, was Aristoteles nicht erwähnte, durch Vererbung und Erdmagnetismus verändert werden kann.

Einige Physiologen werden wahrscheinlich sagen, daß sich diese Linien durch die Bewegungen der Hand bilden. Aber die Hände von Arbeitern und einfachen Leuten, die viel mehr bewegt werden als die Hände untätiger Menschen, enthalten in ihrer Innenfläche fast nur die Hauptlinien. Dagegen zeigen Hände von vornehmen Menschen, besonders von *nichtstuenden* Frauen der Gesellschaft, eine mit Linien bedeckte Innenfläche.

Aber ich will im Interesse des Systems noch einen stärkeren Beweis anführen: Die Linien sind schon in der Hand neugeborener Kinder deutlich erkennbar eingezeichnet. Jeder kann sich davon überzeugen, und wir bestätigen es aus unserer Erfahrung heraus.

Andererseits – und hierüber haben wir dank unseren ständigen Beobachtungen unzählige Beweise – verändern sich auch die Linien der Handfläche entsprechend den Trieben und vorgefaßten Meinungen, besonders aber unter dem Einfluß eines beharrlichen Wollens. Sicher können sich, wie jeder zugeben muß, die angeborenen Triebe durch Erziehung, wenn nötig durch mitleidlose Strenge, *vor allem* aber durch Gewohnheiten verändern.

Wenn die Elektrizität, die unaufhörlich von der Außenwelt zum Gehirn und vom Gehirn zur Außenwelt strömt, durch *Willensanstrengung* in eine *bestimmte* Richtung gedrängt wird, ist es klar (wenn wir die Elektrizität als einen Faktor der Linienbildung annehmen), daß dieser Durchgang Spuren zurücklassen muß.

Wenn die Elektrizität, was unbestreitbar feststeht, zugleich Licht, Wärme und Magnetismus nur mit gewissen feinen Unterschieden ist, dann leben wir inmitten einer ungebundenen Elektrizität, die uns sehr wohl, mittels der durch unser Nervensystem aufgenommenen und eingeatmeten Atmosphäre, mit den Sternen in Verbindung setzen kann.

Das sind zweifellos, wie schon anfangs gesagt, seltsame Ideen, die man leugnen kann; aber es ist unmöglich, Gegenbeweise anzuführen, und so werden wir bis zum Beweis des Gegenteils mit Chetenham behaupten, daß die Alten nicht ganz und gar unrecht hatten, wenn sie den Sternen einen bedeutenden Einfluß auf die Erde zuschrieben.

Im Augenblick, wo die mit dem Gehirn korrespondierenden Nerven zu arbeiten aufhören, erlöschen die Linien der Hand, ein Beweis, daß sie eben durch diese Verbindung gebildet und unterhalten werden. Und wenn man von einem Teil auf das Ganze schließen wollte, müßte man annehmen, daß die Elektrizität, die einen Körperteil absterben läßt, wenn sie ihm entflieht, auch den Tod des Menschen herbeiführen kann, wenn sie dem ganzen Körper entweicht. Vielleicht ist diese Elektrizität die Universalkraft, das Geheimnis des körperlichen Lebens überhaupt.

Ich habe mich verpflichtet, den Unterschied von Chiromantie und Chirognomie physiologisch zu erklären:

Das Innere der Hand, ihre positive Seite, der Sitz des Tastsinns und der Nervenempfindsamkeit, umfaßt, wie gesagt, *250–300 Tastkörperchen;* das Äußere der Hand, ihre negative Seite, auf die sich die Chirognomie aufbaut, umschließt *nicht ein einziges.* Der Unterschied, der sich aus der Betrachtung dieser beiden Gebiete ergibt, ist leicht verständlich, wenn man bedenkt, daß der Daumen eines Idioten keine Tastkörperchen enthält, jedenfalls keine wahrnehmbaren.

Nach dieser einfachen Feststellung, die auf einer unverwerflichen und unleugbaren Tatsache beruht, wird man verstehen, daß die Chirognomie ohnmächtig bleiben mußte, und nur unzulängliche Ergebnisse geben konnte. Denn mit unbedingter Richtigkeit kann sie nur Naturtriebe aufzeigen, die aber in jedem Augenblick durch das Überwiegen von Leidenschaften, Einsichten, Fähigkeiten, ja selbst durch den Grundtyp, den die Chiromantie mit so viel Sorgfalt aufdeckt, ihre ursprüngliche Bedeutung verlieren.

Zugegeben, daß wir soeben unglaubliche, fast unmögliche Dinge anführten, aber dürfen wir in diesem Jahrhundert der wunderbaren Entdeckungen von Dampf und Elektrizität nicht ein bißchen an das Unmögliche glauben?

Im Übrigen wird der physiologische Teil der Chiromantie, der die äußeren Formen zu Charakter und Naturtrieben in Beziehung setzt, überwiegend anerkannt. Gall hat hierzu den Weg gebahnt.

Wir behaupten aber noch weiter, daß wir bedeutende Ereignisse des vergangenen Lebens lesen können, wenn auch nicht immer mit Angabe der Einzelheiten und vor allem schwere Krankheiten und die ungefähre Zeit ihres Auftretens erkennen können.

Streng genommen kann man dies noch verstehen. Denn starke Eingriffe auf den Organismus wie Krankheiten, große Erschütterungen wie Kummer können Spuren auf dem Gesicht hinterlassen, Züge und Ausdruck verändern, Falten eingraben und die Haare des Kopfes in einer einzigen Nacht weiß machen. Und ebenso wie im Gesicht können sich diese Spuren durch entsprechende Zeichen in der Hand eingraben, da die Hand wie wir wohl bewiesen haben, in innigster Verbindung zum Gehirn steht.

Aber noch weiter behaupten wir, die Zeit und selbst oft die Art der kommenden Krankheit angeben zu können und wollen versuchen, diese Behauptung auch logisch zu erklären. Jeder noch so starke, noch so vollkommen gebaute Mensch wird mit irgendeinem krankhaften und zerstörenden Keim geboren. Er unterliegt früher oder später einer Unvollkommenheit, einer physischen Schwäche, die heute oder morgen seine Vernichtung herbeiführen muß.

Noch ist dieser Keim nicht sichtbar, aber er wird eines Tages unvermeidlich in irgendeinem Teil des Organismus hervortreten, in den inneren Organen oder im Gehirn. Mit einem Wort: Er ist im latenten Zustand wie alle Keime. Aber die Zeit seines Aufbrechens ist schon festgelegt.

Da alle Organe zusammenhalten und miteinander in Verbindung stehen, ist dieser Zeitpunkt auch im Gehirn vermerkt, und eben durch diese Verbindung kann, ja muß er auch in der mit dem Gehirn eng verbundenen Hand angezeigt sein.

Alles hat die Natur dem Menschen gewährt, aber nur unter einer Bedingung – dies kann nicht oft genug wiederholt werden –, unter der einzigen Bedingung der Arbeit und des Studiums.

Denn selbst Offenbarungen sind meist nur, wie das Beispiel von der Birne Newtons zeigt, plötzliche Ausbrüche einer hartnäckig konzentrierten Arbeit über ein und dasselbe Thema.

Wenn dies richtig ist, warum sollte dann die Natur nicht, dem Menschen erkennbar, die gefährlichen Zeitpunkte seines Lebens bezeichnen, damit er ihnen zuvorkommen, sie vermeiden oder selbst als Beginn einer neuen Bewegung nutzbar machen kann durch Anwendung seiner göttlichen Eigenschaften, der Weisheit und Willenskraft?

Das Observatorium sagt – wohlverstanden – durch Berechnung voraus, und seine Voraussagungen sind richtig. Es kündet 8 Tage vorher einen

Sturm, ein jähes Unwetter über dem Meer an und bezeichnet die Stunde, wo dieses Unwetter einsetzen wird. Die Seeleute schiffen sich nicht ein und vermeiden so Unwetter und Schiffbruch. Acht Tage, das ist schon Zukunft. Das ist die Möglichkeit, das Verhängnis durch intuitives Vorauswissen, durch Intelligenz und freien Willen zu besiegen.

Das ist die Weihe des aristotelischen Gedankens:

Homo sapiens dominabitur astris. Der weise Mensch beherrscht die Sterne.

Und machen wir anderes? Wir zeigen die Stürme des Lebens und den Zeitpunkt dieser Stürme an und geben den Rat, im Hafen zu bleiben oder die Fahrtrichtung zu ändern, und das Verhängnis kann vermieden werden, wenn man der Warnung gehorcht. Aber es gibt noch ein anderes schwerwiegendes Beispiel. Mathieu de la Drôme, ein leider kürzlich verstorbener Gelehrter, kündete 14 Monate im voraus Stürme und Überschwemmungen an, und die Wirklichkeit hat die Wahrheit seiner Vorhersagen bewiesen. Und worauf gründete Mathieu de la Drôme seine Beobachtungen?

»Auf die Einflüsse des Mondes auf unsere Erdkugel«, folglich auf die Astrologie, die die wirkliche Grundlage unseres Wissensgebietes bildet.

So ist die Zukunft, dank der Astrologie, nicht mehr auf 8 Tage beschränkt, sondern auf 1 Jahr, auf 14 Monate. Und mit fortschreitender Entwicklung wird man noch längere Zeiträume vorher übersehen.

Kann man 1 Jahr, 14 Monate, 20 Jahre im voraus Umwälzungen ansagen, die auf unserer Erde durch Mondeinflüsse hervorgerufen werden, warum sollte man dann nicht auch 20 Jahre im voraus Krankheiten anzeigen, die durch diesen selben Mondeinfluß verursacht werden, da doch alles in der Schöpfung zusammenhängt? Wenn die Sterne Einfluß auf unsere Welt haben, warum sollten sie dann nicht ebenso auf den Menschen einwirken, der auch eine kleine Welt ist, ein *Mikrokosmos* wie Swedenborg[1] ihn nach dem Vorbild der Gnostiker nannte?

Was kann uns die Chiromantie, die nicht nur auf Astrologie, sondern

---

[1] Swedenborg, Emmanuel (Svedberg), Physiker und Ingenieur; Hellseher und mystischer Schriftsteller, geb. 1688 in Stockholm, gest. 1772 in London. Unter den zahlreichen Werken Swedenborgs vgl. bes. »Das neue Jerusalem«, eine Bezeichnung, die er auch seiner von ihm gegründeten Glaubensgemeinschaft (heute noch etwa 500 000 Mitglieder) verlieh. Als ein Werk voll überirdischer Visionen gelten auch heute noch seine »Arcana celestia«. Von seinen Werken existieren viele Ausgaben und Übersetzungen. Vgl. auch Kants Traktat »Träume eines Geistersehers«, in dem Kant die Gesichte Swedenborgs als Irrtümer ablehnt.

auch auf Logik und Physiologie – in unserem Sinn – aufgebaut ist, alles geben?

Sie gibt dem heranwachsenden jungen Mann das Wissen um die Menschheit, das vom Alter fast immer zu spät durch die Erfahrung eines ganzen Lebens erkauft wurde. Sie ersetzt durch Wissen die wunderbar beschützende Intuition, die nur seltenen Persönlichkeiten zu eigen ist. Sie lehrt auch Selbsterkenntnis, das »Erkenne dich selbst« der alten Weisen.

Aber, was noch wichtiger ist: Sie offenbart die Wesensbegabungen eines Kindes, die fast immer zu lange unerkannt bleiben. Sie zeichnet ihm von Anfang an seine Laufbahn vor, die einzige, die für es sinnvoll und erfolgreich ist, und gibt die Hindernisse an, denen es im Leben begegnen muß und den Zeitpunkt ihres Eintreffens.

Aber sind diese Hindernisse unvermeidlich? Nein! Sie kennen, heißt sie vermeiden.

Während ich nach der Wahrheit in der Natur forschte, erkannte ich in allem eine hierarchische Weltenordnung, sah ich überall ganz deutlich und unbestreitbar die Hand eines höchsten Meisters, und mein Vertrauen wandelte sich in Glauben. Deswegen gestehe ich ehrlich ein, daß diese Wissenschaft der Chiromantie eine demütige Huldigung mehr an die Weisheit des Schöpfers ist, eine Verherrlichung seiner unendlichen Macht, die sich in der Ordnung des Weltalls offenbart.

Notwendige Erklärungen

Astrale Einflüsse – Sonderbare Anziehungskräfte –
Positive und negative Ströme

Es ist nunmehr zweckmäßig, auf die Haupteinwände einzugehen, die uns von den Gegnern der Astrologie gemacht werden. Die Materialisten, diese sogenannten praktischen Menschen, empören sich darüber, daß wir bei unserer Arbeit Sternenamen verwenden.

Sie wollen noch, streng genommen, zugeben, daß die Körperformen in Beziehung zu den Naturtrieben stehen, und daß man durch sie mit Hilfe ernsten Studiums und großen Scharfsinns die hervorstechendsten Züge des menschlichen Charakters deuten kann, nach ihrer Meinung ein Zeichen von mehr oder weniger geschickten Kombinationen, die auf der Physiologie fußen. Aber vom Einfluß der Sterne wollen sie nichts hören und noch weniger von Sternbezeichnungen.

Wenn es sein muß, wollen sie lieber, von Tatsachen überführt, eine übermenschliche Intelligenz zugeben als in dieser Beziehung die geringste Konzession zu machen. Die Sterne haben eben keinen Einfluß auf die Erde, und gehören nicht zu ihrem Bereich.

Wir wollen aber versuchen, in kurzen Worten einen Beweis für diesen Einfluß zu finden.

Hat die Sonne Einfluß auf die Erde? Ja, bestimmt. Und der Mond? Sein Einfluß auf Ebbe und Flut, auf die Menstruation, auf Mondsüchtige, Metalle, Glas und anderes wurde zwar lang bestritten, aber vor kurzem, gerade im Augenblick, wo man am hartnäckigsten die Wärme des Mondes bestritt, erfindet ein italienischer Chemiker ein – man muß schon sagen – besonders empfindliches Instrument, das auf eine unbestreitbare Art beweist, daß der Mond Wärme auf die Erde schickt. Also hat auch der Mond Einfluß auf unsere Erdkugel.

Wenn nun der Einfluß von Sonne und Mond zugegeben werden muß, warum sollten dann nicht auch die anderen hauptsächlichsten Planeten, die in Beziehung zu unserer Erde stehen, einen Einfluß auf sie ausüben?

Wir wollen hierüber ein bißchen nachdenken. Das Licht enthält, wie selbst die Akademie anerkennen mußte, Magnetismus und Elektrizität. Daraus folgt, daß notwendigerweise dort, wo Licht ist, auch Elektrizität und Magnetismus sein müssen.

Wenn wir durch unser Sehen in Lichtverbindung mit den Sternen stehen, sind wir mit ihnen auch in elektrischer und magnetischer Verbindung. Das ist nicht zu leugnen.

Bis zum Beweis des Gegenteils, den man uns schwerlich bringen wird, behaupten wir, daß die Alten mit ihrer Annahme des mächtigen Gestirneinflusses auf die Erde nicht ganz unrecht hatten.

Paracelsus[1] geht noch weiter und hat darin vielleicht recht. Er nimmt an, daß alle Sterne in direkter Verbindung zur Erde stehen und es unter ihnen Gestirne gibt, die erst dann sichtbar werden und für die Erde leuchten, wenn auf unserer Erdkugel eine Gegenwirkung entsteht, eben durch diesen Einfluß, durch die Ausstrahlung dieses Sternes verursacht.

Übrigens sind wir gar nicht starrköpfig und lassen uns gern belehren.

Man erkläre uns nur deutlich, auf Grund natürlicher Verbindungen, die harmonische Übereinstimmung dieser oder jener Körperform, dieser oder jener Handlinie mit den Naturtrieben, mit denen diese Form, diese Linie in Verbindung steht, was zusammengefaßt das Alphabet unserer »astralen Vorlesungen« ausmacht, und wir sind bereit, dieses System anzunehmen.

Bis uns keine stichhaltigen Gegenbeweise erbracht werden, bleiben wir bei unserer schon durch ihr Alter ehrwürdigen Tradition, deren Ursprung sich in der Nacht der Vergangenheit verliert und deren Entstehen vor der Sintflut anzunehmen ist. Sie ist auch deshalb beachtenswert, weil sie von großen Männern des Altertums und Mittelalters gutgeheißen wurde.

Wir lassen uns auch nicht den Glauben nehmen, daß sich Medizin und Astronomie einem wirklichen Fortschritt entziehen, wenn sie nicht den Einfluß der Sterne zugeben.

Aber die Zeit geht vorwärts und wird sie beide mit sich reißen, und der Fortschritt wird ganz von allein kommen. Eines Tages wird ein Mann berühmt, weil er der Wissenschaft das unendliche Gebiet der Harmonien und Übereinstimmungen in der ganzen Natur, der Harmonien und Übereinstimmungen im Himmel, auf der Erde und in ihren drei Reichen eröffnet.

---

[1] Paracelsus (Theophrast v. Hohenheim), etwa 1493–1541. Arzt, Naturforscher und Philosoph, dem die Vorwegnahme vieler neuerer medizinischer Erfindungen zugeschrieben wird. (Vgl. Südhoff: Die neueste Gesamtausgabe seiner Werke, Barth-Verlag G.m.b.H. und Oldenbourg, München 1924–1934.)

Ganz kürzlich hat man uns von einem jungen Mediziner, Octave de Scelles aus Montdésert, erzählt, der Gicht durch Verwendung saturniner Pflanzen zu heilen vermochte, und auch die Medizin versucht augenblicklich, die Elektrizität, das Licht, die Quelle des Lebens, das große magische Agens der Alten als Heilmittel zu verwenden.

Suchten nicht die alten Alchemisten in ähnlicher Absicht, getrieben von unbestimmten Vorahnungen eines erst von der Zukunft zu erbringenden Ergebnisses, in der Elektrizität, die sie *Seele der Welt* nannten, dieses universelle Wundermittel, den sogenannten Stein der Weisen, der ihnen als materielles Gold Reichtum und als Gold des Lebens Gesundheit geben sollte?

Suchten sie nicht in der *Weltseele* die Verbindung mit einer anderen Welt, die vielleicht jetzt, wenn auch noch unvollkommen, durch den Magnetismus ermöglicht wird, die aber immer gefährlich ist, weil ihr der Wahnwitz innewohnt?

Bedeutet nicht die Elektrizität in ihrer jetzigen Verwendung den Stein der Weisen?

Vielleicht kann sie zur Herstellung von Gold führen, wenn das Gold – nicht als Metall, sondern als Geld – seinen überlegenen Wert durch Überfluß und Verschwendung verloren hat. Sicher aber wird sie eines Tages Heilung aller Krankheiten bringen, denn die Elektrizität ist das Leben der Natur.

Ist es nicht eine elektrische Störung, die Gewitter herbeiführt, eine elektrische Störung, die die Gesundheit erschüttert? Geschehen nicht Wunder durch elektrische Behandlungen? Paralytiker sind nach 14 Tagen vollkommen geheilt, Menschen, die auf Krücken gingen, können 8 Tage später ohne Stöcke gehen. Alles wäre möglich, wenn man eines Tages die Elektrizität, je nach Veranlagung des einzelnen, also auf die Bedürfnisse, Notwendigkeiten und Harmonie jeder Persönlichkeit abgestellt, in vernünftiger Verteilung anwendet, hierfür die Sternsignaturen zu Rate zieht und die elektrischen Schwingungen von Gold, Zinn, Kupfer, Eisen oder Silber für Krankheiten der Sonne, des Jupiters, der Venus, des Mars oder Mondes verwendet?

Wir wissen wohl: Heute rufen diese Gedanken noch ein Lächeln hervor, aber wir erheben uns über die jetzige Zeit, um in die Zukunft zu schauen.

Wenn wir den Chemikern Glauben schenken, gibt es keine Pflanze, die nicht in sich positive und negative Ströme vereinigt. Und da alles in der

Natur harmonisch ist, behauptet Dr. Reichenbach[1] in seinen »Odisch-magnetischen Briefen«, daß im menschlichen Körper, empfindsamen Naturen sichtbar, zwei Ströme eingeschlossen sind. Ihm zufolge ist die linke Seite des Menschen mit positiver, die rechte mit negativer Elektrizität geladen.

Die *Empfindsamen,* wie er übernervöse Menschen nennt, die nach mehr oder weniger langem Aufenthalt im Dunkeln Erscheinungen wahrzunehmen vermögen, sehen aus *Händen* und *Füßen* der Menschen ein Licht austreten, das auf der rechten (positiven) Seite rötlichgelb, auf der linken (negativen) Seite blau gefärbt ist. Für diese empfindsamen Menschen sind auch die Pflanzen von der Wurzel bis zu den Blättern denselben Gesetzen unterworfen.

Neben diesen Beobachtungen beweist Reichenbach noch einmal durch zahlreiche Versuche die unbestreitbare und seit langem bewiesene Tatsache der Abstoßung des Ähnlichen und Anziehung des Entgegengesetzten und behauptet, daß beim Mann der positive, bei der Frau der negative Strom vorherrscht.

Diese Gedanken sind sicher sonderbar, doch sie stimmen mit dem Weltgesetz überein, wie es uns täglich die Natur zeigt.

---

[1] Reichenbach, Karl Freiherr v., 1788–1869, Physiker. Untersuchungen über das sog. *Od.* Hauptwerk: Der sensitive Mensch und sein Verhalten zum Od. 2 Bde. 1854 bis 1855.

Vorspiel

Wenn wir in schönen Sommernächten den sternenübersäten Himmelsraum betrachten, empfinden wir gleichsam eine unerklärliche Erregung, eine geheime Unruhe. Eine tiefe Freude entzückt uns, aber immer ist sie mit einem glühenden, quälenden Sehnen verbunden. Es ist wie ein Gesang, der uns ruft, wie unsichtbare Hände, die uns zu sich ziehen.

Es ist der Augenblick, da die Seele, der göttliche Funke, nicht mehr durch Erdenlärm abgelenkt, zum Himmel zurücksteigen will, da sie, wie ein gefangener Adler, der den frischen Bergwind atmet, ihre Flügel breitet und hin- und herflattert, um ihr Gefängnis zu verlassen. Sie weint und ruft nach ihrer Heimat und sehnt sich nach Weisheit und Wahrheit; denn die Heimat der Seele ist der Himmel.

Die Erde, ein erbärmlich kleiner Teil der Schöpfung, bewegt sich bescheiden inmitten der unzähligen Welten, erdrückt von ihrer Unendlichkeit. Sie gleicht einem unbekannten, in der strahlenden Menge verlorenen Höfling im Palast Gottes. Die Riesenwelten würden sie in ihrem Wirbel mit fortreißen, wäre nicht die Anziehungskraft weise ausgeglichen. Durch die gleichgerichteten Gesetze dieser Anziehungskraft steht sie mit dem Weltall in Verbindung, redet sie mit ihren Kindern, den Menschen. Durch die Kette der Weltharmonie ist der Mensch mit den Sternen verbunden.

Es wäre vergeblich, zu leugnen, daß der Himmelsstand bei der Geburt eines Kindes dessen noch untätige und für alle starken Einwirkungen empfangsbereiten Organe beeindruckt. Die magnetische Spiegelung des Sternenhimmels kann, ähnlich den Feen unserer Märchen, den Neugeborenen mit edlen Tugenden begaben oder ihn mit düsteren Neigungen umgeben, je nach dem Einfluß des Sternes, der im jeweiligen Augenblick alles in den verschiedenen Welten ineinandergreifende Geschehen bestimmt.

Diese Einflüsse, die durch vererbte Anlagen verändert werden, bilden und gestalten das Kind in seiner Wiege und drücken ihm auf Stirn, Gesicht und Hände ihre Male auf. So bestätigen sie von Anfang an die Verbindung von Geist und Stoff, Erde und Himmel.

Im Buch Hiob Kap. 37 Vers 7 heißt es: »Aller Menschenhand hält er verschlossen, daß die Leute lernen, was er tun kann.« (In manu omnium Deus signa posuit) und Moses sprach: »Das Gesetz des Herrn ist auf deine Stirne und in deine Hände geschrieben.«

Wer die Zeichen zu erklären sucht, tut etwas Heiliges. Sich mit der Erforschung dieser staunenswerten Mysterien befassen, heißt mit Gott sprechen.

Das menschliche Wesen wächst heran; von Natur gut, ist es bereit zu leiden, doch böse veranlagt, wird es zerstören und schaden.

Damit beginnt der Kampf. Zur Erkenntnis der Weisheit haben beide, der Gute und der Böse dieselben Führer: Erfahrung und Schmerz.

Beide müssen, wollen sie zum Guten gelangen, dem siderischen Antrieb widerstehen, der sie bei ihrer Geburt in Ketten schlägt und sie ebenso durch ihre Vorzüge wie Fehler in ihr Verderben fortreißt. Denn diese Anziehung ist das Verhängnis. Zu seiner Bekämpfung aber hat der Mensch seinen Willen, seine freie Entscheidung.

Der Weise kann den Einfluß der Sterne beherrschen: »Homo sapiens dominabitur astris« sagt Aristoteles.

Aber nur der Einsichtige kennt seine Kraft und kann sie benützen. Die Masse läßt das Leben treiben und kennt weder ihre Waffen noch den Feind, den sie besiegen und fesseln muß.

Das Ziel unserer Aufgabe verlangt, daß wir unsere Leser in das Gebiet der Magie und Gnosis einführen, und wir hoffen, daß sie uns mit Freuden dorthin folgen. Denn die Gnosis hat nichts mit den wahnwitzigen Nachtmären zu tun, die man »schwarze Magie« nennt. Gerade hierzu im Gegensatz ist sie die höchste Vernunft und Geistigkeit; sie ist das überlieferte Wissen um die Naturgeheimnisse, das von Jahrhundert zu Jahrhundert bis zu uns gelangte, wie eine Welle, von der anderen vorwärtsgetrieben, an die Küste brandet. Aber sie wurde auf geheimnisvolle Weise überliefert, weil sie nur den Meistern vorbehalten, der großen Menge verborgen blieb. Ihre Enthüllung wurde früher mit dem Tode bestraft.

Das indische Symbol Adda Nari, das uns die Grundzüge einer am Anfang der Zivilisation notwendigen Haltung zeigt, wird uns erklären, warum die alten Magier Stillschweigen verlangten. Diese Gestalt stellt die

ADDA-NARI

Isis der Inder, die Natur dar. Auf ihrer Stirn steht das Zeichen des »lin-
gam«, der Weltzeugung. Rechts liegt ein Tiger zu ihren Füßen: das ist der
böse, unwissende Mensch; links liegt zusammengekauert ein Stier, dem ein
Maulkorb angelegt ist: das ist der Gute, der Schüler.

Isis steht aufrecht zwischen dem Guten und Bösen, zwischen Gehorsam und Auflehnung.

Sie hat vier Arme, Symbole der vier Elemente, deren Attribute sie in jeder Hand trägt. Das Feuer wird durch ein Schwert dargestellt; die Luft durch einen Ring oder ein Halseisen; die Erde durch einen blühenden Zweig, gleich einem Zepter; das Wasser durch ein Gefäß.

Eine Milchquelle entspringt dem Kopf der Isis, fließt an den Augen des Stieres vorbei zu seinen Füßen hinab, und schlängelt sich von hier weiter bis unter die Füße des Tigers, der sie nicht sieht. Die Milch des Wissens fließt nicht für den Bösen. Um sie zu trinken, muß er sich bücken, muß er sie sehen, und um sie zu sehen, muß er sie suchen.

Mit dem einen Arm auf der Seite des Tigers hält Isis das Schwert und Feuer; mit dem anderen die Luft und das Halseisen. Die Luft bedeutet den Sturm.

Der Böse muß durch Feuer und Eisen festgehalten werden. Um seinen Hals muß er Eisen tragen, und die Stürme werden über seinem Kopf zusammengetrieben.

Auf der Seite des Bösen ist die Natur verschleiert. Er darf nichts wissen und es gibt kein Mitleid für ihn.

Die Natur trägt eine Kette. Auf der Seite des Stieres mit dem angelegten Maulkorb ist sie aus menschlichen Köpfen zusammengefügt: Einsicht reiht sich an Einsicht und bildet eine göttliche Kette. Auf der Seite des Bösen verwandelt sich die Halskette in eine eiserne.

Ketten, Gefängnis und Knechtschaft für den Bösen, denn er ist ein Tiger. Er ist bewaffnet, kräftig, liebt Blut und Mord, und der sanfte nützliche Stier muß gegen ihn beschützt werden.

Der Tiger betrachtet die scharfen über seinem Kopf hängenden Werkzeuge von der Seite und bleibt unbeweglich, wild und unruhig.

Auf der Seite des Stieres, dem der Maulkorb umgelegt ist, trägt die Natur keinen Schleier. Sie hat ihm gegenüber keine Geheimnisse. Für ihn hält der eine Arm der Isis einen Zweig, das ist der Überfluß, die Einsicht, die ihre Knospe öffnet, die Palme, das Zepter, die Belohnung; der andere Arm hält die Schale, die sie zur Milchquelle führt, um den Durst des Stieres zu stillen und ihn zu nähren.

Eine Schlange schlängelt sich, den Kopf zur Seite des Guten gewendet, um den Hals der Isis. Das ist die Lebensquelle, die Elektrizität, der Magnetismus, das heilige Licht, das große magische Agens.

Isis trägt drei Ketten in dreieckiger Form als Sinnbild der drei Welten. Auf der Seite des Tigers hat sie neun Armbänder: das ist die Zahl der Mysterien; auf der Seite des Stiers fünf, die Zahl der Einsichten.

Zwei einander zugewandte Schlangen sind um den Arm mit dem blühenden Zweig geschlungen: das Symbol für Gleichgewicht des Astrallichtes, das Geheimnis des Lebens.

Die Natur hat alles dem Guten gegeben. Sie gibt ihm sogar das Fell des Bösen, das sie auf der Seite des Guten in ihrem Gürtel trägt.

Der ganze geistige Gehalt dieser Gestalt ist in einem einzigen Zeichen zusammengefaßt: Die Hand der Isis, die den blühenden Zweig hält, macht das Schweigen gebietende Zeichen der Geheimlehre. *Esoterik* ist das geheim zu Haltende; Exoterik ist das zu sagen Erlaubte.

Isis hält die drei ersten Finger geöffnet, die in der Chiromantie Kraft, Macht und Verhängnis bedeuten. Sie verbirgt den kleinen und Ringfinger, deren Bedeutung Wissenschaft und Erleuchtung ist.

Hiermit will sie den Guten und Eingeweihten sagen: Vereinigt euch, dann werdet ihr Kraft und Macht haben und das verhängnisvolle Schicksal lenken, auch, wenn es sein muß, mit großer Härte; aber verbergt die Erleuchtung und das Wissen vor der Menge, vor den Bösen und Verständnislosen. Wir werden diese Unterscheidungen gleich noch viel klarer dargestellt und erklärt, oder wenn man so sagen will, entschuldigt finden in der Lehre der orphischen Mysterien vom Mächtigen und Ohnmächtigen. Dieser Symbolsprache begegnen wir immer wieder.

Derselbe allegorische Sinn spricht aus dem siebenten Blatt des Tarot[1], dem ersten bekannten Hieroglyphenbuch, das Henoch[2] oder Hermes zugeschrieben wird, also bis in die Anfänge der Weltgeschichte zurückgreift.

Der Sinnspruch der alten Magier hieß: »Wissen, wagen, wollen und schweigen.«

Sie nahmen in ihre Bünde nur einsichtige Menschen auf, die ihren Mut

---

[1] Tarot, kabbalistische Methode eines 78blättrigen Kartenspieles, mit dessen Hilfe die Zukunft erkundet wird. Es gibt verschiedene Arten dieses Tarots; der älteste Tarot beruht auf den 22 Buchstaben des alt-hebräischen Alphabets. Von den 78 Karten bilden 22 die sog. »großen Arkana«, während die übrigen, in 4 Gruppen geteilt, die »kleinen Arkana« genannt werden. Vgl. Papus (Encausse), Le Tarot des Bohèmiens. Paris 1889.

[2] Henoch. Nach 1. Moses 5, 18 f. der siebte in der Geschlechtsreihe der 10 Urväter, der 365 Jahre alt, und nachdem er des unmittelbaren Verkehrs mit Gott gewürdigt worden war, ohne zu sterben in den Himmel entrückt wurde. Auf ihn wird im Spätjudentum eine Reihe apokalyptischer Schriften zurückgeführt.

und ihre unerschütterliche Festigkeit durch Überwinden der den Einweihungen vorausgegangenen schrecklichsten Prüfungen bewiesen hatten. Wir wollen gleich hinzufügen, daß die Gnostiker nicht von Machtbedürfnis getrieben wurden, da die auf Vernunft gegründeten Mysterien Gleichgültigkeit und Verzicht den weltlichen Gütern gegenüber lehrten, dagegen Liebe zur Wissenschaft, mit einem Wort die Tugend forderten.

Da sie aber ihre Überlegenheit und die menschlichen Schwächen kannten, glaubten sie einem göttlichen Gesetz zu gehorchen und die Menschen zu beglücken, wenn sie diese, ihren Trieben entsprechend, mit Nachsicht oder Härte behandelten und vor allem den Bösen und Falschen die Erleuchtung verweigerten, die sich in ihrem Besitz in Irrtum verwandeln müßte.

Wir wollen hier nicht nachprüfen, ob die Alten recht oder unrecht hatten, wir glauben aber, daß das Christentum, das dem Menschen eine an sich nicht mögliche Gleichheit gab, viel gerechtere Grenzen setzte und viel deutlichere Klassenunterschiede aufstellte, da es jedem auch ohne Anwendung von Einweihungsprüfungen nach Verdienst seinen Platz zuwies.

Man gebe den Menschen Wissen und Wahrheit, und doch werden nur die Auserwählten daraus Nutzen und Kraft ziehen. Die Anderen werden die Augen schließen, um beide nicht zu sehen.

Man gehorcht dem göttlichen Willen mehr, wenn man das Wissen allen übermittelt. Gott lehrt es uns durch Analogiegesetze, da er in derselben Weise über Gute und Böse, Schwache und Starke das Licht seiner strahlenden Sonne scheinen läßt.

Nach unserer Überzeugung kann das Wissen nie genug verbreitet und nie klar genug ausgedrückt werden. Deshalb bleibt es unser hauptsächlichstes Bestreben von allen verstanden zu werden.

Die Gnosis

Die Entstehung der Gnosis verliert sich in ferne Vergangenheit. Kam sie aus Indien oder Ägypten? Man weiß es nicht; aber sicher ist, daß die Ägypter und Inder sie kannten. Pythagoras[1] brachte bei seiner Rückkehr aus dem Orient, dem damaligen Land des erleuchteten Wissens, die Kenntnis der griechischen Gnosis mit.

Man fragt sich vergeblich, ob die erste Offenbarung von Gott kam oder die Frucht einer Eingebung war.

Im ersten Zeitalter waren alle Völker Hirten, und unter ihnen lebten, wie zu jeder Zeit, höher entwickelte Menschen, die von ihrer Begabung gequält wurden. Ihre durch Einsamkeit reine und durch stille und kühle Nächte nach verzehrender Tageshitze wache Phantasie suchte im Anblick des immer klaren und sternenglitzernden Himmels eine Anregung für die dichterisch melancholischen Betrachtungen ihrer beschaulichen Natur. Gewisse Sternbilder riefen ihre besondere Aufmerksamkeit hervor und sie verfolgten voller Andacht ihren Lauf. Wenn sie die Gestirne strahlen und schwinden sahen, wie die beiden großen Wandler Sonne und Mond, dann erkannten sie die Herrlichkeit dieses Rhythmus, der in gleichbleibender, regelmäßiger Bewegung alle Welten in Gang setzt.

Die vollkommene Ordnung, die immer Ergebnis und Zeugnis einer höheren Macht ist, führte sie von der Betrachtung der Wirkungen zur Suche nach den Ursachen. Durch diese spielerische Arbeit entzückt, verfolgte ihr Geist die Peripherien, die sich immer weiter hinausverlagern,

---

[1] Pythagoras, griechischer Philosoph aus Samos um 580–500 v. Chr. Gründer der philosophischen Schule der Pythagoreer; von größtem Einfluß auf Plato, wie überhaupt auf die ganze griechische Philosophie (Zahlenmystik, Mathematik, Sphärenharmonie, Seelenwanderungslehre u. a. m.).

je mehr man sich ihnen naht. Im selben Augenblick aber, wo sie entfliehen, entfalten sie unerschöpfliche und für die Augen des Sinnenden stets neue Reichtümer.

Reiner, primitiver und eindrucksfähiger als wir, spürten diese Menschen den Einfluß der Sterne auf ihre Nerven und suchten dies Geheimnis zu erforschen. Ihre glühende Sehnsucht gab ihnen eine innere Stärke, die ihre Kräfte durch die Macht der Überzeugung verdoppelte, und hierdurch offenbarte sich ihnen der gewaltige Einfluß des menschlichen Magnetismus. Von nun an schlossen sie aus der Analogie zwischen den sichtbaren und unsichtbaren Erscheinungen, die allen erhabenen Träumern zum Führer wird, auf eine höhere Welt, während ihnen das Aufbrechen und Beben der Erde und die Ausbrüche der Vulkane eine niedere Kraft anzeigten, ein Leben der Finsternis, eine geheimnisvolle Arbeit. Auf der einen Seite entzückte also der gestirnte Himmel ihren Blick und zog ihn an, während andererseits das unterirdische Grollen, die finsteren Erdhöhlen die weniger reine und zu Depressionen neigende Phantasie weckten und in ihnen unbestimmbare Schauer hervorriefen.

Die Erde nahm die sterblichen Hüllen der Toten auf. Aber der Anblick des ausgestreuten Samenkorns, das grünend und duftend in den schönsten Farben geschmückt hervorwächst, ließ sie glauben, daß der träge, unter dem Rasen eingescharrte Leichnam, der den Stoff den Elementen zurückgibt, seine unsterbliche Seele ausatmet, wie die der Erde entsprossene Blume mit zunehmender Nacht ihren Duft zum Himmel ausströmt.

Von nun an verstanden sie die Geheimnisse der Magie und entdeckten drei Welten, die durch eine einzige, in die Hand eines ewigen Gottes gelegte Kette untereinander verbunden sind.

Das Orakel des Apollo erkannte einen unerschaffenen, aus sich selbst geborenen Gott, der im Ätherfeuer lebt und über allen Hierarchien steht.

Im Geheimkult der Griechen redete der Priester den Eingeweihten mit den Worten an: Bewundere den Meister des Weltalls. Er ist der Eine und lebt überall.

Pythagoras empfing 600 Jahre vor Christi Geburt von den ägyptischen Priestern zugleich mit der Einweihung in die alten Mysterien den Gedanken an einen allmächtigen Gott. Das beweist ein Fragment aus den Werken eines seiner Schüler, Ocellus von Luca[1]. In diesem Fragment, das

---

[1] Ocellus von Luca, Pythagoreer, lebte um 500 v. Chr.

von Stobäus[1] erhalten wurde, heißt es: Die Harmonie erhält die Welt und Gott ist der Schöpfer dieser Harmonie. Plato[2], der spätere Nachfolger der pythagoreischen Vorschriften schrieb im Phaidon: Der Gott, den ich euch künde, ist ein einziger Gott, unveränderlich und unendlich. Antisthenes[3] lehrte: Mehrere Gottheiten werden unter den Völkern verehrt. Aber die Natur schreibt nur eine einzige vor.

Bei Anaxagoras[4] lesen wir: Es ist ein einziger Gott, der dem irdischen Stoff befohlen und die Welt hervorgebracht hat. Archytas[5] nimmt drei Grundkräfte an: Gott, den Stoff und die Form.

Eusebius[6], der hl. Augustin[7], Lactantius[8], Justin[9] und Athenagoras[10] stimmen überein in der Behauptung, daß die Einheit Gottes von den alten Philosophen angenommen wurde und die Grundlage ihrer Mysterien bildete.

Der hl. Paulus sah in Phaleron[11] einen Tempel mit der Inschrift: *Deo ignoto*, dem unbekannten Gott.

Wenn die hochstehenden Menschen früherer Zeiten über die Verschiedenheit der geistigen und physischen Kräfte nachdachten, waren sie weit davon entfernt, den Schöpfer aller Dinge der Ungerechtigkeit anzuklagen. Sie sahen vielmehr in dieser Ungleichheit eine weise Entscheidung und nahmen als Erklärung die bewundernswerte Tatsache an, daß die von der Natur minder bedachten Menschen zum zweiten Male auf die Erde

---

[1] Stobäus, philosophischer Kompilator, um 400 n. Chr.

[2] Plato aus Athen, 427–347 v. Chr. Gründer der Akademie in Athen 387 v. Chr. Ursprünglich Dichter, später neben Aristoteles bedeutendster Schüler des Sokrates. Vgl. aus seinen zahlreichen Werken: Phaidon, Phaidros und Timaios.

[3] Antisthenes, griechischer Philosoph, Schüler des Sokrates. Gründer der kynischen Philosophenschule, geb. um 440 v. Chr.

[4] Anaxagoras, griechischer Philosoph, Atomist, geb. um 500 v. Chr., gest. 428 v. Chr.

[5] Archytas v. Tarent, Pythagoreer und Lehrer des Plato. Hauptwirksamkeit zwischen 400 und 365 v. Chr.

[6] Eusebius v. Nikomedien, christlicher Bischof, gest. 342 in Konstantinopel, Haupt der origenistischen Partei, Anhänger des Arius.

[7] Augustinus Aurelius, 354–430. Größter lateinischer Kirchenvater. Hauptwerke: »Bekenntnisse« und »Gottesstaat«.

[8] Lactantius Lucius Firmianus starb hochbetagt nach 317, lateinischer Kirchenvater.

[9] Justinus, Märtyrer, hl. Kirchenvater und Haupt der frühchristl. Apologetik, geb. um 100, gest. um 165.

[10] Athenagoras, christlicher Apologet aus Athen. Ende des zweiten Jahrhunderts.

[11] Phaleron, Kriegshafen der Athener, benannt nach der großen Bucht von Phaleron, die mit dem nahen Athen durch eine schützende Mauer verbunden war.

zurückberufen würden, um in einem elenden Dasein die Fehler eines früheren Lebens abzubüßen.

Nach den Gesetzen der Analogie ließen sie in der Erkenntnis, daß das Feuer, das zugleich Licht ist, in unvorsichtigen oder blind tastenden Händen brennt und zerstört, die große Menge ihren Olymp mit den Verkörperungen ihrer Leidenschaften und Laster bevölkern und hielten die Wahrheit für eine kleine Anzahl zurück oder kleideten sie in Märchen, um sie nach und nach allen zugänglich zu machen.

Denn es gibt zwei Wahrheiten:

Die Wahrheit an sich für die Starken und Reinen, und die nur durch Analogien gewonnene Wahrheit, die manchmal auch in Gleichnissen den weniger Klugen und irdisch gesinnten Menschen vorgetragen wird.

Eine nichtverständliche Wahrheit ist ein großer Irrtum.

Orpheus sang in seinen Einweihungsriten: »Was zu sagen erlaubt ist, werde ich sagen, aber dem Laien soll die Tür verschlossen bleiben. Meine Worte sind an das göttliche Wesen gerichtet. Wendet Ihm alle Kräfte eurer Vernunft zu. Geht den geraden Weg hinauf und betrachtet den einzigen König der Welt. All-einig ist Er, aus sich selbst geschaffen, und aus Einem ist alles Seiende hervorgegangen. Kein Sterblicher vermag je, Ihn zu sehen, aber Er sieht alles.

Ich werde euch die Spuren seiner Gegenwart zeigen und die Taten, die die starken Hände des mächtigen Gottes wirken. Aber seinen Anblick verwehrt mir eine Wolke« (Poetae minores Graeci 1671, S. 458).

Aus Geheimbünden, die von Einsichtigen und Starken gebildet wurden, gingen die Menschen hervor, die über die Welt herrschen sollten: die Priester, Könige und Adligen.

Die Gesellschaft wurde in zwei Klassen eingeteilt: Adel und Volk, Patrizier und Plebejer; Mächtige und Ohnmächtige.

Für den Patrizier war der Plebejer nur ein Sklave und Verworfener. Dem Mächtigen galt der Ohnmächtige als ein zum Leiden bestimmter Mensch.

Die von Gnosis und Überlieferung bestätigten orphischen Mysterien lehrten:

»Jeder weiß, daß diese Entstehungsgeschichte die Schöpfung ist.«

Die orphischen Mysterien

»Erschaffung in der Dunkelheit der Nacht ist Chaos.

Schöpfung im Licht ist Erde und Sein.

Ehe der Himmel der schimmernde Vorhang war, dessen gleichförmig quadratisches Netzgeflecht die verschiedenen Bereiche deutender Vorhersagen anzeigt, bestand er aus unvergänglichem ewigem Äther.

Die heiligen, vernunftbegabten Kräfte schufen nacheinander Götter, Halbgötter, Helden, Mächtige, Unschuldige und Lasterhafte.

Die menschlichen Seelen kommen aus der vergänglichen Ätherwelt, wenn sie *zum erstenmal* zur Erde hinabsteigen. Jupiter, auch Ombrios, Pluvius, Teleios genannt, holt sie aus seinen kosmogonischen Schatzkammern hervor und hüllt sie in menschliche Körper ein.

Die unschuldigen Seelen beleben für ewige Zeiten die besonders *mächtigen* Menschen (die Reichen oder Glücklichen); die lasterhaften Seelen vergehen und erwachen wieder in den sterblichen Körpern unbekannter ohnmächtiger Menschen (Armer oder Unglücklicher), in die sie für kürzere oder längere Zeit hinabsteigen, um sich zu läutern.

Der »*Genius*« einer Familie wirkt nur in den Mächtigen; die Ohnmächtigen sind dieser Kraft beraubt.

Das unfaßbare Merkmal des Mächtigen ist seine Erdgebundenheit. Der Ohnmächtige kann keine Beziehung zur Erde haben.

Der Mächtige hat einen Namen, der Ohnmächtige ist namenlos.

Der Mächtige, der erste nach dem Gesetz, hat die Überredungskraft der Sirenen[1], die Schönheit der Gorgonen[2].

Der Ohnmächtige ist stumm und muß die Ohren vor dem geheimnisvollen Sang der Sirenen schließen; er ist verunstaltet (von schlechter, unvollkommener Gestalt) und der Anblick der Gorgo muß ihn zu Stein verwandeln.

Der Mächtige hat Willensfreiheit, der Ohnmächtige ist willenlos. Der Mächtige ist gesund, der Ohnmächtige krank. Der Mächtige kennt das Heilige, der Ohnmächtige weiß, daß es ihm verboten ist.

---

[1] Sirenen, dämonische Mädchen mit Vogelleibern, die die Seefahrer durch zauberische Gesänge anlockten, um ihnen ihr Blut auszusaugen.

[2] Gorgonen, die drei Töchter des Phorkys und der Keto: Stheno (die Gewaltige), Euryale (die Weitschweifende) und die sterbliche Medusa (die Herrschende). Sie wohnen am Westende der Erde, geflügelte, furchtbare Wesen mit schrecklichem, versteinerndem Blick.

Der Mächtige ist die Einsicht, der Ohnmächtige die Materie. Frux heißt Frucht und Samen. Der Mächtige ist »frux«, der Ohnmächtige »flos« (die Blume). Die »fruges« (Früchte) liegen in der Freiheit des Guten und Bösen. Diese Freiheit ist das »Ingenium« (die erleuchtete Einsicht). Die Mächtigen sind »ingenui« (lichtgeboren).

Straflosigkeit ist ein bestimmtes Vorrecht.

Die Seele des Mächtigen, die gegen ihre Pflicht gehandelt hat, muß sich nach ihrem Tode, fern der Heimat, zusammen mit den sündigen Seelen *wiederverkörpern*. Die Fähigkeit, den *Genius* in sich zu tragen, ist ihr für eine Zeitlang entzogen.«

Der Mächtige wird hiernach bei seiner Geburt durch drei Dinge gekennzeichnet: durch Reichtum, Einsicht und Schönheit, drei Mächte der Welt, die vergänglich sind und verloren gehen, wenn die neugeborene Seele Böses tut und sich nicht zu vervollkommnen sucht. Die Ergänzung des Reichtums und der Schönheit ist die Einsicht, und diese wird ergänzt durch die Reinheit der Seele, die sich in der Physiognomie wiederspiegelt.

Wenn die Mächtigen ihre *Pflicht verletzen*, müssen sie sich in einer neuen Verkörperung dem Schicksal der Ohnmächtigen unterwerfen, die, wie sie, einst mächtig waren. So sind also die Mächtigen neugeborene Seelen, die sich des Lebens freuen sollen, ohne herabzusinken.

Die Ohnmächtigen sind wiedergeborene Seelen, die ihre Fehler abbüßen.

Wir werden dieselben Grundgedanken bald in reinerer und menschlicherer Form im Christentum wiederfinden.

Hermes

Wir wollen noch tiefer in die magische Welt eindringen.

Nach den Kabbalisten[1] ist das noch heute von unseren modernen Si-

---

[1] Kabbala, Geheimlehre der Juden, die sich neben hellenistischen Einflüssen auf Philo und ausgewählte Stellen des Talmud und des Midrasch stützt. Ungefähre Redigierung nach Anschauung der hist. und philol. Wissenschaft erst im 12. Jahrh. n. Chr. Nach Auffassung der Kabbalisten entstand die Kabbala schon in den Zeiten des Henoch. Als wichtigstes Werk erscheint das Buch Sohar, in dem der geheime Sinn der Bibel behandelt wird. Wichtige christliche Kabbalisten sind Reuchlin und Pico de Mirandola, Knorr von Rosenroth, Helmont u. a. m. Der Begriff Kabbala wurde mit der Zeit das Schlagwort für alle möglichen zauberischen und geheimnisvollen Aktionen, die seit dem Mittelalter ganz Europa in ihren Bann geschlagen hielten. Vgl. E. Bischoff, Elemente der Kabbala, 2 Bde. 1914.

byllen benutzte Kartenspiel das erste bekannte Buch, das in Bilderschrift vor der Erfindung des Alphabets erschien.

Dies in symbolischen Figuren geschriebene Buch ist der Tarot. Die Mystiker versuchten seinen Sinn zu erforschen. Im Jahre 1540 veröffentlichte Guilleaume Postel[1], der über diesem Studium wahnsinnig wurde, die Schrift: *»Schlüssel zu den verborgenen Dingen«*, um diese Geheimnisse zu enthüllen.

Wahrscheinlich ist der Tarot im 16. Jahrhundert stark verändert worden, da die Figuren Gewänder dieser Zeit tragen. Wie dem auch sei, die Hebräer schrieben dies Buch Henoch, die Ägypter Hermes und die Griechen Kadmos[2] zu.

Wir begnügen uns mit der Bemerkung, daß Henoch und Kadmos nur von Gelehrten angeführt werden, während die allgemeine Überlieferung Hermes als Autor dieses Buches wie überhaupt als den Urheber aller Magie ansieht.

Hermes (Merkur) ist auch der menschliche Genius, die höchste Einsicht. Er heißt Trismegistos (der dreimal Große), weil man in jeder der drei Welten einen Hermes findet.

Hermes ist demnach die unter einem Kollektiv zusammengefaßte Einsicht vieler Zeiten.

Der Hohepriester der ägyptischen Einweihung hieß Hermes.

Außer dem *Tarot* werden Hermes noch andere Bücher wie der *»Pymander«*, der *»Asklepios«* usw. und schließlich die *»Tabula Smaragdina«* zugeschrieben, die in wenigen Worten die ganze Gnosis enthält, und deren Name von der Smaragdtafel hergeleitet wird, auf der, wie man annimmt, diese Vorschriften eingegraben waren.

Folgendes stand auf der *Tabula Smaragdina* zu lesen, wozu wir nach und nach Erklärungen geben werden:

»Es ist wahr – es ist ohne Lüge – es ist letzte Wahrheit.

---

[1] Postel Guilleaume, philos. und theol. Häretiker, Orientalist (Rosenkreuzer?), der bei seinen Zeitgenossen im Rufe der Zauberei stand. Hervorragend durch sein ungewöhnliches enzyklopädisches Wissen; geboren 1510 in Barenton, gestorben 1581 in einem Pariser Kloster, wohin man ihn wegen seiner herätischen Lehren 18 Jahre zwangsweise verwiesen hatte. Von seinen zahlreichen Werken vgl. *»De orbis terrae concordia«* und *»Absconditorum«* (a constitutione mundi) *clavis* ou la cléf des Choses cachées«. Nach der Volkssage wurde er schon 1477 geboren, so daß er ein Alter von über 100 Jahren erreicht hätte.

[2] Kadmos, sagenhafter Gründer Thebens in Griechenland und Erfinder der Buchstabenschrift.

Das Unten ist wie das Oben, und das Oben wie das Unten, so daß alle Wunder aus einem Einzigen hervorgehen.

Und da Alles aus der Betrachtung des Einen geworden und hervorgegangen ist, so sind auch alle Dinge durch Entsprechung aus diesem einzigen Sein entstanden.

Die Sonne ist sein Vater, der Mond seine Mutter. Der Wind hat es in seinem Schoß getragen, die Erde hat es genährt. Der Vater von allem in dieser Welt ist θέλημα (der Wille). Seine Kraft oder Macht ist vollkommen, wenn sie in Erde umgewandelt wird.

Er steigt von der Erde zum Himmel und wieder hinab zur Erde und empfängt so die Kraft der oberen und unteren Mächte.

Du sollst mit Behutsamkeit und großer Geschicklichkeit die Erde vom Feuer, das Feine vom Schweren ablösen.

Hierdurch erhältst du die Herrlichkeit der ganzen Welt, und alles Dunkel muß dich fliehen.

Dies ist die starke Kraft aller Kräfte; denn sie wird das Zarte besiegen und alles Feste durchdringen.

So wurde die Welt geschaffen.

Hieraus entstehen bewundernswerte *Entsprechungen*, deren Mitte unsere Welt ist.

Da ich die drei Teile der Philosophie der ganzen Welt kenne, werde ich Hermes Trismegistos genannt.

Was ich von dem Wirken der Sonne sagte, ist jetzt vollendet und beendet.«

Würden wir nur für Liebhaber der okkulten Wissenschaften schreiben, würden wir die Smaragdtafel nicht erläutern. Da wir aber auf Verständlichkeit den größten Wert legen, werden wir diese Sprüche allmählich erklären, so oft sich Gelegenheit bietet.

Die drei Welten

Zuerst erkannten die chaldäischen Priester das Vorhandensein der drei Welten: der materiellen, seelisch-geistigen und göttlichen Welt.

Auch Hermes eröffnet mit dem Hinweis auf diese drei Welten die in die Smaragdtafel eingegrabenen Vorschriften, wenn er sagt: »Es ist wahr — es ist ohne Irrtum gewiß — es ist absolute Wahrheit.«

Es ist wahr, es wird auch durch physikalische Versuche bestätigt: das ist die materielle oder Tatsachenwelt.

Es ist ohne Irrtum gewiß, das ist die Gewißheit, die durch die von allen Irrtümern freie Philosophie bezeugt wird: die seelisch-geistige Welt.

Es ist absolute Wahrheit – das ist die vollkommene Wahrheit, die im Bereich der Religion oder des Unendlichen durch Analogien angezeigt wird: die göttliche Welt.

Schon kommen wir zur Analogie, dem Schlüssel der Magie und aller menschlichen Wissenschaften.

Himmel, Erde und Hölle sind Entsprechungen:

Der Himmel entspricht der göttlichen Welt; die Erde der seelisch-geistigen; die Hölle, der Ort der Finsternis der materiellen Welt, die das Licht leugnet und seines Glanzes beraubt ist.

Was die Magier hiernach beeindruckte, war das Geheimnis der Schöpfung.

Am Anfang gab es zwei Wesen: Vater und Mutter, die durch das Kind dargestellt wurden.

Also die Zahl »drei« in den Welten; die Zahl »drei« in der Schöpfung.

Die Dreiheit bildete das Dogma der Harmonie, den Schlüssel zu allen Wissenschaften und Mysterien.

»Die alten Magier schlossen aus der Beobachtung, daß das Gesetz des Gleichgewichts das Grundgesetz der Physik sei und aus der augenfälligen Gegenüberstellung zweier Kräfte herrühre, von dem physischen auf das metaphysische Gleichgewicht und erklärten, daß man zwei sich notwendig gegenseitig bedingende Eigenschaften in Gott, d. h. in der ersten lebendigen und wirksamen Ursache annehmen müsse: Ruhe und Bewegung, die durch die Krone, die höchste Kraft in Gleichgewicht gehalten werden« (Eliphas Levi[1]: Dogma und Ritual der hohen Magie). Da sie in der Sonne das Geheimnis der Dreiheit in der Einheit, oder der »drei« in der »eins« erkannten – als Beispiel seien Elektrizität, Licht und Wärme erwähnt, die Gestaltkräfte der Sonne sind –, nahmen sie auch drei Gott innewohnende Wesenheiten an, die sie wie folgt beschrieben:

---

[1] Eliphas Levi (Pseud.), eigentlich Alphons Constant., geb. 1816 in Paris, gest. 1875 daselbst. Ursprünglich katholischer Geistlicher (abbé), schloß er 1848 eine in der Folge unglückliche Ehe mit Mlle. Noemie Cadiot. Neben seiner mehr privaten Beschäftigung als Maler war er als Lehrer für hebräische Sprache im Seminar von St. Sulpice tätig. Auch politisch beschäftigte er sich; diese Tätigkeit quittierte er mit einigen Monaten Gefängnis. Berühmtester Vertreter des magischen und okkultistischen Schrifttums im Frankreich des 19. Jahrh. Seine sämtlichen okkultistischen

Kether: die höchste Kraft, das unbegreifliche, nicht bestimmbare Wesen, das von keinem Wissen und von keinem Denken erfaßt werden kann.

Chochmah: die Weisheit, die Idee der obersten Vernunft, das Ideal dessen noch so vollkommene Vorstellung nur ein Trugbild sein könnte.

Binah: die Einsicht, die auf höchste Ordnung begründete Freiheit, die treibende Kraft aller Bewegung, die Notwendigkeit zum Leben und das Leben selbst ist und durch den Kampf zwischen der handelnden Einsicht und der Widerstand leistenden Weisheit hervorgerufen wird, die beide wieder durch die höchste Vernunft im Gleichgewicht gehalten werden.

Wir können dies an einem Dreieck darstellen:

Die Natur spiegelt in allem die Dreiheit wieder, die von den Magiern vorausgeahnt wurde.

»Der Sauerstoff sammelt sich am Bewegungspol, der Wasserstoff am Pol des Widerstandes und der Stickstoff bald am einen, bald am anderen dieser Pole, je nach der Rolle, die er in diesen Verbindungen spielt. Genau so verhält es sich mit den metallischen und metalloiden Substanzen.

»Überall ist die Bewegung säurebildend, die Ruhe alkalisch und das Gleichgewicht zwischen beiden stellt der Stickstoff mit seinen verschiedenen Verbindungen her« (Louis Lucas[1]: Neue Chemie). Es gibt nur drei Hauptnoten im ganzen Tongefüge: den Grundton als Stützpunkt, die

---

Werke erschienen 1860–65 in 6 Bänden bei Germer Baillière in Paris. Er wie seine Werke erregten im zeitgenössischen Frankreich ein ungewöhnlich starkes Aufsehen. In seinen letzten Lebensjahren war er wieder so vergessen, daß er sich seinen Unterhalt durch einen kleinen Obsthandel erwerben mußte. Von seinen zahlreichen Werken, von denen die wichtigsten von F. Werle ins Deutsche (Otto Wilhelm Barth-Verl., Weilheim) übersetzt wurden, sei das neuaufgelegte »Schlüssel zu den großen Mysterien« erwähnt.

[1] Louis Lucas, 1816–1863, Philosoph und Okkultist, Verfasser zahlreicher Werke über transzendentale Medizin, Physik, Chemie u. a. m.

Quinte seinen Gegenspieler und die Terz als indifferenten Punkt, der zu dem stärkeren der Gegenspieler hindrängt.

Der Wasserstoff entspricht als ganz negativer Pol dem Grundton; der Sauerstoff mit seinen entgegengesetzten Eigenschaften der Quinte. Seine Unbestimmbarkeit verschafft dem Stickstoff die Rolle der Terz.

Aristoteles stellt jede Tugend zwischen zwei Laster, von denen das eine durch ein Zuwenig, das andere durch ein Übermaß sündigt.

Überall ist die Dreiheit.

Und »da alles Harmonie und das Oben wie das Unten, und das Unten wie das Oben ist«, lebt der Mensch seine dreifache Persönlichkeit in drei ungleich vollkommenen, aber entsprechenden Welten.

So entsprechen Hölle, Erde und Himmel der materiellen, seelisch-geistigen und göttlichen Welt.

Durch die materielle Welt stehen wir mit der unteren Welt, der Hölle, in Beziehung; durch die seelisch-geistige Welt mit der Erde; durch die göttliche Welt mit der höheren Welt, dem Himmel.

Und wir stehen in Einklang mit diesen drei Welten durch die drei Seinskräfte, die in uns leben oder die wir sind: durch den materiellen, den siderischen Körper und die Seele (den Geist).

Oder anders ausgedrückt: durch die irdische Hülle, die Urteilskraft und die geistige Einsicht, die vom Himmel kommt und unsterblich ist.

Folglich auch durch die Naturtriebe, durch das Gesetz von Ursache und Wirkung und durch die himmlische Sehnsucht, die alle drei, immer den Analogiegesetzen zufolge, wirksam sind, entsprechend den Erfordernissen der drei Welten oder der drei in Verbindung miteinander stehenden Menschheitsklassen: dem Volk, dem Bürger, dem Adel und Priester.

Die Schöpfung selbst erreicht ihre Vollendung in drei Stufen: dem Mineralreich, dem Pflanzen- und Tierreich.

Überall finden wir das Gesetz der Drei und die drei Welten: In der Magie als Idee, Verwirklichung und Anpassung.

In der Theologie als Verkörperung, Erlösung und Gott.

In der menschlichen Seele als Handlung, Gedanke und Liebe.

In der Familie als Vater, Mutter und Kind.

Herder zeigt uns, daß sich alle Worte der Ursprache (des Hebräischen) auf Wortstämme zurückführen lassen, die aus drei Buchstaben bestehen.

Wir können noch weiter gehen: Alles wiederholt sich in der Natur, und da wir letztlich in aller Wiederholung die Dreiheit finden, muß sich alles in der Natur zu dieser Dreieinigkeit bekennen.

Das Sonnenspektrum, das aus sieben Farben besteht, enthält, aus der Ferne gesehen, nur drei: rot, gelb und blau.

Die Tonleiter, die von sieben Tönen gebildet wird, läßt sich im vollendeten Akkord E, G und C auf Terzen zurückführen. »Im Sonnenspektrum finden wir eine Eigenart, deren Ähnlichkeit mit einer anderen, der Tonskala innewohnenden nicht bezweifelt werden kann.

Dies ist ihre Reihenfolge:

	DO (C)	Rot	
si (h)			violett
la (a)			indigo
	SOL (G)	Blau	
fa (f)			grün
	MI (E)	Gelb	
re (d)			orange

Hiernach kann man aus der Reihe der absoluten Harmonien alle abgeleiteten Noten herausentwickeln und ebenso alle abgeleiteten Farben aus der Reihe der Grundfarben· Für uns ist tatsächlich das Orange das Ergebnis einer Strahlenbrechung von Rot und Gelb; das Grün von Gelb und Blau und Indigo und Violett das Ergebnis einer verschieden starken Strahlenbrechung von Rot und Blau« (Louis Lucas: Die Neue Akustik). So finden wir hier wieder zwei einander entsprechende Dreiheiten. Dies muß auch der Fall sein; denn der Ton ist das Licht, das am Ohr in Schwingung gerät, wie das Sehen Licht ist, das als Schwingung zum Auge kommt; und in der Natur, die voller Harmonie ist, müssen zwei Dinge, die derselben Ursache entspringen, auch notwendigerweise entsprechende Wirkungen hervorbringen.

Ist es nun erstaunlich, daß die Alten, die weiser und fortgeschrittener waren als wir, aus der Erkenntnis heraus, daß es überall und immerfort, wo auch immer sie hinsahen, eine nie aufhörende Dreiheit gab, von der Wirkung auf die Ursache schlossen und in ihrem hochentwickelten Geist auf den Gedanken des einen und doch dreipersönlichen Gottes kamen, wie es ihnen die Vernunft selbst gebot? Vor unserem Gott in seiner Dreieinigkeit beugten die alten Weisen ihre Knie.

Ihr tiefes Wissen erklärte ihnen das heilige Geheimnis, das uns durch die Fleischwerdung Jesu Christi noch viel deutlicher offenbart wurde. Lucas nimmt in seinem Buch über »Die neue Chemie« unserer Meinung nach mit Recht an, daß die religiösen Symbole des Christentums nur Übermittelungen dieser metaphysischen Gedanken seien.

»Man erlaube mir — sagt er — das Nicäische Glaubensbekenntnis als Beispiel anzuführen. Der ganze christliche Glaube ist in diesen wenigen Zeilen enthalten: Ich glaube an einen *einigen* allmächtigen Gott, den Vater, Schöpfer Himmels und der Erden, von allem das sichtbar und unsichtbar ist, und an einen einigen Herrn *Jesum Christum*, Gottes einigen Sohn, der vom Vater geboren ist vor der ganzen Welt, Gott von Gott, Licht von Licht, wahrhaftigen Gott vom wahrhaftigen Gott, geboren, nicht geschaffen, mit dem Vater in einerlei Wesen, durch welchen alles geschaffen ist. Ich glaube an den Herrn, den *Heiligen Geist*, der da lebendig macht, der vom Vater und dem Sohn ausgeht.

Nach Lucas' Meinung waren es die Kirchenväter, soweit sie damals Neuplatoniker waren, die diesem Gedanken in der Kirchenlehre zum Siege verhalfen. »Plato — so fügte er hinzu —, ein Schüler des Pythagoras, verkündete gleich seinem Lehrer nur Symbole der Ägypter in mehr oder weniger veränderter Form. Von wem aber die Ägypter ihrerseits diese Symbole empfingen, wissen wir nicht. Aber wie dem auch sei, nach dem wissenschaftlichen Stand der verschiedenen Völker dieser Zeit, besonders der Ägypter zu urteilen, ist es sicher, daß dies Symbol aus den physikalischen Gesetzen der Akustik entlehnt wurde. Tatsächlich findet man nur im gleichzeitigen Wirken der drei harmonischen Grundtöne diese Wesenseinheit und Gleichzeitigkeit, die sonst unerklärbar bleiben müßte.

So geht auch der lebenspendende Heilige Geist, den wir mit dem vermittelnden Ton in der Akustik vergleichen können, wahrhaftig aus Vater und Sohn hervor und bringt in der *Musik* unter dem Namen der Terz die Harmonie hervor, in der *Optik* das goldene Licht der Sonnenstrahlen, in der *Chemie* den Stickstoff, der allem, was atmet, Leben gibt. Ich glaube an Gott, das ist die ganze Physik der Zukunft, denn die Natur ahmt nur die Werke Gottes nach, die alle eins in ihrer Idee, aber vielfältig in ihrer Erscheinung sind, nicht aus einem törichten, pantheistischen Glauben heraus, der die erste Ursache mit ihren Emanationen verwechselt, sondern aus dem Verständnis der göttlichen Eigenschaften, die nicht mehr die äußere Welt in Gegensatz zu der Allmacht des Schöpfers stellen.«

So beruht also das System der Dreiheit auf notwendigen und vernünftigen Erkenntnissen. Es baut sich auf den Naturgesetzen auf, die als Widerschein der Göttlichkeit nach den ewig gültigen Analogiegesetzen die göttliche Dreiheit beweisen.

Balzac gibt in seinem »Louis Lambert« eine bestimmte Erklärung für diese drei Welten. Wenn auch kein vollkommen Eingeweihter, so hat er doch in seiner ungewöhnlich großen Begabung fast alles gewußt.

Da er unter uns gelebt hat, führen wir ihn lieber an, als die Alten, die uns wohl alle notwendigen Beweise liefern würden, die aber in ihrer von Eingeweihten verehrten Größe weniger *volkstümlich* – im wahren Sinn des Wortes – sind. Denn, man weiß, wir wenden uns in der Hauptsache nicht an die Gelehrten, sondern an alle Menschen.

Balzacs Gedanken über die drei Welten

Im »Louis Lambert« heißt es: »Die Welt der Ideen teilt sich in drei Sphären: in die des *Triebes*, in die der *abstrakten Begriffe* und in die des *Schauens.*

Der größte Teil der sichtbaren Menschheit und zugleich ihr schwächster Teil bewohnt die Sphäre der Triebe.

Diese Triebmenschen entstehen, arbeiten und vergehen, ohne sich zu dem zweiten Grad der menschlichen Intelligenz, den abstrakten Begriffen zu erheben.

Bei den abstrakten Begriffen (dem Urteil und der Berechnung) beginnt die Gesellschaft. Sind die abstrakten Begriffe, mit dem Trieb verglichen, eine fast göttliche Kraft, so sind sie, wenn man sie mit dem Schauen vergleicht, das allein Gott erklären kann, nur eine gewaltige Schwäche. Die abstrakten Begriffe umfassen viel wirksamer eine ganze Natur im Keim, als ein Samenkorn das System einer Pflanze und deren Frucht umschließt.

Aus den abstrakten Begriffen entstehen die Gesetze, Künste, Interessen und sozialen Ideen. Der Mensch beurteilt alles nach seinen abstrakten Begriffen, das Gute, das Böse, die Tugend, das Laster.

Es gibt notwendigerweise Zwischenwesen, die das Reich des Triebmenschen von dem des abstrakt Denkenden trennen, und bei denen sich das Instinktive mit dem Begrifflichen vieler Abarten vermischt. Bei dem

Einen ist mehr Triebhaftes als Begriffliches vorhanden; bei den Andern ist es umgekehrt. Dann gibt es Wesen, bei denen sich beides neutralisiert, indem es durch gleichartige Kräfte wirkt.

Die Gabe des Schauens (Genie, Intuition, Unmittelbarkeit, blitzhaftig Erfassen) besteht darin, die Dinge der materiellen Welt ebensogut wie diejenigen der geistigen Welt in ihren ursprünglichen und ihren in der Folge abgewandelten Arten zu sehen. Die schönsten menschlichen Wesen sind jene, die von den Dunkelheiten des Begrifflichen ausgegangen sind, um zum Licht des Schauens zu gelangen.

(Spécialité, abgeleitet von species = schauen, alles auf einmal sehen, kommt von speculum = Spiegel oder Mittel, eine Sache zu begreifen, indem man vom Einzelnen ausgeht und sie dann ganz erfaßt.)

Die Vollendung des inneren Schauens erzeugt die Sehergabe. Das Sehen bringt die Intuition mit sich. Die Intuition ist eine der Gaben des *inneren* Menschen, dessen Attribut die Seherkraft ist. Sie wirkt durch eine nicht zum Bewußtsein kommende Empfindung, von der jener, der ihr gehorcht, nichts weiß.

Zwischen der Sphäre des Schauens und derjenigen der abstrakten Begriffe gibt es, wie zwischen dieser und der des Instinkts, Wesen, bei denen die verschiedenen Eigenschaften der beiden Reiche sich miteinander vermengen und Mischwesen hervorbringen: die Genies.

Das Schauen ist naturgemäß der vollkommenste Ausdruck des Menschen, der Ring, der die sichtbare Welt mit der höheren verbindet; der schauende Mensch handelt, sieht und fühlt durch sein Inneres. Der abstrakte Mensch denkt, der Instinktive handelt.

Daher gibt es drei Stufen für den Menschen: Der Instinktive steht unter dem Maß, der Abstrakte steht in dessen Höhe, der Schauende über dem Maß.

Die Sehergabe öffnet dem Menschen seinen wirklichen Lebensweg, das Unendliche beginnt in ihm aufzugehen, er ahnt sein Schicksal.

Es gibt drei Welten: die natürliche, geistige und göttliche Welt. Es gibt daher auch notwendig einen materiellen, einen geistigen und einen göttlichen Kult; drei Formen, die sich durch das Handeln, das Wort und das Gebet auswirken oder anders ausgedrückt: durch die Tat, den Verstand und die Liebe. Der Triebhafte will Tatsachen, der Abstrakte beschäftigt sich mit den Ideen, der Seher sieht das Ende, strebt Gott zu, den er vorausahnt oder empfindet.«

Ehe wir weiter fortfahren, müssen wir sagen, daß wir trotz aller Achtung vor Balzacs Gesichtspunkten diese doch unvollständig finden.

Balzac kennt drei klar unterschiedene Arten von Menschen und nimmt auch Mischwesen an, die an der einen und anderen Art teilhaben, aber scheinbar behauptet er, daß man sich nicht aus einer Art in eine andere erheben kann.

Nach unserer Meinung ist das ein Irrtum. Denn das hieße Bewegung und Kampf, die beiden Triebfedern, leugnen, die der Welt das Leben geben.

Das hieße auch den freien Willen leugnen und den Menschen zur Verzweiflung verdammen.

Außerdem widerspricht sich Balzac selbst. Die drei Arten sind klar gekennzeichnet und müssen, dem Grundgesetz der Magie zur Folge, trotz der unterscheidenden Abstufungen in die allgemeine Analogie einbezogen werden.

Auf der einen Seite sagt Balzac zwar: »Die Triebmenschen arbeiten und vergehen, ohne sich zum zweiten Grad der menschlichen Intelligenz, den abstrakten Begriffen, zu erheben.« Weiter sagt er aber dann: »Die höchsten menschlichen Wesen sind diejenigen, die von der Finsternis abstrakten Denkens ausgegangen sind, um zum Licht des Schauens zu gelangen.« Wenn die abstrakt denkenden Menschen aus ihrem Bereich hinaustreten können, ist dies auch den Triebmenschen möglich, oder es gäbe eine Ungerechtigkeit, ja noch mehr, eine Disharmonie, die wir nirgends in der Natur finden.

Die Notwendigkeit des Kampfes
Jakin und Bohas

Balzac fand vieles in seiner genialen Begabung, aber sein leidenschaftlicher Erkenntnisdrang zersplitterte ihn so stark, daß er nicht alles voraussehen und wissen konnte. So war ihm unbekannt, oder er ließ es jedenfalls nirgends in seinen mystischen Büchern durchblicken, daß der Kampf das Gesetz des Seins ist, und der Mensch, das Kind der Erde, wie die Erde selbst angezogen und abgestoßen wird – der Mensch um sein Leben zu erhalten, die Erde zur Erhaltung der Bewegung, die das Leben ist.

Würde die Erde einen Augenblick lang nicht mehr angezogen und abgestoßen werden, dann fiele sie in den Weltenraum. Hört der Mensch einen Augenblick zu kämpfen auf, dann ist seine Laufbahn beendet, und er muß sterben. Die Ruhe des Greises entspringt seinem Mangel an Kraft.

Um dieses unaufhörlichen Kampfes willen sind uns Leidenschaften, Gewissen und Tugend gegeben.

Schon in den ersten Tagen des Lebens beginnt der Kampf zwischen Lachen und Weinen. Wenn wir aus den Freuden und Sorgen der Kindheit keine Schlüsse für das ganze Leben ziehen, dann wollen oder können wir nicht sehen. Die physischen Warnungen fehlen uns nicht. Aber »sie haben Augen und sehen nicht«, sagt der Herr. Hört die Magier, fragt unsere Weisen und Philosophen, und sie werden euch alle sagen, daß die Anziehungen aus Gegensätzen entstehen.

»Die Harmonie dieser Welt ist — nach Plutarch[1] — eine Verbindung von Gegensätzen, wie die Saiten einer Leier oder die Saite des Bogens, der sich spannt und wieder nachläßt. Und nach den Worten des Dichters Euripides kann das Gute niemals vom Bösen getrennt werden. Es muß eine Vermischung beider Kräfte geben« (Dupuis[2]: Der Ursprung der Kulte).

Man fühlt sich besonders in der Liebe, der größten Leidenschaft des Lebens, unwiderstehlich von Wesen angezogen, deren Neigungen vollkommen anders als die eigenen sind. Dies kann unmöglich zum Glück führen (denn im Zusammenleben müssen entweder die eigenen Neigungen geopfert oder dem anderen aufgedrängt werden, und als Ende von allem bleiben Tränen zurück), sondern entspringt vielmehr einer verhängnisvollen Bestimmung, der Notwendigkeit des Leidens.

Gegen diese Anziehung kann die Vernunft fast nie angehen, weil sie eine Faszination, ein Rausch ist, und der Rausch die Vernunft einschläfert. Außerdem liegt in dieser Faszination eine schmerzvolle Freude, die um so anziehender wirkt, je mehr sie zerrüttet und wehe tut.

[1] Plutarch, geb. um 46 n. Chr. in Chaironeia, dort gest. um 120 n. Chr. Historiker und Kulturphilosoph. Wichtige Werke: »Parallele Lebensbeschreibungen«, von denen 46 erhalten sind; dann »Moralia«, d. i. eine Sammlung von populär-philosophischen Aufsätzen mit vielen Beziehungen zu okkulten Gebieten. Schließlich seine religionsgeschichtlich wichtige Abhandlung über »Isis und Osiris«. Er war einer der beliebtesten Schriftsteller des Altertums. Auch Napoleon und Nietzsche nennen ihn unter ihren Lieblingsschriftstellern. Die genannten Werke sind auch in deutschen Übersetzungen erschienen.

[2] Dupuis, Charles François, franz. Gelehrter, 1742–1809. Unter seinen zahlreichen Werken gilt als wichtigstes das dreibändige »Origine de tous les cultes, ou religion universelle«, worin er Herkules, Moses und auch Christus als Personifikationen der Sonne darstellt. Er kann solcherweise als Begründer der Astralmythologie angesprochen werden.

Mit verhängnisvoller Sicherheit ruft solch ein Mensch ein zukünftiges Unglück herbei, und je höher und entwickelter er ist, desto größer und unvermeidlicher wird dieses Unglück sein.

Der Schmerz ist der Prüfstein des Auserwählten. Großen Seelen bringt die Natur große Verzweiflungen, denn sie können nur in Prüfungen ihren göttlichen Ursprung beweisen.

Der Kampf, einer der Geheimmittel der Magie, wird von ihr unter dem Namen Jakin und Bohas dargestellt, den Bezeichnungen der symbolischen Säulen vor dem Haupttor des salomonischen Tempels, den Sinnbildern für Tag und Nacht, Tugend und Laster, Engel und Dämon.

Jeder versucht sich in seiner Sphäre zu bewegen und hier zu wirken, aber dies geschieht nach den Gesetzen der Schwerkraft. So ziehen die materiellen Triebe den Menschen nach unten. Der geworfene Stein hebt sich nur mühsam empor, fällt aber dann gleich wieder zurück; ähnlich der Mensch, der ungeheuere Anstrengungen braucht, um sich aus seinem Stand zu einem höheren zu erheben, aber leicht herabsinkt. Es erfordert sogar große Anstrengungen, sich in dem Stand zu behaupten, den man innehat.

Es ist schwerer, seinen Reichtum zu erhalten als anzuhäufen. Denn da die Bewegung das Gesetz des Lebens ist, muß derjenige, der auf seinem Platz verbleiben will, dem Schiffer gleichtun, der dem Strom Widerstand leistet; er muß von Zeit zu Zeit einige Ruderstöße machen, um am Platz zu bleiben, sonst treibt ihn der Strom zurück.

Jeder möchte aus seiner Welt herauskommen: Der Arme ersehnt Reichtum, der reich gewordene Kaufmann möchte zu Adel gelangen, oder ist er höher entwickelt, dann beschäftigt er sich mit Kunst, Literatur, Theologie. Auch er hat das Verlangen emporzusteigen.

Sogar der Ausschweifende kann edle Wünsche empfinden, um sich von der Müdigkeit des Lasters zu erholen. Er kann Anwandlungen von Arbeitswillen haben, wie der lange krank Gelegene Sehnsucht nach einem Spaziergang draußen in der Sonne hat. Diese liederlichen Naturen können auch manchmal – da sich Gegensätze anziehen – einen intensiven Kunstdrang empfinden, dessen Heftigkeit von ihrer Leidenschaft herrührt.

Jesus Christus zog die Heißen und Kalten den Lauen vor, die gar nicht leben: »Weil Du aber lau bist und weder kalt noch warm, so werde ich dich ausspeien aus meinem Munde.«

Jeder edel Geborene erreicht schon durch seine Geburt die oberste

Stufe, aber vergißt er nur einen Augenblick dies herrliche Sprichwort:
»Noblesse oblige«, sinkt er sogleich viel tiefer herab als jeder andere.

Die Triebhaften werden von der Arbeit geadelt, Menschen mit alltäg-
lichem Verstand erwerben durch Übung eine größere Befähigung, ebenso
wie sich die Arme durch tätige Arbeit kräftigen und Muskeln entwickeln.
Der Bauer benützt seine geistigen Fähigkeiten beim Ackerbau. Er weiß,
was jedem Boden zukommt, und sieht schönes Wetter oder Gewitter am
Himmel voraus. Nach und nach entwickelt er sich ganz ohne Anstrengung
vom triebhaften zum abstrakt denkenden Menschen. Arbeit ist Tat und
Fortschritt. Faulheit ist Verneinung der Tätigkeit, und doch bewegt sie
sich, ohne es zu wissen, mitfortgerissen durch die allgemeine Bewegung,
aber nun nach rückwärts und fällt von Faulheit in Ausschweifung, und
die Ausschweifung führt zum Tod.

Fortsetzung der drei Welten

Auch die Phrenologie erkennt drei Welten an: Triebe, Gefühlsempfindungen und Verstand.

Ferner finden wir diese drei Welten sehr deutlich unterschieden in der
Chirognomie, die d'Arpentigny intuitiv gefunden hat, in der Chiromantie, die aus Indien kommt, und in den Signaturen der Planeten. Wie *Gott*
schließt auch der Mensch drei Personen in sich.

Bevor wir aber mit unseren Ausführungen beginnen und ganz in unser
System eindringen, werden wir den Leser noch kurz in die Mysterien ein-
weihen, die in dem hebräischen Buch: »Die Revolution der Seelen«[1]
und in dem »Traumbuch« des Synesius[2], einer inzwischen von Swedenborg neu bearbeiteten Lehre, niedergelegt wurden. Der Ursprung dieser
Glaubenslehren ist unbekannt. Er reicht in die ersten Zeiten der Gnosis
zurück und wird, wie stets, dem Hermes zugeschrieben. Wir glauben aber
mit Bestimmtheit, daß er im orphischen Einweihungsmysterium des

---

[1] Révolutions des âmes. Wichtiges Werk des großen Kabbalisten Isaak Luria
(eigentlich Isaak Ashkenasi, 1537–1572), das sein Schüler Chajjim Vitul Calabresc
unter dem Titel »Sepher hag-gilgulim« herausgab. Dieses Werk behandelt die durch
Isaak Luria speziell ausgebildete Lehre von der Seelenwanderung. Vgl. E. Jégut,
Isaak Luria, Traité des révolutions des âmes, 1905.

[2] Synesius v. Syrene, griechischer Philosoph, Neuplatoniker. Später Christ, starb
als Bischof um 400. Als bedeutendstes seiner Werke ist sein »Traumbuch« überliefert,
das er der ihm befreundeten griechischen Philosophin Hypathia gewidmet hat.

Mächtigen und Ohnmächtigen zu suchen ist, das in der toleranten Zeit des Christentums menschlicher dargestellt wurde. Der Leser möge selbst urteilen.

Die Natur strebt nach unaufhörlicher Schöpfung. In den Räumen, über den Bäumen und Quellen, auf den Bergen und den Meereswogen schweben und kreisen, je nach den Temperamenten, denen sie eines Tages ihre verschiedenen Einflüsse zuführen müssen, Moleküle, die nach Vereinigung streben, um vollkommen und lebendig zu werden, und Atome, die sich zusammenfügen wollen, um das Leben zu erobern, nach dem Gesetz der Natur innerhalb und außerhalb der Welt.

Diese Moleküle und Atome schweben und bewegen sich in noch unvollendeten Formen im Astrallicht und dringen zur Zeit des Taumels, der im Augenblick der Zeugung durch die Überfülle dieses Lichtes entsteht, in den Schoß der Frau ein. Hier sammeln und vervollkommnen sie sich mit Hilfe des Astralstroms, der nun in unmittelbarer Verbindung mit der Frau ihr während der ganzen Zeit der Schwangerschaft seltsame Gelüste, wenn sie mystisch veranlagt ist, zweite Gesichte, und heftige und absonderliche, scheinbar unverständliche Wünsche vermittelt. Hier ergreifen die Atome und Moleküle den von den Alten als »cortex« — Schale — bezeichneten Körper und vereinigen so den siderischen Körper mit der Materie, um dann bei ihrem Eintritt in die Welt den »Mens«, den Geist, die unsterbliche himmlische Flamme zu empfangen. Paracelsus behauptet in der »Philosophia sagax[1] das Astrallicht, das im Augenblick der Empfängnis vom menschlichen Körper angezogen wird, sei die erste Hülle der Seele und bilde in Verbindung mit den feinsten Strömen den Ätherkörper oder das siderische Schemen.

Diese Flamme, der Sitz des *Geistes*, schläft in den ersten Lebensjahren, da der Körper noch unfähig ist, zu gehorchen, ebenso wie sie bei alten Menschen, deren verbrauchter Körper nicht mehr zum Gehorsam fähig ist, untätig wird; aber sie bleibt immer die gleiche. Nur daß sie sich beim Kind erst bildet und zur Wirkung sammelt, während sie sich beim Greis zusammenballt, um ihn zu verlassen.

---

[1] Philosophia sagax: Naturphilosophisches Hauptwerk des Paracelsus, 1. Ausgabe Frankfurt 1571; zu unserem Zitat vgl. Ausgabe von *Huser*, Bd. X, 77/78.

Die menschliche Trinität

Wenn der Geist mit der Entwicklung des Körpers in Harmonie steht und das Kind zum Handeln fähig wird, beginnt der Kampf zwischen den drei ihm innewohnenden Wesen dem *Geist*, dem *siderischen* und dem *irdischen* Körper, ein Kampf, der bis zum letzten Tag anhalten wird. Wider die *göttliche* Welt, die Welt der *abstrakten Begriffe* und die Welt der *Triebe*.

Der irdische, aus Stoff geformte Körper, der notwendigerweise zum Stoff zurückkehren muß, wird zu materiellen Genüssen getrieben. Er versucht durch die Lockungen sinnlicher Freuden den zum Herrschen und Lenken bestimmten *Geist* zu verführen und zu verderben. Zu Hilfe kommen ihm hierbei die Leidenschaften, vor allem die Sinnenlust.

Der siderische Körper ist der Mittler zwischen der Seele und dem irdischen Körper, das Bindeglied zwischen dem Herzen, der Quelle des körperlichen Lebens, und dem Gehirn, dem Sitz des Seelenlebens.

Der Geist, die Seele, ist der göttliche Funke, der in uns lebt. Er soll uns während des Erdendaseins Führer, Gewissen, leuchtende Flamme sein.

Die Seele muß den Körper beherrschen. Sie kann ihm von Zeit zu Zeit erlauben, die Freuden des Lebens zu kosten, doch nur, wenn sie niemals sein Sklave wird. Ist die Seele mäßig und gerecht, liebt sie alles Schöne, Edle und Erhabene, Menschheit und Gerechtigkeit, Redlichkeit und Vaterland, hat sie vor allem Nächstenliebe und höchstes Erbarmen, dann entflieht sie im Augenblick des Todes der irdischen Hülle, folgt ihrem Stern und erwacht in einem anderen Weltall wieder zum Leben. Hier schafft sie sich ein neues Kleid, das dem Fortschritt ihrer Vollkommenheit entspricht und läßt den stofflichen Leichnam, der, wenn auch scheinbar ohne Lebensäußerung, durch seinen Zerfall an neuen Schöpfungen mitwirkt, auf der Erde zurück. Ebenso den entseelten siderischen Körper, der sich wie ein leuchtender Mantel erhebt, um in das Astrallicht, wo alles sich einzeichnet, Bild, Widerschein und Schemen des Erdkörpers hineinzutragen.

Hat sich dagegen der Geist von den derben Leidenschaften des Körpers unterjochen lassen, hat er die Lüge, die gemeine Wollust und Ungerechtigkeit geduldet, alles, was niedrig und schlecht ist, dann hält ihn im Augenblick des Todes der leblose, durch die Nachgiebigkeit des Geistes erstarkte Astralkörper wie bei Lebzeiten umfangen und übergibt ihn dem siderischen Körper, der ihn mit sich fortreißt in die Wirbel des Astrallichts. Hier erleidet die Seele – nach Ansicht der Gnostiker, deren Gedanken man, auch ohne Zustimmung, eine Poesie von großer Schönheit nicht absprechen kann – fern ihrer harmonischen Welt grausame Qualen. All ihre angespannten Anstrengungen werden nun dazu verwandt, eine neue fleischliche Hülle zu suchen, um wieder in die Welt zurückzukehren und sich den Prüfungen eines zweiten Daseins zu unterwerfen. So erhält sie die Möglichkeit, sich nach Bekämpfung der bösen Triebe, im Tode zu dem Stern zu erheben, dessen Einflüsse ihr Leben beherrschten.

So schließt sich also der Geist noch einmal in das Gefängnis des Körpers ein, um ein neues Leben anzufangen, aber nun als *wiedergeborene Seele.*

Das erstemal lächelte ihm als *neugeborener Seele* alles zu; er besaß, wie der Mächtige in den orphischen Mysterien Reichtum, Adel und Schönheit.

Diesmal aber kommt er wieder, um abzubüßen und zu leiden. Er war reich, nun kommt er als Armer wieder, er war schön und kommt häßlich zurück. Er empfindet Lust nach den sinnlichen Freuden, in die er seine Seligkeit gesetzt hatte und die ihm nun eine Quelle unmöglich zu befriedigender Versuchungen, ungeheurer, ihn verschlingender, nicht zu sättigender Begierden sind. Was einst seine Freude war, wird zu schrecklichster Qual. Er war Meister und kommt als Sklave wieder; er demütigte andere und ist nun selbst erniedrigt; er war grausam und leidet jetzt. Bei jedem Schritt tauchen neue Hemmnisse für ihn auf.

Doch wenn er mutig leidet und seine Seele, durch das Unglück gestählt, den bösen Trieben widersteht, dann nimmt der Geist nach Verlassen seiner häßlichen und leidenden Umhüllung, seinen ruhmreichen Weg wieder zu dem Stern hinauf, zu dem sein Streben führt. Wenn er aber von neuem unterliegt, dann kommt er schwindsüchtig, idiotisch, krank und gebrechlich wieder zurück, von Geburt an zu täglichen Leiden verdammt, doch nun böser Leidenschaften unfähig, und eines Tages ist er erlöst, durch Schmerzen gereinigt. Zweifellos werden deshalb bei den Arabern Verrückte, und in den Tälern der Schweiz Blödsinnige als Wesen geachtet, die von Gotteshand berührt wurden. (Es sei schon hier bemerkt, auch wenn wir etwas vom chiromantischen System vorwegnehmen, daß der hippokratische Nagel, das Zeichen angeborener Schwindsucht, nicht auf dem Mittelfinger, dem Sitz der Fatalität, sondern auf dem Zeigefinger zu finden ist, der die Göttlichkeit, folglich auch den göttlichen Willen anzeigt.)

Noch einmal muß der Geist wiedergeboren werden, aber nun mit den

Eigenschaften der neuen Seelen und einer gewissen unklaren Erinnerung an die vergangenen Leiden. Er hat Ahnungen, die ihn führen, und einen geheimnisvollen Schauder vor den unheilvollen Sünden, die ihn ins Verderben brachten. Die Natur vergewaltigt nie; also läßt sie ihm seinen freien Willen, aber als Halt und Rat schenkt sie ihm die Fähigkeit, die göttlichen Eingebungen mit größerem Nachdruck zu empfangen und ihnen nun williger zu folgen.

In der Theologie heißt diese Fähigkeit *Gnade.*

Wenn die Seele nun triumphiert, sind die Prüfungen beendet. Der göttliche Funke, der ein Teil des Himmels ist, kehrt zum Himmel zurück.

So erklärten die alten Magier die Ungleichheit der Lebensbedingungen, die uns auf Erden ungerecht erscheinen, und man kann ihrer Lehre den moralischen Gehalt nicht absprechen. Der reiche, ungerechte und böse Mensch sollte das Gesetz der Wiedervergeltung fürchten. Der Leidende müßte in seinem qualvollen Leben eine Sühne sehen, seine schmerzhaften Verluste in der Hoffnung auf eine bessere Zukunft ertragen und dabei seine ungerechten Verfolger bedauern, daß sie eines Tages dazu verurteilt werden, seine eigenen Leiden zu erdulden.

Wir wollen hier als Abschluß unserer Definition hinzufügen, daß der siderische Körper unsere Triebnatur, der Geist unsere Vernunft ist. Der siderische Körper muß schweigen, wenn unsere Vernunft wach ist und darf erst im Schlaf seine Herrschaft wieder antreten. Er ist also der Mittler zwischen Seele und materiellem Körper und kann einen großen Einfluß ausüben. Nach Ansicht der Gnostiker nimmt er allmählich die Tierform an, der wir durch die eine oder andere triebhafte Neigung am stärkten gleichen und verändert unsere Gesichtszüge und Körperhaltung, indem er ihnen gleichsam eine undeutliche Ähnlichkeit mit eben diesen Tierformen untermengt.

Die Gnostiker behaupten aber noch weiter, daß der siderische Körper nicht immer vom gleichen Geschlecht sei wie der irdische. Sehr oft gibt es eine Art Hermaphroditismus in uns. Hieraus folgt, daß ein Mann, der in sich den Einfluß niedrigster Leidenschaften fühlt, seine Männlichkeit aufgibt und wirklich durch seine Geschmacksrichtungen, seine Manieren und Handlungen zur Frau wird. Ebenso wird mehr als eine Frau zum Mann. Sobald sich dieses Aufgeben der eigensten Natur übersteigert, kann es bei jedem Geschlecht zu den schamlosesten Ausschweifungen führen. Wird aber dieses hermaphroditische Moment richtig geleitet, bringt es auserlesene Fähigkeiten hervor. Männer macht es zu Dichtern und barmherzig hingebungsvollen Menschen; den Frauen gibt es die zu großen Opfern und großen Tugenden notwendige Energie.

Das Übermaß in materiellen Dingen verändert die Verfassung des siderischen Körpers, der seinerseits das Gehirn in Mitleidenschaft zieht und es die Rückwirkung seiner Verletzung fühlen läßt. So entstehen die nervösen Krankheiten, denn der Körper leidet seinerseits wieder unter der seelischen Schwäche.

Eine Krankheit entspringt immer aus einem Zuwenig oder Zuviel, und man wird oft als Quelle eines physischen Übels eine psychische Störung finden.

Der Geist allein unterscheidet uns von den Tieren, die mit uns gemeinsam den siderischen Körper haben. Sie können im Astrallicht (von dem wir gleich sprechen wollen) lesen, wie die Somnambulen, die diese Fähigkeit im Tiefschlaf der Seele erlangen, in dieser künstlichen Erstarrung vermittels einer vom Magnetiseur hervorgerufenen astralen Trunkenheit. Ebenso wie die Somnambulen fühlen die Tiere Unwetter, Erdbeben und große Naturumwälzungen voraus. Sie spüren die übernatürlichen Erscheinungen. Nach Cuvier [1] ist »der Instinkt eine Art Traum oder Vision, der die Tiere befällt, und diese scheinen in ihrem Empfindungszentrum angeborene und gleichbleibende Empfindungen zu haben, die sie zum Handeln bestimmen, wie es gemeinhin die gewöhnlichen und zufälligen Empfindungen tun«.

Idioten, die auch nur triebhaft handeln, empfangen oft die Gabe des zweiten Gesichts und haben häufig Dinge verkündet, die sich in weiter Entfernung zutrugen, ähnlich wie viele alte Schäfer, die sich restlos einer instinktiv beschaulichen Sicht überlassen oder wie so viele andere. Es gibt aber verschiedene Arten von Idiotie. So gibt es Wahnsinnige, die durch Exzesse und Ausschweifungen soweit herabsinken, daß sie den Geist in Fesseln schlagen, bis er vollständig untätig wird und sie nur noch triebhaft leben. Da der Trieb aber beim Menschen nur an zweiter Stelle steht, reihen sich diese Kranken gewissermaßen aus freien Stücken unter die Tiere ein, bei denen der Instinkt die dem Menschen notwendige Vernunft ersetzt. Diese Menschen sind tot, ehe sie noch gestorben sind. Sie bewegen sich, sie sprechen und sind doch schon Leichen. Menschen erstarren, wenn

---

[1] Cuvier George, 1769–1832, einer der bedeutendsten Gelehrten auf den Gebieten der Zoologie und Biologie.

sie sich ihnen nähern und bekommen Gänsehäute, wenn sie von ihnen berührt werden. Sie haben glasige Augen, einen aufgesperrten Mund mit eingefallenen Ecken, und ihre Augenlider sind schlaff. Sie können noch lange auf der Erde wandeln, aber sie werden nie mehr leben.

Sie bilden den Übergang vom Menschen zum Schemen.

Der siderische Körper des Menschen steht mit den Sternen in Verbindung. Dieser Satz verlangt eine besonders ausführliche Erklärung.

Das Astrallicht

Das Atmen besteht aus zwei entgegengesetzten Bewegungen, dem Ein- und Ausatmen. Sie beide machen das Leben aus. Hören sie auf, gibt es kein Leben mehr. Nach dem Harmoniegesetz, das die ganze Natur regiert, atmet Alles in dieser Welt ein und aus.

Die Tiere atmen, und wie sie atmen auch die Wesen niedrigen Ranges in der Schöpfung. Die Blume, der Baum, die Pflanze atmen Sauerstoff ein und Stickstoff aus. Das Wasser atmet in Ebbe und Flut, und es atmet auch die Erde, die uns nährt. Nach Swedenborg ist die Erde ein Mensch.

Durch dieses Atmen steht sie mit ihren Kindern in Verbindung und reiht sie mit ein in die unendliche Kette, die sie mit allen Welten verbindet. Jede menschliche und himmlische Brust schlägt in gleicher Bewegung.

Das Ein- und Ausatmen der Erde ist das Astrallicht. Wir nennen es astral, weil die Erde ein Stern ist. Es ist das große magische Agens.

Das Astrallicht, das die Kabbalisten und Gnostiker abwechselnd Tetragramm[1], Inri, magnetischen Strom, Schlange, Luzifer nannten, ist nichts anderes als dieses unbekannte Agens, die latente Kraft, die wir heute Licht, Wärme, Elektrizität, Magnetismus nennen. Und durch dieses Astrallicht erklärten sie die magnetischen Verbindungen zwischen Erde und Himmel.

Die Sonne ist der Spiegel des Abglanzes Gottes und die Erdseele ein immerwährender Blick der Sonne, den sie empfängt, ganz in sich aufnimmt und bewahrt.

---

[1] Tetragramm. Der geheimnisvolle und unaussprechliche (ineffabile) Name des jüdischen Gottes Jahve, symbolisch geschrieben durch die 4 Buchstaben JHVH. Im Mittelalter, wie schon zu Zeiten des Neuplatonismus war dieses ursprünglich religiöse Symbol in die wichtigste Formel kabbalistisch-magischer Aktionen verwandelt worden.

Der Mond unterstützt diese Durchleuchtung der Erde, indem er ihr ein Sonnenbild (ihren Widerschein) während der Nacht zurückgibt. Deshalb schrieb Hermes mit Recht auf die Smaragdtafel, als er vom großen Agens sprach: »Die Sonne ist sein Vater, der Mond seine Mutter« und fügte noch hinzu: »Der Wind hat es in seinem Schoß getragen.«

Denn die Atmosphäre ist ihr Behälter und gleichsam der Herd der Sonnenstrahlen, mit deren Hilfe sich dieses lebendige Bild der Sonne formt, das die ganze Erde durchdringt, belebt, befruchtet und durch deren sonnenähnliche Ausstrahlungen alles bewirkt wird, was auf ihrer Oberfläche entsteht.

Diese Sonnenkraft wird durch zwei entgegengesetzte Mächte lebendig erhalten: durch die Kraft der Anziehung und Abstoßung. Deshalb sagt Hermes, daß sie immer auf- und niedersteigt. Durch diese doppelte Kraft ist alles Bestehende geschaffen.

Nach Hermes entströmt ohne Unterlaß aus dem höchsten Himmel der Weltgeist, die nie versiegende Quelle von Licht und Feuer, die alle Himmelsräume durchläuft und, nach und nach sich verdichtend, unaufhörlich zur Erde fließt (das ist das *Einatmen*).

Ebenso erhebt sich der Weltgeist durch die im Mittelpunkt der Erdsonne befindliche Feuerkraft wieder von der Erde, ein unaufhörliches Ausströmen, das bald verfeinert zum Himmel aufsteigt, um sich von seinen Schlacken zu befreien (das ist das *Ausatmen*).

Diese ewig kreisende Bewegung der vitalen Moleküle wird in der Genesis unter dem Gleichnis der mystischen Jakobsleiter, auf der die Engel auf- und niedersteigen, bildhaft dargestellt.

Die Natur offenbart uns täglich in Analogien dieses große Mysterium. So atmet die Sonne die stehenden Wasser ein und bildet daraus Wolken, und die Wolken strömen wieder als wohltätiger Regen herab. Die Bewegung der Sonne ist ein ununterbrochenes und unbegrenztes oder vielmehr ein gleichzeitiges und fortwährendes Einziehen und Aufgehen in entgegengesetzten spiralförmigen Bewegungen, die sich nie begegnen. Es ist dieselbe Bewegung wie jene Sonnenkraft, die zur gleichen Zeit alle Sterne ihres Reiches anzieht und abstößt.

Diese Bewegung ist immer eine doppelte und wiederholt sich im entgegengesetzten Sinn: auf der linken Seite anziehend, auf der rechten abstoßend und umgekehrt. Die Sterne sind aneinandergereiht durch die Anziehungskraft der Lichtnetze, die sie im Gleichgewicht hält und ihre regelmäßige Bewegung im Weltraum bewirkt. Diese Lichtnetze gehen von allen Sphären zu allen Sphären und auf keinem einzigen Planeten gibt es einen Punkt, an dem sich nicht einer dieser unzerstörbaren Fäden anknüpfte.

Wir können von einer menschlichen und himmlischen Brust sprechen, weil jeder Stern ein Herz hat und ebenso wie Erde und Menschen das Licht ein- und ausatmet.

Jeder Stern hat eine gebundene und ausstrahlende Wärme.

Er hat seine zentripedale und zentrifugale, seine anziehende und abstoßende Kraft, und da alles in der Natur harmonisch ist, lebt auch der Mensch in Harmonie mit den Sternen. So atmet er auch wie sie durch Herz und Gehirn und strahlt durch Stimme, Gebärde und Augen ein Fluidum aus.

Im Mittelpunkt der Erde liegt ein Herd von Astrallicht, das ununterbrochen durch die Einwirkung der Sonne unterhalten wird und unaufhörlich von hier aus wieder in verschiedenen Richtungen zur Sonne aufsteigt. Jeder Stern hat in seinem Mittelpunkt einen Lichtkern, der sich von selbst den anderen anschließt. Auch der Mensch hat einen leuchtenden Mittelpunkt, der ihn mit dem Lichtwirbel verbindet.

Die Welt wird magnetisch vom Sonnenlicht, der Mensch vom Astrallicht angezogen. Was im Körper der Planeten geschieht, wiederholt sich im Menschen. Denn der Mensch ist ein Mikrokosmos (eine kleine Welt), sagt Rabelais[1].

Wie in der ganzen Natur gibt es in uns drei sich entsprechende, hierarchisch aufgebaute Welten.

Nach dem Gang der Analogien wird alles, was in der großen Welt geschieht, auch in der kleinen bewirkt. Es gibt demnach in uns drei Mittelpunkte, die den Strom anziehen und abstoßen: das Gehirn, das Herz oder die Magengegend und die Geschlechtsorgane. Jedes dieser Organe zieht auf der einen Seite an und stößt auf der anderen ab.

Mit Hilfe dieser Werkzeuge setzt sich der Mensch mit dem *Weltstrom* in Verbindung, der in ihm durch das Nervensystem weitergeleitet wird. Das

---

[1] Rabelais, François, 1494–1553. Ehem. Benediktiner, später Weltgeistlicher, dann Mediziner, endlich Schriftsteller von einer seltenen Kühnheit der Gedanken und einem ungewöhnlichen Reichtum an Wortbildern. Sein Hauptwerk, ein genialer Spiegel seiner Zeit, »Gargantua und Pantagruel« erschien erstmals 1535 unter dem Titel »Gargantua, Père de Pantagruel«. Deutsche Übersetzung von E. Hegaur und Owlglaß. 2 Bde. 1922.

Gehirn liegt in einem Lichtzentrum, und neben dem Herzen liegt ein Nervenzentrum, das wir den großen Sympatikus nennen.

Wir benützen das Wort Strom nur, um uns verständlich zu machen, denn wir wollen uns in keine Wortdiskussion einlassen, die nutzlos bliebe, da bisher keine überzeugenden Beweise für diesen Ausdruck angeführt werden können.

Für die einen ist dieser Strom Schwingung, Ausströmung, für die anderen *Bewegung*, und dies ist unserer Meinung nach die zutreffendste Bezeichnung, da das Grundgesetz der Welt Bewegung ist.

Wie sollte man sonst diese unaufhörliche Arbeit nennen, die teils latent, teils wahrnehmbar, teils Ausströmen, teils Schwingung ist, die so oft und je nach den Umständen Richtung und Form wechselt, aber immer ihren ewigen Lauf fortsetzt? Welchen Namen sollen wir diesem wunderbaren Pendel geben, das niemals stehen bleibt?

Sollen wir es Naturseele, Hauch Gottes nennen?

Zweifellos ist es Bewegung, aber eine wechselnde, ungleichmäßige Bewegung, ähnlich dem Funkeln der Sterne, ähnlich allen Strahlungen, noch ähnlicher dem Sonnenlicht an einem Gewittertage, das bald strahlt, bald wieder von Wolken verschleiert ist.

Für die Alten war es das Astrallicht, und wir wollen es — wenn auch vielleicht zu Unrecht — Astralstrom nennen. Aber was liegt am Namen, wenn man uns verstanden hat. Benannt oder unbenannt, definiert oder undefiniert: diese Kraft, dieses Licht besteht, ist tatsächlich vorhanden. Es gibt den Pflanzen Farbe und breitet sein feuriges Glitzern auf der Meeresfläche aus, es gibt dem Himmelsgewölbe sein zartes Blau, es ist das Leben, die Liebe.

Es ist die Quelle aller Augenfreude und für Tatsachenmenschen die Quelle irdischen Reichtums, das Gold.

Die vier Elemente: Licht, Wärme, Elektrizität und Magnetismus, diese vier unwägbaren Ströme oder Schwingungen sind vier Offenbarungen dieses einzigen Urprinzips, das wir nicht mehr beweisen können, das aber die Alten unter den Namen Stickstoff AZΩ𝕟 verstanden, den sie mit zwei lateinischen, einem griechischen und einem hebräischen Buchstaben schrieben.

A ist der erste Buchstabe aller Alphabete; Z ist der letzte Buchstabe des lateinischen, Omega der letzte des griechischen und Thau der letzte Buchstabe des hebräischen Alphabets.

Hier liegt also der einzige und allumfassende Anfang mit den drei verschiedenen Enden, die die drei Welten darstellen:

Z ist die lateinische, die natürliche Welt; Omega die griechische, die seelisch-geistige und Thau die hebräische, die göttliche Welt.

Alle alten Philosophen kannten das Astrallicht.

»Die Weltseele, *Geist* genannt, dem Lebensgeist vergleichbar, der die ganze Natur beseelt, verteilte sich vor allem in die sieben himmlischen Sphären, die, wie man annahm, in gemeinsamer Tätigkeit die Schicksale der Menschen bestimmten und die Lebenskeime in alles hier unten Entstehende hineinlegten. Die Alten stellten diesen einzigen Hauch, der die Harmonie der Sphären bewirkt, durch eine Flöte mit sieben Tuben dar, die sie in die Hände des Pan oder eines als Kennzeichen der allumfassenden Natur bestimmten Bildes legten« (Dupuis, Der Ursprung der Kulte).

Die Stoiker legten die Einsicht des Jupiter, die überlegene, weise Einsicht, die die Welt regiert, in die lichtvolle Substanz des *Ätherfeuers*, die sie als Quelle der menschlichen Einsicht ansahen.

Pythagoras, Plato, Leukipp[1], Epikur[2], Plinius[3], Macrobius[4], alle Eingeweihten des Altertums betrachteten das Weltfluidum als über die ganze Welt ausgebreitete Seele, die alle Wesen belebt und durch eine unsichtbare Kette miteinander verbindet.

Will man Porphyrius[5] glauben, so antwortete das Orakel zu Delphi auf die Frage, was Gott sei: »Gott ist die Quelle des Lebens, der Anfang aller Dinge, der Erhalter aller Wesen. *In ihm wohnt ein unergründlich tiefes Feuer, das alles hervorbringt.* Das Herz braucht sich nicht zu fürchten, wenn es von diesem so linden Feuer berührt wird, dessen gleichmäßige Wärme Dauer und Harmonie der Welt bewirkt. Alles ist voll von Gott, er ist überall und weiß alles. Niemand hat ihn erzeugt.«

Für die Adepten des Altertums war Gott die Vereinigung aller Wesen.

---

[1] Leukipp aus Milet, griechischer Philosoph, nach der Tradition Begründer der Atomistik. Lehrer des Demokrit, um 500 v. Chr.

[2] Epikur aus Samos, griechischer Philosoph, 341–271 v. Chr., Gründer der Schule der Epikureer.

[3] Plinius, der Jüngere, 62–ca. 113 n. Chr. Angesehener römischer Staatsmann, Freund Trajans, Neffe und Adoptivsohn des Gaius Plinius Secundus, des Verfassers der größten und wertvollsten antiken Naturgeschichte. Plinius der Jüngere ist vor allem berühmt durch seine Sammlung von essayistisch gehaltenen Briefen, unter denen sich auch solche okkultistischen Inhalts befinden.

[4] Macrobius, lateinischer Schriftsteller um 400 n. Chr. Hauptwerke: »Saturnalia« und »Kommentar zu Ciceros Somnium Scipionis«.

[5] Porphyrius, griechischer Philosoph, Neuplatoniker, geb. um 232, gest. in Rom um 304. Schrieb u. a. »Leben des Plotin«, hrsg. v. Creuzer.

»Jupiter est quodcumque vides, quodcumque movetur« (Jupiter ist alles, was du siehst, alles, was sich bewegt).

Die alten Gnostiker gingen noch weiter. In ihrer Bereitschaft, alles dichterisch zu gestalten und der ganzen Natur menschliches Leben zu verleihen, nahmen sie an, daß sich Erde und Himmel in Liebe verbanden.

Nach Plutarch schien »der Himmel dem Menschen das Amt des Vaters, die Erde das der Mutter auszuüben. Der Himmel war der Vater, weil er den Samen durch den Regen in den Schoß der Erde senkte. Die Erde, die ihn aufnahm, fruchtbar wurde und gebären konnte, schien die Mutter zu sein« (Dupuis).

In seinen Georgica sagt Vergil: »Die Erde öffnet sich im Herbst, um vom Himmel den Keim der Fruchtbarkeit zu erbitten; dann steigt der Äther, dieser mächtige Gott, hinab zum Schoß seiner Gattin, die sich über seine Gegenwart freut. Im Augenblick, wo er seinen Samen in den Regen fließen läßt, der ihn benetzt, gibt die Vereinigung ihrer beiden unendlichen Körper allen Wesen Leben und Nahrung.«

So nahmen die Alten eine Ehe zwischen Himmel und Erde an; daher die phallischen Feste und die Verehrung von Phallus und Cteis in den alten Heiligtümern.

Hier liegt auch der Ursprung des Lingamkultes der Inder, bei dem die Vereinigung der Zeugungsorgane beider Geschlechter in den Naturtempeln als stetes Symbol der ewigen Fruchtbarkeit öffentlich verehrt wurde. »Überall wurde – um mit Diodoros[1] zu sprechen – der Phallus als Sinnbild der Zeugungsorgane aller beseelten Wesen verehrt, oder – nach Ptolomäus[2] – als symbolischer Ausdruck der natürlichen und zeugungsfähigen Kraft der Sterne« (Dupuis).

Die Himmelsseele

Die Eingeweihten sahen die Himmelsseele, die Weltseele, das Astrallicht als treibende Kraft der Natur und die Natur als Ausstrahlung Gottes

---

[1] Diodoros Siculus, griechischer Geschichtsschreiber z. Z. des Cäsar und Augustus. Kompilatorisches Hauptwerk: »Historische Bibliothek« in 40 Büchern.

[2] Ptolemäus, Claudius. Bedeutender Geograph, Mathematiker und Astronom aus Ptolemais Hermeiu in Oberägypten. Zeitgenosse des Antoninus Pius (2. Jahrh. n. Chr.). Vgl. unter seinen überlieferten Werken das berühmte »Tetrabiblos« astrologischen Inhalts. (Ausgabe von Melanchthon 1553; moderne deutsche Ausgabe von M. Erich Winkel, Linser-Verlag, Berlin.)

an. Gott war immer gegenwärtig, war immer um sie und ihnen nahe. Er ließ die unendlichen und unzählbaren Körper unter dem Himmelsgewölbe kreisen und während er die Sonne mit Feuerströmen tränkte, ließ er auch den Grashalm wachsen, schenkte er einem im Rasen versteckten Insekt das Leben. Gott war im Ton, im Geräusch, im fernen Dunst und Himmelsblau. Sie sahen Gott, wenn sie nach dem Schlaf die Augen öffneten, sie atmeten Gott im Licht und in der Luft. Gott war überall, selbst in ihnen. Sie machten keine Bewegung, die er nicht sah. Sie empfingen keinen Gedanken, den er nicht wußte.

Auch Pythagoras, Plato und Sokrates[1] bemühten sich angesichts dieses zwar unsichtbaren, aber immer lebendig empfundenen Zeugen, edel und rein zu werden. Ihre Seele, dies unsterbliche Stück Gottes, setzte sich in frommen Einklang zu dem göttlichen Strom, der über die ganze Natur gebreitet ist und schrieb ihnen auf die Stirn, während sie ihnen die Schönheit der Tugend gab: dies ist ein Erwählter! Und das Strahlen ihrer Seele, das auch im Außen sichtbar wurde, beruhigte bei allen, denen sie nahe kamen, die Gereiztheit böser Leidenschaften und schläferte ihre irdischen und materiellen Begierden ein.

Denn nach den Gnostikern atmet die Seele gleich dem Körper. Die Nähe von Mooren und stehenden Gewässern, die Krankheitsstoffe der Kotgruben bringen dem Körper Pest und Fieber. Ebenso wird die unschuldige Seele durch die Ausdünstungen unreiner Seelen, die Luxus und Laster ausatmen, verdorben, und verliert, wenn sie ihnen nicht schnellstens entflieht, ihre Frische und Gesundheit. Man muß sich rein erhalten, um nicht durch die schweren Ausdünstungen der Wollust den Glanz des innerlich strahlenden Lichtes zu verdunkeln.

»Das Licht — sagt Berkley[2] — ist die Sprache der Gottheit, deren Elemente die noch so vollkommenen menschlichen Sinne nur aus tausend Formen und Farben entziffern und buchstabieren können.« Balzac erläutert

---

[1] Sokrates, Sohn des Sophroniskos, 469 v. Chr. bis 399 in Athen. Bildhauer und Philosoph. Lehrer des Plato und des Aristoteles. Wurde wegen Gottlosigkeit angeklagt und zum Tod verurteilt. Seine Lehre ist uns in der Hauptsache von Plato und Xenophon, in vielen Punkten voneinander abweichend, überliefert. Dieser Gegensatz beruht auch bei der Deutung des sokratischen Daimonions, das Plato als eine Art von sprechendem »Gewissen« bezeichnet, während Xenophon behauptet, daß es eine Art »Weissagevermögen« sei.
[2] Berkley, George, engl. Philosoph und Bischof, 1685–1753. Sein philosophischer Standpunkt leugnet die Existenz von »Dingen« außerhalb unserer Vorstellung (subjektiver Idealismus); siehe u. a. »Three dialogues between Hylas and Philonous«, deutsch von R. Richter, 1911.

diesen Gedanken in »Seraphita« und »Louis Lambert«. In »Seraphita« sagt er: »Ihr kennt die Zusammensetzung der Luft: Stickstoff, Sauerstoff und Kohlenstoff. Da ihr aus der Leere keinen Ton erzeugen könnt, ist es klar, daß die Musik und die menschliche Stimme das Ergebnis chemischer Substanzen sind, die in euch durch das Denken zusammengestellt und zubereitet wurden und die der Macht des Lichtes, *dieser großen Ernährerin unserer Erdkugel* gleichgeordnet sind. Habt ihr die Menge Salpeter betrachten können, die durch den Schnee abgelagert wird, konntet ihr die Gewitterentladungen beobachten und die darin enthaltenen Metalle, die die Pflanzen aus der Luft einatmen, ohne daraus zu schließen, daß die *Sonne* die subtilste Wesenheit, von der sich hier unten die ganze Welt nährt, in Bewegung setzt und zur Verteilung bringt.« Auch im »Louis Lambert« sagt er: »Hier unten ist alles das Produkt einer himmlischen Substanz, die die allgemeine Grundlage verschiedener Phänomene ist, die unter den ungeeigneten Namen: Elektrizität, Hitze, Licht, galvanischer und magnetischer Strom bekannt sind. Die Gesamtheit der Verwandlungen macht das aus, was man allgemein die Materie nennt.

Das Gehirn ist die Retorte, in die das Tier alles trägt, was seiner Kraft entsprechend jedes seiner Organe von dieser himmlischen Substanz aufnehmen kann und aus der sie in Willen umgewandelt wieder entsteigt.

Der Wille ist ein *Fluidum*, jedem Wesen eigentümlich, das mit Bewegung begabt ist.

Im Menschen wird der Wille zu einer Kraft, die ihm eigen ist und an Intensität die Kraft aller Weltenräume übertrifft.

Aus der mehr oder weniger großen Vollkommenheit des menschlichen Körperbaus entspringen unzählige Formen, die der Gedanke annimmt.

Der Wille betätigt sich durch die Organe, die gewöhnlich die fünf Sinne genannt werden, die aber nur ein einziger sind: die Fähigkeit des Sehens.

Alle Dinge, die durch ihre Gestalt in den Bereich dieses einzigen Sinnes, den Willen zum Sehen, fallen, lassen sich auf einige Elementarkörper zurückführen, deren Ursprung in der *Luft*, in dem *Licht* oder in den Grundursachen von Luft und Licht liegen. Der Ton ist eine Veränderung der Luft, alle Farben sind Veränderungen des Lichts. Jeder Duft ist eine Veränderung von Luft und Licht.

So haben hier die vier Ausdrucksformen der Materie, die in Beziehung zum Menschen stehen: *Ton*, *Farbe*, *Duft* und *Gestalt* ein und denselben Ursprung. Der Tag ist nicht weit, wo man auch die Grundursachen des

Lichts aus denen der Luft erkennen wird. Der Gedanke, der zum Licht gehört, drückt sich im Wort aus, das zum Ton gehört.«

In der Magie haben Ton, Farbe, Duft und Gestalt denselben Ursprung und verlieren oder vereinigen sich im Astrallicht, dessen Teil sie sind.

Träume und Weissagungen

»Die sogenannte Einbildungskraft ist nur die unserer Seele anhaftende Eigentümlichkeit, sich Bilder und Spiegelungen, die im Licht enthalten sind, anzueignen.

Da die Formen der Gegenstände eine Veränderung des Lichts sind, bleiben sie im Licht bestehen, in das sie gespiegelt werden. Auch das Astrallicht, das irdische Fluidum, das wir das große magische Agens nennen, ist angefüllt mit Bildern und Spiegelungen verschiedenster Art, die unsere Seele hervorrufen kann. Nichts geht in der Natur verloren, und alles, was gelebt hat, wird wieder unter neuen Formen leben. Aber die früheren Formen werden nicht zerstört, da wir sie in unserer Erinnerung wiederfinden. Sehen wir nicht in unserer Einbildung das Kind, das wir kannten und das nun ein Greis ist? Selbst die Spuren, die wir in unserem Gedächtnis auszulöschen glauben, sind in Wirklichkeit nicht ausgetilgt, da ein zufälliger Umstand sie wieder hervorbringen und uns zurückrufen kann. Aber wie sehen wir sie? Wir sagten, im Astrallicht, das sie unserem Gehirn durch den Mechanismus des Nervenapparates überträgt« (Eliphas Levi: Dogma und Ritual der hohen Magie).

So wird sich auch jede verlorene Wissenschaft irgendwann einmal wiederfinden, denn ihre Elemente bleiben im Licht aufgezeichnet und warten nur auf die Anziehungskraft einer gleichempfindenden Intelligenz, die sich ihnen besonders widmet, sie sammelt und im geeigneten Augenblick wieder hervorbringt. Ein Geruch von Regen, der Wind, der flüstert, das Getreide, das sich biegt, der Anblick des Meeres, der Ton einer Glocke genügen, um durch Erweckung der nervlichen Empfindsamkeit einen schon im Licht eingezeichneten Gedanken – denn es wird so viel gedacht – in dem Menschen wachzurufen, der ihn wieder zu beleben berufen ist.

Er wird unruhiger als andere, sein Puls schlägt einen Augenblick lang stärker – er wird zum schöpferischen Menschen.

Um die Stimme Gottes in der Natur zu hören, muß das Feuer der Begeisterung für einen Augenblick den Menschen adeln, ihn einen Augenblick lang über die Sphären der Menschheit emporheben und eine Seite des großen Buches vor seinen Augen umblättern. Die Gedanken, die das Weltall regieren, sind nach Fénélon[1] »notwendig, *ewig* und unveränderlich. Es sind nicht unsere Gedanken, sondern sie sind Gott selbst.«

Im Wachsein hindert uns die Welt der Tatsachen und Wirklichkeiten daran, die astralen Bilder zu sehen, von denen wir ganz offensichtlich umgeben sind. Man kann auch sagen, unser Geist beherrscht unseren siderischen Körper und hemmt den Gebrauch seiner Fähigkeiten. Aber wenn wir schlafen, ruht der Geist, und der siderische Körper empfängt eine Fülle von Bildern, die er uns meist unklar und zusammenhanglos, manchmal aber auch, wenn uns vor dem Einschlafen eine starke geistige Beschäftigung oder ein lebhafter Wunsch in Bann hielt, wahrheitsgetreu und deutlich übermittelt.

So erzählt Balzac, daß er sich 1812 im Gymnasium von Vendôme gemeinsam mit seinem Klassenkameraden Louis Lambert befand. Beide freuten sich darauf, am kommenden Tag das berühmte Schloß von Rochambeau zu besuchen, ein Ausflug, der wegen seiner Entfernung von Vendôme nur für die Großen erlaubt war. »Gegen Frühlingsende« — so erzählt er — »sollten wir zum erstenmal dorthin gehen. Der Wunsch, das berühmte Schloß von Rochambeau zu sehen, dessen Besitzer den Schülern manches Mal Milchspeisen gab, machte uns alle folgsam und so hinderte nichts diesen Ausflug.

Weder ich noch Lambert kannten das hübsche Loiretal, in dem das Schloß stand. Seine und meine Phantasie beschäftigte sich stark mit diesem Spaziergang, der in dem Gymnasium eine althergebrachte Freude hervorrief.

Als wir auf einem kleinen Hügel ankamen, von dem aus wir das Schloß auf halber Höhe und auch das gewundene Tal sahen, in dem ein Fluß glitzerte, der sich durch anmutige Wiesen schlängelte, sagte mir Louis

---

[1] Fénélon, François de Salignac de la Moth, geb. 1651, gest. 1715 als Erzbischof in Cambrai. Bedeutend als pädagogischer und religiöser Schriftsteller. Vertreter der mystisch-quietistischen Anschauung der Mde. Guyon. Die in seiner »Explication des Maximes des Saints« (1697) niedergelegten Lehren wurden vom Papst Innocenz VII. verdammt, worauf er sich der Kirche unterwarf. Als besonders wichtig für die psychologische Anschauung Fénélons seien seine »Lettres spirituelles«, die auf das 18. Jahrh. von größtem Einfluß waren, genannt.

Lambert: »Aber das habe ich ja heute nacht im Traum gesehen«. Er kannte sowohl die Baumgruppe, unter der wir standen, wie die Art des Laubes, die Farbe des Wassers, die kleinen Türme des Schlosses, die Bodenbeschaffenheit, die Hintergründe, ja alle Einzelheiten der Landschaft, die er zum erstenmal sah. Wir waren beide noch sehr kindlich, aber in unserer Freundschaft war keiner von uns auch nur in den geringsten Einzelheiten einer Lüge fähig.

In diesem Augenblick setzten wir uns beide unter eine alte, abgebrochene Eiche und nach einigen Augenblicken des Nachdenkens sagte mir Louis: »Wenn die Landschaft nicht zu mir kam, mußte ich eben zu ihr gehen. Wenn ich also während des Schlafes in meiner Kammer war, setzt diese Tatsache dann nicht eine vollkommene Trennung meines Körpers von meinem inneren Wesen voraus?

Vermag sich also im Schlaf mein Geist von meinem Körper zu trennen, warum soll ich dann nicht ebenso im *Wachen* beide voneinander scheiden können?

Entweder geschah dieses kraft einer Macht, die ein zweites Wesen, dem mein Körper als Hülle dient, in Tätigkeit setzt, da ich in meiner Kammer lag und doch die Landschaft sah, in der sich diese Dinge abspielten oder diese Dinge vollzogen sich in einem *Nervenzentrum*, dessen Namen man feststellen müßte, in dem sich die Empfindungen oder aber im *Gehirnzentrum*, in dem sich die Gedanken bewegen.«

Louis Lambert oder, besser gesagt, Balzac selbst, sah die Landschaft im Astrallicht dank einer Willensanstrengung, die so stark überreizt wurde, daß sie sich im Augenblick des Schlafes in das siderische Wesen einprägte. Er sah also kraft eigenen Wollens, wie Somnambule durch fremden Willen einen Menschen oder eine Landschaft im Astrallicht sehen.

Mit einem Wort, um noch verständlicher zu sein: Er rief im Schlaf durch Konzentrierung seines, durch einen intensiven Wunsch überreizten Willen das Abbild der Landschaft in seinem Gehirn hervor.

Eines Tages wird man auf natürlichem Wege diese seltsamen, bisher nur erahnten Geheimnisse die nach Ansicht der Gnostiker erkennbar sind, auch erklären können.

Die Elektrizität ist wahrscheinlich die Ursache der Nervenerregungen, deren Richtungszentrum das Vorderhirn ist. Die Somnambulen können, vollkommener als im Traum und ohne das Bewußtsein ihres Seins zu verlieren, mit Hilfe eines verborgenen Lichtes, das der Magnetiseur durch die plötzlich vorwärtsgeschleuderte elektrische Erschütterung entstehen läßt, ganz deutlich das Abbild der Gegenden sehen, auf die der Magnetiseur ihre gefügigen Gedanken hinlenkt, da ja für die Elektrizität keine Entfernung besteht. Dieses zweite Gesicht kann sogar im wachen Zustand hervorgerufen werden durch starke Gedankenkonzentration, die durch irgendein Hilfsmittel wie Feuer, Wasser oder Kaffeesatz unterstützt wird.

Heinrich Delaage [1], der sich in Paris als erster ernsthaft mit solch mystischen Künsten beschäftigte, hat diese vergessenen oder verlorenen Experimente erneuert. Er ließ mit Hilfe seines Willens in einem Wasserglas ganz deutlich Landschaften, Häuser, Wohnungseinrichtungen, selbst entfernteste Gegenden vor dem Blicke sehr nervöser Menschen erscheinen. Er konzentrierte ihre Aufmerksamkeit auf einen einzigen Punkt und brachte sie so in einen gewissen somnambulen Zustand.

Dies ließ uns die Möglichkeit einer magnetischen Beziehung zwischen Mensch und Sternen ahnen, die um so stärker wird, je größer die nervöse Reizbarkeit entwickelt ist.

Die von diesen Somnambulen gegebenen Beschreibungen waren übrigens, nach Angabe der Fragen stellenden Menschen, von peinlicher Genauigkeit.

Sicher hätte Delaage ein mächtiges Medium werden können, wenn er es gewollt hätte.

Somnambule und Ekstatiker haben das zweite Gesicht, aber ihre Schau ist um so hellsichtiger, je vollständiger die Abstraktion der Sinne ist.

Frauen in guter Hoffnung sind hellsichtig, weil sie mehr als andere dem Einfluß des Astrallichts unterliegen, das mithilft am Entstehen des Kindes. Wir kannten eine Somnambule, die, sobald sie guter Hoffnung war, unglaublich hellsichtig wurde. Nach der Geburt des Kindes aber verschwand ihre Hellsichtigkeit.

Die Mehrzahl solcher Frauen ergeben sich seltsamen Wünschen, die man gemeinhin Gelüste nennt. Diese Wirkungen, die durch ein zur Bildung des Foetus notwendiges Übermaß von Astralstrom oder Elektrizität hervorgerufen werden, finden wir auch bei übernervösen Menschen.

Solche sogenannten Sensitiven haben aber dieses Übermaß geregelt und nutzbar gemacht. Männer wie Apollonius von Tyana brachten es soweit,

---

[1] Delaage, Marie Henri, Schriftsteller, geb. 1825 in Paris, Schüler des berühmten Chaptal, Verfasser zahlreicher Werke über Magnetismus und Mystik.

daß sie sich ohne fremde Hilfe, allein kraft ihres Wollens, in die Sphäre des Astrallichts hineinstellten.

Mit diesen wahrsagenden Eingebungen vermischte sich eine Art von Nervenüberspannung.

Da sie ihre Seele mit Hilfe der Nerven in Verbindung zu der sie umgebenden Elektrizität brachten, ließen sie, wie in einem magischen Spiegel, den Widerschein entferntester Gegenstände und selbst künftiger Keime entstehen. Sie konnten auch Offenbarungen geben und Dinge voraussagen, ohne kataleptische Anfälle, ja selbst ohne dabei in Ekstase zu geraten.

Die astrale Begeisterung macht den Körper unempfindlich für die Dinge dieser Welt.

In anderer Beziehung ruft auch der Wille oder eine mächtige Konzentration dieselben Wirkungen hervor.

Ein Liebender wird im Winter in Schnee und Regen unter dem Fenster seiner Schönen warten, ohne die Kälte zu spüren, ohne zu wissen, ob es geschneit oder geregnet hat.

La Fontaine soll von morgens bis abends in gleicher Haltung auf einem Baum gesessen haben, trotzdem es tagsüber stark genug geregnet hatte. Seine Kleider waren durchnäßt, aber sein Geist bemerkte es nicht.

Der Somnambule, der im Astrallicht lesen will, muß seinen Willen abschwören und sich eines anderen Willens bedienen.

Der höher entwickelte Mensch beherrscht allein durch seinen Willen den siderischen Körper und gebraucht ihn wie einen Sklaven, um sich in unmittelbare Beziehung zu diesem Astrallicht zu setzen. Er sieht, hat göttliche Eingebungen und sagt voraus.

Die Macht des Willens soll aber noch weiter reichen. So werden – nach Montaigne[1] – selbst die Wundmale des Königs Dagobert[2] und des hl. Franziskus von einigen der Einbildungskraft zugeschrieben. Oftmals sollen sich die Körper von ihrem Platz erheben, und Celsus[3] erzählt von

---

[1] Montaigne, Michel de, Franz, Philosoph, 1533–1592. Als Hauptwerk des skeptischen Philosophen gilt noch heute die Sammlung seiner »Essays« (zuerst in 2 Bdn. 1580), die den moralischen Schriften seines Lieblingsschriftstellers Plutarch nachgebildet waren.

[2] Dagobert I., letzter Frankenkönig aus dem Hause der Merowinger. Reg. von 622–638. Sein Leben ist von Sage und Legende überwuchert.

[3] Celsus, Cornelius. Zeitgen. des Tiberius, berühmter römischer Arzt. Seine römische Enzyklopädie ist uns als eine Hauptquelle der Medizingeschichte seit Hippokrates wichtig.

einem Presbyter, der seine Seele in solche Ekstase versetzte, daß der Körper lange Zeit ohne Ahnung und Empfinden blieb.

Erscheinungen – Horoskope – Vorahnungen

Vermag ein Mensch noch mehr? Kann er sich sozusagen verdoppeln und sich am selben Tag zu gleicher Stunde in zwei verschiedenen Gegenden zeigen? Nichts auf der Welt ist sicherer bezeugt und unleugbarer bewiesen, als die sichtbare und wirkliche Gegenwart des hl. Alphonse-Marie von Liguori[1], des Bischofs von St. Agatha, am Sterbebett des Papstes Ganganelli[2], während er zu gleicher Zeit bei sich zu Hause – weit entfernt von Rom – im ekstatischen Gebet gesehen wurde. Als er wieder zum Bewußtsein kam, sagte er zu seinem Gefolge, das neben ihm kniete: »Freunde, soeben ist der hl. Vater verschieden«. Zwei Tage darauf bestätigte ein Kurier diese Nachricht. Die Todesstunde des Papstes fiel mit derjenigen zusammen, in der der Bischof wieder in seinen normalen Zustand zurückgekehrt war.

Wahrscheinlich hatte der Todeskampf des Papstes das Nervensystem der erschütterten Anwesenden überreizt und durch den Schauer der Entzückung, der in einem so feierlichen Augenblick zunimmt, ihre Empfindsamkeit so sehr verstärkt, daß sie ihnen den siderischen Körper des Bischofs erscheinen ließ, den sie wahrscheinlich in einer ruhigeren Verfassung nicht wahrgenommen hätten.

Denn die Gegenstände sind nicht unsichtbar, nur unsere Augen sind nicht vollkommen genug, sie zu sehen. Mit einem Fernrohr sieht man Pferde, Menschen, Bäume, wo das bloße Auge nur Nebel erkennen könnte.

Balzac sagt in »Louis Lambert«: »Wenn Erscheinungen möglich sein sollen, dann müssen sie durch die Fähigkeit entstehen, die Ideen wahrzu-

---

[1] De Liguori, Alphons Maria, geb. 1696 bei Neapel, gest. 1787. Einer der gefeiertsten »Doctores ecclesiae«. Am bekanntesten durch seine moraltheologischen Schriften. Gründer der Ligourianer oder Redemptoristen. 1839 kanonisiert. Er darf gegenwärtig neben Thomas von Aquin als der einflußreichste Theologe bezeichnet werden.

[2] Ganganelli, Lorenzo, bürgerl. Name des für Künste und Wissenschaften gleich bedeutenden Papstes Klemens XIV. 1705–1774. 1772 verfügte er nach langem Zögern, nur dem politischen Druck der bourbonischen Höfe nachgebend, die Aufhebung des Jesuitenordens. Er begründete das Clementinische Museum, das heute dem wertvollsten Besitz des Vatikans zugerechnet wird.

nehmen, die den Menschen in seiner reinsten Wesenheit darstellen und deren vielleicht unvergängliches Dasein unseren äußeren Sinnen entgeht, dem *inneren Wesen* aber wahrnehmbar werden kann, wenn es einen hohen Zustand der Ekstase erreicht hat oder zu einer vollendeten Höhe des Schauens gelangt ist.«

In Walter Scotts »Dämonologie« heißt es: »Ich glaube, man kann sagen, daß die Menschheit seit sehr langer Zeit geistige Wesen besaß, die bereit waren, an übernatürliche Ereignisse zu glauben, weil sie das Dasein einer seelisch-geistigen Welt ahnten. Denn aus dieser allgemeinen Behauptung heraus zogen sie die unbestreitbare Wahrheit, daß jeder, vom Bettler bis zum Herrscher, nachdem er seine Erdenrolle zu Ende gespielt hat, weiter fortlebt und sich, falls es der Wunsch des höchsten Wesens ist, auch wenn es dem gewöhnlichen Wissen widerspricht, außerhalb der *Körperlichkeit* mit denen in Verbindung setzen kann, die auf der Erde leben. Diese unbedingt vorhandene Möglichkeit solcher Erscheinung muß von jedem zugegeben werden, der an Gott und seine Allmacht glaubt.«

Landbewohner behaupten ernsthaft, Gespenster und Werwölfe gesehen zu haben, und diese Erscheinungen, die den Stadtmenschen unmöglich vorkommen – und es für sie auch tatsächlich sind –, bestehen für die Bauern, die stark triebhaft leben und bei denen Aberglaube oder Furcht den Nervenapparat so sehr überreizen können, daß er von selbst im Astrallicht zu lesen vermag. Denn wir sind wahrscheinlich von Phantomen umgeben, die unsere Erinnerung unfreiwillig erweckt.

Man lacht über Phantome und gibt doch zu, daß man einen Gedanken in einer Sekunde in tausend Orte tragen kann. Beide Tatsachen beruhen auf derselben Grundlage, und die eine ist weniger erstaunlich als die andere.

Wir verkehren im Traum ungehemmt mit Geistern, die uns die Zukunft vorhersagen können, da sie eine Reihe Bilder dem Astrallicht entnehmen, dem sie angehören. Bei gewissen, besonders fein veranlagten Menschen haben die Träume oft prophetischen Charakter.

»Unsere Seele befreit sich« – nach Rabelais – »während des Schlafes vom Körper und sieht ihr Vaterland, den Himmel, wieder. Dort erlebt sie zustärkst die Berührung mit ihrem ersten und göttlichen Ursprung, und in Betrachtung dieser unendlichen Sphäre, in die nichts hereinkommt, in der nichts vorüber- und nichts verlorengeht und alle Zeiten gegenwärtig sind, bemerkt sie nicht allein die vergangenen Dinge, die nur in geringer Bewegung sind, sondern auch die zukünftigen und nimmt sie mit sich zurück in den Körper, durch dessen Sinne und Organe sie diese nun den Freunden weitergibt, die sie für eine Wahrsagerin und Prophetin halten. Aber es muß zugegeben werden, daß die Seele das Gesehene nicht in der ursprünglichen Reinheit wiedergibt; denn Unvollkommenheit und Gebrechlichkeit der körperlichen Sinne hindern sie daran, ähnlich dem Mond, der von der Sonne sein Licht erhält, es uns aber nicht ebenso hell, klar, stark und glühend weitergibt, wie er es empfing.«

Ist die Zukunft also bestimmbar?

Ja, sie ist festgesetzt, aber mit dem Kind im Mutterschoß zu vergleichen, das noch nicht seine fertige, zur Lebensfähigkeit notwendige Gestalt besitzt.

Vielleicht wird das Kind gar nicht leben, vielleicht wird die Zukunft durch den Willen, die *freie Entscheidung,* geändert. Sicher gibt es Menschen, die vom Verhängnis her zum Unglück bestimmt sind oder zum unaufhörlichen Kampf, um dieses Unglück zu vermeiden und um sich nach der Lehre von den wiedergeborenen Seelen durch Prüfungen zu läutern. Dem ganzen Wesen dieser Menschen wird, ebenso wie allen anderen, durch die Konstellation des Himmels im Augenblick der Geburt eine bestimmte Signatur aufgeprägt.

Nach Ansicht der alten Astrologen strahlt, wie gesagt, die Stellung der Gestirne in diesem Augenblick günstige oder ungünstige Einflüsse auf die Geschöpfe aus, aber der Wissende liest mit Leichtigkeit die Signaturen, die der ganzen Persönlichkeit aufgezeichnet sind. Für ihn hat jeder Mensch seine eigenen Strahlungen unabhängig von seinem Schicksal und seinen guten oder bösen Naturtrieben.

Das Astrallicht bewahrt alle Widerspiegelungen, folglich auch den täglichen Stand der Gestirne. Es wirkt auch auf die Empfängnis und Geburt des Kindes. Die Zeichen, die durch die Anziehungskraft der Sphären in das Astrallicht eingeprägt werden, spiegeln sich nach Entdeckung von Gelehrten wie Paracelsus in den Körpern wieder, die mit Hilfe dieses Lichtes gebildet werden.

Wir finden diese Signaturen bei Menschen und Tieren, auf den Blättern der Bäume und Pflanzen und selbst auf den Mineralien. Die Menschen tragen sie auf ihrem ganzen Körper, vor allem auf Stirne und Händen.

Die Kenntnis und Erklärung dieser Zeichen ist die Kunst des Deutens. Was die Astrologen in den Sternen lesen, entziffern die Chiromanten aus der Hand, deren Linien und Schriftzeichen von Geburt an den Abglanz der Sternkonstellationen widerspiegeln. Und die Kunst dieser Deutung ist auf den Gesetzen der Logik aufgebaut.

Jede Form bringt notwendigerweise als Folge und Ergänzung eine andere Form hervor. So ist schon die ganze menschliche Gestalt im Astrallicht eingezeichnet, auch mit ihren natürlichen Folgeerscheinungen, die zwar dem menschlichen Verstand, der zu unvollkommene Schlußfolgerungen zieht, verborgen bleiben können, nicht aber der göttlichen Weisheit.

Also ist auch die Zukunft aufgeschrieben als Folge der Gegenwart und Vergangenheit. Im Astrallicht sieht man gleichzeitig Eichel und Eiche.

Eine Wolke erscheint am klaren Himmel. Die Schiffer wissen, daß aus dieser Wolke ein Unwetter und aus dem Unwetter wilder Wellengang und Schiffbruch entstehen werden.

Diese Wolke ist die Zukunft, ein drohendes Anzeichen, das am Himmel geschrieben steht. Sind die Matrosen geschickt, werden zwar die Winde losbrechen, das Unwetter toben, aber den Schiffbruch vermeiden sie. Oft hat sie auch der jähe Windstoß zum Einschlagen eines schnelleren Weges veranlaßt.

Wenn aber der Mensch unvorsichtig ist, wenn er nicht seine Segel refft und nichts tut, um dem Unwetter Widerstand zu leisten, dann folgt dieser Ursache als natürliche Wirkung der Schiffbruch.

Man fragt sich, ob die Zukunft bestimmbar ist; dabei zeigt das Barometer täglich das Wetter des kommenden Tages an und das Morgen gehört der Zukunft.

Schwalben, die fast die Erde berühren, Salz, das feucht wird, Schatten, die die Sonne härter und schwärzer als gewöhnlich wirft, künden bei schönem Wetter den Regen an: das ist die Zukunft. Unterirdisches Grollen, Brunnen, die versiegen, künden die Ausbrüche des Vesuvs acht, ja vierzehn Tage im voraus an, und vierzehn Tage: das ist die Zukunft.

Die Natur verbietet nicht, daß man ihre Geheimnisse errät, da sie selbst voll Warnungen und Prophezeiungen ist. Die Vorsehung gab den Menschen das geheime Wissen, damit sie das Unglück voraussehen und vermeiden können oder sich im voraus darein ergeben. Sie tut noch mehr: sie schickt denen, deren Schwäche sie kennt, und manchmal auch den auserwählten Seelen Vorahnungen, um sie vor der Ankunft des Unglücks zu warnen.

Die Vorahnungen sind nichts anderes als eine Art von Schauung. Zu jeder Zeit gab es unter den tapfersten Soldaten manche, die ihren nahen Tod in der kommenden Schlacht vorauswußten und auch wirklich getötet wurden. Alles in der einen Welt hat seine Entsprechung in der anderen.

Wenn ein unvorhergesehenes Unglück besonders nervöse Menschen bedroht, werden ihre Ausstrahlungen schwächer und weniger lebendig; alles verdunkelt sich in ihrer Seele, und eine innere Stimme murrt und droht in ihnen gleich dem Donner, der im Schoß der Wolken grollt und droht, um das Gewitter anzukünden. Hieraus entstehen diese eigentümlichen und grundlosen Depressionen, diese todtraurigen Melancholien. In einem solchen Augenblick sah Brutus in seinem Zelt das Phantom, das ihm bei Philippi begegnete, wo er sterben mußte.

Wenn man in einer ähnlichen Verfassung zu einer Kartenlegerin geht, um das Schicksal zu befragen, teilt man den Karten beim Abheben das eigene Fluidum mit, das dann die drohenden Anzeichen aus der Hand eines oft unwissenden und ungeschlachten Menschen hervorruft. Dieser gehorcht, mit dem Fragenden verbunden und sich selbst durch die Karten magnetisierend, beim Mischen einem nervösen Antrieb, der vom Astrallicht ausgeht, das ihn umgibt, und entschleiert so die Zukunft.

Balzac sagt im »Vetter Pons«: »Wenn man sich die Möglichkeiten dieser Deutungskunst überlegt, ist es widersinnig, zu glauben, daß die früheren Ereignisse im Leben eines Menschen, die nur ihm bekannten Ereignisse, unmittelbar durch die Karten dargestellt werden können, die von ihm gemischt und abgehoben, vom Wahrsager nach geheimnisvollen Gesetzen in Päckchen eingeteilt werden. Aber ebenso widersinnig hielt man die Nutzbarmachung des Dampfes, hält man heute noch das Flugwesen, lehnte man die Erfindung des Pulvers und der Buchdruckerei, der Brille, des Kupferstichs und die letzte große Entdeckung, die Photographie als unsinnig ab. Hätte jemand zu Napoleon gesagt, daß Gebäude und Menschen unaufhörlich und zu jeder Zeit ein Bild in die Atmosphäre werfen und alle bestehenden Gegenstände dort eine bildhaft greifbare, gespensterhafte Erscheinung haben, hätte er diesen Menschen in Charenton[1] eingesperrt, ebenso wie Richelieu Salomon von Caux[2] in Bicêtre einsperrte, als

---

[1] Charenton. Stadt an der Mündung der Marne in die Seine mit mustergültig eingerichtetem Irrenhaus.

[2] Caux (Caus), Salomon de, franz. Ingenieur und Physiker. 1576–1626. Baumeister und Ingenieur des Kurfürsten Friedrich V. von der Pfalz. Als solcher Erbauer eines Teils des Heidelberger Schlosses. Caux wurde von Arago zu Unrecht als Erfinder der Dampfmaschine angesprochen.

der normannische Märtyrer ihm die gewaltige Entdeckung der Dampf-schiffahrt vortrug. Und doch hat Daguerre[1] eben dies durch seine Ent-deckung bewiesen.«

Wir gehen aber noch weiter. Wir meinen, daß jedes Zeichen, an dessen Bedeutung wir glauben, und das wir auf eine ganz persönliche Art den Launen unseres Aberglaubens gemäß befragen, eine Antwort geben wird und daß diese Antwort richtig ist, wenn der Glaube vollkommen ist, d. h. wenn der Mensch seinen Verstand völlig beiseite läßt, um sich mit Körper und Seele diesem Aberglauben hinzugeben. Sei es ein zufälliges Aufschla-gen von Büchern, seien es Zahlen, auf die der Blick fällt, das ist gleich. Diese Gegenstände werden aber nie auf den Menschen zukommen, sondern er wird von ihnen magnetisch angezogen. Allein das triebhafte Wesen kann ungetrübt und ungeteilt diese Zeichen heraufbeschwören.

Zum Schluß müssen wir noch von einem Phänomen reden, das vielleicht das Erstaunlichste ist, von der Wirkung des Willens auf das Astrallicht.

Ausstrahlungen und magische Kette

Jeder Mensch, der von einer Überzeugung oder einem lebhaften Wunsch erfaßt, etwas intensiv will, übt einen besonderen Einfluß auf seine Um-gebung aus. Seine Ausstrahlung, die in Schwingungen versetzt und wie durch ein Fieber verstärkt wird, beherrscht und elektrisiert die Ausstrah-lungen der anderen, fasziniert sie und reißt sie mit sich fort.

Balzac sagt in »Louis Lambert«: »Eine logische und einfache Schluß-folgerung aus diesen Grundsätzen ließ ihn erkennen, daß sich der Wille durch eine zusammenziehende Bewegung des innersten Wesens ansam-meln und dann durch eine andere Bewegung nach außen projizieren und sogar auf materielle Dinge übertragen lassen konnte. Danach müßte die menschliche Kraft die Eigentümlichkeit besitzen, auf andere zu wirken und sie mit einer ihnen fremden Wesenheit zu durchdringen, wenn sie sich nicht gegen diesen Angriff wehren.« An einer späteren Stelle heißt es: »Der Zorn ist wie jede Äußerung der Leidenschaft ein Strom mensch-

---

[1] Daguerre, Louis Jacques Maudé, 1789–1851. Urspr. Theatermaler; Erfinder der sog. Daguerreotypie, ein Verfahren, auf einer versilberten Kupferplatte durch Ein-wirkung des Lichtes und chemischer Mittel ein Bild hervorzubringen. Das daguerre-otypische Verfahren begründete später die eigentliche Photographie.

licher Kraft, der elektrisch wirkt. Wenn dieser sich durch einen Schlag entlädt, wirkt er auf die anwesenden Personen, selbst wenn diese weder sein Ziel noch seine Ursache sind. Begegnet man nicht Menschen, die durch ein Entladen ihres Wollens die Gefühle der Massen begeistern?

Fanatismus und alle Gefühle sind lebendige Kräfte. Diese Kräfte werden bei gewissen Menschen zu Strömen des Willens, die alles vereinen und mit sich reißen.«

Ähnlich sagt Walter Scott in seiner »Dämonologie«: »Sobald das gemeinsame Gefühl einer Gefahr oder das Feuer der Begeisterung auf einmal auf die Sinne mehrerer Menschen einwirkt, geht vom einen zum anderen ein spürbarer elektrischer Strom über. Diese Menschen sind dann mit Musikinstrumenten zu vergleichen, die auf denselben Ton abgestimmt sind und alle zugleich in Schwingungen geraten.« In Thiers[1] »Geschichte der Revolution« heißt es: »Große Versammlungen erheben uns, lösen uns von uns selbst und binden uns an andere.« Balzac, Walter Scott und Thiers haben, ohne es zu wissen, die magische Kette gemeint. Sie ist die Begeisterung, der Schauder, der in einem Kreise von Menschen bei jedem einzelnen die nervösen oder vitalen Kräfte, die uns durch ihr gleichgestimmtes Ausströmen mit der Außenwelt verbinden, in eine gleiche Schwingung versetzen. Nach seinem Belieben dieses Schaudern, diese Begeisterung erwecken, heißt der Menge, der Welt befehlen, heißt König sein. Heißt mit einem Wort, sich zum Führer machen. Und wirklich, man bemächtigt sich des Willens der anderen und legt ihnen den eigenen Willen auf, man macht sie zu Proselyten, zu Untertanen und Sklaven.

»Die magische Kette bilden, heißt einen Ideenstrom erzeugen, der den Glauben hervorbringt und in einem durch Handlungen bestimmten Wirkungskreis eine große Anzahl gleichgestimmter Willensäußerungen mit sich zieht. Eine gut gebildete Kette ist wie ein Wirbel, der alles aufsaugt und an sich reißt.

Man kann die Kette auf drei Arten bilden: durch Zeichen, Sprache und Berührung. Durch Zeichen bildet man sie, indem man ein Zeichen als Verkörperung einer bestimmten Kraft anerkennen läßt. So stehen alle Christen durch das Zeichen des Kreuzes, die Freimaurer durch den Winkel unter der Sonne, die Magier durch das aus den fünf ausgespreizten Fingern gebildete Zeichen des Mikrokosmos miteinander in Verbindung.

---

[1] Thiers, französischer Staatsmann und 1. Präsident der dritten Repubik (1797 bis 1877).

Die magische Kette, die durch das Wort gebildet wird, war bei den Alten durch die dem Munde des Hermes entspringenden goldenen Ketten dargestellt. Nichts gleicht der elektrischen Kraft der Rede. Das Wort weckt auch im Schoße der dumpfesten Massen die erhabenste Einsicht. Sogar diejenigen, die zu weit entfernt sind, um zu hören, verstehen durch die Bewegung und werden wie die übrige Menge mitgerissen. Peter von Amiens[1] hat mit dem Ruf ›Gott will es‹ ganz Europa entflammt.

Die dritte Art, die magische Kette zu bilden, ist die Berührung. Bei Menschen, die sich oft sehen, tritt die führende Kraft bald hervor, und der stärkste Wille zögert nicht, die anderen aufzusaugen. Die tatsächliche und unmittelbare Berührung *von Hand zu Hand* schafft einen Zusammenklang der verschiedensten Geister und ist deshalb das Zeichen von Sympathie und Vertrautheit.

Alle Begeisterung, die in einer Gesellschaft durch fortdauernde Verbindung und anhaltende Übung hervorgerufen wird, erzeugt einen magischen Strom und erhält und steigert sich durch diesen Strom« (Dogma und Ritual der hohen Magie).

Schöpferisch begabt ist der Mensch, der ein bestehendes Gesetz gefunden hat, folglich eine unbesiegbare Kraft zum Handeln und Führen besitzt. Er kann während seines Schaffens sterben, aber sein Werk erfüllt sich trotz seines Todes und oft sogar durch seinen Tod; denn der Tod ist für den schöpferischen Menschen eine wahre Himmelfahrt. »Wenn ich mich von der Erde erhebe« – sagt einer der größten Eingeweihten – »werde ich alles nach mir ziehen.«

Alle Prediger und Redner, alle Menschen, die zu einer Versammlung sprechen, kennen die Macht der magischen Kette, die durch elektrische Ströme von Kanzel und Rednertribüne ausgeht, zur Tribüne oder Kanzel zurückströmt und abwechselnd die Schauder der Begeisterung von der Menge zum Redner und vom Redner zur Menge trägt. Oft wird diese Begeisterung durch die lieblichen Töne der Orgel oder den Duft des Weihrauchs verstärkt. Alle verbindet der gleiche Gedanke, und die Ungläubigsten und Verbohrtesten lassen sich milde stimmen und gewinnen. So entstehen die wunderbaren Bekehrungen. So riß der hl. Paul von Vinzenz[2]

---

[1] Peter v. Amiens, genannt der Einsiedler, Kreuzzugsprediger (um 1050 bis 1115). Begeisterte durch seine Predigten das französische Volk für den von Papst Urban II. geplanten Kreuzzug und schloß sich Gottfried von Bouillon an.
[2] Vinzenz von Paulo, Heiliger der katholischen Kirche. 1576–1660. Der bedeutendste Organisator katholischer Caritas im Zeitalter der Gegenreformation. Grün-

kraft seiner Rede die Geschmeide, goldenen Ketten und Juwelen von den Ohren und Nacken der edlen Damen, die ihm zuhörten und gründete ein noch bestehendes Hospiz für verlassene Kinder. Ein armer Priester bewirkte durch die Kraft der magischen Kette, was kein König vermochte.

Auch Schauspieler kennen den magischen Einfluß der Masse, die ihre Wirkung auf sie ausübt.

Wenn bei einem Essen Freunde um einen runden Tisch versammelt sind, teilt sich die gute Laune allen mit und ruft eine immer stärkere Stimmung hervor. Wenn aber zwei schlecht gelaunte Menschen in der Mitte sitzen, kann man machen, was man will, das Lachen wird sich nur wenig ausbreiten, die Kette ist durchschnitten.

Ebenso entsteht im Augenblick, wo sich alle Gedanken notwendigerweise auf einen einzigen Punkt richten und einen starken Wunsch zu einem Bündel zusammenfassen, ein astraler Strom, den der allgemeine gesunde Menschenverstand »Öffentliche Meinung« nennt. Wer sie vorausahnen und durch seine Initiative in eine bestimmte Richtung führen kann, wird stark und manchesmal zum König.

Denn da wir alle mit dem Astrallicht in Verbindung stehen, trägt uns dieses Licht durch seine elektrischen Ströme den Gedanken zu, von dem es durch das allgemeine Verlangen ganz erfüllt ist.

Diese Ausführungen über die Gnosis dürften genügen, da wir nie die Absicht hatten, über Magie zu schreiben. Das Wort Magie lassen wir im übrigen nur in seinem ursprünglichen Sinn, in der Bedeutung von Wissenschaft oder Weisheit gelten.

Es gibt aber noch eine andere Magie, die aus menschlichem Hochmut entsteht und den Elementargeistern befehlen will: die schwarze Magie. Ihr wirklicher Name ist Wahnsinn.

Die Magier, deren Spuren wir folgen, sind Menschen, die von einem Stern geführt, zur Geburt Jesu Christi kamen, um das göttliche Kind zu Bethlehem in seiner bescheidenen Krippe anzubeten.

Zum Verständnis unseres chiromantischen Systems mußten wie die Bedeutung des Astrallichts und der drei Welten erklären. Wir taten unser Bestes. Vielleicht haben wir sogar manchmal die uns gesteckten Grenzen überschritten. Aber wir hoffen, daß es uns der Leser nicht verargen wird.

---

der der Ordensgemeinschaften der Vinzentinerinnen und der Lazaristen oder Priester der Mission. Von Charakter eng und fanatisch, verfolgte er die Hugenotten, besonders aber die Anhänger des Jansenismus. Er wurde 1737 kanonisiert.

Wir wollen diese Betrachtungen mit einem Worte schließen, das die ganze Gnosis in sich faßt.

Die größte magische Kraft ist der *Wille*.

Die erste gnostische Vorschrift heißt: Was immer du willst, das vermagst du eines Tages. Wenn du nicht das Unmögliche willst.

Chirognomie

Die Chiromantie baut sich, wie wir noch sehen werden, vollkommen auf der Gnosis auf. Man entdeckte sie nach und nach durch ununterbrochene Beobachtungen und jahrhundertelange Erfahrungen. Es ist eine Wissenschaft, die sich auf Berechnung gründet. Dagegen ist die Chirognomie ganz plötzlich aufgekommen, jedenfalls ohne uns bekannte Vorläufer.

Zweifellos wurden früher alle okkulten Wissenschaften gepflegt, später aber gingen sie verloren. Doch bleiben sie im Astrallicht eingezeichnet und offenbaren sich höheren Wesenheiten durch göttliche Eingebung. Es heißt, daß schon Anaxagoras in den Handformen offenbarende Zeichen geistiger Haltung sah. D'Arpentigny sagt in seiner Vorrede: »Ich beanspruche nur die Ehre als erster die fruchtbaren Bereiche dieser neuen Wissenschaft geahnt, oder (wie er in seiner bewundernswerten Bescheidenheit gleich hinzufügt) vielleicht *wiedergefunden* zu haben.«

Einmal fragte ich d'Arpentigny, wie er sein System fand? Darauf gab er mir zur Antwort: »Durch eine göttliche Eingebung.« Mit dieser Äußerung zeigt er tatsächlich seine vollkommene Übereinstimmung sowohl mit seiner Lehre, da er spitze Finger hat, als auch mit der Magie, die uns die Erklärung gibt, warum Menschen mit spitzen Fingern mehr als andere göttlichen Eingebungen geöffnet sind.

In unserem Vorwort sagten wir, daß d'Arpentignys Buch nicht klar genug sei. Hier wollen wir noch hinzufügen, daß der Grund für die Unklarheit dieses Buches die langen Finger seines Autors sind. Denn lange Finger zeigen Sinn für Einzelheiten und Kleinigkeiten an. Scheinbar, um durch sein Beispiel Beweise für seine Behauptungen beizubringen, läßt er sich in eine Menge reizvoller Einzelheiten ein, die aber zu reizvoll sind, da man den Hauptgedanken dabei verliert. Wenn man sich dem Zauber seiner Erzählungen hingibt, vergißt man, wie er es scheinbar selbst tat, daß sein Ausgangspunkt das Studium der Chirognomie ist.

Dabei ist nichts wahrer und erprobter als der Kern seines Systems.

Wir wenden es beinahe sieben Jahre lang täglich und in jedem Augenblick an und haben fast nie einen Fehler darin entdeckt. Aber es muß durch die Chiromantie unterstützt werden, die es weiter ausbaut und erläutert.

D'Arpentigny ist ein Mann mit guten Manieren, liebenswürdig, charmant und von großer Bescheidenheit. Wenig geneigt sich in den Vordergrund zu stellen, macht er nicht viel Aufsehens von seiner Entdeckung und man weiß ihm dafür Dank. Für alle Welt ist er der glänzende, geistreiche Capitaine und weiter nichts. Eines Tages aber wird er als einer der nützlichsten und deshalb bedeutendsten Menschen seiner Zeit angesehen werden.

Auf folgende Art kam er zu seiner genialen Entdeckung: Als junger Mann lebte d'Arpentigny in der Provinz und besuchte recht häufig Gesellschaften, die bei einem reichen Gutsherrn der Nachbarschaft stattfanden. Dieser Gutsherr hatte eine große Vorliebe für exakte Wissenschaften, besonders für die Mechanik. Deshalb sah er viele Mathematiker und Mechaniker bei sich zu Gast.

Dagegen liebte seine Frau (nach dem unveränderlichen Gesetz der Gegensätze) leidenschaftlich die Kunst und empfing nur Künstler. Folglich hatten beide einen besonderen Empfangstag. D'Arpentigny, der weder Mechaniker noch Künstler war und deshalb keiner bestimmten Kategorie eingereiht wurde, ging bald zu den Abenden der Frau und bald zu denen des Mannes.

Er besaß eine sehr schöne Hand, die ihn leicht mit Eitelkeit erfüllte. So verglich er sie mit gewissem Wohlgefallen häufig mit anderen Händen, was immer zu seinen Gunsten ausfiel.

Mit seinem analysierenden Verstand bemerkte er, daß die Finger der Mathematiker und Mechaniker geknotet waren im Gegensatz zu den glatten Händen der Künstler. Scheinbar hatten diese beiden Klassen zwei ganz verschiedene Handarten gepachtet.

Dieser eigentümliche Gegensatz überraschte ihn, und er suchte nach anderen Beweisen. Er ging zu Künstlern und fand fast überall glatte Finger. Er ging durch die Schmieden, die Fabriken, suchte Menschen, die sich mit Geometrie und Arithmetik beschäftigten und fand meist geknotete Finger.

Von nun an unterschied er zwei Arten von Menschen: solche mit glatten und andere mit geknoteten Fingern.

Bei Menschen mit glatten Fingern entdeckte er Eindrucksfähigkeit, Unmittelbarkeit, Intuition, plötzliche Einfälle an Stelle von Berechnung, Launenhaftigkeit, Urteil auf den ersten Blick, folglich auch Kunstverständnis.

Dagegen fand er bei Menschen mit geknoteten Fingern Überlegung, Ordnungssinn, Begabung für Zahlen, für exakte Wissenschaften wie Mechanik, Landwirtschaft, Architektur, Brücken-, Straßenbau und Schifffahrt, endlich für alles, was Denkarbeit verlangt.

Nachdem er von der Richtigkeit dieser einen Feststellung überzeugt war, wollte er hierbei nicht stehenbleiben, sondern fuhr fort zu vergleichen, nachzuforschen und zu fragen.

Die Verschiedenheit jeder Handform gewann für ihn eine besondere Bedeutung, die er aber nicht gleich festlegte. Erst nach zahlreichen Erfahrungen, die ihn genügend überzeugen konnten, d. h. nach einem 30jährigen Studium legte er ein auf tatsächliche Beobachtungen aufgebautes System dar, ohne es aber der Mühe wert zu halten, seine Ursachen zu ergründen.

Wozu auch? Es gibt keine einnehmendere und unwiderstehlichere Logik als die Tatsache selbst. Man streitet über alles bis zum prüfbaren Beweis. Und diesen Beweis gab d'Arpentigny fast immer.

Wir aber wollen die Erklärung für seine Entdeckung dort suchen, wo wir den Beweis für die Chiromantie finden, nämlich in der Magie, d. h. in den drei Welten. Deshalb haben wir im Anfang so viel von ihnen gesprochen. Und hierbei werden wir auch mit unserem klugen Entdecker völlig übereinstimmen.

Der Daumen

Wir wollen mit dem Daumen beginnen, denn er faßt alle Zeichen der Hand zusammen.

Newton sagt einmal: »Mangels anderer Beweise würde mich der Daumen vom Dasein Gottes überzeugen«, und d'Arpentigny erklärt: »Wir haben ebenso wie die Tiere ein triebhaftes Wollen und instinktives Entscheidungsvermögen, aber der Daumen bringt den *vernünftigen* Willen, das *vernünftige* logische Denken und die *vernünftige* Entscheidungskraft zum Ausdruck.

Das höhere *Tier* liegt in der Hand, *der Mensch* im Daumen verborgen.

Der Daumen der Affen, der fast völlig unbiegsam und deshalb wenig oder gar nicht den anderen Fingern *gegenüberzustellen* ist, wird von einigen Naturforschern nur als bewegliche Ferse angesehen. Dagegen ist der menschliche Daumen so angeordnet und beschaffen, daß er sich immer den anderen Fingern entgegengesetzt bewegen kann. Deshalb ist er, wie ich schon sagte, Sinnbild der inneren oder seelischen Seite des Menschen, die wir unseren Wünschen und, wenn es nötig ist, den Verführungen unserer Triebe und Sinne entgegenstellen können. Beweise hierfür gibt es im Überfluß«.

So zählt d'Arpentigny folgende Beispiele auf: Von Geburt an Geistesschwache, die ohne Daumen auf die Welt kommen oder mit einem schwachen, verstümmelten; Säuglinge, die ihren Daumen in die Finger verstecken, solange sie noch keinen Funken Verstand besitzen; Epileptiker, die bei ihren Anfällen zuerst den Daumen, dann erst die Finger schließen; todesbereite Menschen endlich, die den Daumen wieder in die Finger hineinlegen.

Wir können noch hinzufügen, daß man in Neapel den Daumen in der Handfläche versteckt, um die »Jettatura«, den bösen Blick, abzuwehren.

Nach magischen Gesetzen umfaßt der Daumen ganz deutlich die drei Welten. Als Beweis hierfür wollen wir die von d'Arpentigny selbst gegebenen Definitionen anführen.

Nach seiner Ansicht stellt das erste, das Nagelglied Willen, Erfindungsgabe und Initiative dar, in gewissen Fällen auch Wunsch und Kraft zum Herrschen:

Es ist die göttliche Welt der Gnostiker.

Das nachfolgende zweite Glied ist das Zeichen für Logik, d. h. für Wahrnehmung, Erkenntnis und Urteil.

Es ist die seelisch-geistige Welt.

Der Berg, der im Handinnern die Daumenwurzel bildet, gibt nach Ansicht der Chiromanten, die ihn als Venusberg bezeichnen, Aufschluß über die mehr oder weniger ausgesprochenen Liebesneigungen. Er stellt das dritte Glied dar.

Das ist die materielle Welt.

D'Arpentigny stimmt mit der Chiromantie überein, sobald er sich auf ihr Gebiet begibt.

Dies also sind die drei Welten mit den ihnen zugeteilten Eigenschaften: *Freier Wille und Inspiration – Verstand – Materie.*

Bei einigem Nachdenken begreift man die ganze Bedeutung des Daumens, der auf den ersten Blick ein allgemeines Charakterbild entwickelt, das durch den Einfluß der anderen Finger nur noch näher bestimmt wird. Der Daumen steht in der ersten Linie wie ein Offizier vor seinen Soldaten, die ihm gehorchen müssen. Denn im Daumen liegt der *Wille, das Urteilen* und *die irdische Liebe*, diese drei hauptsächlichsten Triebfedern des Lebens.

Das erste Glied

Der *Nagelteil* des Daumens, das erste Glied, das am unmittelbarsten das Astrallicht aufnimmt, ist deshalb notwendigerweise ebenso wie alle anderen ersten Fingerglieder göttlich. Um dem Menschen gleichsam eine Lehre zu geben, um ihm verständlich zu machen, daß der Wille alles ist und zu allem führt, zeigt der oberste Teil des Daumens, der die ganze Hand zusammenfaßt, das *Wollen* an, wie in der Phrenologie der höchste Teil des Schädels vom Willensorgan gebildet wird und in der Physiognomie der oberste Teil des Gesichtes von Augen und Augenbrauen, den Kennzeichen des Willens, eingenommen wird. Jeder, der ein langes und kräftiges erstes Daumenglied hat, wird also einen mächtigen und energischen Willen besitzen, ein starkes Selbstvertrauen, ein äußerstes Verlangen nach letzter Vollendung in seinen Werken.

Ist dieses Glied zu lang, wird der Wille in Herrschsucht und Tyrannei ausarten. Ist es nur mittelmäßig entwickelt, fehlt die Beherrschung, und es ist nur noch passive Widerstandskraft vorhanden.

Einem kurzen Glied mangeln Wille und Haltung, man ist schwankend, unsicher, ohne Selbstvertrauen und geneigt, die Ansichten anderer anzunehmen. Sehr kurz, ist es Zeichen für gänzliche Widerstandslosigkeit, völlige Sorglosigkeit, für ein Sich-gehen-lassen im Leben, für Entmutigungen, grundlose Trauer oder Freude, die manchmal schon durch einen bedeckten oder strahlenden Himmel, durch fromme oder Militärmusik hervorgerufen werden, besonders aber durch die Umgebung, die für diese Menschen tonangebend ist.

Das zweite Glied

Das zweite Glied drückt Logik, Vernunft und klaren Scharfblick aus. Ist es lang und stark ausgeprägt, werden Logik und Vernunft vorherrschen. Ist es kurz, sind beide schwach entwickelt.

Das dritte Glied (Der Daumenberg)

Das dritte Glied, das eigentlich besser als Daumenwurzel bezeichnet wird, nimmt einen wichtigen Platz in der *Handfläche* ein. In ihr spiegelt sich die mehr oder weniger starke Kraft der Sinne, besonders aber die sinnliche, irdische Liebe. Ist es sehr stark entwickelt, sehr breit und lang, wird der Mensch von brutaler Leidenschaft beherrscht; mittelmäßig entwickelt, im richtigen Verhältnis zur ganzen Hand, wird er lieben, ohne ausschweifend zu sein; ist es dagegen schwach, flach, unscheinbar, ist wenig sinnliche Begierde vorhanden.

Die Chiromantie ergänzt durch die Sprache der Linien diese Grundbedeutungen, wie wir später sehen werden. Im Augenblick wollen wir, nur von den Trieben oder, wenn man so will, von den natürlichen Neigungen sprechen und wollen zuerst aus der Betrachtung der Triebe, die durch die drei Welten angezeigt werden, einige Schlußfolgerungen ziehen.

Ein Mensch mit starkem Willen, den ein langes, dickes erstes Glied ausdrückt und wenig Logik, nach dem kurzen zweiten Glied zu schließen, wird trotzdem eine Herrschernatur sein. Er hat einen energischen Willen, aber ohne Vernunft und Logik. So wird sein Leben ein steter Kampf sein, an dem er immer wieder zerbrechen muß.

Sind aber Wille und Logik miteinander verbunden, dann wird er Erfolg haben, da er ebenso viel Willenskraft wie Urteilsfähigkeit besitzt.

Bei einer gleich starken Entwicklung von Wille und Logik und einem verhältnismäßig langen Daumen wird der Wille sehr mächtig sein, da er auf logischem Denken aufgebaut ist; er kann sogar zum Ausdruck eines starken, aber nicht tyrannischen Beherrschens werden. Ist dagegen solch ein Daumen nur mittelgroß, bedeutet er eine sehr starke passive Widerstandskraft.

Ein Mensch mit einem starken und langen zweiten Daumenglied (Logik) und einem kurzen ersten Glied (Wille), wird stärkere Urteilsfähigkeit und Logik als Willenskraft besitzen. Er wird klar sehen, aber immerfort zögern, wird großartige Pläne schmieden, die er aber nicht auszuführen wagt. Seine Vernunft wird ihm den Befehl zum Vorwärtsgehen geben, aber der Mangel an Entschlußfähigkeit und die zur Vorsicht mahnende Unsicherheit werden ihn immer wieder zurückhalten. Er macht einen Versuch und hält wieder an; er geht nur Schritt für Schritt vorwärts, sollte sich aber nach seiner logischen Überlegung beeilen; er kann anderen gute Ratschläge geben, selbst aber keine Vorteile daraus ziehen.

Mit einer starken, ja zu stark entwickelten Daumenwurzel wird der Mensch als Hauptziel nur die sinnliche Liebe sehen. Kommt hierzu ein langes erstes Glied kann er seine Liebe willensmäßig beherrschen und sie in Zärtlichkeit umwandeln. So wird er die Menschheit, seine Eltern und Freunde lieben. Er wird zugleich liebevoll und standhaft sein, falls er sich nicht, was manchmal geschieht, so stark beherrscht (bei einem zu langen ersten Glied), daß er alle seine Zärtlichkeit und Liebe aus Stolz nicht zeigt.

Viele Priester haben ein stark entwickeltes Glied der Liebe, aber vom ersten Glied beherrscht. Deshalb werden diese der Keuschheit geweihten Menschen in ihrem Erbarmen alle Kraft und Macht ihrer Zärtlichkeit ausströmen lassen. Sie opfern sich der Menschheit, sind Missionare und werden, wenn es sein muß, zu Märtyrern. Sie sind das wahre Abbild der Göttlichkeit, die sie auf dieser Erde verkörpern.

Der Mensch, der ein stark entwickeltes drittes Glied – das Glied der materiellen Liebe – hat und ein mittelmäßig ausgeprägtes erstes (Willens-) Glied, wird seinen sinnlichen Leidenschaften Widerstand leisten, aber nur durch innere Trägheit oder durch eine starke, die Gedanken ablenkende Beschäftigung; er kann sich beherrschen, zumal wenn das zweite Glied (die Logik) entwickelt ist.

Aber wenn das erste (Willens-) Glied kurz und die Daumenwurzel sehr dick, stark und hart ist, wird er dem Zwang der materiellen Triebe unterliegen, als würde er, im Steigbügel verfangen, von einem durchgehenden Pferd hinter sich geschleift. Nur die Logik könnte ihm helfen; aber im Kampf zwischen Leidenschaft und Vernunft ist diese nur schwach, wenn ihr kein Wille zu Hilfe kommt.

Ausschweifende Menschen haben naturgemäß beide ersten Glieder kurz und schwach entwickelt, während das dritte Glied stark ausgeprägt ist.

Zusammenfassung

Ein Mensch mit langem ersten Daumenglied hat einen energischen Willen, mit kurzem Glied ein gutes Herz.

Ist das erste Glied entwickelt, kann er seine Triebe beherrschen, zumal wenn auch das zweite Glied lang ist.

Ein mittelstark entwickeltes erstes Glied läßt einen Menschen erkennen, der seinen Leidenschaften widerstehen kann, aber den leisesten Gefühlsregungen unterworfen ist und leicht bestürzt und ungeduldig loseifert.

Mit einem sehr kurzen ersten und einem wenig entwickelten zweiten Glied wird man keiner wie auch immer gearteten Leidenschaft widerstehen können. Man wird sich all seinen Phantasiewünschen überlassen, unsicher, ängstlich, zornig und sorglos sein. Solch ein Mensch wird Augenblicke tiefer Mutlosigkeit, unerklärbarer Begeisterung und plötzlicher Einfälle haben, er wird fast zu gleicher Zeit lachen und weinen, wird von Herzen lieben und in seiner Liebe Glück und Traurigkeit empfangen. Er wird unmöglich ein Geheimnis bei sich behalten und jedem sofort seine noch so wichtigen Angelegenheiten erzählen. Naturgemäß neigt er zur Melancholie, da eine andauernde Gemütsbewegung Müdigkeit und Erschlaffung herbeiführt.

Das stark entwickelte Organ der Logik ersetzt im Notfall Willen durch Denken; aber der Verstand muß unaufhörlich wachsam sein, und so wird das Leben *zum fortwährenden Kampf*.

Nach d'Arpentigny haben Führer von Sekten, Herrscher, Männer von starkem Ehrgeiz und Ausdauer, vollkommene Menschen und Lehrer, hatten Danton, Galilei[1], Descartes[2], Newton, Leibniz[3], St. Simon[4] (der Reformator) sehr große Daumen.

---

[1] Galilei, 1564–1642, ital. Naturphilosoph. Vertrat die kopernikanische Lehre, die das geozentrische Weltbild des Mittelalters durch das heliozentrische ersetzte; er wurde deshalb von der römischen Inquisition zur Verantwortung gezogen und zum Widerruf gezwungen.

[2] Descartes, René, franz. Physiker und Philosoph. 1596–1650. Begründer des Rationalismus. Vgl. unter seinen erkenntnistheoretischen Beweisen die Beweise Gottes, der Seele und der Materie. Als Naturphilosoph erregte er die Bewunderung Wilhelm Wundts: »... seine Weltanschauung ist unübertroffen in der Konsequenz, mit der

Voltaire, der Weltmann, dessen Herz stets dem Verstand unterworfen war, hatte besonders große Daumen, wie es uns seine Statue im »Théâtre-Français« bezeugt.

Albrecht Dürer, ein naiver Künstler, der von seiner Frau tyrannisiert wurde, Shakespeare, Montaigne, der Zweifler, la Fontaine, Ludwig XVI. hatten ein sehr kurzes erstes Daumenglied.

Naivität ist nur dieser Art von Daumen zuzusprechen. Naive Schriftsteller erzählen den Lesern alles, was sie bewegt und angeht. Sie legen das freie Spiel ihrer Kräfte, die ungezwungene Hingabe ihrer expansiven Natur in ihre Bücher. Unter diesen Menschen muß man die Dichter des Herzens suchen.

---

sie aus den gleichen Voraussetzungen über Materie und Bewegung alle Erscheinungen, von den kosmischen Bewegungen an bis zur irdischen Schwere, zu Schall, Licht, Elektrizität, Magnetismus, soweit diese zu jener Zeit bekannt waren, zu deduzieren unternimmt.«

[3] Leibniz, Gottfried Wilhelm, 1646–1716. Von größter Bedeutung als Philosoph. Mitbegründer der Differentialrechnung. Der Hauptinhalt seiner Metaphysik wird durch die Monadenlehre und die Lehre von der prästabilierten Harmonie bestimmt. Vgl. seine wichtigsten philosophischen Werke: Essais de Théodicée, 1710 (deutsch bei Reclam); La Monadologie, 1714; Nouveaux essais sur l'entendement humain, 1765.

[4] St. Simon, Claude Henry Graf von, franz. Sozialkritiker, 1760–1825. Genialisch begabt, aber verschwenderisch, starb er nach einem abenteuerreichen Leben, das ihn auch im amerikanischen Freiheitskrieg unter Washington mitkämpfen ließ, in größter Armut. Er erwartete die Lösung der sozialen Frage von einer sittlich-religiösen Erneuerung der Menschheit. Auch wollte er das Kapital mit wenig Einschränkungen erhalten. »Kapital und Arbeit erschienen ihm völlig ebenbürtig«. Sein gesammeltes Schrifttum erschien zwischen 1865 und 1878 in 11 Bänden. Einen umfassenden, exakt gearbeiteten Reformplan ist er uns trotz der Menge seiner dahin gerichteten Schriften schuldig geblieben.

Die Finger

Nachdem wir die drei Welten in den Daumengliedern dargestellt fanden, wollen wir sie auch noch in den Fingerformen suchen.

Das erste, das *Nagelglied* der Finger kann drei verschiedene Formen annehmen. Es ist:

spitz bei glatten Fingern,

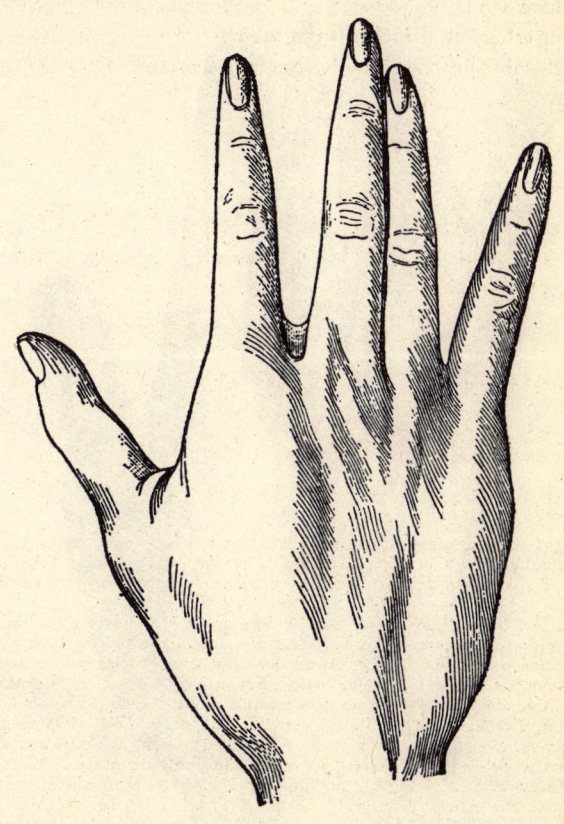

eckig bei glatten Fingern, oder

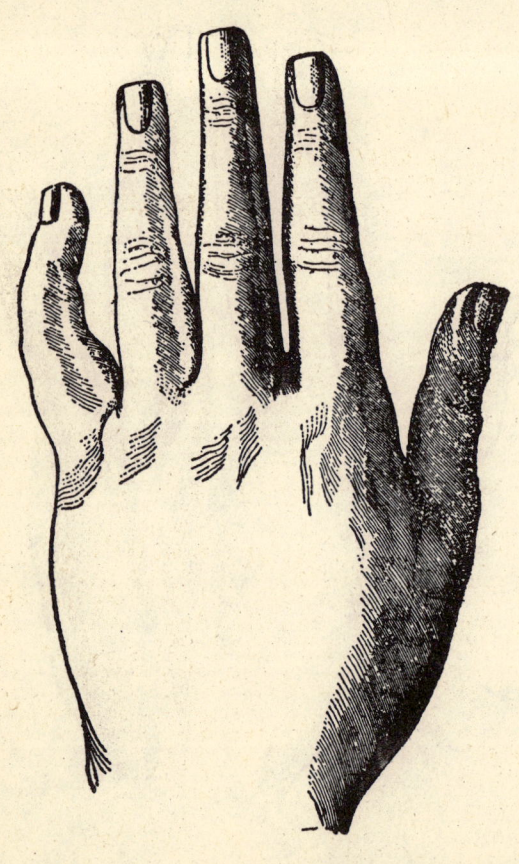

spatelförmig bei glatten Fingern.

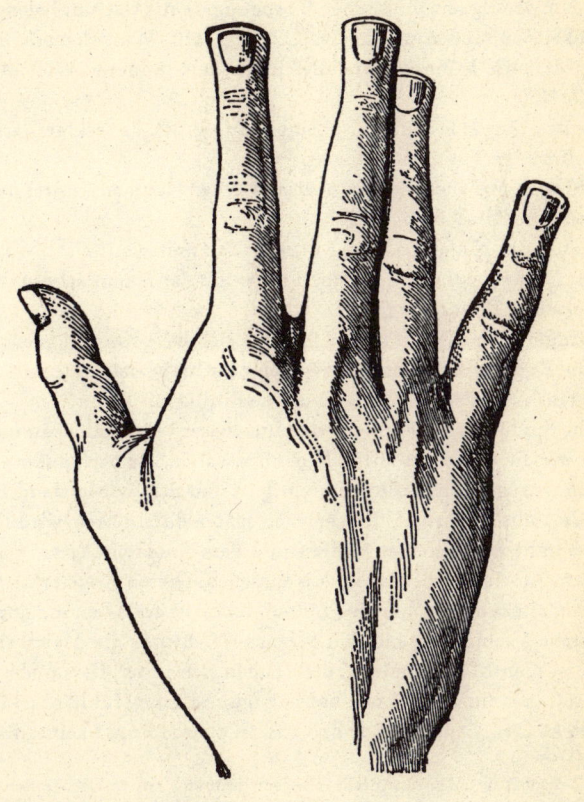

Spitze Finger bedeuten: Religion, Ekstase, Wahrsagung, Dichtkunst, Erfindung: *die göttliche Welt*.

Eckige Finger bedeuten: Ordnung, Festhalten an überkommenen Begriffen, Organisation, Regelmäßigkeit, Symmetrie, Überlegung, Verstand, Vernunft: *die seelisch-geistige Welt*.

Spatelförmige Finger, so genannt, weil jeder Finger die Form eines mehr oder weniger ausgeweiteten Spatels aufweist, bedeuten: Entschlossenheit, Notwendigkeit physischer Bewegung, Tätigkeit um jeden Preis, Wirklichkeitsempfinden und reales Lebensgefühl, Wunsch nach Behaglichkeit, oft auch Kühnheit und Bedürfnis nach äußerer Wirkung: *die materielle Welt*.

Der spitze Finger bedeutet also Einbildungskraft, der eckige Vernunft, der spatelförmige Tätigkeit um jeden Preis.

Alle Finger sind naturgemäß ebenso wie der Daumen in drei deutlich unterschiedene Glieder eingeteilt:

Das erste, das Nagelglied, ist *göttlich*, das zweite, mittelste, wird dem *logischen Denken*, das dritte, das die Finger mit der Handfläche verbindet, den *materiellen Trieben* zugeteilt.

Die Finger können glatt sein, d. h. ohne sichtbare Knoten, oder sie haben solche Knoten an den ersten, zweiten oder an beiden Gelenken. Diese verschiedenen Formen haben verschiedene Einflüsse.

Um ihr Studium zu erleichtern und uns besser verständlich zu machen, nahmen wir die Gnosis zu Hilfe. Nun aber wollen wir noch unser eigenes System hinzufügen, das sicherlich richtig ist und sich, wie letzten Endes in dieser Welt alle Wahrheit, früher oder später durchsetzen wird. Dieses System beruht auf den drei Welten und dem fluidalen Atem, von dem wir in dem Abschnitt über die Gnosis sprachen. Diesen Atem erkannte die Gnosis von alters her an und die größten Mystiker erklärten ihn durch die magnetische Verbindung mit den Sternen. Nicht nur die Mystiker, sondern die großen Männer aller Zeiten haben sich unter diesen oder jenen Namen mit dem fluidalen Atem beschäftigt und ihn gefühlt, ohne ihn erklären zu können. Sogar die Medizin[1] ist in diesem Punkt keineswegs un-

---

[1] Als Zeugen für die medizinische Übereinstimmung zitiert Desbarolles *Bichat*, der 1771 geboren, als Begründer der normalen und pathologischen Histologie, zum Klassiker der modernen Medizin wurde. Sein Hauptwerk ist »Recherches physiologiques sur la vie et la mort«. Daneben führt er *Johann Peter Müller* an, der 1801 in Koblenz geboren wurde und 1858 in Berlin starb. Ein bedeutender Physiologe und vergleichender Anatom. Er schrieb unter dem Einfluß von Goethe und der roman-

eins mit uns. Sie leugnet nicht das *unwägbare Grundprinzip*, also den elektrischen Strom. Für sie besteht die ganze Frage nur darin, ob dieser Strom von außen gekommen oder schon in den Nerven vorhanden ist und nur durch das Gehirn in Schwingungen versetzt wird.

Uns lehrt die Magie, daß dieser Strom dies unwägbare Grundprinzip die Kette ist, die uns mit den Sternen verbindet, und wir müssen dies der Magie glauben, ohne dabei in Widerspruch mit der Medizin zu sein.

---

tischen Naturphilosophie seine großen Jugendarbeiten auf dem Gebiet der Sinnesphysiologie. (Sein Hauptwerk: »Handbuch der Physiologie des Menschen« 2 Bde. 1833–40.) Müller spricht von einem unwägbaren Stoff, der die Nerven durchläuft und vom Gehirn zur Peripherie führt oder umgekehrt (Desbarolles' elektrischer Strom), und Bichat erkennt ein Organ als Sitz der Empfindungsursache an, das dem Gehirn die Veränderungen vermittelt, die es in seinen Lebenskräften empfindet (Empfindungszentrum und Verbindungsmittel sind für Desbarolles das Licht). Auch *Herder* spricht von einem Empfindungszentrum in den geheimsten Tiefen des Menschen, das mit den unvollkommenen Namen Licht und Äther bezeichnet werden kann, und dieser himmlische Strahl, dieser elektrische Strom wird vom menschlichen Körper angezogen, der ihn seinen Bedürfnissen entsprechend mehr oder weniger vollkommen anwenden kann (vgl. Herders »Ideen über die Philosophie der Menschheitsgeschichte« Bd. 1, S. 261). Als Beweis für das Einatmen dieses elektrischen Fluidalstroms führt Desbarolles noch *Aristoteles* an, der von den Seelenkräften spricht, die sich durch einen leichten Hauch, die Aura offenbaren, und *Humboldt,* der eine unsichtbare Atmosphäre um die menschlichen Nerven annahm.

Unser System

Nach dieser Einleitung wollen wir das Gesagte noch einmal kurz zusammenfassen und werden dabei zum besseren Verständnis einiges wiederholen müssen.

Das Licht erkannten wir als die große umfassende Macht, die alle Welten, folglich auch die Menschen miteinander verbindet. Nach gnostischer Auffassung gibt es drei Welten, deren Symbole in die Hand gezeichnet sind, und sich auch in Phrenologie und Physiognomie finden.

Es gibt drei persönliche Wesenheiten in uns: Den Geist, den siderischen und den physischen Körper.

Nur der physische Körper ist für uns mit Sicherheit festzustellen und konkret faßbar. Sind auch die anderen Körper wirklich vorhanden, dann müssen sie zwangsläufig dem stofflichen Körper völlig entsprechen.

Der materielle Körper atmet, folglich auch die übrigen, von denen jeder seine ihm eigene Atmung hat. Der Geist atmet durch die Wimpern, Haare, Hände und Füße. Der Astralkörper atmet durch Nabel und Zeugungsorgane. Die Atmung des physischen Körpers kennen wir.

Die unmittelbare Verbindung zwischen Nerven und Gehirn geschieht bekanntlich durch die Vermittlung der Gehirnnerven.

Durch die Nerven stehen die Hände (die dienenden Werkzeuge des Gehirns) in unmittelbarer Beziehung zum Gehirn.

Der himmlische Atem – ein Ausstoßen, Schwingen und Strömen – dringt also in die Hände ein (denn hier beschäftigen wir uns mit Chiromantie), bringt ihnen den Einfluß von außen und gibt ihre Eindrücke wie ein Spiegel, der das Sonnenlicht fast gleichzeitig empfängt und zurückstrahlt, wieder zurück.

Begegnet dieser Kräftestrom oder diese Schwingung (wir wollen hier das Wort Kräftestrom gebrauchen) keinem Hindernis, dann fließt er geradewegs zum Gehirn hin, und es entsteht ein unmittelbarer Eindruck. Dies ist bei spitzendenden Fingern der Fall, die wie die magnetischen Felder des Blitzableiters elektrische Ströme anziehen.

Sind die spitzen Finger glatt, ein ebener ungestauter Kanal, dann ist der Eindruck spontan. Hierdurch werden die göttlichen Eingebungen, die Erleuchtungen und Erfindungen möglich, die vom Himmel fallen ohne sich – dank ihrer Unmittelbarkeit – mit Irdischem zu vermengen.

Seher, um metaphysische Geheimnisse Wissende, Träumer und Dichter haben spitze Finger.

Wie aber nichts auf Erden vollkommen ist, wie das Gute Böses schafft, das nie ohne das Gute entstehen könnte, wie das Licht den Schatten wirft, der ohne Licht unvorstellbar wäre, so muß auch das göttliche Licht – um unserer unvollkommenen Organe willen – von der menschlichen Vernunft in Gleichgewicht gehalten werden. Die Eingebungen müssen einer logischen Prüfung unterliegen, die Menschheit muß ihr Siegel den von oben empfangenen Antrieben aufdrücken; denn der Mensch kann nicht Gott oder ein Engel sein, und alles auf Erden Lebende muß ein irdisches Gewand tragen.

Menschen mit glatten spitzen Fingern erleben ekstatische Zustände, die in keiner Beziehung zu ihrem irdischen Körper stehen. Ohne logisches Abwägen müssen sie in Extreme fallen. Sie leben nicht wie andere Menschen, sondern sind Dichter, Lyriker und haben die Begabungen wie auch die Fehler der Dichter. Sie übertreiben und lügen zum Teil, wähnen sie doch ihre Erzählungen wirklich erlebt zu haben. Selbst ihre Bewegungen passen sich durch die Übereinstimmung von Körper und Seele den geistigen Übersteigerungen an: so benehmen sie sich unecht und geziert.

Glatte spitze Finger finden sich bei inspirierten Dichtern, bei ekstatischen Priestern, wahrhaft überzeugten Gläubigen und hochstehenden Predigern; denn hier erfüllen sie ihre Rolle als Mittler zwischen Himmel und Erde.

Der eckige Finger hält durch seine breite Form einen Augenblick lang den Kräftestrom an und läßt dem höchsten Gut des menschlichen Wesens, der Vernunft Zeit, die empfangenen Eingebungen abzuwägen und zu erkennen. Die glatten eckigen Finger stellen auch in Kunst und Poesie den philosophisch denkenden Menschen dar.

Die spatelförmigen Finger bieten den einströmenden Kräften durch ihre Breite ein noch größeres Hindernis. Hier bringt das Klügeln aufklärende Erwägungen; in Zweifelsfragen überwiegen rein menschliche Gesichtspunkte, und die Materie siegt über die Idee.

Aber gleichviel, ob spitz, eckig oder spatelförmig, solange die Finger ohne Knoten sind, fließt der Strom ungehindert weiter gleich dem Fluß, der eine Ebene durchzieht, und die Eindrucksfähigkeit bleibt immer lebendig, wenn auch verschieden in ihrer Stärke.

»Knotenlose Finger tragen« – nach d'Arpentigny – »eine künstlerische Anlage in sich: Zu welch realem Ziel und Interesse sie auch vorwärtsdrängen, sie werden doch immer mehr von Eingebungen als Überlegungen, mehr von Phantasie und Empfindung als von bewußter Erkenntnis geführt.«

Hinzugefügt sei noch, daß neben den verschiedenen Einflüssen der spitzen, eckigen oder Spatelform auch die Länge oder Kürze der Finger Veränderungen der angeborenen Triebe herbeiführen.

Kurze Finger, in denen der Strom weniger Raum zu durchfließen hat, sehen nur das Gesamtbild; lange Finger, die der Kräftestrom längere Zeit durchzieht, beschäftigen sich vor allem mit Einzelheiten.

Menschen mit spitzen glatten Fingern sind als Dichter und Künstler Eingebungen und Vorahnungen geöffnet; sie lieben die schönen Künste, haben Freude an harmonischen Formen und vornehmen Erscheinungen. Aber sie fühlen sich nie im realen Leben zurecht.

Menschen mit glatten eckigen Fingern beschäftigen sich mit Ethik, Politik, mit sozialen und philosophischen Gebieten. Dank ihrer glatten Finger lieben sie die Kunst, aber nur eine naturnahe, wahrheitsgetreue, nicht phantasievolle Darstellung. Sie freuen sich am wissenschaftlichen Ausdruck, an Rhythmus, Symmetrie und Ordnung. Sie lieben mehr richtige als weite Gesichtspunkte, haben große kaufmännische Begabung, praktisch reale Gedanken und Führertalente. Die vernünftigen Naturtriebe der eckigen Form lassen wenig Begeisterungsfähigkeit zu, und so werden die von den glatten Fingern vermittelten Eingebungen immer von Vernunft begleitet sein. Menschen, die diesen Typ rein verkörpern, sind sogenannt starke Naturen.

Menschen mit glatten, spatelförmigen Fingern sehen in allem das Nützliche und materiell Greifbare. Sie haben ein instinktives Verständnis für das reale Leben und ein heftiges Verlangen nach Bewegung und Aktivität,

nach körperlicher Betätigung, Ortswechsel und sehr häufig nach Handarbeit; sie lieben Pferde, Hunde, Jagd, Schiffahrt, Krieg, Ackerbau, Handel, rechnerische Begabung, kunstvolle Mechanik, Verwaltungsarbeit,
Rechtswissenschaft und realen Wirklichkeitssinn.

Nach d'Arpentigny »haben Menschen mit Spatelfingern ein äußerst
großes Selbstvertrauen; sie suchen den Überfluß und haben ein besonders
starkes, angeborenes Gefühl für das reale Leben und ein vorherrschendes
Verständnis für die Welt der Tatsachen und materiellen Interessen«.

Die glatten Finger geben ihnen Leidenschaft, Eingebungen und Triebhaftigkeit. Sie freuen sich in der Malerei wie in der Literatur oder Musik
an lebendig bewegter Kunst. Aber ihre Werke wirken mehr durch Geschicklichkeit als durch Seelenhaftigkeit. Sie verstehen sich auf Geschäfte
und unterliegen stark dem Egoismus.

Alle *glatten* Finger – die spitzen, eckigen und spatelförmigen – beurteilen Menschen und Dinge intuitiv auf den ersten Blick. Ihre erste Idee ist
immer die beste. Nachdenken hilft ihnen nichts. Ihr Fühlen und Deuten
bleibt intuitiv.

Aber wegen dieser Unmittelbarkeit fehlt auch diesen drei Typen mit
glatten Fingern, eben um dieser glatten Finger willen, wenn auch verschieden stark, jeder Ordnungssinn.

Spitze Finger haben überhaupt kein Gefühl für Ordnung; eckige Finger sehen sie gern, halten sie aber selber nicht. Nach außen hin räumen sie
alles auf, aber man darf nicht in ihre Schränke sehen. Spatelförmige Finger schließen einen Kompromiß zwischen wirklicher und nur scheinbarer
Ordnung. Nur wenn sie Zeit haben, räumen sie auf oder wenn sie ihr
Wunsch nach Bewegung dazu treibt.

Spitze Finger geben phantasiebegabte Maler wie Raffael, Perugino,
Fiesole, Corregio.

Eckige Finger finden wir bei naturgetreuen Malern wie Holbein und
Dürer.

Spatelförmige Finger gehören zu Rubens, Rembrandt und der vlämi-
schen Schule, die in ihrer Malerei fleischigen Gestalten Ausdruck geben.

Der Einfluß der Knoten

Knoten verändern die Begabungen dieser drei Typen.

Die Glieder der drei großen Finger werden — wie am Daumen — den drei Welten zugeordnet; das erste, das Nagelglied, das wir eben in spitze, eckige und Spatelform einteilten, gehört zur *göttlichen* Welt. Diese Nagelglieder nennt d'Arpentigny die Augen der Hand.

Das zweite Glied gehört zur *seelisch-geistigen* Welt; das dritte, wie auch beim Daumen, in die *materielle* Welt.

Jedes Glied entspricht einer besonderen, an jedem Finger verschiedenen Eigenschaft. Aber dies fällt in das Gebiet der Chiromantie und kann auch nur von ihr aus erklärt werden.

Nur das dritte Glied ändert sich sehr selten; denn es ist Symbol der materiellen Ebene. Allgemein kann gesagt werden, daß am unteren Ende angeschwollene oder sehr dicke Finger immer Zeichen von sinnlicher Lust, von Wollust oder Gefräßigkeit sind. Diese Neigungen können aber durch den Einfluß der Berge und Linien verändert werden.

Die Knoten bilden den Übergang zwischen den drei Welten.

Sind die Finger glatt, dann ist der Eindruck, wie gesagt, schnell, plötzlich, unmittelbar und wird durch die verschiedenen spitzen, eckigen oder spatelförmigen Fingerformen beschleunigt oder verlangsamt.

Die Knoten aber hemmen den Durchgang des Stroms. Dieser staut sich, einem Fluß gleich, der auf ein Hindernis stößt und seine nun stärker heranströmenden Wasser zusammenballt, um es zu überfluten. Der menschliche Verstand oder das Stoffliche vermischen dann ihr Wesen, ihren Charakter und ihre Individualität mit den Ausgießungen des Himmels.

Der erste Knoten, der den Übergang der göttlichen zur seelisch geistigen Welt (vom Nagel- zum Mittelglied) versperrt, hat somit an diesen beiden Welten teil.

Ebenso verhält es sich mit dem zweiten Knoten, der den Übergang von der seelisch-geistigen zur materiellen Welt absperrt.

Nach d'Arpentigny herrscht *Ordnung im Denken*, wenn der Knoten, der das Nagelglied mit dem zweiten verbindet, stark hervortritt. Ist der Verbindungsknoten vom zweiten zum untersten Glied stark entwickelt, ist ein bemerkenswertes Maß *materieller Ordnungsliebe* vorhanden.

Der zwischen Nagel- und zweitem Glied liegende Knoten ist Zeichen gedanklicher Einordnung, Kennzeichen der *seelisch geistigen Welt*.

Der zwischen zweitem und drittem Glied liegende *Knoten* stellt die materielle Ordnungsliebe dar, also die *materielle* Welt.

philosophische Knoten

materielle
Ordnungsknoten

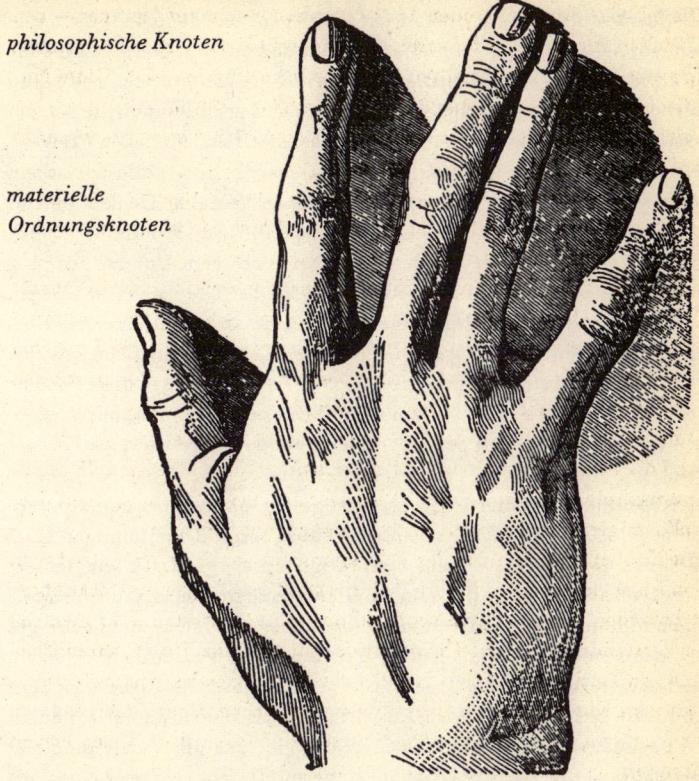

Der philosophische Knoten

Der erste, sogenannte philosophische Knoten bildet also die Grenze zwischen göttlicher und seelisch-geistiger Welt. Er stellt den Urkampf zwischen Idee und Vernunft dar. Das erste Glied zieht die göttlich erleuchteten Einfälle an, die nun vom ersten Knoten angehalten und gleichsam geprüft werden.

Der philosophische Knoten untersucht die eigenen geistigen Ideen, wie auch die Einfälle der anderen. Solcher Mensch zweifelt, urteilt und glaubt nichts ohne tatsächliche Beweise. Zweifeln heißt, die Überlegenheit und Unfehlbarkeit der anderen, selbst der überlegensten Menschen, nicht anerkennen, heißt, sich als Richter aufspielen und auf den Standpunkt stellen: da ich über einen Menschen rede, muß ich ihn werten, heißt also naturnotwendig unabhängig sein. So findet sich der philosophische Knoten bei allen Revolutionären, Besserwissern und Zweiflern um jeden Preis.

Noch weiter: Jeder Mensch mit stark entwickeltem philosophischem Knoten wird unbedingt und zwangsläufig zum kausalen Denken getrieben. Hieraus entsteht sein Unabhängigkeitsgefühl, sein Zweifeln, folglich auch seine revolutionären Anschauungen; nur mit dem Unterschied, daß der philosophische Knoten an spitzen Fingern bei Utopisten, an eckigen bei gerechtdenkenden, gutgläubigen Menschen, an spatelförmigen Fingern bei aufgeregten und, wenn noch andere Zeichen hinzukommen, bei ehrgeizigen Naturen gefunden wird. Andere Zeichen können diese Grundtendenzen verändern, aber nie den Grundtrieb zerstören. Besonders wichtige Veränderungen wird der mehr oder weniger lange Daumen hervorrufen.

D'Arpentigny definierte die Hauptzüge des philosophischen Knoten: »Dieser Mensch verlangt Rechenschaft über seine Empfindungen. Das Geheimnis des eigenen Wesens beschäftigt ihn ebenso stark wie der geheimnisvolle Ursprung aller Dinge. Glaubenssätze, Gedanken und Meinungen nimmt er nicht nach Gutdünken anderer an, sondern nur nach eigener umfassender und tiefgehender Prüfung. Der Verstand ist ihm ein zuverlässigerer Führer als Trieb, Glaube oder selbst die Liebe.« Er fügt noch hinzu, daß »wir uns nach Ansicht der Philosophen wesentlich durch die Vernunft vom Tier unterscheiden. Sie gibt uns die Vorstellung von Gott, während die Tiere aus Mangel an vernünftigem Denken keine ähnliche Vorstellung kennen. Wenn unsere Vernunft der einzige Garant des göttlichen Seins ist, dann folgt daraus, daß nur sie uns in den mit Gott sich befassenden Forschungen und Studien führen darf«.

D'Arpentigny sah den philosophischen Knoten als Zeichen von Zweifel und kausalem Denken; wir fügten noch Unabhängigkeitsverlangen hinzu.

Der materielle Ordnungsknoten

Der zweite Knoten, der das zweite Glied (des Verstandes) vom dritten (der Materie) abgrenzt, muß notwendigerweise an beiden Anteil haben. Auch er ist ein Zeichen von Kampf. Die Materie nimmt die Gesetze des Verstandes nur an, wenn sie von natürlichem Nutzen sind. Eine gedankliche Einordnung interessiert sie viel weniger als die Ordnung in geschäftlichen Dingen, in Berechnungen und allem, was Vorteile bringen, Wohlergehen, Reichtum, folglich auch materiellen Genuß herbeiführen kann. Dieser Knoten wird bei Kaufleuten, bei rechnerisch begabten oder spekulierenden Menschen gefunden und ist bei Egoisten übermäßig stark entwickelt.

Ist das an das zweite sich anschließende dritte Glied dick, so daß es den untersten Fingerteil verbreitert, zeigt es Freude am materiellen Genuß.

Wesensänderungen durch Knoten

An spitzen Fingern bedeuten philosophische Knoten fortwährenden Kampf zwischen göttlicher Eingebung und analysierendem Denken, zwischen intuitiv künstlerischem Empfinden und theoretischer Kunstauffassung, zwischen religiösen Neigungen und einem in Glaubenssachen streitbaren Geist. Der Mensch wird einmal von der Ekstase des Priesters, ein andermal von den Zweifeln des Freidenkers erfaßt. Er wird nicht an der Göttlichkeit selbst zweifeln, sondern an den Dienern der Religion, die er nicht für eifrig oder rein genug hält, und in seinem Bedürfnis für Unabhängigkeit und Frömmigkeit wird er sich eine eigene Religion ausdenken.

Im Gegensatz hierzu werden die eckigen Finger mit philosophischen Knoten einen harmonischen und fortschrittlichen Charakter anzeigen. Ihr exaktes, ernstes und reales Streben wird in der Überlegung dieses Knotens einen sehr wertvollen Halt finden. Sie sehen die Dinge gerecht aber kalt und erörtern alles, selbst die Kunst, mit dem Verstand. Sie haben einen klaren Blick im Leben, lieben das Wahre und vor allem das Nützliche. Nur wird sie ihre Unabhängigkeitsliebe dazu treiben, alles zu tadeln, was ihnen ungerecht, übertrieben oder außerhalb des Überkommenen erscheint. In ihrem Fetischdienst für Ordnung und Gesetz können sie bis zum Aufruhr gehen.

Spatelförmige Hände mit philosophischen Knoten nehmen sich Tatsachen, praktische Ideen und Politik zum Ziel. Ihre Unabhängigkeitsliebe drückt sich in Bewegung und plötzlichen Ausbrüchen aus. Sie leugnen alles, was nicht angenehm und real ist, zweifeln zutiefst an allen weiten und zärtlichen Gefühlen und erkennen fast nie die sentimentale Seite des Lebens an. Als Künstler legen sie Bewegung und Realismus in die Kunst. Das Begeisterungsfeuer des Katholizismus, seine Bilder, seine Orgel- und weltliche Musik rufen das Mißtrauen ihres auf reale Tatsachen eingestellten Widerspruchsgeistes hervor. Sie wollen Priester, die so leben wie sie, die wie sie durch Familienbande mit dem Land verwachsen sind und ihnen in einer ihnen verständlichen Sprache die selbst übersetzten und dokumentierten heiligen Schriften vorlesen. Sogar im Religiösen wollen sie nichts der Phantasie und Poesie überlassen.

Ihre Beeindruckbarkeit und ihr künstlerisches Gefühl werden diese drei Hände durch den philosophischen Knoten *allein* nicht verlieren. Alle drei — aber jede immer wieder ihren Grundtrieben folgend — werden durch ihn Darstellungsmöglichkeiten suchen, sei es in der Bildhauerei oder Malerei und dafür ihre besonderen Rezepte, ihre eigenen Kunstgriffe haben.

Die aktiveren Spatelhände versuchen sich in allem, was in Beziehung zur Kunst steht. Sie machen Lichtbilder, Lithographien, Kupferplatten, Aquarelle, Malereien und schließen daran wissenschaftliche Studien an, die Beziehung zu den Künsten haben, wie die Chemie und Physik. Sie probieren Zusammensetzungen und Verbesserungen der zum Malen verwendeten Farben aus, stellen besondere Farbstoffe her und machen Firnis nach eigener Entdeckung.

Verbindet sich aber der materielle Knoten mit dem philosophischen, liegen also Knoten an jedem Fingergelenk, ist es vorbei mit dem Sinn für die schönen Künste; das Reale und Nützliche spielt die Hauptrolle und, bleibt doch noch ein künstlerisches Gefühl zurück, dann wird aus Vernunft und Berechnung Kunst getrieben. Denn die Verbindung der beiden Knoten ergibt ein Überwiegen von Verstand und realem Tatsachendenken. Der spitze Finger verliert durch den Einfluß dieser beiden, im entgegengesetzten Sinn handelnden Knoten zum Teil seine ursprüngliche Grundtendenz. Die künstlerischen Eingebungen werden unaufhörlich durch berechnende Nüchternheit erstickt. Da aber ein Element nie seine Eigenschaften verlieren kann, wird man Berechnung mit Erfindung verbinden und so Entdeckungen machen, die man selbst in groben Zügen entwerfen kann, die aber besser von geknoteten Spatelfingern ausgearbeitet und in Bewegung gesetzt werden. Der doppelt geknotete spitze Finger — eine disharmonische Verbindung — wird zeitweilig innere Kämpfe hervorrufen und somit Unzufriedenheit, Mißtrauen oder Traurigkeit erwecken, zumal bei einem kurzen Daumen.

Der eckige Finger, der beide Knoten aufweist, liebt Wissenschaft, Studium, Geschichte, Botanik und Archäologie. Er tritt in der Jurisprudenz, in Geometrie, Grammatik, Arithmetik, Mathematik, Landwirtschaft und bei Berechnungen hervor. Solch ein Mensch ist ein genauer Kassierer. Seine Ordnung ist ungewöhnlich; bei ihm ist alles geregelt und mit einem Zettel versehen. Regeln und Gewohnheiten fanatisch unterworfen, bewundert er vor allem jede Symmetrie. Er eignet sich für alle Geschäfte und praktischen Wissenschaften und legt vielleicht mehr Wert auf gesunden Menschenverstand als auf geniale Begabung. Er zieht das Reale dem Idealen, Geschichte und andere verstandsmäßige und politische Wissenschaften den metaphysischen und okkulten Wissensgebieten vor.

Die großen Komponisten, *vor allem die großen Theoretiker*, haben aus ihrem rhythmischen Gefühl heraus, das eine Art Berechnung ist, eckige und doppelt geknotete Finger; die Eingebung erwächst ihnen aus einem kurzen Daumen.

Der zweimal geknotete Spatelfinger umfaßt zugleich Freude an Bewegung, die sein Hauptcharakteristikum ist und Interesse für exakte Wissenschaften, das der Verbindung beider Knoten entspringt. Solch ein Mensch wird also die Wissenschaft aktivieren, ihr Bewegung und Leben geben, die Maschine in Gang setzen, Räderwerke ineinandergreifen lassen, mechanische Erfindungen machen und den Dampf nützlich verwerten. Man findet diese Menschen als Feldmesser auf der Landstraße, als ausgesprochene Beamte oder Seefahrer, kurz gesagt: immer dort, wo körperliche Tätigkeit geistige Arbeit ausführt.

Im Norden, wo spatelförmige und eckige Finger die Übermacht haben, wird — wie d'Arpentigny sagt — »der Künstler vom Handwerker verdrängt, dagegen wird in Italien, Spanien, selbst in Frankreich, der Handwerker vom Künstler zur Seite gedrängt. Im Norden gibt es mehr Reichtum als Luxus, im Süden mehr Luxus als Reichtum«.

Als der Protestantismus entstand, gerieten die Spatelhände mit philosophischen Knoten durch eben diese Knoten in Zweifel, durch die Spatelform aber, die sie zu jeder Bewegung drängte, wurden sie veranlaßt, eine neue Religion begeistert aufzunehmen. Die Aufhebung des Ediktes von

Nantes[1] nahm Frankreich seine Mechaniker und seine vornehmsten Gelehrten und verbannte sie. England verstand es, diese Menschen anzuziehen und aus diesem großen Fehler Vorteil zu erlangen. Wir wollen hier noch als sehr wichtige Erkenntnis hinzufügen — worüber d'Arpentigny nicht sprach, — *daß Übertreibungen der äußeren Fingerform oder des Knotenumfangs immer Übermaß anzeigen, folglich Unordnung in den Eigenschaften und Trieben, die ihnen zugeordnet sind.* Dementsprechend sind auch die durch Knoten ausgedrückten Eigenschaften, je nach der mehr oder weniger deutlichen Entwicklung dieser Knoten, stärker oder geringer.

Übermäßig entwickelte Formen

Der übertrieben spitze Finger wird zu romantischen, unmöglichen Unternehmungen, zur Unvorsichtigkeit, Unklugheit und Übertreibung der Phantasie, die so zur Lüge wird, zu aufgeblasener Lyrik, Mystizismus und völliger Narrheit, zu religiösem Fanatismus, überspannter Zärtlichkeit und vor allem zu einem gezierten Wesen, einer gekünstelten Haltung, Gebärde und Sprache getrieben.

Die übermäßig eckigen Finger neigen zu fanatischer Ordnungsliebe und Methodik oder zu engherziger Gewaltherrschaft in allem, zur Unduldsamkeit allem nicht Überkommenen gegenüber und zu geisttötender Gleichförmigkeit. Diese Menschen sind für ihre Beamten und Untergebenen Tyrannen des Rechts, der Gewohnheit und Ordnung.

Übermäßig spatelförmige Finger zeigen überbetonte Aktivität und Bewegung. Es geht nach ihrem Geschmack nichts schnell genug und nach ihrer Meinung ist niemand genügend beschäftigt. Sie interessieren sich fanatisch für reale Wissenschaften, sind voller Zweifel, immer bewegt und haben ein Bedürfnis nach absoluter Freiheit. Sie machen viel Scherereien, sind voll Unruhe und quälen sich, mehr noch die anderen.

---

[1] Edikt von Nantes. Wurde am 13. April 1598 von König Heinrich IV. erlassen und von Ludwig XIV. am 23. Oktober 1685 wieder aufgehoben. Es gewährte den Hugenotten freie Religionsübung und gab ihnen Anteil an den öffentlichen Lehranstalten und Hospitälern, Zutritt zu allen Ämtern und Würden usw. Alle diese Rechte fielen mit Aufhebung des genannten Ediktes. Als eine Folge der mit dieser Aufhebung erlassenen brutalen Bestimmungen flüchteten viele Tausende von Reformierten aus Frankreich. Während die aus dem Süden und Osten kommenden Protestanten sich in der Hauptzahl in der Schweiz niederließen, flüchteten die Bewohner des Westens und Nordens (etwa 70–80 000 an der Zahl) nach England.

Diese Übertreibungen sind besonders stark vorhanden, wenn sich zu den übermäßig entwickelten Formen noch ein langes erstes – den absoluten Willen oder die Beherrschung darstellendes – Daumenglied gesellt. Ist dieses Daumennagelglied kurz, zeigt es, wie wir sahen, Entschlußlosigkeit an. Ist es aber zugleich bereit, läßt es auf mehr oder weniger großen Eigensinn schließen, entsprechend der stärkeren oder geringeren Breite des Daumens. Je länger das erste Daumenglied, desto betonter ist der Wille. Ein kurzer, aber breiter Daumen nimmt ebensoviel Strom auf wie ein langer, nur daß bei einem kurzen Daumen, der mangelnden Willen ausdrückt, die durch den Stromandrang herbeigeführte Energie ein ungeregeltes Wollen ohne Unterscheidungsvermögen, also Eigensinn weckt, zusammen mit einem wilden Gemüt. Übermäßig in der Freude und besonders im Zornausbruch kann solcher Mensch bis zum Selbstmord oder Mord getrieben werden. Einen ruhig veranlagten Menschen macht diese Daumenform melancholisch.

Immer aber kündet das breite, fast wie ein Billardball gerundete erste Daumenglied Eigensinn an. Fehlt dabei noch die Logik, wird dieser Eigensinn unbesiegbar sein.

Dieses Zeichen täuscht nie.

Kurze Finger – Lange Finger

Kurze, besonders glatte Finger, die schneller vom Strom durcheilt werden, urteilen im Augenblick und haben nur Zeit, alles in Bausch und Bogen zu prüfen. Der allgemeine Anblick genügt ihnen und sie geben sich nicht mit Einzelheiten ab, die sie sogar nicht einmal bemerken. Menschen mit kurzen Fingern machen auch keine Umstände; für sie sind Kosten für Kleidung hinausgeworfenes Geld. Wenn man sie besucht, ziehe man keinen schwarzen Anzug an und binde sich keine weiße Kravatte um, denn sie werden es gar nicht oder nur zufällig bemerken. In allen Lebenslagen, in all ihren Geschäften werden sie auf den ersten Blick das Gesamtbild übersehen und meist auch richtig, da sie nach Eingebungen urteilen. Als Maler beschäftigen sie sich mit Gesamterscheinung und Menge und können sich niemals dazu zwingen, liebevoll Einzelheiten zu pflegen. Sie sind in ihrem Stil und Schreiben kurz angebunden. Haben sie spitze Finger, dann können sie in Bildern sprechen, aber sie werden niemals ihr Hauptziel, den Gesamteindruck, verlieren.

Eine kurze Hand mit geknoteten Fingern nimmt notwendigerweise die Eigenschaften an, die ihr die Knoten geben. Sie kann Überlegung, selbst Beherrschung haben, wird aber eher synthetisch als analytisch urteilen.

Dagegen wird die lange Hand unwiderstehlich zu Einzelheiten bis zur Kleinlichkeit getrieben. Sie erstrebt mehr das sorgfältig Auszuführende als das Große. Menschen mit langen geknoteten Fingern sind vorsichtig und haben vorgefaßte Meinungen.

Will man einen Menschen mit langen Fingern um eine Protektion bitten, muß man sehr aufpassen, keine Nachlässigkeit im Anzug zu verraten. Wenn man ihn besucht, darf man es nicht an achtungsvoller Haltung fehlen lassen, denn, wie klug er auch sein mag, er wird ganz *unabsichtlich* für diese sorgfältigen kleinen Bemühungen, die seinem Geschmack oder vielmehr seinem Trieb entsprechen, dankbar sein. Man muß auch seine Worte gut abwägen und sein Mienenspiel überwachen, denn der Mensch, der Einzelheiten liebt, ist eben deshalb auch notwendiger- und verhängnisvollerweise empfindlich. Sein peinlich genaues Wesen fühlt sich von einer belanglosen Sache irritiert und beleidigt, ebenso wie sein Auge unter der geringsten Nachlässigkeit in der Haltung leidet. Als Redner oder Literat wird er die Einzelheiten und Ausschmückungen (denn hierdurch dürfte er Interesse hervorrufen und Erfolg haben) so liebevoll ausführen, daß er sich manchmal völlig in der Beschreibung eines kleinen Teilchens verliert und dabei den Ausgangspunkt, den eigentlichen Gegenstand seiner Beschäftigung, vergißt. Als Maler wird er die Einzelheiten bis zur Vollendung sorgfältig ausarbeiten, auch unter der Gefahr, dem Gesamteindruck dadurch zu schaden. Die Engländer, die im allgemeinen lange Finger haben, zeichnen sich in der Kleinmalerei aus. Die Vlamen und Deutschen haben offensichtlich meist sehr lange Finger.

Man hüte sich besonders vor einem Menschen mit langen Fingern, der mit einem philosophischen Knoten alle Ursachen zu ergründen sucht. Denn er geht bei seiner Betrachtung von den kleinsten Einzelheiten aus, um daraus Schlüsse über den anderen zu ziehen und ihn so kennenzulernen; zumal, wenn die Länge des zweiten Daumengliedes auf Logik weist. Ich sage: Man hüte sich, denn niemand ist vollkommen, und die menschliche Unduldsamkeit achtet eher auf die Fehler als auf die guten Eigenschaften.

»Den großen Händen«, sagt d'Arpentigny, »entspricht das Interesse an Kleinlichkeit und Einzelheit.«

Eine lange Hand mit starken Knoten und einem großen Daumen gehört im allgemeinen schikanierenden Menschen an. Ein nörgelnder, spitzfindiger Geist, Liebe zu Polemik und Streitsucht begegnen sich häufig in einem Menschen, dessen große Hand Knoten und eckige Fingerenden aufweist.

Mittelgroße Hände, deren Handfläche und Finger gleich lang sind, nehmen zugleich Gesamtbild und Einzelheiten, Synthese und Analyse auf.

Harte und weiche Hände

Wir müssen noch zum Schluß, um d'Arpentignys System zu ergänzen, von harten und weichen, von wollüstigen, elementaren und gemischten Händen sprechen.

»Zwei Hände«, sagt d'Arpentigny, »haben dieselbe Dicke, Breite und Ausbildung, auch enden sie in gleicher Weise, z. B. spatelförmig. Nur ist die eine geschmeidig bis zur Weichheit, die andere fest bis zum Hartsein. Es handelt sich hier um die Art der Beschaffenheit und darum, daß die Fähigkeiten und Lebensweisen dieser Hände verschieden sein müssen, wenn auch ihre Verstandesrichtung, wegen des spatelförmigen Nagelgliedes, das immer Bewegung verlangt, dieselbe bleibt; denn, wie Fontenelle[1] sagt: »eine Grundähnlichkeit besitzt doch noch immer unendliche Verschiedenheiten. In ihrer gemeinsamen Liebe zur Bewegung wird die weiche Hand Erholung in einer maßvollen Tätigkeit suchen, die harte Hand dagegen in einer energischen. Letztere steht mit der Morgenröte auf, die andere weiß die Köstlichkeit des frühen Morgens zu genießen. Wie in ihren Vergnügungen, so wird sich auch der Einfluß ihrer Körperanlage in der Wahl ihrer Studien und Berufe fühlbar machen.«

Die charakteristische Eigenschaft der weichen Hand ist Faulheit. Ein Bach fließt über ein Felsbett, ohne einen einzigen Wassertropfen dort zurückzulassen. Durchfließt er aber einen Sumpf, wird sein Lauf langsamer, die Wasser verlieren sich, tränken den Boden und bleiben dort stehen.

---

[1] Fontenelle, Bernard Le Bovier 1657–1757. Französischer Schriftsteller. Er stellte die Lehren von Galilei und Kopernikus in seinen »Entretiens sur la pluralité des mondes« in einfacher Form dar und schrieb u. a. »Dialogues des morts« und »Histoire des oracles«.

Ebenso der Strom, der die Handfläche durchquert, in der die astralen Einflüsse eine so große Rolle spielen. Das feste Handfleisch läßt den elektrischen Strom, der die weiche schwammige Haut durchtränken würde,
schneller durchfließen.

Die harten Hände sind tätiger, energischer, stoffverbundener, aber auch
weniger verträumt und weniger dichterisch veranlagt. Die harte Hand,
sei sie nun spatelförmig oder nicht, liebt an sich schon körperliche Betätigung und Bewegung, liebt Anstrengungen, Körperübungen, Fechten, Rei-
ten, Jagen und Fußtouren in Regen und Sonne. Sie liebt Strapazen und
harte Betten und schläft, wenn es sein muß, auf der Erde. Es macht ihr
Vergnügen, zur Entspannung ein Ruderboot gegen Wind und Fluten
zu lenken; denn nur in einer neuen Arbeit ruht sie sich von der vorherge-
gangenen aus und kann nie müßig bleiben.

Ist die harte Hand noch dazu spatelförmig, dann wird sie zäher, soweit
das möglich ist. Auch die spitze Hand wird tätig, wenn sie hart ist. Nur
wird sie in die Arbeit eine angeborene Eleganz legen und Anmut mit Kraft
verbinden. Eine zu harte Hand ist Zeichen eines gewissen Unverstandes
oder zumindest einer geistigen Schwerfälligkeit.

Mit einer weichen Spatelhand ist der Mensch körperlich faul und hat
Angst vor Müdigkeit und Hitze. Er bleibt gern den ganzen Tag sitzen,
schläft lang, geht früh zu Bett und steht vor allem spät auf. Aber die Triebe
der Spatelhand bleiben trotzdem lebendig. Solch ein Mensch liebt Lärm
und Bewegung, läuft gern durch Messen und belebte Märkte, läßt keine
Revuen aus, wenn er einen guten Platz haben kann, sieht überall zu, wo
der Anblick tätiger Arbeit geboten wird und setzt sich auf die Brüstungen,
um zu sehen, wie ein Schiff vom Stapel gelassen, eine Barke vollgeladen
wird. Je mühseliger die Arbeit, desto stärker die Erregung und Freude, die
man dabei empfindet.

Jede *weiche* Hand wird naturgemäß zum Glauben an das Wunderbare
getrieben. Stärker mit Elektrizität geladen, steht sie unmittelbarer mit den
anderen Welten in Verbindung, ist sie sensibler, eindrucksfähiger, nervöser und gibt sich Träumen hin, die sie von der Erde erheben und auf Flügeln der Phantasie im Weltenraum herumschweifen lassen. Die weiche
Spatelhand wird in ihrem Bedürfnis nach Bewegung in diese die ganze,
von ihrer Natur geforderte Tatkraft legen, sie wird sich über die Grenzen
der Erde hinausschwingen und in Magnetismus und okkulten Wissenschaften Nahrung für ihre aktive Veranlagung suchen.

Wenn sich die Welt eines Tages wieder auf die okkulten Wissenschaften besinnt – und das wird sie schicksalsnotwendig tun –, dann werden spitze Finger die Entdeckungen machen, aber die weichen Spatelhände werden sie erklären und die Experimente ausführen.

Die Vergnügungshand

Es gibt eine ausgesprochen wollüstige Hand, die mit Wonne faul ist, aber begierig Vergnügungen ersehnt und in der Lage ist, sie alle zu genießen. Sie ist fleischig, gleichsam geschwollen, die Finger sind knotenlos, glatt und spitz, und am Ende des dritten Gliedes, dem Sitz der materiellen Freuden aufgebläht. Ihre Haut ist weiß, glatt und scheinbar nie schmutzig. Sie hat Grübchen, ihre Innenfläche ist kräftig und fleischig und die Daumenwurzel, der Venusberg, ist besonders stark entwickelt. Der Daumen ist gewöhnlich sehr kurz. Diese Hand, die man als eine der schönsten bezeichnen kann, findet man bei vergnügungssüchtigen Menschen und Frauen, die dem Reiz sinnlicher Freuden völlig unterliegen.

Die spitzen, naturgemäß glatten Finger führen sie zu Täuschungen und machen sie leicht beeindruckbar. Da der Daumen kurz ist, folglich jeglicher Wille fehlt, die Hauptantriebe aber die in den starken dritten Gliedern der großen Finger angezeigte materielle Begierde und der durch die dicke Daumenwurzel ausgedrückte sinnliche Liebestrieb sind, fühlen sich diese Hände unwiderstehlich von dem Strudel ihrer unersättlichen Wünsche fortgerissen, die unaufhörlich von ihrer stark wollüstigen Veranlagung genährt werden.

Die matt weiße Haut rötet sich nicht in der Luft und erscheint unempfindlich gegenüber der Einwirkung von Warm und Kalt. Was ihre Hände so weiß und schön macht, ist ihr Egoismus, ist die Tatsache, daß die Seele, die sich in allem widerspiegelt, auch unempfindlich ist und taub bleibt für Mitleid, Liebe und wahre Anhänglichkeit.

Die Materie ist bei ihnen so überstark vorhanden, daß sie den Strom, der vom Himmel kommt, entkräftet und aufsaugt. Jedes göttliche Prinzip wird erstickt; die irdische Hülle beherrscht den Geist. Solche Menschen leben nur durch die Ausströmungen dieser stofflichen Hülle, durch brutale Freude und Eitelkeit. Damit man dies nicht für eine leichtsinnige Behauptung hält, denke man an die Einwirkung des Gehirns auf die Haut.

Wenn, was zweifellos der Fall ist, jede Krankheit, deren Sitz und Ausgangspunkt schließlich immer das Gehirn ist, der Haut einen bestimmten Ausdruck, eine besondere Eigenart gibt, wenn die Haut bei Lungenkranken gewöhnlich warm, aber zart und feucht, bei inneren Darm- und Baucherkrankungen trocken und herb ist, wenn sie sich also den Beschwerden entsprechend verändert, dann brauchen wir keine anderen Beweise.

So ist es für uns offensichtlich, daß die etwas runzlige, aber geschmeidige Haut der Hand einen empfindsamen, beeindruckbaren Charakter und ein gerades Wesen anzeigt, während eine runzlige und harte Hand einen kämpferischen Geist verkündet, der gerne andere quält, hauptsächlich dann, wenn die Nägel klein und von der Haut überdeckt sind. Denn die kurzen, eher breiten als langen Nägel, über die sich die Haut der Finger sehr weit legt, lassen immer auf einen kriegerischen Charakter schließen. Ist solch ein Mensch aber von Natur wohlwollend, veranlassen ihn diese Nägel zu Spott, Persiflage, Kritik und Widerspruchsgeist.

Frauen mit Vergnügungshänden, die über große Logik und starke Willenskraft verfügen, sind gefährlich, aber vielleicht notwendig für die Welt.

Diese Frauen haben nichts Strahlendes, sie verschlingen Männer mit gesunden Trieben und üben eine magnetische Kraft auf sie aus. Sie ziehen sie an, wie der Abgrund der Scylla und Charybdis und werfen wie diese meist nur die Trümmer ihrer Ehre zurück.

Aber die Natur will es so zur Belehrung der zu glühenden und weitherzigen Dichter, die sich einbilden, mit diesen Frauen das Wunder des Pygmalion[1] zu erneuern oder die sich in zu großem Erbarmen zu ihnen hinabneigen, um sie vom Abgrund zurückzuhalten, in den sie dann selbst mit fortgerissen werden.

Diese Frauen rechnen zu den Prüfungen, die von dem Mann, der frei werden will, zu bestehen sind. Die Schwachen zerbrechen bei ihrer Berührung, aber die Starken lernen durch sie das Böse kennen und das Laster verachten, und verstehen so, aber auch nur so, die unendlich große Tragweite der Worte Christi:

»Man soll nicht Perlen vor die Säue werfen.«

---

[1] Pygmalion (König von Kypros), Künstler der griechischen Sage, der ein Frauenbild aus Elfenbein gestaltete und sich in sein eigenes Werk verliebte. Aphrodite belebte das schöne Bild auf seine Bitten. Er vermählte sich mit dem Zauberbilde und zeuge mit ihm zusammen den Pavos. Vgl. Ovid, Metam. 10, 243 ff.

Die gemischte Hand

D'Arpentigny: »Gemischt nenne ich eine Hand, deren unklare Umrisse scheinbar zwei verschiedenen Grundformen angehören. Eine Hand ist also gemischt, wenn sie z. B. spatelförmig ist, dies aber so wenig ausgesprochen, daß man sich in ihr täuschen und nur eckige Glieder erkennen kann.

Eine elementare und konische Hand kann für eine künstlerische; eine künstlerische für eine psychische Hand gehalten werden und umgekehrt. Eine nützliche Hand kann man womöglich für eine philosophische ansehen und vice versa«.

Nach d'Arpentigny sollen diese Hände ihrer Bestimmung nach den Übergang zwischen den von ihm als Rassehände bezeichneten spitzen, eckigen und spatelförmigen Händen bilden, die sich infolge ihrer entgegengesetzten Triebe naturgemäß gegenseitig befehden und vernichten müßten, gäbe es nicht die gemischte Hand, die sie durch ihre Zugehörigkeit zu zusammengesetzten und deshalb weniger festgelegten Grundformen wieder verbinden und versöhnen würde, also vermittelnde Hände.

D'Arpentigny fährt fort: »Wie absolute, so gibt es auch bedingte Wahrheiten und Schönheiten. Zwischen Apoll und Vulkan, Musen und Zyklopen (man gestatte mir um der Klarheit willen diese Symbole) bewegt sich Merkur, der Gott der *praktischen* Beredsamkeit und des Kunst*gewerbes* und schwingt nach beiden Seiten seinen geflügelten Stab. So gehört zu den gemischten Händen das Verständnis für nicht einseitige Arbeiten, für vermittelnde Ideen und nicht abstrakte Wissenschaften wie Verwaltung und Handel, für unpoetische Kunstfertigkeiten und zweckbestimmte Schönheiten und Wahrheiten in gewerblichem Sinn.« Der gemischten Hand spricht d'Arpentigny die Rasseneigenschaften ab.

Nach ihm besitzen die »Menschen mit Rassehänden einen stärkeren aber weniger vielseitigen Geist, die Menschen der gemischten Hand ein vielseitigeres, aber weniger ausgeprägtes geistiges Leben. Die Letzteren neigen zu mancherlei Beschäftigung, werden aber nirgends besonders hervortreten. Gerade für sie ist eine straffe und glückliche, an die hervorstechendste Begabung angepaßte Erziehung eine ausgesprochene Wohltat.«

D'Arpentigny beurteilt unserer Ansicht nach die gemischte Hand sehr streng. Diese Hand gibt als Mitte zwischen eckigen (verstandesbetonten) und spitzen (zur Exaltiertheit geneigten) Fingern eine Veranlagung, die bei begabten Menschen Impulse der Phantasie mit den Überlegungen des gesunden Menschenverstandes vereinen kann, eine fast geniale Verbindung. Als Beweis unserer Anschauung soll allein der Hinweis genügen, daß viele bedeutende Männer unserer Tage, die wirklich poetisches Empfinden mit dem Streben nach Wahrheit verbinden, gemischte Finger haben, ganz abgesehen von einer Menge anderer talentvoller und geistreicher Menschen, die in nichts hinter Menschen mit Rassehänden zurückstehen.

Die Elementarhand

D'Arpentigny beschreibt die Elementarhand folgendermaßen: »Große Finger ohne Geschmeidigkeit – der Daumen abgeplattet und oft abstehend, die Haut (und das ist ihr hervorstechendstes und charakteristischstes Zeichen) von übermäßiger Fülle, Dicke und Härte.«

Hier beherrscht die Materie den Geist.

»In Europa gehört zur Elementarhand die Feld- und Stallarbeit und die große Menge derber Verrichtungen, die nur instinktiv ausgeführt zu werden brauchen. Zu ihr gehört der Krieg, solange er nur persönliches Heldentum, die Kolonisation, solange sie nur mechanisches Tun ist und den eigenen Schweiß zur Urbarmachung fremden Bodens erfordert.

Diese Menschen werden vom Gewohnten beherrscht und besitzen mehr Gewohnheiten als Interessen. Jeder eigene Antrieb ist ihnen fremd. So zeigen Elementarhände schwerfällige, träge Sinne, langsame Phantasie, flache Seele und große Sorglosigkeit an.

Sie sind überwiegend bei Lappen vorhanden, die den Übeln der polaren Breiten nur dank ihrer Trägheit entkommen.

Gleichsam unempfindliche Organe können dem Gehirn nur unvollkommene Gedanken übermitteln. *Der sichtbare Mensch ist nur der Spiegel des unsichtbaren;* wie der Körper, so ist auch die Seele und umgekehrt.«

Menschen mit Elementarhänden sind abergläubisch und lieben das Dichten, wenn ihre Finger spitz sind wie die der bretonischen Bettler, die die Troubadoure ablösten. Sie glauben gern an Phantome, lassen sich in Ärmel und Rücken Wasser heiliger Quellen schütten und grüßen noch Dolmen[1] und Menhirs[2] in den weiten, mit Nebel bedeckten Ebenen.

---

[1] Dolmen: Allgemein gebräuchliche Bezeichnung jedes kleineren Megalith-Grabes (Hünengrab). Diese sind gewöhnlich aus großen Steinblöcken errichtete, von einem

Finnland, Lappland, Island, Länder, in denen die Elementarhand allein regiert, sind voll von Zauberern. In unserer Abhandlung über die Chiromantie werden wir den Grund ihres Aberglaubens erklären. Der kurze Daumen läßt die Elementarhand leicht mutlos und schmerzempfindlich sein. Gewinnt nicht die Trägheit die Oberhand, dann unterliegt sie um so schneller ihren Kümmernissen, weil ihr infolge des kurzen Daumens gemeinhin seelische Hilfsquellen fehlen.

Menschen mit Elementarhänden besitzen auf Grund ihrer harten Haut Tatkräfte, die bei ihnen die Erregungen der physischen Liebe ausgleichen können. Ihre Hand ist groß, dick und schwer, aber nicht schwammig, sondern ausgesprochen fest und rötet sich in der Luft. Irgendwie unförmig, hat sie weder feingliedrige Umrisse noch die charakteristischen Merkmale der Vergnügungshand. Kurze Finger an einer sehr langen Handfläche gehören ausgesprochen zur Elementarhand, ähneln der Tierpfote.

Kurze Finger bei sehr langer Handfläche

Hören wir, was ein Psychologe, dessen Bücher über Phrenologie und den Bau des menschlichen Körpers in Deutschland stärker beachtet sind als in Frankreich, über dieses Thema zu sagen hat: »Die Knochen der Handfläche machen beim Tier fast die ganze Hand aus, wie man es bei den Affen sieht. Hieraus folgt, daß ein Übergewicht der Handfläche über die Finger beim Menschen einen dem Tier ähnelnden Charakter anzeigen muß, d. h. einen Charakter mit niedrigen Trieben. Wenn die Finger durch das Feingefühl des Tastens und die Zartheit ihrer Bewegungen bewußte Werkzeuge des Seelenlebens sind, so ist die Handfläche in gewisser Weise der Sitz des triebhaften Lebens, da sie einerseits eine Anhäufung des sanguinischen Lebens, der Bluttätigkeit anzeigt (Beweis hierfür, daß sie bei Fieber, Auszehrungskrankheiten und bei besonders starken Reizstörungen brennend heiß wird) und andererseits die Beschaffenheit der Lebensnerven offenbart, wie man in den magnetischen Bereichen bei

---

Erdhügel überdachte Grabkammern. In besonderen Fällen sind sie – ohne diese schützenden Hügel – aus dicken, rohen Steinplatten oder Blöcken errichtet.
[2] Menhir. Monolith, Hünenstein. In der Nähe von Steinzeitgräbern aufgestellte, roh behauene Felsblöcke, die eine Höhe von ca. 2 Meter erreichen. Sie stehen einzeln oder in Reihen und Kreisen. Über ihre eventuelle kultische Bedeutung konnte bis heute nichts Bestimmtes nachgewiesen werden.

einiger Feinnervigkeit leicht selbst feststellen kann. Denn die Berührung der Handfläche verursacht bei gewissen Menschen ein heftiges Zucken. Die Übertragung dieses Überflusses an triebhaftem Leben ist außerhalb der Handberge eine mehr oder weniger große Anhäufung pacinischer Körperteilchen die sich auf den Nerven befinden. Die Handfläche zeigt auch im besonderen Maße die gesundheitlichen Verhältnisse an. Die Chiromantie sagt mit Recht, daß die weiße oder gelbe Farbe der Handlinien ein Krankheitszeichen ist. Wie eine gut gefärbte Handfläche, die gleich einer vom Spaten gut aufgelockerten Erde zart, schmiegsam, warm und feucht ist, Jugend, Gesundheit und Empfindsamkeit ausdrückt, so zeigt eine trockene und magere Unempfindsamkeit und Härte des Charakters an.«

D'Arpentigny teilt die Hände in sieben klar unterschiedene Klassen. Hierin folgen wir ihm nicht, da wir diese Einteilung für überflüssig halten. Hände können sich ähnlich sehen, aber die Natur wiederholt sich nicht und kopiert sich nie selbst. Sie gibt manchmal den scheinbar ähnlichsten Gegenständen durch einen einzigen, zunächst kaum sichtbaren Zug eine vollkommene Verschiedenheit in der natürlichen Veranlagung, wie wir es bei den weichen und harten Spatelhänden sahen.

Wir haben d'Arpentignys ganzes System erklärt, das sich durch verschiedene Zusammenstellungen bis ins Unendliche wandeln läßt, wozu wir einige Beispiele gaben und andere noch geben werden. Aber wir wollen alles vermeiden, was letzten Endes nur zu einer Überlastung des Gedächtnisses führen würde.

Zusammenfassung

Nachdem wir diese Wissenschaft durch ihre Entsprechung zu den drei Welten verständlich gemacht haben, wollen wir das Gesagte noch einmal kurz zusammenfassen:

Das erste Glied stellt immer *die göttliche Welt* dar. Die vom Nagelglied aus gerechneten ersten Knoten zeigen Ordnung in Gedanken, Philosophie usw.: *die seelisch-geistige Welt*. Die zweiten Knoten geben Ordnung in materiellen Dingen, Berechnung, Haushalten, Ordnen: *die materielle Welt*.

Kurze Finger geben Synthese, Vorliebe für große Proportionen; lange

Finger Analyse, Vorliebe für Einzelheiten, folglich auch Empfindlichkeit.

Harte Hände lassen Tätigkeit erkennen; weiche Hände Faulheit.

Spitze Hände: Idealismus, Poesie, Künste; im Übermaß: Irrtum und Lüge.

Eckige Finger: Ordnung, Überlegung, Denken; im Übermaß: Schulmeisterei und Manie.

Spatelfinger: Aktivität, Bewegung, körperliche Arbeiten; im Übermaß: Ungestüm. Diese Finger geben bei weichen Händen: geistige Regsamkeit; im Übermaß: Okkultismus.

Glatte Finger zeigen spontane Bewegung, Eingebung, Takt; im Übermaß: Unbesonnenheit.

Geknotete Finger: Überlegung, rechnerisches Denken; im Übermaß: Egoismus.

Jeder Trieb kann aber durch die Form des Daumens verändert oder vollkommen verwandelt werden.

Durch den Daumen wird vor allem der Lebensstrom eingesaugt. Idioten, die nur triebhaft leben, haben fast keinen Daumen. In der Todesstunde verstecken die Sterbenden, als ein sicheres Zeichen des nahen Todes, ihren Daumen in den Händen, weil die Verbindung mit der höheren Welt aufhört und mit dem Entfliehen des göttlichen Funkens die Materie ihre Herrschaft wieder antritt. Die Nacht breitet ihren Schatten aus, wenn die Sonne untergeht. In Neapel versteckt man den Daumen in den Fingern, um nicht den giftigen Strom aufzunehmen, den der Jettator (böse Blick) schleudert. Befindet man sich in einer verdächtigen Gesellschaft und ist abergläubisch, so muß man den Daumen in den Fingern versteckt halten, über dem sich dann der *Apollo*finger, das alles abwehrende Wissen, und der *Saturn*finger, das zur Aufnahme aller schlechten Einflüsse immer bereite Verhängnis, legen, während man die helfenden Finger ausstreckt: den des *Jupiters*, des abweisenden Herrschers, und den des *Merkurs*, des Trägers und Schleuderers des Götterstabes, der Schild und Speer zugleich ist. Wenn wir unser System bei der Besprechung des Daumens noch nicht aufzeichneten, so deshalb, weil der Daumen keine Knoten hat und nur ungefähr oder wenig ersichtlich spitze, eckige oder spatelförmige Form annimmt.

Der Daumen hat seine besonderen Formen. Wir hätten also nur eine mangelhafte Vorstellung von dem vermitteln können, was wir zeigen mußten. So haben wir dem Wunsch, durch dauernde Wiederholung verständlicher zu sein, alles, ja selbst die Pflege des Stils geopfert. Kurz, wir haben mehr in der Art eckiger als spitzer Finger geschrieben.

Wie schon gesagt, kann der Daumen alles verändern. Hierzu einige Beispiele:

Eine weiche, zur Faulheit neigende Hand wird, wenn das erste Daumenglied, das Willensglied, lang ist, ohne Liebe zur Arbeit, aber im Notfall mehr als eine andere aus Pflichtgefühl arbeiten. Eine Spatelhand mit einem kleinen Daumen wird unsicher, versucht alles, ohne etwas zu Ende zu führen, macht Reisen ohne Ziel; ihre unaufhörlich falsch gelenkte Aktivität bringt ihr keinen Nutzen. Sie wird zärtlich, liebend, mitteilsam sein, was all ihren Naturanlagen zuwiderläuft. Ist aber die Logik bei ihr sehr stark entwickelt, so hört ihre Unsicherheit auf. Die Eindrucksfähigkeit des kurzen Daumens läßt sie etwas rasch übersehen, und die Logik wird Herr über ihre Unsicherheit, so daß sie einen sicheren Blick bekommt und ihre klare Aktivität erfolgreich wird.

Ordnung in materiellen Dingen (zweiter Fingerknoten) verbunden mit *Logik* (zweites Daumenglied) und einer festen Hand führt die *Aktivität* untrüglich zu Erfolg.

Der *philosophische Knoten* gibt *klar geordnetes Denken* und vor allem, daraus entspringend, ein Erforschen der Ursachen.

Die Verbindung von *Logik* und *philosophischem* Knoten gehört zu einem starken Menschen, wenn ihn nicht die zu sehr entwickelte Daumenwurzel und der kurze Daumen — ein zu schwacher Wille — in den Abgrund reißen. Er stürzt dann voll bewußt hinein, verfügt aber auch über die Kraft, zur Zeit anzuhalten.

Der Daumen wurde von vielen alten Chiromanten der Venus und dem Mars zugesprochen. Damit wäre er das ganze Leben: Liebe und Kampf.

Hier wollen wir zunächst abbrechen.

Man könnte die Beispiele unzählig vermehren und abwandeln, doch kann der Leser auch aus dem Angeführten, genau so gut wie wir, seine Schlüsse ziehen. Wir werden aber später noch einmal auf die Chirognomie zurückkommen, wenn wir uns mit der sie ergänzenden Chiromantie beschäftigen. Beide ergänzen sich wie Phrenologie und Physiognomie immer vollkommen und einfach, weil sie eine einzige Ursache und den gleichen Ausgangspunkt haben: den astralen Strom.

Balzac hat vollkommen recht, wenn er in seinem »Vetter Pons« sagt: »Eine der größten Wissenschaften des Altertums, der animalische Magnetismus, ist aus den okkulten Wissenschaften hervorgegangen, wie die Chemie aus den Öfen der Alchemisten entstand. Die Schädellehre, Physiognomie und Nervenlehre sind in gleicher Weise von hier ausgegangen, und die berühmten Schöpfer dieser Wissenschaften in neuen Erscheinungsformen haben nur wie alle Erfinder ein Unrecht begangen: das ist das Systematisieren gesonderter Tatsachen, deren erzeugende Ursache noch der Analyse entgeht.«

Wir führen als Erklärung und Zusammenfassung seines und unseres Systems noch eine Stelle aus d'Arpentignys Buch an: »Vielleicht haben Sie bemerkt, daß wir mit zunehmendem Alter Sinn für Landwirtschaft und Gartenbau gewinnen. Dieses zuerst noch schwache Gefühl wächst allmählich und entwickelt sich im Verhältnis wie unsere Phantasiekräfte nachlassen. Wenn unsere runzligen, gleichsam verknöcherten Hände einmal das getreue Abbild unseres eng gewordenen Verstandes sind, dann erfüllt uns diese seltsame Vorliebe für die Bodenbearbeitung mit größerem Interesse. Und wir werden um so ordentlicher, logischer und weniger leichtgläubig, je mehr sich die Knoten unserer Finger entwickeln.«

D'Arpentigny's Hand

Wir wollen jetzt die Hand d'Arpentigny's mit Hilfe seines Systems beschreiben. Zur Erklärung seiner Neigungen und Fähigkeiten wenden wir auf den Erfinder die Vorschriften seiner Methode an.

Wir könnten noch viel weiter gehen, befragten wir die Chiromantie, aber alles zu seiner Zeit.

Wir können uns in einer so abstrakten Wissenschaft nur bei schrittweisem Vorgehen ganz klar verständlich machen und nach dem gesonderten Studium jedes Teils dieser Deutungskunst eine Zusammenfassung geben.

D'Arpentigny's Hand fällt vor allem durch ihre ungewöhnliche Schönheit auf; ihre langen, sehr spitzen Finger geben ihr eine außerordentliche Feinheit und dank der Logik (zweites Daumenglied) und dem philosophischen Knoten (Forschen nach den Ursachen) die angenehmen Merkmale ihrer besonderen Art. Überflüssig von der Intuition des wissenden Lehrers zu sprechen; sie wird durch die Erfindung seines Systems bewiesen. Durch seine spitzen Finger zur Vorliebe für schöne Formen geneigt, pflegt er den Schönheitskult in der Kunst, die Poesie und die Werke der Phantasie. Sein

Geschmack ist auserlesen und zart. Er fühlt sich zu dem hingezogen, was Auge und Ohr schmeichelt. Obwohl ihn seine große Logik, die ihm auch Hochachtung, Wahrheit und Einfachheit gibt, immer wieder zurückhält, obsiegt von Zeit zu Zeit doch die Natur der spitzen Finger. Er redet gut, schreibt reizvoll und geistreich. Sein Stil ist niemals gewöhnlich; er empfängt sogar bisweilen glänzende Eingebungen, die aber nicht in Beziehung zu dem traurig materiellen Zeitalter stehen, in dem wir leben.

Er betont seinen Adel nicht, ist einfach, sucht aber doch die feine Gesellschaft auf, deren gute Umgangsformen er besitzt. Seine ganze Persönlichkeit zeigt den geborenen Aristokraten. Gewöhnliche Menschen widern ihn an. Seine Unterhaltung ist reizend, immer sehr klug, hin und wieder ganz anspruchslos mit geistsprühenden Worten durchsetzt.

Die spitzen Finger würden ihm eine religiöse Veranlagung geben, ließe ihn nicht der philosophische Knoten im wesentlichen zum Zweifler werden. Er strebt nach etwas, was er immer wieder und zeitweilig erbittert bekämpft. Man könnte sagen, er mache sich Vorwürfe über ein heimliches Streben, über das er sich keine Rechenschaft geben will.

Mit spitzen Fingern allein hätte er wohl Eingebungen für sein System bekommen, sie wären aber unklar und oberflächlich gewesen und sicherlich nicht anzuwenden. Der philosophische Knoten aber, der das Erforschen der Ursachen gibt, brachte ihm die Erklärungen für die Anregungen seiner Phantasie, und die Logik gab ihm Mut und tiefe überzeugende Beweise.

Trotz seiner spitzen Finger bezaubert seine Bescheidenheit. Er ist fast erstaunt, wenn man ihm sagt, daß er etwas Großes entdeckt hat.

Aber der zweifellos sehr nützliche philosophische Knoten bringt auch große Unannehmlichkeiten. Er macht bekanntlich unabhängig, und die von ihm herrührende Unabhängigkeitsliebe, die in der militärischen Laufbahn wenig gebilligt wird, hinderte d'Arpentigny, einen seinem überlegenen Verstand angemessenen Rang zu erreichen.

Seine durch das Fehlen des materiellen Ordnungsknotens glatten Finger gaben ihm weitgehend alle Eigenschaften des Künstlers, konnten ihn aber nicht die von ihnen verabscheute Ordnung und die Sparsamkeit lehren. Da sie sich am Ende verbreitern, ließen sie ihn an sinnlichen Freuden Geschmack finden und machten ihm das Leben so erträglich wie möglich. Denn sie veranlaßten ihn, sich nach allen Blumen auf seinem Lebensweg zu bücken, und eine nach der anderen ohne zu strenge Auswahl zu pflük-

ken. Die weichen Hände fügten zu dieser Sinnenlust den Reiz genießeri-
scher Faulheit hinzu.

D'Arpentigny ist mit Wonne faul. Hieraus erwächst wohl seine Gleichgültigkeit äußeren Erfolgen und großem Ansehen gegenüber, die ihm zu-
gestanden hätten. Hieraus erwächst auch seine Abneigung vor all den
Kämpfen und akademischen Streitereien, die jeder Erfinder zu bestehen
hat.

Ihm war ein Weg strahlendster Sonne vorgezeichnet; er blieb aber lieber
im Schatten. Vielleicht hätte er ohne sein erstes, genügend breites Daumenglied, das ihm einen gewissen Eigensinn gab, sein ganzes System aus
Angst vor Verdrießlichkeiten und Intrigen und aus Mißachtung gegenüber den Menschen überhaupt liegen lassen.

D'Arpentigny hatte also alles, was einen Erfinder ausmacht: spitze
Finger, die göttliche Eingebungen aufnehmen, das Erforschen von Ursachen und Zusammenhängen, das große Zweifeln, das sie erörtert und
prüft, und die Logik, die sie schließlich nach nüchterner Beurteilung ihres
Wahrheitsgehaltes annimmt. Die langen Finger haben durch die zu ihnen
gehörende Kleinarbeit seinem Studium geholfen, da sie ihn sein System
sorgfältig und bis in die letzten Feinheiten hinein verfolgen ließen.

Aber was für das Finden eines Systems von Vorteil ist, kann bei seiner
praktischen Verwendung zum Fehler werden. D'Arpentigny, dem sowohl
das Ordnen und Einteilen der eckigen Finger wie auch die Ordnung der
Einteilung – das zweite Fingerglied – fehlte, überließ sich dem Reiz der
Beschreibung, der Zitate und der wissenschaftlichen Beschäftigung. Von
seinem philosophischen Geist getrieben, fand er bei jedem Schritt Gegenstände zu anregsamer Betrachtung, die für den Leser höchst interessant
sind. Aber er verliert dabei oft seinen Ausgangspunkt aus dem Auge und
kommt nur ungern zu ihm als etwas zu Realem zurück, um sich dann wieder all den Phantasiebildern seiner übergroßen Beeindruckbarkeit zu überlassen. Sein ebenfalls spitzer Daumen, – eine recht seltene Form –, der
noch die Kraft seiner Intuitionen verstärkt, ist lang genug, um eine gewisse Widerstandsfähigkeit zu geben, aber wiederum nicht lang genug,
um ihn über die philosophische Gleichgültigkeit siegen zu lassen, von der
er sich nur zu gerne beherrschen läßt. Dies allein hinderte ihn auch daran,
sich zum Haupt einer Sekte zu erheben. Er machte sich aus seiner Wissenschaft einen gleißenden Ring, aber er dachte nie daran, sich daraus eine
Krone zu flechten. Mit einer *Logik*, die in weitem Maß über die *Willens*-

bestrebungen siegte, mit einem philosophischen Knoten, der alle Großartigkeiten der Welt ihres reichgestickten Mantels entblößte, kam er naturgemäß zur Erkenntnis, daß die Wissenschaft zu edel, zu groß und zu stolz ist, um sie in den Dienst des Ehrgeizes zu stellen. Dies wird ihn in den Augen der Nachwelt noch schätzenswerter erscheinen lassen.

Nach unserer Meinung — und wir glauben uns hierin nicht zu irren — werden die Zeichen der Chirognomie, d. h. die Handformen durch Vererbung übertragen, während die der Chiromantie aus den sich widerstreitenden Einflüssen der Sterne und des Gehirnes entstehen. Deswegen können diese beiden Teile eines Wissensgebiets nicht voneinander getrennt werden; sie erklären oder ergänzen sich vielmehr gegenseitig.

Chiromantie

Zu allen Zeiten wurde die Hand als ein Symbol der Kraft und Stärke angesehen. Vergil benutzt das Wort manus, um die bewaffnete Truppe, die Krieger, zu bezeichnen.

Hic manus ob patriam pugnando vulnera passi.

(Siehe hier diese tapferen Krieger, die im Kampf für das Vaterland verwundet wurden.)

Χείϱ, die *Hand* kommt von χειϱόω: bezwingen, unterjochen. Für die Alten war die Hand die Mittlerin zwischen Mensch und Himmel, Mensch und Höllengeistern. Χειϱοτεσία, χειϱοτονία, bedeuten Anrufung, Beschwörung, Verwünschung durch Ausstrecken der Hand (χείϱ = *Hand*, τέσις und τείνω = ausstrecken). Χειϱομαντεία, χειϱοσϰόπος bezeichnen die Kunst, aus dem Anblick der Hand deutend zu offenbaren.

Χείϱων, von dem Chiron abgeleitet wird, bedeutet Magier, magisch und daraus gefolgert der Medizinmann, der durch okkulte Wissenschaft wie der Centaur Chiron[1] heilt.

Die Hand ist ein Pantakel[2]. Pantakel kommt von *Pantaculum* (das alle Dinge enthält).

---

[1] Chiron. Ein – im Gegensatz zu seinen übrigen Genossen – menschenfreundlicher Centaur, dessen medizinische Kenntnisse von der griechischen Sage gerühmt werden. Erzieher des Äskulap und Jason. Chiron wurde nach der Sage von einem Pfeil des Herkules getroffen und unheilbar verwundet. Er verzichtete zugunsten des Prometheus auf seine Unsterblichkeit und wurde darauf von Zeus unter die Sterne versetzt.

[2] Pantakel. Magisches Zeichen in Form eines Fünfecks, das aus drei ineinander verschränkten gleichschenkligen Dreiecken gebildet wird. Es ist auch unter den Namen Pentagramm und Drudenfuß bekannt und wird in diesem Sinne als ein heiliges und mystisches Zeichen verwendet. Im Mittelalter erscheint es als das gewichtigste Symbol bei Beschwörungen und sonstigen zauberischen Aktionen. Als Drudenfuß wird es gegen Druden, Hexen u. ä. m. verwandt. Das Zeichen findet sich im übrigen schon unter den Geheimsymbolen der Pythagoräer und der späteren Gnostiker.

Die Natur ist ein Pantakel; das Weltall ist ein Pantakel; der Mensch ist die Zusammenfassung des Weltalls, da er eine kleine Welt, ein Mikrokosmos ist. Die Hand ist die Zusammenfassung des Menschen, der ihr handelnder Makrokosmos ist.

Nun sind die Analogien zwischen Gedanken und Formen von Stufe zu Stufe genau die gleichen, vom Großen zum Kleinen, von der Natur zum Weltall, vom Weltall zum Menschen, vom Menschen zur Hand und deshalb enthält diese nach den Aussprüchen der Gnostiker ebensogut wie das Weltall die Schriftzeichen des Weltwissens. Da die Hand das Pantakel des Weltalls ist, da das menschliche Geschick der Weltharmonie schicksalsmäßig entspricht, muß die Hand die Zeichen dieser Harmonie tragen, zu der sie gehört.

Wie diese Kraft oder jener Einfluß der Natur diesem oder jenem anderen Einfluß überlegen ist, so kann in der Hand ein gewisses Zeichen, das in starker Verbindung mit einem bestimmten Planeten steht, ein anderes beherrschen, das sich mit einem anderen Planeten in einer weniger lebendigen Beziehung befindet. Man kann zweifellos einwenden, daß die Planeten seit langem die Siebenzahl überschritten haben, und daß man noch immer neue entdeckt. Darauf können wir nur antworten, daß die Mühe mit der sie entdeckt werden, ein Zeichen ihrer durch große Entfernung oder Kleinheit verursachten Unscheinbarkeit ist und sie deshalb nur einen sekundären Einfluß ausüben können.

Merkur, Venus, Mars, Jupiter, Saturn bleiben immer die wichtigsten Planeten. Uranus verliert durch seine Riesenentfernung von der Sonne seinen Einfluß auf uns. Was Vesta, Juno, Ceres, Pallas angeht, die so klein sind, daß man sie für Trümmer zerschmetterter Planeten hält, so wird ihr Einfluß, sollten sie überhaupt einen ausüben, durch den uns umgebenden, viel wichtigeren Himmelskörper vollkommen aufgehoben. Könnte die Widerstandskraft eines Pygmäen gegenüber der Anziehungskraft eines Riesen wahrzunehmen sein? Der Mond übt trotz seiner Kleinheit dank seiner Nähe die lebendigste Wirkung auf uns aus. Die Kraft der Sonne wird keiner bezweifeln.

Bis man uns nicht deutlich gezeigt hat, daß der Mond keinen Einfluß auf Ebbe und Flut unserer Erde und auf nervöse Menschen ausübt, die der gesunde Menschenverstand allgemein »Mondsüchtige« nennt, bestehen wir auf unserer Überzeugung. Wenn aber der Mond Einfluß ausübt, tun es die anderen Sterne auch.

In der Hand findet man: die *Dreizahl* in den drei Welten des Daumens dargestellt, das *Kreuz* durch die Vierzahl die vier Finger angezeigt, die *Zwölf in der Vier* durch die vier großen in zwölf Glieder geteilten Finger.

Alles, was sich in der Zeit erfüllt, wird durch die Zahl zwölf bezeichnet: Zwölf Monate im Jahr, zwölf Stunden am Tag, vier Zeitabschnitte im Leben, vier Jahreszeiten im Jahr. Viermal die heilige Zahl Drei gibt Zwölf.

Man findet auch die Sieben in der Hand: in den *sieben* von den Bergen dargestellten *Planeten*. Wie wir sahen, wird jeder Finger der Hand in drei Welten eingeteilt. Dies muß auch bei der Handfläche der Fall sein, denn die Handfläche hat weit mehr Bedeutung als die Finger, die sich ihr angliedern und ihr gleichsam als Kanäle die Ströme des Himmelskörpers zuführen. Von den Fingern kann allein der Daumen seine eigene Hand bestreichen. Er ist ihr König da er Wille, Logik und Liebe, die Quellen des Lebens vereinigt.

Wie wir sahen, widmeten die Alten den Daumen Mars und Venus. So verstanden, umfaßt er das ganze Leben: die Liebe und den Kampf. Und die Natur zeigt dies in analoger Form, indem sie den ersten Liebeskampf mit Blut befleckt.

In der Handfläche befindet sich an jeder Fingerwurzel ein kleiner Berg. Jeder Berg entspricht einem Planeten, von dem er günstig oder ungünstig beeinflußt wird, je nachdem er mehr oder weniger stark entwickelt ist, oder die Zeichen, die sich auf ihm befinden, mehr oder weniger glücklich sind.

Der Daumen stellt die Schöpfung dar. Nicht aus einer Laune der Natur heraus, sondern nach weisen Analogiegesetzen erinnert er in seiner Form an das kabbalistische Jod, den Phallus der Alten. So vereinigt nur er, wie gesagt: *Zeugung, Vernunft* und *Verwirklichung* oder *Willen* (was in der Magie dasselbe ist).

Der Daumen ist also Leben und Sein; er ist der Mensch, der ganz allein dasteht, umgeben von den Einflüssen, aus denen er sein Wohl und Weh durch die Richtung schafft, die er seinem Verstand und Willen gibt.

Die ihn umgebenden Einflüsse, die er nutzbar machen oder bekämpfen soll, sind edler Ehrgeiz oder wahnsinniger Stolz: *Jupiter;* das gute oder böse Fatum: *Saturn;* Liebe zu Kunst oder Reichtum: *Apollo;* List oder wissenschaftliches Studium: *Merkur;* Selbstbeherrschung oder Grausamkeit: *Mars;* Phantasie, Wahnsinn: *Mond;* Liebe, Ausschweifung: *Venus.*

Liegen diese Berge richtig an ihrem Platz, ebenmäßig und voll, so vermitteln sie die Eigenschaften, die den dargestellten Planeten angehören. Treten die Berge in den Händen wenig hervor, so lassen sie auf den Mangel dieser Eigenschaften schließen. Werden die Berge von Höhlen ersetzt, ergeben sie die Fehler, die den Eigenschaften entsprechen. Sind sie von ihrem Platz verschoben, haben sie Teil an den Fehlern oder Fähigkeiten der Berge, denen sie sich zuneigen.

Linien, die wir später beschreiben werden, können auch noch die Bedeutung der Berge verändern.

Die übermäßige Fülle eines Berges zeigt Übertreibung seiner Eigenschaften an, was immer fehlerhaft ist.

Wir wollen unsere folgenden Erklärungen in Eigenschaften, Überbetonung und ungenügendes Vorhandensein der Berge einteilen.

Der Jupiterberg

Bei den Alten war Jupiter der König der Götter, der Herr des Himmels. Er ist auch der größte und schönste unter den uns bekannten Planeten.

Der Jupiterberg liegt unter dem *Zeigefinger*, dem ersten großen Finger, der Befehle gibt, droht und deutet.

Seine Eigenschaften

Jupiter gibt glühendes religiöses Empfinden, edlen Ehrgeiz, Ehren, Fröhlichkeit (jovial kommt von Jupiter – *Jovis*), Naturliebe, glückliche Ehen und Liebesverbindungen.

Überbetonung des Berges

ergibt: Aberglauben, ungeheueren Stolz, Herrschsucht um jeden Preis und den Wunsch, eine glänzende Rolle zu spielen.

Ungenügendes Vorhandensein

verursacht: Faulheit, Egoismus, Religionslosigkeit, Würdelosigkeit, fehlende Noblesse und gewöhnliche Regungen.

Der Saturnberg

Der Saturnberg liegt unter dem Mittelfinger. Saturn ist traurig. Er ist der vom Himmel gefallene König, die Zeit, die nach zwölf Monaten ihr Kind, das Jahr verschlingt. Es ist die Zeit, die die Werke des Schicksals ausführen muß. Saturn ist das verhängnisvolle Schicksal.

Seine Eigenschaften
Wenn Saturn lächelt, gibt er Lebensklugheit, Weisheit und Erfolg aus eigener Kraft. Er gibt aber auch das größte Unglück. Diese beiden Möglichkeiten werden durch besondere Linien angezeigt.

Überbetonung des Berges
ergibt: Schweigsamkeit, Traurigkeit, Einsamkeitsliebe, starre Religionsbegriffe, Angst vor einem zweiten Leben der Vergeltung, Asketentum, Reue und Selbstmordneigung.

Ungenügendes Vorhandensein
heißt: Unglück oder unbedeutendes Leben.

Der Apollo- oder Sonnenberg

Der Apolloberg liegt unter dem Ringfinger.
Apollo ist schön, edel, der Gott der Künste.

Seine Eigenschaften
Apollo gibt: Kunstsinn (Literatur, Poesie, Musik, Malerei), Erfolg, Ruhm, Verstand, Berühmtheit, schöpferische Begabung, Erleuchtung, alles was strahlt und erstrahlen läßt. Er gibt Hoffnungen und die Überzeugung eines unsterblichen Ruhms, Seelenfrieden, liebenswerte Schönheit, herzerfreuende Anmut, schöne und duldsame religiöse Gefühle, Ehre, Berühmtheit und Reichtum.

Überbetonung des Berges
ergibt: Liebe zum Gold, zu Prunk und Ausgaben, Freude an reichen Stoffen, Ruhmsucht um jeden Preis. Je nach den Veränderungen, die seine

Linien herbeiführen, gibt er Neugierde, Elend, Schande, Starrköpfigkeit im Mißerfolg, Geckenhaftigkeit, Leichtsinn, Schwatzhaftigkeit, Spöttelei, niedrige Mißgunst, Sophismus und paradoxe Lüge.

Ungenügendes Vorhandensein

schafft ein materielles Dasein, fehlendes künstlerisches Interesse, ein gehaltlos eintöniges Leben gleich einem sonnenlosen Tag.

Der Merkurberg

Der Merkurberg liegt unter dem kleinen Finger.

Merkur ist der schöne geflügelte Götterbote. Er verkehrt mit den Menschen und vermittelt ihnen die Botschaft des Himmels. Die Schlangen an seinem Stab sind Sinnbilder der großen magischen Kraft, des Astrallichts, das unaufhörlich wie der Götterbote selbst vom Himmel zur Erde hernieder und von der Erde zurück zum Himmel steigt. Eine goldene Kette fließt aus seinem Mund. Merkur ist Hermes.

Seine Eigenschaften

Merkur gibt: wissenschaftliches Interesse, Einsicht in eine höhere Welt, geistige Arbeiten, hinreißende Beredsamkeit, Handel, verständige und achtbare Spekulation, Reichtum und Ruhm, Gewerbe, Erfindungen, rasches Handeln und Denken, Gewandtheit, Liebe zur Arbeit, Fähigkeit für okkulte Wissenschaften, für Alchemie und alles, was jenseits der menschlichen Grenzen liegt.

Überbetonung des Berges

Merkur, Gott der Diebe, bringt auch Diebstahl, List, Lüge, Falschheit, gewagte Spekulationen, Bankrott, Mißkredit, absichtliche Unkenntnis.

Ungenügendes Vorhandensein

bedeutet: fehlende Begabung für alles, was Wissenschaft und Handel ist und ein negatives Leben.

Die Linien

Die eben besprochenen Berge werden an ihrem untersten Teil durch die erste Handlinie begrenzt, die gewöhnlich vom Gipfel oder Fuß des Jupiter- oder Saturnberges ausgeht[1], um die Hand horizontal zu durchqueren und den Merkurberg vollkommen zu umschließen.

Diese erste Linie heißt Herzlinie und umfaßt den Teil der Handfläche, den wir als *göttliche Welt* bezeichnen wollen.

Die folgende Linie, die zwischen Jupiterberg und Daumen entspringt und sich mehr oder weniger weit nach links hinzieht, heißt Kopflinie. Das ist, wie man sieht, die Linie, die die natürliche, *seelisch-geistige Welt* darstellen muß, und da sie diese Welt, d. h. das menschliche, vom Verstand erleuchtete Leben aufzeigt, durchquert sie Marsebene und Marsberg, die zusammen den Lebenskampf bezeichnen, der überall, in Berg und Tal, bei Hoch und Niedrig ausgefochten wird. Überall herrscht Kampf, denn Kampf ist das Leben. Die Natur zeigt es uns unaufhörlich. Deshalb wird auch *nur* Mars zweimal in der Hand dargestellt: einmal als Kampf, das andere Mal als Widerstandskraft gegen den Kampf (immer wieder Jakin und Bohas). Nehmen wir die Ansicht der alten Chiromanten an, die Mars oder seinem Einfluß den obersten Teil des Venusberges, den Anfang der Kopf- und Lebenslinie zuteilten, so würde Mars die *ganze* horizontale Handmitte, die seelisch-geistige, also unsere menschliche Welt einnehmen.

Hier stellt dann der Mars*berg*, als Ausdruck der Widerstandskraft, die Eigenschaften des Mars dar; die Übertreibung des Marsberges, die aktiven Kampf bedeutet, wird von der Marsebene in der hohlen Handmitte dargestellt.

---

[1] In der Frage nach Anfang und Ende der Herzlinie widerspricht sich Desbarolles, da er sie einmal auf dem Jupiterberg, ein andermal auf dem Merkurberg beginnen läßt. Nach Annahme der meisten Chiromanten liegt ihr Anfang auf dem Merkurberg und von hier aus verläuft sie in mehr oder weniger starker Ausprägung zum Jupiterberg hinauf.

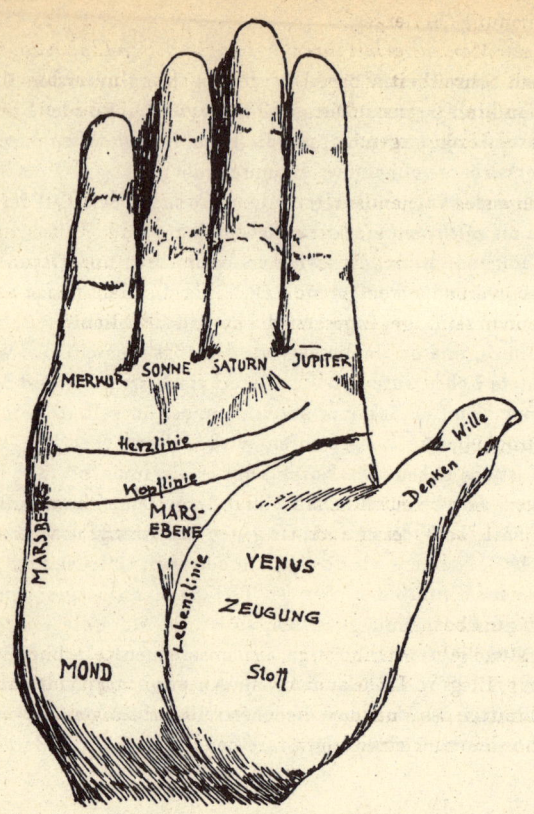

Der Marsberg

Mars ist der Gott des Krieges.

Seine Eigenschaften

Mars gibt Mut, Gemütsruhe, Kaltblütigkeit in Gefahren, Resignation, Selbstbeherrschung, edlen Stolz, Hingabe, Entschlossenheit, Widerstandskraft, Ungestüm zur richtigen Zeit; selbst übermäßig stark entwickelt hat dieser Berg noch eine günstige Bedeutung.

Überbetonung des Berges

(von der Marsebene mit ihren verhängnisvollen Linien angezeigt). Mars gibt auch Schroffheit, Zorn, Ungerechtigkeit, Unverschämtheit, Heftigkeit, Rauferei, Grausamkeit, Blutdürstigkeit, Tyrannei, Beleidigungen und Herausforderungen.

Ungenügendes Vorhandensein

bedeutet: Feigheit, kindisches Wesen, mangelnde Kaltblütigkeit.

In der Höhe des endenden Marsdreiecks liegt unzertrennlich mit dem Marsberg verbunden der Mondberg, der so die Handfläche nach jener der Daumenwurzel entgegengesetzten Seite hin abschließt.

Der Mondberg

Der Mond ist die keusche Diana, Phöbe mit dem silbernen Bogen. In der Chiromantie bedeutet er auch das Meer (das Sinnbild der Launenhaftigkeit).

Seine Eigenschaften

Der Mond gibt: Phantasie, zarte Melancholie, Keuschheit, sentimentale Dichtung, Elegien, Liebe zum Mysterium der Einsamkeit und des Schweigens, Träumereien, unklare Wünsche, Betrachtungen, *harmonische* Musik, Sehnsucht nach einer anderen Welt.

Überbetonung des Berges

ergibt: Launen, ungezügelte Phantasie, unaufhörliche Gereiztheit und in Verbindung mit Linien, die die Wirkung steigern, grundlose Verzweiflungen, unaufhörliche Unzufriedenheit, einen maßlosen Veränderungsdrang, nie befriedigte Wünsche, Traurigkeit, Aberglauben, Fanatismus, Irrtum, hysterische Launen und Migränen.

Ungenügendes Vorhandensein

bedeutet: Armut an Ideen, Poesie und Geist, Nüchternheit.

Venus- und Mondberg nehmen die Hälfte der Handfläche ein. Sie bilden zusammen die *materielle Welt.*

So ist die Handfläche also in drei Zonen eingeteilt: In die materielle, die den ganzen unteren Teil einnimmt;

in die seelisch-geistige Welt, die die Mitte ausmacht

und in die göttliche Welt, der der obere Teil angehört.

Der Venusberg

Der Venusberg wird von der Daumenwurzel gebildet. Er wird kreisförmig von einer großen Linie eingeschlossen, als fließe ein Bach zu Füßen eines Hügels.

Diese Linie ist die *Lebenslinie*. Denn es ist Venus, die Liebe, aus der das Leben entspringt.

Venus ist die Göttin der Schönheit, die Mutter der Liebe.

Seine Eigenschaften

Venus schenkt Schönheit, Anmut, Liebe zu schönen Formen, *melodische* Musik, zierlichen Tanz, Galanterie, den Wunsch zu gefallen, das Bedürfnis zu lieben, Wohlwollen gegen alle, Barmherzigkeit, Zärtlichkeit. Sie fördert die Sinnesfreuden.

Überbetonung des Berges

bedeutet: Ausschweifung, Unverschämtheit, allzugroße Frechheit, Schamlosigkeit, Koketterie, Leichtsinn, Unbeständigkeit und Trägheit.

Ungenügendes Vorhandensein

zeigt Kälte, Egoismus, Mangel an Energie und Zärtlichkeit, an künstlerischem Wirken und seelenhafter Kunst.

Die Berge vermitteln unter günstigen Umständen, wenn nicht alle, so doch wenigstens einen Teil der angezeigten Eigenschaften und geben die Veranlagung zu den andern. Ist aber ein Berg stärker entwickelt als die anderen, stellen diese ihre Eigenschaften nutzbringend in den Dienst jenes einen Berges, dem sie sich in gewisser Weise unterordnen. Sie leben nur durch ihn und für ihn.

Ist z. B. der Jupiterberg, der Sitz des Ehrgeizes, hervorspringender als alle anderen Berge, artet er in unmäßigen Stolz und maßlosen Ehrgeiz aus, und die anderen Berge werden in seinem Bann ausschließlich ihm zu Diensten sein, jeder nach seiner Art.

Merkur wird alle ihm zu Gebote stehende List oder Beredsamkeit geben, Apollo schenkt die erfreulichen Künste, die Verführung durch äußere Schönheit, Mars die Kühnheit, Venus die Gefallsucht, der Mond die Phantasie – ein jeder nach seinem Vermögen.

Saturn ist das Schicksal. Ist er dem Menschen günstig, wird er ihn im hohen Maße unterstützen, und der Erfolg ist ihm sicher.

Wir werden noch darauf zurückkommen, wie Saturn seine Orakel verkündet.

Dies als erster Teil der Chiromantie. Er ist sehr einfach und würde zweifellos genügen und auch leicht auszuarbeiten sein, stünden der Bedeutung der Berge nicht sehr oft die Linien entgegen, die die Handfläche durchziehen und sogar manchmal ihre Wirksamkeit aufheben.

Wir haben die Hauptlinien: die Herz-, Kopf- und Lebenslinie aufgezeigt, die man nunmehr kennt.

Wir werden jetzt auf die verschiedenen Veränderungen eingehen, die die Bedeutung der Berge durch diese und eine Menge anderer zufälliger Linien erfährt. Wir wollen dieses mit vielen Einzelheiten angefüllte und bis jetzt fast unverständliche Studium durch Vergleiche mit den drei Welten klar und einfach darstellen.

Um jeden Irrtum auszuschließen, haben wir in der folgenden Zeichnung jedem Berg an Stelle der in der vorhergehenden Figur gebrauchten Namen sein planetarisches Zeichen gegeben. Diese Zeichen sind überall bekannt und selbst in den gewöhnlichsten Kalendern erklärt.

Zunächst wollen wir noch die Himmelsgegenden in der Hand betrachten. Es gibt in ihr Nord, Süd, Ost und West. Auch hat sie einen männlichen und einen weiblichen Teil.

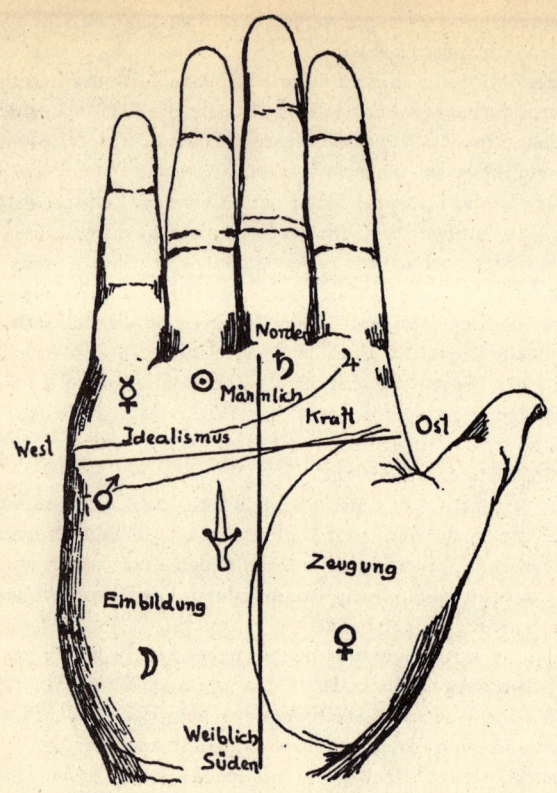

Männlich und weiblich

Die Hand wird in zwei Teile geteilt: in einen männlichen und einen weiblichen.

Der männliche Teil liegt in der Nordhälfte, der weibliche in der südlichen.

Die Kopflinie trennt beide.

Die Völker des Nordens sind schicksalsgemäß zur Arbeit gezwungen, und ebenso schicksalhaft entsteht der Fortschritt aus ihrer Arbeit. Blieben sie tatenlos, dann wären sie längst in den Unbilden der Jahreszeiten vor

Kälte und Hunger umgekommen. Ihr Hunger ist besonders stark. Wollen sie aufhören zu arbeiten, peitscht sie die Notdurft wieder hoch.

Für die Menschen des Südens ist kaum ein Obdach nötig. Sie frieren nicht, und ihr wenig ausgesprochener Hunger ist leicht befriedigt. Sie brauchen doppelten Mut zur Arbeit. Der Himmel ist so schön, das Meer so blau, die Luft voller Duft und das beschauliche Leben zu erfreulich. Die Beschaulichkeit fördert die Phantasie und weckt die sinnliche Liebe, die bezaubert und aufreizt, aber die Nerven schwächt.

Deshalb besitzen die Völker des Nordens Industrie und Gewerbe, d. h. den *Merkur;* eine wissenschaftlich aufgebaute Kunst, den *Apollo;* Faulheit verbietenden Ehrgeiz, den *Jupiter* – alles männliche Fähigkeiten.

Die Völker des Südens sind voll sinnlicher Liebe und Phantasie, alles weibliche Eigenschaften. Die Männer des Südens sind denen des Nordens unterlegen.

Im Osten liegt der Beginn, der Sonnenaufgang, der Ausgangspunkt aller Dinge; der Osten gibt das Leben, den Tag, die Religion, die Wissenschaft und Kunst und behält nichts für sich. Er gibt den Keim und schläft dann ein, wie der Wollüstige in seinem Serail.

Der Osten schenkte den Menschen des Südens das Licht; sie erkannten seine Schönheit und ließen es herrlich in Kunst, Ruhm, Krieg und Zivilisation erstrahlen. Sie aktivierten es unaufhörlich durch die Begeisterungsfähigkeit ihrer leicht erregbaren Natur, so daß es stark wie das klare Sonnenlicht leuchtete. Dann aber ließen sie dieses Licht schwächer werden, weil es ihnen auf die Dauer die Augen ermüdete, und es wurde zur Fackel, die sie an den Mauern der Säle aufhingen, in denen sie ihrer Wollust lebten und schliefen schließlich voll Trunkenheit ein.

Und das Licht ging aus.

Der Daumen ist nach Osten gerichtet, um höheres Streben zu empfangen und durch den Willen fruchtbar zu machen. Hier beginnt die Lebens-, Kopf- und Herzlinie (siehe Anm. 85). Herz und Denken gehen nach Westen zum Untergang, um dort zu sterben.

Amerika liegt im Westen.

In der Hand stehen Merkur (der Handel), Mars (der Kampf) und der Mond (die Launenhaftigkeit) im Westen. Die Phantasie ist nur lebendig, wenn sie aus der Kunst heraus erleuchtet wird. Sonst schläft sie wie das Feuer im Kieselstein und Stahl und wartet auf den Anstoß, um hervorzuspringen. Bis dahin ist sie nur ein flüchtiges Umherirren.

Die Handelsprodukte sind nützlich für Amerika. Es lebt von ihnen. Durch Kampf errang es seine Machtstellung. Es bekämpft seine Wälder, seine Meere, es breitet sich aus, aber wie sehr es sich auch anstrengt, es bekommt nur das letzte Glimmen der Zivilisation. Es kann das Feuer der Maschinen entfachen, aber niemals die Welt erleuchten. Es ist das Grab der Künste. Es ist das Land des Egoismus, und der Egoismus ist der Tod des Herzens.

Wenn das Herz nicht mehr schlägt, der Körper sich aber noch weiter bewegt, so ist er nur noch ein galvanisierter Leichnam.

Im Westen liegt keine Zukunft, hier ist das Ende. Wenn Amerika eines Tages die Nacht über die Welt bringen wird, dann bricht im Osten ein neuer Tag an, der die Nacht vertreibt.

Und der Süden wird dann erwachen und neu erstehen, aber nur durch die weiblichen Tugenden, die Phantasie und Liebe, und von neuem wird es den Norden erhellen, und dieser findet wieder seine männliche Tugend, die notwendige Arbeit.

Man spricht von dem jungen Amerika. Wo ist seine Jugend, seine Naivität, wo sein Auftrieb und seine Zärtlichkeit? Was hat es Junges? Es bekam plötzlich die weißen Haare der Zivilisation: die Korruption! Es hat alle Laster des skeptischen und vertrockneten Greises und erhebt dennoch den Anspruch auf Weltbeherrschung. Wie lächerlich! Der Kopf regiert, manchmal auch das Herz, aber niemals der Arm.

Die Herzlinie

Wie gezeigt, geben die Berge je nach ihrer Entwicklung den Menschen verschiedene, mehr oder weniger starke Fähigkeiten. Ähnlich ist das System der Phrenologie und auch der Linien. Denn es gibt überall nur ein Rezept. Die von den Linien angezeigten Eigenschaften richten sich nach der mehr oder minder vollkommenen Beschaffenheit ihrer Gestalt, ihrem mehr oder weniger langen Verlauf und ihrer mehr oder weniger günstigen Färbung. Der Leser wird uns hierbei mit Leichtigkeit folgen. Wir brauchen ihm nur noch einige Signaturen zu zeigen, die die Natur überall aufprägt, besonders dem Himmel, und die vom Himmel auf den Menschen und damit auch auf seine Hand zurückstrahlen.

Die Erfahrung vieler Jahrhunderte (denn die Kunst der Chiromantie ist so alt wie die Welt) hat Beobachtungen gemacht, die für uns zwar ehrwürdig, aber nicht beweisbar sind. Wir haben sie früher nicht ganz zurückgewiesen, sondern ohne Gewähr erwähnt, heute aber verwerfen wir restlos jede Überlieferung, für die wir keine Beweise gefunden haben.

Allgemein gesagt: Jede blasse und breite Linie zeigt das Nichtvorhandensein oder, besser gesagt, das Gegenteil der dieser Linie zuerkannten Eigenschaften an.

Wie wir schon wissen, ist die Herzlinie die erste Horizontale im obersten Teil der Handfläche und läuft am Fuß der Berge entlang. Sie soll glatt und gut gefärbt von der Außenseite der Hand zum Merkurberg gehen. Dann läßt sie auf Herzensgüte, auf starke und glückliche Zuneigungen schließen. (Die Außenseite »percussion« von *percutere* = schlagen, ist die Handseite, die beim Schlagen auf einen Tisch obenauf bleibt, in der Chiromantie auch »*hypothenar*« genannt.)

Aus der großen oder geringen Länge der Herzlinie kann man Kraft oder Schwäche der Hingebung erkennen. Fehlt ihr oberstes Stück, liegt sie anstatt sich in den Jupiterberg einzuzeichnen, z. B. nur auf der Höhe des Saturnberges, wird man stärker aus *Sinnlichkeit* als aus Herzenstiefe lieben.

Die Herzlinie läuft zur Merkurseite. Merkur ist der Götterbote, der Träger des Astrallichts, der mit dem Stoff in Berührung kommt, während Jupiter die höchste Idee darstellt.

Je mehr sich also diese Linie auf dem Jupiterberg ausbreitet, desto stärker wird der Mensch von Herzen lieben, desto edler, vergeistigter, reiner und weniger stoffgebunden ist seine Liebe. Der obere Teil der Linie kennzeichnet die ideale; der untere die sinnliche Liebe.

Oft sieht man Herzlinien, die die ganze Hand absperren. Sie entspringen sozusagen am Handrücken unterhalb des Merkurberges und gehen über den Jupiter hinaus zur Innenseite der Hand. Diese großen Linien sind Zeichen von zu starker Zärtlichkeit, von Überschwenglichkeit und Zügellosigkeit in der Liebe.

Menschen mit diesen Linien können glücklich sein, müssen sich aber auch auf große unvermeidliche Leiden gefaßt machen. Übermäßige Liebe führt zur Tyrannei in der Liebe, zur Eifersucht, und die Eifersucht läßt den Liebenden wie den Geliebten leiden.

Die Herzlinie ist in der Chiromantie von großer Bedeutung. Sie läßt durch ihr Aussehen mit unzweifelhafter Sicherheit einen Mörder erkennen, denn bei ihm ist sie breiter, tiefer eingegraben und länger als gewöhnlich beim Menschen, und – ein seltsamer Kontrast – bei Vatermördern findet man diese Linie besonders stark gezeichnet: Sie gräbt hier eine gerade Furche durch die ganze Hand und ist bei diesen Menschen fast immer blutrot. So bedeutet also eine lange, aber tief eingegrabene Linie, die sehr fein gezeichnet ist, sinnlos starkes Zärtlichkeitsgefühl und, wenn die Furche sehr breit und tief ist, grauenhafteste Verbrecherneigung. Gefühlsübertreibung führt zu Gefühlsmangel, denn dann herrschen Eigenliebe und übergroßer Egoismus.

Eine Vertiefung in der Herzlinie bedeutet Herzenskummer, auch Entbindungsschwierigkeiten, besonders dann, wenn die Vertiefung sehr deutlich ist. Bläuliche Flecken sind Zeichen von starkem Herzklopfen.

Eine bleiche, breite Herzlinie läßt kaltblütige Ausschweifungen und Herzensmangel, also einen blasierten Menschen erkennen. Blässe bedeutet Mangel an Kraft und Vitalität; Breite ein zu großes Bett für den kreisenden Blutstrom, einem wasserlosen Fluß vergleichbar, der auf einem Schlammboden dahinschleicht.

Legt sich die Herzlinie wie ein Ring um den Zeigefinger und endet sie, hier nach innen gewandt, in schräger Linie, ist dies (von den Chiromanten Salomonring genannt) das Einweihungszeichen in verborgene Wahrheiten.

Verbindet sich die Herzlinie zwischen Daumen und Zeigefinger mit Kopf- und Lebenslinie, so ist dies von unheilvoller Bedeutung und Omen eines gewaltsamen Todes, wenn wir dieses Zeichen in beiden Händen finden: Kopf und Herz lassen sich vom triebhaften Leben fortreißen; der Mensch legt sich eine Binde um die Augen, wenn er am Abgrund vorbeigeht und verleugnet den freien Willen.

Neigt sich die Linie in ihrem Lauf irgendwo anders zur darunterliegenden Kopflinie hin, ist es in Verbindung mit anderen verhängnisvollen Linien ein Zeichen böser Triebe, zumindest aber ein Zeichen von Geiz. Kurz gesagt: Das Herz wird vom Kopf geführt. Verbindet sich die Herzlinie mit der Kopflinie unterhalb des Saturnfingers, d. h. in seiner Nähe, ist dies von fataler Bedeutung. Denn Saturn ist das verhängnisvolle Schicksal.

Eine zweite Herzlinie ist oft nur ein großer Venusring und verstärkt als solcher die nervöse Empfindsamkeit. Menschen mit diesem Ring leiden unter nervösen Überreizungen und melancholischen Anwandlungen.

Rote, in die Herzlinie eingegrabene Punkte bedeuten ebensoviele Herzenswunden in physischem wie psychischem Sinn.

Eine nackte, ästelose Linie zeigt Herzensdürre an. Wirft sie Äste zum Jupiterberg hin, besonders wenn es drei sind, bedeutet es voraussichtlich Reichtum und Ehre. Jupiters maßvoller Einfluß ist immer gut.

Nähert sich die Herzlinie stark der Kopflinie, ist der Mensch oft heuchlerisch, doppelzüngig und tückisch. Hört sie unter dem Saturnberg auf, ist es Mangel an Zärtlichkeit; plötzliches Abbrechen unter Saturn bedeutet ein kurzes Leben.

Wir wollen hier ein für alle Male erwähnen, daß eine abgebrochene Linie, ebenso wie jedes andere drohende Zeichen dieser Art, nur dann zur verhängnisvollen Auswirkung kommt, wenn es sich in beiden Händen findet. Andernfalls kann eine Hand fast immer den unheilvollen Einfluß der andern verbessern.

Man darf nicht vergessen, daß ein ungünstiges Zeichen allein nicht genügt, eine Katastrophe anzudeuten. Mehrere andere unheilvolle Zeichen müssen hinzukommen. Ein alleinstehendes verhängnisvolles Zeichen gibt die Vermutung, ist die Ankündigung einer kommenden Gefahr, die aber aus den in der Hand immer angegebenen Ursachen heraus vermieden werden kann. Diese Ursachen sind aus dem Übermaß des einen oder anderen Berges, aus der Gestalt dieser oder jener Linie oder aus anderen Zeichen wie Querstrichen, Kreuzen, Sternen an Stellen, die von gefährlichem Einfluß sind, zu erkennen. Und wenn selbst alle Linien zusammen eine Gefahr verkünden würden, könnte diese Gefahr zwar nicht ganz vermieden, doch wenigstens durch unseren Willen und die ihn unterstützende Vorsicht wesentlich abgemildert werden. Gerade hierbei kann die Chiromantie von größter Hilfe sein. Das Leben ist eine Arena, in der wir alle erscheinen müssen, heute als Zuschauer morgen als Gladiatoren, als Sieger oder Opfer. Es bedeutet schon viel, wenn man seinen Feind im voraus kennt, oft sogar den Sieg.

Eine Gabelung der Herzlinie, deren einer Zweig zum Jupiterberg aufsteigt, ist ein glückliches Zeichen. Liegt der andere Zweig zwischen Zeige- und Mittelfinger, bedeutet es Glück und ruhiges Leben. Dies Leben spielt sich zwischen Verhängnis und großen Ereignissen ab, wird aber von keinem der beiden berührt. Wohlgemerkt: Diese Linie aber muß ihren Lauf weiter fortsetzen.

Bricht die Herzlinie plötzlich und *ohne Äste* unter dem Saturnberg ab,

droht gewaltsamer Tod. Teilt sie sich in zwei Äste, von denen der eine zum
Saturnberg aufsteigt, der andere sich zur Kopflinie neigt, dann hat der
Mensch eine zweifache Art des Empfindens; aber beide sind für ihn gleich
verhängnisvoll, da er sich oft selbst täuscht.

Eine Hand ohne Herzlinie deutet auf organische Schwäche, Gleichge-
wichtsstörung, Veranlagung zu Herzkrankheiten und ebenso auf Nüchternheit, Egoismus, Nützlichkeitssinn. Alles ist Sache des Kopfes. Die Hand
gehört oft Menschen, die man für stark hält.

Die Kopflinie

Die Kopflinie entspringt zwischen Daumen und Zeigefinger. Gewöhnlich
ist sie am Anfang mit der Lebenslinie verbunden, die sie aber gleich wieder verläßt, um in mehr oder weniger horizontaler Richtung weiterzulau-
fen, während ihre Begleiterin, den Venusberg abgrenzend, abwärts läuft.

Eine gerade lange Kopflinie bedeutet gesundes Urteil, klaren Verstand,
hellen Kopf und *starken Willen*. Denn sie durchquert die Marsebene und
endet auf dem Marsberg. Dieser Mensch wird also immer mutig und ruhig
durch die Kämpfe des Lebens gehen, sie nicht vermeiden, sie nicht fürchten, im Gegenteil sie stets zu nützlichen Helfern zu machen wissen.

Eine solche Kopflinie gibt also zum Kampf nützliche Eigenschaften:
Energie, Umsicht, Standhaftigkeit und Kaltblütigkeit. Natürlich nur bei
entwickeltem Marsberg. Denn ist er unscheinbar, werden die zum Kampf
notwendigen Eigenschaften weniger stark ausgesprochen sein.

Eine sehr lange und gerade Kopflinie ist immer ein Zeichen von Geiz
oder wenigstens von sehr großer Sparsamkeit. Denn sie bedeutet übertrie-
benes Denken und Berechnen; das erste Gefühl des Geizigen ist die Angst,
Mangel leiden zu müssen. Allmählich artet dieses Gefühl in Geldliebe,
nur um des Geldes willen aus.

Neigt sich die Kopflinie nach Durchquerung der Marsebene zur Mond-
bergseite hin — der Mond ist Zeichen für *Phantasie* und *Idealismus* —,
dann wird man das Leben weniger klar und nüchtern beurteilen und es
vom künstlerischen Standpunkt aus betrachten. Der Kopf nimmt Einflüsse
auf, die ihm oft Trugbilder vor die Wirklichkeit stellen, und die realen
Eigenschaften müssen darunter leiden. Man erwartet das Leben so, wie es

sich sehr wahrscheinlich auf dem Mond, aber sicher nicht hier unten auf der Erde abspielt.

Der Mondberg stellt die Phantasie dar, aber die noch unklare, nicht durch Urteil oder Wissen (Hermes oder Apollo), ihre ergänzenden Helfer, erleuchtete, die übertrieben und nicht richtig geleitet, wie wir schon sagten, in Aberglauben, Irrtum und schwärmerisches Umherschweifen ausartet.

Steigt die Kopflinie sehr tief in den Mondberg herab, verfällt man in Mystizismus. Dies kann bei schwacher und unvollkommener Ausbildung der anderen Organe, besonders auch dann, wenn im Mondberg ein von Kopf- und Gesundheitslinie (über die wir später reden werden) gebildetes Kreuz liegt – das aber in beiden Händen gefunden werden muß – zu mystischem Wahnsinn führen.

Sind Kopf- und Lebenslinie in ihrem Anfang voneinander getrennt, liegt darin Selbstvertrauen, unwillkürlich hervorsprudelnde Offenheit, Schroffheit, grobe Ausfälle und voreilige Entschlüsse, alles aus einer gefährlichen Begeisterung heraus, die auch durch diese Konstellation mitangezeigt wird. Wenn ich dieses Zeichen in einer Hand sehe, rate ich dem Betreffenden, falls nicht ein ganz sicherer, nicht auszulassender Gewinn gegeben ist, lieber bis zum nächsten Tag zu warten, um oft eine Enttäuschung oder gar ein Unglück zu vermeiden. Bei überwiegender Vorherrschaft von Mars und Saturn zeigt eine unverbundene Kopflinie übermäßige Kühnheit und Unvorsichtigkeit an. Das ist die Hand von Menschen, die unüberlegte Streiche ausführen. Schauspieler, Advokaten, Prediger, konzertierende Virtuosen, Sänger, Primadonnen können sie gebrauchen. Sie gibt ihnen Verachtung dem Publikum gegenüber und unerschütterliches Selbstvertrauen, besonders dann, wenn sie Beifall finden.

Eine blasse, breite Kopflinie läßt Verstand und Umsicht vermissen.

Geht die Kopflinie nur bis zur Handmitte, zeigt sie gedankliche Unfähigkeit, Willensschwäche, Unentschiedenheit, oftmals auch Geistesarmut an. Hört sie in der Marsebene unterhalb des Saturnberges auf, verkündet sie gewaltsamen Tod und kurzes Leben. Dann droht Saturn!

Eine kettige Linie deutet auf unstetes Denken, auch auf Migräne. Blaß und schwach gefärbt, läßt sie erkennen, daß der Mensch keine feste Entschlußkraft hat, sondern hin und her schwankt.

Schneidet die Kopflinie die ganze Hand quer durch, und nähert sich der Daumen bei ausgestreckter, geöffneter Hand dem Jupiterfinger, anstatt sich nach außen zu legen, bedeutet es Geiz, Habsucht, Nüchternheit und Egoismus.

Wenn die Kopflinie *unterhalb des Saturnberges* in zwei übereinanderliegende Stücke gebrochen ist, kann dies tödliche Kopfverletzungen oder Schädelbruch durch Unglücksfall bedeuten.

Eine lange Kopflinie läßt auf Weisheit, Verstand, Ordnung und Sparsamkeit schließen; Geizige haben sie sehr lang gezeichnet. Die große Linie zeigt auch gutes Gedächtnis, zumal in Verbindung mit großen Augen.

Die Kopflinie, die in einer Gabel endet, deutet auf List, ebenso eine zum Merkurberg aufsteigende Kopflinie, die auch Diplomatie, Ausrede, spitzfindige Geschäfte und Geschicklichkeit anzeigt. Ein großes Kreuz, das die Kopflinie mit der Gesundheitslinie auf dem Mondberg bildet, ist ein sicheres Zeichen geistiger Überspanntheit.

Eine am Ende gegabelte Kopflinie, die mit einem Zweig gerade weiterläuft und mit dem anderen zum Mondberg hinabsteigt, deutet auf Wahrheitsstreben, das aber dem Irrtum, folglich auch der Lüge verfallen kann. Es lassen sich auch diplomatische Fähigkeiten erkennen. Der Mensch, der diese Gabelung hat, wird sich und andere täuschen. Sie ist eines der Zeichen, die den Lügner und bisweilen den doppelzüngigen, scheinheiligen Menschen erkennen lassen.

Eine Kopflinie, die erst unter dem Saturnberg entspringt und bis zum Marsberg läuft, weist, zumal bei einer wenig bedeutsamen und sichtbaren Herzlinie, auf einen Menschen, der seinen Kopf an Stelle des Herzens setzt und der Herzensregungen zu folgen glaubt, wenn er seinem Willen und Eigensinn gehorcht. Diese vom Saturn und Mars beeinflußte Kopflinie kündet Kämpfe an, denen Kummer oder Unglück als Ergebnis von Eigensinn oder falscher Berechnung folgen, es sei denn, daß die Saturnlinie gut genug ist, diese verhängnisvollen Voraussagen abzuschwächen.

Eine unter dem Saturnberg in zwei Teile gebrochene Kopflinie bedeutet in einer Hand mit Verbrechereigungen Tod auf dem Schafott, in jeder anderen Hand, wenn sich dort am Ende ein Stern findet, wahrscheinliche Anlage zum Wahnsinn, drohende Kopfverletzung oder auch Gliederbruch.

Man beachte, daß jede Querlinie, die nicht jenseits oder diesseits der senkrechten Linie des Mittelfingers liegt, sondern in der Höhe dieser Vertikalen entspringt oder dort endet, immer von unheilvoller Bedeutung ist, da sie indirekt vom Saturn beeinflußt wird. So gibt auch eine kurze, an beiden Seiten tief eingegrabene Kopflinie, die in der Handfläche nicht über eine von der Achse des Mittel-, des Saturnfingers gezogene Senkrechte hinausgeht, einen Mann zu erkennen, der, wenig gesund, früh sterben muß. Ebenso zeigt eine bei dieser Senkrechten beginnende Herz- oder Kopflinie ein kurzes Leben an.

Ist die Kopflinie lang, dünn, unscheinbar, heißt dies Unbesonnenheit und Zerstreutheit.

Steigt sie am Ende zur Herzlinie auf, und berührt sie diese, zeigt sie Tod in der Jugend. Dieselbe Bedeutung hat eine kurze Kopflinie, die nach einigen Chiromanten auch Neid und Unglück anzeigt. Steigt sie gekrümmt und kreisförmig zur Herzlinie auf, so läßt sie Dummheit, Blutvergießen und Todesgefahr erkennen.

Ein Kreuz mitten in der Kopflinie heißt Todesnähe, tödliche Verwundung oder Unfall.

Eine am Anfang durchschnittene Kopflinie bedeutet: Beinkrankheiten, Fall oder Kopfverletzungen. Von vielen kleinen Linien durchschnitten, zeigt sie kurzes Leben oder Krankheiten an.

Wird die Kopflinie von einer Schwesterlinie begleitet, deutet sie auf eine Erbschaft und ist ein sehr gutes Omen.

Nähert sie sich zu stark der Herzlinie, läßt sie Herzklopfen, Ohnmacht, Doppelzüngigkeit erkennen.

Endet sie breit und ästelos in der Mitte des Saturnberges, heißt es Schlag auf den Kopf mit tödlichem Ausgang.

Eine gekrümmte, ungleichmäßige, verschieden gefärbte Kopflinie ist ein Zeichen von häßlichen Gedanken und Anlage zu Lebererkrankungen.

Ist die Kopflinie aus kleinen Zweigen zusammengesetzt, auch wenn sie lang genug ist, treten häufig Kopfschmerzen und vor allem plötzlicher Gedächtnisschwund und Zerstreutheit auf, d. h. man vergißt wiederholt einen Gedanken, verliert den Faden und kann selbst einen angefangenen Satz nicht zu Ende führen. Läuft sie bis zum unteren Mondberg hinab, ist Armut und Gefahr des Ertrinkens angezeigt; denn der Mond beherrscht das Wasser.

Biegt sie sich zum Daumen zurück, deutet sie Unglück (durch Liebe) oder auch Egoismus an.

Steigt sie zur Herzlinie hinauf, heißt dies Unbesonnenheit und Unverstand.

Ist sie zu dünn gezeichnet, wird die Leber krank sein und Dämpfe von Magenblähungen werden zum Kopfe aufsteigen.

Um unschöne Wiederholungen zu vermeiden, werden wir öfters statt Herzlinie die Bezeichnung der Chiromanten: *Mensalis* (von mens = Geist) einsetzen, und ebenso die Kopflinie mit ihrem wirklichen Namen: *Naturalis* nennen.

Die Lebenslinie

Wo willst du kühner Fremdling hin
Was suchst du hier im Heiligtum?
(Zauberflöte)

Hier beginnt die peinliche Seite dieses Wissens. Hier beißen wir schon in den Apfel der Erkenntnis von Gut und Böse. Wir lernen aus der Hand uns geliebter Menschen nahen Tod oder krankhaftes Leben, Existenzsorgen, Augenverluste zu lesen. In unserer eigenen Hand sehen wir, wieviel Jahre uns die Zukunft noch vorbehält. Wenn wir auch bei schlechter Diagnose sagen, diese Wissenschaft lügt, der Gedanke bleibt doch wach und quält uns.

Man darf den um Rat fragenden Menschen nicht alles sagen. Man darf ihnen nicht die Mühsalen schildern, die durch so absolut verhängnisvolle Zeichen verkündet werden, daß sie selbst durch vereinte Willens- und Verstandeskräfte nicht vermeidbar sind.

Wenn wir auch nichts verheimlichen dürfen, müssen wir doch immer betonen, daß der Wille, wenn er auch einem Verhängnis nicht entgehen wird, alles ändern kann, selbst das von der Lebenslinie angezeigte unheilvolle Schicksal.

Man darf nicht den Einfluß des Seelischen auf den Körper leugnen. Wenn Sorgen auch nicht töten, verkürzen sie doch offensichtlich die Lebensdauer.

Ein tiefernster Todeswunsch ist langsamer Selbstmord. Ein sehr heißer Lebenswunsch verlängert das Dasein, zumal bei starker Gläubigkeit.

In meinem vor etwa zwei Jahren in Paris veröffentlichten Buch: »*Vollkommene Offenbarungen*« schrieb ich über den Krankheitskeim, den jeder Mensch von Geburt an in sich trägt und der notwendigerweise in der Hand eingezeichnet ist. Diejenigen, die durch die Chiromantie gewarnt werden, können daraus erfahren, woher sie bedroht werden, dadurch alles vermeiden, was dem Fortschreiten des Bösen günstig sein könnte, und mit Hilfe der Chiromanten die Mittel suchen, die zwar nicht die Krankheit heilen, aber doch vorbeugend wirken oder sie wenigstens abschwächen. Noch mehr: sie können mit Leichtigkeit die zum Verderben beitragenden schlechten Neigungen erkennen, die jeder zweifellos hat. Denn wenn die Natur das Wachsen oder Zerstören eines Werkes beschleunigen will, gibt sie alle Möglichkeiten und Triebkräfte, kurz gesagt alle für ihr Ziel notwendigen Veranlagungen. Man kann die schwachen Seiten seines Wesens erkennen und seine physischen Mängel ebenso wie seine Charakterfehler verbessern.

Man erzählte, was sehr wahrscheinlich ist, daß ein Dr. Portal, der von Geburt an schwindsüchtig war, durch die Ärzte über seinen Zustand unterrichtet, sein Leben bewußt über das achtzigste Jahr hinaus verlängert hat.

Besonders leicht ist es noch, die Gesundheit eines Kindes zu verändern, das durch seine Jugend und Anpassungsfähigkeit jeder Besserung wundervoll zugänglich ist.

Denn mit Ausnahme der Zeichen – vor allem der Sterne –, die *unvermeidbares* Verhängnis ankünden, das der Mensch aber bewußt positiv umzuwandeln vermag, können sich alle Linien der Hand vergrößern oder verkleinern, ja selbst mit der Zeit verschwinden. Es bilden sich sogar neue, was alle Chiromanten behaupten und wir selbst erfahren haben.

Unserer Meinung nach werden die bei der Geburt gegebenen Linien vom Sterneneinfluß eingezeichnet; sie können aber vom Verstand aus kontrolliert, also auch verändert werden. Denn ihm sind diese Einflüsse unterstellt, und er nimmt sie an oder verwirft sie nach eigenem Gutdünken.

Seinerseits gräbt dann der Wille, der jede Minute, jeden Augenblick, wie ein Herr zu seinem treuen Diener, in direkter Verbindung zur Hand, seinem dienstbaren Sklaven steht, seine Eindrücke und Wünsche in die Hand ein, wie das immerfort Tropfen auf Tropfen fallende Wasser den Fels aushöhlt und die anfängliche, von der Schöpfung geprägte Form verschlechtert oder vollendet.

So hat uns die Vorsehung mit dem Anzeigen unserer Lebensgrenzen zugleich die Kraft gegeben, sie durch unermüdliche Willensarbeit weiter zu stecken.

Um uns hierüber nicht im Zweifel zu lassen, gibt uns die Natur täglich den sichtbaren Beweis, daß alles durch ständige Arbeit gedeiht.

Labor omnia vincit improbus: die Arbeit besiegt alles Schlechte, sagt der große Eingeweihte Vergil.

Wie schon gesagt, ist die Lebenslinie, die Vitalis der Alten, die Linie, die den Daumenberg umgibt.

Umschließt sie ihn ganz und ist sie lang, gut gezeichnet und zart gefärbt, verkündet sie ein langes glückliches Leben ohne schwere Krankheiten sowie einen guten Charakter.

Blaß und tief eingegraben, läßt sie schlechte Gesundheit, böse Triebe und gewöhnlich mißgünstige Veranlagung erkennen. Breite und tief eingezeichnete Linien rufen immer den schlechten Einfluß der betreffenden Linien hervor, d. h. das Gegenteil der durch lange und gut gefärbte Linien angezeigten Eigenschaften.

Eine kurze Lebenslinie bedeutet ein kurzes Leben. In einer Hand gebrochen, in der anderen schwach, zeigt sie eine schwere Krankheit an.

Wird in einer Hand eine gebrochene Linie gefunden, in der anderen Hand aber läuft sie ohne Unterbrechung weiter, dann kann man diesem Menschen mit Sicherheit sagen, daß er eine fast tödliche Krankheit hatte. Dieses Zeichen täuscht nie. Selbstverständlich bedeutet die überstandene Krankheit keine Gefahr und keinen Schaden mehr für die Zukunft. Es ist eine vollendete Tatsache, die in der Hand eingegraben ist und nie mehr auslöscht.

Sind die Linien in beiden Händen in gleicher Höhe gebrochen, ist der Tod angezeigt. Ganz selten aber fand ich dieses Zeichen nicht den körperlichen, sondern den geistigen Tod anzeigen. Das Bewußtsein erlosch.

Bricht die Lebenslinie in beiden Händen ab, stirbt der Mensch. Eine doppelte Linie bedeutet ein Leben voll Luxus.

Eine schlecht gezeichnete, kettige Linie heißt ein mühseliges, kränkliches Leben.

Breit und dunkelrot zeigt die Lebenslinie einen heftigen und brutalen Menschen an.

Ist sie fahl, mit einigen roten Flecken untermengt, wird der Mensch in Zorn bis zur wildesten Wut geraten.

Wirft die Lebenslinie, anstatt vom Handrücken zwischen Jupiter und Venusberg, zwischen dem Zeigefinger und Daumen auszugehen, eine große Linie oder Äste auf den Jupiterberg, die den Anschein erwecken, als entspringe sie auf diesem Berge, bedeutet dies Ehrgeiz, da sich alle Lebensenergie auf diesen Berg des Stolzes richtet. Aber es bedeutet auch fast immer Erfolg, wie Erreichung von Ehren, Orden, Auszeichnungen, hohen Würden.

Wird die Vitalis von einer kleinen Linie durchschnitten, sind dies zahlreiche Krankheiten oder zumindest Kopfschmerzen, wenn diese Linien sehr fein sind.

Gehen die Äste abwärts zur Raszette am Handgelenk, ist es ein Ausdruck für Armut und Geldverlust. Denn die Raszette zeichnet sich auf dem Handgelenk im materiellen Teil der Hand ein, und deshalb müssen Linien, die dorthin laufen, Verlust bedeuten.

Eine mit Herz- und Kopflinie verbundene Lebenslinie gibt Unglück, oft auch gewaltsamen Tod zu erkennen. Das Leben ist in Gefahr, wenn Kopf und Herz von dem mächtigen Lebenstrieb, der blindlings auf alle Gefahren lossteuert, beherrscht und mit fortgerissen werden. Die Kopflinie, die, nah an die Lebenslinie gedrückt, ihr ein Stück weit folgt, zeigt Schüchternheit und mangelndes Selbstvertrauen an, die übermäßig und unüberwindlich sind. Ich rate Menschen mit diesem Zeichen, bei denen ich Einsicht und Ausdauer erkenne, dieses mangelnde Vertrauen zu sich selbst, das einfach eine Krankheit ist, zu verlieren, da jeder, der eine von der Kopflinie getrennte Lebenslinie hat, immer durch sein Selbstvertrauen vorwärts kommt, diejenigen aber, die beide Linien miteinander verbunden haben, nur durch ganz große Anstrengung oder nie etwas erreichen. Wir wiederholen noch einmal und können es nie genug tun: Ein einzelnes Zeichen genügt in der Chiromantie nicht, eine ungünstige Meinung auszusprechen. Es besteht wohl starke Wahrscheinlichkeit dafür, zumal wenn die Voraussagen aus Lebens- oder Schicksalslinie zu ersehen sind, aber andere günstige Linien können sie abschwächen oder ihre Wirksamkeit sogar ganz aufheben.

Ein Chiromant muß vor jeder Entscheidung die ganze Hand studieren und Behauptungen auf den Ergebnissen aller Feststellungen aufbauen.

Das ist die einzige Art, um sicher zur Wahrheit zu kommen. Man muß ganz einfach hinsehen, denn die Wissenschaft ist eindeutig und klar.

Linien, die aus beiden Seiten der Lebenslinie — innen und außen — aufwärts steigen, bedeuten Reichtum und Würde, ein Streben nach Höherem und Erfolg durch Energie.

Eine unregelmäßig geformte Linie, d. h. an einer Seite tiefer eingezeichnet als an der anderen, kündet Zorn und heftige Leidenschaften, also unbeständige Launen an. Am Anfang, nah dem Daumen gegabelt, läßt die

Lebenslinie einen unnützen, d. h. unschlüssigen Menschen erkennen. Zwei Äste bedeuten zwei entgegengesetzt wirkende Kräfte, die sich aufheben und unwirksam machen. Daraus folgt naturgemäß Nichtstun.

Eine am Ausgangspunkt sehr rote Lebenslinie ist Zeichen von verderbtem Gemüt, von blindmachender Heftigkeit.

Eine sehr lange, aber sehr dünne Lebenslinie weist auf schlechte Gesundheit, Melancholie, Neid und Mißtrauen hin. Ist sie schlecht gefärbt, schlecht geformt und durchschnitten, ist kurzes Leben angezeigt.

Unterbrechungen der Lebenslinie zeigen Schwächung der Natur und eine große Gefahr in dem betreffenden Jahr, ein Kreuz in der Mitte, dem mehrere Punkte folgen, zeigt plötzliche Todesgefahr an.

Ist die Lebenslinie überall breit, ist der Mensch zornig bis zur Bestialität. Tief eingegraben, bedeutet sie Schroffheit und Brutalität.

Querstriche auf der Lebenslinie verkünden Ereignisse in dem Jahr, wo sie auf der Lebenslinie gefunden werden.

Die Marslinie, Schwesterlinie der Vitalis bildet eine zweite Lebenslinie und läuft innerhalb dieser und ebenso wie sie um den Daumen. Sie kommt Brüchen und Schwächen der Lebenslinie zu Hilfe und verkündet Erfolg im militärischen Beruf, zumal wenn sie deutlich und rot gefärbt ist. Da sie Übermaß an Lebenskraft anzeigt, gibt sie gewöhnlich Liebe zu Frauen und Unmäßigkeit an. Ist sie lang und begleitet sie die Lebenslinie bis zu deren Ende, ist dies ein Zeichen guter Gesundheit bis zum Lebensende.

Schlechte Linien werden durch eine doppelte, sogenannte Schwesterlinie verbessert. Ist diese aber auch ungünstig, d. h. schlecht gezeichnet, verbogen oder gebrochen, verdoppelt sich das Übel, während das von ihnen angezeigte Gute verstärkt wird, wenn beide Linien gleich gut sind.

Kurzes Leben und plötzlicher Tod werden durch eine in beiden Händen abgekürzte Linie angezeigt.

Von Linien durchkreuzt bedeutet die Lebenslinie Krankheiten oder Unglücksfälle und Stellungswechsel.

Linien, die von der Lebenslinie ausgehen und aufwärts zum Saturn- oder Sonnenberg steigen, verkünden immer Erfolg durch persönliches Verdienst. Den Zeitpunkt dieser Art Glückszufälle gibt die Stelle der Lebenslinie an, die Ausgangspunkt der Verdienstlinie ist. Linien dieser Art, die ungehindert zum Jupiterberg hingehen, sind am günstigsten für Erfolge des Ehrgeizes oder Geldgewinne. Gewöhnlich zeigen zum Apolloberg aufsteigende Linien, wenn sie nicht Zeichen von Gelderfolgen sind, Ehre oder Ruhm an.

Wenn stärkere Äste aus dem Venusberg entspringen, die Lebenslinie und andere Hauptlinien durchkreuzen, so heißt dies Liebesbeziehungen, die das Schicksal zerstören.

Ein tiefer Punkt auf der Lebenslinie deutet auf eine schwere Krankheit oder gewaltsamen Tod.

Ein Kreuz auf der Lebenslinie, dessen Äste diese Linien durchschneiden, ist Zeichen von tödlicher Schwäche. Ziehen die Äste dieses Kreuzes tiefe Rillen in die Lebenslinie, tritt wahrscheinlich der Tod an dem von der Kreuzstelle angezeigten Zeitpunkt ein.

Ein Kreuz am Ende der Vitalis läßt einen guten und fähigen Menschen erkennen, dem aber Verlust seiner Gesundheit droht.

Kleine schwarze Löcher oder eckige Figuren am Anfang der Lebenslinie sind Zeichen nervöser Krankheiten.

Schickt die Lebenslinie Äste gegen die Mitte der Kopflinie, bedeutet dies Ehre und Reichtum, die aber nur nach langen Prüfungen erlangt werden, wenn diese Äste auf der Marsebene bleiben. Linien, die von der Handmitte aus zur Lebenslinie gehen, sie durchschneiden und auf dem Venusberg weiterlaufen, sind unheilvolle Omen; — sie bedeuten Verwundungen.

Die schönsten Linien sind glatt, weder blaß noch zu stark gefärbt und haben an ihren äußersten Enden wenig Äste.

Gabelt sich die Lebenslinie nahe der Raszette, weist dies auf eine Lebensveränderung zu einer bestimmten Zeit hin. — Geht einer der Zweige aus der Lebenslinie zum Mondberg und zieht hier eine tiefe Furche, ist dies ein Zeichen für Gicht oder Rheumatismus.

Eine am Ende gegabelte Lebenslinie verkündet die Möglichkeit einer Spaltung des Ichs am Ende des Lebens, d. h. die Anlage zu geistigem Zusammenbruch, die oft durch übermäßige Kopfarbeit hervorgerufen wird. Diese Linie, die bei Literaten und Künstlern recht häufig auftritt, rät ihnen, ihre Arbeit nicht gewaltsam zu erzwingen und sie aufzugeben, sobald sie äußerste Müdigkeit überfällt, damit sie nicht mit 50 oder 60 Jahren ganz unfähig werden. Durch zeitweiliges Ausruhen kann man dieses drohende Zeichen zunichte machen.

Die alten Kabbalisten teilten die Lebenslinie in sieben oder zehn Teile ein, von denen jeder zehn Jahre bezeichnete. So konnten sie den Zeitpunkt von Krankheiten oder Verwundungen angeben, indem sie nachsahen, in

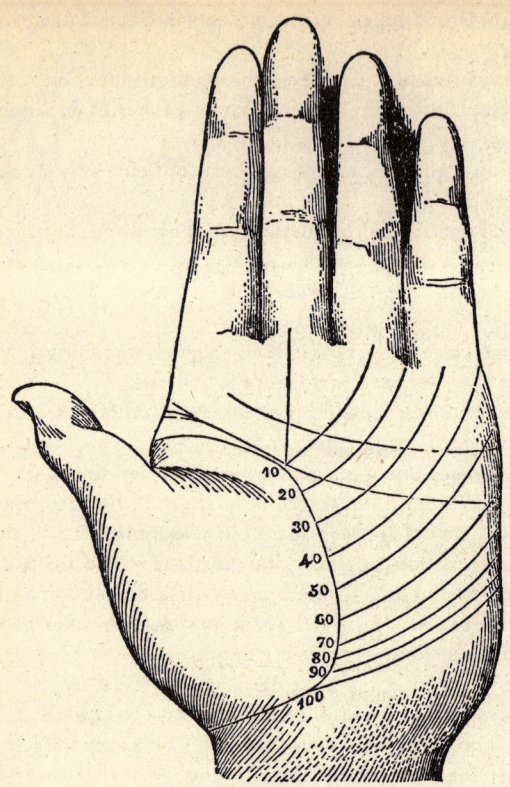

welchem Dekanat die hinweisenden Zeichen lagen. Für eine ähnliche Berechnung genügt eine gleichmäßige Einteilung der Lebenslinie in sieben und zehn Abteilungen, von denen jede zehn Lebensjahre darstellt.

Die Chiromanten machten diese Unterteilung folgendermaßen: Sie stellten einen Fuß des Zirkels unbeweglich auf die Wurzel des Jupiterfingers, setzten den anderen in der Mitte des Sonnenbergs an, und zogen von hier aus einen die Lebenslinie schneidenden Kreis. Der Raum auf der Lebenslinie bis zu diesem Schnittpunkt gab die ersten zehn Jahre wieder. Für den zweiten Kreis stellten sie den zum Kreisziehen bestimmten Fuß

des Zirkels zwischen Ring- und kleinen Finger und zogen wieder den
Kreis auf die Lebenslinie herab. So bekamen sie die zweite Abteilung der
zehn Jahre, die also zwanzig Jahre anzeigte. Dann stellten sie den zweiten
beweglichen Zirkelfuß auf den Merkurberg und zeichneten durch den
Kreis die dritte Abteilung auf der Lebenslinie ab, die dreißig Jahre ergab.
Der bewegliche Zirkelfuß an die äußere Seite des kleinen Fingers, an sein
drittes Glied gesetzt, ergab vierzig Jahre. Ging die Lebenslinie noch weiter, hielt man dieselben Entfernungen aufrecht und stellte den Zirkelfuß
auf die Herzlinie am äußerenHandrand, was auf der Lebenslinie das fünfzigste Jahr ergab. Wie wir wissen, zeigt jeder Kreis zehn Jahre an. Für den
siebenten Kreis (70 Jahre) verminderte man die Entfernung von einem
Schnittpunkt zum andern um ein Drittel. Für 80 Jahre verminderte man
diese Entfernung noch einmal um ein Drittel, und so fuhr man fort bis zu
100 oder 110 Jahren, wenn so viele eingezeichnet waren.

Die alten Chiromanten ließen, wie man sieht, das Leben von Jupiter
(der Göttlichkeit) und der Sonne (dem Licht) ausgehen. Bis zu seinem
10. Jahre ist der Mensch ausschließlich dem Verhängnis überantwortet, da
ihn der Verstand noch nicht führt. Das Wesen bildet sich, bewegt sich, um
zu wachsen. Der Raum der zehn ersten Jahre ist am größten, und da er
dem Verhängnis zugeteilt wird, fällt er auf der Lebenslinie mit einer auf
der Achse des Mittel- (des Saturn-)fingers gezogenen Linie zusammen.
Die Jahre zeichnen sich in gleichen Abständen bis zu 60 Jahren ab. Dann
geht die Lebenskraft zurück, die Säfte trocknen ein und versiegen, die folgenden Abstände werden um ein Drittel schmäler. Mit 80 Jahren nehmen
sie aus ähnlichen Gründen nochmals um ein Drittel ab, und so geht es weiter bis zum Lebensende, das entweder körperlich oder geistig untätig wird.

Wir geben hier die Zeichnung einer so abgeteilten Hand. Jeder kann
dasselbe auf seiner Hand wiederholen und durch genaues Untersuchen der
Lebenslinie die Zeitpunkte erkennen, in denen die Gesundheit bedroht
wird und die Ursachen hierfür aus anderen Zeichen herausfinden. Eine
hundert Jahre anzeigende Lebenslinie stellt nur eine Möglichkeit zur Erreichung dieses Alters dar. Selbstverständlich müssen auch die anderen
Hauptlinien einen glücklichen Lebenslauf anzeigen – aber es ist jedenfalls
ein sehr günstiges Omen.

Die Saturnlinie

Die Saturnlinie: Schicksal und Verhängnis. Sie geht zum Saturnberg und durchquert ihn bis zur Wurzel des Mittelfingers.

Sie hat vier Ausgangspunkte: Lebenslinie, Marsebene, Raszette und Mondberg. Im ersten Fall hat sie Teil an den Eigenschaften der Lebenslinie, je nach ihrer mehr oder weniger ausgesprochenen Länge und Farbe und ihrem mehr oder weniger ruhigen Verlauf.

Im zweiten Fall, wenn sie aus der Marsebene (dem Kampf) aufsteigt, sahen die Alten das Zeichen eines mühsamen Lebens. Es ist aber im Gegenteil der Ausgangspunkt einer vom Glück begünstigten Möglichkeit, die Mars (die Energie) unterstützt.

Entspringt sie in der Raszette, steigt sie geradlinig zum Saturnberg auf, in den sie eine tiefe Furche zieht und endet sie am untersten Fingergelenk, ist strahlendes Glück vorhanden. Falls überhaupt möglich, ist das Glück noch größer, wenn sie an der Saturnfingerwurzel in einer Ähre endet. Dann ist das Schicksal unbedingt glücklich. Der Chiromant wird die Ursache dieses Glücks fast immer in der Hand finden, sei es in guten und edlen, vernünftig geleiteten Bestrebungen oder auch in anfechtbaren Leidenschaften, die manchmal durch energisches Wollen nutzbar verwendet werden. Es gibt wenig Menschen, die grundlos, ohne eine durch andere Zeichen angezeigte Ursache glücklich sind; aber immerhin es gibt welche.

Ein großes Glück ist immer eine große Schicksalsmacht.

Geht die Linie aber weiter hinauf, schneidet sie die Wurzel des Mittelfingers und läuft sie in das dritte Glied hinein, zeigt dies ein ungewöhnliches Verhängnis, ein im guten oder schlechten großes Schicksal an.

Bei einem durchfurchten Saturnberg, den eine tiefe rote Hauptlinie durchschneidet, die hinaufsteigt und im dritten Gelenk in einem Stern endet, ist dieses Zeichen Ausdruck eines unglücklichen Todes, eines Verbrechens, oder die drohende Ankündigung des Schafotts.

Nimmt die Saturnlinie ihren Ausgangspunkt im Mondberg, um in gerader Richtung zum Saturnberg aufzusteigen, verheißt sie Glück durch eine Laune (Mondberg bedeutet Launenhaftigkeit), also durch männliche oder weibliche Protektion, je nach dem Geschlecht des Handeigners.

Steigt die vom Mondberg, dem Berg der Phantasie und Laune, ausgegangene Saturnlinie gerade und klar zur Herzlinie auf und läuft sie hier aus, während die Herzlinie zum Jupiterberg geht, deutet sie auf ein Glück, das einer Laune entsprang und dem eine glückliche Liebe folgte: z. B. auf eine reiche Heirat, wie es die Verbindung mit der Herzlinie anzeigt, die durch die Jupiterbetonung, die immer ein günstiges Omen ist, sicher glücklich wird.

Eine Saturnlinie, die gerade und voll aufsteigender Äste verläuft, bedeutet allmählichen Übergang von Armut zu Reichtum.

Jeder Zweig ist eine Leiter zum Aufstieg.

Entspringt die Saturnlinie aus der Vitalis, wird Glück durch eigenes Verdienst erlangt. Dies ist auch Zeichen eines großzügigen Herzens.

Unterbrechungen oder Querlinien am Ende der Saturnlinie deuten an, daß das Glück vom Unglück verfolgt wird. Eine am Anfang schraubenförmig gewundene Saturnlinie, die nach oben gerade und klar verläuft, zeigt ein großes Unglück an, dem das Glück folgt. Wohlverstanden: Sobald die Saturnlinie in die Fingerwurzel einschneidet, verkündet sie den schlechten Saturneinfluß und das um so verhängnisvoller, je höher sie hinaufsteigt. Dieser Einfluß ist ebenso schlecht, wenn sie die Raszette durchschneidet, d. h. wenn sie über das Handende hinausgeht und sich in das Handgelenk einzeichnet. Hier ist also wieder ein Übermaß vorhanden, ein Zeichen von Kummer und Trübsal aller Art.

Steigt die Saturnlinie mehr oder weniger hoch aus dem unteren Teil der Hand auf und hält, plötzlich unterbrochen, an der Herzlinie an, wird das Glück durch eine Herzenssache oder Herzkrankheit zerschlagen. Hält sie plötzlich an der Kopflinie an, wird eine günstige Möglichkeit durch eine Kopfsache, eine falsche Berechnung oder aber durch eine Gehirnkrankheit zerstört. Entspringt die Saturnlinie aus der Kopflinie und steigt sie in Windungen zum Saturnberg auf, zeigt dies Arbeit, Mühen, Krankheiten an und einen Verstand, der an das Verhängnis gekettet ist, weil er das Herz zerschlägt. Ist aber diese Linie schön geformt und auch die Kopflinie klar und gut gezeichnet, so deutet dies auf ein spätes, durch Einsicht erlangtes Glück.

Entspringt die Saturnlinie aus dem Viereck (dem Zwischenraum von Kopf- und Herzlinie) und hält sie am Saturnfinger an, wird das Glück nach vielen Hindernissen erreicht.

Finden wir eine doppelte Saturnlinie in der Handfläche, die gewunden und dünn gezeichnet ist, läßt dies große Verderbtheit und schwere Gebrechen erkennen, deren Ursache im Mißbrauch materieller Vergnügungen liegt. Eine gerade, am Ende gutgefärbte Saturnlinie verkündet Glück im

Alter und Erfindung neuer Wissenschaften. Sie gibt auch Neigungen, die der Saturnberg vermittelt: Sinn für Bau und Gartenanlagen und Begabung für Architektur und Ackerbau.

Eine Menge durchschnittener und gewundener Linien am Ende der Saturnlinie, läßt auf Unglück nach einem glücklichen Leben schließen.

Eine gebrochene, durchschnittene und immer wieder angeknüpfte Saturnlinie zeigt ein Leben, in dem von Zeit zu Zeit, aber nicht dauerhaft, Glücksfälle auftauchen. Es gibt Hände, die überhaupt keine Saturnlinie haben, Zeichen eines unbedeutenden Lebens.

Eskimos haben zum größten Teil keine Saturnlinie, d. h. sie führen ein vegetatives Leben, wie das tatsächlich in ihrem harten Klima der Fall sein muß.

Entspringt eine Linie aus der Kopflinie, steigt sie geradewegs zum Jupiterberg auf, durchquert ihn und schneidet die Wurzel des Jupiterfingers, ist übermäßig großer Stolz vorhanden. Endet dieselbe Linie aber mit einem Stern im Jupiterberg, ist dies Ausdruck eines unwahrscheinlich großen Erfolgs. Endet sie in einem Kreuz, gibt sie ein der Größe des Stolzes entsprechendes Unglück zu erkennen.

Neigt sich die Saturnlinie zu dieser Stolzlinie hin und verliert sich in ihr, wird man verrückt vor Eitelkeit.

Die Saturnlinie behält ihren Namen und Einfluß, auch wenn sie nicht zum Saturnberg hinläuft. Ihre Richtung zu diesem oder jenem Berg hin verändert die Art des Glücks, das sie geben kann. Geht sie zum Merkurberg hin, zeigt sie Erfolg durch Handel, Wissenschaft oder Beredsamkeit, zum Apolloberg hin Glück, das durch Kunst oder Reichtum erlangt wird, je nachdem, in welcher der drei Welten der betreffende Mensch (wie wir später sehen werden) lebt. Geht die Saturnlinie zum Jupiterberg, wird das Glück durch Ehrgeiz oder befriedigten Stolz erreicht.

Dieses Glück wird aber immer abhängig sein von dem Maß der Geradheit und Unverdorbenheit der Linie von ihrem Ausgangspunkt an bis zu ihrer Ankunft auf dem Berg. Bricht die Saturnlinie bei ihrem Durchgang durch die Marsebene (den Kampf) entzwei, ist sie durchschnitten, gewunden, in dieser Gegend wieder zusammengestückelt, muß man sich auf Kämpfe in physischen oder psychischen Bereichen gefaßt machen.

Es gibt Menschen, die *schicksalhaft* glücklich sind, davon sind wir überzeugt, nachdem wir Hände unserer »arrivierten« Mitmenschen sahen. Aber diese Menschen haben alle zugleich auch Anzeichen eines festen Willens und die zum Gelingen notwendigen Eigenschaften wie Liebe zur Kunst oder Klugheit, und ihre Glückslinie schließt nicht den Kampf aus.

Wir sahen Glückslinien, die sich erst nachträglich bildeten, wie auch die Organe des Schädels in dem Maß kleiner oder größer werden, wie die von ihnen dargestellten Fähigkeiten ausgeübt werden. Ein von uns selbst angefertigter Abguß hat uns hierfür den Beweis geliefert. D'Arpentigny behauptet seinerseits, daß sich die Fingerknoten entwickeln oder schwächer werden. Als Beispiel führt er George Sand[1] an, deren anfangs sehr glatte Finger sich an den ersten Gliedern zu Knoten erweiterten, seitdem sie sich ernsthaft mit Philosophie und Literatur beschäftigte. Wenn sich also die Hände, die das Schicksal in sich tragen, nach einer durch den Willen gegebenen Richtung hin verändern können, muß sich auch das Schicksal notwendigerweise verändern und kann nicht unwiderruflich sein.

Die Hepatika oder Gesundheitslinie

Diese Linie entspringt an der Raszette nahe der Lebenslinie und geht geradewegs zum Merkurberg. Ist sie lang, gut gefärbt, gerade und nicht übertrieben breit, zeigt sie gute Gesundheit, Blutfülle, genügend Flüssigkeit des Körpers, gutes Gedächtnis, rechtes Selbstbewußtsein, Rechtschaffenheit und geschäftlichen Erfolg an.

Ist sie gewunden und gekrümmt, deutet sie Neigung zu Gallenerkrankungen und fragwürdige Rechtschaffenheit an.

Manchmal beginnt sie in der Marsebene, manchmal in der Lebenslinie und erstreckt sich von hier aus quer durch die Handmitte zur Außenseite der Hand. Manchmal endet sie an der Kopflinie oder steigt bis zu den Handbergen hinauf. In manchen Händen fehlt sie, was auf zarte Haut, körperliche Empfindsamkeit und Migränen bei der geringsten Unmäßigkeit im Essen schließen läßt. Häufige körperliche Bewegung kann diese Migräne beseitigen.

Von der Lebenslinie getrennt, verspricht sie ein langes Leben; mit ihr verbunden deutet sie auf Herzschwäche hin, weil ein zu starker Blutandrang zum Herzen geht.

---

[1] George Sand, Baronin Dudevant (Paris 1804–1876), bekannte Schriftstellerin und Freundin von Musset und Chopin.

Wird die Hepatika von einer Linie durchkreuzt, so weist sie auf eine nahende Krankheit hin. Geht die gut gebildete Hepatika bis zu den Fingerbergen, gibt sie Gesundheit bis ins hohe Alter an.

Bilden Hepatika, Saturnlinie und Kopflinie ein Dreieck, zeigen sie Fähigkeit zu Naturmagie und Naturstudien und verleihen die Gabe göttlicher Intuition, manchmal auch das zweite Gesicht.

Eine breite, durchschnittene Hepatika verkündet Krankheit im Alter.

Ist sie von ungleicher Färbung und in der Nähe der Kopflinie stellenweise sehr rot, ist dies ein Zeichen für Kopfschmerzen, die durch Blutandrang verursacht werden. Dünn und nur in der Mitte rot, deutet sie Fieberdispositionen an. Am Anfang rot, zumal in der Nähe der Lebenslinie, gibt sie Herzklopfen zu erkennen. Geht sie bis zum Handrücken und durchquert auf ihrem Weg den Mondberg, kündet sie einen wetterwendischen Charakter oder Wasserreisen an (das Wasser gehört, wie man weiß, zu den Attributen des Mondbergs).

Eine vom Mondberg ausgehende Linie, die sich bogenförmig zum Merkurberg hinwendet, spricht von Ahnungen und Vorgefühlen[1]. Liegt aber eine Insel gleichsam als Ausgangspunkt am Anfang der Hepatika, die aus der Lebenslinie entspringt oder aus Linien, die zum Saturn- oder Apolloberg aufsteigen, bedeutet dies mehr als Vorahnungen, nämlich die Gabe des zweiten Gesichts.

Ich habe diese seltsame und wirklich vorhandene Fähigkeit bei hierzu begabten Menschen gefunden. Es ist Somnambulismus im wachen Zustand, Prophetie.

Manchmal, wenn auch selten, wird die Hepatika von einer Schwesterlinie begleitet, die man *Milchstraße* nennt. Wenn diese Linie von der Raszette bis zum Merkurberg aufsteigt, ist sie Zeichen eines beständig glücklichen Lebens. Diese Linie gibt Inbrunst in der Liebe; deswegen heißt sie auch *via lasciva*. Viele Chiromanten bezeichnen sie als Schwesterlinie der Hepatika, als *soror hepaticae*.

---

[1] Diese Linie wird dem Uranusberg zugeschrieben und Uranus- oder Intuitionslinie genannt. Der Uranusberg liegt unterhalb des Mondberges nahe dem Handgelenk.

Der Venusgürtel

Der Venusgürtel ist eine Linie, die zwischen Jupiter- und Saturnfinger entspringt und sich in einem Halbkreis zwischen Ring- und kleinem Finger verliert.

Der Venusgürtel schließt Saturn und Apollo, Verhängnis und Licht wie in einer Insel ein und läßt die Triebe übermäßigen Ehrgeizes, der Lüge, Liederlichkeit und Laune, die schlechten Triebe von Jupiter, Merkur, Venus und Mond, die ohne Führung und Rat vom Augenblick an, wo sie nicht mehr von der Sonne Apollos erhellt und veredelt sind, böse werden. Außerdem umfaßt noch der Venusring Saturn und Sonne und veranlaßt sie beide, die düstere Trauer und das Licht, zu unmittelbaren Auseinandersetzungen, die fortwährende Unruhe hervorrufen.

Der Venusring zeigt seine Neigungen schon durch seinen Namen an: sie sind ausgelassene, blinde, zügellose Liebe und Ausschweifung. Im Mythos lieh sich Juno den Gürtel der Venus, um Jupiter zu bezaubern und ihm lasterhafte Wünsche einzugeben.

Ist dieser Halbkreis in der einen oder anderen Hand gebrochen und gleichsam aus kleinen Resten zusammengestückelt, ist dies Zeichen einer exzentrischen Leidenschaft und Perversität oder wenigstens der Hang zu verderbten Liebesbeziehungen.

Doppelt, dreifach schlecht gezeichnet und dabei immer gebrochen, deutet er auf Neigung oder Gewohnheit zu anormalen Vergnügungen, auf Verlangen nach obszönen Schamlosigkeiten. Dies trifft für träge Menschen mit weichen Händen zu. Aber ein langer Daumen und eine gute klare Kopflinie, vor allem, wenn sie sensibles Kunstempfinden und Begabung für Musik und Literatur ausdrückt, können diese Reize zweifellos

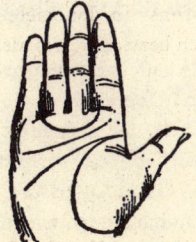   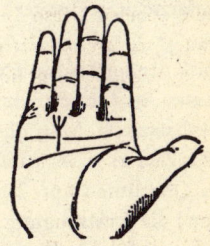

Der Venusgürtel   Die Sonnenlinie

überwinden. Wissenschaft und Arbeit können diese furchtbaren Wollust-
triebe bekämpfen und zunichte machen und sogar eine große Kraftquelle
darin finden. Denn Leidenschaften, die von übersprudelnder Lebendigkeit
sind, verlieren niemals ihre aktive Kraft. Doch nur unter einer guten
Führung verstärken sie Eigenschaften, denen sie ihr Ungestüm geben.
Sie sind wie ein verwüstender Strom, der eingedämmt und gut geführt
eine Fabrik in Gang bringt.

Öffnet sich der Venusgürtel gleichzeitig zum Merkurberg (der Wissenschaft) hin, ist der Anreiz weit weniger mächtig und kann leichter beherrscht werden.

Die Sonnenlinie

Die Sonnenlinie entspringt entweder in der Lebenslinie oder dem Mondberg und mündet in den Sonnenberg (den Berg des Ringfingers) ein.

Sie bedeutet: Ehre, Ruhm, Kunstliebe;

Reichtum und Gunst;

oder Verdienst und erfolgreiche Arbeit, je nach den drei von ihr dargestellten Welten.

Ist sie gerade, gut eingezeichnet, klar und lang und gräbt sie sich in den
Sonnenberg ein wie der Pflug in die Erde, gibt sie künstlerischen Ruhm,
Verdienst, Reichtum oder Geldliebe, je nach der mehr oder weniger hohen
Entwicklung der Veranlagung.

Selbst die Menschen, die keine Künstler sind, bekommen durch diese
Linie Sehnsucht nach schönen Dingen und reichen Stoffen. Gehören sie
zur *materiellen* Welt und haben sie weder Neigung noch Empfinden für
das Künstlerische, so besitzen sie doch einen Blick für alles Geschmack-
volle.

Teilt sich die Sonnenlinie, wenn sie den Apolloberg erreicht in mehrere
kleine Linien, legt man zuviel Schwung und Ungestüm in die Kunst, zuviel Effekthascherei. Man gleicht einem Pfeil, der, mit zuviel Kraft geworfen, das Ziel überfliegt und sich sinnlos in der Weite verliert.

Liegen Querlinien auf dem Berg, wird die künstlerische Arbeit gehemmt, und die Anstrengungen werden dadurch zunichte gemacht.

Steigen zwei oder drei gleich kräftige, aber ungleichmäßige, etwas gewundene Linien auf, hat der Mensch Sinn für verschiedene Kunstgebiete

oder übt sie sogar aus. Dadurch werden die Kräfte zersplittert und ein voller Erfolg verhindert.

Gehen von einem einzigen Bündel, von einer einzelnen Linie auf der Höhe des Berges zwei Zweige aus, einer nach rechts, der andere nach links in Gestalt eines V, wird die Kraft durch Teilung aufgehoben. Die Anstrengungen heben sich gegenseitig auf und machen sich zunichte, da sie beide nach entgegengesetzten Seiten drängen. Künstlerische Unfähigkeit ist die Folge, die eben durch die Anstrengung verursacht wird, die man zum Vorwärtskommen unternimmt. Es ist der Wunsch nach Berühmtheit, der sich aber nicht verwirklichen kann.

Gehen drei Zweige von einem einzigen Bündel aus, sind Wunsch nach Ruhm, Reichtum und Begabung vorhanden, die aber durch gegenseitiges Bekämpfen ein Wunschbild bleiben oder nur Reichtum geben, den Ausdruck der materiellen Welt.

Bildet aber die Sonnenlinie drei Zweige, die sich im Augenblick, wo sie oberhalb der Herzlinie den Berg überqueren, zu einer Linie vereinen, bedeutet der Ast, der von der Merkurseite kommt, Reichtum, der mittelste, gerade Zweig Ehren und der von der Saturnseite kommende, Erfolg durch eigenen Verdienst. Steigen drei gleich große, gleich tiefe und ganz gleich gebildete Linien zum Ringfinger auf, und graben sie drei gleiche Furchen in den Sonnenberg ein, ist es ein Zeichen von Weltruf und Ruhm.

Eine recht tiefe, klare Sonnenlinie gibt Gunst der Großen, doch nur bei vorherrschender Jupiterbetonung.

Steigt die Sonnenlinie von absperrenden, aber nicht ganz durchschneidenden Linien begleitet, aufwärts, wird der Ruhm durch Neid oder Böswilligkeit der Rivalen gehemmt, oder man erlebt in der Jugend den Geldverlust der Eltern.

Bisher sprachen wir von den Bergen der Handfläche und den Eigenschaften, die ihr Einfluß hervorruft.

Wir sprachen auch von den Hauptlinien: der Herz-, Kopf-, Lebens-, Gesundheits- und Sonnenlinie, von der fatalen Saturnlinie und dem Venusgürtel, der auch von verhängnisvoller Bedeutung ist.

Andere Zeichen, von denen wir jetzt noch reden müssen, werden diese Eigenschaften in Fehler oder Laster verwandeln.

Der Leser wird die Einfachheit des Systems erkannt haben. Bisher zeigte die Form der Linien alles nach Analogiegesetzen an.

Ist die Lebenslinie kurz, ist das Leben kurz; ist sie lang, ist es auch das Leben. Ist sie kettenförmig zusammengesetzt, ist das Dasein mühevoll. Ist sie blaß, schlecht gezeichnet, ist die Gesundheit schwach und gebrechlich, und so fort. Alles ist auf einfachsten Formeln aufgebaut und muß es auch sein. Doch gibt die Natur nichts ohne Anstrengung: Sie verbirgt die Dinge, aber nur wie eine Mutter ihrem Kind das Spielzeug versteckt, das es finden soll. Sie legt uns alles nah, lehrt uns alles durch Analogien. Am Anfang aller Tage gab sie dem Menschen durch das Schwimmen einer leeren Nußschale auf dem Teich das Modell eines Bootes. Ein über den Bach gefallener Baum gab den Gedanken für eine Brücke, und damals hörten die Menschen darauf, weil sie einfach waren und die Natur ihnen deutlich das Nützliche zu erkennen gab. Später eröffnete sie ihnen noch wichtigere Entdeckungen. Täglich zeigte sie im Kochtopf das Rätsel des Dampfes, aber man hielt lange die Augen geschlossen. Wenn man sich weise und erfahren dünkt, will man nie das ganz Einfache sehen. Man findet das des sogenannten genialen Menschen unwürdig. Hat aber ein Mensch etwas entdeckt, sagt man: Aber das war ja so leicht! und stellt den Ruhm des Erfinders in Abrede. Als Christoph Columbus Amerika entdeckt hatte, setzten die Neidischen sein Verdienst herunter. Was hatte er denn überhaupt gemacht? Man hatte ihm eine Flotte mit braven Matrosen gegeben, und es war immer alles für ihn geregelt worden. Einfache Sache! Sie erforderte nur Geduld, und die hatte er. Wer von euch kann ein Ei auf seiner Spitze balancieren, fragte sie Columbus? Alle versuchten es, aber umsonst.

Mach du es doch, riefen sie! Columbus nimmt das Ei, schlägt die Spitze auf den Tisch auf, und das Ei bleibt gerade stehen! Ah! sieh einer an, wie leicht das ist, riefen sie alle auf einmal. Warum habt ihr es nicht gemacht? gab Columbus zur Antwort.

Als Newton die Gesetze der Anziehungs- und Schwerkraft durch den Fall einer Birne erkannte, wieviel Birnen waren da schon vor den Augen der Gelehrten seiner und früherer Zeiten zu Boden gefallen?

Aber man muß wohl zugeben, daß nur große Männer mit naivem Herzen die Wahrheit suchen. Je reifer der Mensch wird, um so einfacher wird seine Ausdrucksform in allem, selbst in Literatur und Kunst. Er muß sich innerlich stark und reich fühlen, um alle falschen und glitzernden Phrasen des Stils zu lassen und sich mit der natürlichen, klaren Sprache des gesunden Menschenverstandes zu begnügen. Er kann sich nie zu klar ausdrükken, denn er wünscht in fast väterlicher Liebe, daß seine Gedanken verstanden werden. Derjenige aber, dessen Erfolg an den Worten hängt, wird sich wohl hüten, so zu handeln: Erstens, weil er nicht erklären kann, was er selbst nicht versteht und dann, weil er fühlt, daß ihm nichts mehr bleibt, wenn er Trompete und Trommel weggeworfen und sein glitzerndes Flitterwerk zurückgelassen hat.

Beispiele hierfür sind unsere großen Maler Tizian und Paolo Veronese. In ihren Bildern liegt nichts Gewaltsames. Nirgends Gekünsteltes, weder in Haltung noch Ausdruck. Sie suchen zuerst Form, Empfindung, Beseelung, Farbe, eben das Wahrhaftige, das vor allen Dingen gilt, und dann sind sie ebenso geschickt wie die Natur und stehen auf wachsamem Posten, als gelte es die Verteidigung ihres Körpers. Wie groß ist ihre Geschicklichkeit! Es ist kein Flitterwerk, sondern Vollendung.

Ebenso einfach ist die Chiromantie, dies Kind der Magie, die so alt ist wie die Welt und von hervorragendsten, von höchst genialen Menschen gepflegt und so vervollkommnet wurde, daß selbst ein Kind sie in einigen Tagen erlernen könnte.

Zeichen, die die Wirkung der Berge und Linien verändern

Der Stern: Ein Stern zeigt ein Ereignis an, das außerhalb unseres freien Willens liegt. Er wird gewöhnlich auf den Bergen der Handfläche und den Linien gefunden. Fast immer kündet er eine Gefahr und in jedem Fall ein Verhängnis an. Aber es besteht immer die Möglichkeit, daß ein verhängnisvolles Ereignis, das zuerst einen Menschen scheinbar schwer schlägt, ihm nachher zum Vorteil gereicht. Manchmal ist ein solches Verhängnis sogar ein durchaus gutes oder führt womöglich ein großes Glück herbei, falls man die Umwälzung, die dieser Stern in das Leben bringt, nutzbringend auswertet. So bedeutet ein Stern auf dem *Jupiterberg:* ein günstiges, schicksalhaftes Ereignis, befriedigten Ehrgeiz, Ehre, glückliche Liebe, Ausersehensein zu großen Dingen, unerwarteten Aufschwung. Jupiter ist immer günstig.

Ein Stern auf den ersten inneren Fingergliedern, den Fingerspitzen, gehört zur göttlichen Welt und verkündet, zumal auf dem mittleren *Saturn-*

finger, ein Ereignis jenseits aller menschlichen Vermutung, einen Ruhm wie den Napoleons, oder auch Wahnsinn.

Auf dem *Saturnberg* ist ein Stern immer verhängnisvoll schlecht. Er bedeutet Gewalttat, Mord, eventuell auch Tod auf dem Schafott, falls andere Linien dies unterstützen. Ein Stern auf dem dritten, also dem untersten Mittelfingerglied heißt: Mord oder Tod durch Ermordung. Sind diese beiden Sterne in einer Hand zu finden, ist dies Zeichen für Mord und Tod auf dem Schafott. Kommt hierzu noch eine Saturnlinie, die in das dritte Glied eindringt, bedeutet dies für schlecht veranlagte Menschen unheilvollen und ehrlosen Tod; für andere ein großes Verhängnis, das man versuchen müßte, vorauszuwissen, um es zu vermeiden.

Ein Stern auf dem *Sonnen- oder Apolloberg:* Reichtum, der kein Glück bringt, und zufällig erlangter Ruhm, der oft unheilvoll ist. Stern auf der *Sonnenlinie:* Erzwungene, aber durch Begabung erworbene Berühmtheit.

Mehrere Linien und ein Stern deuten auf Reichtum hin.

Ein Stern auf dem *Merkurberg* heißt Betrug und Ehrlosigkeit; auf dem *Marsberg* mörderische Neigungen.

Ein Stern auf dem *Mondberg* ist ein Warnungszeichen, er kündet Gefahr auf dem Meer oder Schiffbruch an. Er ist auch zugleich ein Zeichen für lymphatische Erkrankungen und Wassersucht, auch für ein durch falsche Einbildung verursachtes Unglück.

Ein Stern im unteren *Venusberg* läßt ein durch Frauen verursachtes Unglück erkennen, ebenso ein Stern, der seitlich im unteren Teil des zweiten Daumengliedes und oberhalb der Linie liegt, die dieses Glied vom Berg trennt.

Das Viereck in der Hand spricht von Kraft und Energie des Organs, auf dem es sich befindet. Es gibt guten Verstand, Gerechtigkeit, raschen Blick und Kaltblütigkeit. Auf dem *Venusberg* aber weist es auf Gefängnis oder Kloster hin, wenn es neben der Lebenslinie liegt.

Ein Punkt in den Linien spricht von Verwundungen, auf der Kopflinie aber von Wahnsinnsanfällen.

In Aix fand ich in der Hand eines Badegastes einen *kornblumenblauen Fleck* auf der Stelle zwischen Mars- und Mondberg, die den Gedärmen entspricht. Es war eine Trägheit der Gedärme vorhanden, die fast an Paralyse grenzte. Seither hat mich dieses Zeichen bei meinen Vorhersagen niemals getäuscht. Dieser Fleck ist überall, wo er gefunden wird, sei es auf Linien oder Bergen, zumal auf Mars- und Mondberg, ein Zeichen für drohende und fast immer gefährliche Krankheit. Man muß acht geben, wenn der auf der Lebenslinie angezeigte Zeitpunkt, der solches Zeichen ankündet, naht. Ein bläulicher Fleck genügt hierfür nicht, er muß kornblumenblau sein.

Auf der *Herzlinie* drückt eine *Insel* Anämie aus. Auf der *Hepatika*, die zum Merkurberg geht, Diebstahl, betrügerischen Bankrott oder Lebererkrankung.

Auf der *Lebenslinie* ist sie Merkmal einer geheimnisvollen Geburt, auf der *Kopflinie*, wenn sie die Marsebene durchquert, Zeichen für ausgeführten oder geplanten Mord und blutrünstige Gedanken. Auf der Kopflinie außerhalb der Marsebene läßt sie schamlose Gedanken und ehrlose Pläne erkennen.

Eine Insel in der *Saturn- oder Glückslinie* bedeutet bei einer sonst guten und geraden Linie: Glück durch Ehebruch; bei einer gebrochenen Linie, oder wenn die Insel schlecht gezeichnet ist: Kummer oder Unglück, die durch einen Ehebruch verursacht wurden oder es noch werden.

Linien, die den Außenrand der Hand zwischen Merkurfingerwurzel und Herzlinie quer durchziehen, künden die Zahl der Ehen oder (durch ihre Dauer eheähnlichen) Liebesverbindungen an, die im Leben eingegangen werden. Nehmen diese Linien, die parallel zur Herzlinie laufen, die Form von Inseln an, ist dies Zeichen für eine unter nahen Verwandten geschlossene Ehe- oder Liebesbeziehung.

Lange zögerten wir diese Angaben zu machen, aber noch einmal sei wiederholt: Die Linien werden von Geburt an durch die Sterne eingezeichnet. Man findet sie gut oder schlecht geformt schon bei Kindern, und wir sahen auch in ihren Händen Inseln. Diese Inseln sind eine Warnung, sie sagen, daß sich Gelegenheiten für diese oder jene unheilvolle oder schamlose Möglichkeit bieten werden, aber nicht, daß sie sich erfüllen muß. Sie bilden keineswegs eine Notwendigkeit, denn die Gefahr kann durch den Willen vermieden werden, der jedes Schicksal ändert oder zunichte macht. Wir hielten es aber für besser, diese Warnungen auszusprechen, damit der andere auf der Hut ist, wenn die Gefahr kommt, die oft Folge des Nichtwissens ist und wirkungslos bleibt, wenn man sie voraussieht. Mißtrauen ist die Mutter der Sicherheit.

Das Dreieck zeigt wissenschaftliche Fähigkeiten an.

Auf dem *Merkurberg* politische Geschicklichkeit: Talleyrand und hermetische[1] Wissenschaften.

Auf dem *Jupiterberg* diplomatische Begabung, aber mit großen Ideen: Napoleon.

Auf dem *Saturnberg* dunkles, auf Höllenangst, Traurigkeit, schwarze Magie und Menschenopfer aufgebautes Wissen.

Ebenso deutet ein Stern auf dem ersten Mittelfingerglied und ein Dreieck auf dem Saturnberg einen der schwarzen Magie ergebenen Menschen an, und beide zeigen verhängnisvolle Bestimmung zum Verbrechen.

Würde sich hiermit noch der Venusgürtel verbinden, dann opfert dieser Mensch selbst Kinder dem Dämon, nachdem er sich den schamlosesten Ausschweifungen hingegeben hat.

Ein Dreieck auf dem *Sonnenberg* ist Zeichen von künstlerischem Wissen: Lionardo da Vinci, Michelangelo;

auf dem *Marsberg* von geschickter Strategie und militärischem Können: Turenne[2], Villars[3];

auf dem *Mondberg* von Vernunft, mystischem Wissen: Paracelsus;

auf dem *Venusberg* von Berechnung in der Liebe: Mme. de Maintenon[4].

---

[1] Hermetisch. Mit diesem Schlagwort wird die hellenistisch-frühchristliche Bewegung bezeichnet, die in ihren Mittelpunkt den ägyptischen Gott »Thot« stellte, der dem griechischen Gott Hermes als »Hermes Trismegistos« gleichgesetzt wurde. Die hermetische Lehre gleicht in vielen Punkten der Neupythagoräischen Mystik und ist in einem großen Werke, dem sog. »Corpus hermeticum« überliefert.

[2] Turenne, Henry de la Tour d'Auvergue, 1611–1675. Erfolgreichster französischer Feldmarschall; berüchtigter Brandschatzer der Pfalz (1673/74). Urspr. Calvinist, trat er auf Wunsch des ihm befreundeten Königs Ludwigs XIV. zum Katholizismus über. Seine für die damalige Zeit unerhörte strategische Kunst begründete die moderne Kriegswissenschaft.

[3] Villars Montfaucon de, Abbé, franz. Schriftsteller, geb. 1635 bei Toulouse, ermordet auf einer Reise nach Lyon 1673. Schrieb u. a. das geistreiche satirische Buch »Le comte de Gabalis« (1670), in dem er das zeitgenössische Unwesen der Geheimwissenschaften und der okkulten Praktiken der Rosenkreuzer mit der beißenden Schärfe eines ungewöhnlichen Geistes entlarvt.

[4] Maintenon, Françoise d'Aubigné, Marquise de, 1635–1719. Gemahlin des Dichters Scarron (gest. 1660), in dessen Haus die genialisch begabte Enkelin des Hugenottenführers d'Aubigné das geistige Leben ihrer Zeit verstehen und beherrschen lernte. Kath. getauft, wurde sie protestantisch erzogen und nach dem Tode ihrer Eltern in einem Pariser Ursulinenkloster der katholischen Kirche wieder zurückgewonnen. Sie übernahm nach dem Tode ihres Gemahls die Erziehung der Kinder Ludwigs XIV. und der Montespan und gewann bald das besondere Vertrauen des Königs, der sich nach dem Tode seiner Gemahlin Maria Theresia (1683) mit ihr im Jahre 1684 heimlich trauen ließ. Der politische Einfluß der Maintenon auf Ludwig XIV. machte sich besonders im Sinne des Klerikalismus geltend.

Kreuze sind gewöhnlich wenig günstige Zeichen. Nur auf dem *Jupiterberg* zeigen sie Liebesheirat und oft glückliche Ehe an.

In der *Handmitte,* im sogenannten Viereck, dem Raum zwischen Herz- und Kopflinie bedeutet ein Kreuz Mystizismus, Religiosität, oft auch Aberglauben, wenn es übermäßig groß ist. Es gibt auch Fähigkeiten für okkulte Wissenschaften. Verbindet sich die Saturnlinie mit diesem Kreuz, so wird durch religiöse Einstellung ein günstiges Geschick erlangt. Ein Kreuz auf dem *Saturnberg* ist Zeichen für unheilvollen Mystizismus oder Verstärkung des Saturneinflusses.

Ein Kreuz unter dem *Ringfinger* (auf dem Sonnenberg) deutet Abbremsen des Aufschwungs in Kunst oder Reichtum an; denn die Sonne ist das Licht, und das aus seiner Richtung geworfene Licht wird zum Unstern.

Ein Kreuz auf dem *Merkurberg* ist Veranlagung zum Diebstahl. Ein Kreuz in der *Marsebene* weist auf einen gefährlichen Charakter hin, auf einen streitsüchtigen, zu allem fähigen Menschen. Ein Kreuz im unteren Teil des Dreiecks, in der Marsebene zwischen dem unteren Venus- und Mondberg, bedeutet ein wichtiges Ereignis, das eigener Kraft entspringt oder Kampf, der eine besondere Rolle im Leben spielen wird, und fast immer Stellungswechsel.

Ein Kreuz auf dem *Mondberg* kennzeichnet den Lügner oder einen Menschen, der sich selbst täuscht und belügt, wenn die anderen Linien dasselbe aussagen. Ist das Kreuz klein, deutet es Mystizismus und religiöse Träumereien an. Groß verkündet es Aberglauben, bigottes Wesen, droht es Halluzinationen an. Findet man es in beiden Händen, ist es ein Zeichen für Wahnsinn auf dem Gebiet, das der entwickelte Handberg bestimmt, bei Jupiterbetonung z. B. Wahnsinn aus Ehrgeiz und Stolz, bei Saturn aus Menschenfeindschaft oder Traurigkeit, bei Apollo aus übertriebener Ruhmsucht, Manie, überspannter Wißbegierde oder öfter noch aus Geldwahn, bei Venus aus krankhafter Erotik. Die Linien geben ähnliche Hinweise und bestätigen die Feststellung.

Ein Kreuz auf dem *Venusberg* besagt eine einzige, unglückselige Liebe, falls sich nicht ein anderes Kreuz auf Jupiter befindet, der durch seinen glückbringenden Einfluß diese Liebe in eine einzige glückliche verwandelt.

Gut gebildete, von gleichmäßig langen Armen geformte Kreuze sind jedenfalls eher günstig als schädlich und schließen sich den Eigenschaften der Berge an, auf denen sie liegen. Besonders ungünstig ist dagegen ihre

Wirkung, wenn sie schlecht gezeichnet oder ungleichmäßig gebildet sind.

Ketten auf den Linien bringen Unannehmlichkeiten, Hindernisse, Kämpfe, keine glücklichen Aussichten.

Gekrümmte, und vor allem *unterbrochene* Linien bedeuten Unglücksfälle; auf der Kopflinie Wahnsinn und finstere Gemütsstimmung.

Feine Haarlinien, die sich zu einer einzigen Linie vereinigen, sind Zeichen für Hindernisse, hervorgerufen durch zu stark übertriebene Eigenschaften. Diese verzetteln sich in zuviel Teilgebiete, so daß keines genügend Kraft behält. Sie sind einem Fluß vergleichbar, der seine übervollen Wasser, die zusammengehalten eine Gegend reich bewässern würden, nutzlos in einer Menge Kanäle verliert. Gewöhnlich gibt sich ein Mensch mit diesen Haarlinien zuviel Mühe, etwas zu erreichen und schießt deshalb über das Ziel hinaus.

Finden sich viele dieser Linien auf einem Berg, bedeutet dies meist ein so starkes Überwiegen einer Eigenschaft, daß jede andere Handlungsmöglichkeit gestört und dadurch ohnmächtig gemacht wird.

Menschen mit *Strichen* und *Furchen* auf dem *Mondberg* sind mehr als andere, Vorahnungen, prophetischen Träumen, selbst Visionen zugänglich. Der überall einfließende Strom verstärkt die Sensibilität des Organs und bringt es in noch unmittelbarere Beziehung zum Mond, der als besonders naher Planet den stärksten Astralstrom ausschickt. Hier liegt das Zeichen für Somnambulismus.

Aber noch eins ist wichtig und sollte beachtet werden: Recht nah aneinander gedrängte Striche auf dem *oberen Merkurberg* verkünden immer bei Ärzten und auch überall sonst, wo sie gefunden werden, medizinische Begabung. Zweifellos kann der Mensch durch Studium und Übung ein guter Arzt werden, aber der intuitiv begabte Arzt hat immer diese hier erwähnten Striche auf dem Merkurberg, wovon man sich leicht überzeugen kann.

Zweige auf der *Saturnlinie* bedeuten vollkommenes Glück.

Die Äste liegen hauptsächlich am Anfang und Ende der Linien. Es erübrigt sich zu erwähnen, daß aufsteigende allein günstig sind.

Gitter sind Hindernisse und haben ihre bestimmten Bedeutungen.

Gewöhnlich geben Gitter die Fehler der Berge an. Sie bedeuten auf dem *Jupiterberg* völliges Unterbinden der von diesem Berg angezeigten Eigenschaften, Hang zum Aberglauben, Egoismus, Ruhmsucht, Stolz und Herrschsucht.

Gitter auf dem *Saturnberg* weisen auf Unglück hin.

Auf dem *Sonnenberg* sind sie Zeichen von Wahnsinn, Eitelkeit, Sehnsucht nach Scheinruhm, von Schwatzhaftigkeit, Ohnmacht und Irrtum.

Gitter auf dem *Merkurberg* lassen Hang zu Diebstahl, List und Lüge oder falsche Anwendung wissenschaftlicher Methoden erkennen.

Ein Gitter auf dem *Marsberg* verkündet gewaltsamen Tod.

Auf dem *Mondberg* deuten Gitter Traurigkeit, Unruhe, ewige Unzufriedenheit, Spasmen und Phantasiebilder an, die immer nur die kummervolle Seite der Dinge sehen. Sie bezeichnen auch Kreuzschmerzen und Gebärmuttererkrankungen.

Menschen mit diesen Mondgittern regen sich andauernd auf, selbst wenn alles um sie herum ruhig ist, noch verstärkt, wenn die ganze Hand von kleinen Linien bedeckt ist. Darin sind sie Pappeln und Espen vergleichbar, deren Blätter beim leisesten Windhauch erzittern, während der Wald vollkommen ruhig bleibt.

Gitter auf dem *Venusberg* deuten Ausschweifung und schamlose Liebe an.

Was ist ein Gitter? Ein Hindernis. Das Gitter widersetzt sich der Aufnahme des breitfließenden Stroms und hält die Einflüsse des Stoffes fest.

Auf den Bergen sind auch *Querstriche* Hinderniszeichen.

Die schönste Sonnenlinie gibt keinen Ruhm, wenn sie quer durchschnitten und gleichsam von kleinen Linien ausgestrichen ist. Ein heftiger, vielleicht auch mächtiger Wunsch ist lebendig, aber große Hindernisse stehen ihm entgegen, denn jede dieser Linien verkündet Kampf. So ist es auch bei der zum Merkurberg laufenden Hepatika, bei der zum Saturn gehenden Saturnlinie oder bei jeder günstigen, zum Jupiterberg führenden Linie. *Querstriche* lähmen die Wirksamkeit oder schalten sie aus, wenn die Querlinie tiefer und breiter ist als die Hauptlinie.

Striche oder Linien, die von Hauptlinien aufsteigen, sind gut und vorteilhaft für die Linie, die sie begleiten.

Gehen aber diese Striche oder Linien abwärts, bringen sie einen schlechten Einfluß mit sich.

Ist der *Jupiterberg* linienlos und gut entwickelt, sind Glück, behagliches Leben, Ruhe und Freude gegeben. Eine gerade klare Linie auf diesem Berg bedeutet Erfolg.

Der linienlos erhöhte *Saturnberg* gibt ruhiges, müh- und freudloses Schicksal zu erkennen. Mit einer ganz geraden Linie ist Glück, mit vielen Linien Unglück beschieden.

Ist der *Sonnenberg* ganz linienlos, sind innerste Freuden, inneres Glück vorhanden. Das Leben verläuft ruhig, aber ruhmlos. Mit einer Linie sind, wie wir schon sahen, Talent und Ruhm gegeben, mit zwei sich kreuzenden Linien Talent aber Verlust des Ruhms. Nehmen mehrere Linien auf dem Sonnenberg die Form des geflügelten Schlangenstabs an, heißt dies höchstes künstlerisches Wissen.

Dieses Stabzeichen auf dem *Merkurberg* gibt tiefes Wissen und jegliche wissenschaftliche Begabung.

Der gut entwickelte, linienlose *Merkurberg* läßt Verstand und Scharfblick erkennen. Mit einer Linie zeigt er zufällige Glücksmöglichkeiten an.

Ist der Merkurberg stark durchstrichen, sind schlechter Merkureinfluß und Diebstahlsneigungen gegeben. Zuviel Linien auf dem Merkurberg zeigen auch einen hinterlistigen Menschen an, denn diese Linienmenge deutet auf einen zu heftigen Einfluß dieses Planeten hin. Übermaß ruft immer Böses hervor und treibt hier mehr zu den Fehlern als den guten Eigenschaften dieses Berges.

Man nehme sich in acht vor einem ausgesprochenen Merkurtyp mit lebhaften schwarzen Augen, immer beweglich, mit einer Kopflinie, die in gerader Richtung die ganze Handfläche durchquert, mit spitzem Kinn, etwas einliegenden Augen, spitz geformtem Kopf und Wulsten über den Ohren und mißtraue ihm. Denn man hat es hier mit einem Menschenschinder schlimmster Art zu tun.

Der linienlos starke *Marsberg* bedeutet große Selbstbeherrschung und Kaltblütigkeit; der häufig durchstrichene Mars gibt Veranlagung zu Zornausbrüchen.

Der linienlose *Mondberg* gibt ruhige Phantasie. So mächtig der Berg auch sein mag, schon eine einzige Linie darauf quält den Menschen mit Vorahnungen.

Mit mehreren Linien aber wird man von Unruhe erfaßt. Auf dem Mondberg bedeutet ein aus zwei sehr ausgeprägten Linien gebildeter Winkel Gefahr des Ertrinkens. Ein noch stärkeres Zeichen hierfür ist der Stern.

Horizontale Linien, die auf dem Mondberg, vom Rand der Außenhand zum Handrücken gehen, zeigen mehr oder weniger lange Reisen an, entsprechend der Stärke dieser Linien.

Ein *Halbmond* auf dem Mondberg bedeutet verhängnisvolle Phantasie und Einfluß von Frauen. Der Mond stellt die Cteis dar.

Der glatte, fast linienlose *Venusberg* weist auf Keuschheit, Kälte, ruhige Liebe, oft aber auch auf ein kurzes Leben hin. Die Kraft der Liebe ist auch die Lebenskraft.

Der von Linien durchkreuzte Venusberg ergibt das genaue Gegenteil. Je mehr Linien oder Striche vorhanden, je tiefer sie eingezeichnet und gefärbt sind, desto stärker und lebendiger sind die Leidenschaften.

Zusammengefaßt: Berge, die richtig auf ihrem Platz liegen, gut entwickelt und fast linienlos, sind Glückszeichen.

Eine einzige Linie läßt Glück und Erfolg erkennen.

Zwei Linien: Verschiedene Interessen oder Stellungswechsel.

Drei Linien in gleicher Entfernung und Größe sprechen von großem Glück, Erfolg und Ruhm. Sind diese selben Linien aber gewunden, ungleich und durchkreuzt, sind Enttäuschungen und Hindernisse gegeben.

Eine große Anzahl von Linien bedeutet völlige Unterbindung der betreffenden Eigenschaft.

Gerade, gutgezeichnete und aufwärtssteigende Linien sind immer günstig. Geht eine fast gerade Linie rein, klar und ohne Hindernisse vom Venusberg unmittelbar zum Merkurberg hin, ist dies ein glückliches Zeichen: Es bedeutet die Verbindung von Merkur und Venus, Liebe und Reichtum.

Diese Linie wird allerdings, zumal wenn sie von der Milchstraße begleitet ist, in einer verständnislosen, materiellen Hand eine doppelte Art der Liebesbeziehung anzeigen, die vielleicht im alten Griechenland erlaubt war, bei uns aber als schamlos angesehen wird.

Das große Dreieck

Dieses Dreieck umschließt die Handfläche, die in der Chiromantie Marsebene genannt wird. Es wird von der Verbindung der Kopf- und Lebenslinie unter dem Zeigefinger und von der Verbindung der aus der Raszette aufsteigenden Hepatika mit der Kopflinie gebildet. Es wird in einen *oberen*, einen *rechten* und einen *linken Winkel* eingeteilt, von denen gleich gesprochen wird. Das Dreieck behält immer seinen Namen, auch wenn sich seine Form nur unvollkommen in der Hand zeigt (wenn sich die Kopflinie nicht mit der Lebenslinie verbindet), selbst dann noch, wenn man es beim Fehlen der Hepatika überhaupt nicht sieht.

Gut gezeichnet und gefärbt ist das große Dreieck ein Zeichen für Glück, Gesundheit und langes Leben.

Weit und breit deutet es auf Kühnheit und weiten Blick, auf Großzügigkeit und edlen Charakter, zumal wenn die Linien nicht zu rot sind.

Klein ist es Ausdruck von Kleinlichkeit, Furcht, engem Wesen, Geiz, Starrsinn und Kleinmut.

Ist die Haut im Dreiecksraum hart, bedeutet dies vertrocknete Nerven.

Ein Halbkreis (Attribut des Mondes) im Dreieck (der Marsebene) verkündet einen launischen, zänkischen brutalen Menschen. Wie man weiß, ist ein Kreuz inmitten des Dreiecks (der Marsebene) Zeichen für Boshaftigkeit und Streitsucht.

In der Chiromantie ist, wie schon gesagt, die Haut von großer Bedeutung. Harte Haut ist Ausdruck von Energie, weiche bedeutet Faulheit; die harte, Aktivität anzeigende Hand, die weiche, Faulheit verkündende, sind wahrscheinlich das Ergebnis dieser Unterschiede. Fest steht, daß die hohle Hand bei Bettlern gefunden wird. Victor Hugo hat eine volle Hand, er ist ein Mann von ungeheurer Kraft, ein Mann des Kampfes um jeden Preis, der durch unablässig zähen Kampf zum Ziel kommen muß.

Der obere Winkel

Der obere Winkel wird unterhalb des Zeigefingers und oberhalb des Daumens von Kopf- und Lebenslinie gebildet.

Ist er klar, gut gezeichnet und spitz, zeigt er gute Veranlagung, erlesenen Geist und eine edle Natur an.

Stumpf bedeutet er geistige Schwerfälligkeit.

Beginnt der obere Winkel senkrecht unter dem Saturnfinger, droht sein Einfluß ein elendes, von Geiz gequältes Leben an. Vereinigt sich die Kopflinie wieder weiter unten in Höhe der Marsebene mit der Lebenslinie, läßt sie ein elendes Leben, seelische Gefangenschaft, Geiz und Geldsorgen erkennen.

Der rechte Winkel

Der rechte Winkel wird durch die Verbindung von Hepatika und Lebens- oder Saturnlinie (je nach den Händen) nahe dem Mondberg gebildet.

Ist der Winkel gut ausgeprägt, sichtbar und gut gefärbt, bedeutet er gute Gesundheit und Herzensgüte.

Zu spitz läßt er Geiz und schwache Gesundheit erkennen. Schwer, plump, von unklaren Linien gebildet, gibt er eine böse Natur, Härte, Faulheit und Schlaffheit an.

Der linke Winkel

Der linke Winkel wird von der Hepatika und dem äußersten Ende der Kopflinie zwischen oberem Mond- und unterem Marsberg gebildet.

Gut gezeichnet und gefärbt verspricht er ein langes Leben, Verstand und gutes Herz.

Ist der Winkel sehr spitz, heißt dies Boshaftigkeit und nervöses, reizbares Temperament.

Stumpf deutet er geistige Schwerfälligkeit und Unbeständigkeit an.

Das Viereck

Das Viereck ist der Handraum zwischen Kopf- und Herzlinie, auch Handtisch genannt.

Ist das Viereck in der Mitte breit, aber noch breiter zur Daumenseite hin und sehr breit gegen den Handrand, verkündet es gute Anlagen und einen loyalen glücklichen treuen Menschen; denn es bedeutet gleichmäßig ausgeglichene Naturwärme.

In der Mitte eng, läßt es Unterdrückung der Naturwärme, folglich Veranlagung zu Ungerechtigkeit, Bosheit und Betrug erkennen. Einige Chiromanten sehen darin auch ein Zeichen von Verbannung.

Von vielen Linien durchfurcht, heißt Kopfschwäche.

Ein im Viereck gezeichnetes Kreuz, zumal unter dem Saturnfinger, ist Ausdruck von mystischer Veranlagung. Sehr klar und tief eingegraben, bedeutet es Aberglauben (ein untrügliches Zeichen).

Ein schlecht gezeichnetes und gefärbtes Kreuz im Viereck ist von schlechter Vorbedeutung. Es kann große Überspanntheit anzeigen. Ein gut gefärbter Stern im Viereck weist auf einen von Natur wahren Menschen hin, der aber Spielball in den Händen der von ihm geliebten Frau werden kann, die sein gutes Naturell umzukehren vermag. Trotzdem aber wird solcher Mensch, falls er sein Vermögen verlieren sollte, fähig sein, es durch eigenes Verdienst wieder zu erlangen (tr.). Ein im Viereck gut gezeichnetes Kreuz nahe dem Marsberg, das sich zum Mondberg hinneigt, bedeutet: Wanderungen, die zum Glück verhelfen können (tr.).

Armband oder Raszette

Die Raszette ist eine auf dem Handgelenk (der Handwurzel) eingezeichnete Linie. Sie bildet gleichsam eine Art Armband und ist oft doppelt oder dreifach gezeichnet.

Jede dieser Linien zeigt in der Chiromantie dreißig Jahre an. Drei schöne klare Linien bilden das sogenannte *königliche* oder dreifache, magische Armband, das Gesundheit und Reichtum bedeutet.

Der von der Raszette besetzte Raum darf keine Unebenheiten aufweisen. Ist die Linie ohne Unterbrechung, ungeteilt, gut sichtbar und tief eingezeichnet, bedeutet sie Glück und Ruhm.

Kettenförmige Raszettenlinien, zumal die erste, deuten ein arbeitsreiches Leben an, das aber zuletzt durch seine Arbeit Reichtum erwirbt, falls irgendwo anders ein günstiges Zeichen zu Hilfe kommt. Ein Kreuz inmitten der Raszette kann als Vorlegeschloß des Armbands angesehen werden. Es drückt ein der Arbeit gewidmetes Leben aus, das schließlich durch Erbschaft oder unerwarteten Gewinn verschönt wird.

Wenn die von der Raszette aufsteigenden Linien auf dem Mondberg enden, weist dies auf zahlreiche Reisen hin.

Eine von der Raszette ausgehende Linie, welche die ganze Marsebene durchquert und zum Sonnenberg gelangt, läßt Reichtum und Ehre erwarten, die der unverhofften Gunst eines Königs oder Großen zu verdanken sind.

Eine Linie, die aus der Raszette nahe dem Handrand entspringt und den Mondberg hinaufklettert in der Richtung zur Hepatika, verkündet Widerwärtigkeiten und Feindschaften, besonders dann, wenn diese Linie ungleichmäßig geformt ist.

Eine Linie, die aus der Raszette zum Jupiterfinger aufsteigt, läßt auf lange Reisen schließen (tr.). Vier ähnliche, gut gezeichnete, armbandförmige Linien am Handgelenk künden achtzig bis hundert Lebensjahre an.

Bilden zwei Äste in der Raszette einen spitzen Winkel, lassen sie einen für reiche Erbschaften ausersehenen und in seinem Alter geehrten Men-

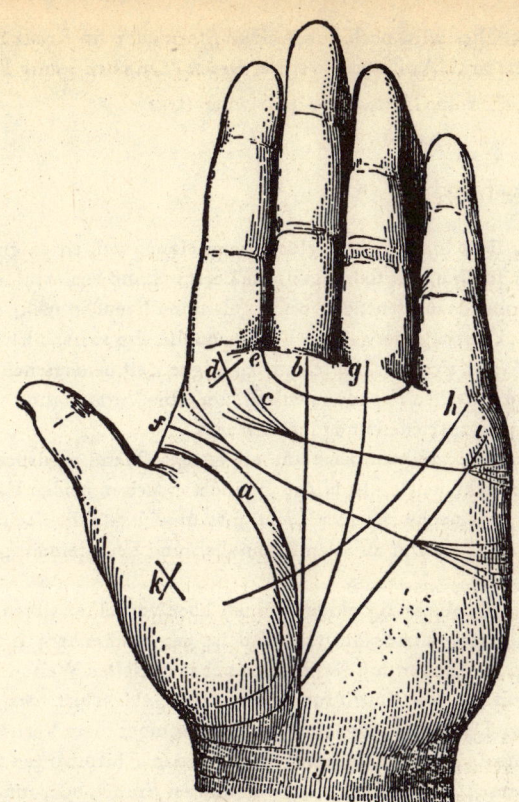

a) Doppelte Lebenslinie.
b) Vollkommenes Glück (gerade Saturnlinie).
c) Strahlende Liebe und Güte (Äste am Anfang und Ende).
d) Liebesheirat.
e) Venusring.
f) Vollkommene festverwurzelte Begabung.
g) Erfolg in der Kunst, Ruhm.
h) Verbindung von Merkur und Venus: geschäftlicher Scharfblick, Liebe und
   Reichtum.
i) Gute Gesundheit.
j) Dreifaches magisches Armband: langes Leben.
k) Eine einzige Liebe.

schen erkennen. Dies wird noch durch einen Stern oder ein Kreuz in diesem Winkel verstärkt. Außerdem werden diesen Menschen wenig Krankheiten befallen (tr.).

Die glückliche Hand

Der Venusring liegt hier in einer glücklichen Hand, weil sie so gut veranlagt, so reich durch die Beziehungen von Verstand und Schicksal ist, daß der Venusring nur dazu dient, den weise gelenkten Freuden mehr Kraftfülle zu geben. Dies ist eine weitere Energiequelle, die sicher nicht mißbraucht wird. Wenn sich der Mensch zur richtigen Zeit beherrschen kann, wenn er nur die irdischen Freuden genießt, die seine Veranlagung zuläßt, dann wird er sicher zufrieden und glücklich sein.

Aber man muß so vollkommen sein, wie es diese Hand ausdrückt, damit der Venusring keine Gefahr bildet. Befindet er sich in beiden Händen, wird der Reiz zu ausschweifender Liebe fast unwiderstehlich sein. Wie gesagt, sein Einfluß drängt zu allen Ausmaßen und Unregelmäßigkeiten in der Liebe.

Ist dieser Ring vollständig eingezeichnet, aber von einer tiefen Linie auf dem Sonnenberg durchschnitten, und ist der Sonnenberg in einer, durch die Form der Finger und Handlinien zur materiellen Welt gehörenden Hand Ausdruck von Reichtum, bedeutet er Geldverlust nach übermäßigem Besitz. Durchschneidet eine vom Saturnfinger (dem Verhängnis) kommende Linie den Venusring, heißt dies nach dem Chiromanten Belot[1], daß solcher Mensch in Begleitung von verrufenen Frauen oder um ihretwillen ermordet wird. Ist dieser Ring aber nur von der Saturnlinie durchschnitten, muß diese Linie bis zur Fingerwurzel vordringen, um dieselbe Bedeutung zu haben.

---

[1] Belot, Jean, Pfarrer von Mil-Mont. Mystischer Schriftsteller des 17. Jahrh. Seine Werke handeln in der Hauptsache von Chiromantie, Physiognomik, Prophetie, Traumdeutung u. ä. okkulten Disziplinen.

Gnostische Ergänzung
des Systems von d'Arpentigny

Wir haben d'Arpentignys System entwickelt und ihm das Ergebnis unserer eigenen Beobachtung hinzugefügt. Da wir es mit Hilfe der drei gnostischen Welten erklärten, konnten wir nicht auch noch die Abwandlungen aufzählen, die der Planeteneinfluß diesem System zuführt. Sonst hätten wir auf die Chirognomie, die ohne Hilfe der Gnosis gefunden wurde, ein ausschließlich zur Chiromantie gehörendes System anwenden müssen. Es war schon zu vieles auf einmal zu beweisen, und wir befürchteten durch Erschwerung der Studien Unklarheiten hervorzurufen. Nachdem nun der Leser den Planeteneinfluß auf Berge und Linien kennt, können wir, in der Überzeugung leicht verstanden zu werden, auf die *Chirognomie* zurückkommen, um ihr System auszubauen und zu vervollständigen.

D'Arpentigny teilt den spitzen, eckigen, spatelförmigen und gemischten Fingern bekanntlich verschiedene Eigenschaften zu. Aber er bemerkte bei dieser Arteinteilung nicht, daß selten alle Finger einer Hand dieselbe ausgesprochene Grundform aufweisen, und daß z. B. eine eckige Hand ein oder zwei Spatelfinger besitzen oder einen spitzen und einen spatelförmigen Finger haben kann. Hat er diese Verschiedenheiten doch bemerkt, dann sah er sie als Ausnahmen an und versuchte nicht, sich Rechenschaft darüber abzulegen, sondern vergaß, daß es in der immer weisen, harmonischen und nie etwas umsonst schaffenden Natur keine Ausnahme gibt. Nur die Gnosis hätte ihm helfen können, aber zu der Zeit, wo d'Arpentigny sein Buch schrieb, war die Gnosis unbekannt oder zumindest unbeachtet.

Wie wir sahen, hat jeder Finger den Namen eines Planeten und mit diesem Namen auch die seinem Einfluß zugeschriebenen Eigenschaften.

Der Zeigefinger ist, wie man weiß, dem Jupiter, der große Mittelfinger dem Saturn, der Ringfinger der Sonne, der kleine Finger dem Merkur zugeschrieben.

Der göttliche *Zeige-* (Jupiter-) *Finger* ist bei intuitiven oder instinkthaften, auf Naturbetrachtung eingestellten Menschen spitz geformt.

Wenn der Jupiterberg gleichzeitig entwickelt und die Finger glatt sind, wird sich die Liebe zur Besinnlichkeit im Religiösen ausleben und sich bis zur Ekstase reiner Mystik erheben.

Der Jupiterfinger kann auch neben anderen eckigen oder spatelförmigen Fingern spitz sein und eine diesen Naturtrieben gemäße Beschaulichkeit geben. Ebenso klar ist es, daß der spitze Finger auch Einfluß von den anderen Fingern bekommt, wenn ihre Grundform festgelegt ist.

Der eckige Zeigefinger trachtet nach wahrheitsgetreuer Darstellung. Bei einem Maler zeigt er z. B. die Fähigkeit, bei einer Landschaft eher die naturgetreue Wiedergabe als eine gute Komposition zu erreichen. Bei gleichzeitig entwickeltem Jupiterberg gibt der Zeigefinger Sinn für religiöse Duldsamkeit.

Wäre der Jupiterfinger spatelförmig (eine sehr seltene Form), würde er, besonders in einer weichen Hand, die fast notwendig seine Folge wäre, übertriebenen Mystizismus anzeigen und lebendiges Interesse für geistige Dinge, das sich aber in Irrtum verfangen kann.

Der große *Mittel- oder Saturnfinger* ist selten spitz. Saturn ist traurig; wäre sein Finger spitz, würde sein Einfluß vermindert. Sorglosigkeit, wenig Ernst, selbst — im übertriebenen Falle mit einem kurzen Daumen — Frivolität wäre vorhanden.

Bei einem eckigen Saturnfinger wird der Charakter um so ernster sein, je breiter der Finger ist. Geht er oben aber ganz weit auseinander und herrscht somit der Saturncharakter vor, dann ist man traurig düsteren Gedanken zugänglich und hat (das ist immer der Fall) Todessehnsucht. Man gefällt sich in finsteren Grübeleien, will die Geheimnisse des anderen Lebens erfahren und ist von dem glühenden Wunsch beseelt, sich zur Erreichung dieses Ziels von den Fesseln des Daseins zu befreien. Ist der Saturnfinger eher ausgesprochen spatelförmig als angeschwollen (und diese Form erfordert gewöhnlich weiche Hände), dann bedeutet dies lebendige Trauer, die zum Maler der Grabmale, zum leidenschaftlichen Dramatiker gehört, der mit Menschenschädeln Ball spielt. Der Nekromant, der Schwarzmagier hat vor allem dieses Zeichen.

Der *Apollo- oder Ringfinger* gibt, spitz geformt, intuitive Fähigkeiten. Stehen die anderen Finger hierzu im Gegensatz, so zeigt er Leichtsinn und Schwatzhaftigkeit an.

Der eckige Apollofinger bedeutet echtes Kunstinteresse, Wahrheitsstreben, vernünftige Kunst- und Lebensauffassung. Gehört die Hand zur dritten Welt, dann ist er ein Zeichen von Geldliebe.

Der spatelförmige Apollofinger deutet auf künstlerische Auffassung der Bewegung, auf Schlachtenmalerei, lebendigen Stil, sprühende Ideen, oft auch auf Farbbegabung hin. Viele Schauspieler haben einen spatelförmigen Apollofinger. Ihnen ist die Bewegtheit des Theaters Voraussetzung für ihr künstlerisches Empfinden. Der künstlerische Ausdruck wird durch Stimme und Gebärde übermittelt.

Ein kleiner spitzer *Merkurfinger* zeigt hermetische Intuition, Verständnis für mystische Wissenschaften oder jedes praktische Studium göttlicher Weisheiten an. Er drückt auf der materiellen Ebene auch Scharfblick, List und Ränke aus. Daneben verleiht er noch eine natürliche Veranlagung zur Redekunst.

Der eckige Merkurfinger gibt wissenschaftliches Verständnis, Liebe zu Untersuchungen und Studien und die Fähigkeit, abstrakte, auf logisches Denken aufgebaute Begriffe zu entdecken. Er deutet auf Leichtigkeit des klaren Ausdrucks und ist der Finger des Professors, des Anatomen, Physiologen, Arztes, des klardenkenden Advokaten und des Kaufmanns mit gesunden Ansichten.

Der spatelförmige Merkurfinger ist ein Zeichen für alles Bewegliche in der Wissenschaft, gibt lebendige Beredsamkeit und hängt mit Mechanik, Maschinenbau oder einer ungewöhnlichen Art wissenschaftlicher Betrachtung zusammen. In seiner schlechteren Bedeutung kann der spatelförmige Merkurfinger bei starker Betonung der dritten Welt zum Diebstahl führen.

Die Neigungen des *Daumens*, der als Einziger überhaupt keine klar erkennbaren Formen annimmt, haben wir schon erklärt.

La Fontaine hatte sicher einen sehr spitzen Jupiterfinger, da er seine bewundernswerten Intuitionen seinen beschaulichen Betrachtungen verdankte. Der Saturnfinger war bei ihm gemischt, als Zeichen seiner zugleich ernsten und sorglosen Art, der Apollofinger eckig mit Neigung zur Spatelform, da die Kunst bei ihm wahrheitsgetreu war, er sie aber mit der Bewegtheit der Fabel verband. Der Merkurfinger war eckig, als Ausdruck seiner wahren und naiven Beredsamkeit. Als Gesamtbild erschien seine Hand eckig, nur der Jupiterfinger war zweifellos sehr spitz geformt.

Die *Länge* der Finger und Fingerglieder bedingen weitere Veränderungen.

So haben wenig beschauliche Menschen einen runden, eher kurzen als langen Jupiterfinger. Bei stark melancholischen Menschen wird der Saturnfinger größer sein. Entsprechend der Stärke künstlerischer Fähigkeiten oder Geldgier ist der Apollofinger groß oder klein. Bei Wissenschaftlern ist der Merkurfinger manchmal fast ebenso lang wie der Ringfinger. Wir erkannten einmal einen Gelehrten nur an der Länge seines Merkurfingers.

Weiter: Je nach ihrem Hervorragen oder Zurücktreten haben die Finger verschiedene Bedeutungen. So sahen wir eine Sängerin, die einen im Verhältnis zu den anderen Fingern ausgesprochen kleinen Ringfinger hatte, was uns klar zeigte, daß bei ihr die Kunstliebe hinter Ehrgeiz, List und materiellem Streben zurückblieb. Überragt der Jupiterfinger alle übrigen, so beherrschen Ehrgeiz oder Religion das Leben.

Bei überbetontem Saturnfinger herrscht das Verhängnis, bei hervorragendem Sonnenfinger – den Linien entsprechend – Kunst oder Reichtum. Ist der Merkurfinger am stärksten entwickelt, erlangen wissenschaftliches Interesse oder List das Übergewicht.

Sind Sonnen- oder Merkurfinger länger als der Saturnfinger, besiegen Kunst oder Wissenschaft das Verhängnis. Ähnlich ist es bei den übrigen Fingern.

Auch die *Glieder* spielen je nach ihrer mehr oder weniger ausgesprochenen Länge eine wichtige Rolle. Wie wir sahen, sind die Finger in drei, den drei Welten zugehörende Glieder eingeteilt. Diese Fingerglieder sind auch ungleich entwickelt und haben ihre bestimmte Bedeutung.

Das erste Glied stellt, wie schon erwähnt, die göttliche Welt dar, das zweite die natürliche, seelisch-geistige, und das dritte Glied die materielle Welt. Im Handinnern wie im außen.

So ist man also bei einem verhältnismäßig langen ersten Jupiterglied für die göttliche Seite des Jupiters begabt, für Intuition und Religion.

Das längere zweite Glied zeigt Ehrgeiz, die reale Seite des Jupiter. Das am stärksten und längsten entwickelte dritte Glied deutet auf den stolzen Wunsch hin, zu Ehren und zur Herrschaft zu gelangen.

Das lange, breite erste Saturnglied gibt, wie schon gesagt, Traurigkeit und Aberglauben und ist, stark ausgesprochen, Zeichen für Todessehnsucht.

Das zweite gibt, seinen mehr oder weniger großen Ausmaßen entsprechend, bei geknoteten Fingern Sinn für Landwirtschaft und exakte Wissenschaften, bei glatten Fingern Begabung für okkulte Wissensgebiete, die durch die Linien näher bestimmt werden. Das lange dritte Glied bedeutet Geiz.

Ist das erste Apolloglied am längsten, gibt es Freude an schöner und edler Kunst.

Das zweite kehrt die nützliche Seite in der Kunst, logisches Denken in künstlerischen Fragen hervor und drückt den verständlichen Wunsch aus, durch Arbeit vorwärts zu kommen.

Das dritte Glied ist Ausdruck materieller Kunstauffassung, gedankenloser Bewunderung des rein Formalen und zeigt den Wunsch nach glänzender Selbstdarstellung, die Eitelkeit hervorzutreten und die Sehnsucht nach Reichtum.

Das lange erste Merkurglied drückt Liebe zur Wissenschaft, allein aus Interesse und Beredsamkeit aus. Das zweite deutet auf Industrie und Handel, auf die vernünftige Seite des Merkurs hin.

Das dritte Glied, der materielle Teil, drückt List, Gewandtheit, falsch angewandte oder sogar verlogene Beredsamkeit aus.

Wissenschaftler haben also ein verhältnismäßig langes erstes Glied.

Kaufleute, Mechaniker, Industrielle haben ein langes zweites, und materiell eingestellte Menschen ein zustärkst entwickeltes drittes Glied.

Die Bedeutung dieser Glieder wird noch durch darauf befindliche Zeichen verstärkt, über die wir gleich sprechen wollen. Vorher sei noch erwähnt, daß die alten Chiromanten und Ärzte, an der Spitze Hippokrates[1], behaupteten, daß der Jupiterfinger mit der Leber, der Saturnfinger, zumal in der linken Hand, mit der Milz, der Ringfinger mit dem Herzen in Verbindung ständen. Augenscheinlich haben auch der kleine Finger und Daumen ihre entsprechenden Beziehungen. Wir können uns aber noch auf kein ärztliches Zeugnis stützen und wollen deshalb abwarten. Trotzdem führen wir noch ein Wort Lachambres[2] an:

»Nach der Astrologie beherrscht der Mond Gehirn, Magen, Eingeweide, Blase und Gebärmutter, also die bedeutendsten Körperhöhlungen.«

Wir können auch noch hinzufügen, daß andere Chiromanten den Zeigefinger mit der Lunge, den Mittelfinger mit der Leber, den Ringfinger mit dem Herzen und den kleinen Finger mit der Milz in Beziehung bringen. Alle Mediziner erkannten, wie schon gesagt, die angeborene Schwindsucht und Skrofulose an der Form, die der Zeigefinger annimmt. Sein erstes Glied wird dann kurz, breit, keulenförmig und abgerundet, während sich der Nagel vorn überbiegt und so stark krümmt, daß er sich zeitweilig in das Fleisch eingräbt.

---

[1] Hippokrates von Kos, 460–377 v. Chr. Begründer der Medizin als Wissenschaft. »Wo heute gegen die Entseelung der Heilkunde, gegen Technisierung und Versachlichung des medizinischen Betriebes und für ärztliche Kultur und gute wissenschaftliche Tradition gekämpft wird, da geschieht es im Namen des Hippokrates.«
[2] Lachambre, Leibarzt des Königs Ludwig XIV.

Zeichen auf den Gliedern und ihre Bedeutung

Die Bedeutung der auf die Finger geschriebenen Zeichen entstammt der Tradition und beruht gewöhnlich auf der Astrologie. Die zwölf Glieder stellen, wie wir gleich sehen, die 12 Monate des Jahres dar, spiegeln also verschiedene Einflüsse wieder.

Wir wollen nur die *traditionelle Bedeutung* dieser Zeichen geben, ohne Versuch einer eigenen Erklärung.

Der Jupiterfinger

Eine einzige Linie, die vom Jupiterberg aus das dritte Glied durchquert und zum zweiten Fingerglied aufsteigt, bedeutet die durch Denken nutzbar gemachte Materie, zeigt auch Kühnheit und Herzensadel an.

Kreuze auf dem zweiten Fingerglied deuten auf Freundschaft der Großen und Vorgesetzten hin.

Mehrere Querlinien auf dem dritten Glied verkünden Erbschaften (tr.).

Liegen aber diese Zeichen auf dem zweiten Glied, dann sprechen sie von Neid und Lüge. Ein Stern auf diesem Glied, von einem Halbkreis begleitet, ist Ausdruck von Bosheit und unzüchtiger Gesinnung. Wird dieser Stern aber von geraden Linien begleitet, die über das Gelenk des ersten Gliedes hinausgehen, läßt er Keuschheit und Scham erkennen (tr.).

Ein Stern auf dem dritten Glied bedeutet bei einer Frau schamlose Unzucht.

Der Mittel- oder Saturnfinger

Eine einzige gerade und gut gezeichnete Linie, die das ganze dritte Glied durchquert, aber nicht vom Saturnberg ausgeht, bedeutet Waffenglück und Kriegsehren.

Ist die gleiche Linie schräg, zeigt sie, falls sie aus dem Marsberg entspringt, Todesgefahr im Krieg an.

Auf demselben Glied verkündet ein Dreieck einen bösen und vom Schicksal bedrohten Menschen, weisen gewundene Linien auf Widerwärtigkeiten und Hindernisse hin.

Ein Kreuz auf dem dritten Fingerglied ist bei einer Frau ein Zeichen von Unfruchtbarkeit, noch deutlicher aber spricht hierfür ein Stern auf der Hepatika.

Linien, die aus dem Saturnberg in den Finger hinaufreichen, sind Ausdruck von Grausamkeit und Neigung zu Blutvergießen; Linien auf den Gliedern des Mittelfingers verkünden einen melancholisch veranlagten Charakter. Eine Linie, die alle Gelenke durchkreuzt und bis ins erste Glied vordringt, spricht von Torheit und Wahnsinn.

Gleiche und regelmäßige Parallellinien, die den Finger durchziehen, versprechen Glück im Bergbau oder zeigen das Studium der Gesteinskunde an.

Der Ringfinger, Sonnen- oder Apollofinger

Eine Linie, die aus der Fingerwurzel aufsteigt und erst nach Durchquerung aller Gelenke endet, bedeutet große Berühmtheit. Gerade Linien auf dem dritten Glied sind günstig und versprechen ein glückliches Leben.

Ein Halbkreis auf dem dritten Glied kündet einen zum Unglück bestimmten Menschen an (tr.).

Eine gerade und gut gefärbte aufsteigende Linie, die das Gelenk durchschneidet und in das zweite Glied eindringt, bedeutet Weisheit, Gewandtheit und Seelengröße. Dies wird noch verstärkt, wenn diese Linie doppelt ist.

Mehrere aus der Fingerwurzel aufsteigende Linien, die die Gelenke durchqueren und bis zum ersten Glied aufsteigen, besagen Verlust durch Frauen (tr.).

Der kleine oder Merkurfinger

Drei Linien, die aus der Fingerwurzel aufsteigen und die Gelenke bis zum ersten Glied durchkreuzen, lassen das Erforschen unentdeckter wunderlicher Wissensgebiete und einen nach Unmöglichem trachtenden Geist erkennen.

Nur eine einzige Linie bringt wissenschaftlichen Erfolg zum Ausdruck.

Eine einzige gewundene Linie, die aus dem dritten zum zweiten Glied hinüberführt und dabei das Gelenk tief durchfurcht, bedeutet listige Findigkeit, sogar Verschlagenheit, die besonders zur Verteidigung angewandt wird. Ist diese Linie aber gerade und klar, wird der Stoff durch Verstandesüberlegungen fruchtbar gestaltet, sind Erfolg und auch Beredsamkeit vorhanden.

Geht die Linie etwas schräg vom Merkurberg fort und steigt dann geradewegs zum dritten und zweiten Glied auf, ist dies Zeichen für Reichtum.

Linien auf dem dritten Glied, die undeutlichen, schlecht gezeichneten Narben ähneln, lassen auf Diebstahl schließen.

Liegt auf diesem Glied ein Kreis oder Halbkreis, drückt sich beabsichtigter, aber nicht ausgeführter Diebstahl aus.

Eine breite Linie im dritten Glied aber, die einem Einschnitt ähnlich sieht, läßt Diebstahl erkennen. Dasselbe bedeuten zwei kreuzförmige Linien.

Eine vom Merkurberg ausgehende Linie, die in das dritte Glied eindringt und dabei das Gelenk durchfurcht, ist Ausdruck von Geistesadel und Verstand. Auf demselben Glied bedeuten schräge kurze und breite Linien Diebstahl. Ein Stern auf dem dritten Glied läßt Geist und Beredsamkeit erkennen.

Verwirrte Linien auf dem zweiten Glied bedeuten Diebstahl und Lüge.

Ähnliche Linien auf dem ersten Innenglied (der Fingerspitze) weisen auf schwächliche Veranlagung und Kränklichkeit hin.

Selten liegen Zeichen auf den Fingerspitzen (dem ersten Innenglied). Ein Stern hier auf dem Zeige- oder Mittelfinger deutet auf ein schicksalhaftes Ereignis glücklicher oder unheilvoller Art hin. Auf dem Jupiterfinger sind sie eher glücklich, auf dem Saturn eher unglücklich.

Überall sonst sind Linien auf dem ersten Innenglied schlechte Vorboten; fast immer künden sie Wahnsinn an, der sich entsprechend der Bedeutung der Finger, auf denen die Linien liegen, auswirkt. Zumindest aber sind sie Zeichen von schlechter Gesundheit. An dieser Stelle bedeuten wellenförmige Linien Gefahr des Ertrinkens, zumal wenn sich dies Zeichen auf allen Fingern wiederholt und zwei winkelförmige Linien auf dem Mondberg liegen.

Eine einzige kurze Vertikallinie, die auf den Innengliedern aller Finger wiederholt vorkommt, bedeutet plötzlichen Tod.

Es bleibt uns nur noch wenig über die Chiromantie zu sagen übrig. Wir wollen jetzt den Versuch machen, das Gesagte anzuwenden und Beispiele davon zu geben.

Wir verbinden hierbei Chiromantie und Chirognomie miteinander, die sich gegenseitig helfen, und erklären immer ihre gemeinsame Bedeutung, denn die Chiromantie darf nichts unbegründet herausstellen.

Um dies reiche Wissensgebiet zu vermehren oder es wenigstens nutzbar zu verwerten, müssen wir wieder die Einteilung in die *drei Welten* anwenden, denn die Chiromantie ist ebenso wie die Chirognomie und die anderen okkulten Wissenschaften auf den Grundsatz aufgebaut: *Wie Oben so Unten* und umschließt zugleich die göttliche, wie die natürliche oder seelisch-geistige Welt der abstrakten Begriffe und die materielle Welt.

Wenn man das Göttliche auf das Seelisch-Geistige oder Materielle anwenden würde und *umgekehrt*, beginge man große Irrtümer. Wir wiederholen noch einmal das früher Gesagte: Die Natur schrieb überall ihre Warnungen hin, besonders aber in die Hand, in der sie alles Wissen symbolhaft vereinte. Wenn sie dem unteren Teil die noch unklare, deshalb noch ungeordnete Phantasie und die materielle, triebhafte Liebe zuordnete, wenn sie oben alles hineinlegte, was zum Veredeln und Vergeistigen dieser beiden groben Triebe führt, hat sie durch Marsberg und Marsebene, die Zeichen des Kampfes Oben und Unten vollkommen voneinander getrennt, um die Menschen zu lehren, daß nur durch Kampf die Sonne der Kunst, der Poesie und Wissenschaft die Phantasie beleben kann, und daß Religion, geistige Eingebungen, ja selbst der Ehrgeiz einen edlen Antrieb für die Liebe bilden können, die sie gegebenenfalls in höchstes Erbarmen verwandeln. So setzt der Kampf Ehrgeiz, Kunst und Wissenschaft, die aktive Bewegung brauchen, in ständig lebendige Beziehung zur trägen ruhebedürftigen Phantasie und sinnlichen Liebe. Immer wieder das große Geheimnis von Bewegung und Widerstand.

Wenn uns aber die Hand immer wieder das Bild des Kampfes und der drei Welten zeigt, gibt sie uns auch in ihrer Zwölfzahl, dem Ergebnis der Vierzahl, das Abbild der 4 Lebensalter, die durch die vier, selbst wieder in 12 Monate eingeteilten Jahreszeiten dargestellt werden.

Die vier Lebensalter – Die vier Jahreszeiten

Der Daumen umschließt die Dreizahl und stellt, wie wir sahen, durch seine drei Glieder die drei Welten dar. Die andern *vier Finger* stellen mit ihren *zwölf Gliedern* die Zwölfzahl in der Vier dar und werden folgendermaßen eingeteilt:

Der Zeigefinger, *Jupiter*, ist Schöpfung, Frühling, Kindheit; der Ringfinger, *die Sonne*, Sommer und Jugend;

der kleine Finger, *Merkur*, Herbst und Mannesalter;

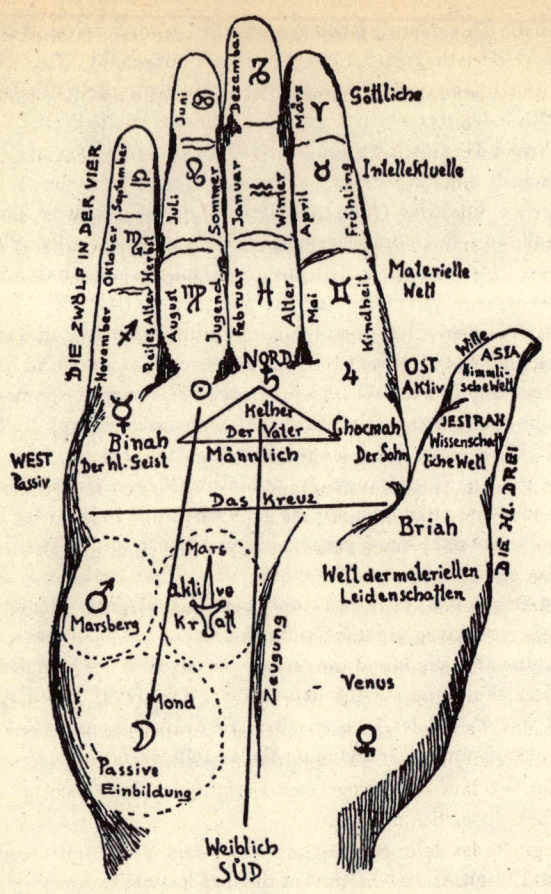

der Mittelfinger, *Saturn*, Trauer und Enttäuschung, Starre des Alters und Winter.

Die Monate beginnen am zweiten Saturn- oder Mittelfingerglied und ihre Einteilung ist folgendermaßen:

Mittelfinger, zweites Glied Januar; drittes Februar;

Zeigefinger, erste Glied März; zweites April, drittes Mai;

Ringfinger, erstes Glied Juni; zweites Juli; drittes August;

Kleiner Finger, erstes Glied September; zweites Oktober, drittes November.

Dezember kommt zum ersten Mittelfingerglied zurück und vollendet so die Wintermonate.

Wir fügen in der Zeichnung noch die planetaren Bezeichnungen der Monatsnamen hinzu.

Der große, die ganze Hand beherrschende Saturnfinger ist das Verhängnis, das unbekannte Schicksal. Deshalb geht nach dem überall waltenden Analogiegesetz das Jahr von Saturn, dem Verhängnis, dem unbekannten Schicksal aus.

Die beiden ersten Monate, Januar und Februar, sind ohne Leben und Kraft – das ist das Kind in der Wiege.

Im März beginnt der Frühling. März ist gleichsam der erste Monat im wirklichen Leben. März ist der Kampf, der Monat der Stürme, Hagel und Orkane – der zum Kampf gewaffnete Widder.

Dann kommt April, der die Quelle der Weltkraft öffnet, der Stier, der die Furche gräbt, die Kindheit, die die Lebensspur eröffnet, in die die allmächtige Hand des großen Sämanns die Keime einer glücklichen oder unheilvollen Zukunft wirft.

Der Sommer liegt unter dem Sonnenfinger; er ist der Löwe, die junge Kraft, die Begeisterung, die Zeit der tobenden Leidenschaften. Er ist die Jungfrau, die Dichtkunst, die Jugend.

Der Herbst liegt unter dem Merkurfinger; es ist die Zeit der Ernte und Früchte, das Mannesalter, die Zeit des Reichtums und des Wissens.

Dann kommt der letzte Monat, das Altern des Jahres. Dezember empfängt seinen Platz auf Saturn, dem Verhängnis. Januar ging von Saturn, dem unbekannten Schicksal aus.

So beginnt das Jahr wie das Leben bei dem Verhängnis und endet bei ihm. Das Unbekannte steht am Anfang und Ende; das Jahr stirbt, um wieder aufzustehen[1].

---

[1] Als weitere Analogien aus der Natur führt Desbarolles Gedanken aus Herders »Ideen zur Geschichte der Menschheit« (Kap. III, S. 763, 767) an. Hier zeigt Herder in der Pflanze, die Salz, Öl, Eisen und Schwefel anzieht, daß es die Kunst des Gewächses ist, Niedriges zu Höherem heraufzubilden, und daß die niederen Kräfte in feinere Lebensformen übergehen. Das Geschöpf der feinsten Organe ist der Mensch, der nicht zurückgehen kann. Als höchstes und letztes Glied beschließt er die Kette der Erdorganisation und beginnt als niedrigstes Glied die Kette einer höheren Gattung von Geschöpfen. Auch die Kabbala zeigt durch die Lehre der Wiedergeburt, daß jeder Körper stufenweise zur Läuterung kommen muß.

Jupiter und Merkur, der Zeige- und kleine Finger, stellen zwei Jahreszeiten mit gleich linder Temperatur dar: Frühling und Herbst. Ihre beiden ersten Glieder entsprechen den äquinoktialen Monaten: März und September.

Apollo und Saturn umschließen in ihren ersten Monaten, Juni und Dezember, gleicherweise, die beiden Sonnenwenden im Sommer und Winter.

Es sind immer die zwei Pfeiler: Jakin und Bohas.

Die Hand umfaßt auch die zehn Sephiroth[1], von denen wir nur die drei ersten Kether, Binah und Chochmah anführten, um nicht unsere schon zu unklare Aufzeichnung zu überlasten. Wir halten es aber für unsere Pflicht, sie hier zu erklären und ihre Stelle in der Handfläche zu bezeichnen.

Die Tafel der Sephiroth ist das Pentakel der drei, durch drei Dreiecke dargestellten metaphysischen Welten, das allmählich von dem schöpferischen Licht, dem unaussprechlichen Wesen, das kein menschlicher Gedanke fassen kann, bis zu unserer irdischen Welt hinabsteigt.

Die Kabbalisten erkannten drei Sonnen an, unter denen unsere irdische nur der blasse Widerschein der beiden anderen ist. Die Sephiroth sind Sinnbild dieser oberen Welten, die als *Gegenstücke*, als *Widerschein* des Oben im Unten angeordnet sind, wie Widerspiegelungen im Wasser.

So hat *Kether*, das oberste Wesen, zum Widerschein *Tiphereth*, die Schönheit, und die Widerspiegelung der Schönheit ist die Wahrheit *Jesod*.

Die Weisheit *Chochmah* leistet *Binah*, der vorwärtsführenden Freiheit Widerstand; das ist das Sinnbild von Jakin und Bohas.

Aber die Weisheit (Chochmah) wird durch die ideale Güte *Gedulah* die göttliche Liebe widergespiegelt.

Die Widerstand leistende Weisheit ist die Güte, die das Gute ersehnt.

Und die Freiheit (Binah) hat als Widerschein die Strenge *Geburah*, mit ihrem Gegenüber (Gedulah) der Liebe. So ist es also die Freiheit selbst, die Strenge und Gerechtigkeit herbeiruft.

---

[1] Sephirot. Ideenlehre der Kabbala, deren 10 Begriffssymbole ursprünglich nur die verschiedenen Benennungen Gottes zum Ausdruck bringen. Gott wird gleichsam in ihrer Beleuchtung unter verschiedenen Aspekten gesehen. Diese 10 Ideen bezeichnen auch die 10 Kräfte, die oft zugleich als Manifestation und Emanationen Gottes, als Mittelwesen und Wurzeln aller Existenz in Gott konzipiert werden. Die Formel der Sephirot wird u. a. in der Form des »Weltbaumes« geschrieben, der aus dem Urgrund, dem »Nichts«, der »Wurzel aller Wurzeln« hervorwächst. Eine häufigere Formel schreibt sie in der Figur des sog. Adam Kadmon (Urmensch), wobei den ersten 3 Sephirot das Haupt und z. T. auch das Herz, der 4. und 5. die Arme, der 6. der Rumpf usf. zugeordnet werden. Aus dieser Form wird später der Ausgang der sog. Wortmagie mitsamt den magischen Inhalten der sog. praktischen Kabbala begründet.

DIE SEPHIROTH

1
Kether,
Die Krone, die höchste Macht.

3   2
Binah,   *Chochmah,*
Freiheit, Initiative.   Weisheit,
Treibende Kraft.   Ideal göttlicher Vernunft.

Diese erste Welt wird widergespiegelt durch:
5   4
Geburah,   *Gedulah,*
Kraft, Strenge,   Ideal der Herrlichkeit und
Ideal der Gerechtigkeit.   Güte.

6
Tiphereth
Ideal der Schönheit,
Widerschein von Kether.

Diese zweite Welt wird widergespiegelt durch:
7   8
Hod   *Nezach*
Ewige Ordnung,   Sieg,
Gegengewicht zum Fortschritt,   Belohnung des Fortschritts,
Triumph der Vernunft.   Gesetz der Erneuerung.

9
Jesod

Wahrheit,
Fundament aller Vernunft,
Widerschein von Tiphereth.

Diese dritte Welt berührt:
10
Malkuth
Form, Äußeres Objekt.
Königreich, Welt.

Das Ideal der Güte spiegelt sich als *Nezach* wider, als Sieg, der den Fortschritt triumphieren läßt und ihn nutzbar macht.

Die Strenge spiegelt sich wider als die ewige Ordnung *Hod*, weil die Strenge die Freiheit regelt und ihre Tatkraft für das Gute nutzbar aktiviert.

Malkuth ist das Ergebnis, die Form, das Königreich. Malkuth ist die Welt, von der aus wir zu Gott zurücksteigen, ist das Weltall, die ganze Schöpfung, Werk und Spiegel Gottes.

Die Sephiroth sind in der Hand folgendermaßen verteilt:

Kether liegt unter der Fatalität, dem unbekannten Willen, dem Saturnberg.

Chochmah (passiv), die Weisheit, die Widerstand leistet, liegt unter dem Jupiterberg.

Binah, die Bewegung, die Freiheit liegt auf dem Merkurberg (aktiv), dem Berg der Tatkraft, der Wissenschaft, des Handels und der Entdeckung.

Gedulah, die himmlische Liebe liegt auf dem Venusberg, der selbst auf unserer Erde Erbarmen darstellt.

Geburah, die Strenge, steht dem Erbarmen gegenüber und liegt auf dem Marsberg.

Tiphereth, die Schönheit ist Apollo, die Sonne.

Nezach, oder der Sieg, liegt auf dem dritten Daumenglied, er ist der Triumph des Fortschritts über die Materie, die er unterwirft und lenkt.

Hod, liegt unter der Kraft, dem Marsberg und oberhalb des Mondberges, der Phantasie: Es ist die Strenge, die die Phantasie beherrscht, das Wissen um Gut und Böse.

Jesod liegt unter dem Mond und steht mit der Sonne in Verbindung: Es ist die Phantasie, die von der Sonne, der Quelle der Natur erleuchtet, zu höchster Weisheit und Wahrheit wird.

Malkuth liegt am Handgelenk zwischen dem Arm, der Materie und der Hand, dem Verstand.

Die Marsebene in der Handmitte ist das Tätigkeitszentrum der Denkfähigkeiten. Hier schöpfen die guten oder schlechten Leidenschaften Energie und Tatkraft.

Die drei Welten

In der Chiromantie sind die Bezeichnungen einfach, wie wir an mehreren Beispielen zeigen werden, aber es sei wiederholt: Die richtige Auslegung der von irgendeinem Handberg dargestellten Eigenschaften kann Schwierigkeiten hervorrufen.

So bezeichnet Jupiter sowohl Religion, Ehrgeiz, Stolz wie auch den Wunsch, unter allen Umständen hervorzutreten.

Saturn gibt Vorsicht, Traurigkeit oder Aberglauben.

Apollo zeigt Ehre, Berühmtheit und Reichtum an;

Merkur geistige Wissenschaften, Beredsamkeit, aber auch Diebstahl.

Mars stellt Resignation, Mut oder Wildheit dar;

Venus Erbarmen, Liebe aber auch brutale Leidenschaft.

Der Mond gibt Mystik, Phantasie und Irrtum.

Ein Mensch hat einen stark entwickelten Jupiterberg. Man hält ihn für religiös, was er aber keineswegs ist. Dagegen birst er vor Ehrgeiz. Man findet eine gut gezeichnete Sonnenlinie und glaubt, einen der Kunst ergebenen Menschen vor sich zu sehen. Dabei ist dieser Mensch nicht zur Kunst, sondern zum Reichtum geboren, wird magnetartig Gold und Geld heranziehen und alles Glänzende, allen Luxus, alle Pracht lieben.

Beim Betrachten des Merkurberges glaubt man einen Wissenschaftler vor sich zu haben und hat es dabei mit einem listigen, unter Umständen sogar zum Diebstahl neigenden Menschen zu tun. Wir dürfen also nur mit großer Vorsicht Vermutungen aussprechen und müssen alle zur Aufklärung möglichen Mittel zu Hilfe nehmen.

Hierfür leistet uns offensichtlich die Chirognomie große Dienste. Spitze Finger stellen, wie wir sahen, die göttliche Welt,

eckige Finger die natürliche, seelisch-geistige, und

Spatelfinger die materielle Welt dar.

Spitze Finger bezeichnen also beim Jupiterberg Religion, eckige Finger Ehrgeiz und spatelförmige Stolz.

Für den Apolloberg bedeuten spitze Finger Ruhmsucht, eckige Finger Liebe zu wahrheitsgetreuer, künstlerischer Darstellung, spatelförmige den Wunsch nach Reichtum oder die künstlerische Erfassung bewegter Situationen.

Ähnlich verhält es sich bei den anderen Fingern.

Die Linien verändern die Eigenschaften der Berge. So kann eine besonders gerade Kopflinie, eine ziemlich schwache Herzlinie, Fingerknoten und ein langes erstes Daumenglied einer Sonnenlinie an Stelle von Kunstsinn Geldliebe geben. Im Gegensatz hierzu läßt eine zur Phantasie hinabsteigende Kopflinie, lassen glatte, spitze Finger und ein kurzer Daumen einen Künstler erkennen. Eine von einer Querlinie tief durchschnittene oder aber durch Gitter abgesperrte Sonnenlinie zeigt, in Verbindung mit einem stark entwickelten Jupiterberg, die ganze Eitelkeit eines völlig talentlosen Menschen an, zumal wenn die Faulheit noch weiche Hände hinzufügt.

Beim erhöhten Merkurberg ist die richtige, dem jeweiligen Menschen entsprechende Bedeutung weniger schwierig zu finden. Neigt sich der Merkurberg zum Sonnenberg hin, als suche er gleichsam Halt an ihm, sind wissenschaftliches Können und Beredsamkeit vorhanden; zur Außenhand hin geneigt, werden realer Tatsachensinn, Begabung für Handel und Industrie angezeigt. Übermäßig entwickelt, spricht der Merkurberg von List.

Um Fehler zu vermeiden, muß man also alle Anzeichen beachten und alle Hilfsmittel nutzvoll anwenden.

Die Temperamente

Auch das Studium der Temperamente nach der Farbe der Linien kann dabei von großer Hilfe sein.

Eine blasse Linie zeigt phlegmatisches, folglich auch lymphatisches Temperament an.

Eine rote Linie deutet auf einen sanguinischen, zornigen Menschen hin.

Eine gelbe Linie zeigt galliges Temperament.

Eine fahle Linie ist Ausdruck melancholischen Temperaments.

In der Kabbala ist rot das Ideal, die Kraft; weiß die Vernunft und Ruhe. Blässe bedeutet Materie, Böses, Unordnung.

Die Chiromanten legen der Linienfarbe eine große Bedeutung bei. Auch die Phrenologie, in der wir in der Unterscheidung von Fähigkeiten, Gefühlsempfindungen und Naturtrieben die drei Welten wiederfinden, erleichtert die Anwendung der Chiromantie.

So zeigt ein Kopf mit stark entwickelter Stirn, zumal auf der Seite des

Idealismus, edle Neigungen, ein stark betonter Hinterkopf Gefühlsempfindungen und ein an den Schläfen und um die Ohren erhöhter Schädel die materielle Welt an.

Die Physiognomie hilft uns noch weiter: Wenn eine schöne Stirn edle Neigungen ausdrückt, wird ein breiter Kiefer untrüglich auf Egoismus und materielle Triebe deuten.

Ein birnenförmiger Kopf hat nach phrenologischen Gesetzen weder Sinn für Poesie noch Idealismus. Alles drängt zum Mund hin, zu den Organen der Gefräßigkeit und materiellen Liebe. Auch wird ein birnenförmiger Kopf immer zu Egoismus und stärkstem Realismus getrieben.

Breite, hohe und runde Schultern sind gleicherweise dem Bereiche der Materie zuzurechnen, besonders bei der Frau.

Eine stark hervortretende Brust gehört zur wirklichen, d. h. weiblichen Frau. Breite Schultern und eine unscheinbare Brust dagegen lassen eine männliche Frau erkennen, die Ehrgeiz, Zorn und Gier besitzt. Bei ihr sind diese männlichen Triebe von schlechter Bedeutung, denn es gibt keinen glücklichen Übergang von einem Geschlecht zum anderen. Er ist immer eine Entartung oder Mißbildung.

Auch die Augen ermöglichen genaue Angaben. Verstand, Genie, Begierde, Erwerbssucht, Luxus oder Ausschweifung geben ihnen einen strahlenden Glanz. Das schwarze Auge, dessen Weißes ausgesprochen dunkelblau ist, das funkelnde Auge der südlichen Frau ist nicht immer Zeichen von Verstand. Auch ist dieser Blick nicht immer natürlich. Nur zu häufig drückt es Gier aus, zumal bei einem bleichen Gesicht. Mit einem Wort: es ist das Auge des Bohemien. Ein lebhaftes, aber klares Auge, strahlend wie ein Diamant ist gut, aber das ganz schwarze Auge, das wie eine glühende Kohle brennt, deutet auf einen gierigen und bösartigen Menschen, dem man mißtrauen muß.

Die genauesten Angaben macht der Mund, der, nach der physiognomischen Einteilung in die drei Welten, die materielle darstellt. Da aber jede Welt ihre Abstufungen hat, kann der Mund ebenso Festigkeit, Güte, Adel, wie Gefräßigkeit, Wollust oder seelische Entwürdigung anzeigen.

Ein chinesisches Sprichwort sagt: »Sieh die Stirn eines Menschen an, um zu wissen, was aus ihm werden kann; betrachte seinen Mund im unbewegten Zustand, um zu wissen, was aus ihm geworden ist.«

Ein Mund mit dicken Lippen ist gefräßig und materiell.

Unterlippen, die auf einer Seite fleischiger sind als auf der anderen, sind wollüstig. Ein Mund mit niederhängenden Ecken deutet auf einen minderwertigen Menschen hin. Im Mund liegt ein untrüglicher Ausdruck.

Auch die verschiedenen Fingerformen der Hand können sichere Hinweise geben. Man kann einen spitzen Zeigefinger, das Zeichen für Religion neben einem spatelförmigen Apollofinger finden, der bewegte künstlerische Darstellung und entsprechende Einstellung aller Gedanken aufzeigt und daneben einen eckigen kleinen Finger als Ausdruck von gesundem Menschenverstand und realer Auffassung in wissenschaftlichen Forschungen.

Auch die Striche auf der Innenseite der Finger sind von besonderer Bedeutung. Bekanntlich werden die Fingerglieder den drei Welten zugeteilt. Schneidet eine tiefe Linie das Gelenk zwischen dem dritten, dem der Handfläche nahen Glied und dem zweiten Glied desselben Fingers, führt sie also gleichsam von einer Welt in die andere hinüber und ist sozusagen in beiden Welten zu Hause, dann bedeutet dies – der jeweiligen Bedeutung entsprechend – die vom Geistig-Seelischen erleuchtete Materie.

Eine solche auf dem Jupiterfinger liegende Linie weist demnach auf einen unverhüllt ehrgeizigen Beweggrund hin, der aber logische Begründungen sucht. Dies wäre eine Art von Verwirklichung in weltlichem Sinn, ein materielles Interesse, das sich Vernunftgründen angleicht und demnach eine Quelle von Kraftanstrengung, die zwangsläufig zum Erfolg führen muß.

Auf dem Merkurfinger verkündet die entsprechende Linie ein anfangs unklares, dann aber durch Überlegung gereiftes Unternehmen, das notwendig erfolgreich sein muß. Im Sinn der obersten Welt läßt diese Linie auch Beredsamkeit erkennen. Das erste Glied ist Sinnbild des Ideellen. Eine Linie auf diesem Glied zeigt Übermaß an ideellen Wünschen, folglich krankhafte Übersteigerung der vom Fingerberg angegebenen Eigenschaft an.

Ein Stern auf der Fingerspitze, besonders auf dem Jupiter- und Saturnfinger weist immer auf ein außergewöhnliches Ereignis hin, das auf dem Jupiterfinger von guter Bedeutung, auf dem Saturnfinger aber fast immer verhängnisvoll ist.

Im Augenblick haben wir genug über Chiromantie gesagt, so daß jeder mit Hilfe von Analogien und Schlußfolgerungen den Charakter der Menschen vollkommen erkennen kann und hieraus schließlich auch ihr Schicksal. Denn dieses folgt immer der Richtung ihrer Neigungen, ihrer mehr oder weniger entwickelten Einsicht und vor allem ihrer Tatkraft und ihrer mehr oder weniger starken Geld- und Ruhmsucht.

Im »Vetter Pons« sagt Balzac: »Wenn Gott für gewisse klarsehende Augen die Bestimmung eines jeden Menschen seiner Physiognomie aufgedrückt hat — dieses Wort als Begriff für das gesamte Äußere genommen —, warum sollte dann die Hand nicht die Physiognomie in gedrängter Kürze zusammenfassen, da ja die Hand das menschliche Tun selber und geradezu die Manifestation des Tuns ist. Hierauf beruht das Wahrsagen aus der Hand.

Ahmt die menschliche Gesellschaft nicht Gott nach? Daß jemand einem anderen aus der Hand die Geschehnisse seines Lebens voraussagen kann, ist für den, der die Gaben des Hellsehens empfangen hat, nicht erstaunlicher, als wenn man einem Soldaten sagt, daß er sich schlagen, einem Schuster, daß er Stiefel machen wird, einem Landmann, daß er seinen Boden düngen und bebauen wird.«

Es sei noch bemerkt, daß man auf Grund einfachster Anzeichen weitgehendste Entdeckungen machen kann. Ein Mensch hat z. B. einen Stern in der Hand, der immer Zeichen von Verhängnis, von unvermeidbarem Schicksal ist. Wenn nun die Saturnlinie schön und klar gezeichnet ist, wird dieses verhängnisvolle Geschehen offenbar günstig sein, ein zweifellos wichtiges Lebensereignis, das aber glückliche Ergebnisse bringt. Ist neben diesem Stern die Marsebene durchfurcht, wird das Verhängnis Kämpfe hervorrufen, durch die ein Glück erobert wird, falls die Saturnlinie schön gezeichnet ist, aber Unglück entsteht, wenn sie durchschnitten oder gebrochen ist. Hört die Saturnlinie plötzlich an der Kopflinie auf, tritt das Unglück durch falsche Überlegung, durch Eigensinn oder einen unüberlegten Streich ein. Bricht sie an der Herzlinie ab, ist das Unglück die Folge einer sinnlosen Liebe, einer zu leidenschaftlichen Zuneigung, der man Opfer bringen muß, zumal bei einer zu langen Herzlinie, die vollkommene, bis zur Selbstverleugnung gehende Hingabe ausdrückt.

Wir wollen aber jetzt diese Kombinationen lassen, die jeder selbst machen kann und einige praktische Beispiele ohne Schema und Reihenfolge anführen, die Ergebnisse täglicher Betrachtungen sind und deshalb keiner Eingliederung bedürfen.

Beobachtungen und praktische Beispiele

Der *philosophische* Knoten (der Knoten des kausalen Denkens) ist zweifellos vorteilhaft, denn er fordert genau Betrachtung aller Dinge und zwingt den Menschen, sich über alles Rechenschaft abzugeben. Ist dieser Knoten sehr stark entwickelt, kann er bei einem langen und starken zweiten Daumenglied, das logisches Denken ausdrückt, einen bedeutenden Menschen anzeigen. Ist dieses Daumenglied aber kurz und dünn, wird man ohne logisches Urteil stets das Bedürfnis haben, klug zu reden. Man wird Begründungen finden, wenn sie auch falsch sind und so notwendigerweise in *Paradoxe* verfallen. Bei spitzen Fingern verstärkt sich dieser Fehler noch. Menschen mit solcher Veranlagung üben einen unheilvollen Einfluß auf junge Leute aus. Bei ihnen geht die Kopflinie fast immer zum Mondberg hinunter. Ist dieser Berg entwickelt, suchen und finden sie in ihrer Einbildung auch die Begründungen für ihr Urteil.

Bei ihnen ist auch der Jupiterberg häufig entwickelt; denn sie wollen eine Rolle spielen und sich mit einem fälschlichen Wissen brüsten.

Das mystische Kreuz liegt unter dem Saturnfinger, zwischen Herz- und Kopflinie im sogenannten Viereck. Es gleicht dem *Andreaskreuz* und bezeichnet, wie schon gesagt, eine Neigung zu Mystik oder auch zu Aberglauben, falls die übrige Hand damit übereinstimmt.

Bei sehr stark entwickeltem Jupiterberg und spitzen Fingern ruft es religiöse Exaltation hervor, die bis zur Extasis, manchmal aber auch bis zum Fanatismus geht. Eckigen Fingern gibt das mystische Kreuz vernünftige religiöse Anschauungen.

Ein spitzer Jupiterfinger neben sonst eckig geformten Fingern zeigt ernste Beschaulichkeit und Naturliebe, die zu künstlerischen Eingebungen führt, zumal bei vorhandener Sonnenlinie.

Eine die ganze Hand absperrende Herzlinie bei einem stark durchfurchten Mondberg führt notwendigerweise zu einer sehr großen und übertrieben leidenschaftlichen Liebe, die Eifersucht hervorruft.

Ein gänzlich durchfurchter Mondberg gibt Anlaß zu immerwährender Quälerei. Ist die Herzlinie die bedeutendste Linie der Hand, liegt der Grund für diese Unruhe in der Gefühlswelt. Wenn Jupiter die Hand beherrscht, entspringen die Verdrießlichkeiten offensichtlich ehrgeizigen Wünschen; ist Merkur der Stärkste, sind Geschäftssorgen die treibenden Faktoren und so fort. Eckige Finger aber und die logische Frage nach ihrer

Ursache können die durch den Mondberg gegebene Unruhe bekämpfen und besänftigen. Der entwickelte Marsberg läßt sie gar nicht erst entstehen oder unterdrückt sie; denn er zeigt Kaltblütigkeit und Resignation, folglich auch Ruhe.

Im Venusberg kann die Liebe zu triebhafter Leidenschaft herabsinken oder in die vollkommene Form der Zärtlichkeit umgewandelt werden. Bei einer guten Veranlagung ist der Venusberg ein positiver Faktor, ohne entwickelten Venusberg sind alle Leidenschaften kalt und egoistisch.

Die Handberge liegen selten auf ihrem eigentlichen Platz an der Fingerwurzel unterhalb des Fingers. Jede ihrer Verschiebungen aber hat eine besondere Bedeutung.

Berge, die in *stärkerer* Beziehung zu einem Planeten stehen, üben auf die benachbarten eine größere Anziehungskraft aus. Manchmal verschlingen sie diese vollkommen. Folglich wird auch ein Berg, der sich gleichsam an einen stärkeren anlehnt, diesem seine Triebe zuführen und sich vom Haupttrieb dieses Planeten oder des ihn anziehenden, ihn darstellenden Berges verändern lassen.

Wenn sich z. B. der Jupiterberg an den Saturnberg lehnt, werden die von Jupiter eingegebenen Neigungen in trauriger, ernster manchmal aber auch verhängnisvoller Weise — hierüber gibt der Lauf der Saturnlinie Aufschluß — verändert. Oft bedeutet dies auch den ehrlichen Wunsch nach wissenschaftlichem Erfolg, ernste religiöse Auffassung und akademischen Ehrgeiz, entsprechend der Bedeutung der übrigen Handsignaturen.

Neigt sich Saturn zu Jupiter, siegt Ehrgeiz über wissenschaftliches Interesse. Hier liegt der Wunsch, durch ernste Beschäftigungen zu wirken, sich ein ehrwürdiges Ansehen zu verschaffen und sich ohne jegliches Verdienst den Ruf eines Gelehrten zu erobern. Ruf und Berühmtheit sind aber mit Unglück verbunden, das durch falschen Stolz herbeigeführt wird.

Lehnt sich der Merkurberg an den Sonnenberg an, verbinden sich wissenschaftliches Studium und Scharfblick mit Kunstinteresse.

Der gegen den Merkurberg verschobene Marsberg gibt den von Merkur abhängenden Eigenschaften Tatkraft, folglich auch Beredsamkeit und geistigen Schwung. Neigt er sich zum Mondberg hinab, führt er der Phantasie intensivere Kräfte zu.

Der nach oben hin stärker erhöhte Venusberg verspricht Barmherzigkeit. Nach unten angeschwollen, spielen die materiellen Freuden eine größere Rolle.

Der Saturnberg ragt selten hervor. Denn Saturn ist nicht das absolute, sondern nur das wahrscheinliche, vielleicht noch zu verändernde Verhängnis, das oft nur die Folge eines mächtigen Triebes ist. Durch seine Verschiebung nach rechts oder links läßt der Saturnberg den Trieb erkennen, der zu bekämpfen ist. Er unterstreicht ihn sogar besser, wenn er selbst nicht in Erscheinung tritt, sondern entweder Venus, Merkur, Mars, Mond, Sonne oder Jupiter in der Hand am stärksten hervortreten, d. h. also materielle Liebe, List, übertriebene Phantasie, ungeheurer Stolz oder grenzenloser Ehrgeiz herrschen, die im Leben offensichtlich gleich starke Klippen und Gefahren sind.

Sicher kann man seinem Schicksal Widerstand leisten. Der menschliche Wille ist eine rostige Wetterfahne, die unbeweglich bleibt. Eines Tages aber geht ein schrecklicher Wirbelsturm los, die Wetterfahne bricht entzwei oder bewegt sich wieder.

Unsere Erfahrungen haben uns gezeigt, daß alle zu einem mühsamen vegetativen Leben verurteilten Menschen keine Saturnlinie haben. Meist fehlt sie in der Hand von Menschen niedrigster Volksschichten und bäuerlichen Knechten, deren Leiden unerträglich würden, wären sie nervös oder feinfühlig.

Lange Erfahrung zeigt uns auch, daß eine Insel nicht immer etwas Schimpfliches ist, wie es die Tradition lehrt. Auf der Lebens-, Kopf- und Herzlinie verkündet sie nur zu oft eine vererbte Krankheit oder zumindest Veranlagung zu Magen-, Kopf- oder Herzkrankheiten.

Ein Gitter auf dem Venusberg gibt offensichtlich Raffiniertheit in den Liebeswerbungen zu erkennen, aber diese Liebe muß nur dann obszön genannt werden, wenn außer dem Gitter ein gebrochener oder doppelter Venusring gefunden wird. Und noch eins: Eine gute Kopflinie kann diese Triebe beherrschen und aus ihnen intensive Tatkraft für nützliche Dinge ziehen.

Eine von der Lebenslinie getrennte Kopflinie ist, wie gesagt, Zeichen für Eitelkeit und Dummheit. In einer wenig intelligenten Hand trifft dies mit verhängnisvoller Sicherheit zu. In einer verstandesmäßig begabten Hand aber bedeutet eine von der Lebenslinie getrennte Kopflinie nur unüberlegte Streiche und großes Selbstvertrauen. Wenn sich diese Kopflinie zum Jupiterberg hinwendet (und der Jupiterfinger günstig ist), dann werden diese Streiche, wie sie auch seien, durch Jupiter begünstigt, folglich in Wirklichkeit eher nützlich als schädlich sein.

Der Buchstabe »M« in der Hand ist auch ein Zeichen der drei Welten.

Der erste Strich, die Lebenslinie, umschließt die Schöpfung, die Liebe: die materielle Welt.

Der zweite, die Kopflinie, zieht sich durch die Mitte der natürlichen Welt. Sie besetzt und durchquert Marsebene und -berg; sie ist der Kampf, der dem Leben Kraft und Vernunft gibt.

Der dritte Strich, die Herzlinie, umfaßt die göttliche, in den Bergen an den Fingerwurzeln dargestellte Welt. Sie birgt in sich Ehrgeiz oder Religion, Verhängnis, Kunstliebe und hermetische Wissenschaften, alles Einflüsse der Sterne. (Siehe folgende Abbildung.)

Die Komponisten gelehrter Musik haben ebenso wie Mathematiker geknotete eckige Hände. Als Unterscheidungsmerkmal ist die Sonnenlinie heranzuziehen, die beim Künstler stärker gezeichnet ist. Beide aber gelangen nur durch theoretisches Denken zum Erfolg.

Ein Mann mit glatten Fingern und entwickeltem Merkurberg kann ein großer Advokat sein; seine Plädoyers werden voll Eingebung und Beredsamkeit sein. Aber die Art seiner Begabung entspricht der Form seiner Finger. Mit spitzen Fingern wird er brillieren, mit eckigen Fingern logisch und klar sein. Spatelförmige Finger zeigen Schwung und Bewegung an. Mit langen Fingern erfreut sich solcher Mensch an Einzelheiten; mit einer kurzen Hand ist er karg an Ausschmückungen und sieht vor allem das Ganze, das Gesamtbild. Sehr weiche Hände sind, ebenso wie besonders harte, zu Aberglauben geneigt.

Hände, die aus körperlicher Faulheit sehr weich sind und der Phantasie freien Lauf lassen, sind stets bereit, zu weit zu gehen und zu übertreiben, als Idealisten, wenn ihre Finger spitz sind, als Freunde jeder Art Bewegung, wenn sie spatelförmig sind.

Sehr harte (folglich meist immer elementare) Hände unterwerfen sich allem, was ihnen unverständlich und deshalb unnatürlich erscheint, weil sie, geistig träge, in dumpfen Materialismus verfallen und ihre Unterlegenheit fühlen. Hierfür muß aber noch der Daumen kurz, und die Finger müssen spitz und glatt sein.

Handwerker, die einen Beruf ausüben, der sie zu sitzender Lebensweise zwingt, haben eben durch diese körperliche Untätigkeit meist eine sehr lebhafte Phantasie: So haben fast alle Schneider weiche Hände und spatelförmige Finger und sind auch meist Republikaner, Kommunisten, Utopisten; Bauern und Männer der schweren Arbeit sind niemals Republikaner. Bei ihnen arbeitet der Körper und der Geist ruht aus.

Man darf nie auf die Freundschaft, Zuverlässigkeit oder Parteitreue (in der Politik) von Menschen mit kurzem ersten Daumenglied rechnen. Sie können Anwandlungen von Ergebenheit haben, können einer heroischen Handlung fähig sein, aber das sind nur Augenblickssachen. Es fehlt ihnen die Ausdauer, um in ihren manchmal ungewöhnlichen Eingebungen zu verharren. Sie geben sich keinen erneuten Aufschwung, sondern verfallen bald wieder in einen Zustand der Unsicherheit und Sorglosigkeit.

Man kann versichert sein, daß sich jeder, durch Berge und Linien als hinterlistig Gezeichnete, seiner List bedienen wird. Aus Naturnotwendigkeit, wenn er schwach ist, aus Neigung und Freude, wenn er stark ist.

Ein besonders stark erhöhter Marsberg gibt einem kurzen Daumen ruhige Widerstandskraft und Resignation, zumal wenn Marsberg und -ebene nicht von Linien durchfurcht sind und Vierecke dort liegen.

Der Marsberg ist der Kampf des Widerstandes, die Marsebene der Kampf der Handlung. So ist der Mensch mit einem entwickelten Marsberg fähig, seine Kaltblütigkeit in allen Lebensprüfungen zu erhalten, folglich auch seinen Leidenschaften zu widerstehen. Er kann seinen Zorn bezwingen und immer Herr seiner selbst bleiben, zumal wenn ihm ein großer Daumen Willenskraft verleiht. Die Widerstandskraft ist die Göttin Minerva der Alten, die den Schild hält, aber, wie man nicht vergessen darf, auch die Lanze trägt.

Die durchfurchte, unruhige Marsebene, besonders dann, wenn sie ein Kreuz in sich schließt, läßt einen Menschen erkennen, der den Kampf aus triebhafter Freude sucht. Sie zeigt den Kämpfer um des Kampfes willen und dies wird noch durch kurze Nägel verstärkt.

Jede Hauptlinie, die durch ihre Ausdehnung, jeder Berg, der durch seine Entwicklung die Hand beherrscht, setzt die Neigung fest, die das Leben bestimmen wird. Hier liegt die Quelle aller Freuden und Sorgen, der Ausgangspunkt, um den sich das ganze Leben dreht.

Ein zu stark entwickelter Mondberg verlangt als Wirkungsbereich eine besonders phantasiereiche Arbeit, sonst quält und beunruhigt er den Menschen, der in allem Grund für Kummer und Besorgnis sieht. Der Ärger, der ihn zerstreut und beschäftigt, ist ihm in Ermangelung fröhlicher und schöpferischer Arbeit ein wildes Vergnügen. Kurz gesagt: Er wird zur Quelle unaussprechlicher Freuden oder verzehrender Trauer. Wenn der

Mondberg übermäßig groß ist, sind spitze Finger von guter Bedeutung; eckige Finger, die den Übertreibungen der Phantasie Widerstand leisten, machen die Menschen sehr unglücklich, wenn ihnen nicht eine reiche Sonnenlinie zu Hilfe kommt und ihnen Sinn für schöne Künste gibt. Sind aber die Finger übertrieben eckig und lang, bleibt immer eine Unzufriedenheit zurück, denn der Künstler wird von konventionellen Anschauungen und der Liebe zu Einzelheiten belastet, die den Schwung der Phantasie hemmen.

Eine vom Mondberg ausgehende Linie bedeutet schon ein Verhängnis: eine Laune. Eine zweite, vom Venusberg ausgehende Linie, deutet ein zweites Verhängnis an: eine heftige Leidenschaft. Die Verbindung beider Linien mit der Saturnlinie in der Marsebene ist bei einer gerade zum Berg aufsteigenden Saturnlinie ein Zeichen für Erfolg, der sich auf eine unklare Phantasie und verliebte Leidenschaft stützt, aber mühsam durch Kampf erkauft werden muß.

Ist die Saturnlinie abgebrochen, wird eine aus Laune und Liebe verursachte Intrige zu einem verhängnisvollen Ausgang führen. (Siehe Abbildung.)

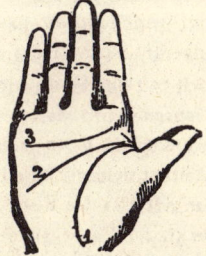 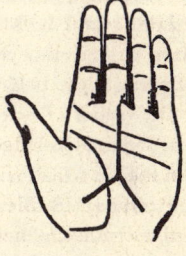

Der stark entwickelte Mondberg ist immer Ausdruck einer sehr großen Phantasie; übertrieben stark aber verursacht er Traurigkeit. Denn der Mond macht traurig oder zumindest melancholisch. Solcher Mensch ist elegisch gestimmt, zumal wenn sich die Kopflinie zur Mondseite hinabneigt. Kommt hierzu noch eine kurze Kopflinie, eine weiche Hand und das mystische Kreuz, wird er zum Aberglauben getrieben. Der Mensch aber, der neben einem durchfurchten Mondberg spitze Finger, das mystische Kreuz und überdies das Organ des Idealismus auf dem Schädel entwickelt hat, kann zum Seher werden.

Die Lebenskraft ist eine Emanation der Sterne.

Die Sonne steht in Beziehung zum Herzen; der Mond zum Gehirn; Mars zur Galle; Jupiter zu den Lungen; Venus zu den Nieren und Zeugungsorganen; Saturn zur Leber; Merkur zur Milz.

Eine harte, infolgedessen tätige Hand, deren Form Vergnügungssucht anzeigt, wird bei einem entwickelten Venusberg, um der liebenswürdigen Neigungen dieses Berges willen, durch lebendige Anmut wirken. Solche Hand gehört zu einem amüsanten, reizvollen Menschen.

Spatelförmige Finger flößen großes Selbstvertrauen ein, geben Begeisterung und den Wunsch nach auffallender Wirkung, besonders wenn sie bei Künstlern mit glatten Fingern gefunden werden.

Übertrieben spatelförmige Finger verkünden immer eine gewisse Schroffheit, zumal bei einer tief gezeichneten und roten Lebenslinie. Ist dabei aber die Herzlinie ausgeprägt, wird neben der Schroffheit ein gutes Herz vorhanden sein.

Philosophische Knoten an übertrieben spatelförmigen Fingern können neben einem kurzen Daumen bei klugen Erfindern beobachtet werden. Diese aber sind nicht in der Lage, etwas bis zur Vollendung durchzuführen, da die Spatelform durch ihre übertriebene Entwicklung nirgends ein Aufhalten zuläßt, und der kurze Daumen nicht den zum Beherrschen der wechselhaften Triebe einer Spatelhand notwendigen Willen aufweist.

Eine aufwärtssteigende Kopflinie, die sich mit der Herzlinie verbindet und sich in ihr verliert, deutet auf einen Menschen hin, dessen Liebesneigungen den Verstand beherrschen. Ist diese Kopflinie gegabelt und fällt der zweite Ast zum Mondberg herab, unterliegt dieser Mensch schweren Täuschungen und opfert alles einer Leidenschaft.

Wenn außerdem noch die Schicksalslinie an der Herzlinie anhält, wird mit absoluter Sicherheit eine heftige, blinde Leidenschaft Glück und Zukunft zerstören.

Einem Menschen, dessen Kopflinie unter dem Jupiterfinger am Handrand entspringt, plötzlich aber unterhalb des Saturnberges zur Herzlinie hinaufsteigt und dann ihren gewöhnlichen Lauf wieder aufnimmt, werden die Liebesneigungen zum Verhängnis; zuerst von ihnen verblendet und unglücklich gemacht, kann er eines Tages wahnsinnig werden.

Eine Linie, die aus dem Anfang der Lebenslinie (der Jugend) entspringt, den Jupiterberg durchläuft und, sich hier verdoppelnd, den Berg quer durchzieht und bis zum Saturnberg geht, zeigt einen Menschen an, der seiner angeborenen Veranlagung nach einer fanatischen religiösen Hingabe fähig gewesen wäre. Da aber die Linien nicht aufsteigen, sondern den Berg durchqueren – ein schlechtes Zeichen –, wird dieser Mensch nur versuchen, sich im religiösen Leben auszuzeichnen und immer bestrebt sein, die erste Rolle zu spielen.

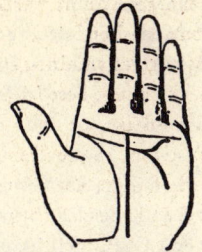 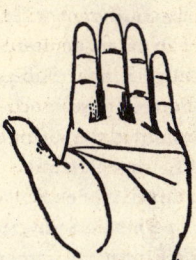

Trifft eine vom Mondberg ausgehende Linie auf die Saturnlinie und durchschneidet sie, anstatt sich mit ihr zu verbinden, deutet sie einen verhängnisvollen Einfluß der Phantasie an, der zu einem tollen Streich, einer wahnwitzigen Handlung führen kann.

Erhält eine große, sich mit Kopf- und Lebenslinie verbindende Herzlinie (ein verhängnisvolles Zeichen) einen Zweig, der vom Jupiterberg ausgeht, und teilt sich die Kopflinie in zwei Äste, von denen der eine geradeaus führt, der andere zum Mondberg hinabsteigt, herrscht eine blinde Leidenschaft, die durch den zum Mondberg hinabfallenden Ast der Kopflinie dargestellt wird und die zum Tod führen könnte (da sich die drei Linien verbinden). Dies wäre bestimmt der Fall ohne die Linie, die von Jupiter kommt, desen Einfluß immer günstig ist.

Die gegabelte Kopflinie drückt irrtümliches Denken aus, eine Art, alles vollkommen falsch zu sehen, eine Phantasie, die sich von Trugbildern nährt.

Entspringt eine Linie auf dem Marsberg, unterhalb der Herzlinie, durchschneidet diese und wendet sich zum Sonnenberg hin, läßt sie den Wunsch erkennen, um jeden Preis hervorzuragen, selbst wenn es Kämpfe kostet; den Entschluß auf jede Weise sich in den Vordergrund zu stellen.

Eine Linie, die aus dem Venusberg entspringt, die Lebenslinie durchquert und zum Merkurberg hinführt, bedeutet geschickte Fähigkeiten, die von einer Leidenschaft eingegeben werden und um ihrer Befriedigung willen zu Lüge und Diebstahl führen können. In einer begabten Hand aber hat diese Linie eine entgegengesetzte Bedeutung, ist sie Zeichen für ein gutes Geschick, das der Liebe zu verdanken ist.

Die Form der Finger entspricht vollkommen der Bedeutung der ihnen von der Chiromantie zugeteilten planetaren Namen.

So hat der Daumen, der der Venus gewidmet ist, die Gestalt des Phallus.

Der befehlende, beherrschende, drohende Zeigefinger ist Jupiter, der König des Olymps.

Der Mittelfinger, der sich über die anderen erhebt, ist das Verhängnis, das über das Leben herrscht.

Der Ringfinger ist der Finger, auf dem die Ringe, das Gold, getragen werden, ist Apollo, die Sonne, und auch wie Apollo der Reichtum.

Der kleine Finger ist immer im Spiel, wenn Geschicklichkeit verlangt wird. Er wird hochgehoben, bewegt sich voll Anmut und unterstützt jede Ausführung; er ist Merkur, der Gott der Geschicklichkeit.

Jedes Zeichen, das einen der sieben Planeten darstellt, fügt einem anderen Berg, auf dem es seine Linien eingräbt, eine neue Bedeutung hinzu. So bedeutet das Merkurzeichen auf dem Jupiterberg eine höhere Beredsamkeit, eine ungewöhnliche Begabung. Das Zeichen des (aufsteigenden) Mondes verkündet hier zum Irrtum führenden Mystizismus. Das Merkurzeichen auf dem Sonnenberg ist wissenschaftliches Können und Beredsamkeit, die zu höchster Berühmtheit und dem größten Ausmaß künstlerischen Gestaltens führen können. Ähnliches gilt von den anderen Bergen.

Im allgemeinen weisen alle geraden, gut gefärbten Linien auf eine gute Veranlagung hin und sind von günstiger Bedeutung. Wenn die Linien vorteilhaft und gut gezeichnet sind, die Berge aber schwach und unscheinbar bleiben oder sogar einfallen, wird ihr Einfluß vermindert und häufig kraftlos.

Viele kleine Linien auf der Lebenslinie deuten auf zahlreiche leichte Krankheiten hin.

Auf der Kopflinie sind sie Zeichen von häufiger Migräne oder fast ständigen Kopfschmerzen.

Es gibt Gelegenheiten, wo Faulheit zur Tugend wird und oftmals vor einem Laster rettet, das, vom Menschen nicht aufgesucht, selbst nicht genügend Kraft hat, ihm entgegenzukommen.

So rettet der kurze Daumen, ein großer Feind der weiblichen Tugend, diese oft durch Sorglosigkeit und verpaßte Gelegenheiten.

Ist der oberste Knoten (die göttliche Welt) am kleinen Finger stark entwickelt, bedeutet dies wissenschaftliches Forschen; ist der zweite (die materielle Ordnung) ausgeprägt, zeigt er kaufmännische Unternehmungen und Gewandtheit in nützlichen Geschäften an. Ebenso ist es bei den anderen Fingern entsprechend der von ihnen dargestellten Eigenschaften.

Der übertrieben stark entwickelte philosophische Knoten kann Begabungen geben, aber ohne Glauben, folglich auch ohne Seele, falls dies durch mangelnde Ehrfurcht in der Phrenologie bestätigt wird, und noch dazu die Finger, besonders der Daumen lang sind. Ein solcher Künstler kann viel wissenschaftliches und theoretisches Können besitzen, aber er rührt keinen, reißt keinen mit sich fort. Mit kurzem Daumen erscheint er weniger nüchtern, aber immer wird er alles besser wissen wollen.

Der Weltstrom verläßt uns im Tod, und im Sterben schließt sich auch die Hand, denn die Verbindung mit den Sternen hört auf.

Beim Eintritt in die Welt öffnet das Kind die Hände, als wolle es den Strom erfassen, mit dem es nun in Verbindung tritt. Im Schlaf schließen oder krümmen sich die Hände (es heißt allgemein: »mit geschlossener Faust« schlafen), weil dann die Beziehung zum Weltenstrom durch Nabel und Zeugungsorgan eintritt, die eine unmittelbare Verbindung zum Astralkörper haben, der Geist sich aber ausruht.

Spitze Finger machen Erfindungen, die sie Eingebungen verdanken. Eckige Finger kommen durch Schlußfolgerungen auf ihre Entdeckungen, indem sie von den Wirkungen auf die Ursachen schließen.

Republikaner mit weichen Händen sind Volksredner. Mit harten Händen sind sie Männer der Tat.

Wie es drei Welten gibt, so unterscheidet man auch drei Religionen, denn jede Richtung schuf sich die ihre. Für jeden gibt es eine Religion.

Für Katholiken und Juden: Idealismus mit Gesängen, Bilder, Symbole, Ekstasen.

Für Protestanten: Realismus, Predigten, Reden, Traurigkeit, Mangel an Poesie, nüchtern sachliche Dinge.

Für Mohammedaner: Materialismus, auf sinnliche Freuden aufgebaute Religion, das Paradies der Huris[1]?

---

[1] Huris (Die blendend Weißen): Die mit unvergänglichen Reizen ausgestatteten Mädchen, die nach der Lehre des Islam die Seligen im Paradies bedienen.

Nach unserer Beobachtung haben fast alle Zweifler und Ungläubigen (neben einem stark ausgeprägten philosophischen Knoten) das mystische Kreuz in der Hand, sind also voller Aberglauben. So erweisen sie auf ihre Art der ewigen Macht, die über die Natur herrscht, ihre Ehrerbietung, aber nicht als Untertanen, sondern als Sklaven.

Durch Selbsterziehung können an Fingern Knoten entstehen, und die Finger Spatelform erhalten; aber geknotete Finger werden niemals glatt und spatelförmige nie spitz. Denn es ist leichter, eine materielle Einstellung zu bekommen, als sich aus dem Stoff zum geistig Idealen zu erheben.

Hat die Natur einen Berg bemerkenswert entwickelt, dann wird sie sicherlich auch dem Menschen die Gelegenheit geben, die mit diesem Berg verbundene Eigenschaft auszuüben. So werden Menschen mit starkem Marsberg zahlreicher und starker Kämpfe gewärtig sein müssen.

Der untere Handteil stellt die Materie dar; hier ist jede Wirkung materieller Art. Ein übertrieben großer Mondberg, zumal wenn er durchfurcht ist, gibt der Materie Überlegenheit über das menschliche Wesen, und hieraus folgt die Vorherrschaft des Astrallichtes: Deshalb sind solche Menschen größere Hypochonder als andere und haben auch mehr Ahnungen als sie.

Der kurze Daumen gibt Naivität, weil er den Naturtrieben, die durch den Astralkörper die Verbindung mit der Natur darstellen, weniger Widerstand leistet. Je länger der Daumen, desto willensbetonter wird der Mensch sein, und desto weiter entfernt er sich von dem Allumfassenden der Schöpfung.

Ein starker Venusberg nimmt einem gleichzeitig mächtigen Saturn viel von seiner Traurigkeit, ja lockert ihn zuweilen bis zur Liebenswürdigkeit auf.

Für die Ehe ist es günstig, wenn sich ein langer, die Initiative ergreifender Daumen mit einem kurzen und damit beeindruckbareren, empfänglicheren, aber unentschiedeneren Daumen verbindet. Wechselseitige Zugeständnisse gibt es bei zwei langen Daumen ebensowenig wie ein Vorwärtskommen.

Zwei kurze Daumen fühlen, ahnen, aber erwarten eine Initiative, und so kommt das Gespann nicht von der Stelle. Unter solchen Bedingungen gleicher Erregbarkeit gibt die Leidenschaft oder das vernünftige Wollen den Ausschlag.

Die große gerade Kopflinie zeigt einen Geiz, der besonders unerbittlich, ausdauernd und unauffällig durch seine Zähigkeit in der ehelichen Gemeinschaft obsiegt; mit kurzen, streitsüchtigen, aber sich unterordnenden Nägeln kann selbst ein langer Daumen keinen Widerstand leisten.

Zahlreiche Linien auf einem Berg (gute oder schlechte, aber eher schlechte), zeigen die Übereinstimmung dieses Berges mit dem vorherrschenden Planeten an.

Blasse Linien gehören einem rachsüchtigen und gehässigen Wesen an, besonders bei sehr langen Fingern, dem Merkmal großer Reizbarkeit, und einem keulenförmigen Daumen.

Spitze Finger, ohne philosophischen Knoten, neigen zur Leichtgläubigkeit, besonders allem ans Wunderbare Grenzenden gegenüber. Wahre sinnliche Ausschweifung hat einen schwachen, aber durchfurchten Venusberg, noch verstärkt durch das Vorhandensein des Venusgürtels; denn sie hat mehr Wünsche als Erfüllungsmöglichkeiten und wechselt deshalb unaufhörlich den Geliebten, um sich damit einen immer neuen, künstlichen Anreiz zu verschaffen.

Von Hauptlinien absteigende Linien sind tote Äste, aufsteigende sind voller Leben.

Kurze, kampflustige Nägel rufen in trägen Händen ruhige Kämpfe, Ironie, Neckerei und Kritik hervor.

Der Marsberg – die Widerstandskraft – gibt besonders bei kurzen Nägeln Freude an militärischen Dingen.

Der stark entwickelte philosophische Knoten kann selbst bei glatten Fingern Begabung für Mechanik und exakte Wissenschaften geben; aber ein solcher Mechaniker macht seine Erfindungen und Verbesserungen mittels Intuitionen und ohne Berechnung, oft schon beim Anblick einer arbeitenden Maschine. Napoleon hatte offenbar eine solche Hand; denn ohne jegliche überlegende Berechnungen fand er in unmittelbarer Erkenntnis die ursprünglichen Kombinationen, die seine Stärke in der Schlacht waren.

Jede stark von Linien durchzogene Hand zeigt immer einen Menschen an, dessen Leben sehr bewegt ist oder der sich selbst unausgesetzt Beunruhigungen schafft. Ist diese Hand dazu noch weich und spatelförmig, dann entspringt die Hast der Einbildung. Man quält sich mit allem, sucht überall Anlässe zur Besorgnis, besonders in bezug auf die Erhaltung der Gesundheit, wenn man nicht mehr jung ist.

Das Licht leuchtet auf, wenn es erschüttert wird. Die Einsicht gerät durch das Aufschnellen gegensätzlicher Leidenschaften ins Wanken; ohne dies plötzliche Aufbrechen würden die Fähigkeiten oft schlummern und unbemerkt bleiben. Ohne Erschütterung würde die Bewegung nie zu Licht.

Ein Punkt auf der Herzlinie läßt immer einen großen Herzenskummer erkennen. Unter dem Sonnenfinger wird er durch einen Künstler oder eine Herzensangelegenheit (z. B. durch eine verhängnisvolle Leidenschaft) verursacht, die dem künstlerischen Erfolg schaden kann. Ein Punkt in der Herzlinie unter dem Merkurfinger bedeutet einen Herzenskummer, der durch einen Mediziner oder Advokaten zugefügt wurde und der den Interessen oder den kaufmännischen Beziehungen schädlich sein kann. Sind die niedrigen Triebe entwickelt, dann kann dieser Punkt auf der Herzlinie von einer unnatürlichen Leidenschaft zu einem Dieb herrühren.

Sänger haben glatte Finger als Zeichen ihrer Inspirationsfähigkeit und haben dicke untere Fingerglieder, die sie den Genüssen der Tafel und den sinnlichen Freuden geneigt machen. Sie haben vor allem einen stark entwickelten Venusberg, der Melodie und somit auch Gesang gibt und einen stark erhöhten Jupiterberg, der Sinn für Feste und Mahlzeiten verleiht.

Eine unmittelbar von der Kopflinie zum Merkurberg aufsteigende gerade, klare Linie bedeutet Gewinn im Handel. Endet die Linie zwischen Merkur- und Apollofinger, zeigt sie Gewinn durch irgendeine wissenschaftlich unterbaute, künstlerische Begabung an.

Je stärker die Entwicklung dieses Merkurberges, um so günstiger ist sein Einfluß. Rufen aber die Linien eine entgegengesetzte Bedeutung hervor, führt er mit um so stärkerer Kraft Böses herbei.

Die Zahl der geborenen und noch zu gebärenden Kinder ist auf dem Handrand in gleicher Höhe mit dem Merkurberg eingezeichnet. Diese Linien liegen vertikal wie der kleine Finger am Außenrand der Hand zwischen der kleinen Fingerwurzel und der Herzlinie. Sind sie gerade, lang und gut gezeichnet, bedeuten sie Knaben, gewunden stellen sie Mädchen dar. Schwache, kurze, etwas ausgelöschte Linien lassen Kinder erkennen, die nicht lebensfähig sind oder noch nicht gelebt haben.

An derselben Stelle zeigen Querlinien, die in gleicher Richtung wie die Herzlinie laufen, die Zahl der legitimen Frauen oder Geliebten an, die eine Zeitlang das Leben des Betreffenden begleiten.

Eine einzige Linie kündet eine einzige Liebe an; aber dies ist selten der Fall.

Läßt der Mondberg durch seine übermäßige Entwicklung oder Linienfülle erkennen, daß er der Hauptplanet eines Menschen ist, und sind die

Hände eines solchen Menschen hart, dann wird seine Phantasie mehr zur Tatumsetzung drängen, als im Geistigen wirksam bleiben und ihn zu Unbesonnenheit und tollen Streichen treiben, die für ihn und andere gefährlich werden können.

Ein spitzer Jupiterfinger spiegelt (wenn die Form der Finger und Hauptlinien die zweite Welt, die Welt der abstrakten Begriffe anzeigen) Beschaulichkeit wieder, d. h. Freude am Lesen. Die Beschaulichkeit erwacht in uns durch das Wissen eines anderen, der sie in eine menschliche Form hüllt, also gleichsam durch Widerspiegelung.

Wie schon richtig gesagt, geben glatte Finger plötzliche Eingebungen, unmittelbare Wahrnehmungen und Urteil auf den ersten Blick.

Bei gut veranlagten Menschen, d. h. in Händen, die einen gesunden Menschenverstand, wenn auch ohne höhere Intelligenz anzeigen, ist der erste Gedanke immer der beste. Aus demselben Grund aber sollten Menschen, die, nach dem Abweichen ihrer Kopflinie zu urteilen, leicht dem Irrtum verfallen und auch ein schwach entwickeltes zweites Daumenglied – mangelnde Logik – besitzen, bei einem zu stark ausgeprägten Mondberg nicht ihrem ersten Impuls folgen, der aller Wahrscheinlichkeit nach falsch wäre, sondern abwarten, nachdenken und vor allem überlegen, ehe sie handeln.

Es sei noch einmal wiederholt, daß ein übertrieben stark entwickelter Berg, wenn andere in keiner Verbindung zu ihm stehen, seine Kraft nicht durchsetzen kann, sondern einen fieberhaften Eifer in der von ihm angegebenen Eigenschaft erzeugt. Diese Übertreibung kann sogar bei schwacher Kopflinie und Logik zur fixen Idee führen.

Einen weiteren überzeugenden Beweis für das Ein- und Ausströmen elektrischer Kraft erlangt man gleich bei Beginn der praktischen Anwendung der Chiromantie. Man hat kaum einige Minuten lang eine Hand geprüft, und sei dies auch die schönste, gefälligste, vornehmste Hand, die gepflegte Hand der reizvollsten, jüngsten, gesündesten Frau, so spürt man einen Geruch von Phosphor, einen leichten Geruch von frischer Seeluft, den die Hand offenbar ausatmet.

Nun behaupten die Chemiker, daß die Elektrizität einen Phosphorgeruch hat, und die Knochen, besonders die unseres Körpers, davon erfüllt sind. So werden wir also vom Atem des elektrischen Stromes berührt, der von der starken, auf das Studium der Chiromantie gerichteten Willenskraft angezogen wird. Lange Zeit glaubten wir an einen Irrtum. Da dasselbe

Phänomen aber unfehlbar bei jedem Handlesen eintrat, ließen wir uns davon überzeugen.

Wir hätten in der Chiromantie noch auf viel mehr Einzelheiten eingehen können. Damit aber hätten wir dem Leser diese Wissenschaft nur erschwert und verdunkelt; unserer Meinung nach ist auch alles oder fast alles gesagt worden.

Die sieben Hauptsünden

Übermäßiger Stolz
Chirognomie. — Lange Finger: Kleinlichkeit.

Trockene, geknotete Finger: Egoismus, Herrschsucht.

Sehr langes erstes Daumenglied: Übermäßiges Wollen, Selbstbewußtsein und Verachtung der anderen.

Kurzes zweites Daumenglied: Mangelnde Logik.

Philosophischer Knoten: Zweifel an allem.

Spitze Finger, zumal ein spitzer Jupiterfinger, der (in der dritten Welt) dem Ehrgeiz zugeschrieben wird: verlogene Ansichten.

Die Chiromantie führt die unklaren Andeutungen der Chirognomie deutlicher aus.

Nach der *Chiromantie* läßt der stark entwickelte Jupiterberg übermäßigen Stolz erkennen. Dieses Zeichen, das noch durch einige anzuführende komplizierte Merkmale verstärkt werden kann, ist untrüglich. Es ist aber auch Ausdruck der Hingabe. Dies läßt beliebige Schlußfolgerungen zu. Wir begnügen uns damit, diese Tatsache festzustellen.

Ein aus der Lebenslinie aufsteigender Ast, der in gerader Richtung, von einem Stern gekrönt, zum Jupiterberg hinführt, heißt bis zum Wahnsinn gesteigerter Stolz.

Bei einem unvernünftigen Stolz ist die Kopflinie notwendigerweise kurz (schwacher Verstand) und der Sonnenberg von Gitterlinien, dem Zeichen von Ruhmsucht und Unfähigkeit, bedeckt. Wohlgemerkt: Man darf den Stolz als Laster nicht mit dem Ehrgeiz, der fast eine Tugend ist, verwechseln. Der Ehrgeiz handelt, der Stolz träumt.

Immer wenn ein talentvoller oder genialer Mensch seinen Ehrgeiz in Stolz ausarten läßt, ist es ein Zeichen nachlassender Begabung.

Als Zeichen der vitalen Aktivität ist die Farbe der Hand frisch und lebendig.

Wollust

Liebe ist die Seele des Lebens, Wollust das Grab der Liebe, der Tod der Seele.

Chirognomie. – Kurze, dicke, glatte, weiche Hände mit Grübchen und an ihrer Wurzel breite Finger: Zeichen für Vergnügungssucht oder Vorherrschen der dritten Welt.

Ein kurzes erstes Daumenglied: Lässiges Sichgehenlassen, Sorglosigkeit.

Ein schwach entwickeltes zweites Glied: Mangelnde Logik.

Spitze Finger: Empfänglichkeit für alle Arten von Vergnügen.

Sehr weiche Handfläche: Trägheit.

Stark entwickelter Venusberg: Liebeskraft.

Chiromantie. – Venusring: Grenzenlose, unwiderstehliche Wollust.

Ein zerbrochener Venusring: Sodomie, kaltblütige, schamlose Ausschweifungen. Ein doppelter oder dreifacher Venusring: Noch abscheulichere Wollust.

Stark entwickelter Mondberg: Einbildung, die den vorherrschenden Trieb unterstützt.

Wenig entwickelter, aber von Linien durchfurchter Mondberg: Unruhe, Laune, geile Neugier, weil die ganze Veranlagung durch Nervenreize ohne wirklich vorhandene Energie zu sinnlichen Freuden drängt.

Breite, blasse Herzlinie: Kaltblütige Wollust.

Kettenförmige oder aus mehreren zusammengesetzten Linien gebildete Herzlinie: Eine Vielzahl von Liebesneigungen, Wollust.

Kreuz auf dem dritten Zeigefingerglied (der materiellen Welt): Wollust.

Zahlreiche tiefe Linien, die von der Daumenwurzel zur Lebenslinie führen: Wollust.

Schlangenförmig gewundene, rote oder fahle Lebenslinie: Wollust.

Stern auf dem Daumenrücken nahe dem Nagel: Äußerste Wollust.

Ein gegitterter Venusberg: Wollust.

Zorn

Chirognomie. – Sehr kurzes keulenförmiges erstes Daumenglied. Spatelförmig glatte Finger.

Sehr harte Hände, die ins Grünliche hinüberspielen.

Kurze, harte Nägel.

Chiromantie. – Breite, gewundene und rote Lebenslinie: Zorn und Brutalität.

Durchfurchte Marsebene, in deren Mitte ein Kreuz liegt: Zorn und Streitsucht.

Ein flacher durchfurchter Marsberg: Aufbrausen.

Die ganze Hand mit Linien bedeckt: Unruhe, äußerste Erregbarkeit.

Trägheit

Chirognomie. – Dicke, zumal sehr weiche Hände.

Sehr kurzes erstes Daumenglied: Sorglosigkeit.

Spitze Finger: Ein Leben außerhalb der realen Welt, ein beschauliches Leben ohne Nachdenken.

Glatte Finger: Mangel an Ordnung, kausalem Denken und Überlegung.

Chiromantie. – Kurze Kopflinie: Dummheit.

Fehlender Jupiterberg: Mangel an Ehrgeiz.

Ruhiger, linienloser, wenig entwickelter Venusberg: Mangelnde Liebefähigkeit.

Glatte Marsebene und genügend starker Marsberg: Resignation.

Flacher linienloser Merkurberg: Kein wissenschaftliches Interesse.

Flacher Sonnenberg mit Querlinien: Mangel an künstlerischen Ideen, Geldliebe.

Blasse, dünne, wenig tiefe Lebenslinie in einer schmalen Hand: Wenig Lebenskraft.

Geiz

Chirognomie. – Ein schiefer, an die Finger angelehnter Daumen und zum Daumen hingeneigte Finger.

Übertrieben eckige oder spitze Finger. Sehr harte Hand.

Lange, sehr magere, knotige trockene Finger. Harte, trockene, faltige Haut der Außenhand.

Eng zusammenliegende Finger, die keinen Durchblick erlauben.

Chiromantie. – Sehr gerade bis zur Außenhand laufende Kopflinie.

Fehlender Mondberg: Mangel an Phantasie.

Flacher und schwacher Venusberg.

Stark entwickelter Merkurberg: List und Diebstahl.

Gitter auf dem Merkurberg: Diebstahlsneigung.

Eine breite Linie, die geradewegs aus der Herzlinie zum kleinen Finger aufsteigt: Wahnsinniger Geiz.

Sehr kurze, astlose Herzlinie, zumal wenn sie in ihrer Mitte gewunden ist: Geiz und Wucher.

Eine sich winkelförmig mit der Kopflinie verbindende Herzlinie: Der Kopf greift in Herzenssachen ein und beherrscht das Herz.

Neid

Chirognomie. – Lange, trockene, knochige Hände: Härte.

Langes erstes Daumenglied: Herrschsucht, rücksichtsloser Wille.

Kurzes zweites Glied: Mangelnde Logik.

Sehr kurze Nägel: Unzufriedenheit, Streitsucht.

Sehr kurze, schmale Herzlinie: Egoismus.

Chiromantie. – Stark entwickelter, aber von Querlinien durchzogener Jupiterberg: Unermeßlicher Stolz.

Ein mit Querlinien überhäufter Sonnenberg: Jede erdenkliche Ruhmsucht, Wunsch nach Ehren und Geld, aber Unfähigkeit.

Entwickelter linienreicher Mondberg: Unaufhörliche, selbstquälerische Einbildung.

Übermäßig entwickelter philosophischer Knoten: Äußerste Unabhängigkeit, die keine Überlegenheit anerkennt. Man bestreitet jeden noch so hervorragenden Erfolg und versucht, ihn auf das eigene Niveau herabzudrücken. Dies ist der Anlaß zum Neid.

Häufig spatelförmig weiche Hände: Trägheit bei lebhafter Phantasie.

Kopf- und Lebenslinie nicht miteinander verbunden und dieser Zwischenraum von sich kreuzenden Linien bedeckt, daneben ein übermäßig entwickelter Merkurberg.

Gefräßigkeit

Chirognomie. – Gefräßigkeit liegt in der Vergnügungshand.

Außen angeschwollene, dicke, fettige, breite und kurze Hände; sehr starke Finger mit besonders dickem dritten (materiellen) Glied.

Handfläche länger als die Finger: Sinnlichkeit, Materialismus.

Sehr kurzer Daumen: Sorglosigkeit, völliges Aufgehen in Triebhaftigkeit.

Chiromantie. – Entwickelter Jupiterberg (in der dritten Welt): Liebe zum Essen.

Wenig entwickelter, linienloser Mondberg: Fehlen der Unannehmlichkeiten.

Mittelmäßig entwickelter aber glatter Venusberg: Wenig Leidenschaft.

Weiche oder elastische Hand: Trägheit oder zumindest Behagen am Nichtstun.

Kurze Kopflinie: Tierische Gefräßigkeit.

Feine und lange Kopflinie: Raffinierte Gefräßigkeit.

Kurze, astlose Herzlinie: Egoismus.

Die Farbe der Linien ist, besonders in der Jugend, rot.

Gefährliche Menschen

Man begegnet im Leben Menschen, die zu schwach sind, um ihren für die Mitmenschen gefährlichen Trieben Widerstand zu leisten. Ihre Aufgabe unter den Menschen ist die gleiche wie die des Tigers oder Geiers unter den Tieren.

Die Vorsehung hat jedem schädlichen Wesen ein besonders charakteristisches Merkmal aufgeprägt. Es wird deshalb wichtig sein, einige dieser Grundformen unseren Lesern aufzuzeigen. Unter diese zu meidenden Menschen sollen ausschweifende, habsüchtige und arglistige Frauen, Mörder oder zumindest triebmäßig dazu veranlagte Menschen, Diebe und Lügner gerechnet werden. Denn wir wollen nur allgemeine Begriffe geben. Jeder ernsthaft mit Chiromantie Beschäftigte wird von sich aus leicht Ausnahmen, Veränderungen und oberflächliche Unterschiede herausfinden.

Es gibt verschiedene Arten *leichtsinniger* Frauen. Wir wollen aber hier nur von den beiden wichtigsten sprechen, von denen, die sich aus Liebe, und solchen, die sich aus Interesse hingeben. Im Abschnitt über die Wollust wurde schon von vergnügungssüchtigen Frauen mit kurzem Daumen und dicken, fleischigen, vom Venusring durchzogenen Händen gesprochen. Wir fügen hier noch die anderen Kennzeichen hinzu: Eine lange, rote, doppelte Lebenslinie (die Marslinie); rote Punkte an der Wurzel des kleinen Fingers; eine in beide Hände gezeichnete Milchstraße (via lasciva); ein besonders ausgeprägter und gewölbter, von Linien stark durchfurchter Venusberg; eine am Anfang gegabelte Herzlinie; zahlreiche Linien in der Marsebene. Frauen mit breiten, dicken Händen, die denen der Männer gleichen, können ebenso wie Frauen mit weißer Haut, blauen Venen und stark entwickelten Formen zu dieser Art gerechnet werden, aber nur dann, wenn in ihren Händen einige der eben angeführten Zeichen oder ein kurzer Daumen und der Venusring liegen.

Habsüchtige und arglistige Frauen sind von mittlerer, wenn nicht besonderer Größe, haben eine dunkle Hautfarbe, schwarze ungewellte Haare, die an den Schläfen festkleben, leuchtende, giftige Augen, bleiche Gesichtsfarbe, hohe Schultern, schwarze, fast zusammenliegende Augenbrauen, niedrige Stirn, eingedrückten Schädel, gerades Kreuz, spitze Nase und leicht geöffnete Nasenflügel. In der Jugend sind ihre Zähne sehr weiß, verderben aber leicht. Sie haben männliche Formen, wenn sie auch oft mager sind, ein breites Kinn und vorspringende Backenknochen. Gewöhnlich sind ihre Hände lang, trocken und geknotet; die Herzlinie ist ohne Äste, die Kopflinie lang und gerade. In ihren Händen können auch die Zeichen der Wollust liegen, denn eine materielle Leidenschaft kann sich mit ihrer Habsucht verbinden.

Menschen mit *Mörderinstinkten* oder wirkliche *Mörder* haben eine sehr rote oder grünliche Haut. Die rote Hautfarbe zeigt, daß Zorn oder Ausschweifung sie zum Mord treiben, während die anderen dem Trieb zum Bösen unterliegen. Jene haben glänzende harte Augen, die beim Sprechen einen starren Ausdruck annehmen. Diese haben matte, kalte grausame Augen. Beide besitzen schlecht geformte, meist feste Hände mit gewundenen Fingern und keulenförmigem Daumen. In ihrer Hand kann man, wenn auch nicht alle, so doch einige der folgenden Zeichen erkennen: Leicht gewundene, dunkel gefärbte Linien auf dem materiellen Glied des Merkurfingers; eine doppelte Lebenslinie, aber nur im unteren Handteil; eine sehr breite, tiefe Kopflinie mit kleinen, dunkel gefärbten Linien; ein oder zwei Kreise an der Kopflinie; eine winkelförmig mit der Herzlinie verbundene und von der Lebenslinie getrennte Kopflinie; sehr kurze, gekrümmte Nägel.

Die Lebenslinie ist am Anfang zwischen Daumen und Zeigefinger angeschwollen und rote Punkte oder Knötchen liegen unregelmäßig auf ihr verstreut; die Kopflinie ist rot, tief und gewunden (Mord aus Zorn); zwei halbkreisförmige Zeichnungen liegen in der Marsebene; die Lebenslinie ist in ihrem ganzen Verlauf sehr breit, die Herzlinie am Anfang gekrümmt und halbkreisförmig zur Kopflinie herabsteigend, in der sie sich verliert, noch ehe sie sich mit der Lebenslinie verbunden hat. Ein Kreuz in der Marsebene weist auch auf einen kampflustigen, streitsüchtigen Menschen hin.

Diebe haben lange, magere, trockene, spatelförmige oder spitze, geknotete Finger. Die Chirognomie führt hierzu nichts weiter aus.

Dafür gibt die Chiromantie diesen Menschen Gitter auf dem Merkurberg; eine gewundene, gebrochene, verschieden gefärbte Kopflinie; dicke rote Linien, die vom kleinen Finger ausgehen und den Merkurberg durchziehen; eine breite Linie, die wie ein Einschnitt im dritten Merkurfingerglied liegt; Äste oder Kreuze auf dem dritten Glied des Merkurfingers; ein Kreuz auf dem Merkurberg. Solch Kreuz auf dem dritten kleinen Fingerglied mit nach außen umgebogenen Enden zeigt einen Dieb an, der vor keinem Mord zurückschreckt.

Räuber haben gewöhnlich sehr bewegliche Augen, einen unsicheren Blick, halbgeschlossene Lider, ein spitzes Kinn, gerades Kreuz, runde Schultern, oft unordentliche, krause, blonde oder rote Haare, dabei sehr blonde Augenbrauen und ein honigfarbenes Gesicht, das sich leicht verfärbt. Diebe, die eines Mordes fähig sind, haben eine rote Haut.

Lügner haben meist einen stark entwickelten Mondberg, spitze Finger, kurzen Daumen, eine nahe dem Handrand gegabelte Kopflinie, schlecht zusammenliegende, innen hohle Finger, eine kurze, unterbrochene Kopflinie, die von der Lebenslinie getrennt ist und der Zwischenraum beider Linien wird mit Gittern ausgefüllt.

Die Art, Chirognomie und Chiromantie anzuwenden

Beim Studium der Chiromantie kann man vorgehen wie man will. Trotzdem halten wir es für notwendig, hier die Art unseres Vorgehens auszuführen, die wir auf Grund zahlreicher Erfahrungen angenommen haben. Wir beginnen mit dem System von d'Arpentigny, dann fragen wir nach der großen Triebfeder des Lebens, dem Willen, der durch das erste Daumenglied dargestellt wird und gehen weiter zur Logik über, die im zweiten Daumenglied angezeigt ist. Hierauf untersuchen wir das Ende der Finger auf ihre eckige, spitzige, spatelförmige oder gemischte Form hin. Wir prüfen sorgfältig die Gestalt der Finger, ob sie glatt oder durch philosophische oder materielle Ordnungsknoten verändert ist. Aus den untersten Fingergliedern erkennen wir, ob materielle Genüsse vorherrschen. Wir sehen dann, ob die Finger länger sind als die Handfläche, ob der Handteller durch seine Länge überwiegt oder Finger und Handfläche gleich lang sind. Wir betasten die Hand, um ihre Weichheit oder Härte, Faulheit oder Tatkraft zu ermitteln.

Dann befragen wir die Chiromantie in der Handfläche.

Hier prüfen wir zuerst die Berge und suchen denjenigen heraus, der durch seine verhältnismäßig starke Entwicklung die anderen überragt.

Auf den ersten Blick finden wir heraus, ob die herrschende Triebkraft Liebe oder Phantasie, Ehrgeiz, Kunst, Wissenschaft oder Handel ist.

Um zu erfahren, ob diese wesentlichste Bestrebung auch tatkräftig unterstützt wird, befragen wir die drei Hauptlinien, die Herz-, Kopf- und Gesundheitslinie.

Dann verfolgen wir die Saturnlinie in ihrem Verlauf, um die Möglichkeiten für das Gelingen der Handlungen, das Glück oder zumindest den Erfolg des Menschen im Leben zu erkennen und geben acht auf die Stellen, wo diese Linie anhält und abbricht, sei es in der Marsebene, Kopflinie siegreich vorwärts und hält sie am ersten Saturnfingergelenk an, dann oder Herzlinie. Führt die Glückslinie durch alle Hindernisse ihren Weg kann man für Glück oder Erfolg bürgen. Geht sie aber noch ein wenig weiter, dringt sie in das erste Glied ein, bedeutet dies ein großes Unglück; denn das Übermaß ist überall von böser Bedeutung.

Bei einer unterbrochenen, aufgehaltenen oder gewundenen Glückslinie müssen wir jeden Berg einzeln betrachten; zuerst den Jupiterberg. Hat er Kreuze, Sterne, Linien (alles ist gut mit Ausnahme von Querlinien), dann wird uns Jupiter beschützen. Auch eine vom unteren Handteil aufsteigende Sonnenlinie kann die Saturnlinie ersetzen oder verbessern. Neigt sich Merkur zur Sonne hin, verspricht er Wissenschaft und Beredsamkeit, Eigenschaften, die das Unglück aufwiegen können. Ist der Marsberg erhöht und linienlos, und auch der Mondberg — ein dann häufiger Fall — entwickelt und glatt, dann können wir befriedigt aufatmen, denn freiwilliger Verzicht und Abgeklärtheit des Geistes werden über alles Elend des Lebens siegen.

Gesegnet ist der heilige, freiwillige Verzicht, die erste aller Kampfestugenden. Er ließ Diogenes[1] sein Faß zerbrechen, ließ Sokrates sich lä-

---

[1] Diogenes aus Sinope. Zeitgenosse Alexander des Großen. Schüler des Antisthenes. Begründer der Kynischen Schule. Äußerste Bedürfnislosigkeit erschien ihm als das Wesen höchster Weisheit.

chelnd zum Tode vorbereiten. Durch ihn wird der Arme zum König, ohne ihn ist der Reiche ein zitternder Sklave.

Durch freiwilligen Verzicht und abgeklärte Ruhe kann jede in der Hand ausgeprägte, richtig geleitete Leidenschaft die Saturnlinie ersetzen, und ein neues Glück erobern helfen.

Wir betrachten dann die Form der Finger unter Berücksichtigung ihrer astrologischen Angaben. Der spitzgeformte Jupiter gibt dem Künstler notwendige Beschaulichkeit; der breite, am Nagelglied aufgeblähte Saturnfinger bedeutet Traurigkeit, Lebensüberdruß und eine furchtbare Versuchung zu Selbstmord, daneben Freude an magischen Experimenten, abergläubische Anschauungen und die Einbildung, nach verlorenen Schätzen suchen zu müssen; der spatelförmige, am philosophischen Glied angeschwollene Ringfinger bezeichnet eine lebhafte künstlerische Neigung; mit einem Knoten am ersten Glied läßt der Merkurfinger den Wissenschaftler und Forscher erkennen.

Als Abschluß unserer Arbeit betrachten wir Punkte, Kreuze, Sterne, Vierecke, Kreise und Äste, krumme oder gebrochene Linien und ihre Färbung, Ketten, Gitter und Dreiecke, immer unter sorgfältiger Berücksichtigung der durch die Lage – sei es auf dem Mars-, Jupiter- oder Sonnenberg usw. – eintretenden Veränderungen.

Dann kommen wir zum Endergebnis all dieser Beobachtungen. Die am stärksten begünstigten Naturtriebe tragen den Sieg über die anderen davon und verschlingen sie; das Gute überwiegt das Böse oder das Böse das Gute. Wir prüfen die Tat- und Widerstandskraft und ziehen Vergleiche. Nach den mehr oder weniger edlen Haupttrieben bestimmen wir die Anordnung der Welten. So deutet z. B. die erste Welt beim Sonnenberg àuf Streben nach Schönheit, das zum Ruhm führt, die zweite zeigt durch ehrgeiziges Bemühen erreichte Berühmtheit, die dritte Reichtum an. Ebenso verhält es sich mit den anderen Bergen.

Nach vollendeter Arbeit ziehen wir unsere vergleichenden Schlüsse und sagen in religiöser Ehrfurcht, was das Gewissen gebietet.

Diese zuerst langsame und etwas schwierige Arbeit geht später mit großer Schnelligkeit vorwärts. Sie ist dem Studium eines Buches zu vergleichen: Zuerst muß man das Alphabet kennen, die Worte buchstabieren, und dann kann man lesen.

Die Hand des Herrn X

Die Hand des Herrn X, die wir hier mit den chirognomischen Erklärungen der Formen und der chiromantischen der Linien wiedergeben, zeigt nicht nur seinen Charakter, sondern stellt auch sein ganzes Leben dar. Wir finden darin seine kränkliche Jugend, seine übersteigerte religiöse Begeisterung, seine Zweifel und Skrupel, die ihn im Augenblick der unwiderruflichen Bindung zum Verlassen der priesterlichen Laufbahn trieben; die unwiderstehlichen Reize sinnlicher Freuden, die ihn anzogen, um am

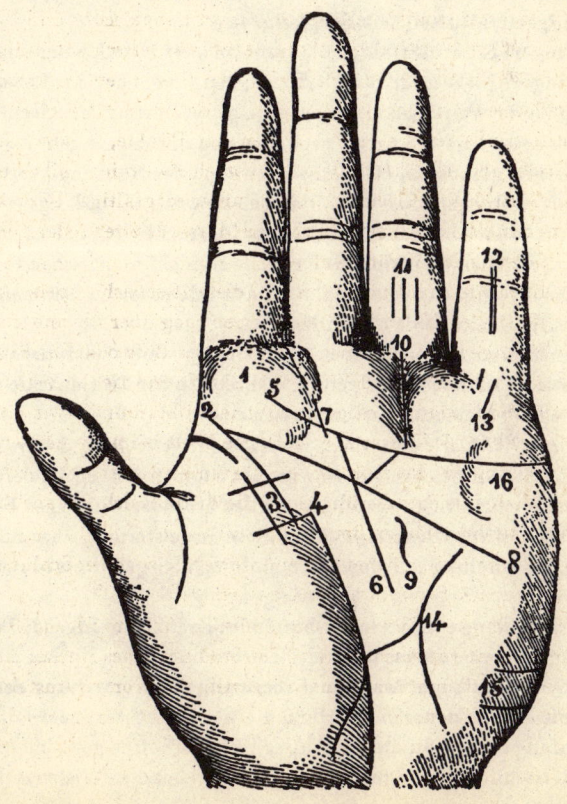

nächsten Morgen vom asketischen Bedürfnis abgelöst zu werden; sein zweifellos berechtigtes Schwanken zwischen stolzem Ehrgeiz und völligster Sorglosigkeit und jene verhängnisvolle Macht, die ihn sein ganzes Leben lang zu okkulten Wissensgebieten trieb, für die er geboren war, deren Zeichen er alle trägt, die ihm aber nach und nach alles fortnahmen, was ihn an das reale Leben binden konnte, zuletzt auch seine liebsten Neigungen.

Chirognomie: Kurze, breite, dicke Hand: Neigung zu Sinnesfreuden, stärkere Veranlagung zu synthetischer als analytischer Betrachtung, Erfassen des Gesamtbildes.

Sehr kurzer Daumen: Unentschlossenheit, Mangel an Ausdauer, Begeisterungsfähigkeit, Mutlosigkeit, Sorglosigkeit.

Glatte Finger: Eindrucksfähigkeit, unmittelbares Urteil, Kunstsinn.

Spitze Finger: Liebe zum Wunderbaren, Neigung, eher ein Leben der Einbildung als der Wirklichkeit zu leben, Übersteigerung, Ekstasen.

Philosophischer Knoten: Frage nach den Kausalitätsgesetzen, Zweifel, Kampf zwischen gläubigem Hingerissensein und der Notwendigkeit, sich Rechenschaft abzulegen und vom Glauben Beweise zu verlangen. Dem kurzen Daumen entsprechend, neigen diese Menschen einmal zu dieser, ein andermal zu jener Seite hin. Als Parallele zum philosophischen Knoten herrscht Unabhängigkeitsliebe, und, nach den beiden ersten Daumengliedern zu urteilen, mehr Logik als Willen.

Wir können diese chirognomische Betrachtung weiter ausführen, aber die Chirognomie ist in sich klar genug, während in der Chiromantie mehr die Einzelheiten untersucht werden müssen.

Chiromantie: 1. Der Jupiterberg ist als wichtigster Berg dieser Hand stark entwickelt, ein Zeichen für sehr großen Stolz und Ehrgeiz, der nach königlichem Wissen strebt, was auch von allen besonders wichtigen Handlinien bestätigt wird. Übersteigerte religiöse Begeisterung, aber nur als zeitweilige Anwandlung und durch den philosophischen Fingerknoten bekämpft.

2. Eine am Anfang gebrochene Lebenslinie: Kränkliche Jugend; Todesgefahr, aber ein Viereck als schützendes Zeichen.

3. Ein Winkel als Verbindung und abermalige Unterbrechung der Lebenslinie, die aber in der anderen Hand die weitere Lebensdauer anzeigt: Ein von Anfang an dem Studium okkulter Wissenschaften gewidmetes Leben. Unwiderstehlich verhängnisvoller Reiz der magischen Wissensgebiete.

4. Veränderte Daseinsmöglichkeiten, neues Leben, das aus dem Winkel entsteht. Brustfellentzündung, tödliche Krankheit, große Todesgefahr.

5. Eine lange, reiche Herzlinie: Herzensergüsse, Liebesfähigkeit, aufflammende Zuneigungen. Die Linie kommt vom Jupiterberg, ein Zeichen für Ehrgeiz und Stolz.

6. Die Saturn- (Glücks-) Linie hält an der Herzlinie an: Das Glück wird durch eine Liebe zerschlagen.

7. Ein Schnitt auf der Herzlinie: Seelische Verwundung, Herzleid.

8. Eine lange, zum Mondberg herabsteigende Kopflinie: Das Urteil wird zu oft durch die Täuschungen einer leichterregbaren Phantasie beeinflußt.

9. Ein durch ein Jot in seiner Mitte geheiligtes Dreieck: Einweihung in höchste Geheimwissenschaften.

10. Die Sonnenlinie zeigt Poesie, Berühmtheit, wissenschaftlichen Verdienst; aber die poetische Veranlagung ist verhängnisvoll, weil sich der Saturnberg, der Berg des Verhängnisses, zum Sonnenberg hinüberneigt, während sich von der anderen Seite her der Merkurberg, der hier wegen des heiligen Dreiecks hermetisches Wissen bedeutet, des Sonnenbergs bemächtigt, der somit von Verhängnis und Wissenschaft beherrscht wird.

11. Drei Striche auf dem materiellen Sonnenfingerglied: Verwirklichungsmöglichkeit, d. h. ein unklares Gefühl für Poesie, das durch die Wissenschaft erweckt und entwickelt wird.

12. Eine Linie, die von dem dritten Merkurfingerglied zum zweiten geht und das Gelenk durchkreuzt: Wissenschaftliches Denken, das von Grund auf logisch erhellt wird oder beredsame Wiedergabe des Wissens.

13. Zwei Linien auf dem Merkurberg: Kleine Gewinnmöglichkeiten.

14. Eine von Lebenslinie und Mondberg ausgehende Linie, die an der Kopflinie anhält, läßt einen seltsam launischen Charakter erkennen, der aber durch intuitive Eingebungen verbessert wird, da die Linie im heiligen Dreieck aufhört.

15. Wasserreisen von kaum bemerkenswerter Wichtigkeit.

16. Der entwickelte Marsberg zeigt Kampffähigkeit und Widerstandskraft an, die auf Sorglosigkeit und Trägheit beruhen können, besonders stark aber durch Stolz hervorgerufen werden, da Jupiter die ganze Hand beherrscht. Die andere Hand weist zum Unterschied nur eine Herzlinie auf, die sich um den Zeigefinger (den Jupiterfinger) legt und den sogenannten Salomonring bildet. Dieser bedeutet intuitives Erfassen hermeti-

scher Wissenschaften und Einweihung in okkultes Wissen, auch wenn man es selbst nicht weiß. Dies ist eine neue Bestätigung für ein sozusagen unwiderrufliches Schicksal.

Wir hätten im Verlauf unserer Arbeit aus den Werken von Agrippa[1], Paracelsus, Hermes und einer Menge von Kabbalisten und Gnostikern Stellen als Belege unserer Behauptungen anführen können, um dem Leser mühselige Forschungen zu ersparen.

---

[1] Agrippa von Nettesheim, Cornelius Heinrich. Arzt und bedeutender okkultistischer Philosoph. Geb. 1486 in Köln, gest. 1535 in Grenoble. Berühmt durch sein abenteuerliches Leben und sein kabbalistisch-mystisches Hauptwerk »De occulta philosophia«, das er später durch ein nicht weniger berühmtes Werk »De incertitudine et vanitate scientiarum« in seinen Grundprinzipien desavouierte. Beide Werke sind auch in deutschen Übersetzungen erschienen. Die entscheidende Größe Agrippas ist trotz mancher verdienstvoller Arbeiten über ihn auch heute noch nicht genügend erkannt.

Phrenologie

Nach indischer Lehre ist das *Schicksal* jedes Menschen in *sein Gehirn* geschrieben, dessen zarte Linien seine Schriftzeichen tragen. Die Zeichen, die der Einfluß der Sterne in die Hände gräbt, werden, wie schon gesagt, durch die Gehirntätigkeit verändert. Denn das Gehirn spiegelt in seiner unaufhörlichen Verbindung mit den Sternen das Wesen des Menschen wider. Die Phrenologie nimmt durch ihre harmonische Übereinstimmung mit Chiromantie und Chirognomie eine wichtige Stellung im »Geheimnis der Hand« ein.

Sonderaufgabe der Phrenologie ist die Feststellung der dem Menschen durch die Gehirntätigkeit übermittelten Eigenschaften und Naturtriebe aus der Betrachtung der Unregelmäßigkeiten des Schädels. Das Gehirn ist also Sitz der Seele[1], da hier die fünf Sinne, die Leitungsdrähte der Empfindungen enden.

Nach Meinung der Phrenologen bildet sich der Schädel nach dem Gehirn und umschließt zwischen seinen beiden Seiten die *Hemisphäre*, eine schwammige Substanz.

Die Phrenologie teilt den Schädel in *drei Welten* ein. Sie ordnet ihn also offensichtlich ganz in unser System ein, d. h. in die allgemeine, die ganze Natur, folglich auch den ganzen menschlichen Körper beherrschende Harmonie.

---

[1] Als Zeugen für die Behauptung, daß das Gehirn Sitz der Seele sei, führt Desbarolles den französischen Philosophen *Montaigne* an. Dieser zeigt, daß sich die Seele erinnern, daß sie verstehen, urteilen und wünschen kann und im Gehirn liegen muß, weil dessen Verwundungen die Eigenschaften der Seele in Mitleidenschaft ziehen. Auch der Phrenologe *Béraud* sieht das Gehirn als Sitz und Werkzeug der Seele an, die Gedanken, Leidenschaften und Gefühle in Bewegung bringen kann.

Nach unserer Meinung über die Phrenologie stellt das Gemütsleben *die göttliche Welt*, das intelligente Geistesleben *die Welt der abstrakten Begriffe* oder Urteilsfähigkeit, und die Naturtriebe die *materielle Welt* dar.

In einem der Ostseite, dem Sonnenaufgang zugewandten Profil, nimmt das Gemütsleben, die göttliche Welt, den obersten, dem Himmel zugewandten Teil des Kopfes ein.

Die Triebe liegen im Hinterkopf, nahe dem Rückgrat, oberhalb der Wirbelsäule, die den materiellen oder physischen Leidenschaften dient und mit ihnen unmittelbar verbunden ist.

Das intelligente Geistesleben hat seinen Sitz im Vorderkopf. Ihm dienen voll Verständnis Augen, Nase und Mund, deren Aufgabe Wahrnehmung und Ausdruck des Gedankens ist.

Immer wieder herrscht der Kampf zwischen Jakin und Bohas, die von der freien Entscheidung, *dem Willen*, ausgeglichen werden, der zwischen dem Gemütsleben liegt, und das ganze Gesicht beherrscht. Immer wieder das heilige Dreieck:

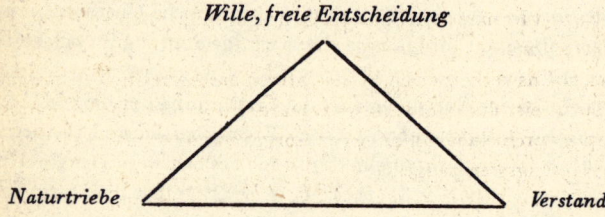

Wille, freie Entscheidung

Naturtriebe   *Verstand*

Das Gemütsleben, die *göttliche Welt*, wird vor allem vom Willen, dann von der Ehrfurcht oder Religion, dem Wohlwollen, dem Bewußtsein, der Hoffnung, dem Glauben an das Wunderbare, dem Idealismus und dem Nachahmungswunsch dargestellt. Und da die göttliche Welt an die Triebsphäre grenzt und gewissermaßen leise in sie übergeht, drückt sie auch Fröhlichkeit, Selbstachtung, Beifall und Umsicht aus.

Es sei uns hier die Bemerkung erlaubt, daß der *Wille* im Scheitel des Kopfes liegt und somit den ganzen Körper beherrscht, ebenso wie in der Chiromantie der Saturnfinger, das *Verhängnis*, die anderen Finger überragt. So beherrschen also *Wille* und *verhängnisvolles Schicksal* das menschliche Wesen, nur mit dem Unterschied, daß der im höchsten Punkt des Schädels dargestellte Wille das Verhängnis zum Gehorsam zwingen kann,

wie auch das Gehirn die Hand beherrscht. So stark ist der Wille zum Führer des Menschen auf Erden bestimmt, daß die ihm zugeordnete Organ-
stelle noch oberhalb der Ehrfurcht (der Religion) und dem Wohlwollen
(der barmherzigen Liebe), dem im religiösen Sinn Göttlichsten auf Erden,
liegt. Das Wohlwollen ist die barmherzige Liebe, die dritte der göttlichen
Tugenden Glaube, Hoffnung und Liebe, die beim Schädel durch Religion,
Hoffnung und Wohlwollen dargestellt werden.

Das intelligente Geistesleben, *die Welt der abstrakten Begriffe*, wird auf
dem Schädel durch das kausale und vergleichende Denken, die Fundamente
jeder wahren Wissenschaft, ferner durch das Tatsachen-Gedächtnis, den
Orts- und Zeitsinn, das Klanggefühl, den Ordnungs-, Farben- und Ge-
wichtsinn, durch das Gefühl der Ausdehnung, die Kraft des Gestaltens
und die Sprache dargestellt. Dies ist das menschliche Wissen, folglich das
Urteilsvermögen, *die Widerstandskraft*.

Die Naturtriebe, *die materielle Welt*, zeigen sich im Erwerbssinn, in
Absonderungs- und Zerstörungstendenzen und in Streitsucht, diesen bösen, im Kampf aber nützlichen Trieben, denen Zuneigung, Heimatsinn,
Kinderliebe und Freundschaft ausgleichend gegenüberstehen. Es ist, kurz
gesagt, *die Tatkraft*.

Die drei, in uns verkörperten Wesen, atmen das Astrallicht auf folgende
Art ein: Der Geist durch die Augen, Haare, Füße und Hände; der siderische Körper durch Nabel und Zeugungsorgane und der materielle Körper
durch die Atmungswerkzeuge.

Die Phrenologie des Carus

Als Erklärung der harmonischen Verbindung von äußerer Schädelform
und Gehirn entwickelt Carus ein System, das uns sinnvoll, wenn nicht
sogar überzeugend erscheint, und das wir hier kurz zusammenfassen wollen.

Seiner Meinung nach offenbaren sich die verborgenen Dinge durch
Gleichnisse im Außen. Die Natur verfügt über unendlich verschiedene
Mittel, um in symbolischen, dem Wissenden leicht entzifferbaren Schrift-
zügen die Dinge aufzuzeichnen, deren innerstes Geheimnis sonst verborgen bleiben müßte.

So zeigt der äußere, in drei klare Wirbel, den vorderen, mittleren und hinteren eingeteilte menschliche Schädel in wundervoller Weise die drei Haupteinteilungen des Gehirns, die in gleicher Anordnung im Inneren liegen. Dieselbe Einteilung müßte sich auch in der Knochenhülle des Schädels finden, die dem Inneren des Gehirns völlig ähnlich sein müßte, da sie seine Formen annimmt. Hieraus ist also leicht begreiflich, daß, wie Carus sagt, »die Signatur der drei Schädelwirbel an und für sich das Wichtigste bleiben wird und daß durch eine besondere Ausarbeitung ihrer Oberfläche zu Höhen und Tiefen nur dieselbe irgendwie erhöht oder vermindert werden kann. Es steht demnach zu erwarten, daß sich die psychischen Bedeutungen des Vorderhaupts mehr auf Modifikationen des intelligenten Geisteslebens, die des Mittelhaupts mehr auf solche des Gemütslebens und endlich die des Hinterhaupts mehr auf solche des Willens und des Begehrens beziehen und wirklich beziehen müssen« (Symbolik der menschlichen Gestalt S. 165).

Wohl erscheint dies alles besonders sinnvoll, doch wenn die Erfahrung bewiesen hat und es täglich beweist, daß diese oder jene Leidenschaften und Übungen die Schädelform verändern, die Ärzte dagegen (und man muß auf alle Fälle ihre Sehweise in Betracht ziehen) übereinstimmend erklären, daß das von seinen Hüllen beschützte Gehirn ebenso unabhängig vom Schädel ist wie das Ei von seiner Schale, folglich auch keiner der im Äußeren bemerkbaren Veränderungen unterliegt, was wird dann aus Carus' System? Nur die Annahme eines fluidalen *Einflusses* – der Elektrizität – kann unserer Meinung nach sowohl die hervortretenden Stellen des Schädels wie die Unveränderlichkeit des Gehirns erklären und allen verständlich sein.

Die Elektrizität, die durch Übung und Willenskraft von einem Punkt des Schädels in besonderem Maße angezogen wird, läßt in der Entwicklung dieser Stelle die Spuren ihres fortwährenden Durchgangs zurück. Der Stoff muß reagieren, aber das Gehirn, der Sitz der Seele, der unstoffliche Teil des Menschen, ist nicht denselben Gesetzen unterworfen. Nur der Körper handelt, der Verstand nicht. Er denkt und überläßt den dienenden Organen das sorgfältige Ausführen eines Gedankens. Er bleibt unversehrt, ruhig, unbeweglich; ebenso müssen wir uns die göttliche Macht vorstellen, deren Widerschein und Abbild er ist. Nur sein Leuchten erstrahlt nach geheimnisvollen Bestimmungen der Vorsehung mehr oder weniger hell, und diese verschieden starken Ausstrahlungen bringen ungleiche Fähigkeiten hervor, die kleinere oder größere Mengen des himmlischen

Kraftstroms anziehen. Die Größe oder Schwäche der Fähigkeiten entspricht dem mehr oder weniger starken Andrang des Stromes.

Die Ausübung der Chiromantie erscheint
anfänglich leichter als die der Phrenologie

Es ist kein Wunder, daß die Elektrizität, die durch nervliche Verbindungswege von den Händen zum Gehirn und vom Gehirn zur Hand geht, bei ihrem fortwährenden Durchgang das von den Sternen kommende Verhängnis einerseits und andererseits die vom Gehirn kommenden Willensregungen und die auf das Gehirn einwirkenden Leidenschaften aufzeichnet.

Warum sollte nicht jedes Organ des Kopfes in der Hand vertreten sein, wie es die Chiromantie behauptet und wie es das völlige Übereinstimmen beider Systeme beweist? Wird diese unbestreitbare Tatsache zugegeben, dann muß die Wissenschaft von der Hand, die Chirognomie oder Chiromantie, viel leichter auszuüben und mithin von größerem Nutzen sein als die Phrenologie.

Nach Angaben der Phrenologen sind zum Studium aller Organe des Kopfes mehrere Stunden notwendig, um aus der Kenntnis der Eigenschaften oder Fehler den Charakter eines Menschen erfolgreich zu erforschen. Man muß sorgfältig prüfen, wozu selten die Erlaubnis gegeben wird, besonders dann nicht, wenn man im kriegerischen Treiben und Handeln des Lebens sein Denken als Angriffs- oder Verteidigungswaffe meist zu verstellen sucht. Der Chirognomie genügt eine Sekunde, ein Augenblick, um zu wissen, mit wem man es zu tun hat. In der Chiromantie muß man zwar die geöffnete Hand sehen, aber nur für wenige Minuten.

Überdies ist in der Chiromantie ein Irrtum über die Anordnung unmöglich. Die Zeichnung der Berge und Linien ist nicht mißzuverstehen; die kleinste Abweichung, die geringste Unterbrechung ist auf den ersten Blick zu bemerken. Man kann mit Leichtigkeit und Muße Vergleiche ziehen, alles studieren und wie in einem Buch darin lesen.

Anders bei der Phrenologie: Für einen wahren Phrenologen ist ein ungewöhnlich feiner Tastsinn erforderlich, um jeden Irrtum und eine Verwechslung der Organe auszuschließen.

Aber alle diese Wissensgebiete stehen in Verbindung miteinander, bestätigen sich gegenseitig und lehnen sich einander an. Nur ist für das praktische Leben die Chirognomie offensichtlich die notwendigste unter ihnen.

Wenn die Phrenologie auch für Einzelheiten schwer anzuwenden ist, so verhält es sich doch ganz anders, wenn man einen Gesamteindruck gewinnen will. Die hohe, breite und hervorspringende Stirne ist immer ein Zeichen von Verstand, der gewölbte oberste Teil des Kopfes von Wohlwollen und Religion. Tritt der Kopf aber in der Mitte spitz hervor, sind Festigkeit oder Willensstärke zu erkennen; der entwickelte untere Kopfteil spricht von einem liebevollen Menschen, der sein Vaterland, seine Kinder, Freunde, und manchmal auch die Frauen liebt. Ist der Hinterkopf flach und unbedeutend, dann ist er ein sicheres Zeichen für Egoismus. Ein an den Seiten, oberhalb der Ohren breiter Kopf flößt Mißtrauen ein; denn hier liegen Diebstahl, Lüge und Mord, oder — bei weniger starker Entwicklung — Erwerbssinn, Verstellungskunst und Zorn. Diese Schädelform wird hauptsächlich bei Menschen gefunden, die sich im Leben mit großer Gewandtheit nach allen Seiten zu biegen wissen.

Man könnte einen Menschen beinahe nach der Innenseite seines Hutes beurteilen. Hüte mit einem langen Innenteil gehören zu wirklich wissenden und liebenden Menschen, breite Hüte zu Menschen, die geschickt im Leben vorwärts kommen.

Für die Phrenologie kann dasselbe wiederholt werden, was in der Chiromantie maßgebend war: Ein noch so wunderbares Organ wird schädlich, wenn es zu stark entwickelt ist, zumal wenn es in keinem Verhältnis mehr zu den anderen Organen steht, die es unterstützen und zur Geltung bringen sollen. Es bleibt dann ohnmächtig, wie ein hervorragender General ohne Heer. So wird der übertriebene Idealismus zum Wahnsinn, der Glaube an das Wunderbare zum Aberglauben, das Wohlwollen zur Schwäche. Selbst das kausale Denken, diese Perle des Verstandes, die nach Balzac den Übergang aus der intelligenten in die göttliche Welt bildet, führt ohne Mitwirkung der aufklärenden und vergleichenden Vernunft zu Atheismus, Enttäuschung oder Verzweiflung. Die Erfahrung zeigt, daß ein einziges, wunderbar entwickeltes Organ gewissen Menschen eine ungeheure Überlegenheit gab, aber nur auf einem Gebiet, während sie auf allen anderen unter dem gewöhnlichen Verstandesniveau zurückblieben.

In der Phrenologie können zwei Menschen die gleichen Organe im gleichen Umfang besitzen und doch wird der eine von ihnen ein sogenanntes Genie sein, der andere wohl die Fähigkeiten hierzu besitzen, aber trotz allem ein gewöhnlicher Durchschnittsmensch bleiben. Bei dem einen von ihnen wird eine unbestimmbare harmonische Verbindungsmöglichkeit bestehen, die zur Vollendung führt. Hier könnte nun die Chiromantie ihrer Schwester, der Phrenologie, von großer Hilfe sein. Bei diesen beiden Menschen sind Sonnen- und Kopflinie sicher nicht ähnlich, und aus der Betrachtung der Berge kann jeder von ihnen in die ihm eigene Welt eingeordnet und das Warum für diese seltsame Ungleichheit herausgefunden werden.

Vollkommene Menschen haben einen runden Kopf ohne hervorstehende Organe, da alle gleich stark entwickelt sind. Hätte aber ein Mensch auch alle Organe, die den höher Entwickelten darstellen, er würde doch ohnmächtig und unbekannt bleiben, wenn ihm das Organ fehlte, das in der Magie alle Kraft bewirkt, *der Wille*.

Physiognomie

Die Zahlen 3, 4 und 7 (aus 3 und 4 zusammengesetzt) finden sich überall in der Kabbala, ebenso wie die 12, die die heiligen Zahlen beschließt. Die vollkommenste Tugend gehört in der Magie zur Sieben, denn diese Zahl bestimmt alles.

In der Physiognomie finden wir wieder die 3 und die 7, die auch in der Handfläche verkörpert sind.

Das Gesicht läßt sich in drei Welten einteilen: Die Stirn ist die unbekannte, verschlossene, *göttliche Welt*, in der die Gedanken durch verborgene Arbeit entstehen.

Die *seelisch-geistige Welt* besteht aus Nase und Augen, die mit Stirn und Mund zusammen ein Dreieck bilden.

In der *materiellen Welt* wird dagegen dieses Dreieck von Kinnbacken und Kinn dargestellt.

Auch die Siebenzahl ist wieder vorhanden. Nach Hermes beherrscht *Jupiter* das rechte, *Saturn* das linke Ohr; die *Sonne* das rechte, der *Mond* das linke Auge. Saturn verdirbt oft den Mondeinfluß, dann wird das linke Auge zum bösen Blick des Jettatoren.

Der linke Nasenflügel ist der *Venus* gewidmet, der rechte dem *Mars*. Zorn und Liebe bewegen in gleicher Weise die Nasenflügel.

Mund und Kinn sind *Merkur* zugeeignet, dem Gott der Beredsamkeit und Lüge.

Venus nimmt in der Metoskopie[1] den Raum zwischen den beiden

---

[1] Metoskopie: Divinatorisch charakterologische Kunst, die durch die Falten der Stirne vermittelt wird. Nach dieser Anschauung ist die Stirne von 7 Falten von einer Schläfe zur andern durchzogen. Die einzelnen Linien sind den 7 Planeten zugeordnet. Je nach dem Grade ihrer Exaktheit und vermittelst zahlreicher Kombinationen, die z. B. durch die Signaturen vertikal erscheinender Falten gegeben sind, soll die Erstellung dieser uralten metoskopischen Charakterologie gelingen.

Augenbrauen ein, wo in der Phrenologie das Organ der Neugierde liegt. Andere schreiben diese dem Mond zu. Die Neugierde ist die erste Triebfeder zur Wissenschaft; sie verlangt Erleuchtung vom Verstand, um seinen Widerschein zurückzustrahlen.

Die Gesichtsnerven spielen eine Hauptrolle im System der Phrenologie. Sie hängen vom Gehirn ab und gehorchen seinen Willensregungen. So ziehen sich auch die Gesichtsmuskeln unter den Eindrücken zusammen, die vom innersten Wesen herrühren.

Die Untersuchungen der bedeutendsten Ärzte haben ergeben, daß durch Wiederholung derselben Gedanken, Leidenschaften und Neigungen, folglich auch durch Wiederholung derselben Muskel- und Hautbewegungen an bestimmten Gesichtsteilen das Gesicht auf die Dauer meist einen ganz besonderen Ausdruck erhält, der selbst bei den verschiedensten Menschen häufig der gleiche ist.

Je gemeiner der Mensch wird, je tiefer er sittlich sinkt, um so stärker wird er sich rein triebmäßig verhäßlichen. Seine Gebärden werden gewöhnlich, sein Gang gemein, seine Stimme zänkisch. Sein Gesicht zieht sich in häßliche Grimassen zusammen, und das alles gefällt ihm, weil er unbewußt dem großen Naturgesetz gehorcht, das eine wie auch immer geartete Harmonie zwischen Seele und Körper verlangt. Und auf diesem symbolischen Grundprinzip beruhen alle Deutungssysteme. In dem Maße, wie der Astralkörper den Geist beherrscht und der Mensch zum Tier herabsinkt (ein volkstümliches Wort, da die Volkssprache voll richtiger und magischer Bilder ist), gibt er auch seinen Anteil am göttlichen Funken auf und nimmt immer mehr das Benehmen, die Ähnlichkeit und Triebhaftigkeit des Tieres an, dessen Bild er in sich trägt.

Der physiognomische Ausdruck wird also durch Leidenschaften hervorgerufen, deren materielle Ursachen die Phrenologie und deren himmlische Ursachen die Magie enthüllt.

Lavater ging von der Wirkung auf die Ursachen zurück, während Gall von der Ursache auf die Wirkung schloß. Hierin liegt ihre ganze Unterscheidung. Zweifellos war Lavater für Gall ungeheuer nützlich, da er ihm Vergleichspunkte und vielleicht sogar den Ausgangspunkt gab.

Da die Physiognomie sicher nur die Widerspiegelung unserer Eindrücke ist, scheint sie dazu bestimmt, die Triebe und Eigenschaften zu erklären, deren Geheimnis in der Phrenologie unter den Haaren oder der Frisur versteckt liegt. Anfänglich muß das Charakterstudium aus der Physiognomie entstanden sein, und unleugbar haben oft genug Menschen, deren Begabung die Erkenntnis der kausalen Zusammenhänge war, dank ihrer glatten Finger ohne irgendein Studium auf den ersten Blick hin rein intuitiv den menschlichen Charakter erraten.

Wenn auch der Gesichtsausdruck durch Leidenschaften verwandelt werden kann, so hängt doch die Physiognomie vom Gehirn ab und ist eben hierdurch Sklave des Willens. Stirn und Hand zeigen sich in ihrer wahren Gestalt, die Physiognomie aber gehorcht im Notfall den Befehlen der Hinterlist und täuscht Falsches vor.

Im Gesicht bildet die Stirn, wie wir sahen, die *göttliche Welt;* denn unter dem Innenrand des Schädels liegt das Gehirn, der Ursprung der Gedanken, die durch ihre Einwirkung auf die Gesichtsmuskeln die Physiognomie lebendig machen. Der feste Teil der Stirn – sagt ein chinesisches Sprichwort – zeigt das innere Maß unserer Fähigkeiten; der bewegliche Teil den Gebrauch, den wir davon machen.

Nase, Augen und Ohren dienen der Vernunft, um durch Riechen, Sehen und Hören vor Gefahr zu warnen. Diese Eigenschaften sind besonders bei den im Krieg und durch den Krieg lebenden Wilden entwickelt. Diese Organe bilden die Welt der *abstrakten Begriffe.*

Der sinnliche und wollüstige Mund, das Kinn, das gleichsam den unteren Teil des Gesichtes bildet, die Kinnbacken, die zum Zermalmen der für den Körper bestimmten Nahrungsmittel dienen, sind der *materiellen Welt* einzugliedern.

Stirnmitte, Nase und Kinn, die hervortretenden Organe des Kopfes, stellen in der jeweiligen Welt, der sie angehören, die entsprechenden Neigungen oder Triebe dar.

Zu betrachten bleibt noch der Übergang aus einer Welt in die andere. Der Augenbrauenbogen entspricht unserer Meinung nach dem philosophischen Knoten der Chirognomie. Wie dieser zwischen der göttlichen und seelisch-geistigen Welt liegt, so hat auch jener an beiden Welten teil.

Die Augenbrauen bilden die Grenze zwischen dem Bereich des Gehirns und dem der Sinne. Lavater spricht von einer geraden, horizontal gezeichneten Augenbraue als Merkmal eines männlich weisen Charakters. Solcher Charakter aber handelt nur mit gutem Vorbedacht, ohne sich äußeren Einflüssen hinzugeben. Seine Stellungnahme erfolgt nach vorhergegangenem selbständigen Urteil und erst dann nach dem Rat der anderen. Er glaubt an seine Kraft und zweifelt ein wenig an der Kraft der anderen, die er erst nach eigener Prüfung zugibt. Wenn wir uns nicht irren, liegt hier die Parallele zu dem unabhängigen und zweifelnden *philosophischen Knoten*. Damit die Brauen gerade sind, muß der Augenbrauenbogen notwendigerweise gleichmäßig und gut ausgefüllt sein, besonders am äußeren Augenwinkel vor den Schläfen, an der Stelle, die der Ordnungsliebe zugeschrieben wird. Ein Mensch aber, der Ortssinn und Raumgefühl, folglich ein geometrisches Verständnis für Ausdehnung, Gewicht, Farbe und Ordnung besitzt, muß notwendigerweise auch einen stark entwickelten philosophischen Knoten an den ersten Fingergliedern haben.

Der von der Stirn herabfließende Strom wird von der Augenbraue aufgehalten; arbeitende oder nachdenkende Menschen ziehen deshalb die Augenbrauen zusammen, um dem Strom gleichsam den Durchgang zu verschließen und ihn auf das Gehirn zu konzentrieren. Tatsächlich bleibt auch in solchen Augenblicken das Gesicht untätig, gleichsam unbeweglich.

Der Strom durchläuft offensichtlich die Nasenwurzel und kann durch eine breitere Nasenwurzel ungehindert leicht durchfließen. So deutet, nach Lavaters physiognomischen Studien, eine gebogene oder gerade Nase mit breiter Wurzel immer höhere Eigenschaften an. Dies ist ein unbestreitbares, unfehlbares Zeichen, wenn es auch, wie Lavater zugibt, selbst bei berühmten Menschen nur selten zu finden ist.

Oben an ihrer Wurzel gekrümmte Nasen gehören gebieterischen Menschen an, die ihre Pläne sicher und eifrig verfolgen, dem geborenen Herrscher also. Hiermit kennzeichnet Lavater d'Arpentignys *langen Daumen*.

Senkrechte oder gerade geformte Nasen setzen eine zu stillem, aber tätigem Handeln und Leiden fähige Seele voraus, wie Lavater erkannte. Das entspricht dem *mittelgroßen Daumen*, der Widerstandskraft.

Eine stumpfe Nase deutet offen bereite Sinnenempfänglichkeit, manchmal auch Leichtsinn und Sorglosigkeit an — d'Arpentignys *kurzen Daumen*.

Eine an ihrer Wurzel eingesunkene Nase ist ein unglückliches Zeichen für Schwäche oder Weichheit. Hier liegt die Parallele zu d'Arpentignys *besonders kurzem Daumen*.

Lavater unterstützt somit durch diese physiognomischen Erkenntnisse unser System. Wir sehen, daß eine an der Wurzel eingesunkene Nase, die dem Strom einen schlechten Kreislauf gewährt, schwach und kraftlos bleibt, eine stumpfe Nase, in der er nur mit Mühe kreist, sorglos und leichtsinnig ist. Eine gerade Nase, die dem Strom mehr Möglichkeit zum Krei-

sen gibt, beweist Kraft im Leiden und ruhige Beharrlichkeit, eine Adlernase, in der er leicht und übermächtig fließt, ist energisch und mächtig und
läßt eine Überfülle an Leben erkennen.

Biegt sich die Nase in der Mitte nach außen – ein Zeichen übermäßiger
Entwicklung – bedeutet dies poetische Veranlagung. Ist diese Wölbung
übertrieben, fließt der Strom in zu reichlicher Fülle herein, dann läßt er
auf Wahnsinn oder Unordnung schließen. Nach Carus wird eine »dicke,
fleischige Nase durch übermäßige Ernährung und Weingenuß hervorgerufen. – – – Es ist physiologisch merkwürdig, daß die geistigen Getränke,
deren Hauptwirkung auf das Gehirn geht und die somit auch die Kopf-
wirbel affizieren müssen, zwar an den Bedeckungen der Schädelwirbel
nicht viel verändern können (höchstens das Kahlwerden des Kopfes infolge
großer Erhitzung der Kopfhaut wird dadurch bewirkt), wohl aber in der
Fortsetzung des Schädels, d. h. über den Antlitzwirbeln, über der Nase Anhäufung von Zellstoff und Kongestionen in den Blutgefäßen so häufig
bedingen« (Symbolik der menschlichen Gestalt 1858 S. 214 f.). Daher die
rote Nase der Betrunkenen.

Man denke daran, daß in der Chirognomie und Chiromantie, besonders
aber in der Phrenologie, die eine noch sicherere Grundlage bildet als Lavaters System, jedes zu stark entwickelte Organ, in dem also der Strom zu
reichlich fließt, untrüglich zu Unordnung oder Wahnsinn führt, die durch
die besonderen Organe näher gekennzeichnet werden.

Eine gegen die Lippen herabgebogene Nase ist Zeichen für Sinnlichkeit,
weil sie sich zur materiellen Welt herabneigt, die durch Mund und Kinn
dargestellt wird.

Trotz seiner Zuordnung zur materiellen Welt liegen im Mund doch Abstufungen entsprechend den drei Welten. Die Oberlippe, die mit der Welt
der abstrakten Begriffe verbunden ist, besitzt weniger Stoffverbundenheit
als die Unterlippe. Fließt hier der Strom reichlich, dann weckt er gute
Triebe, dann siegt die erbarmende Liebe über die Materie. Sind aber die
Lippen breit, so daß der Strom in überreichlichem Maß hineinfließt, besteht Unordnung und übermäßiges Vorherrschen materieller Triebe, d. h.
Sinnlichkeit, Gefräßigkeit und Trägheit, die besonders stark durch eine
entwickelte Oberlippe angezeigt werden. Nach Carus gibt es eine Übereinstimmung zwischen der Form der Augenbrauen und den Mundwinkeln,
so daß »wenn die Augenbrauen nach außen sich senken, ebenso die Mundwinkeln niedergehen, und wenn die Augenbrauen nach außen sich heben,

auch die Mundwinkel heraufgezogen zu werden pflegen« (Symbolik der menschlichen Gestalt S. 234).

Es kann von den »großen mageren und mehr eingezogenen Lippen, wie sie häufig bei gemütlosen, trockenen Verstandesmenschen gesehen werden, durch die weiche und schön geschnittene Form derselben in feinsinnlichen, poetischen Naturen und durch ihre straff markierte, volle Durchbildung bei willensstarken tüchtigen Individualitäten, bis endlich zur Fülle der übermäßigen Lippen von Schlemmern und Phlegmatikern eine sehr große, allezeit sehr charakteristische Verschiedenheit gefunden werden« (Symbolik der menschlichen Gestalt S. 236). Weiter sagt er: »Die Oberlippe hat mehr den Ausdruck höherer Sensibilität..., die Unterlippe dagegen wird allemal mehr der Nahrungsaufnahme dienen und geringer in ihrem psychischen Ausdruck sich verhalten« (S. 234–235). Hier fügt sich Carus ganz natürlich in unser System ein.

Dieselben Unterschiede liegen im Kinn. Jede Welt hat, wie man zweifellos sieht, drei Unterabteilungen, oder, wenn man so will, drei Abstufungen. So nimmt der überzeugende, lächelnde, mit dem Kuß der Geliebten und der Mutter küssende Mund den höchsten Rang in der materiellen Welt ein. Er gehört durch die Beredsamkeit, die Freude und zustärkst durch die Liebe zur göttlichen Welt.

Das knochig feste Kinn stellt in der materiellen Welt die vernünftige Seite dar, die Einwirkung auf den Stoff, die mehr oder weniger tatkräftige und geschickte Verwirklichungsmöglichkeit, die der mehr oder weniger großen Betonung dieses Kinns entspricht.

Carus: »Es ist nicht bloß der Knochenbau, welcher die Form des Kinns bestimmt, sondern das Verhältnis des dort unter der Haut sich anlagernden Zellstoffs und Fettes stellt sie erst vollkommen her. Nun wird aber auch darin der symbolische Unterschied zwischen oberer (intelligent theoretischer) und unterer (sinnlich praktischer) Gesichtshälfte ausgedrückt, daß bedeutendere Fett- und Zellstoffablagerungen an der oberen Hälfte so gut wie gar nicht vorkommen können, während sie an der unteren oft in sehr großem Maße sich zeigen. Das letztere ist, was bei weichlichen, phlegmatischen und böotischen Naturen dann insbesondere das Kinn auszeichnet, wodurch das Doppelkinn oder Fettkinn zustande kommt..., während ein ganz abgemagertes Knochenkinn, zumal wenn es spitz hervortritt, entweder Zeichen hohen Alters oder einer auch in jungen Jahren schon alten, trockenen, geizigen, habsüchtigen Individualität abgibt«.

Ein untrügliches Zeichen für Egoismus, häufig auch für Bosheit, ist die Breite der Kinnbacken. Das breite Kinn schlingt: Das bedeutet Egoismus und Materialismus in seiner stärksten Ausdrucksform, den blinden, herzlosen Materialismus. Denn die Kinnbacken stellen die Materie in der materiellen Welt dar. Zur Seite gerückt, gleichsam von dem vernünftigen Gesichtsteil abgesondert, sind sie Abbild real nüchterner Lebensbetrachtung, gehorchen sie blind nur ihrem Trieb und zermalmen, was ihnen gegeben wird. Je breiter das Kinn, desto stärker ist die Herrschaft der materiellen Triebwelt. Aber noch kann sie durch die Organe des Wohlwollens, des Idealismus und der Zuneigung bekämpft und verringert werden. Immer ist Kampf notwendig. Sind diese Organe aber auf dem Schädel unentwickelt, bleibt Egoismus die vorherrschende Eigenschaft.

Wir wollen nicht alle Einzelheiten der Methode Lavaters erklären, aber im ganzen betrachtet sehen wir, daß sich die Gesichtszüge ebenso wie die Muskeln des Körpers und die hervorspringenden Teile des Schädels verhalten: d. h. je mächtiger ein Organ entwickelt ist, desto stärker sind die Eigenschaften in der dazu gehörigen Sphäre ausgeprägt.

So kündet eine breite, hohe, hervorspringende Stirn in der *göttlichen Welt* vernünftiges Denken an. In der *Welt der abstrakten Begriffe* sind hervorstehende Backenknochen, eine starke krumme Nase und ein breites Kinn Zeichen für Ehrgeiz, Stolz und Wunsch nach Emporkommen, also auch für Egoismus, der meist die Folge großer Leidenschaften ist. In der *materiellen Welt* bedeutet ein langes, breites Kinn Kaltblütigkeit, Scharfsinn in realen Dingen; ein hervorspringendes rundes Kinn zeigt materielle Fähigkeiten und, wenn es sein muß, auch die Beherrschung über alles Materielle an. Dagegen läßt ein sehr umfangreiches, fettes Kinn den starken Einfluß erkennen, den die Materie auf die ganze Veranlagung ausübt. Eine kurze Nase neben einem langen Kinn bedeutet den Sieg der Materie über die Vernunft, während die stärker als das Kinn entwickelten Oberteile den Sieg der Vernunft über die Materie ausdrücken. Aber das Kinn darf nie zurückspringen oder zu klein sein. Ist der obere Teil ebenso stark entwickelt wie der untere, dann herrscht Kampf zwischen vernünftiger Überlegung und materiellen Trieben, und aus diesen beiden verschiedenartigen Kräften entspringt oft eine große Tatkraft, bei der aber immer die Liebe zu sinnlichen Freuden eine große Rolle spielen wird.

Durch Prüfung der von jedem Zug, jedem Gesichtsorgan herbeigeführten Veränderungen stellt man den Grad der Stärke der ihnen entsprechenden Eigenschaften fest, und durch Vergleich mit anderen, diese Neigungen verstärkenden, bekämpfenden oder sogar neutralisierenden Gesichtszügen kommt man zur Erkenntnis des wahren Charakters des Menschen, dessen Triebe zu enthüllen sind.

Wie wir unseren Lesern durch zahlreiche Beweise zeigten, sind in Phrenologie und Chiromantie Kombinieren und Überlegen notwendig.

Zweifellos wird man in der Phrenologie immer mit Lavater übereinstimmen und durch eingehendes Studium die Richtigkeit seiner intuitiv erfaßten Entdeckungen feststellen.

Graphologie

Dank Lavater begriff ich schon lange, daß noch ein Gebiet der Deutungswissenschaften unerforscht war: Das Wisen um die Handschrift mußte unbedingt und unmittelbar mit dem Wissen von der Hand verbunden sein, und es mußten Zusammenhänge zwischen der Form der Buchstaben und der Bewegungsrichtung der Schriftzeichen einerseits und den Naturtrieben andererseits bestehen. Diese Zusammenhänge wurden mir klar, als ich am wenigsten daran dachte, nämlich während meiner Reise durch Deutschland bei einem weithin berühmten Graphologen[1].

Kurze Zeit später erfuhr ich, daß der Abbé Flandrin[2] ein System auf denselben Grundlagen gefunden hatte, und der Zufall führte mich mit einem Schüler dieses bemerkenswerten Mannes zusammen. Wir verglichen die beiden Methoden und waren bald überzeugt, daß die zwei, in verschiedenen Sprachen geschriebenen Systeme bei entsprechenden Beispielen genau die gleichen Regeln ergaben. Nun konnte kein Zweifel an der Wahrheit der Wissenschaft mehr aufkommen. Im Reich der Phantasie kommen ähnliche Übereinstimmungen nicht vor. Wenig später veröffentlichten wir dann das Buch über »Die Geheimnisse der Schrift«.

Der Ehrgeiz, das Wissen von der Schrift, das auf Form und Bewegungs-

---

[1] Henze, Adolf, evangelischer Theologe. Verfasser treffender und meist verblüffend richtiger Handschriftenbeurteilungen. Er nannte sich »Grammatur der Illustrierten Zeitung«. Seine Glanzzeit war in den 60er und 70er Jahren, wo er in Dresden seinen weltberühmt gewordenen Ruf ausübte. Vgl. seine beiden graphologischen Werke »Die Chirogrammatomantie« (Leipzig 1862) und »Das Handschriftenlesebuch« (Neu-Schönfeld 1863). Lambroso bezeichnet Henze als »genial«, zitiert aber R. Mayers Lehrbuch der Graphologie, in dem von ihm gesagt wird, »Henze verfuhr im großen und ganzen auch noch rein gefühlsmäßig und instinktiv; er urteilte nicht nach einzelnen Zeichen, sondern nach dem allgemeinen Eindruck, den ihm eine Schrift machte.«

[2] Flandrin, Jean Hippolyte, 1809–1864. Größter franz. Kirchenmaler des 19. Jahrh., Schüler von Ingres und stark von den Fresken Raffaels beeinflußt.

richtung der Buchstaben beruht, gefunden zu haben, liegt mir fern. Dem mir stets vorschwebenden Ziel entsprechend, die grundsätzliche Harmonie in allem zu finden, habe ich diese Entdeckungen aber benutzt, um sie mit der Phrenologie, der Chiromantie und mit dem System Lavaters in Übereinstimmung zu bringen. Von dem Augenblick an, da ich auch bei der Graphologie zuverlässige Typen feststellen konnte, war sie für mein System erobert. Ich verband nur noch das Ganze miteinander und vollendete so die Reihe der Deutungswissenschaften des menschlichen Charakters, die nicht auf metaphysische Mutmaßungen, sondern auf tatsächliche Formübereinstimmungen, d. h. auf Tatsachen gegründet sind. Denn die in der Chiromantie bisher unerklärlichen Zeichen, die das Wissen um die Elektrizität eines Tages zweifellos als Übermittelungen des Gehirns aufzeigen wird, sind nunmehr durch zwanzigjährige Beobachtung klargestellt. Offenbarungen von Astrologie und reiner Metaphysik habe ich nur nach langer, eingehender Prüfung meinem System eingefügt und betone nachdrücklichst: Die Erfinder dieser Wissenschaften sind unbestreitbar Adolf Henze in Leipzig und der Abbé Flandrin. Jean Hippolyte[1] und ich sind nur Nachfolger.

Das Wissen um die Schrift erreicht bei weitem nicht soviel wie die ihm vorangegangenen anderen Gebiete der Menschendeutung. Es bringt aber durch seine Übereinstimmung mit dem von mir formulierten eklektischen Wissen[2] diesem eine wichtige Bestätigung und naturnotwendig neue Gesichtspunkte. Durch die Graphologie ist das Studium der menschlichen Persönlichkeit vervollkommnet. Und die Hoffnung auf wunderbare Ergebnisse aus dem so gewonnenen Zusammenklingen all dieser Wissensgebiete ist berechtigt.

Aber die Graphologie kann nur den Charakter aufzeigen und ist vor allem wichtig, um auf die Spur eines charakterlichen Grundzugs zu kommen und diesen anzuzeigen, bevor er noch in Erscheinung tritt. Sie wird jedoch zweifellos niemals die ins einzelne gehenden und positiven Ergebnisse der miteinander verbundenen Phrenologie, Physiognomie und Chiromantie geben. Vielmehr liegt ihre kostbare und unersetzliche Besonder-

---

[1] Mit Hippolyte (Michon), einem bekannten Graphologen, veröffentlichte Desbarolles 1872 das Buch »Les Mystères de l'écriture. Art de juger les hommus sur leurs autographes«.
[2] Eklektisches Wissen, ein philosophisches Vorgehen, das aus verschiedenen Systemen das Geeignete auswählt und zu einer Lehre verarbeitet.

heit darin, über Entfernungen hinweg Aussagen zu machen, den listigsten Feind dahin zu bringen, daß er sich selbst überführt und all seine Vorhaben ohne Umschweife preisgibt. Man kann seine Hand oder Stirn der Analyse verweigern. Dazu genügen Handschuh oder Hut. Man kann aber nicht verhindern, ein geschriebenes Wort des Menschen, den man kennenlernen will, zu suchen, leicht zu finden und mit Muße zu studieren. Dabei wird sich dieser Mensch um so sicherer preisgeben, je hastiger er das Wort geschrieben hat. Darin ist die Graphologie konkurrenzlos. Der beobachtete Mensch wird bald vor ihr zittern; ein Papierfetzen, eine Anmerkung genügen, ihn zugrunde zu richten, und dabei ist er es selbst, der sich demaskiert und anklagt.

Dies Wissen, das wie die Elektrizität in die Ferne wirkt, ist unheimlich. Im Augenblick, da die Graphologie einen Typ, einen Charakter genau schildern kann, ist mir nichts leichter, als durch einfache Schlußfolgerung die *Form* der Hand, die die Feder führte, bis in ihre kleinsten Einzelheiten zu beschreiben. Einige einfache Beispiele: Eine schräge, gleichsam umfallende Schrift läßt auf glatte Finger, auf Feinfühligkeit und Unmittelbarkeit schließen. Eine fast senkrechte, klare, regelmäßige oder zumindest leserliche weite Schrift weist auf eckige Finger, auf reale Lebensauffassung, Klarheit und Ordnungssinn hin. Dieselbe Schrift, mit Punkten, Kommas und allen typographischen Genauigkeiten versehen, deutet lange, knotige Finger, Vorsicht, exakteste Arbeit und genaues Berechnen an. Die Verbindung von philosophischen Knoten und Ordnungsknoten zeigt sich in einem Gedankenstrich am Satzende, der als Zeichen von Vorsicht und Klugheit überall dorthin gesetzt wird, wo man auf eine unbeschriebene Stelle noch ein Wort einfügen könnte. Eine lebhafte Schrift voll Federstriche und Verzierungen läßt auf spatelförmige Finger, auf Bewegung, Tätigkeit, Pläne und Unternehmungslust schließen.

Die *Berge* der Hand erscheinen in der Schrift folgendermaßen:

Dem *Jupiterberg* entsprechen meist große, aufsteigende, herrische (besonders beim großen L), etwas übertriebene Buchstaben, die ungeheuren Ehrgeiz anzeigen. Die Parallele des *Saturnberges* ist eine gerade, harte, kleine, zusammengepreßte, enge Schrift mit verstümmelten oder plötzlich abgebrochenen, oft auch ausgelassenen Endsilben, ein Zeichen von großem Geiz. Absteigende Zeilen, die immer Saturneinfluß ausdrücken, lassen Unglück oder Melancholie erkennen. Bei einem solchen Menschen wird auch der Saturnfinger als Zeichen von Lebensüberdruß breit und ausgesprochen spatelförmig sein. Herrscht ein besonders verhängnisvoller Einfluß über dem Leben des Menschen, dann fällt die Schrift steil abwärts. Auf der gebrochenen Saturnlinie dieser Hand sind dann Zeit und Art dieses verhängnisvollen Ereignisses angegeben.

Dem *Sonnenberg* entspricht eine ruhige, regelmäßige, weite, leserliche, gleichmäßig hohe, etwas schräge Schrift, ohne viele Ausschmückungen mit klaren, schönen Zügen und energischen, aber nicht keulenförmigen T-Strichen, dies alles Ausdruck von Ruhe, Heiterkeit, Schönheitsempfinden und Gerechtigkeitssinn. Bei einem ausgeprägten *Merkurberg* ist die Schrift klein, deutlich und manchmal im Geschäftsverkehr betont leserlich. Hat der Merkureinfluß in einer Hand nicht die Bedeutung von wissenschaftlicher Begabung, sondern List und Schlauheit, dann wird die Schrift gewunden sein mit spitzen, degenförmigen Endungen.

Die Schrift eines *marsbetonten* Menschen ist eckig und winklig, mit harten, dicken T-Strichen. Sind auch noch die Druckstriche stark, herrschen Streitsucht, Kampflust, Widerspruchsgeist, scharfe Kritik und Schroffheit. Dem *Mondberg* entspricht eine runde, linksschräge, fast immer verstellte Schrift. Ruhige Züge lassen Trägheit und Sorglosigkeit erkennen; nervös bewegte, auffallend verzierte Schriftzüge mit überbetonten großen Buchstaben sind Zeichen von Launenhaftigkeit, die Parallele eines stark durchfurchten Mondbergs.

Die dem vollen, linienlos ruhigen *Venusberg*, dem Zeichen von Wohlwollen und hingebender, barmherziger Liebe entsprechende Schrift ist weit, regelmäßig, weich, mit runden Verbindungslinien und Endungen und feinen, am Anfang etwas verstärkten Querstrichen. Die Schrift, die der hysterischen Venusbedeutung entspricht, ist bewegt, voller Verzierungen, oft breit und unregelmäßig. Sie entspricht dem Venusring und einem von Gittern stark durchfurchten Venusberg.

Ebenso wie in der Chiromantie nie der Einfluß eines Planeten allein herrscht, sondern immer von anderen gewandelt wird, so wird auch in der Graphologie der vorherrschende Grundtyp von anderen Zeichen näher erläutert. Die T, deren Querbalken sehr hoch liegen, vor allem dann, wenn sie über den Längsstrich des Buchstabens gesetzt sind, ohne ihn zu berühren, deuten Herrschsucht und Stolz an und entsprechen gewöhnlich einem sehr langen Daumen (insbesondere einem langen ersten Daumenglied). Aber auch ein übermäßig entwickelter Jupiterberg als Zeichen von Stolz kann als Parallele zum hohen T-Querstrich gefunden werden.

Sind die Buchstaben abgerundet, etwas schräg geneigt, miteinander verbunden und auch am Ende eingerollt, ähnlich der venusbetonten Schrift, dann wird die Herrschaft des Jupiters, folglich auch die Herrschaft des langen Daumens, durch den milden Einfluß eines gleichmäßig entwickelten, ruhigen, und linienlosen Venusberges verändert. Dann überwiegen wohl auch Stolz und Herrentum, aber durch Wohlwollen gemildert und besänftigt. Ist die Schrift aber neben ihren hohen T-Balken winklig und eckig und trägt sie so Zeichen des Marseinflusses, dann ist bei dem Betreffenden der Marsberg entwickelt und die Nägel sind kurz. Er wird gebieterisch, streitsüchtig, selbst tyrannisch und herrschsüchtig sein.

Wenn dagegen die T-Striche nicht nur sehr hoch liegen, sondern am Ende noch durch Druck besonders verstärkt werden und die Schrift stumpf, gerade und nervös ist, dann ist der Stolz des Saturn wirksam, der revolutionierendste, heftigste, unversöhnlichste Stolz. In diesem Fall ist das erste Saturnfingerglied sehr breit und der philosophische Knoten stark ausgeprägt. Die Schriftzeilen fallen steil ab als Zeichen eines verhängnisvollen Einflusses oder tiefer Melancholie.

Ein schwach durchstrichenes T läßt Unentschlossenheit, Unsicherheit und Willensschwäche erkennen, entspricht also einem kurzen Daumen (vor allem einem kurzen Nagelglied). Fehlen die Querbalken des T überhaupt, werden Schwäche, Unterwürfigkeit, Mutlosigkeit und Widerstandslosigkeit vorherrschen. Dies entspricht einem auffallend kurzen Daumen. Man muß aber auf die feinsten Unterschiede achten, denn selbst bei einem sehr kurzen Daumen und einer Schrift ohne jeden T-Querstrich, also selbst wenn diese Zeichen von Unentschlossenheit, Sorglosigkeit und Schwäche da sind, kann ein unbezwinglicher Wille lebendig sein, sobald eigene Interessen im Spiel sind, wenn nämlich die Schrift gerade, die Buchstaben unverbunden eng aneinandergesetzt sind, und Papier und Tinte nur sparsam verwendet werden, Zeichen eines geizigen Grundzugs.

Liegt die Schrift schwach, müde und unbestimmt, kaum angedeutet auf dem Papier, ist sie Ausdruck eines trägen Sichgehenlassens, diesem gefährlichsten Hindernis der Entwicklung des Lebens, das sich in einer weichen Hand ausdrückt. Wird hinter Wortverbindungen oder Endungen aber ein Punkt gesetzt, der dem Sinn nach bedeutungslos ist, heißt dies Eigensinn, und gibt selbst der weichen, faulen Hand einen Willen, der, wenn auch widerwillig, das Angefangene zu Ende führt. Diesem Punkt der Graphologie entspricht ein erstes Daumenglied, das kurz, aber breit ist. Eine feste, gerade, dicke Schrift, eine dicke, harte Unterschrift und winklige Endungen gehören einer harten Hand an und deuten auf physische Tatkraft. Bei einem solchen Menschen wird der Marsberg entwickelt und der Saturnberg von aufsteigenden Linien bedeckt sein.

Für heute genug. Ich begnüge mich mit der Bemerkung, daß jeder Schriftzug seine genaue Entsprechung in den Bergen, in den Linien der Chiromantie oder den Formen der Chirognomie findet oder aber auch in mehreren Zeichen auf einmal. Ich kann ihn deshalb leicht in meine planetarischen Ordnungen einfügen und somit seiner Aussage noch umfassendere Bedeutung geben.

Der Mensch
und seine kosmischen Beziehungen

Unsere Abhandlungen wären unvollkommen, ergänzten wir sie nicht durch die Darstellung eines gnostischen Systems, das wie das unsere auf den Einflüssen des astralen oder planetaren Lichts aufgebaut ist, aber in verschiedener Art angewendet wird.

Wir wollen damit ein nützliches Wissen verbreiten und bitten deshalb den Leser, die Darstellung dieses interessanten Systems nicht leichtfertig aufzunehmen und es zumindest nicht ohne vorherige Prüfung abzulehnen. Denn hierin liegt unserer Ansicht nach der Grundstein aller Wissenschaften, die sich mit der Erkenntnis des Menschen beschäftigen.

Chirognomie, Chiromantie und Phrenologie fügen diesen Allgemeinbegriffen nur Einzelheiten hinzu.

Die Gnostiker teilten, wie schon gesagt, die Menschen in sieben klar unterschiedene Klassen ein, von denen jede neben dem primären Einfluß des jeweiligen Hauptgestirns auch von den übrigen Sternen einen sekundären Einfluß empfängt. Aus unzähligen Vermischungen erklärt sich die unendliche Verschiedenheit des menschlichen Wesens.

Von einer ähnlichen Überlegung aus nahm Tizian sieben Hauptfarben an, die durch Mischen, Übereinanderlegen, Lasuren eine endlose Reihe von Farbstufungen hervorbringen, die alle unter einer ursprünglichen Harmonie stehen. Als Maler erfuhr ich die Richtigkeit der Theorie Tizians und die Beobachtung überzeugt mich von der Wahrheit der gnostischen Behauptungen.

Unserer Ansicht nach besteht der große elektrische Strom, das Astrallicht, aus verschiedenen, von den sieben Hauptplaneten ausgehenden Strömen. Ebenso setzt sich das Licht aus sieben Strahlen zusammen, die sich zu einem einzigen vereinigen. Jeder Gegenstand nimmt eine bestimmte Hauptfarbe an und spiegelt die anderen Farben zwar nicht unbedingt wider, vernichtet sie aber auch nicht, da sie unter gewissen Umständen wieder in Erscheinung treten können (wovon uns die Chemie täglich Beweise gibt). Ebenso ziehen auch die Menschen in besonderem Maße, sei es durch ihre Erbanlage[1], sei es durch ihre Geburtsstunde, den Einfluß des am Himmel vorherrschenden Planeten an. Sie erhalten seine Signatur, wie die Gegenstände eine bestimmte Farbe annehmen. Diese Signaturen haben die Gnostiker bezeichnet, und wir wollen sie hier beschreiben und erklären.

Wie aber eine Säure eine Farbe verändern und durch eine andere, einfache oder gemischte ersetzen kann, so kann auch der Wille, wenn er stark ist, den Geburtscharakter verändern und umformen.

Die Farbe wird nur durch eine neue Verbindung aufgesogen, der Charakter nur durch einen mächtigen Willen beherrscht; beide aber werden notwendigerweise immer wieder in Erscheinung zu treten suchen.

»Wir sehen, sagt Paracelsus, jede Pflanze in der ihr zukommenden Form wachsen. So ist auch der Mensch durch eine besondere, seiner Individualität vollkommen angemessene Form ausgezeichnet. Und wie man durch die Form der Pflanze ihre Art erkennt, so erkennt man auch den Charakter des Menschen durch seine Gestalt. Das Studium der göttlichen Signaturen lehrt jedem Ding seinen richtigen Namen zu geben und den Wolf nicht Schaf und die Taube nicht Fuchs zu nennen; denn der wahre Name ist in die Form selbst geschrieben. Die Natur hat besondere Charaktere entwickelt, die die Signatur jedes Glieds bilden, und mit Hilfe dieser Signaturen offenbart sie die innersten Geheimnisse des ganzen menschlichen Wesens und des Menschen überhaupt. Nichts Existierendes ist ohne ein besonderes Zeichen; allein man muß es sehen.« (Philosophia sagax)

Wir wollen die auf dem Einfluß der Sterne beruhenden Grundtypen so darstellen, wie sie von den alten Gnostikern gesehen wurden.

Hierbei ist zu beachten, daß bei einem Menschen wohl eine Grundform vorherrschen kann, diese aber nie ganz ausschließlich vorhanden ist. Denn bei der Geburt empfängt der Mensch immer den Einfluß mehrerer Sterne.

---

[1] Nach den alten Astrologen beherrscht jeder der 7 Planeten einen Zeitraum innerhalb der 24 Stunden, die Tag und Nacht ausmachen. Wenn jeder der Eltern einem bestimmten Typ angehört, kann nach der übereinstimmenden Harmonie die Geburt verfrüht oder verspätet eintreten, um sich zu der Stunde zu erfüllen, in welcher der beeinflussende Stern seine Herrschaft ausübt (Verf.).

Die Signatur des Jupiter

Die unter dem Jupitereinfluß geborenen Menschen sind kräftig und mittelgroß. Sie haben eine weiße, durchblutete Haut, eine frische Farbe und sind, wie man gemeinhin sagt, wohlbeleibt, nicht zu dick und nicht zu dünn. Ihre Stimme ist klar; sie haben große, feuchte und lachende Augen mit großen, runden und klaren Pupillen und einem dicken Lid. Die Wimpern sind lang und schmal, die Haare kastanienbraun, lockig, lang, dick und weich, der Bart leicht gelockt oder zumindest kraus. Ihre Augenbrauen sind bogenförmig und dicht; ihre Nase mittelgroß und gerade; der Mund sehr groß mit dicken Lippen, die Oberlippe etwas stärker entwickelt als die Unterlippe. Ihre Zähne sind groß und die beiden oberen Vorderzähne länger als die übrigen. Ihre Backen sind fleischig und fest, die Muskeln des Jochbeines (Backenknochens) treten leicht hervor. Das etwas längliche Kinn hat in der Mitte ein Grübchen; die mittelgroßen Ohren liegen eng an den Kopf an; der Nacken ist wohlgebildet und gut proportioniert, von blauen Adern durchzogen; die Schultern sind breit und fleischig; der Rükken fett und dick. Mit zunehmendem Alter werden sie fettleibig. Ihre Füße und Hände sind dick, ohne stark zu sein, ihre Beine haarig. Der Kopf gerät leicht in Schweiß, besonders die Stirn. Ihr Gang ist gemäßigt, weder zu schnell noch zu langsam. Sie werden früh kahl, besonders am Kopfscheitel, an der Stelle, wo in der Phrenologie das Organ des Ehrgeizes liegt.

Jupiter ist in der Mythologie der Genießer, der die sinnlichen Freuden liebt und den wir heute als Lebemann bezeichnen würden.

Menschen, die unter diesem Planeteneinfluß geboren sind, sprechen laut und beredt, sind voll lebendigem Schwung und starkem Selbstvertrauen. Sie haben Freude an gutem Essen und Festen, an denen sich ihre natürliche Fröhlichkeit auslassen kann. Sie scherzen gern und halten mit Vorliebe Trinksprüche. Sie sind große Esser und ausdauernde Trinker, Freunde von allen lauten Vergnügungen, besonders von Festen und Repräsentationen. Deshalb geben sie gern Empfänge und prunkvolle Gesellschaften. In ihrem triebhaften Wunsch nach Wirkung sind sie voller Stolz. Sie sind von innerer Seelengröße und Großzügigkeit, haben gute Manieren, fühlen sich zum Herrschen geboren und verachten alles goldene Mittelmaß. Sie geben mehr aus als es ihr eiterliches Erbteil erlaubt und ziehen durch ihr heftiges Verlangen Ehren und Reichtum an. Sie sind ehrgeizig, aber auch den Unternehmungen gewachsen.

Von Jupiter beeinflußte Menschen sind gut und gerecht, helfen den Unglücklichen von Herzen gern und lieben vor allem ihre Familie und Freunde, die sie anspornen und auf ihrem Weg unterstützen. Sie sind religiös, suchen aber auch in der Religion Prunk und Aufmachung, Prozessionen und Zeremonien. Vor allem achten sie Hierarchie und Ordnung, Anstand und konventionelle Formen. Sie hängen sklavisch an Regeln und lieben monarchische Regierungen, die sie unterstützen und aufrechterhalten. Sie sind freundlich, können aber auch heftig und zornig werden, doch ohne ein bitteres Gefühl nachzutragen. Sie hassen Betrug und suchen Frieden. Es sind galante Menschen, deren Liebe stark und sinnenhaft ist. Meist führen sie ein glückliches Leben voll Glanz und Anerkennung. Als Beamte schlichten sie Streitigkeiten, im Heer sind sie gute Vorgesetzte und zum Führer geeignet; denn sie haben Selbstvertrauen, Eingebungen und gute Laune. Sie sind auch gute Ratgeber. Ihre Worte können, wenn nötig, ernst und verständig sein, aber immer bleibt ein Unterton von Heiterkeit. Sie haben ein edles Herz, stehen in gutem Ruf, sind rechtschaffen, freigebig, zartfühlend, gefällig, sanft und sogar bei arglistigen Menschen beliebt. Sie können Freundschaften pflegen, bewahren und erhalten und sind schon in jungen Jahren erwachsen.

Jupiter gibt seinen Malern leuchtende Farben: Rubens; den Musikern strahlende, leichte, freudige Musik: Rossini!

Er gibt eckige Finger, Zeichen von sozialem Anstand, von Repräsentation und Hierarchie, er gibt aber auch glatte, und um der sinnenfreudigen Veranlagung willen nach unten verbreiterte Finger, einen stark entwickelten, von einer einzigen Linie oder dem Jupiterzeichen durchquerten Jupiterberg; elastische, nicht zu weiche, aber auch nicht zu harte Hände und ein langes erstes Daumenglied als Zeichen von Wille und Beherrschung.

Schlechter Jupitereinfluß

Unter einem schlechten Jupitereinfluß geborene Menschen haben eine weiße Haut ohne Frische. Sie sind kahl oder ihr Haar liegt ungewellt, glatt und flach an. Sie haben eine kurze, unregelmäßige Nase und schwarze Zähne. Sie sind übertrieben stolz und rachsüchtig und warten geduldig den Zeitpunkt ihrer Rache ab. Sie sind Zerstörer, Verschwender und Vergeuder, sind unreligiös, schamlos, ausschweifend und große Liebhaber von Orgien. Sie haben keine Freunde, lieben weder ihre Kinder noch Frauen, sondern verlassen sie, um irgendeinem Vergnügen nachzulaufen. So werden sie schwach, verdrießlich und elend. Sie tun Böses, aber heimtückisch, da sie furchtsam und feige sind.

Der schlechte Einfluß vernichtet alle glücklichen Gelegenheiten, die ihnen der Jupiter immer wieder verschafft, oder wandelt sie sogar in Unglück um.

Die Signatur des Saturn

Der Saturn ist von bleichem Licht und von langsamer Bewegung. Die Saturnmenschen sind mager, bleich und groß, ihre Haut ist sehr braun, oft erdfarben, grau, trocken und leicht faltig. Ihre anfangs dicken, schwarzen Haare, die oft von einem harten Schwarz sind, liegen glatt und fettig an und fallen früh aus.

Sie gehen mit eingeknickten Knien, die Augen fest auf die Erde gerichtet und langsamem Gang. Ihre Art ist kühl und gedrückt, ihre Stimme ernst und gedämpft, ihre Zunge schwerfällig und ihre Sprache langsam. Sie haben einen langen Kopf, hohle Wangen, ein breites Kinn und hervorstehende Backenknochen. Ihre Wimpern sind schwarz, am Anfang nach oben gebogen und nah zusammenliegend. Ihre schwarzen Augen liegen tief in den Augenhöhlen und blicken traurig, oft finster. Im Argwohn oder Zorn wird ihr Blick durchdringend. Das Weiß des Auges ist gelblich; die Ohren sind groß; die Nase von gewöhnlicher Länge, dünn und spitz, die Nüstern wenig geöffnet, aber fleischig. Ihr Mund ist groß, ihre Lippen dünn und die Unterlippe stärker entwickelt als die obere. Die in der Jugend oft weißen Zähne haben zuerst eine große Wachstumskraft, sind häufig doppelt und manchmal sogar in zwei vollständige Reihen hintereinander gestellt, aber sie verbrauchen sich schnell. Ihr Zahnfleisch ist blaß. Der schwarze Bart wächst nur spärlich auf den Backen. Ihr Kinn ist ziemlich lang und unten breit. Der untere Kinnbacken ist schwer, breit und vorstehend; der Hals lang, dünn, mit starken Muskeln und hervortretenden Adern. Der sogenannte Adamsapfel ist deutlich sichtbar. Im allgemeinen haben sie trotz ihrer Magerkeit dicke Knochen und schwere Glieder, denn die Knochen bilden den materiellen, erdhaften Teil des Körpers, und Saturn ist die Erde: Tellus. Ihre Brust ist eng und haarig, die Schultern sind mittelmäßig entwickelt, aber sehr hoch angewachsen, was ihren Körper trotz des geraden Kreuzes krumm erscheinen läßt. An ihren knochigen Armen zeichnen sich die Muskeln in harten Umrissen ab. Auch ihre Hände sind knochig und mager. Die Adern ihrer Beine treten sehr stark hervor, und es bilden sich leicht Krampfadern; die Beine werden früh schwach und im Alter oft leistungsunfähig. Sie sind in besonderem Maße Unfällen ausgesetzt, die meist die Beine beschädigen. So findet man unter ihnen viele hinkende Menschen.

Phrenologisch betrachtet, fehlt ihnen das Organ der Verehrung. Aber das zwischen beiden Augen liegende Organ der Neugierde ist bei ihnen entwickelt und besonders die Organe des kausalen Denkens, die nicht durch vergleichendes Denken erleuchtet werden, und deshalb unaufhörlich quälen und zu trostlosen, nie lösbaren Problemen über die Unsterblichkeit der Seele führen. Dieser Zustand von Unruhe übt aber einen besonderen Reiz auf sie aus. Sie hängen gern finsteren Gedanken nach, denn sie sind verdrießlich; zänkisch und mürrisch. Sie mißtrauen anderen, zustärkst aber sich selbst. Ihre übertriebene Vorsicht nimmt ihnen jeden Schwung und läßt sie trotz ihres Wissens eine Menge von Möglichkeiten verpassen, bei denen sie sich im praktischen Leben hervortun könnten.

Die Beschäftigung mit allen okkulten Wissenschaften, besonders mit abergläubischen Dingen, ist ihnen angeboren. Trotzdem aber läßt ihr mathematisch exakter Verstand immer wieder Zweifel aufkommen. Ihre unerbittliche Logik erkennt nur nüchterne, reale und klare Beweise an. Am liebsten beschäftigen sie sich mit abstrakten Wissenschaften und leisten hierin auch Tüchtiges; so sind sie bedeutende Mathematiker, hervorragende Feldmesser, wissenschaftlich begabte Ärzte und vor allem große Landwirte.. In ihrer geistigen und körperlichen Schwerfälligkeit sind sie fleißig und geduldig. Wenig feinfühlig, wollüstig und liebefähig, halten sie leicht das Zölibat und unterwerfen sich gern Kasteiungen. Die Mehrzahl der strenggläubigen Priester sind unter dem Saturneinfluß geboren, vor allem die Jesuiten; daher ihre Traurigkeit, Askese und Blässe, ihr Unabhängigkeitswunsch und ihre schwarze Kleidung.

Sie lachen nur selten und überlassen sich gern bitteren Gedanken. Mit Vorliebe leben sie an feuchten Orten, an Teich- und Seeufern. Ihre Bauarbeiten sind solide, sie setzen Stein auf Stein, pflanzen Bäume, legen gepflegte Gärten an, bestellen Felder und tun dies alles mit Liebe. Sie leben auch gern in Gruben und haben die Begabung, unterirdische Gänge zu entdecken und als Bergingenieure Geld zu verdienen. In der Magie heißt es, daß sie in eigentümlich intuitiver Begabung Schätze und Gesteinsadern auffinden können. Eine starke Widerstandskraft ist ihnen eigen. Dienen ist für sie das ärgste aller Übel. Die schwarze Farbe ist ihnen besonders lieb, und sie tragen sie gern.

Sie leben sparsam, essen wenig und tendieren im allgemeinen zum Geiz. Träume und böse Vorzeichen beunruhigen sie, und sie werden immerfort von unklaren Schreckgespenstern gequält, fürchten sich leicht, und ihre Furcht führt naturnotwendig zur Melancholie. So gibt Hippokrates die Furcht als Ursache und Hauptsymptom der Melancholie an.

Diese Menschen finden immer Grund zum Widerspruch, lieben die Einsamkeit, leben für sich allein und fügen sich nur ungern den Forderungen und Ansprüchen der Welt. Als Musiker — und es gibt viele unter ihnen — lieben sie ernste, religiöse und Choralmusik. Das theoretisch Wissenschaftliche in der Kunst interessiert sie vor allem. Berlioz ist ein wahrhaft saturnbetonter Mensch, sicher war es auch Beethoven, der außerdem von Mars und Merkur beeinflußt wurde. Man findet unter dem Einfluß des Saturn meist begabte Instrumentalisten, die durch ihre Geduld die größten Schwierigkeiten zu überwinden vermögen. Der geizige, traurig bleiche, magere Paganini mit seiner dunklen Hautfarbe war auch ein echter Vertreter des Saturneinflusses. Alle Akademien sind mit saturninen Forschern und Sammlern angefüllt, die in ihrer wissenschaftlichen Forschungsarbeit den lebendigen Geist abstumpfen und sich von Theorien nähren.

Sie sind Feinschmecker und das Essen raffiniert zusammenstellende Chemiker der Küche. Alle Arbeit, die Geduld verlangt, wird von saturnbetonten Menschen verrichtet. Sie führen einen engen, kleinlich gehaltenen Haushalt. Unter ihnen gibt es auch wirklich leidenschaftlich erbitterte Spieler; das Spiel, bei dem sie den Zufall durch ihre Berechnungen zu überlisten suchen, bietet ihrer abstrakten Forschungslust einen ungewöhnlichen Reiz und lockt gleichzeitig ihre angeborene Geldgier. Aber gleichgültig, ob sie Wissenschaftler, Musiker, Geschäftsleute oder Dichter sind, stärkstes Bedürfnis ist ihnen der Wunsch nach Unabhängigkeit, der, mit Marseinfluß verbunden, in Aufruhr ausarten kann.

Die saturnbetonten Menschen haben lange, knochige Finger und einen stark entwickelten philosophischen Knoten; ihr Mittelfinger verbreitert sich stark am ersten (dem Nagel-) Glied, ihr erstes Daumenglied ist lang, denn ihr starker Wille übertreibt oft das Gewollte und artet in Eigensinn aus. Der Saturnberg tritt in der Handfläche durch starke Betonung oder Linienfülle hervor.

Der schlechte Saturneinfluß

Unter diesem Einfluß Geborene haben eine schwarze Hautfarbe, sind schmutzig, oft bucklig und mißgestaltet, waschen sich nur selten und strömen einen unsauberen Geruch aus. Sie sind geizig, faul, unfähig. Durch listige Ränke erwecken sie den Eindruck von Zauberei, und behaupten, Viehherden heilen und verhexen zu können. Sie geraten oft in Bergunfälle und füllen die Gefängnisse und Kerker, die zu Saturns Bereich gehören.

Ihre Finger sind lang, mager und knochig, von schlecht gestalteten Knoten verdickt. Die Haut ihrer Außenhand ist rauh, trocken und faltig. Innen ist sie übermäßig hart. Das erste Daumenglied ist sehr lang, das zweite fast gar nicht entwickelt. Der Saturnberg ist schlecht gezeichnet, ungleichmäßig, von einer Unmenge ineinander verschlungener oder sich kreuzender Linien bedeckt. Ihr Handgelenk ist dick und fast unbeweglich.

Die Signatur der Sonne

Ptolomäus sagt, daß Sonne und Mond keine bestimmten Charaktereigenschaften verleihen, sondern die von den anderen Planeten gegebenen Eigenschaften ergänzen. Der Sonneneinfluß gibt Schönheit und Seelengröße.

Meist sind Menschen, die unter diesem Einfluß geboren sind, mittelgroß, schön und wohlgebildet. Ihre Haut ist zitronenfarben, hie und da rötlich gemischt; ihr Bart ist voll und dicht, ihre Haare sind lang, zart und fein, goldblond gefärbt und von goldenen Fäden mit rötlichem oder gelbem Schein durchzogen. Ihre Stirn tritt etwas hervor und ist eher niedrig als hoch. Ihre großen, schön geschnittenen Augen, deren Weißes rein und klar ist, strahlen in feuchtem Glanz und haben einen zugleich lieblichen und strengen Ausdruck. Sie sind schön eingefaßt und wirken schon von weitem. Ihre Iris ist braun, die Wimpern sind lang und am Ende zurückgebogen. Ihre Backen sind fleischig und fest, ihre Nase fein und gerade, die Augenbrauen lang und geschwungen. Ihr Mund ist mittelgroß, und die leicht nach vorn geschobenen Lippen sind gleichmäßig entwickelt. Die Zähne sind schön angeordnet und nicht zu leuchtend weiß. Ihre gemäßigte Stimme ist angenehm und wohlklingend. Ihr rundes Kinn springt leicht hervor; die Ohren sind mittelgroß, kaum abstehend, das Ohrläppchen fleischig und rot gefärbt. Ihr Hals ist lang und muskulös, aber die Form der

Muskeln ist außen nicht erkennbar. Sie haben gar keine Haare auf dem Körper. Ihre Brust ist breit und kaum übermäßig gewölbt. Sie sind schlank, mit langen, schöngeformten Gliedern, und ihre Lenden sind gewölbt. Die Gelenke sind zart, die Schenkel stark, gut geformt, die Beine schön, aber im Verhältnis etwas zu dünn. Ihr Gang ist edel und zugleich anmutig. Im ganzen sind ihre Glieder eher muskulös als fett.

Apollo ist das Geistige, und das Geistige ist notwendigerweise vom Stoff gelöst. Von ihm beeinflußte Menschen machen Erfindungen und ahmen alles leicht nach. Sie finden ihre Ergebnisse — hauptsächlich auf künstlerischen Gebieten — durch intuitive Schau, nicht durch Studien. Sie sind Verlusten ausgesetzt, aber die Ehrung Fremder ist ihnen bestimmt. Sie sind reizbar, doch schnell wieder beruhigt. Trotz ihrer Liebenswürdigkeit schaffen sie sich oft Unannehmlichkeiten, weil sie nicht die Begabung haben, treue Freunde anzuziehen. Sie selbst sind hingabefähig, klug, großzügig und wohlwollend. Es ist ihnen aber schicksalhaft bestimmt, um Frauen viel leiden zu müssen. Sie haben viele Feinde, werden sie aber alle besiegen, wie die Sonne sieghaft durch die Wolken bricht.

Sie haben okkulte Begabungen und leisten Hervorragendes auf diesen Gebieten, zumal bei günstig gezeichnetem Sonnenberg. Sie sind gut und fröhlich, ohne laut zu sein. Manche Arbeit gelingt ihnen vollkommen und sie werden oft berühmt. Ihre geistige Begabung ist verschieden, aber immer sind sie stolz und beredsam. Anfangs lassen sie sich leicht durch die Schönheit der Form verführen, dann dringen sie aber tiefer in die Dinge ein und kommen zu richtigen Urteilen. Wanderungen, Beschaulichkeit, Poesie und Bücher sind ihnen besonders lieb. Sie freuen sich an reichen, harmonischen und starken Farben, an Goldsachen, goldenen Schmuckstücken und Rubinen und ziehen sich gern mit originellem und ausgesuchtem Geschmack an. Sie sind religiös und dies mehr aus Dankbarkeit, Beschaulichkeit und Anbetung, als aus Aberglaube. Die Sonne zieht alles an: sie ist der Mittelpunkt, zu dem alle Wesen hinströmen und alles Licht fließt aus ihr; so kann auch ein wirklich unter der Sonne geborener Mensch nicht im Verborgenen bleiben.

Oft sind es *Künstler* oder *Kunstliebhaber*, gutgläubige, maßvolle, manchmal auch ehrgeizig stolze Menschen. Als Ratgeber sind sie von vernünftiger Beredsamkeit und strenge Richter. Ihre große Begabung besteht in einer umfassenden Logik und einer Art, die Dinge richtig und ohne Banalität zu sehen. Molière, dessen Gesichtsfarbe hellgelb war, lebte hauptsächlich unter dem Einfluß der Sonne, mit dem sich der Einfluß von Venus und Merkur verband. Der günstige Sonneneinfluß gibt Ehren, Reichtum und Gunst der Großen.

Das Aussehen dieser Menschen ist elegant, anmutig, ja majestätisch. Ihre Augen aber sind oft schwach und verlieren manchmal die Sehkraft, zumal bei Menschen, die im Augenblick einer Sonnenfinsternis geboren sind. Sie sind von starker Sinnenfreudigkeit und binden sich leicht an Menschen. Sie lieben die Natur, die Felder, die schönen Landschaften und vor allem die Meeresküsten. Als Dichter — deren es viele unter ihnen gibt — streben sie nach Ehre und Ruhm. In einem Wort: sie wollen wie die Sonne strahlen, und die Sonne gibt Einsicht, Schönheit und Wahrheit (Kether, Typhereth, Jesod).

Die von der Sonne beeinflußten Menschen haben gewöhnlich glatte, eckige oder gemischte Finger und einen mittelgroßen Daumen. Handfläche und Finger sind gleich lang; die Logik ist bei ihnen entwickelt und der Unabhängigkeitsknoten ausgeprägt, wenn auch nicht übertrieben. Der Sonnenberg wird von einer einzigen Linie, wie von einer Längsfurche durchzogen, oder von drei gleichen Linien, wenn der Einfluß der Sonne sehr stark ist.

Der schlechte Sonneneinfluß

Unter diesem Einfluß werden kleine Menschen mit blonden, krausen Haaren und einer dunkelgelben Gesichtsfarbe geboren. Sie sind blind oder schielen und können fast gar nichts sehen. Geschwätzig und eitel stellen sie sich gern in den Vordergrund, ziehen sich deswegen extravagant an und benehmen sich besonders auffallend. Gibt es unter ihnen besser veranlagte Menschen, dann begegnen diese unvermeidlich mächtigen Feinden, die ihnen den Weg zu Kunst, Reichtum oder Ehren versperren. Meist aber halten sie sich für Dichter, für verkannte Künstler und bleiben trotz ihres geringen Erfolges und häufigen Unglücks beharrlich in Berufen, die ihnen nur Lächerlichkeit und Mißachtung bringen. Sie trösten sich aber darüber und leiden resigniert, weil sie sich für höhere Menschen halten. Es ist ihr Los, meist durch Feuerausbrüche in fremden Ländern zu sterben.

Ihre Finger sind verbogen, schlecht geformt, meist spatelförmig, und die Hände weich. Der Sonnenberg ist von einem Gitter oder einer Unzahl von Linien durchzogen, die von einer einzigen Querlinie durchschnitten werden. Im Daumen ist die Logik gar nicht, der Wille aber sehr stark entwickelt.

Die Signatur des Merkur

Menschen, die unter dem Merkureinfluß leben, sind klein und wohlge-
formt; ihr Gesicht ist lang, aber hübsch anzusehen und bewahrt sich einen
kindlichen Ausdruck. Ihre zumeist blasse Gesichtsfarbe ähnelt frischem
Honig, ändert sich leicht und geht beim geringsten Anlaß von Blässe in
Röte über. Ihre kastanienbraunen, weichen und glatten, nur am Ende
leicht gekräuselten Haare wachsen langsam; ihre Haut ist zart, ihr Kopf
beweglich; die hohe Stirn wird durch die Organe des kausalen und vergleichenden Denkens gewölbt. Ihr Bart ist spärlich, kurz und oft schwarz; die
schmalen, langen und gebogenen Augenbrauen liegen eng zusammen. Ihre
tiefliegenden, braunen oder grauen Augen, die ein wenig von den Augenbrauen überdeckt werden, blicken unruhig, lebendig und durchdringend.
Ihr Weißes ist gelblich, und ihre Wimpern sind fein. Die Nase ist gerade
und lang, die Nasenflügel etwas hervorspringend und die Nasenspitze eher
rund und abgestumpft als spitz, mit einem kaum merklichen Grübchen.
Sie haben feine, oft leicht geöffnete Lippen, die am Ende etwas abwärts
gebogen sind. Die dicke Oberlippe ist ein wenig vorstehend. Die Zähne
sind klein, das Kinn lang und spitz, manchmal keulenförmig aufwärts gebogen. Der Kopf wird an den Seiten durch die Organe der Wundersucht
und Besitzgier verbreitert. Der Hals ist dick und mittellang, die Brust
ziemlich breit, gleichmäßig geformt und fleischig. Ihre Lenden sind rund-
lich und sehr geschmeidig; ihre Arme und Beine sind fein und kräftig
ohne dicke Knochen gebaut. Schön gegliedert nähern sie sich ein wenig
den weiblichen Formen. Ihre Stimme ist schwach.

Der Merkur ist bekannt durch die Schnelligkeit seines Laufs und die
Helle seines Lichts. So sind auch die unter seinem Einfluß Geborenen lebhaft, beweglich, körperlich geschmeidig und für alle Spiele begabt, die wie
das Billardspiel Handgeschicklichkeit verlangen. Ihr Gang ist schnell – am
liebsten laufen sie – und ihre Bewegungen sind gewandt und anmutig.
Merkur gibt Tänzer und Akrobaten. Diese Menschen, die durch die Eigenschaften der dritten Welt zu Merkur gehören, haben eine schwache Stimme, wenn sie nicht auch von Mars beeinflußt sind.

Auf einer höheren Stufe haben die von Merkur beherrschten Menschen
einen lebhaften Verstand, schnelle Auffassung, spontan treffende Erwiderungen, geistreiche Worte und eine starke Intuition. Sie können im Notfall schlau, scharfsinnig und listig sein. Sie lieben die Wissenschaften und

Künste, die ernste Arbeit verlangen, die sie aber ohne Belastung und Nachdenken verstehen können. Ähnlich den Saturnmenschen interessieren sie sich für okkulte Wissenschaften, für Gnosis und Magie, Astrologie und metaphysische Forschungen. Aber trotz ihrer angeborenen leichten Auffassungsgabe studieren sie alles mit Gewissenhaftigkeit, Ausdauer und Liebe. Man findet unter ihnen Sprachlehrer, Philosophen, Physiker, intuitiv diagnostizierende Ärzte, Feldmesser, Bildhauer und Maler. Sie haben eine natürliche Beredsamkeit (eine goldene Kette fließt aus dem Mund des Gottes Merkur) und leisten Hervorragendes als Prediger und Advokaten. Ihre langen, glatten Finger sind oft spatelförmig. Springer und körperlich gewandte, von Merkur beherrschte Menschen haben harte, Denker und Gnostiker dagegen weiche Hände. Merkur gibt Gedanken, Erfindungen und Beweglichkeit. Solche Menschen verbinden mit den intuitiven Wahrnehmungen, die die Saturnmenschen quälen, das vergleichende Denken, das zur wahren Erkenntnis führt. Merkur ist der reale Verstand; Saturn das systematische Denken; Merkur gibt Erfindungsgabe; gemeinsam können sie Genialität verleihen. Saturn kann Merkur nicht entbehren.

Im allgemeinen haben von Merkur beeinflußte Menschen eine zarte und liebenswürdige Art. In Handel und Geschäften sind sie wirklich überlegen, da sie alles mit aufrechtem Sinn und schneller Auffassung von großen Gesichtspunkten aus betreiben. Sie werden aber leicht von Neid erfüllt. In ihrer gemäßigten Art meiden sie sinnliche Ausschweifungen und alle lärmenden und anspruchsvollen Versammlungen. Einige von ihnen haben eine natürliche Begabung zum Wahrsagen und Zeichendeuten und können die Zukunft vorhersehen und verkünden. Sie können leicht aufbrausen, sind aber sonst fröhlich, manchmal spöttisch, doch immer geistreich, ohne die Verspotteten zu verärgern, und besitzen einen ausgesuchten Takt und Lebensklugheit. Im Studium liegt ihre größte Freude. Sie lieben Familie und Kinder, reisen gern und studieren alles Wissenswerte in der Natur.

Ihre Hände sind lang, die Finger gemischt, der kleine Finger verhältnismäßig lang und oft spitz geformt. Der Merkurberg ist entwickelt und von einer klaren, glatten Linie durchquert. Die Finger haben den philosophischen Knoten. Der Daumen ist lang, die Finger sind sehr biegsam.

Der schlechte Merkureinfluß

Diese Menschen haben schwarze, fleckige Haut, eine schwache Stimme, tiefliegende Augen von düsterem Feuer; die Iris spiegelt, wie bei den Ziegen, ins Rötliche hinüber und ist ständig bewegt. Ihre Haare sind blond, manchmal sogar hellblond und struppig. Sie sind mager und häßlich. Ihr nervöses und verzerrtes Gesicht läßt sie den Affen ähnlich erscheinen. Sie sind melancholisch und zu Bösem geboren; man findet unter ihnen Diebe, Lügner, Neider. Habgierig greifen sie nach dem Besitz anderer, oft sind sie bucklig und voll Bosheit (Bucklige stehen immer unter Saturn- oder Merkureinflüssen, auch unter beiden, nur mit dem Unterschied, daß Saturn sie traurig und Merkur sie böse und spöttisch macht).

Sie sind geschwätzig, wankelmütig und dumm, versuchen als Schwarz- künstler aufzutreten und anderen den größten Unsinn einzureden. Dabei unterliegen sie natürlich selbst jedem Irrtum. Sie treiben Geisterbeschwö- rungen, glauben an Vampyre und Phantome, erfinden Geister und okkulte Mächte, behaupten mit diesen in Verbindung zu stehen, reden es sich sel- ber ein und zittern dabei selbst vor den Kindern ihrer Phantasie. Voller Schrecken hören sie den Berichten der Geister zu und geben vor, das zweite Gesicht zu haben, mit Dämonen zu verkehren, durch Atem, Handauflegen und einige magische Worte das Vieh zu heilen und nützen die Leichtgläu- bigkeit der Bauern aus. Sie leben gern als Landstreicher, durchziehen das Land als Zigeuner, wohnen in mitgenommenen Zelten und finden ihre Genugtuung und Freude darin, anderen Schrecken einzuflößen.

Ihre Hände sind weich, die Finger lang, gekrümmt und zurückgebogen. Der Merkurberg und das dritte Merkurfingerglied sind von schlechten, Lügner und Diebe verkündenden Zeichen durchfurcht.

Die Signatur des Mars

Menschen, die unter Marseinfluß geboren werden, sind übermittelgroß und stark gebaut, ohne schwer zu sein. Sie haben einen kurzen, dicken, kleinen Kopf, eine hohe, freie Stirn; ihr Kleinhirn ist stark entwickelt. Ihr Gesicht ist rund und fleckig; ihre Haut hart, fest und besonders an den Ohren rötlichbraun; ihre Haare sind dick, kurz, an den Spitzen kraus, rot oder von feurigem Blond, Farben, die dem rötlichen, einer glühenden Kohle ähnlichen Planeten entsprechen. Ihre großen Augen blicken feurig kühn, die Iris sind kastanienfarben oder rötlichgrau. Beim Sprechen starr auf den andern gerichtet, gewinnen sie einen festen, harten Ausdruck. Das Weiße des Auges ist rot unterlaufen; der Mund groß, die Lippen dünn, klein und aufeinandergepreßt. Nur die Unterlippe ist dicker. Die breiten, kurzen, spitzen, sägeförmigen Zähne sind gut angeordnet, von gelblichem Schmelz und liegen in gesundem Zahnfleisch. Ihre geraden, dicken Augenbrauen stehen nur wenig über den Augen; ihre Stirn ist häufig gerunzelt. Die spitze, aufgeworfene Nase biegt sich, einem Schnabel ähnlich, leicht zurück, die Nasenflügel sind weit geöffnet, das Kinn hervorspringend. Sie haben einen harten und kurzen Bart und kleine abstehende Ohren; ihre Backen sind knochig mit ausgeprägten Backenknochen.

Unter dem Marseinfluß geborene Menschen gehen erhobenen Hauptes. Ihr Hals ist kurz, stark muskulös und bläulichrot, mit hervortretenden Adern. Ihre Brust ist gewölbt, ihre Haut fleckig. Auch die Schultern sind breit und fleischig, die Schultermuskeln besonders stark entwickelt. Durch ihren dicken, fleischigen Rücken wirkt der Hals kurz. Die Lenden sind breit, die Gelenke und Gliedmaßen kräftig, die Knochen dick. Der Leib ist verhältnismäßig wenig stark, die Schenkel sind eher kurz als lang und die Beine muskulös. Beim Gehen nehmen sie große Schritte. Ihre Stimme ist laut, hoch und schallend; sie sind ungestüm und herrisch. Ihre Bewegungen sind plötzlich und schnell.

Die guten Eigenschaften dieser marsbetonten Menschen sind Hochherzigkeit, Freigebigkeit, ein großzügig ehrenwerter Charakter und große Verschwendungssucht. Sie verachten jede Gefahr und legen keinen Wert auf ihr Leben. Sie lieben theatralisches Auftreten, rote und grelle Farben, blinkende Waffen, Trophäen, Lärm, Bewegung und Pulvergeruch, der sie betäubt. Sie suchen mit Vorliebe Kaffees und lärmende Versammlungen auf, in denen starke geistige Getränke verteilt werden. Sie lieben Spiele, angeregte Unterhaltungen, Orgien und jeden möglichen Zeitvertreib. Sie reden laut, um die anderen zu überstimmen. In ihren Worten sind sie ebenso schroff wie in ihren Bewegungen, vertragen keine Widersprüche und geraten leicht in Zorn. Sie sind heftig und stolz. Sinnlichen Freuden und besonders unzüchtigen Liebesspielen zugetan, treten sie Frauen gegenüber dreist auf und verstehen dadurch ihre Liebe zu wecken (immer die Verbindung von Mars–Venus).

Sie sind eigensinnig, kämpferisch, heftig, kühn und verwegen, singen gern ihr Eigenlob und übertreiben unter sehr starkem Marseinfluß leicht ihre Berichte. Sie essen viel, fast gierig, am liebsten rohes Fleisch. Sie üben gern Berufe aus, wo Blut fließt, wie Chirurgie und Schlächterei, denn der Anblick von Blut erfreut sie. Mars fügt jeder Art von Lebensbeschäftigung Bewegung, Tatkraft und Energie hinzu; er verstärkt die Kraft, das Können, die männlichen Eigenschaften, selbst in künstlerischen Befähigungen. Er gibt den Malern die Farbe, den Rednern die Energie. Unter seinem Einfluß verführen Volksredner die Menge, reißen Prediger ihre Zuhörer hin. Alle Advokaten, die durch Beredsamkeit auffallen, Erstaunen wecken und die Menschen fesseln — aber ohne sie zu rühren —, stehen unter Marseinfluß. Alle schwungvollen Künstler jeglicher Kunstgattung erlangen ihre starken Fähigkeiten durch Mars. Michelangelo und Leonardo da Vinci, die auf jedem künstlerischen Gebiet Erfolg hatten, wurden von Mars und Saturn beherrscht.

Die Hände der Marsbeeinflußten sind dick, kräftig, stämmig und am untersten Fingerglied angeschwollen. Das erste Daumenglied ist breit und länger als das zweite.

Der Marsberg ist entwickelt und verstärkt den Handrand unterhalb der Herzlinie. Die Marsebene ist stark durchfurcht.

Der schlechte Marseinfluß

Alle Gassen- und Marktschreier, alle Scharlatane mit lauter greller Stimme, die die Menge zusammentrommeln und mit ihrem Wortschwall betäuben, stehen unter einem mehr oder minder schlechten Marseinfluß. Der völlig böse Einfluß bringt Mörder, Banditen, Straßenräuber, Plünderer, Aufrührer, Streitsüchtige, Blutdürstige und Lüstlinge, falsche, lügnerische, eidbrüchige, an nichts glaubende Menschen hervor, auch solche, die in schamlosen Spelunken leben und Straßenmädchen aushalten. Ihre Haut ist entzündet, ihr Gesicht unruhig, mit einem tierischen Ausdruck. Sie haben einen schiefen Mund mit herabfallenden Winkeln. Die Stirn ist gefurcht, die Augen sind schiefliegend, finster drohend und starr. Der Blick ist schielend und wild wie der Blick des Wolfs, der die schwache Seite seiner Beute erspäht, um sich darauf zu stürzen. Ihre Haare sind kastanienbraun oder weißblond und flach anliegend. Ihre Augen sind klein, der Körper mittelgroß, die Haut fleckig. Die großen Ohren stehen weit ab. Ihr Gesicht und vor allem der Hals sind rot gefärbt. Sie haben einen rauhen spärlichen Bart. Ihr Anblick hat etwas Finsteres und Abstoßendes.

Ihre Hand ist kurz, dick, stämmig und kräftig, das dritte Fingerglied geschwollen. Die Lebenslinie ist tief eingezeichnet und rot, die Herzlinie kurz und ästelos. In der Mitte der Marsebene liegt ein Kreuz. Das erste Daumenglied ist keulenförmig, das zweite sehr kurz und schwach. Die Haut der Hände ist hart. Die Herzlinie neigt sich in der Höhe des Zeigefingers halbkreisförmig auf die Kopflinie herab und verbindet sich mit ihr.

Die Signatur des Mondes

Unter dem Mondeinfluß Geborene haben einen runden, oberhalb der Schläfen am Sitz der Phantasie verbreiterten Kopf. Der obere Teil der Stirn, der phrenologisch das kausale und vergleichende Denken umfaßt, ist unscheinbar, aber der Teil des Schädels, der die Augen einfaßt und die Wahrnehmungsfähigkeiten enthält, tritt stark hervor. Ihre Gesichtsfarbe ist mattweiß, bleich, nur manchmal leicht gefärbt. Die Haut ist fleckig, das Fleisch weich. Sie sind groß (wenn es auch überall Ausnahmen gibt) und sehen muskulös aus, aber ihre Muskeln sind verfettet. Ihr Körper ist wenig behaart, ihr Gesicht breit und voll, die feinen, weichen Haare sind lang, blond und dünn. Sie haben eine kurze, im Vergleich zu ihrem vollen Gesicht etwas schmale Nase mit runder Spitze. Ihr Mund ist klein, mit dicken, hervorstehenden und schmollenden Lippen. Die Zähne sind breit, groß, gelb, oft schlecht gestellt und ungesund. Das Zahnfleisch schwindet zurück und ist blaß. Die runden, großen, klaren, hervortretenden Augen haben eine graublaue, unklar verschleierte Pupille, die gleichsam in der Augenhöhle versinkt. Ihre Wimpern sind breit und dick, die Augenbrauen zusammengewachsen, blond und unscheinbar, gleichsam verwischt. Das Kinn ist dick, fett, leicht fliehend. Ihre Ohren sind an den Kopf angeklebt. Der Hals ist lang, weiß und fleischig, oft von kreisförmigen fadenähnlichen Falten bedeckt. Ihre Schultern sind breit und fleischig, die Lenden stark entwickelt. Die Brustmuskeln der Männer und die Brüste der Frauen sind weich und faltig. Männer wie Frauen haben geschwollene und übertrieben breite Hüften, die ihren Gang erschweren. Ihr Leib ist sehr dick, die Beine sind schwer, massig und am Knöchel geschwollen. Auch die Gelenke sind schwer und die Füße groß und dick. Ihre Gestalt ist überhaupt meist aufgedunsen.

Unter dem Mondeinfluß sind die Menschen veränderlich, launisch und egoistisch. Sie reisen gern, von innerer Unbeständigkeit getrieben. Sie sind kalt, müde, träge, melancholisch und wenig liebefähig. Das Familienleben übt nur einen schwachen Reiz auf sie aus. Sie sind eher mystisch als religiös, sind phlegmatisch und daher körperlich und oft auch geistig schwerfällig. Ihre Phantasie aber ist stark und lebendig, und nährt sich von Träumen. Sie haben ein intuitives Ahnungsvermögen, prophetische Träume und erhalten oft Mitteilungen aus der Außenwelt, zumal wenn sie in der Einsamkeit, in der Nähe von Seen oder Quellen leben. Sie lieben die Kunst, aber nur phantastische Malereien und romantische Literatur. Sie dichten gern und haben ein ausgesprochenes Gefühl für Harmonie. Im allgemeinen haben sie eine stark weibliche Veranlagung.

Frauen, die unter dem Mondeinfluß stehen, sind aufopferungsbereit und hingabefähig, aber mehr aus Widerstandslosigkeit als aus Liebe. Immer aber steht ihnen ein Mensch besonders nah. Wenn sie ihn auch – ohne Absicht – leicht verraten, so bleibt doch ihre Liebe unverändert bestehen.

Menschen dieser Art suchen die Nähe des Wassers, und man findet unter ihnen Seeleute oder mit Schiffahrt Beschäftigte. Sie ziehen mit Vorliebe Wassertiere auf, wie Enten, Gänse, Schwäne, Fische, und haben Erfolg in Wasserarbeiten. Sie wohnen gern an Fluß- und Stromufern.

Diese mondbetonten Menschen sind unsicher, unruhig, wenig kampflustig und ohne Selbstvertrauen. Sie haben auch keine Redebegabung und selten die Fähigkeit, ein Unternehmen, das Ausdauer verlangt, zu Ende zu führen. In Worten sind sie großzügiger als in der Tat. Sie essen viel und gierig, trinken wenig, und dann nur reinen Wein. Sie werden immer von irgend etwas beunruhigt und ängstigen sich vor allem um ihre Gesundheit. Sie sind schwerfällig, gehen langsam, ermüden schnell und machen auf Reisen häufig Station. Ihr Hauptcharakterzug ist der des Mondes: Beweglichkeit und Unbeständigkeit. Sie lieben weiße und gelbliche Farben.

Ihre Hände sind fleischig und weich, das erste Daumenglied kurz, die Finger glatt, spitz und kurz. In der Handfläche ist der Mondberg im Verhältnis zu den anderen stark entwickelt. Literaten mit diesem Einfluß haben spitze, manchmal auch spatelförmige, immer aber weiche Hände.

Der schlechte Mondeinfluß

Unter diesem Einfluß geborene Menschen sind geschwätzig, leichtsinnig und ohne jede Umsicht. Sie sind Verleumder mit böser Zunge, gefräßige, lügnerische, abergläubische, unehrliche und treulose Menschen. Sie sind ausschweifend, aber ohne Leidenschaft, nur aus Laune, Neugierde,

Veränderungslust und in der Hoffnung, in jeder neuen Orgie ein unbekanntes Vergnügen, eine gierig ersehnte Erregung spüren zu können. Sie sind schamlose Egoisten, eitel, unverschämt, großsprecherisch, feige und richten gern durch häßliche Anspielungen Böses an. Sie sind schmutzig, und ihr Schweiß hat einen ekelerregenden Geruch. In Zeiten der Sonnenfinsternis geboren, schielen sie, sind sie kurzsichtig mit trübem Blick oder sogar blind. Ihre glatte, fahle Haut ist voller Flecke. Sie sind epileptischen Anfällen ausgesetzt und vielfach gelähmt, besonders ihre Zunge, Lippen und Augen. Auch Glieder- und Gesichtsverrenkungen kommen bei ihnen häufig vor.

Ihre Hände sind sehr weich und geschwollen. Sie haben spitze Finger, Launen anzeigende Furchen auf dem Mondberg und eine gegabelte Kopflinie, deren einer Ast zum Mondberg hinabführt. Der Marsberg ist wenig ausgeprägt und schlecht angeordnet. Der Sonnenberg wird von einem Gitter oder von durchkreuzten Linien bedeckt.

Die Signatur der Venus

Unter Venuseinfluß geborene Menschen haben eine starke körperliche und seelische Ähnlichkeit mit den von Jupiter Beeinflußten, denn diese beiden Planeten strahlen in gleicher Schönheit. Nur sind bei Venusbetonten Schönheit und Charakter weiblicher. Beide haben eine weiße Haut, aber sie ist rosiger, zarter, weicher, feiner und durchsichtiger bei den venusbetonten Menschen. Diese sind über den Durchschnitt groß, haben ein rundliches Gesicht und nirgends hervortretende Gesichtsknochen. Ihre Backen sind klein, dick, oft voller Grübchen. Ihre Stirn ist schön, eher klein als groß, von hellblauen Adern leicht durchzogen. Wenn sie lachen oder traurig sind, bilden sich zwei oder drei kleine Linien zwischen beiden Augenbrauen an der Stelle der Stirn, die Venus zugeschrieben wird.

Die schönen, langen, dichten, klaren, gut gezeichneten Augenbrauen dieser Menschen sollen beiderseits an der Nasenwurzel beginnen, sie selbst aber freilassen. Wird sie dagegen stark von Haaren bedeckt, die gleichsam dem Bogen der Augenbrauen entfliehen, ist es ein Zeichen von Liebeskummer und Eifersucht. Die Haare sind lang, dicht, wellig, weich, schwarz oder dunkelbraun und verlieren ihre Farbe auch nicht im Alter. Die gerade und an ihrer Wurzel breite Nase ist fein gegliedert und am Ende fleischig. Die Nasenflügel sind rund und leicht geöffnet. Die großen, schönen, klaren, braunen Augen haben einen auffallend feuchten, sinnlichen Glanz und eine große Pupille. Geschlossen sind die Augenlider rund, dick und von haarfeinen Adern durchzogen.

Ihr Mund ist klein, durch Blutfülle gerötet, die Lippen sind dick, besonders die Unterlippe, deren gerades Stück leicht aufgeworfen ist. Die Zähne sind weiß und gut angeordnet, das Zahnfleisch korallenrot. Sie haben ein rundes, dickes, längliches Kinn, in dem ein Grübchen liegt und wenig hervortretende Kinnbacken. Die Ohren sind klein, wie auch das fleischige Ohrläppchen.

Der weiße, starke und runde, mittellange Hals sieht, mit Herder zu sprechen, wie ein Turm aus Elfenbein aus. Die schmalen Schultern hängen herunter, die Schultermuskeln sind rund und dick; die Brust ist schmal, aber fleischig. Bei Frauen ist der Hals voll und rund. Die rundlichen Arme haben ein Grübchen am Ellenbogen. Nirgends stehen die Knochen heraus. Durch die sehr hohen, bei Mann und Frau gleich stark entwickelten Hüften erscheinen die Lenden gewölbt, aber die Schenkel sind lang, fleischig, schön und gut geformt. Der Bauch ist angedeutet, aber nicht stark. Die dicken Knie sind leicht einwärts gebogen. Die Beine sind stark, die Waden laufen nach unten zum Knöchel hin schmal zu, und hier sind die Gelenke fein, wenn auch rund. Die Füße sind klein, gut gegliedert und von blendender Weiße.

Ebenso wie die von Jupiter Beeinflußten haben diese Menschen ein lachendes, freundliches Gesicht. Sie lieben helle, elegante Kleider und jede Art von Vergnügen. Ihre Liebefähigkeit ist stark und sie sind gut, zartfühlend, liebenswürdig, freundlich und oft naiv. Sie denken von allem zuerst nur Gutes, sind gefällig, lieben Feste und vergnügte Gesellschaften, aber mehr um ihren Freunden gefällig zu sein, als um des guten Essens willen. Sie lieben Trinksprüche und die gemäßigten Freuden des Weins; ihre leichte Verdauung erhält sie bei guter Laune. Parfums, die sie für ihre Körperpflege gebrauchen, Blumen, mit denen sie ihr Zimmer schmükken, gehören zu den notwendigen Forderungen ihres Lebens. Sie lieben auch Musik, aber mehr die Melodie als Harmonie, die für die mondbetonten Menschen ausschlaggebend ist. Sie singen gern und suchen Beifall, nicht um hervorzutreten, sondern um zu gefallen. Sie sind gepflegt und lieben den Putz, der bei Frauen sogar unzüchtige Züge haben kann. Männer dieser Art tragen gern Schmuck und weibliche Verzierungen.

In ihrer vertrauensvollen Art lassen sie sich leicht täuschen. Sie sind von Natur nicht eben träge, aber doch gern ruhebedürftig, verträumt, entspannt und sinnlichen Freuden offen. Sie freuen sich an schönen Formen. Maler, die unter Venuseinfluß geboren sind, studieren diese Formen, suchen sie in ihren Bildern zu verwirklichen und sind elegante Zeichner. Raphael wurde besonders stark von Venus und Sonne beeinflußt.

Venusbetonte Menschen lassen sich von allem Schönen beeindrucken und treten zuerst wohlwollend allen Menschen entgegen, deren Formen, Züge und Aussehen ihr Auge bezaubert.

Streit, Lärm und Zwietracht verabscheuen sie, denn sie sind zartfühlend, fromm, gerecht und froh, ähnlich den jupiterbetonten Menschen, aber von einer stilleren Fröhlichkeit, mitteilsamer und weniger ehrgeizig und lärmend als diese. Venus gibt den Männern weibliche Formen, die, zu stark ausgeprägt, auch femininen Geschmack hervorrufen. Sie macht die Menschen, die sie nicht zu Ausschweifung treibt, gut, wohlwollend und barmherzig, voll Mitleid und leicht zu Tränen gerührt. Venus gibt den Künstlern, Rednern, Dichtern, Schauspielern und Komponisten die Gabe der Bezauberung und Rührung, die man Seele nennt. Es gibt keine Künstler, die nicht mehr oder weniger stark von Venus beeinflußt sind. Und findet man zufällig einen, so ist es kein inspirierter Künstler, sondern ein Theoretiker. Dann setzt er wohl die Umwelt in Erstaunen, weckt manchmal auch Bewunderung, aber er wird nie zu Träumen und Tränen hinreißen.

Die Hand venusbeeinflußter Menschen ist dick, fleischig und voll Grübchen; die Finger sind glatt, eher kurz als lang. Die Haut ist zart und weiß, ohne marmorfarben zu sein, der Daumen kurz, die Daumenwurzel stark und durchfurcht.

Der schlechte Venuseinfluß

Menschen dieser Art haben eine blasse, weiße Farbe. Sie sind dick, träge, mit tiefliegenden Augen, deren Blick feucht und unverschämt ist. Ihre Haare sind rotblond, fast rot. Ihre Nase ist groß und am Ende dick, an manchen Stellen eingedrückt und dann aufgestülpt, wodurch das Innere der Nasenflügel sichtbar wird; ihre Lippen, besonders die Unterlippe, treten stark hervor. Ihr dicker, weicher Körper gerät leicht in Schweiß; sie haben schwere Beine, Brust und Leib sind fett, die Gelenke gewöhnlich. Sie lieben alle wollüstige Sinnenlust und treiben mit der Liebe schamlos Handel. Die Stimme ist, selbst bei Frauen, rauh.

Ihre Hand ist sehr weich, die Finger sind glatt und spitz; der Venusberg ist voller Gitter und auch der Mondberg stark entwickelt und sehr linienreich. Bei ihnen wird häufig der Venusring und eine große lange Marslinie gefunden; die Milchstraße ist in beide Hände eingezeichnet.

Wie schon gesagt, steht ein Mensch nie allein unter dem Einfluß eines einzigen Planeten. Aber die besonderen, eben aufgeführten Signaturen finden sich manchmal beinahe vollständig und besonders stark ausgeprägt, wenn der Einfluß des Hauptplaneten sehr groß ist.

Sonst fügt jeder Planet seine ihm eigentümliche Wirkung hinzu, und aus dieser Vermischung entstehen die vielen Abarten, die man sich leicht ausmalen kann. Die Chiromantie kann ohne Geburtshoroskop die herrschenden Planeten bestimmen und sie sogar nach der Stärke ihrer Einflüsse einordnen, da diese durch die verhältnismäßig große Entwicklung der Berge und die Art der sie durchziehenden Linien angegeben werden.

Die Astrologen teilen auch jedem Stern einen besonderen *Einfluß auf bestimmte Körperteile* zu.

So beeinflußt Jupiter die Leber, Venen und Lunge, das Zwerchfell, die Rippen und Muskeln;

Saturn die Knochen, Zähne und Knorpel, das rechte Ohr, die Leber;

die Sonne das Herz, die Arterien, das rechte Auge, beim Mann die rechte, bei der Frau die linke Seite;

Merkur die Füße, Hände und Finger, die Sprache, Nerven, Sehnen und die Milz;

Mars die Blase und Galle, das linke Auge, die Zeugungsorgane und das Kreuz;

der Mond das Gehirn, das linke Auge, die Eingeweide, den Magen, die Gebärmutter und Schleimhäute;

Venus den Hals, die Brust, den Bauch, die hinteren Extremitäten, die Gebärmutter, und mit Mars zusammen Kreuz und Zeugungsorgane.

Nach diesem System rufen die Planeten – den Astrologen zufolge – die ihnen jeweilig zugeschriebenen Krankheiten hervor.

Astraleinflüsse werden
durch Sympathie angezogen

Man zieht den Einfluß eines Sternes an, wenn man sich mit Gegenständen umgibt, die seine besondere Signatur tragen. Deshalb ist es verständlich, daß vornehme Reiche, die von Geburt an mit ausgewählten Bildern, schönen Tapeten und Goldarbeiten umgeben und später in Samt und Seide gekleidet sind, auch dann, wenn sie nicht besonders begabt sind, allein durch den steten Anblick schöner Gegenstände oder Kunstsachen in ihrem Wesen und Aussehen eine Haltung angeborener Vornehmheit annehmen, die nur durch ein ausschweifendes Leben verwischt werden kann. Die Könige ziehen durch die Pracht ihrer Gewänder, durch das Gold und die Edelsteine ihrer Kronen, durch ihr Auftreten und den Glanz ihres Hofes die Einflüsse von Jupiter und Sonne an. Richter, Advokaten und Prozessierende stellen sich durch ihre schwarzen Kleider unter Saturneinfluß. Die strengen, unabhängigen, in einem Wort saturnbetonten Jesuiten sind vollkommen schwarz gekleidet.

Es ist gar nicht gleichgültig – wie man oft glauben könnte –, ob man sich mit traurigen oder schönen Gegenständen umgibt, da alles in der Natur nach harmonischer Übereinstimmung strebt.

Die meisten jungen Leute, vor allem in den Städten, wo Industrie und Unabhängigkeitsdrang herrschen, haben Gang und Aussehen wie Greise.

Die Frauen jagen dem Geld nach und sind geizig. Sie stellen sich unter den Saturneinfluß und aus der notwendig harmonischen Übereinstimmung heraus pudern sie ihr Gesicht und verleugnen jedes frische Aussehen.

Die von Saturn geförderten exakten Wissenschaften erfinden täglich neue mechanische Verbesserungen und neue Maschinen: das ist die Herrschaft der Mathematiker und somit die Herrschaft der realen Ernüchterung. Es ist auch die Zeit, wo die bösen Geister triumphieren: Die Tische sprechen, die Mauern stehen durch dumpfe Schläge mit Gespenstern in Verbindung, die Toten bedecken mit seltsamen Zeichnungen die Blätter, die ihnen die Lebenden, auf ihre Grabsteine gebeugt, hinreichen.

Heute herrscht überall auf der Erde der Saturneinfluß und man darf es nicht vergessen: Saturn ist traurig und voll Verhängnis.

Die Wirkung der Astraleinflüsse
auf verschiedene Völker

Offenbar beherrschen die Sterne neben dem Einfluß, den sie in der Geburtsstunde ganz persönlich auf alle Wesen unserer Erde ausüben, auch
noch besonders bestimmte Länder, die scheinbar unter ihrem unmittelbaren Schutz stehen. Hierdurch werden die allgemeinen Charaktermerkmale
der Bewohner jeder Gegend unserer Erdkugel verständlich.

In Europa werden die frisch und gut aussehenden Engländer von Jupiter und Mars beeinflußt. Sie sind stolz, lieben Prunk und Aufmachung,
hierarchische Ordnung, große Feste und Gelage. Saturn fügt industriell-
mechanisches Können und Unabhängigkeitsgefühl hinzu.

Der Mond beherrscht Seeleute und Menschen, die aus einer Laune heraus reisen. Er gibt auch Überspanntheiten und die phantastische Fröhlichkeit, die man gute Laune nennt.

Die Franzosen erhalten von Merkur ihre Lebendigkeit, ihre geistreiche
Art, ihre spontanen Erfindungen und hohe Intelligenz. Mars gibt ihnen
Freude an Krieg und Bewegung, Initiative und Kühnheit in der Liebe.

Die Deutschen werden von Mond und Saturn beeinflußt. Der Mond
schenkt ihnen den Hang zu Unerklärlichem und ihre Liebe zu körperlicher
Ruhe. Er gibt ihnen auch ihre Reiselust, die mehr einem Veränderungs-
wunsch als wirklicher Neigung entspringt. Er macht sie langsam, phlegmatisch, zu großen Essern, Biertrinkern (Bier ist das lunare Getränk) und
vor allem, was sehr bemerkenswert ist, zu großen Liebhabern musikali-
scher Harmonien. Saturn fügt die genaue Arbeit in Wissenschaft und
Kunst hinzu, verleiht aufrührerische Neigungen, die aber nie den klaren
Kopf verwirren, und einen oft unbesiegbaren Eigensinn.

Die Italiener erhalten die Einflüsse der Venus, die ihnen Liebeslust,
gute Laune, Anmut und vor allem die Melodie in der Musik gibt, in der sie
ebenso Hervorragendes leisten wie die Deutschen in der Harmonie. Auch
die Sonne übt einen Einfluß auf Italien aus, wie dieses Land in seiner Literatur und Kunst lange Zeit bewies. Wir erwähnten einmal, daß die Erziehung den planetaren Einfluß verbessern kann; wir müssen nun hinzufügen, daß sie ihn auch verschlechtert. Wenn Italien jetzt unter dem
schlechten Einfluß seiner Hauptsterne steht, so kann ihm ein Zusammenwirken glücklicher Umstände einmal wieder die verlorenen Fähigkeiten
zurückgeben.

Dasselbe können wir von Spanien sagen, das unter den, von Saturn abgewandelten Sonne-Venuseinflüssen steht; aber hier mit dem Unterschied,
daß unserer Meinung nach die großen Fähigkeiten Spaniens zwar lange
unterdrückt wurden, doch immer noch bestehen und gerade jetzt wieder
herauszukommen suchen.

Selbstverständlich gibt es neben diesen, nach Ländern aufgeteilten Ein-
flußgebieten, auch Unterabteilungen in einzelnen Provinzen.

Porträts

*Anwendungen des Handlesesystems und der Astralsignaturen
auf einige der bedeutendsten Menschen unserer Zeit.*

Nicht durch Abhandlungen, sondern durch Tatsachen beweist sich die
Wahrheit. Chiromantie und Sternsignatur grenzen zu sehr an das Wunderbare, als daß wir hoffen könnten, sie würden als exakte Wissenschaften
anerkannt. Deshalb wollen wir unsere Ausführungen durch Beispiele unterstützen, deren Richtigkeit leicht nachzuprüfen ist.

Alexandre Dumas

Dumas, Alexander der Ältere (D. Père). Franz. Schriftsteller, 1802–70. Gleich
erfolgreich als Dramatiker wie als Dichter historischer Romane. Unter seinen ungewöhnlich geschickt geschriebenen Romanen sind die bekanntesten »Les trois mous-
quetaires«, 8 Bde., 1844, und ihre Fortsetzung »Vingt ans après«, 10 Bde., 1845. »Le
comte de Monte Cristo«, 12 Bde., 1844/45. Zu seinen zahlreichen Dramen u. a.
»Kean«, 1836, und Romanen kommen Novellen, Reisebilder, Skizzen aller Art, Me-
moiren u. a. m. Dumas nahm auch an den garibaldischen Feldzügen in Sizilien und
Neapel teil, die er in »Les Garibaldiens«, 1861, beschrieb. Er gründete Zeitungen,
Zeitschriften und Theater zur Aufführung seiner eigenen Werke. Um einen Begriff
von der schriftstellerischen Fruchtbarkeit dieses ohne Zweifel ungewöhnlichen Mannes zu geben, genüge der Hinweis, daß eine der Gesamtausgaben seiner Werke
300 Bände umfaßt. Seine »Memoires«, die in den Jahren 1852–54 in erster Auflage
erschienen, umfassen allein 22 Bde. Seine Dramen, die im »Théâtre complète« gesammelt sind, umfassen in der Ausgabe von 1874 15 Bände.

Natürlich muß Alexandre Dumas an erster Stelle unserer Beispiele stehen.
Seine große Freundschaft zu mir gab mir den Mut, ihn um eine Gefälligkeit zu bitten, die er kaum jemals abschlägt, vielmehr um einen Dienst,
den er noch weniger verweigern würde, und sicher ist es unsere Pflicht,
den Mann an die Spitze unserer Porträts zu stellen, der der ungewöhn-
lichste, bedeutendste und seltsamste Mensch unserer Zeit ist; der spielend,

gleichsam mit einem Lächeln auf den Lippen, mehr als 30 Jahre lang die
Aufmerksamkeit einer ganzen Welt auf sich zog und noch immer in Bann
hält und den seine feurig strahlende, unerschöpflich sprudelnde Phantasie
zum anziehendsten, glänzendsten, schillerndsten Schriftsteller und Dichter machte, den man sich nur erträumen kann. Wir müssen zuerst von diesem großen Zauberer sprechen, der wie ein arabischer Märchenerzähler
durch seine Geschichten fesselt und immer voll Leben und Schwung ist,
von diesem seltsamen Menschen, der eines Tages wie ein Meteor auf-
tauchte und ohne viel Worte zu machen das alte Gebäude der Klassik un-
tergrub und umwarf und sich einige Zeit später auch der Trümmer des von
ihm leicht aus den Fugen gehobenen Palastes der Romantik entledigte.

Jupiter, Sonne, Merkur, Mars, Mond und Venus sind in Dumas' Hand
fast gleichmäßig ausgeprägt. Deshalb kann ihr starker individueller Einfluß, der nirgends einem sekundären begegnet, alle vorhandene Intensität
ungehindert abgeben; überall begegnet er einer aufnahmebereiten, oder
ihn ungestört zurückstrahlenden Kraft.

Der herrschende Planet ist Jupiter, dem unmittelbar der Mond folgt.
Jupiter gibt Dumas die frische Gesichtsfarbe und den fast weißen Körper.
Seine Fröhlichkeit, seine Freude an Festen, sein ausgesuchter Geschmack
für feine Speisen, sein Verständnis für die gute Küche, sein ungeheurer
Erfolg und seine Beliebtheit sind Eigenschaften des Jupiter. Seine glänzenden und zugleich tiefen »bons mots« werden ihm von Jupiter und Merkur eingegeben. Vom Mond erhält er seine Größe und die ersten erkennbaren Spuren von Wohlbeleibtheit, wie auch seine schmollend hervorstehenden Lippen, denen Venus, die auch einen großen Einfluß ausübt, eine
fleischige Dicke und einen eigenartigen Charme von Güte und guter Laune
hinzufügt. Mars schenkt ihm die vollen Muskeln und die breite Brust,
hat aber keine Einwirkung auf seine von Jupiter und an zweiter Stelle von
Venus und Mond beeinflußte Gesichtsfarbe. Die Sonne macht seine Formen schön, und von Merkur erhält er einen freien, ungezwungenen Gang.
Auch läßt Merkur seine Augen glänzen und gibt ihnen eine durchdringende Lebhaftigkeit.

Jupiter schenkt ihm Glück in seinen Unternehmungen und bringt ihm
Auszeichnungen, Ehren und Gunst der Großen und Reichen, die auch die
Sonne anzieht. Jupiter entschuldigt die vom Mond eingegebenen Launen
und macht sie liebenswürdig, eigenartig und seltsam anziehend. Seine
sonderbaren Unternehmungen, die Streiche und exzentrischen Einfälle,

denen er unaufhörlich nachgibt, müßten ihm an sich immer schädlich sein. Aber der Einfluß des Jupiter kommt unvermutet zu Hilfe und läßt aus einer scheinbar drohenden Gefahr einen Vorteil erwachsen.

Dumas ist besonders beliebt, weil sich in ihm das Wohlwollen der Venus mit dem faszinierenden Glanz des Jupiters verbindet. Er ist offenherzig gut, und die einsichtsvolle Güte strahlt ebenso hell wie der Ruhm.

Der Anblick eines übermenschlichen Genies wirkt ermüdend; man fühlt sich einem solchen großen Geist näher, wenn er auch kindliche Züge trägt. Dann muß man ihn lieben.

Wen Jupiter reichlich beschenkt, dem gibt er alles: gute Eigenschaften wie Fehler, folglich auch den Stolz, der zweifellos ein Fehler ist, bei gewissen Künstlern aber die stärksten Fähigkeiten hervorruft. Dumas' Stolz ist ungeheuer; aber wer könnte ihn darum tadeln? Ist dieser naive Stolz nicht Demut im Vergleich zu heuchlerischer Bescheidenheit?

Wir wollen das Studium der Astralsignaturen nicht weiter fortführen, da es durch die Erklärung der Handberge immer wieder ergänzt wird, und die Chiromantie unseren Hauptausgangspunkt bildet. Zusammenfassend aber sei gesagt: Wenn nach chiromantischer Betrachtung die Planeten auf Dumas einen fast gleichmäßig starken Einfluß ausübten, dann kommt auch die Phrenologie bei ihm zu ähnlichen Ergebnissen:

Sein Kopf ist fast rund, d. h. ohne Höcker und Krümmungen.

Dumas' Hände sind seltsam und scheinen nicht ihresgleichen zu haben. Breit, stark und feingliedrig zugleich werden beide von einer mit Wurzeln und Ästen wie ein Baum beladenen Glückslinie in zwei Teile geteilt; seine ebenso ästereiche Herzlinie beherrscht die ganze linke Hand und sendet einen mächtigen Ast zum Jupiterberg hinauf, wo sie sich gleichsam dem Salomonring verbindet, der sich wie eine Ähre um den Zeigefinger schlingt. Dies ist ein sicheres Zeichen seiner überlegenen Begabung für okkulte Wissenschaften und mystische Dinge, wenn er sich ihnen widmen würde. Die sehr lange Kopflinie gräbt eine tiefe Furche in seine Hand und verliert sich auf dem Mondberg, dem Sitz der Phantasie. Durch ihre Länge müßte sie Geldliebe anzeigen; da sie aber scharf zum Mondberg hinabdrängt, bedeutet sie nur Wunsch nach Geld, um die Launen der Phantasie zu befriedigen oder Geldliebe, die von Launen abhängt, also Verschwendungssucht.

Jupiter, der Berg des Ehrgeizes, wird hier in seiner starken Ausprägung zum Zeichen für Stolz und verschlingt völlig den Saturnberg. Hierin läge alles Glück und Verhängnis seines Lebens beschlossen, wenn nicht zwei andere Kräfte diesen Stolz im Gleichgewicht hielten und beherrschen würden: die Kraft der Liebe und Phantasie. Die Phantasie vor allem nimmt in der linken Hand fast die ganze eine Hälfte ein und würde ohne den anstoßenden Venusberg die ganze untere Handfläche besetzen. Diese beiden großen Berge stoßen und drücken sich gegenseitig wie zwei Riesen, die gegeneinander drängen, aber unbeweglich aneinander gepreßt bleiben, weil ihre Kraft gleich stark ist. Stolz, Phantasie und Liebe sind die Quellen von Dumas' Kraft und Lebendigkeit.

Seine Lebenslinie folgt den ungewöhnlich starken Konturen des Venusbergs und zeichnet eine tiefe, schöne Furche ein als Ausdruck für ein langes Leben. In der rechten Hand verbindet sie sich am Fuße des großen Dreiecks mit der Saturnlinie und biegt, der Raszette folgend, zur Außenhand um.

Nachdem sich die Saturnlinie von ihrer anfänglichen Verbindung mit der Lebenslinie gelöst hat, wirft sie einen Ast zum Merkurberg hinauf. Damit gibt sie zugleich Beredsamkeit und eine fast listige Geschicklichkeit an, alles Eigenschaften, die günstige Ergebnisse herbeiführen müssen.

In der linken Hand nimmt die Sonnenlinie auf dem Apolloberg die unvollkommen gezeichnete Form eines geflügelten Merkurstabs an; ein wenig besser ausgeführt, müßte sie große Berühmtheit, unvergleichliche Begabung für ernste Wissenschaften, für Chemie, Mathematik und Geschichte anzeigen. Sie hat sich aber im Romanschreiben ausgewirkt. Und in der rechten Hand verspricht diese selbe, von der Glückslinie ausgehende Linie Ruhm und Gunst der Großen. Auf dem Sonnenberg angekommen, bricht sie, vom Merkurberg bedrängt, auseinander und steigt nun wie eine Flamme auf: Dumas wird alles wissen, in allem Hervorragendes leisten und sich auf allen wissenschaftlichen und künstlerischen Gebieten versuchen; ein einziges Zweiggebiet genügt ihm nicht. Und alles unterstützt seine Phantasie. Die Kopflinie drängt, wie gezeigt, zur Phantasie, und die Herzlinie verbindet sich mit ihr durch eine vom Mond- zum Merkurberg aufsteigende und sie durchquerende Furche. Die Phantasie wird auch durch die glatten, spitzen, Eingebungen geöffneten Finger begünstigt und genährt. Überall empfängt er diese Eingebungen; er nimmt sie aus dem Außen, dem Himmel, der umgebenden Luft, aus der Natur und dem Gehirn der anderen, deren Gedanken er durch die intensive Elektrizität des abwechselnd ausstrahlenden und aufnehmenden Kräftestroms entzündet. Er macht einen glänzenden Eindruck, weckt Erstaunen, beeindruckt und verdunkelt alles, was sich in seiner Nähe befindet, mit Ausnahme fähiger und starker Geister, deren Widerstand seine Kräfte verdoppelt und neue Funken entfacht, wie Blitze dem Speer entsprühen, der das Eisen trifft.

Aber das ist noch nicht alles. Da die Phantasie immer die Vorherrschaft behalten muß, ist sein Daumen kurz und nährt unaufhörlich die phantastischen Bilder seiner unbeständigen Einbildung, seine Ekstasen, Verzweiflungen und himmelhoch jauchzenden Freuden.

Seine Finger sind ebenso lang wie die Handfläche, da synthetisches und analytisches Denken gleich stark entwickelt sind. Die Betrachtung des Daumens zeigt den Sieg der Logik über den Willen. Aber was vermag die Logik über eine solche Phantasie? Zweifellos ist auch der philosophische Knoten gut ausgeprägt. Aber er gibt ihm nur das Verlangen nach Unabhängigkeit, nicht den Zweifel. Das vom philosophischen Knoten gewöhnlich angezeigte kausale Denken muß der großen Beeindruckbarkeit unterliegen. Dumas' Denken ist ein sponaner Akt. Er wird unbedingt, schnell und sicher das Richtige herausfinden, aber im Augenblick, wo der Geist fragt und die Logik antworten soll, hat schon die Phantasie gesprochen, während er selbst überzeugt ist, daß es die Vernunft war. Hier liegt der Grund für so viele seltsame Handlungen. Was er geträumt hat, glaubt er getan zu haben und würde es auch, wenn nötig, in gutem Glauben beschwören. Für seine Leser ist das ein großes Glück. Denn er erfreut sie, fesselt, amüsiert sie und teilt ihnen dieses schöne, offene, fröhliche und ehrliche Lachen mit, das seine Lippen beim Schreiben bewegt und das aus seinem Herzen, aus seinem unerschöpflichen Wohlwollen quillt. Die Linie, die das dritte Merkurfingerglied durchquert und bis zum zweiten hinaufsteigt, zeigt seine Beredsamkeit und die Geschichtlichkeit, mit der er eine ganz gleichgültige Sache zu einem wundersamen Erlebnis macht. Hieraus entsteht auch die Leichtigkeit seiner Beschreibungen.

Freundschaft und Liebe erlangen bei Dumas alles, nur zwingen darf man ihn nicht; denn der Marsberg ist in beiden Händen ungewöhnlich stark entwickelt und läßt in der rechten Hand die Handfläche unterhalb der Herzlinie hervortreten. Der durch Wohlwollen gebändigte Marsberg gibt ihm eine sich stets bewährende Resignationskraft, die durch die vier Worte seines Wahlspruches: Deus dedit, Deus dabit (Gott hat gegeben, Gott wird geben) charakterisiert wird. Er gibt ihm auch eine unbesiegbare

Widerstandsfähigkeit gegen alles, was nicht seiner Neigung oder Überzeugung entspricht.

Mars verleiht seinen Werken Bewegung, Tatkraft und Energie. Durch sie reißt er die Zuhörer fort, fasziniert er sie. Mars gibt die Begeisterungskraft, mit der Merkur seine Beredsamkeit verstärkt und Dumas' Phantasie, Liebe und Ehrgeiz mit lebendiger Kraft versehen wird. Ohne Marsberg wäre er ein hervorragender, glücklicher Mensch, aber Mars macht ihn zum Genie. Der Ordnungsknoten fehlt; statt dessen findet man bei genauem Betrachten eine leichte Einbiegung. Bei einem so mächtigen Mondberg und spitzen Fingern würde die Ordnung auch nur ein Hinderungsgrund für seine harmonische Veranlagung sein.

Dumas' Haut ist weder zu hart, noch zu weich. Sie gleicht, um mit Carus zu sprechen, einem vom Spaten umgegrabenen kräftigen Erdboden. Zu starke körperliche Tätigkeit würde seiner seelischen Aktivität schaden und seine empfindsame Empfänglichkeit herabsetzen. Deshalb versagte sie ihm auch die Natur, die ihn zu einem vollendeten Vertreter seiner Art machen wollte.

Dumas ist einer der bedeutendsten Menschen unserer Zeit, wenn nicht der bedeutendste.

Lamartine

Lamartine, Alphonse de, französischer Dichter und Staatsmann. 1790–1869. Mitbegründer der franz. romantischen Lyrik. »Méditations poétiques« 1820 und »Nouvelles Méditations poétiques« 1823. Diesen beiden vielgelesenen Gedichtwerken folgte schon im Jahre 1830 die zweibändige Gedichtsammlung »Harmonies poétiques et réligieuses«, die ihm eine Art von Weltruhm erwirkte. Nach der vierbändigen Beschreibung seiner Orientreise, »Voyage en Orient« 1835, erschien die lyrisch-epische Dichtung »Jocelyn« und die dem gleichen Zyklus (einer Menschheitsdichtung) zugedachte »La Chute d'un ange«. Nachdem Lamartine sowohl auf dem Gebiete der Dichtung wie in dem der Politik ein steiler und verhältnismäßig rascher Anstieg (Febr. Revolution) gelungen war, stürzten ihn bereits die Junitage 48 in die Niederungen von Verkennung und Not. Nach dem Staatsstreich zog er sich ganz von der Politik zurück. Es folgt eine reiche dichterisch, politisch und historisch schriftstellerische Tätigkeit, die den auch finanziell vor dem Ruin stehenden Mann, den einstigen Liebling des franz. Publikums, wenigstens vor den schwersten wirtschaftlichen Nöten retten sollte. Erst nachdem seine Gläubiger zu einem teilweisen Verkauf seiner Güter geschritten waren, genehmigte ihm die Kammer eine jährliche Rente. Von seinen autobiographischen Werken sind die romantisch verbrämten Jugenderinnerungen »Confidences« 1849 und »Nouvelles Confidences« 1851 bemerkenswert. Unter seinen historischen Schriften erscheint heute nur mehr seine achtbändige »Histoire de Girondins« erwähnenswert. Franz. Gesamtausgabe in 41 Bänden, Paris 1860 bis 1866. Deutsche Ausgabe der sämtl. Werke in 30 Bänden, Stuttgart 1839–53.

Lamartine ist unter dem Einfluß von Venus und Merkur, von Mars und Jupiter geboren. Am stärksten beeinflussen ihn zweifellos Venus und Merkur.

Von Venus erhielt er die frische, weiße Gesichtsfarbe, die er scheinbar in seiner Jugend besaß, die aber jetzt durch Merkureinflüsse verändert ist. Von ihr empfing er seine Liebenswürdigkeit, seine oft bewährte Güte und seine charmanten Manieren. Jupiter schenkt ihm seine Freude an Aufmachung und Festen. Mars gibt ihm die Adlernase, das ausgesprochene Kinn, den hohen Kopf, das stattliche Aussehen und die verhältnismäßig breite Brust. Merkur, der seine Gesichtszüge verlängert, schenkt ihm großzügig alle ihm eigenen Güter: die treffenden Aussprüche, die starke Beredsamkeit, Freude und Verständnis für Verwaltungsdinge, Geschäftsliebe, besonders große Geschicklichkeit und geheimnisvoll spontane Eingebungen, die Vorausahnungen ähnlich sind. Merkur gibt ihm die Worte ein, die zu sagen sind und zeigt ihm die günstigsten Zeiten an. Mars fügt einen feurigen, verführenden, magnetisierend überzeugenden Eifer hinzu und bewirkt, daß seine Worte hinreißen und begeistern. Von Zeit zu Zeit bricht sich der Einfluß der Venus Bahn und läßt die Wirksamkeit seiner Energie besonders deutlich durch den Kontrast der Zärtlichkeit hervortreten.

Beim Betrachten der mir freundlich überlassenen Hände dieses großen Dichters befiel mich einen Augenblick lang eine Verwirrung, die ich nicht zu verbergen suchte und ich fragte zum erstenmal seit meinen chiromantischen Studien, ob diese für mich bisher untrügliche Wissenschaft nicht doch ein großer Irrtum sei. Ich war auf den Anblick sehr glatter, spitzer Finger gefaßt, auf einen kurzen Daumen, einen sehr stark entwickelten Mondberg und eine scharf zum Mondberg abfallende Kopflinie; alles Zeichen dichterischer Begabung. Ich hätte dies wetten, fast beschwören können. Statt dessen fand ich schöne, edel gegliederte Hände, aber mit gemischten oder leicht eckigen Fingern und einem ziemlich stark ausgebildeten Ordnungsknoten, der reale Geschäftsinteressen, d. h. eine naturgegebene kaufmännische Begabung anzeigt. Die Kopflinie ist lang, der Merkurberg entwickelt. Da ich mich stets und vor allem um die Erforschung der Wahrheit bemühe, gestand ich mein mea culpa ein und sagte Lamartine mit dem Mut der Verzweiflung, was ich in seiner Hand las. Mit einem Lächeln antwortete er: »Ehrlich gestanden, glaubte ich es mit irgendeinem fragwürdigen, mystischen Wesen zu tun zu haben und erwartete, daß Sie mich nach meinen Werken beurteilen, folglich alle Eigenschaften eines Dichters in mir entdecken würden. Aber diesmal muß ich gestehen, ist es an mir, zu staunen. Was Sie in meiner Hand lasen, trifft in jeder Beziehung zu. Ich habe gedichtet, weil mir das Schreiben leicht fiel, weil es mir ein gewisses Bedürfnis war. Aber es war nie mein wirklicher Beruf, und alle meine Gedanken haben sich stets auf geschäftliche Unternehmungen, auf Politik und vor allem auf Verwaltungsarbeiten gerichtet.«

Bei Lamartines Worten fühlte ich mich wie neugeboren. Ich bewunderte dieses geniale Können, das spielend eine der ersten Rollen in der literarischen Welt einnimmt und seine Überlegenheit wie einen Zeitvertreib ansieht und war erschreckt, so bestimmt und, ehrlich gestanden, ohne Zweifel das Richtige getroffen zu haben.

Der Versuch, in das Geheimnis der Zartheit, des Feuers und der Begeisterung seiner besonders schönen Verse einzudringen, ergab folgende Erkenntnis:

Jeder höher entwickelte Mensch wird von einer Leidenschaft erfüllt, die ihn führt und belebt. Oft sind es sogar mehrere, denn die Leidenschaften und – wir gehen noch weiter – die Laster sind nur Übermaß an Kraft und Feuer, eine Überfülle an Reichtum, die uns wie jeder Reichtum betäubt und durch die Unordnung, die ihr Tätigkeitsdrang in uns weckt, in das Verderben stürzt. Es ist der Dampf, der die Maschine explodieren läßt, wenn er die Kolben nicht in Bewegung setzen kann. Dieser Überfluß muß bedingungslos verteilt werden, dabei ist kein Geiz möglich, dies ist letzte, allerletzte Notwendigkeit. Hier liegt die Wahl zwischen Brennessel und Siegespalme, oft selbst zwischen Krone und Galgen. Unbedeutende Menschen sind meist gleichgültig. Niemand ist keuscher als der Eunuch. Aber wenn ein lebendiger, von heftigen Leidenschaften durchtoster Mensch diese Leidenschaften beherrscht und nur nach seinem Willen wirken läßt, um sein Ziel um so herrlicher zu erreichen, – wie die griechischen Wettkämpfer ihre Pferde peitschten, um schneller zum Sieg zu gelangen – dann, und nur dann ist der Mensch wirklich überlegen; er ist der Auserwählte Gottes und alle müssen sich vor ihm beugen. Unter den Großen dieser Welt sucht man vergebens nach einem leidenschaftslosen Menschen.

Das wollen die mittelmäßigen Geister nicht begreifen, die sich darauf versteifen, die Riesen unter den Menschen nach ihrem kleinen Maß zu messen und ihnen bittere Vorwürfe über Fehler machen, die doch nur eine Folge, eine Notwendigkeit ihrer edlen, leidenschaftlich feurigen Natur sind. »Du wirst von deinen Lastern erdrückt«, sagte der Physiognomiker Zopyras[1] zu Sokrates. »Das ist richtig und notwendig«, anwortete ihm Sokrates, »aber ich beherrsche sie.« Und Sokrates ist für uns das Vorbild an Weisheit und Tugend.

Lamartine besitzt die liebenswürdigste oder, sagen wir, die verliebteste Veranlagung, die man sich denken kann. Seine Herzlinie durchquert die ganze Hand und ist am Anfang und Ende von Ästen übersät. Der Venusberg ist keineswegs ungewöhnlich entwickelt, aber von Gittern bedeckt, und ein gebrochener Venusring liegt in seiner Hand. So sind also alle Kräfte der Sinnenlust wach, um seine Vernunft zu übertönen. Aber sein großes Herz adelt das Feuer und wandelt seine leidenschaftlichsten Zügellosigkeiten in eine ausgesuchte Zärtlichkeit um, in eine unendliche Liebe, die allem Großen, Edlen und Schönen weit geöffnet ist. Sein Herz ist der Schmelztiegel, in dem die Materie zu Gold verwandelt wird; seine durch Vergnügungssucht aufgestachelte Phantasie findet die irdischen Freuden zu leer und erhebt sich auf den Flügeln der Ekstase, um die wahre Freude im Himmel zu suchen. Und hier, in den Qualen eines heiligen Kampfes seufzt und stöhnt er auf. Seine zum Himmel aufsteigenden Gesänge suchen hier ihre Sprache und Harmonien. Aber wenn der Gesang verklungen, wenn er seine Kraft im feurigen Sehnen seiner Begeisterung verströmt hat, wird er wieder der ernste, starke und hellsehende Mensch.

Lamartines Kaltblütigkeit und sein bürgerlicher Mut werden in seiner Hand sehr deutlich durch die kräftige und linienlose Entwicklung des Marsbergs ausgedrückt. Er kennt seine Verdienste. Jupiter ist erhöht, doch nicht übertrieben, schafft also keinen übermäßigen Ehrgeiz, wie Lamartine auch bewiesen hat. Ein Stern auf dem Jupiterberg verkündet die unverhoffte Stellung, die er erreichte, zwei Querstriche auf demselben Berg aber zeigen, daß diese Stellung nicht anhalten wird und harte Prüfungen bestehen muß.

Eine Linie steigt von der Lebenslinie, folglich aus dem Venusberg geradenwegs zum Merkurberg auf; das bedeutet, wie man weiß, zahlreiche günstige Gelegenheiten.

Die Saturnlinie entspringt auf dem Venus- und Mondberg, findet also ihre Wurzeln in Liebe und Phantasie. Sie vereint sich in der Marsebene zu

---

[1] Zopyras. Physiognomist, gab eine Probe seiner Kunst, indem er den Sokrates aus physiognomischen Gründen als stupidus (dumm), barduus (stumpfsinnig) und mulierosus (weibstoll) erklärte; fand aber damit durch Sokrates selbst Bestätigung (Cicero, de fato, 5, 10. Tusc. IV, 37, 80).

einem einzigen, gerade aufsteigenden Stamm, geht also siegreich aus allen Kämpfen hervor. Später zerbricht sie in mehrere kleine Zweigstücke, die aber nebeneinander immer weiter aufsteigen: Eine hohe Stellung ging verloren, ein Glück zerbrach, kommt aber zeitweilig, gewissermaßen stoßweise wieder. In der linken Hand läuft die Saturnlinie auf dem Saturnberg pyramidenförmig aus, wird aber am Gipfel von Hindernislinien durchfurcht, das Zeichen eines großen, blitzartig eintreffenden Schicksals.

In der rechten Hand wird der Sonnenberg von zwei großen, parallel aufsteigenden Linien, Zeichen hoher Ziele und Wünsche durchzogen; die dritte Linie ist gebrochen. Diese drei Linien würden, vollkommen ausgebildet, die drei Sonnenwelten, Ehre, Ruhm und Reichtum bedeuten. Aber eine von ihnen verliert ihre Wirkungskraft. In der linken Hand steigen drei Parallellinien zum Sonnenberg auf, aber ein Querstrich zerbricht zwei von ihnen. Die dritte wird berührt, aber nicht durchschnitten. Hieraus ergibt sich eindeutig, daß Lamartine in seinem Reichtum gefährdet und sein Ruf getroffen wird; aber seine Ehre bleibt unantastbar, und da die Ruhmlinie in der anderen Hand unverletzt bleibt, glaube ich bestimmt sagen zu können, daß ihm Ehre und Ruf nie genommen werden.

Bei der weiteren chirognomischen Betrachtung bringt die Größe des ersten Daumengliedes mehr Widerstandskraft als Herrscherwillen zum Ausdruck, und diese Widerstandskraft wird noch durch die Breite dieses Gliedes, die festen Entschluß, im Notfall auch Eigensinn anzeigt, verstärkt.

Vielleicht irre ich mich, aber ich finde in Lamartines religiöser Einstellung keine blinde Gläubigkeit; seine Religion ist letzte Liebe, aber seine Logik (das zweite Daumenglied) und vor allem sein kausales Denken (der philosophische Knoten) halten ihn vor jedem weiteren Schritt zurück.

Er hat lange Finger, die ihm Verständnis für Einzelheiten geben. Seine Beschreibungen und Ausführungen sind auch bewundernswert. Diese langen Finger können ihm aber manchmal — um nichts zu verheimlichen — auch Eitelkeit, doch niemals Stolz einflößen. Seine pedantische Art würde ihm auch den stärksten Geschäftssinn verleihen, denn sein Fingerspitzengefühl ist ungewöhnlich gut und wie man weiß, schenkt ihm Merkur eine bewundernswerte Beredsamkeit und einen wunderbaren Scharfblick. Dieser könnte leicht in listigste Schlauheit umschlagen, würde nicht in jedem Augenblick ein Hindernis vor ihm auftauchen und ihn zurückhalten: sein Herz!

Wie bei Dumas liegt auch in seiner Hand der Salomonring. Hätte er sich mit okkulten Wissenschaften beschäftigt, er hätte königliches Wissen erlangt.

Soll ich meine geheimsten Gedanken aussprechen, so glaube ich nicht, daß die Hand dieses großen Dichters in ihrer Jugend die gleiche Form hatte wie jetzt, sondern dünne und sehr glatte Finger besaß. Alter, Stellung und Umstände aber haben bei ihm Eigenschaften besonders stark ausgeprägt, die ihm zweifellos eigen waren, anfangs aber nur eine sekundäre Rolle spielten und erst durch seine überlegene geniale Begabung zu Hauptfähigkeiten herausgearbeitet wurden. Seine Neigungen haben sich verändert und deshalb notwendigerweise auch seine Hände.

Kurz zusammengefaßt vereint seine Hand eine durch Feinheit, Zartheit und ausgesprochenste Empfindsamkeit fast weiblich wirkende Veranlagung mit männlichstem Mut. Eine reiche bewundernswerte Natur.

Proudhon

Proudhon, Pierre Joseph, franz. Sozialist. 1848 Redakteur der revolutionären Zeitung »Représentant de Peuple« und Abgeordneter der Konstituante. Später wiederholt, seiner politischen Tätigkeit halber, zu verhältnismäßig hohen Gefängnisstrafen verurteilt. Lebte bis 1860 in Belgien, von da ab wieder in Paris. Er ist ein entschiedener Gegner des Kommunismus. »Sein Ideal war nicht Abschaffung, sondern Reform des Privateigentums; eine auf Gerechtigkeit und billige Gegenseitigkeit aufgebaute Gesellschaft.« Jugendwerk: »Qu'est-ce que la propriété?« 1840; Hauptwerk »Système des contradictions économiques, ou philosophie de la misère« 1846. Sämtliche Werke in 26 Bänden 1868 ff.

Proudhon steht unter den besonderen, im wesentlichen vorherrschenden Einflüssen von Jupiter und Mars. Jupiter macht seine Haare spärlich und seine vom Marseinfluß rötlich gefärbte Haut fast weiß; Mars gibt ihm den roten Bart, die breite Brust und die dicken Formen. Diese beiden Planeten bekämpfen einander in Proudhons Wesen. Die stark entwickelte Jupiterkraft flößt ihm einen ungeheuren, übermenschlichen Stolz ein, da er die Eigenschaften der göttlichen Welt durch die unheilvollen Marseinflüsse verliert. Auch vereitelt Mars durch seine Unterstützung des von Jupiter eingegebenen Stolzes eine Zeitlang die Auswirkung des Glücks und die materiellen Erfolge, die Jupiter seinen Günstlingen gewährt.

Saturn übt einen sekundären Einfluß auf ihn aus, der sich in seinen hohen Schultern und dem breiten ersten Mittelfingerglied ausdrückt. Er gibt ihm Zweifel, finstere Launen und Aberglauben. Von Venus erhält er die physische Liebe und würde auch Zärtlichkeit von ihr bekommen, wenn nicht ihr Einfluß von dem des Mars bekämpft und fast zunichte gemacht würde. Proudhons Hand ist sehr einfach, was hier wie fast überall der Fall ist, wenn eine bestimmte Richtung entschlossen und eine einzige, gleichgestimmte Kraft widerstandslos vorherrscht. Proudhon ist zum Kampf geboren; der Kampf dient dem Stolz, der hier Nahrung, Vorteil und Glanz findet. Daher die Verbindung und Intensität aller Kräfte und ihre eindeutige Konzentrierung. Diese seltsame Veranlagung erinnert an die des Teufels, den Proudhon von Zeit zu Zeit anruft und dem er brüderlich zunickt. In dieser Beurteilung soll aber keineswegs eine feindliche Absicht liegen. Ich achte alle klugen Köpfe, Proudhon ebenso wie andere; aber mich treibt der Wunsch nach klaren Definitionen, das Interesse am Studium, und Proudhon tritt so heftig auf alles, was in der Welt geachtet und achtbar ist, daß ich schonungslos sagen muß, was der Wahrheit entspricht.

Proudhon gehorcht, meiner Meinung nach, zwangsläufig seiner Natur. Es ist seine Mission, daß er dem Unglück einer verurteilten Zeit noch das Unglück der Ernüchterung zufügt, das Licht verdunkelt und die Verzweiflung vorbereitet. Gesegnet der Bote der Finsternis, der Wille Gottes geschehe! Aber wenn er ihm auch die Hacke erlaubte, die Kelle gab er ihm nicht in die Hand. Aus der Unordnung kann man nichts aufbauen. Paläste sind nur mit Marmor und Granit zu errichten: mit Religion und erbarmender Liebe.

Wir wollen sehen, ob Proudhons Hände seine Bestimmung verraten. Der Jupiterberg ist bei ihm, wie gesagt, stark ausgeprägt, ein offensichtliches Zeichen von Stolz. Der auffallend entwickelte philosophische Knoten macht ihn unabhängig, aufrührerisch, zweifelnd und treibt ihn zum kausalen Denken (das ist auch eine Art von Stolz, die Empörung gegen alles Bestehende, die ewige Unzufriedenheit).

Die Kopflinie ist gerade, real und nüchtern, zwangsläufig auf logisches Denken eingestellt; sie ist nicht lang genug, um einen überlegenen Verstand auszudrücken, und hier liegt auch nicht seine stärkste Fähigkeit.

Seine übermäßig eckigen Finger geben ihm einen tyrannischen Ordnungssinn, eine übertriebene, unersättliche Gerechtigkeitsliebe. Alles Bestehende erscheint ihm schlecht und falsch. Nur er allein ist männlich, tüchtig und begabt.

Das zweite Daumenglied (die Logik) ist stark entwickelt und dick, ohne lang zu sein. Proudhons Logik ist voll Energie und Kraft, aber ohne Bedeutung. Denn sie bewegt sich mehr in Paradoxen als in vernünftigen Urteilen.

Das erste Daumenglied, der Wille, ist sehr stark, sehr dick und widerstandsfähig. Es zeigt vor allem durch seine seitliche Verdickung einen unbesiegbaren Eigensinn an und ist folglich wieder Ausdruck eines großen Stolzes. Das sind seine Waffen im Kampf; sie sind mächtig, und es fehlt meiner Meinung nach keine. Der Kampf selbst ist Mars, der diese Waffen nutzbar verwenden soll.

Proudhons Hände sind hart, ein Zeichen unaufhörlicher, unermüdlicher Tatkraft, Ausdauer und im Angriff unermüdlicher, vom Eigensinn verstärkter Energie. Der Marsberg ist ungeheuer groß und linienlos. Das bedeutet Entschlußkraft, Festigkeit und Haltung, aber Mißachtung der öffentlichen Meinung.

Auf der Marsebene liegt ein Kreuz. Dieses Kreuz — ein seltenes Zeichen — ist der erbitterte, unaufhörliche Kampf, der Krieg gegen alle, es ist der feurige Eifer, der nach erbarmungslosem, schrecklichem immerwährendem Kampf fiebert und dem die harte Hand noch ihre unersättliche Tatkraft hinzufügt.

Die tiefe, rote Lebenslinie setzt diesen Trieben Schroffheit, Schärfe, ja Brutalität hinzu, sobald die mächtigen Marseinflüsse fühlbar werden.

Solche Hand wird mit kriegerischem Eifer überall Anlaß zu Kampf und Angriff suchen und als Vorwand und Deckmantel — dank der übermäßig eckigen Finger — überall die Gerechtigkeitsliebe herausstellen.

Die Gerechtigkeit ist alles, die Gerechtigkeit ist Gott — nein, noch mehr als Gott; Gott ist nicht gerecht genug; göttlich ist der gerechte Mensch und dieser Gerechte ist zweifellos Proudhon!

Aber ist er wirklich Atheist? Glaubt er an keine göttliche Macht?

Dieser fürchterliche Mensch verbirgt hinter einem rauhen Äußeren ein liebendes Herz; seine Herzlinie ist reich, schön und voller Äste; er liebt seinen engen Familienkreis, ist mit ihm und durch ihn glücklich. Vielleicht liebt er auch die Menschheit auf seine Weise. Aber der Stolz verbietet ihm jede sichtbare Äußerung solcher Gefühle, und wie reich sein Herz auch sein mag, es gehorcht dem Stolz.

Wir wollen noch weiter den Schleier des Atheismus lüften und den Deckmantel der Ungläubigkeit beseitigen.

In Proudhons Hand liegt das mystische Kreuz, denn Proudhon ist abergläubisch.

Sein kriegerischer Eifer, sein philosophischer Geist treiben ihn weiter, als er es selbst will; aber was er einmal geschrieben hat, bleibt stehen. Sein Eigensinn verbietet ihm, einen einmal klar ausgesprochenen Gedanken zurückzunehmen, sein Stolz ließ es nie zu (jacta est alea!). Er kann nicht an Zeremonien und kirchliche Formeln glauben, aber er fühlt in sich selbst eine mächtige geheimnisvolle Macht; er ahnt, daß ein Meister, ein Schöpfer und Richter lebt, daß es ein anderes Leben gibt, von dem er vergeblich seine Gedanken fernzuhalten sucht. Und manchmal wird er unruhig und schwach; er versucht Mut vorzutäuschen, aber derselbe Gedanke, die gleiche Traurigkeit, dieselben Zweifel steigen immer wieder in ihm auf, unaufhörlich heraufbeschworen durch das mystische Kreuz und den Saturn. Dann verrät er sich in seinen Werken; dann zögert er und stößt Gotteslästerungen aus, um sich zu betäuben: aber die Angst bleibt.

Dies leugnen, wäre vergeblich, denn unser Wissen beruht auf Erfahrung und diese Zeichen trügen nie. Selbst Proudhon leugnet ihren Einfluß nicht, wenn er ihn auch nur für seine Jugend zugibt. Aber was in der Jugend zutraf, ist auch heute noch von Bedeutung; das Zeichen ist noch nicht verlöscht. Die Lebenskraft, die jetzt lebhaft und stark in seinen Adern rollt, versucht ihn manchmal über diese Ahnungen hinwegzutäuschen. Aber im Alter, wenn die Schwäche der Kindheit zurückkommt, werden diese Gedanken wieder um ihn schweben, stärker und düsterer als je zuvor, und mehr als einmal wird er seine gefährlichen Lebensregeln und das getane Böse bedauern.

Aber noch einmal sei die Frage aufgeworfen: Hätte Proudhon dem Ungestüm seiner Triebe widerstehen können? Oder, wenn die Gesellschaft zugrunde gehen sollte, war es dann vielleicht seine Sendung, gemeinsam mit den vielen anderen, die im Schatten herumkriechen, im geeigneten Augenblick – jeder nach seiner Kraft – Schaden anzurichten? Ist unsere Zeit nicht das eiserne Zeitalter!

Corot

Corot, Camille, franz. Maler, 1796–1875. Schüler von Michallon, Victor Bertin und Aligny. Begründer einer neuen Landschaftsmalerei (paysage intime). Neben den Schönheiten der südlichen Natur begeisterten ihn ganz besonders die landschaftlichen Reize seiner engeren Heimat. (Wälder von Fontainebleau und Ville d'Avray). Dazu kam im besonderen das Studium der Natur in der Provence und der Normandie. In der Hauptsache malte er poetisch verklärte Landschaftsstimmungen, die oft mit Nymphen oder antiken Idealfiguren belebt sind. Zu seinen berühmtesten Bildern gehören »Nymphentanz« 1850 und »Kastell Gandolfo« 1865. Aus der Tiefe seiner malerischen Gesichte heraus ist es verständlich, daß er von seinen begeisterten Landsleuten »der Lamartine der Malerei« genannt wurde. Sein Einfluß auf die jüngeren franz. Landschaftsmaler war bedeutend. Neben seinen Landschaftsbildern malte Corot auch Frauenbildnisse und Frauenakte. Sein Gesamtwerk wird mit über 2000 Gemälden, ohne Zeichnungen und andere graphische Arbeiten, angegeben.

Die bedeutendsten Planeten, die Corot gleichmäßig beherrschen, sind Mars, Saturn und Sonne.

Mars gibt ihm die rote Haut, die breite Brust, den starken Hals, die laute Stimme, den verschlossenen Mund, das viereckige Kinn und die gelockten Haare. Die sonst vom Marszeichen verdrängten Signaturen des Saturn finden wir nur in seinen Händen ausgeprägt. Die Sonne verschönt seine Augen und macht seine Nase gerade und regelmäßig. Mars gibt ihm aufgeblähte Nasenflügel; die Verbindung von Saturn und Sonne mäßigt in Gang und Bewegung die ungebändigte Kraft des Mars. Er ist ein weiser, energischer Mensch.

Aus der äußeren Erscheinung kann man Schlüsse auf das innere Wesen ziehen. Corot ist offensichtlich eine Kämpfernatur. Dies beweist die Tatsache, daß er sich durchsetzte und Schule machte; aber sein Kampfeseifer, der von Saturn, der Vorsicht, und von der Sonne, der Weisheit, gemäßigt wurde, konnte sich nur als besonnene, wohlbewährte Widerstandskraft äußern. Er widersetzte sich einer falschen künstlerischen Richtung nicht durch Angriff, sondern durch das Martyrium, ähnlich den ersten Christen. Das ist die Art, wie sich die erleuchtete Überzeugung immer wieder dem Irrtum gegenüberstellt. Das ist der Weg des Triumphes. Und so hat auch Corot trotz erkennbarer Fehler glänzend gesiegt. Er war offensichtlich Kolorist, doch hat er alles der von der Sonne eingegebenen Vernunft und der von Saturn verliehenen Überlegung untergeordnet. Saturn gab ihm sein bewundernswertes Verständnis für die Farbwerte, dem er mit großem Mut die immer wieder von Mars veranlaßten Ansätze koloristischen Ausmalens zum Opfer brachte.

Er wollte nicht hervorragen, wollte nur einsichtsvoll sein und entwickelte sich zu einer starken Begabung. Seine Fähigkeiten können nur Künstler verstehen und auch nur sie haben ihn anerkannt. Durch die Achtung seiner Kameraden und Rivalen erlangte er sein Ziel, und das ist nicht sein geringster Ruhm.

Ein Gespräch mit Corot vermittelt am stärksten den Eindruck der planetaren Einflüsse, die ihn beherrschen. Zunächst macht ihn Saturn vorsichtig, mäßig und zurückhaltend; nach und nach erhält er von Mars Energie, Schwung, Bewegung und Bilderreichtum und zuletzt enthüllt ihm die Sonne Ansichten von unwiderstehlicher Größe und Weisheit. Seine heftige Rede wird besonnen und gemäßigt, klar und überzeugend; aber seine Ausdrücke sind immer einfach, immer richtig, feinsinnig und ohne Umschweife; seine Gesten sind wahr, ruhig und angemessen, Zeichen wirklicher Beredsamkeit.

Der nächste Zug, der uns in seiner Hand auffällt, ist sein starker Wille. Hier liegt seine ganze Kraft, der Angelpunkt seines Lebens.

Corot hat den Daumen eines Sektenführers (sehr lang und stark). Trotz scheinbar unüberwindlicher Schwierigkeiten, trotz der Härte und Herbheit seiner Malerei, trotz des Mangels an augenfälligen und verführerischen Mitteln, trotz seiner Strenge hat Corot Schule gemacht.

Wie kam er dazu? Durch die ungeheure Stärke seines Wollens (erstes Daumenglied) und seiner Logik (zweites Daumenglied); denn beide Daumenglieder sind gleich lang. Dem Willen verbindet sich ein wenig Eigensinn, aber der untere Teil, die Logik, ist so breit, so mächtig und stark ausgeprägt, daß die Anschwellung des Daumens wie die launenhafte Verzierung einer schönen Pyramide wirkt.

Seine Finger sind eckig, sogar sehr eckig; das bedeutet konzessionslose, fast tyrannische Wahrheitsliebe.

Gut ist es, ihn um Rat zu fragen, denn er fügt seiner Logik, seinen eckigen Fingern noch eine gerade, tiefe, die ganze Hand abriegelnde Kopflinie hinzu: Das bedeutet einen unerbittlichen Verstand, aber auch Ehrlichkeit und strengste Rechtschaffenheit.

Diese so stark besonnene Hand erlaubt nirgends unnötige Ausgaben und verlangt überall Sparsamkeit.

Ihre Devise heißt: Uti non abuti, selbst beim Geld.

Trotz ihrer schönen Zeichnung wird die Herzlinie zwangsläufig zur Kopflinie abgedrängt, wie ein Adler in den Wirbelwind hineingetrieben wird. Sie biegt sich in launischer Krümmung zu ihr hinab und verliert sich darin.

Corots Verstand beherrscht alles, selbst sein Herz. Er kann lieben, aber nur, wenn es von seinem Gesichtspunkt aus richtig und besonnen scheint. Sonst muß sein Herz schweigen.

Seine beiden Hände sind nicht von gleicher Festigkeit. Die linke, die Hand des Herzens ist fast weich; die rechte, die Hand der Handlung, Tat und Vernunft ist hart und tatkräftig.

Der philosophische Knoten ist sehr stark ausgeprägt, denn Corot nimmt nichts an, ohne die Ursachen zu prüfen; er ist unabhängig, wie es sein ganzes Leben beweist, und hat alles seiner Kunstliebe geopfert, alles für sie gelassen. Keiner hat ihn jemals, auch nur einen Augenblick, als Bittenden gesehen.

Zweifellos hätte Corot sehr reich sein können, wäre er seinem Geschäftssinn gefolgt. Denn die Glückslinie steigt geradewegs bis zur Kopflinie auf, wo sie anhält, um sich dann weniger bestimmt und stark weiter zu erheben.

Ihr Einfluß aber weicht der Kunst, die in Corots Leben an erster Stelle steht. Die geschmeidige, etwas faltige Haut seiner Hände zeigt ein intelligentes, feinfühliges Wesen an.

Aber worin zeigt sich Corot, der Dichter?

Der Mondberg (die Phantasie) ist stark entwickelt; ruhig und linienlos bildet er zusammen mit dem ebenso glatten, linienlosen Mars (dem Kampf) einen einzigen Berg. Hier entstehen die frohen, immer heiteren, lauteren Gedanken, die einem reinen Gewissen entspringen. Das mystische Kreuz, das in beide Hände gezeichnet ist, verleiht seinen Worten den leicht verhüllten Schleier der Melancholie.

So schweifen die beschwingten Träume umher, wenn die Seele in dem geheimnisvoll unbekannten Zustand, den wir Schlaf nennen, in eine andere Welt hinübergleitet.

In Corot sind zwei Wesen klar voneinander zu unterscheiden: der wahre, gewissenhaft gelehrte Maler, der in seinen bewundernswerten Studien erkennbar ist, und der Dichter, der aus seinen Bildern spricht. Zwei Naturen sind in ihm lebendig: der strenge, genaue Mensch und der Künstler.

Wir sprachen bisher von dem strengen Menschen, fügen wir nun die Natur des Dichters hinzu. Außer dem mystischen Kreuz (zwischen Kopf- und Herzlinie) liegt in Corots Hand der Salomonring auf dem Jupiterberg, der ihn naturnotwendig in die Mysterien des geheimnisvollen Naturlebens einweiht; auch das auf seinem Berg eingegrabene Zeichen des Jupiters macht ihn zu einem höher entwickelten Menschen, der begabt ist, die höchsten und edelsten Eingebungen zu empfangen.

Nur leicht angedeutet liegen drei gleichmäßige Parallelen auf dem Sonnenberg. Diese schwach ausgeführten Linien zeigen uns, daß bei etwas weniger Vernunft und dafür ein wenig stärkerer Begeisterung diese von der Natur angedeuteten Furchen durch Berühmtheit, Ruf und Reichtum eingegraben worden wären, und Corot ein ebenso bedeutender Maler wie die großen Künstler der berühmtesten Zeiten unter Leo X. und den Medici hätte werden können.

Um auch den kleinsten Schatten eines Zweifels zu nehmen, weicht die Sonnenlinie in der anderen Hand von ihrem geraden Weg ab und schlängelt sich zum Merkurberg hin. So zeigt sie höhere Eingebung, die sich in wissenschaftlicher Arbeit verliert.

Corot hat durch das Übermaß an Kraft gesündigt; er war zu vernünftig. Seine Finger, die kürzer als die Handfläche sind, zeigen seine Freude am Gesamteindruck und seine Abneigung gegen alle Einzelheiten. Deshalb sind auch seine breit angelegten Darstellungen nur ungenügend ausgeführt.

Man hielt Corot für naiv, ein Fehlschluß, denn er war dafür zu wissenschaftlich eingestellt. Wäre er weniger wissend gewesen, oder hätte er auf seine Liebesfähigkeit gehört, hätte er die Menschen seiner Zeit überragt. Denn sein Venusberg ist ungeheuer groß und von Querlinien durchkreuzt, die der physischen Kraft phantasievolle Launen hinzufügen. Aber er hat dieser Liebe Widerstand geleistet. Sie quälte ihn zweifellos, und doch blieb er fast keusch. Er beherrschte alle seine Leidenschaften und schöpfte aus ihnen ungeheure Kräfte, um seine harte Aufgabe zu erfüllen. Wurde seine Widerstandskraft schwächer, dann bevölkerte er seine Felder und Wälder mit halbnackten Schäferinnen und zeichnete ihren wollüstigen Tanz, den sie um den alten Silen [1] tanzen.

Wie Apollo seine feurige Linie zum Merkur hinsendet, so neigt sich auch der Merkurberg dicht zum Apolloberg hin und verbindet sich mit ihm. Man braucht auch nur hinzuhören, wenn Corot über sein Lieblingsthema, die Kunst, redet: wie beredsam, fesselnd ist er, wie wahrheitsgetreu

---

[1] Silenus, Erzieher des Dionysos; wird alt, glatzköpfig und meist betrunken dargestellt. Stammvater der Silene und Satyrn.

und doch ausschmückend. Glückliche Natur, die durch die übermäßige
Entwicklung von Eigenschaften sündigt, deren eine schon genügen würde, um einen Menschen stark zu machen.

Gounod

Gounod, Charles, franz. Komponist. 1818–93. Ursprünglich Kirchenmusiker,
wandte er sich unter dem Einfluß Schumanns und Berlioz' der weltlichen Musik – in
der Hauptsache symphonischen Werken und Opern – zu. Bekannteste Opern »Faust
und Margarethe« 1859 und »Romeo und Julia« 1867. Neben diesen und anderen
zahlreichen Opern schuf Gounod eine Anzahl von Messen, Oratorien, Orchester-
werken und kleineren Kompositionen. Unter ihnen sind besonderer Erwähnung wert
»Stabat Mater«, »Rédemption« und »Mors et Vita«. Die dramatische Begabung Gounods akzentuiert sein vorzüglich lyrisch-pathisches Genie in einer schlechthin vollendeten dekorativen Weise.

Gounod stand unter dem Einfluß fast gleichstarker Planeten.

Venus, Jupiter, Mars und Saturn beherrschen ihn gemeinsam oder abwechselnd und unterstützen sein Talent, dem auch noch Merkur und Mond
ihre weniger starken, aber doch noch mächtigen Einflüsse hinzufügen.

Jupiter macht seine Haare spärlich, den Scheitel des Kopfes kahl und
gibt ihm, mit Venus zusammen, den zarten, ernsten, melodischen Klang,
die liebenswürdigen Manieren, Gefallsucht, Ehrgeiz und Freude an sinnlichen Genüssen und Vergnügen. Mars verleiht seinem Bart und Haar
einen goldenen Glanz, weitet seine Brust und bedeckt seine durch Jupiter
und Venus ursprünglich weiße und frische Gesichtsfarbe mit leicht röt-
licher Färbung.

Mars gibt seinen musikalischen Themen beschwingte lebendige Bewegtheit. Aber Saturn zwingt die Energien des Mars in eine gebundene
Form. Er gibt theoretisches Wissen und ernsten Gehalt, denen Merkur
und Mond noch ihre kostbaren Eigenschaften: rhythmisches Gefühl, Geschmack und Harmonieempfinden hinzufügen. Die Sonne erleuchtet seine
Eingebungen durch Weisheit und Mäßigkeit.

Unter diesen Voraussetzungen verbindet die Musik Gounods den von
Venus verliehenen melodischen Klang mit den Saturn zugehörenden Theorien, ergänzt durch den religiösen Sinn Jupiters und gibt seinen Werken,
vor allem seinen Chören, eine klösterlich feierliche Harmonie und einen
fast immer streng durchgeführten Rhythmus, dem manchmal das Akzen-
tuierte des Mars, die lieblich zarten Melodien der Venus oder die unklar

verwischten Träumereien des Mondes folgen. Er ist derjenige unserer Musiker, der den meisten seelischen Gehalt bietet und Anlaß zum Nachdenken gibt.

Form und Linien seiner Hand stimmen mit den Planeten vollkommen überein. Seine eleganten, etwas dicken, wie bei Frauenhänden schön geformten Finger neigen sich alle zum Ringfinger hin, gleichsam durch die Anziehung der Sonne gekrümmt. Sie erscheinen fast eckig, was den von Saturn ausgehenden Ordnungssinn anzeigt. Der diesem Planeten zugeteilte Mittelfinger verbreitert sich am Ende stärker als die anderen, das Merkmal einer angeboren melancholischen, von traurigen Gedanken erfüllten Veranlagung, die noch durch die abergläubische Note des mystischen Kreuzes verstärkt wird.

Der spitze Jupiterfinger, der diese ernste Veranlagung zwar unterstützt, nimmt ihr dennoch das Herbe und verwandelt es durch seinen Natursinn in poesievolle Betrachtung. Beethoven, der seine Eingebungen auf dem Lande empfing, hatte sicher solche Hand.

Der Sonnenfinger ist spatelförmig und fast so lang wie der mittlere, wodurch die führende Kraft der Sonne bei allen künstlerischen Eingebungen offenbar wird, denen der Marsberg noch Schwung und unermüdlichen Eifer hinzufügt.

Die anderen Finger besitzen durch Saturns Einfluß sowohl den philosophischen wie auch den Ordnungsknoten; aber diese Knoten liegen so versteckt unter der weichen Linienführung der Finger, daß man sie zuerst gar nicht bemerkt, genau wie Gounods Musik nur denen die Fülle ihres theoretischen Könnens zeigt, die es unter der anmutig verführerischen äußeren Form suchen.

Seine starke, durch das zweite Daumenglied angezeigte Logik steht im Gegensatz zu seinem unbeständigen Wollen (dem kurzen ersten Daumenglied), das ihn den Eingebungen und üppigen Launen seiner Phantasie völlig ausliefert. Aber dies geschieht gefahrlos, da Sonne und Saturn sie später ihrem Urteil unterziehen.

Das Handinnere stimmt auch harmonisch mit dem Gesamtbild überein. Auf dem Jupiterberg liegt der Jupiterring, der die hohen und ernsten Eigenschaften dieses Planeten gibt: religiöse, beschauliche Eingebungen und überlegenen Kunstsinn. Jupiter schenkt auch das Verständnis für religiöse Chöre. Hätte sich Gounod nicht dem Theater zugewendet, wäre er der größte Komponist sakraler Musik unserer Zeit geworden.

Saturn läßt seine Macht durch zwei gerade, in gleichem Abstand zu seinem Berg aufsteigende Linien erkennen, die von der Saturnlinie ausgehen.

Die Schicksalslinie selbst steigt aus der Lebenslinie auf und läuft bis zur Kopflinie, wo sie einen Augenblick aufgehalten wird und zerbricht. Von hier aus schickt sie einen Ast zum Sonnenberg hinauf, der dort mehrere feine Linien einzeichnet, von denen in der einen Hand zwei Hauptlinien, in der anderen eine einzige hervorragen, d. h. Arbeit, Geist und Materie. Dies wird noch einmal angezeigt durch eine auf dem dritten Merkurfingergelenk eingezeichnete Linie, die beide Glieder verbindet. Die Saturnlinie sendet zwei Äste zum Saturnberg hinauf. Sie selbst verliert sich nach ihrem Aufstieg aus der Kopflinie in der Herzlinie, die geradewegs den Jupiterberg ersteigt als Zeichen einer glücklichen Verbindung und ruhmreichen Erfolges. Eine vom unteren Teil der Saturnlinie ausgehende Linie, die zum Merkurberg ansteigt, bedeutet Gewinn und Geldeinnahmen.

Die obersten Fingerglieder werden innen von Querstrichen durchfurcht, die eine zeitweilig exaltierte übersteigerte Begeisterung verkünden; auf den andern Fingergliedern aber steigen regelmäßige, gutgebildete und einer geschickten Radierung ähnliche Längslinien die Finger herab und durchziehen die ganze Innenhand als Ausdruck von Eindrucksfähigkeit und nervöser Empfindlichkeit, die allein den großen Komponisten ausmachen.

Der stark entwickelte, durchfurchte oder vielmehr angenehm gemusterte Venusberg zeigt eine feurige, liebefähige Natur an, und die von Querlinien bedeckte, die ganze Hand durchziehende Herzlinie läßt eine unerschöpfliche Liebesfülle erkennen. Die sehr lange Kopflinie, Zeichen eines großen Verstandes, ist durchschnitten und mit Nebenlinien überladen. So läßt sie den starken, doch ungeordneten Gedankenreichtum eines wirklichen Künstlers erkennen. Verwirrt und stark durchfurcht drängt sie, magnetisch angezogen, zum Mondberg hinab und ruft hier Träume hervor, die von der starken Phantasie des Künstlers in harmonische und schöne Akkorde gekleidet werden.

Nirgends wird eine liebevollere, feinfühligere und sympathischere Hand zu finden sein. In diesen Eigenschaften liegt zweifellos der Grund für den lieblichen und zugleich tiefen und melancholischen Eindruck, den Gounods Musik auf zarte, nervös veranlagte Menschen ausübt, die sich innerlich sammeln, wenn sie die Stimme dieses wahren, zu Herzen sprechenden Dichters vernehmen.

Got

Got, François Jules Edmond, franz. Schauspieler und Theaterschriftsteller. Geb. 1822, gest. nach 1880. Beliebtester Komiker der Comédie Française.

Got ist meiner Meinung nach einer der echtesten, feinsten und geistreichsten Schauspieler unserer Zeit, hervorragend vor allem durch seine Besonnenheit und sein bewundernswürdiges Taktgefühl. Er weiß, wie weit er in der Komik gehen darf, ohne trivial zu werden, weiß, wie weit er gefühlvoll sein darf, ohne sentimental zu erscheinen. Er ist eindrucksfähig, sympathisch, feurig, mutig, aber stets Herr seiner selbst.

Seine bestimmenden Planeten sind Jupiter, der ihm Fröhlichkeit, Schwung und Selbstvertrauen verleiht, Venus, die ihm Charme und beißende Komik schenkt und Merkur, der Taktgefühl, Gewandtheit und Scharfsinn gibt, denen Mars seine Tatkraft hinzufügt. Jupiter verdankt er die weiße, gut gefärbte Gesichtsfarbe, die körperliche Fülle und klare Stimme, während ihm Venus außer den schwarzen Haaren und geschwungenen Augenbrauen, der fleischigen Nase und den leicht rundlichen Formen auch ein Gefühl der Teilnahme schenkt. Merkur macht ihn gewandt, geschmeidig, anmutig und scharfsinnig, Mars gibt ihm die Waghalsigkeit. Er hat eine theoretische Begabung für seine Kunst, verdankt sein Wissen aber mehr der intuitiven Eingebung als dem Studium.

Seine glatten Finger ermöglichen ihm treffsichere und spontane Entschlüsse. Er erfaßt schnell und immer richtig, da der philosophische Knoten entwickelt, die Fingerform eckig und das Daumenglied der Logik stark betont ist. Die eckigen Finger machen ihn zum Sklaven der Ordnung, die er nie verletzt. Merkur gibt ihm die Freude an Neuerungen und ein unbestimmbares Verlangen nach freier Kunstauffassung. In seinen Händen liegen Chochmah und Binah. Venus bringt Gleichgewicht und verleiht seiner Stimme abwechselnd humorvolle Komik und anmutig sympathische Zartheit. Sie mildert die starre Gesetzmäßigkeit und die Launen seines ungebändigten Drängens.

Die am dritten Glied verbreiterten Finger und der entwickelte Daumenberg geben dem Künstler eine starke Sehnsucht nach sinnlichen Genüssen, vor allem nach den Freuden der Liebe und werden so zum Beweis der machtvollen Einwirkung der Venus auf seine einsichtsvolle Veranlagung. Er ist zweifellos von starker Sinnenlust, und seine gut gefärbte, aber verhältnismäßig kurze Herzlinie, die erst unter dem Saturn- und Jupiterberg beginnt, weist darauf hin, daß er sich anfangs aus Lust und dann erst von Herzen bindet. Sein Daumen läßt mehr Logik als Willen erkennen und stete Veränderungsbereitschaft, die dem spontanen Reagieren günstig ist. Seine Liebenswürdigkeit, die in der Hand durch die starke Ausprägung des Venusberges charakterisiert wird, erlaubt ihm nur ungern etwas abzuschlagen. Seine Zähigkeit entspringt, meiner Meinung nach, nur einer unbesiegbaren, passiven Widerstandsfähigkeit. Sobald ihn eine Laune oder Eingebung befällt, weiß er sofort, was er zu tun hat. Der sekundäre Marseinfluß treibt ihn nicht zum Angriff, sondern nur zum Widerstand, und der erhöhte, aber linienlose Marsberg gibt seinem Charakter eine feine Ausgeglichenheit und eine ungeheure, unerschütterliche Resignation. Seine Glückslinie bricht an der Kopflinie ab, wurde also vorübergehend durch einen Gedanken, eine falsche Berechnung oder zumindest durch eine im Augenblick schädliche Überlegung angehalten, nimmt aber oberhalb der Bruchstelle ihren Weg wieder auf.

Got hat sich mit dem Studium der Gestik beschäftigt, das er mir freundlicherweise mitteilte, und das mir so wichtig erscheint, daß ich es veröffentlichen will. Dieses auf tägliche Beobachtungen gegründete System stimmt mit unseren, auf gnostischen Anschauungen aufgebauten Studien völlig überein, da es ja nur *eine* Wahrheit gibt.

Nach seinen Beobachtungen schließt man die Hand und hält die Finger aneinandergepreßt, sobald eine Energiekraft konzentriert werden soll.

Überfluß, Freude und Vertrauen drücken sich in geöffneten Händen aus. Im Wunsche nach Besitz, vor allem in der Liebe, spreizen sich die Finger. Auch der Geizige streckt seine Finger über der Fülle des Goldes weit aus, um auf einmal soviel als möglich zu ergreifen.

In gleicher Weise öffnen sich die Finger bei lebhaften Bewegungen und freudiger Erregung (gleichsam um von außen den zum Gehirn aufstiegbereiten Lebensstrom in Bewegung zu setzen). Es ist ein Zeichen von Ärger, wenn sich die Fingerspitzen gegen den unteren Teil der Handfläche pressen. Die Erschütterung macht sich erst bemerkbar, wenn die Finger die Handfläche berühren.

Ein Advokat, der seine Gedanken aufstacheln muß, faßt immer wieder einen Gegenstand an, ein Taschentuch, ein Heft oder irgendein Stück Papier, als wolle er unaufhörlich das entsprechende Gehirnorgan durch einen elektrischen Schlag wach halten. Aus demselben Grund halten Prediger ein Taschentuch in der Hand, schlagen sie die Hände zusammen, falten und pressen sie diese krampfhaft in die Brüstung der Kanzel hinein. Wenn das Blut durch eine heftige Erschütterung übermäßig stark zum Herzen drängt und vorübergehend die Gehirnfunktion lähmt, hängen die Hände schlaff und tatenlos herunter (das bewirkt eine augenblickliche Unterbrechung des Stromkreislaufs).

Nach Gots Beobachtung werden die Gesten, dem Grad der Zivilisation entsprechend, immer weniger energisch und zahlreich, immer reservierter und ruhiger. So ist beim Bauern noch der ganze Körper ausdrucksvolle Gebärde, beim Arbeiter nur die Armbewegung und beim Gesellschaftsmenschen allein noch die Hand. Die Gestik des Diplomaten begnügt sich mit der Bewegung seiner Finger; manchmal unterdrückt er sie überhaupt völlig und ersetzt sie durch eine Bewegung der Augen.

Gots Beobachtungen über die Gestik

Alle Gebärden, die seelenhafte, gläubige Regungen und Überzeugungen ausdrücken, stellen die Handflächen nach außen.

Jeder Betrüger aber versteckt sie instinktiv. Ein Lügner schwört mit versteckter Handfläche. Mein Ehrenwort – sagt der ernsthafte Mensch mit offen hingehaltenen Händen.

Wer sein Geheimnis, sein innerstes Wollen für sich bewahren will, faltet die Hände und schließt darin die Handfläche ein; *es ist das konzentrierte Zusammenhalten des Kräftestroms*.

Ist die Hand mit weit geöffneten Fingern nach außen gestreckt, dann öffnet man seine Seele und gibt seinen Willen preis; *es ist das Ausströmen des Kräftestroms*.

Gott wird mit geöffneten Händen und auseinandergehaltenen Fingern angerufen. Die Geister der Erde werden in der schwarzen Magie mit verschlossener Handfläche beschworen.

Glaube, Hoffnung und Liebe halten die Hände geöffnet, denn hier ist das menschliche Wollen ausgeschaltet, alles ist Hingabe an Gott.

Beim Schwur im Gerichtssaal zeigt man dem Richter die Innenfläche der Hand; der freie Mensch schwört feierlich mit weit geöffneter und hochgehaltener Handfläche; der Lügner zeigt eine halb geschlossene Hand, die er gleich wieder herabfallen läßt.

Jeder Willensakt, jede Gebärde, die einen festen Willen ausdrückt, preßt die Finger eng aneinander, um gleichsam aus ihrem Zusammenhalt Kraft zu schöpfen: Wieder das Konzentrieren des Kräftestroms.

Je eifriger das Wollen, je gesteigerter die Leidenschaft, desto stärker das Zusammenpressen. Deshalb ist die Hand im Zorn verkrampft; drohend ballt man die Faust.

Alles in der Schöpfung ist harmonisch, folglich auch im Menschen. So stehen auch seine Gesten in ständiger Verbindung mit seinen Gedanken und entspringen seinem Wesen und Charakter. Und eben weil sie rein triebhaft sind, haben sie für den Sehenden eine tiefere Bedeutung als gemeinhin angenommen wird.

Schauspielern macht die Sprache der Geste oft große Schwierigkeiten. Eine falsche Gebärde schadet auch der richtigsten Betonung und erweckt beim Zuschauer ein unangenehmes Gefühl. Auch beim Redner spielt die Gestik eine wichtige Rolle. Sie soll das Wort unterstreichen, soll ihm helfen, mitzureißen oder zu überzeugen. Dafür ist aber die ganze Wahrhaftigkeit eines aufrichtig seelenvollen Wesens notwendig, dessen Gebärden einfach und naiv natürlich sind; oder es muß ein Genie sein, das die Wahrheit durch Werte, Glanz und Anmut ersetzt, da der geniale Mensch der Zauberer ist, der selbst Ungeheuer mit einem seltsam faszinierenden Reiz schmückt.

Die Hand schafft die lebendige Beziehung zwischen den Menschen.

Zusammenfassend heißt es bei Got, daß alle freien Menschen die geöffnete Hand hinhalten, während falsche Menschen und Lügner den Handrücken zeigen und die Innenhand nur mit geheimem Widerwillen öffnen.

Die Hand hat eine geheimnisvoll wichtige Bedeutung, die die Bauern verstehen, aber nicht näher zu erklären suchen. So sehen sie einen Handel nur nach erfolgtem Handschlag als abgeschlossen an; und wieviel Zögern und Verstellen, wieviel ausgestreckte, zurückgezogene, erhobene und wieder gesenkte Hände, eh dieser feierliche Handschlag beschlossen wird.

Alle Naturtriebe – welcher Art sie auch immer seien – haben eine geheime Ursache. Oft fühlt man eine Gefahr voraus, ohne sie erklären zu können. Solche triebhaften Eingebungen kommen nicht von uns, da der Naturtrieb kein vernünftiger Denkakt ist, und doch sind sie immer richtig und haben ein heilsames Ziel, wie dann nachträglich erkannt wird. Wenn ein mißtrauischer Mensch jede Äußerung vermeidet, wenn er z. B. seine innere Handfläche versteckt, dann ahnt er hierin eine Gefahr und diese Gefahr kennen wir: Es ist die Tatsache, daß der Heuchler dem Menschen ausgeliefert ist, der in die Geheimnisse der Natur einzudringen vermag, die Tatsache, daß die Außenhand nur seine Gier, seinen Eigensinn und seine real nüchterne Lebensauffassung, seine sinnlichen Neigungen, Brutalität und Mißtrauen offenbart, die Innenhand aber, wie wir wissen, List, Diebstahl, Lüge, übermäßigen Stolz, Luxusliebe, Aberglauben, Geiz und alle bösen Leidenschaften verraten würde.

Das System Gots, das auf ständigen Beobachtungen aufgebaut und durch ein bewundernswertes Fingerspitzengefühl unterstützt wurde, muß also mit der Chiromantie übereinstimmen und wird auch tatsächlich von ihr erklärt.

Medien und Somnambule

Somnambule sind Menschen, die sich in einem psychischen Dämmerzustand, in einer Art von Wachtraum mit instinktiver Sicherheit bewegen, ohne die Umgebung zu erkennen oder sich ihrer Handlungen bewußt zu werden. In diesem schlafwandlerischen Zustand können sie geheimnisvoll seherische und prophetische Dinge verkünden.

Wir beschäftigen uns nicht gern mit diesen mystischen Dingen und tun es nur aus Pflichtgefühl.

Gnostiker und Illuminaten[1] weisen uns offensichtlich einen gefährlichen Weg. Aber nur die Gnostiker suchen das Licht; die Mehrzahl der Illuminaten erstrebt die Verbindung mit äußeren Mächten in der Hoffnung, die Kräfte, über die sie verfügen, ihren Leidenschaften nutzbar zu machen und vorteilhaft zu verwerten.

Zweifellos gibt es Geister der Zwischenreiche als Mittler zwischen Menschen und Himmel. Wir wollen sie strahlendes, lebendiges Licht nennen, wenn ihnen auch die Maler, die selbst Gott verkörpern, eine irdische Gestalt geben.

Es gibt auch Geister der Zwischenreiche als Mittler zwischen den Menschen und dem Reich der Finsternis, wie es ein verborgenes und strahlendes Licht gibt, die beide in ihren Kontrasten mit einem See zu vergleichen

---

[1] Illuminaten (Illumines, Erleuchtete), Menschen, die sich einer höheren Vollkommenheit in der Erkenntnis Gottes und einer engeren Verbindung mit der Geisterwelt rühmen. So die Alombrados im 16. und 17. Jahrhundert in Spanien und die Guerinets in Frankreich seit 1623. 1776 wurde in Bayern von Professor Weishaupt der Geheimorden der Illuminaten gegründet, in dem geheime Weisheiten gelehrt wurden, die sich auf eine in rationalistischem Geist freidenkerisch aufgefaßte Religion bezogen. Dieser Orden wurde kurze Zeit später aufgehoben und verfolgt.

sind, dessen einer Teil unter einem dunklen Gewölbe ruht, der andere aber die himmlischen Strahlen erhält und in der Sonne glitzert.

Wir glauben an diese Geister und haben kein Recht, daran zu zweifeln. Der Kirchenvater Origenes erkannte das Dasein von Geistern an, die über die Elemente herrschen, und selbst die Kirche gibt die Existenz von Engeln und Dämonen zu.

Wir glauben an sie, aber Vorbehalte seien uns erlaubt. Wir wünschen – und sicher mit Recht –, daß diese übernatürlichen Wesen durch Beweise erklärt werden, die den Forderungen der Vernunft und Analogie entsprechen.

Sie können nur vorhanden sein, wenn sie eingereiht sind in die allgemeinen Harmoniegesetze. Sonst gäbe es keine Ordnung, und dies ließe die Natur nicht zu oder nur, um für einen Augenblick der Weltbewegung neue Aktivität zu geben.

Wenn wir also diese übernatürlichen Geister anerkennen, dann nur hierarchisch geordnet nach Rassen, Klassen und Orten wie die Menschen unserer Erde. Die einen leben im Wasser, andere in der Luft, einige im Feuer und wieder andere endlich im Erdinnern. Es können unter gewissen Umständen Verbindungen zwischen Menschen und Geistern stattfinden, aber immer muß eine harmonische Übereinstimmung zwischen Geisterbeschwörer und Geist bestehen.

Wenn die Magie diese gefährlichen Beschwörungen zuläßt, empfiehlt sie Fasten, Enthaltsamkeit von jedem Vergnügen, Beten, Kasteiung und jede mögliche Reinigung, vor allem Einfalt des Herzens und Reinheit der Gedanken, um dadurch eine Verbindung mit *höheren Geistern* zu ermöglichen. Durch tägliche und noch vollkommenere Prüfungen traten die Einsiedler in Verbindung mit Engeln. Ein Geisterbeschwörer aber, der von Neugier, Begierde, Stolz oder dem Wunsch nach Nervenreizen – alles zur materiellen Welt gehörende Leidenschaften – getrieben wird, kann sich nach den Gesetzen der Weltharmonie nur mit Geistern der *Materie* in Verbindung setzen. Unwesentlich ist, ob die Mittler hierzu Tischrücken oder das Klopfen an Mauern sind. Immer muß ein Gleichgewicht bestehen. Und wenn die auf Gräber gelegten Papiere von unsichtbaren Wesen beschrieben werden (was wir nicht bestreiten), dann müssen diese seltsamen Schreiber in den Gräbern wohnen, also Erdgeister sein, die grundsätzlich der Elementarwelt angehören. Was aber bleibt in den Gräbern zurück, wenn jedes Element durch die Verwesung seinen Teil am menschlichen

Körper zurückgenommen hat? Nur die Gebeine, die bei Lebzeiten den materiellen Körper ausmachten. Diese Gebeine werden zu Staub, d. h. zuletzt zu Erde. Und will man die Erde um himmlische Orakel befragen? Man kann überzeugt sein, daß die Tische und Mauern im Augenblick, wo sie zum Menschen sprechen, von Erdgeistern bewohnt sind, oder, wenn man der Gnosis glaubt, von Seelen, die wiedergeboren werden müssen und die sich willig den Lebenden nahen, weil sie sich wieder eine Daseinsform suchen, d. h. in manchen Fällen sogar von ungesunden Geistern, mit denen eine Fluidalverbindung gefährlich ist, wie es zahlreiche Beispiele nur zu klar beweisen.

Der Somnambulismus erscheint uns noch die erlaubteste und ungefährlichste Geisterbeschwörung. Aber nur reinen Herzens, in völliger Selbstverleugnung und liebevollem Erbarmen ausgeführt, kann er der Wissenschaft und dem Fortschritt von Nutzen sein. Dann ist er, der schon in alten Zeiten verehrt wurde, ehrwürdig. Aber die wahrsagende Pythia[1] badete in der Quelle Kastalia[2], ehe sie den heiligen Dreifuß bestieg.

Menschen, die gern durch Tischrücken oder ähnliche Mittel in Verbindung zu Wesen der Außenwelt treten, sind zeitweilig vom Mond, noch öfter aber vom Saturn beeinflußt. Die Saturnmenschen, deren Gedanken, von Zweifeln gequält, immer wieder in schmerzhaftem Sehnen um die Geheimnisse eines jenseitigen Lebens kreisen, suchen, von einem lebhaften Verlangen, einem notwendigen inneren Muß getrieben, einen Glauben, der ihnen Trost geben kann. Deshalb verlangen sie übernatürliche Offenbarungen, die ihnen als Glaubensbeweise gelten, wenn sie sie tatsächlich oder nur in ihrer Einbildung gesehen haben. Ihre Absichten sind gut; die meisten erbitten sogar in diesen geheimnisvollen Besprechungen Rat und Mittel, um ihre natürliche Veranlagung vollkommener zu gestalten.

Gewöhnlich stellen die klopfenden Geister, die unter den frömmsten Erscheinungen und Formeln die Aufforderung zur Empörung verbergen, das jenseitige Leben als Stätte unaussprechlicher Freuden dar, in die man

---

[1] Pythia, weissagende Priesterin in Delphi, die Befragerin des Orakel-Gottes Apollon. Nach antiker Überlieferung befand sich im Tempel ein Erdspalt, aus dem betäubende Dämpfe aufstiegen. Über dem Spalt stand ein hölzerner Dreifuß, auf dem die weissagende Priesterin Platz nahm, um dann, durch die aufsteigenden Dämpfe begeistert, ihre Weissagungen zu stammeln, die von Priestern in Zusammenhang und meistens in Verse gebracht wurden. Ursprünglich war die Pythia eine Jungfrau. Später trat an ihre Stelle eine Frau über 50 Jahre in jungfräulicher Kleidung.
[2] Kastalia, Quelle am Musenberg Parnaß bei Delphi.

ohne Prüfung eingehen kann. Liegt hierin nicht eine Aufstachelung zum Selbstmord, zu dem die Saturnbeeinflußten schon zu leicht getrieben werden? Liegt nicht darin die Aufforderung, sich furchtlos allen Leidenschaften und gefährlichen Trieben zu überlassen, die Leugnung der Ordnung und des *Kampfes*, dieses großen Geheimmittels des Lebens? Muß man nicht endlich von diesen Geistern sagen: Timeo Danaos[1] et dona ferentes?

Home

Home, Daniel Douglas, geb. 1833 in Edinbourgh, gest. 1868 in Anteuil bei Paris. Spiritistisches Medium, mit dem der engl. Physiker Crookes (1830–1909) seine berühmten Versuche machte. Schon als Kind im Besitz des 2. Gesichtes. Während der Hochflut des amerikanischen Spiritismus wurde der Knabe, der seine Jugend in den Vereinigten Staaten verbrachte, Medium, indem bei ihm im Jahre 1850 Klopflaute auftraten. Unter den merkwürdigen Erscheinungen, welche unter Home's Einfluß stattfanden, sind sowohl die schlagenden, als auch die mit wissenschaftlicher Genauigkeit am besten geprüften folgende: 1. Die Veränderung im Gewichte der Körper, 2. das Spielen von Melodien auf musikalischen Instrumenten (auf einem Akkordeon) ohne direkte menschliche Einwirkung. Dazu kommen zahlreiche Telekinesen und Levitationen u. ä. m. Vgl. Walter Bormann: Der Schotte Home, Leipzig 1899 und W. Crookes: Der Spiritualismus und die Wissenschaft, Leipzig 1884.

Wir wollen Home keineswegs werten, wir wollen nur versuchen, die Welt zu schildern, mit der er in Verbindung stand, und der Leser soll ihn selbst nach dem Maß seiner Sympathie oder Antipathie beurteilen. Wir wollen seine Hände beschreiben, die wir zu sehen Gelegenheit hatten und werden in unseren Nutzanwendungen noch vorsichtiger sein als bisher.

Die Planeten, die Home beherrschen, sind, wie vorauszusehen war, der Mond, der ihm seine Größe, seine matte, glanzlose Haut, die blonden Haare und den verschwommenen Blick gibt; Saturn, der ihm starke Knochen und etwas hohe Schultern verleiht und Venus, der er die dicken Lippen verdankt. Die Signaturen des Jupiter und der Sonne werden durch die Kennzeichen des Mondes überdeckt.

Seine Handfläche ist weich, wie bei allen Medien, die Finger sind glatt als Zeichen von Eindrucksfähigkeit und lang gestreckt. Das Daumenglied der Logik ist entwickelt. Wenn auch das erste Glied nicht lang genug ist,

---

[1] Danaer. Eigentlich Quidquid id est, timeo Danaos at dona ferentes. Aen. II, 49. »Was es auch sei, ich fürchte die Danaer, selbst wenn sie schenken.« *Danaergeschenk*, ein Geschenk, das Vorteile verspricht und Schaden in sich birgt. Vgl. Sophokles, Ajax 665. »Was uns ein Feind schenkt, kein Geschenk ist's, kein Gewinn.«

um Herrschsucht anzuzeigen, läßt seine Ausprägung doch Widerstandsfähigkeit erkennen, die sogar im Notfall energisch ausgeübt werden kann. Er kann seine Triebe besiegen, wenn er es mit all seinem Willen erstrebt.

Seine intuitiven Neigungen sind stark eingezeichnet, ebenso auch die Ursache für seine Kraft, die Geister zu beherrschen. Seine Hände sind linienreich, stark sensibel und deshalb Eingebungen geöffnet.

In der rechten Hand wird der Mondberg von einem langen Kreuz durchzogen, dessen einer Zweig von einer zum Mondberg bis nah zur Raszette hinabsteigenden zweiten Kopflinie gebildet wird und somit den ganzen Mondberg durchzieht.

Der Venusberg ist entwickelt und von Gitter bildenden Linien tief durchfurcht oder, besser gesagt, gemustert.

Die völlig gebrochene Herzlinie nimmt die Form eines schlecht gezeichneten doppelten *Venusringes* an, der noch durch die Saturnlinie ergänzt wird, die alle Überreste auffängt und so den Ring schließt.

Die Saturnlinie entspringt im *Mondberg* und steigt nach einigen unklaren Windungen (denn Homes Jugend war nicht glücklich) in einem einzigen Ast bis zum Saturnberg hinauf. Bei ihrem Durchgang durch das Handtischviereck wird sie von einem Stück des Venusrings durchquert und bildet ein großes *mystisches Kreuz*. Ein Kreuz im unteren Handteil, nahe der Lebenslinie, bedeutet einen Stellungswechsel.

Der Jupiterring auf dem Zeigefinger läßt eine *außergewöhnliche* Veranlagung für große intuitive Eingebungen erkennen, die immer vorteilhaft ist, welcher Gestalt auch diese Intuitionen sein mögen.

Eine doppelte Linie steigt aus der Lebenslinie zum Sonnenberg auf, tief eingegraben und doch wie von einer zitternden Hand gezeichnet. Dies deutet auf eine zeitweilige Berühmtheit hin, die sich auf den stärksten Trieben der Hand aufbaut.

Die gerade, tief eingegrabene Kopflinie riegelt die ganze Handfläche ab.

In der linken Hand durchkreuzt eine von unten, aus dem *äußersten Teil* des *Mondbergs* aufsteigende Linie die ganze Hand mit einer tiefen Furche und mündet unterhalb des Jupiterfingers in die Lebenslinie ein. Überdies gehen noch von dieser Linie bei ihrer Endung unterhalb des Jupiterfingers zwei Linien geradewegs zum Jupiterberg hinauf, ein Zeichen für ehrgeizige Bestrebungen und Erfolg.

Die hier klar gezeichnete Herzlinie sendet zwei Äste zum Jupiterberg hin. Eine Linie, die am Beginn der Lebenslinie entspringt, dort, wo sich die Lebens- mit der Kopflinie unter dem Zeigefinger verbindet, führt geradenwegs zum Sonnenberg hinauf, ein Ausdruck von Berühmtheit und Reichtum, die durch körperliche Fähigkeiten erlangt aber leicht verhängnisvoll werden, da diese Linie die Verbindung dreier Äste mit der Lebenslinie bildet. Dies wird aber von der Herzlinie verhindert, die zum Schutz zwei Äste auf den Jupiterberg sendet.

Die in der linken Hand sehr schön geformte Saturnlinie steigt gerade aufwärts und spaltet sich auf dem Sonnenberg in zwei gutgezeichnete Furchen. Die Saturnlinie, die zum Merkurberg aufsteigende Linie – eine Art Milchstraße – und die vom Mond- zum Jupiterberg führende Linie bestätigen ein großes Glück, das noch durch eine vom Sonnenberg zur Lebenslinie laufende Linie verstärkt wird.

Im schärfsten Gegensatz zu all diesen Erfolgs- und Glücksmöglichkeiten schneiden zwei tiefe Linien aus dem Venusberg die vom Mondberg aufsteigende Linie und die Glückslinie. An der Milchstraße aber halten sie an, ohne sie zu berühren. Wir hoffen, daß diese gefahrdrohende Linie, die Ehescheidung oder Unglück durch eine Frau anzeigt, durch die in dieser Hand wunderbaren Einflüsse von Jupiter, Saturn und Mond abgelenkt wird.

Wir schließen mit der Betrachtung dieser Hand. Wir haben die Zeichen unterstrichen, die Home scheinbar seine Macht gewähren, und der Leser kann sich seine Schlüsse nun selbst ziehen. Es sei nur hinzugefügt, daß, nach unserer Meinung, die Kräfte Homes von den großen Linien und dem Kreuz auf dem Mondberg ausgehen, die alle mit Jupiter in Verbindung stehen, ferner durch die Sonne, durch Saturn und das mystische Kreuz, vor allem aber durch den linienreichen Venusberg und den gebrochenen, durch Saturn geschlossenen Venusgürtel. Diese Linien, Zeichen stärkster Leidenschaft, geben eine Fluidalkraft, die eine äußerst starke Anziehungsfähigkeit besitzt und Wirbel von elektrischen Strömen um sich zusammenziehen muß, oder, wenn man so will, irgendwelche Geister anzieht, die im Guten dienstbar sind, wenn die Triebe zurückgehalten werden, aber im Schlechten wirken, wenn man sich ihnen überläßt.

Home besitzt eine große Widerstandskraft, eine gerade Kopflinie, die beide Hände abriegelt, einen guten logischen Verstand und einen sehr entwickelten philosophischen Knoten, weiß also genau, was er tut.

Wir wollen annehmen – wenn auch nicht mit letzter Überzeugung –, daß seine Kraft auf einer energiegeladenen Widerstandsfähigkeit beruht, die er seinen materiellen Trieben entgegenstellt.

Nachwort

Am Ende dieses Werkes, nach all den langen Ausführungen über den Einfluß der Sterne, muß ich meine Überzeugung ganz klar zusammenfassen: Die Einflüsse der Sterne sind unbestreitbar; aber noch weniger zu bestreiten ist das allumfassende und allmächtige Handeln eines höchsten, obersten Wesens, das die Sterne, die Himmel, die sichtbaren und unsichtbaren Welten, die endlosen Weiten, die Unermeßlichkeit beherrscht. Diesem Wesen, das unser geblendeter Verstand nicht begreifen, nur anbeten kann und das er nicht zu nennen wagt, gaben die Menschen den Namen Gott.

Wir sind am Ende unserer langen Darstellung und doch noch recht weit vom Ziel entfernt; denn jeder Schritt vorwärts öffnet neue Horizonte, und das Wissen der Gnosis ist unendlich wie das Meer. Wir hören aber hier auf, nicht weil uns der Mut fehlt, sondern weil wir fürchten, das Vertrauen derer zu verlieren, die uns willig bis hierher folgten. Ein Führer weckt Mißtrauen, wenn er vom vorgezeichneten Weg abschweift und in Gebiete eindringt, die keine menschlichen Spuren mehr aufweisen. Aber was wir begonnen, werden wir fortsetzen, wenn die Zeit gekommen ist. Und bis dahin ist es nicht mehr lang.

Eine Reaktion bereitet sich in den Gemütern vor, herbeigeführt durch den Überdruß am realistischen Tatsachendenken. Der Mensch ist schon jetzt verzweifelt genug, und es ist nicht seine Bestimmung, ewig die verschwundenen Traumbilder zu beweinen. Die Wellen folgen sich, stoßen sich vorwärts und branden alle am gleichen Gestade, ohne sich jemals ähnlich zu sein. Alles wird auf der Erde wieder ersetzt, und andere Generationen bringen neue Hoffnungen und neue Liebe.

Ursula von Mangoldt

Der Kosmos in der Hand

Ein Beitrag zur Signaturenlehre

Zweite, neu durchgesehene Auflage

*Erstveröffentlichung im
Otto Wilhelm Barth-Verlag,
1934, München-Planegg*

Inhalt

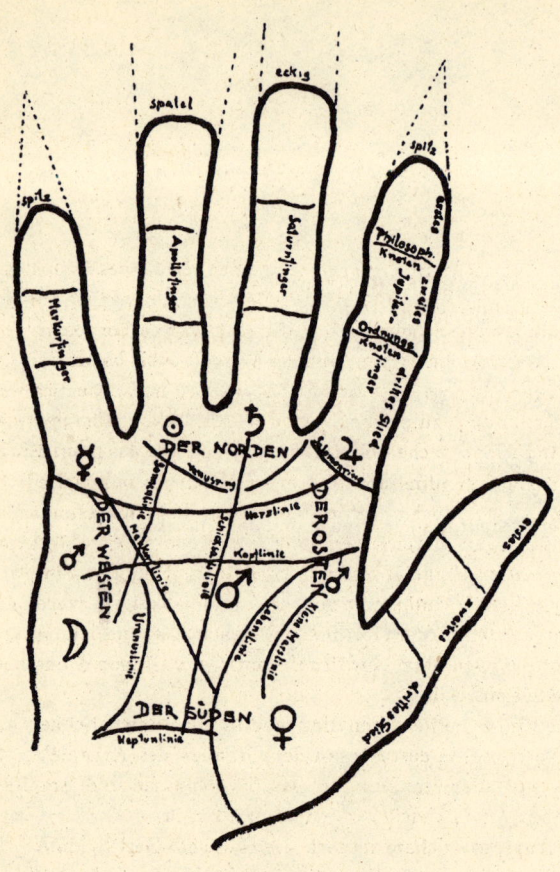

Einleitung

Kein Glied am Körper des Menschen, das nicht irgendwie Ausdruck seines Wesens wäre, keine Haltung und Bewegung, die nicht auf sein innerstes Sein hindeutete. So sind auch in die Hand die verborgenen Siegel menschlichen Wesens geschrieben; und der Mensch selbst benützt sie und die mannigfaltige Gebärde ihres Ausdrucks, um sich nachdrücklich und eindringlich verständlich zu machen. Denn sie spricht die allen gemeinsame, allen verständliche Sprache und unterstützt wirksam das menschliche *Handeln*.

Durch die empfindsame Beweglichkeit ihrer feingegliederten, langgestreckten, verschieden geformten Finger hebt die Hand den Menschen heraus aus dem Bereich der anderen sublunaren Geschöpfe, die an Stelle dieses Gliedes Flügel, Flossen oder Füße besitzen. Die Finger, das Zeichen höherer Entwicklung und geistiger Möglichkeiten, waren im Altertum Minerva geweiht, der Göttin der Weisheit, die, aus dem Haupte des Jupiter entsprungen, dem von Prometheus geschaffenen Menschen die lebendige Seele einbließ.

Die Finger vergeistigen die Hand in ihrer Beweglichkeit und Feinfühligkeit; so ist sie das »Organ der Organe« des Aristoteles, das bewußte Werkzeug aller Handlungen, das die Wünsche und Empfindungen, die Regungen und Eindrücke der Seele wiedergibt.

In Angst und Scham verdeckt die Hand das Gesicht; in Abwehr und Widerwillen spreizt sich die geöffnete Handfläche dem sichtbaren oder unsichtbaren Feind entgegen; sie streichelt, befühlt und liebkost den geliebten Menschen; dem Gegner gibt sie den Todesstoß. In früheren Zeiten galt der Handschlag als Besiegelung eines Versprechens oder Vertrages. Es heißt einen Menschen besitzen, wenn »man ihn in der Hand hat«. Die ersten drei Finger der erhobenen Hand sind Zeugen des Schwurs, in dem Gott als Beistand der Wahrhaftigkeit angerufen wird. Im Segen erhebt der Priester die geweihte Hand, und der Mensch öffnet hilfeflehend seine Hände im Gebet zu Gott. Napoleon hielt die Hände auf dem Rücken verschlungen, als wollte er seine Empfindungen und Handlungen vor allen verbergen. Ein fester, offener Händedruck zeigt ehrlich echtes Gefühl; ein weiches, schlaffes, kaum den anderen berührendes Streifen der Hände verbirgt ein unzuverlässiges, unechtes Wesen.

In jeder gestischen Bewegung der Hand liegt der ganze Mensch in seiner Grundhaltung umschlossen. Die lebendig durchgearbeitete Hand des Klavierspielers oder Bildhauers, die breite, primitive Form des einfachen Mannes, die lässig schlaffe Haltung der spitzgeformten, gutgepflegten, weichen Hand einer schönen Frau, die gekünstelte Bewegung, der abgespreizte kleine Finger eines gezierten Wesens, die verschlossene Faust des Ängstlichen, Gehemmten oder Unaufrichtigen, die zur Schale geöffnete Hand des empfangsbereiten und hingabefähigen Menschen: sie alle sind Abbild innerster Lebenshaltung, Symbole innermenschlichen Seins und Handelns.

Diese lebendige Gestik der Hand entzieht sich jeder Beschreibung und schematisierenden Darstellung, also auch jeder offenbarenden Theorie. Aber ihre Beobachtung ist von größter Wichtigkeit. Denn in der Sprache der Hand offenbaren sich die undefinierbaren Regungen des einzelnen Menschen, in denen das verborgen liegt, was man vielleicht sein wirkliches menschliches Niveau nennen könnte, das, unabhängig von Rang, Klasse und Gesellschaft, von äußeren Ordnungen und Begrenzungen nicht eingezwängt werden kann.

Wäre nichts am Menschen zu sehen als die Bewegung seiner Hand, aus ihr allein spräche schon das Lockende und Abwehrende, das Betende oder Fluchende, Hingabe oder Erschrecken, wie auf dem Abendmahl des Leonardo da Vinci schon in der Gebärde der Hand sich der einzelne Jünger in seiner augenblicklichen Bewegtheit darstellt. Was der Mensch begreift, und wovon er ergriffen wird, spiegelt sich wider im Greifen seiner Hand.

Der Blick in eine halbgeöffnete Hand nimmt ein seltsames Schauspiel wahr: ein Auf und Ab, ein Hin und Her, ein Hinaufstreben von der Handwurzel bis zu den Spitzen der Finger und ein wieder Hinabsinken von diesen bis in die untersten Teile der Hand; tiefe, breite Furchen oder ein zartes, feines Liniennetz, markante Züge, immer verschieden und doch im-

mer voller Ähnlichkeiten in die Hand geschrieben. Nicht Falten oder Runzeln, wie sie andere Körperteile zeigen, sondern klare Linien, die in der
geöffneten Innenhand sichtbar werden.

Warum die Hand zum Ausdruck menschlichen Wesens wird, warum
ihre Formen und Linien Symbole der innersten Empfindungen und Erlebnisse sind, bleibt jeglichem Wissen und Begreifen für immer entzogen.
Ebenso wie das Sehen des Auges oder das Schlagen des Herzens trotz aller
physikalischen und medizinischen Erklärungen zu den Wundern der
Schöpfung zählen werden. Es bleibt das große, ewig verhüllte Geheimnis
der Natur, das nicht mit dem Verstand erforscht und zergliedert werden
kann, das in ehrfürchtigem Staunen immer wieder zur Anbetung des
Schöpfers führen muß.

Ein nie begreifbares Wunder ist es, daß ein so kleiner Teil wie die Hand
die Züge des ganzen menschlichen Wesens in sich birgt, in sich die Totalität des gesamten Seins trägt, die in gleicher Weise den Welten des Geistes,
der Seele und des Stoffes angehört.

Der Mensch ist eingegliedert in die heiligen Hierarchien der Schöpfung,
aufgenommen in die allumfassende Liebe und Schönheit der Natur und
doch mit eigenem Bewußtsein, persönlichen Zügen und selbsttätigem
Handeln begabt, so wie das Kind im Mutterleib, eingebettet in die schützende Hülle körperlicher Geborgenheit und in die seelische Umhaftung
mütterlicher Liebe, zu einem selbständigen, individuellen Wesen heran-
reift.

Im Schoße der Mutter atmet das Kind, und es ist doch der Atem der
Mutter, bewegt es sich, und es ist die Bewegung der Mutter, lebt es mit
dem Leben der Mutter. Und mit geschlossenen Augen kommt es in die
Welt, stößt es einen schmerzlichen Schrei nach der verlorenen Geborgenheit aus, greift es mit den Händen in die Luft, um ein Verlorenes wieder-
zuholen. Erst langsam gewöhnt es sich an Licht und Umwelt, erkennt es
sein Ich und findet seine neue Heimat auf der Erde, in der es sein bewußtes
Eigenwesen entwickeln und erproben muß, um schließlich in eigenzeuge-
rischer Erfüllung weiterzuwirken am Bestand der Welt.

Kein Glied des menschlichen Körpers zeigt diese Verflochtenheit des
gesamten menschlichen Seins mit den Mächten des Alls stärker als gerade
die Hand, die in ihren Bergen und Linien diesen kosmischen Kräften nicht
nur ihrer Natur nach entspricht – es ist wohl überflüssig, zu betonen, daß
es sich nicht um die physische Ausweitung der Himmelskörper, sondern

lediglich um ihre geistigen Potenzen handelt —, sondern die darüber hinaus auch makrokosmische Beziehungen in diesen Linien und Bergen darstellt.

Die Astrologie behauptet — nichts anderes lehren übrigens die Schauungen Swedenborgs —, daß sich kein Geburtsbild wiederhole, und daß auch diejenigen von Zwillingen hinreichende Merkmale der Unterscheidung böten, so daß auch bei diesen von verschiedenen Individualitäten gesprochen werden könne. Das sorgsame Studium der Chiromantie zeigt für die Hand dieselben Verhältnisse. So groß auch das Typische an sich in der Hand sein mag; Hände, die bis in die feinsten Linienverhältnisse oder bis in die absolut gleichen Strukturen der Berge hinein übereinstimmen, werden nicht gefunden.

Und hier setzt jenes über jede Vorstellung hinaus Wunderbare der menschlichen Hand ein, was auch dem noch vorurteilsfreien Zweifler ein Nachprüfen geradezu aufzwingt, ehe er vorschnell negiert.

Diese seltsamen Übereinstimmungen, die sich beim vergleichenden Studium von Astrologie und Chiromantie immer mehr aufdrängen, die in ihren letzten Zusammenhängen noch längst nicht erschöpfend erkannt sind, müssen schließlich zur Überzeugung von der Lehre der Totalität führen, nach der das Nächste auch mit dem Fernsten, das Periphere mit dem innerst Zentralen auf eine, wenn auch nicht offen zutage liegende, so doch nicht weniger sinnvolle Weise verbunden ist. Bis in kleinste Einzelheiten hinein reichen diese Korrespondenzen, so daß die Vermutung berechtigt erscheint, es könne das Studium der Astrologie geradezu aus den Siegeln der Hand, das Studium dieser aus der Erkenntnis des Geburtsthemas gewonnen werden. Hiermit wäre dann jener berühmte, seine ganze Lehre stützende Satz des Paracelsus einer sinnfälligen Erklärung zugeführt, daß nicht der Planet am Himmel, sondern der im eigenen Körper das Krankmachende oder überhaupt Schicksalbestimmende sei.

Die Siegel der Planeten im Körper liegen in der Hand, ihrer Form, ihren Bergen, ihren Linien.

Die Hand als Raum

Form und Beschaffenheit der Hand, ihre äußeren Elemente in ihrem typischen und differenzierten Ausdruck sind Gegenstand der cheirognomischen Betrachtung. Sie sind in ihren festgelegten Umrissen dem Menschen bei seiner Geburt mitgegeben und bleiben in ihren Grundzügen unveränderlich, während die Zeichen der Innenhand, die dem Gebiet der Cheiromantie zugehören, gewissen Veränderungen unterliegen.

Die äußere Gestalt der Hand entspricht dem statischen Prinzip im Menschen, dem immer Gleichbleibenden, Unbeweglichen in ihm.

Wie der Mensch bei seiner Geburt in eine ganz bestimmte Landschaft, Volks- und Rassengemeinschaft gestellt ist, wie er festgelegte Traditions- und Kulturmomente übernimmt, so wird auch in verschiedenen Ländern, bei verschiedenen Völkern eine gewisse typische Gleichheit der Handform zu finden sein. In polnahen Gegenden, in denen das harte Klima und die Not des Lebens die Menschen zu ähnlicher Arbeit und gleichen Lebensbedingungen zwingt, wird das Typische in der Handform gegenüber den individuellen Zügen in ihr überwiegen; während Menschen der gemäßigten Zone eine das Typische überragende Differenzierung in ihrer feingegliederten Hand zeigen.

Die Einteilung der Handform ist verschieden. In alten Überlieferungen bleibt sie meist unberücksichtigt. Desbarolles, der bedeutendste Cheiromant des neunzehnten Jahrhunderts, unterschied drei Grundformen der Hand, die er der materiellen, seelisch-geistigen und göttlichen Welt zuordnete, deren Entsprechungen er in mystisch-religiöser Weltbetrachtung überall in Leben und Kosmos wiederfand. Carus, der große Arzt und Philosoph der ausgehenden Romantik, stellte vier Handtypen fest: die breite, dicke, *elementare* Hand; die männlich derbe, knotige, viereckig endende, *motorische;* die weiblich weiche, feine, zartgebaute, *sensible* und die vollkommen schöne, edle, *seelische* Hand. Die Neueren teilen die Hand wohl in Anlehnung an d'Arpentigny, Desbarolles' großen Vorgänger und Lehrer, in sieben verschiedene Grundformen ein. Aus all diesen Einteilungen aber folgt zu leicht ein Werturteil, ein Wertmaßstab, nach dem jede Hand in eine höhere oder niedrigere menschlich-sittliche Rangstufe eingeordnet wird, als berge die Zugehörigkeit einer Hand zu einer materiellen oder geistigeren Form schon das Recht zu einem Werturteil in sich.

Jede Handform hat ihre charakteristischen Eigenschaften, ihre positiven und negativen Möglichkeiten. Zunächst aber liegt in der Form der Hand nur ein Geneigtsein, eine Grundhaltung, die, ehrlich gelebt, auf jeder Ebene, der stofflichen wie der geistigen, zu gleicher Vollendung gelangen kann.

Hier soll also jedes Werturteil vermieden und nur der Versuch gemacht werden, eine Einteilung der Handformen zu finden, die zur Sprache ihrer Symbolik wird und offen läßt, auf welcher Stufe ihre Seinsbedingungen ausgelebt werden. Hierüber gibt erst der Daumen und das Handinnere Aufschluß.

Die äußere Hand zeigt die dem Raumhaften, Elementischen angehörende Haltung des Menschen. Sie vermittelt den ersten Eindruck seines naturgegebenen Wesens, zeigt seine noch undifferenzierten, primären Reaktionen auf alle Strömungen, die aus dem Raum, in den er gestellt ist, auf seine eigene Raumwelt einwirken. Eine Hand erscheint feingliedrig, empfindsam, beweglich; eine andere wirkt grob, schwerfällig, müde; die eine wird zur vielsagenden, lebendigen, ruhelosen Gebärde; die andere bleibt nichtssagend träge.

Man spricht von schönen und häßlichen, zarten und plumpen Händen: diesen Eindruck vermittelt am stärksten die mehr oder weniger ausgeprägte Breite oder Länge der Hand. Eine kurze, breite Form wirkt immer schwerer, stoffverbundener und erdverhafteter als eine schmale, langgestreckte Hand. Hierbei gibt das Verhältnis von Handrücken und Fingern den Ausschlag.

Die Finger sind das lebendige und bewegliche Element der Außenhand. Mit ihnen greift der Mensch nach den Dingen, die er fassen und erreichen will. Sie werden zum Ausdruck des Suchens, Sehnens, Herbeiholens — sie sind im typisch Gebundenen Impuls, Bewegung und Aktivität —, während die Handfläche das Erreichte festhalten, umklammern, in sich bewahren und behüten will. So drücken die Finger in ihrer Länge das geistige und seelische Sehnen des Menschen aus, während der Handrücken die reale Erscheinungsform des Lebens, das Verarbeiten und stoffliche Einordnen der Kräfte zeigt.

In der Beschaffenheit der Außenhand und in der Proportion von Handrumpf und Finger kann die Entsprechung in den Erdhäusern des Horoskops gesehen werden.

Die Astrologie muß den irdischen Häusern eine ausführliche Beschreibung widmen; denn in ihnen wird der Mensch als körperhaftes Geschöpf auf den Boden der Erde gestellt, die ihn trägt, im Stoff verankert, der ihn mit allen irdischen Wesen verbindet; in ihnen wird die Idee Mensch in der Materie verkörpert. Die Hand ist bereits Stoff, lebendig bewegte Materie, physischer Ausdruck des Menschen, und so ist ihre leibliche, stoffhaltige Identität mit der Erde und ihrem Raum gegeben. Dagegen muß ihre Beziehung zu den Mächten des Himmels, ihre psychisch-geistige Seite stärker betont werden, um ihre Einbezogenheit in den Makrokosmos aufzuzeigen, da Leib, Seele und Geist nicht voneinander zu trennen sind, und jede stoffliche Erscheinung ihre göttliche Idee in sich birgt. In allem Stoffhaften trägt aber auch die Erde ein geistiges Moment in sich, das sich in jedem Geschöpf als Elementarreaktion des beseelten Stoffes äußert. Dieser seelenhaft bewegte und bewegende Prozeß des Stoffes ist der tragende, innere Sinn der Finger, während im Handrumpf das reine Verharren der Materie dargestellt ist.

Aus der Harmonie beider Teile der Hand oder dem Überwiegen von einem kann auf den Ausgleich zwischen geistigem Streben und Stoffverhaftetsein oder dem Vorherrschen einer dieser Haltungen geschlossen werden. Diese beiden Tendenzen sind noch undifferenzierte, keineswegs individuelle Vorgänge, die sich noch nicht über die statischen Grenzen erheben, sondern triebhafte natürliche Neigungen ausdrücken. Aber das in den Fingern versinnbildlichte Seelenhafte des Stoffes ist der Garant für die Möglichkeit eines Teilhaftseins des Geschöpfes am absolut Geistigen.

Die Konsistenz der Hand zeigt die Unmittelbarkeit oder Gehemmtheit, in denen Urtriebe und Haltung des Menschen zum Ausdruck kommen. Die weiche Hand unterstützt alle intuitiven, gefühlsmäßigen oder sinnenhaften Regungen, hemmt aber jede tätige Bewegung, Energie und Widerstandskraft. Mit dieser Hand ist der Mensch äußeren Eindrücken und Genüssen, Phantasiebildern und Träumereien geöffnet und versucht, die Instinktbewegungen auf diesen Ebenen auszuführen. Die feste, harte Hand dagegen wird überall hin Aktivität und Energie tragen und zu jeder Arbeit und Anstrengung bereit sein, die aber meist von Eigeninteressen und Nützlichkeitserwägungen diktiert werden. Je schwerer die Hand, desto schwerfälliger ist die Art des Ausdrucks, je zarter und feiner, desto unmittelbarer und leichter erfolgt die Reaktionsbewegung.

In dieser stofflichen Konsistenz der Hand liegt also noch eine Entsprechung zu den Erdräumen des Horoskops, die durch den ganzen menschlichen Körper sichtbar dargestellt werden. Energisch tätige Menschen haben durchgearbeitete Hände, wie auch ihr Körper agil und geschmeidig ist, während schwammig dicke Hände wie der verfettete Körper unlebendig trägen Menschen angehören. Die ungezwungen, lässig hingelegte Hand zeigt die Offenheit und Sicherheit eines unabhängigen Menschen, dagegen liegen die Finger ängstlich scheuer, von Konventionen und fremden Meinungen abhängiger Menschen eng aneinander, als ob sie gegenseitig Schutz und Halt suchten. Kleine Hände sind beweglich, schnell, impulsiv, und dieser Impulsivität entspringt der Wunsch, Pläne zu schmieden, immer wieder etwas Neues, Großartiges auszudenken und anzufangen. Ebenso wird der kleine, bewegliche Mensch schneller zur Stelle sein, spontan zu jeder Handlung bereit und jedem Antrieb geöffnet. Große Menschen sind in ihren Bewegungen meist langsam, ruhiger und genauer. Deshalb verweilen auch lange Hände lieber bei einer Arbeit, die sie bis in ihre Einzelheiten ausfeilen.

Ein besonders ausgeprägtes Bild im Gesamtraum der Hand ist der Daumen. Er bringt erst die Art der Verbindung zwischen der Eigenwelt des Menschen und seiner Umgebung zum Ausdruck. In ihm und durch ihn wird der Mensch zum Einzelwesen im Gegensatz zum Tier; mit ihm stellt er sich in den Raum als bewußtes, diese äußere Raumwelt mit Eigenleben erfüllendes Selbst, wie er auch in selbständiger Haltung den anderen Fingern gegenübersteht. Er ist, wie Newton sagt, ein Beweis für das Dasein Gottes, mit anderen Worten: Ausdruck für das Erwachen des Menschen als Abbild Gottes. Der Mensch erkennt seinen Eigenwert, seine Eigenbedeutung und fühlt sich als Herr seiner Umwelt, als Herr des Raumes, dessen er selbst zwar ein Teil ist, den er aber mit selbstbewußtem Leben zu erfüllen sucht.

Die Astrologie legt das statisch beharrende Prinzip des Tierkreises in die Trigone. Die erste dieser harmonischen Beziehungen bildet das Feuertrigon, das die positivste Form von Wirken und Aktivität in sich trägt. Es wird vom Widder – Mars, dem nie rastenden, immer suchenden eröffnet. Dieser Planet ist zugleich Beginn und Tragik alles Geschaffenen; denn er muß die Mauern einreißen, die er durch seinen aktiven Impuls zwischen Geschöpf und Schöpfer selbst errichtet hat und, aufgejagt vom Wissen um seine Schuld, das Hemmende verbrennen, das er zwischen Diesseits und Jenseits aufgestellt hat, um wieder die ursprüngliche Einheit zu schauen.

Werden hier die äußeren Mauern der Lebens- und Seinserhaltung niedergerissen, so versucht das Löwe-Sonnen-Feuer, das zweite Glied des Feuertrigons, die inneren Triebwiderstände zu vernichten, die vom Urziel, der Wiedervereinigung von Geschöpf und Schöpfer abhalten können. Hier richten sich die eigenen Flammen nach innen, erhellen das eigene Wesen und lassen es zum strahlenden Brennpunkt für alles Außen werden.

Die Aufgabe des Schütze-Jupiter, des dritten Prinzips des Feuerelements, liegt in der Auflösung von Eigensein und Eigenbestand. Hier brennt das Geistige in der Feuersbrunst der Sehnsucht, um alle Grenzen aufzuheben, diese feinen Scheidewände, die das Geschöpf mit dem Schöpfer zu vergleichen scheinen und in ihrer Wirkung doch ebenso unterscheidend sind wie die Grenzen in der physischen Welt.

In dieser Sehnsucht, die Mauern zwischen Geschöpf und Schöpfer niederzureißen und in dem Wissen um die Gottesnähe des Menschen liegt der Vergleich, der zwischen Feuertrigon und *Daumen* gezogen werden kann.

Der unterste Teil des Daumens, der vom breiten Venusberg der Innenhand gebildet wird, zeigt die aktiv zeugerischen Impulse und Fähigkeiten der stofflichen Welt, deren Dynamik eben in der Handfläche, dem Ausdruck der lebendigen Spannung und Bewegung liegt. Das zweite Daumenglied ist Sinnbild menschlicher Einsicht und sinngemäß logischer Betrachtung. Das Geschöpf erfährt seine Eigenwesenheit, die ihm nirgends stärker als in seinem Erkenntnisdrang, seinen Verstandeskräften und seiner Urteilsfähigkeit zum Bewußtsein kommt. In dem obersten, dem Nagelglied des Daumens, diesem einzigen Teil der Hand, das den oberen Raum der Innenhand, den Ausdruck der geistigen Möglichkeiten abtasten kann, liegt der Wille des Menschen verborgen, die selbstbewußte Kraft und Art seiner Entscheidung, die Sehnsucht, die nach Vollendung strebt, der Wunsch, die Menschen zu führen und zu beherrschen.

Aus Größe und Breite des Daumens, aus der Länge seiner Glieder lassen sich Selbstbewußtsein und Widerstandskraft, die willens- und erkenntnismäßige Einstellung der Umwelt gegenüber, die Art des Wollens, Denkens und Schaffens, die Haltung und Form des Wirkens und Reagierens als individuell verantwortlicher Mensch erkennen. Im Daumen ist das ganze Menschsein zusammengefaßt; denn dem Menschen ist die Erkenntnis seiner Eigenmächtigkeit gegeben und damit die Möglichkeit, sich zum Herrn über das Tier zu erheben und sein Gebundensein an den Raum, seine Begrenzungen, zu überwinden. Zugleich trägt er die Sehnsucht in sich, den Weg zu seinem wesenhaften Ausgangspunkt zurückzufinden. Er kann diesen letzten Weg verleugnen und im Übermaß seines Selbstbewußtseins zu einem herrisch eigenwilligen, tyrannischen Menschen werden, Eigenschaften, die ein zu großer oder breiter Daumen anzeigt. Er kann aber auch, von seiner eigenen Kleinheit erschreckt, ängstlich und unsicher werden, von anderen abhängig, zögernd, ohne Selbstvertrauen. Dann wird sein Daumen sehr klein und schmal sein.

Neugeborene Kinder, in denen der Eigenwille noch nicht erwacht ist, halten den Daumen fest in der Hand verschlossen. Idioten und Epileptiker verkrampfen ihn in der Faust, denn ihr persönliches Bewußtsein ist ausgeschaltet; und der Mensch, der im Todeskampf den Daumen in die Finger preßt, gibt sein Wollen und Denken auf, um wieder in dem Allbewußtsein aufzugehen. So zeigt uns der Daumen die Macht des Menschen, dem Erkenntnis und Willensentscheidung gegeben sind. Seine Form kann eine andere sein als die der übrigen Finger, eben aus dieser seiner Sonderstellung heraus; denn er erschließt die differenzierteste, individuelle Haltung des Menschen, auch wenn sie noch latent und raumgebunden ist, während die übrigen Fingerformen die mehr oder weniger typischen Eigenschaften seiner Erbveranlagungen zeigen. Er ist Sinnbild der Kraft, die allein die in den anderen Fingern und Zeichen ausgedrückten Möglichkeiten umzuformen vermag.

Als stärkste Zusammenfassung der charakteristischen Merkmale des menschlichen Wesens, die ihm im schöpferischen Impuls, im Erkennen von Gut und Böse, von Licht und Dunkel und im selbstbewußten Entscheiden gegeben sind, ist der Daumen dem Feuertrigon der Astrologie gleichzusetzen, das als einziges die Sonnenkraft, die innerste, aktive, geistige Haltung in sich schließt. Die andern Trigone finden wir unter die Handformen verteilt. Die Formen sind es, die am klarsten den Eindruck verschiedener Hand- und Menschentypen vermitteln. Ihr stärkstes Element ist die Gestalt der Finger.

Die auf eine ebene Fläche gelegte, ausgestreckte Hand wird in ihrer Form durch die Zeichnung ihrer Umrisse erfaßt. Zeigt dieses Umrißbild für den Handrumpf, besonders aber für die Finger nur parallele Linien, so spricht man von einer *eckigen* Hand. Es ist die absolut gleichverlaufende, ruhige Form eines Rechtecks.

Verbreitert sich der Handrumpf oben oder unten und streben die Umrißlinien der Finger an ihren Spitzen so stark auseinander, daß sie sich im Raum nie treffen können, dann wird diese Hand als *spatelförmig* bezeichnet, weil sie der breitauslaufenden Spachtel ähnelt. Diese Form erweckt den Eindruck von Ausdehnung, Weite des Umspannens und Ruhelosigkeit.

Gegensatz hierzu ist die *spitze* Hand, deren Fingerumrisse nach oben spitz zulaufen und sich in ihrer Verlängerung über dem Nagelglied in einem Punkte treffen. Diese pfeilartige Form kann in ihrer Leichtigkeit und ihrer Beschwingtheit jeden Widerstand durchschneiden.

In solcher Unterschiedlichkeit der Handformen liegt die Verschiedenheit der statischen, wesenhaft unveränderlich bleibenden Grundhaltung des Menschen. Diese Grundformen aber werden in der Hand meist ebenso selten rein und unvermischt gefunden, wie eine eindeutige Lebenserfassung. Daher das häufige Vorkommen der *gemischten* Hand, die verschiedene, in ihrer Bedeutung miteinander zu verbindende Formen vereinigt. Menschen mit solchen Händen sind vielseitiger, beweglicher und weniger eindeutig festgelegt. Das Leitmotiv ihrer nicht einheitlichen Grundhaltung entspricht dem in ihrer Außenhand am stärksten ausgeprägten Formelement.

Beim Betrachten der typischen Grundformen der Hand erscheint das Bild der *eckigen* Hand als das in sich geschlossenste. Diese Form ist dem Erdtrigon, dem zweiten der statischen Tierkreiseinteilung zu vergleichen, das von Venus, Merkur und Saturn als den planetaren Zeichenherren getragen wird.

Im Stier-Venus-Feld beginnt der Verzicht, liegt ein Verzagen am Ziel, an der Kraft der Flamme, die das Außen zu verbrennen sucht. Und mit dem Verzicht, der Resignation setzt auch das Besinnen ein, das sich Vertiefen in die gegebene Welt. Mit diesem erwachenden Gefühl für Raum und Außenwelt, in die der Mensch hineingestellt ist, entsteht auch der Wunsch, die Erde, den Boden, der zum Symbol des Ichs wird, zu erhalten und ihn fruchtbar zu machen. Deshalb sein Festklammern an dem einmal Wahrgenommenen, das Beharren im unverrückbaren Zustand, das Verweilen im Gegebenen zur Sicherung des eigenen Daseins.

In der Merkur-Jungfrau ist es der innere Bestand, der erhalten werden soll, das Gesamt des Lebendigen, Beseelten und Bewußten. Denn das Vorhandensein einer inneren, unwandelbaren Ordnung sichert auch die eigene innere Welt und verleiht ihr Dauer. Deshalb werden hier kritische Beobachtungen und Wahrnehmungen gemacht, damit das hierarchisch gegliederte System in seinem sittlichen Bestand erhalten bleibe. Deshalb alles reformerische Bestreben innerhalb der sozialen Struktur und die Bemühungen eines Mitleids, das aber egoistischer Züge nicht entbehrt, da das Einbezogensein in diese Ordnungen auch das Eigensein sichert.

Im Steinbock-Saturn gilt im Grunde nicht mehr das persönliche Sein; es zielt auf die Wirkungsdauer der vollbrachten Tat ab, die über die enge Begrenztheit der eigenwesigen Erscheinung hinausweist und den längsten Fortbestand verspricht.

Diese Tendenz des Beharrens, dieser Wunsch nach Ordnung und Zuständlichkeit der Dinge liegt in den Grundzügen des Wesens der eckigen Hand. Schon das Gleichmaß ihrer Gestalt zeigt die formale Gebundenheit und Eingliederung in den Raum. Sie ist das Sinnzeichen von Menschen, die sich in eine gerade, vorgeschriebene Haltung einfügen, einen klaren, vorgezeichneten Weg gehen. Sie sind in den Raum gestellt, an den Stoff gebunden und halten mit Zähigkeit und Liebe an ihm fest. Sie suchen Gesetze und Ordnungen der Stoffeswelt zu ergründen und sie in ihrem Leben methodisch streng darzustellen. In ihren Verhaftungen im Außen, über das sie sich noch nicht erheben können, an das sie sich klammern, aus Angst, sich und ihren theoretisch festgelegten äußeren Rahmen zu verlieren, hängen sie an allem Altüberkommenen, fügen sich traditionellen Begrenzungen ein und gehorchen engherzig konventionellen Forderungen. Mit großem Pflichtgefühl, genauer Pünktlichkeit und Regelmäßigkeit verrichten sie als treue Beamte und Bürokraten pedantisch ihre Arbeit. Soziale Einrichtungen sind ihnen wichtig, deshalb eignet ihnen Lehrhaftes und Erzieherisches. Aber sie bleiben in Theorie und Methodik stecken, sind zu sehr vom Stoff her gebunden, weshalb ihnen auch jegliche freie Beweglichkeit, jeder Impuls und Auftrieb fehlt. Dabei sind sie kluge und nachdenkliche Menschen, denen nur das wissenschaftlich begründete System genügt, und denen das nützlich Reale und das Belehrende über allem wichtig ist.

Intuitive Einfälle, schöpferische Ideen und genialer Schwung entsprechen ihrem Wesen nicht; ihre Begabungen liegen mehr im Reproduzieren und in theoretischer Darstellung. Aus ihrer Zähigkeit, ihrem Konzentrationsvermögen und ihrer Selbstbeherrschung erwachsen ihnen brauchbare und unzweifelhafte Leistungen. Bei Künstlern, besonders bei Pianisten, ist die Hand positiv zu werten, wenn die dynamischen Elemente und Spannungen der Innenhand künstlerische Begabungen erkennen lassen. Von ihrer kaum wandelbaren Grundhaltung her gesehen ist ihre Kunst mehr die Spiegelung des Erlernten als eine eigenproduktive Kraft.

Die Erdgebundenheit des Menschen drängt immer wieder zur Stoffbeherrschung, ein Zug, der sich in der eckigen, der erdverhaftetsten Hand als Ehrgeiz und Herrschsucht äußern kann und durch den Willen nach Autorität und Geltung verstärkt wird. Aus ihrem Wesen heraus ist die autoritative Haltung dieser Menschen zu verstehen, da sie durch ihre Verwurzelung im Boden auch dem Leben gegenüber einen festen Standpunkt gewinnen, der ihnen vorbildlichen Fleiß, zähe Ausdauer und Zuverlässigkeit verleiht. Übersteigt aber der Geltungstrieb dieser Menschen ihr wirkliches Können, dann bleiben sie in Ressentiment und falscher Überheblichkeit als Ausgleich für die allzu enge Begrenztheit ihres Wesens stecken.

Ihrer Gebundenheit fehlt zwar jede hervorsprudelnde Begeisterung, jede Möglichkeit, über sich selbst hinauszuwachsen; aber trotzdem ist das Empfinden für alles Schöne in ihnen lebendig aus ihrer Liebe und Hingabe an den Stoff, dessen Bestand sie sichern wollen.

Die Fesseln des Beharrens aber binden nicht ewig. Sie werden von den rastlosen Flutungen atmender Beseelung gesprengt und aus der Geborgenheit natürlicher Begrenzung hinübergezogen in geistige Welten, die mit allem Zuständlichen wieder verwoben werden sollen.

Der Merkur-Zwilling hängt noch stark mit dem Boden zusammen, sehnt sich aber danach, die Stoffestigkeit zu lockern, um hinter aller Form den wesenhaft geistigen Gehalt zu suchen. Die Sehnsucht wird zur Triebfeder seines Tuns; seine Anstrengungen sind groß und ruhelos seine Bemühungen das Geistige, das er nahe spürt, dessen Gesetze ihm aber nicht vertraut sind, in das eigene, materiell gebundene Wesen hereinzuziehen. Deshalb die Rastlosigkeit, diese innere Unruhe, das Unablässige der Bewegung. Der Widerstand wird nicht überwunden, sondern aufgegeben und neue Ansatzpunkte gesucht. Die Ebene der Bewegung liegt noch im Äußerlichen, im räumlich Nahen, Bodenverbundenen, von dem man sich noch nicht zu lösen wagt.

Die Waage-Venus führt nun im Lufttrigon die bisher schweifende Sehnsucht zu einem Ziel. Sie sucht, sehnt das Objekt herbei, das zum Brennpunkt allen Geistes wird. Sich ihm einzueinen und dadurch selbst Geist zu werden, ist die Sehnsucht dieser Stufe, ihr Bindenwollen und Gebundensein.

Im Wassermann-Saturn wird das Objekt zu etwas Ungreifbarem, von dem der Mensch besessen wird, ohne es selbst ganz realisieren zu können. Alles Sehnen, alles Wünschen und Verlangen kennt nur das eine Ziel, die beengenden Grenzen der Stoffwelt aufzulösen und aus den fernsten Bezirken der Welten sein Wissen zu bereichern. Deshalb werden die Wassermann-Menschen alle Neuerungen auf technischem und geistigem Gebiet aufgreifen und sich ihnen mit glühender Begeisterung zuwenden. Ihrer Initiative sind die modernsten technischen Errungenschaften zuzuschreiben, da sie immer von dem intensiven Wunsch getrieben werden, die Grenzen zwischen Außen und Innen zu verwischen.

Sehnsucht und Bewegung, die beiden hervorstechendsten Merkmale des Lufttrigons ermöglichen den Vergleich mit der *Spatelhand*, zumal wenn in der Waage-Venus ein martiales Moment gesehen wird. Wie nach Weininger in jedem Wesen eine Doppelgeschlechtlichkeit enthalten ist und von rein Männlich oder Weiblich nicht gesprochen werden darf, so kann in jedem Augenblick aus dem überwiegend männlichen Prinzip im Mann ein mehr Weibliches (häufig bei Künstlern) und aus dem Weiblichen der Frau ein Männliches (die Frauenrechtlerin) werden. Dieselbe labile Polarität liegt in den schöpferisch-zeugerischen Mars-Venuskräften verborgen. Gleicher Impuls, gleich drängende Sehnsucht und gleich starke Aktivität wirken aus dem Widder-Mars wie aus der Waage-Venus.

Dies aktive Drängen und Suchen ist in der Spatelhand lebendig. Menschen mit diesen Händen können nicht untätig sein. Sie brauchen Ausdehnungsmöglichkeit, Bewegung und Leben. Nur so können sie den Stoff ertragen, dem sie sich noch verbunden fühlen. Aus ihrer Erdnähe, ihrer Freude am lebendigen Stoff und an allen materiellen Genüssen erwächst oft der Anschein, als seien sie zustärkst im Physischen verhaftet und ganz in der Materie verfangen. Wohl leben sie in einer Erdverbundenheit wie jedes Geschöpf, das seine Wurzeln nicht verliert oder verleugnet. Aber der Stoff ist nichts Ruhendes, Erstarrtes für sie; er ist nur die Ebene, auf der sie sich bewegen, das Materieal, das sie formen, der Boden, in dem sie alles Erfahrene zu bergen suchen. Immer wird sie die Großartigkeit der Naturerscheinungen mit Begeisterung erfüllen, wie auch technische Erfindungen und Neuerungen ihre Freude am bearbeiteten und nutzbar gemachten Stoff wecken, weil sie in ihm das Geistige verlebendigt fühlen. Alles Wuchtige und Massenhafte gibt ihnen das beglückende Gefühl, die Enge und Bedrückung des Raums überwunden und mit Fülle und Bewegung belebt zu haben. Ihrer Sehnsucht nach Weite und Bewegung entspringt auch eine großzügige, nicht an Ordnung und enge Regeln gebundene Haltung. Jeder Zwang, jede allzustark betonte konventionelle Form wirkt erdrückend auf sie, vielleicht gerade, weil sie noch zu sehr im Stoff verhaftet sind und sich aus seiner Schwere und Beklemmung erst lösen müssen, weil ihnen die Sehnsucht nach rastloser Beschäftigung so stark innewohnt, daß sie aus diesem Drang heraus das eigene Engsein überwinden wollen. Hierin liegt auch ihr Wunsch nach Unabhängigkeit und Selbständigkeit begründet.

Die Spatelhand erlahmt nie, wenn ihr eine Aufgabe gestellt ist. Mit immer gleicher Tatkraft führt sie ihre Arbeit aus. Aber diese Arbeit darf nie rein theoretisch oder systematisch sein; sie muß ihr immer Raum für Anregung und Bewegung lassen. Nicht wissenschaftliches Interesse oder abstraktes Denken treibt diese Menschen zur geistigen Beschäftigung: nur die Sehnsucht nach dem Neuen, Unbekannten, die ewige innere Unruhe und Rastlosigkeit, die nie in einer Tat zur Ruhe kommen, sondern immer nach den umfassenderen Erkenntnissen drängen. Je größer das Objekt ist, das ihr Interesse zu wecken vermochte, um so mehr wachsen Streben und Selbstvertrauen, es zu bewältigen. Sie sind ebenso leicht für eine Aufgabe interessiert, wie sie sich auch jeder Beschäftigung mit spontaner Aktivität widmen. Keine Anstrengung ist zu groß, wenn sie dafür Anerkennung und einen möglichst raschen, angemessenen Erfolg empfangen. Denn ebenso wie dem fremden, sind sie dem Zauber ihres eigenen Wesens unterworfen, weshalb sie für sich einen großen Spielraum von Unabhängigkeit verlangen, der nur allzuleicht bei ihnen in Herrschsucht umschlagen kann. Die Momente des Herrschenwollens und der Unrast treiben sie leicht vom Begonnenen und noch nicht Beendeten zu neuen Zielen fort, die dann eine stärkere Faszination auf sie ausüben.

Wie die Luft in der Form ihrer Bewegung die stärkste gestalterische Tendenz erahnen läßt (die hl. Schrift spricht vom Geistbraus über den Wassern), so zeigt auch die Spatelhand in ihrer Aktivität und Beweglichkeit den Drang zum Schaffen, ohne daß damit schon ein Apriori an schöpferischer Möglichkeit gegeben wäre. In der äußeren Handform liegt nur ein typisches Gerichtetsein und Verhalten, während die Spannungen produktiver Schaffenskraft erst in der Dynamik der Innenhand gefunden werden können. Das gestalterische Moment der Spatelhand gibt also zunächst nur ein Interesse an breitausladenden, dramatischen Situationen und Beschreibungen, wie ihr überhaupt vom Wesen her ein Zug in die gesteigerte Bewegtheit und alles Großangelegte zukommt, wozu in der Musik etwa der polyphone, weitgeschwungene Klavier- oder Orchestersatz gerechnet werden muß.

Bei aller Liebe zur Kunst, aller Begeisterung für die vollendete Form ist die Bodenverbundenheit der Spatelhand viel zu groß, ihr praktisch reales Denken viel zu eindeutig, als daß sie das Künstlerisch-Schöpferische losgelöst von aller Zweckhaftigkeit empfinden könnte. Deshalb muß sie noch in Grenzen des Ästhetischen stecken bleiben, in dem sie Boden und Stoff selbst wieder zu verschönen sucht, dieses Erdhafte, zu dem es sie wie Antäus immer wieder zurücktreibt, um neue Kraft zu neuer Sehnsucht, neuem, rastlosem Streben, zur Erweiterung und Potenzierung ihrer Eigenwelt zu finden.

Eckige und Spatelhand werden beide in ihrer Entsprechung zum Erd- und Lufttrigon von denselben Planeten: Merkur, Venus, Saturn bestimmt. Denn beiden Händen enspricht das Moment der Bewegung, im negativen Sinn des ruhenden Beharrens wie im positiven der ruhelosen Tätigkeit, wie auch die Erdverbundenheit ein ihnen beiden innewohnender Faktor ist.

Da sich diese inneren Glieder gleichen, entsprechen sich auch die äußeren Glieder, die dieselben kosmisch-dynamischen Faktoren: Mars, Sonne-Mond, Saturn umfassen. Denn Sonne und Mond können in dieser Raumgliederung als identisch aufgefaßt werden, da die Sonne das absolut Undefinierbare ist, der fernste, für den Menschen aber bedeutsamste Schatten der Emanation Gottes im menschlichen Wesen selbst. Der Mond dagegen ist das noch völlig undifferenzierte Wissen und Sehnen im und nach dem Göttlichen in der Schöpfung. Er ist das wissende Ahnen um die Urganzheit und das Zurückverlangen nach ihr, das in der ganzen Schöpfung lebendig ist und sich für die Erde notwendig im Mond, als dem nächsten Mittler zu allen oberen Himmeln und Welten darstellt.

Die äußeren Glieder entsprechen demnach dem Feuer- und Wassertrigon, in der Hand, also dem Daumen und der spitzen Hand, der letzten

Form dieser Einteilung der Außenhand. Liegt im Daumen die positive Form des Wirkens, das trennende und zerstörende Aufbrechen eines bewußten Ichwollens, die Scheidewand zwischen Geschöpf und Schöpfer, dann ist die *spitze* Handform Ausdruck eines negativen Wirkens, eines lebendigen Geschehenlassens, eines aktiven Bereitseins. Dieser Mensch will das Schöne und Erhabene in sich aufnehmen, will sich als empfangendes Geschöpf fühlen, will in diesem Geöffnet- und Weitsein Gefäß und Raum für göttliche Eingebungen und Offenbarungen werden.

Die spitze Handform entspricht dem Wassertrigon der Astrologie. Im Krebs-Mond vollziehen sich die wesentlichen Vorgänge fast unmerklich. Mächtig in seiner Passivität und Empfangsbereitschaft trägt der Mond das Lockende und Bannende des Wassers in sich, das in seiner Stetigkeit den Geist in die sich unbegrenzt fühlende Wesenheit hereinzunehmen sucht. Nicht ein herrischer Wille, nur das stille, aber bereite Geschehenlassen erfährt dieses Ziel; und dieses Bereitsein umschließt Anpassung und Gestaltwandel, die zunächst noch nach dem Allgemeinen hin orientiert sind.

Anders der Skorpion-Mars, in dem alles Außen auf das Eigenwesen hin verengt wird, in dem das Ich um der Wiedergeburt willen sterben muß (Zeugung und Tod in diesem Zeichen). Denn sein Ziel ist die Synthese von Ich und All, von Innen und Außen, von Form und dem mit letzter Ekstasis gesuchten Inhalt. So ist er bereit, das eigene Selbst hinzugeben, um vielleicht in der Ergründung alles rätselvoll Hintergründigen das Wesensgeheimnis an sich selbst zu erfahren.

Dieser Zustand des Geschehenlassens erreicht im Fische-Jupiter eine seltsame Unergründlichkeit. Seine Wasser sind die bewegungslosen Tiefen stiller Seen, in die weder Laut noch Licht in grellen Tönen fallen kann. Diese von keinem äußeren Eindruck mehr berührte Ruhe muß zu einem Gleichmaß führen, das in seiner eigenen Traumwelt verharrt und ganz in ihr aufgeht, so daß kaum noch eine Unterscheidung zwischen nur passiver Lebenshaltung und einem willenlosen Sichtreibenlassen getroffen werden kann. Aus diesem Leben in einer scheinbar unwirklichen Welt können ebenso letzte Hingabe und Güte wie ein gefährlicher Hang zu tatenloser Träumerei und mediumistischer Abhängigkeit oder betäubenden Mitteln entstehen.

Dies Geöffnetsein und Geschehenlassen ist das Merkmal der spitzen Hand. Sie gehört zu Menschen, die niemals aktiv tätig zu einer Arbeit greifen oder bewußt überlegend an das Problem herangehen. Für sie bedeutet Schaffen ebensowenig wie Denken; sie leben in einem ewigen Warten und Bereitsein. Die Welt ihrer Umgebung vermittelt ihnen Eindrücke, Erlebnisse, Stimmungen, die ihre stets wache Phantasie mit immer neuer Bilderfülle befruchtet. Sie sind in steter Abhängigkeit von dieser Umgebung, deren leiseste Regungen und Schwingungen sie bereits ahnend aufnehmen, ehe noch die Umwelt sich dieser ganz bewußt ist. Sie sind kaum noch mit dem Boden verwachsen, und die Beklemmungen seiner Schwere sind ihnen fremd. So fehlt ihnen auch jede Widerstandskraft, jeder äußere Halt, wie es schon in der meist feingegliedert zarten, schmalen Hand bildhaft zum Ausdruck kommt. Aus dieser Konsistenzlosigkeit erwächst ihre leichte Beeinflußbarkeit von äußeren Strömungen und eigenen Stimmungen und Launen, entsteht ihre Angst und Nervosität vor ihrer starken Eindrucksbereitschaft, der sie sich nicht gewachsen fühlen.

Aus dieser Angst heraus, die zur gesteigerten Lebensangst werden kann, erklärt sich auch ihr Hang nach betäubendem Genuß. Meist sind sie zu willenlos und träge, um Phantasie und Genußsucht schöpferisch umzuwandeln. Sie werden vielmehr immer nach leicht erreichbaren Vergnügungen und Unterhaltungen, Bequemlichkeit und Reichtum jagen und zu irgendwelchen Narkotika greifen, wenn das leichte Betäubungsmittel seine Wirkung versagt. Dies geschieht nie um einer gesteigerten Sinnenfreudigkeit willen, sondern nur aus ihrer tiefen Haltlosigkeit und Unerfülltheit heraus, die von keinem Äußeren mehr befriedigt werden kann.

Dieselbe Ungebundenheit und Empfänglichkeit kann diese Menschen auf der anderen Seite aber auch zu geöffneten, immer und zu allem bereiten Gefäßen machen, die auf göttliche Eingebungen und Kräfte warten. Denn warten können sie, unbelastet von Verstandeshemmungen und körperlicher Arbeit. Sie werden stets bereit sein, das Erträumte, Ersehnte in sich hineinzuziehen. Sie leben ja nicht in einer praktisch realen Welt, an der sie körperhaft teilhaben, sondern in der Welt der Phantasie und Begeisterung, die ihnen all das Schöne und Ideale vermitteln soll, das sie aus ihrem Traumleben kennen.

Stärker als in jeder anderen Handform sind die Beziehungen zu allem Geistigen und die Verantwortung ihm gegenüber in der spitzen Hand gegeben. Stärker sind aber auch die Gefahren des Abgleitens. Denn ebenso wie stetes Geöffnetsein und tiefste Hingabebereitschaft die geistige Welt in sich aufzunehmen vermögen, so kann es auch geschehen, daß die Menschen unbewußt oder im guten Glauben heftigen Täuschungen unterliegen, die sie leicht zu Einbildung und Lüge treiben. Da Gefühl und Empfindung bei ihnen mehr entwickelt ist als nüchtern klares Unterscheiden und Abwägen, wird auch ihr Wertmaßstab nur selten objektiv, sondern meist von launenhaften Stimmungen abhängig sein, die ohne Anlaß aus hellster Begeisterung in tiefste Melancholie umschlagen können.

Solche Menschen sind von ihrer Umgebung, von oft lächerlichen Äußerlichkeiten abhängig und müssen sich in ihrer inneren Widerstandslosigkeit und Haltlosigkeit überall anpassen und anlehnen, nach allen Seiten hin offen und bereit sein. Der lebhafteste Wunsch in ihnen verlangt, sich ganz in den geliebten Menschen einzufügen, eine Sehnsucht, die bis zur willenlosen Hörigkeit gehen, sich aber auch zu selbstlosester Hingabe erheben kann. Dieses immer wieder zur Selbstaufgabe Drängende umspannt ebenso Momente eines schwächlich medialen wie eines höchst intuitiven Seins, Sinnen- und Luxusfreude auf der einen, demütigste Selbstaufgabe auf der anderen Seite, hier niedrigsten Rausch, dort die höchste Ekstase der unio mystica: alle Stufen der Selbstvergessenheit und Empfangsbereitschaft. Wohin der Weg bei der einzelnen spitzgeformten Hand führt, liegt in den Anlagen begründet, die aus der Innenhand sprechen, in Willenskraft und Widerstandsfähigkeit des Daumens und in der Arbeit und Selbstentscheidung des einzelnen.

Die große, breite und weiche Hand mit langen Fingern, die krallenartig gierig fassen und greifen wollen, die im Verlangen nach Reichtum und Vergnügen jeden Menschen zu verlocken und auszunutzen suchen, hat ebensolche spitze Endungen wie die weiche, zarte und kleine Hand, die aus Sentimentalität, romantischer Sinnlichkeit und Zärtlichkeitsbedürfnis von allem angezogen und abhängig ist. Die lange, feingliedrige, schmale und bewegliche Hand der Duse, die Ausdruck einfühlsamsten künstlerischen Empfindens und glühender Hingabe an Phantasie und Idealismus ist, hat dieselben sich verjüngenden Finger wie die träge, weiche Hand des genußsüchtigen, jeder Brutalität ausgelieferten, ängstlichen Wesens.

Sensibilität und Phantasie geben den spitzen Händen ein großes künstlerisches Empfinden, Schönheitsliebe und Begabung für alles Rezeptive in der Kunst. Zum produktiven Schaffen sind sie meist zu untätig, unenergisch und verträumt. In ihrer passiven Lebenshaltung finden sie nur selten die wirkliche Erfüllung ihrer Phantasiebilder, und ihr Empfinden leidet oft unter qualvollen Spannungen und psychischen Belastungen. Diesen Menschen fehlt in ihrer labilen Eindrucksbereitschaft nur zu oft der innere Standpunkt. Wie schon rein bildhaft die am Nagelglied schmal zulaufenden Finger zu einem Punkt außerhalb des Nagels streben, so richtet sich auch ihr ganzes Wesen auf etwas jenseits der eigenen Begrenzung. Dieses Hinstreben zu einem außer ihnen liegenden Ziel bedeutet bei dieser Handform ein Aufgeben aller persönlichen Wünsche und Gedanken und damit ein letztes Hereinziehen über- oder außerpersönlicher Kräfte.

In der spitzgeformten Hand liegt eine Ichauseinandersetzung mit den seelisch-geistigen Mächten des Lebens ebenso wie im Daumen, woraus die Entsprechung in der Polarität des Feuer- und Wassertrigons klar zu erkennen ist. Während aber die spitze Hand das Seelisch-Geistige in sich hereinzieht – in negativem wie positivem Sinn – und sich gleichsam von einem Irrealen her führen läßt, treibt den Daumen ein eigenbewußter, zielstrebiger Wille zu diesen Mächten und der persönlichen Auseinandersetzung mit ihnen.

Was aus der äußeren Hand spricht, ist das primär triebhafte Reagieren auf die Einwirkungen der Raumwelt, nicht das feinverzweigte Gefüge individueller Charaktereigenschaften, das in den psychisch-dynamischen Innenzeichen liegt. Unter der Raumwelt sind hier der obere wie der untere Raum, die Welten des Tierkreises wie die der Erdhäuser verstanden, soweit es sich bei den letzteren um Urentsprechungen zu den Tierkreisteilungen handelt.

Bei allen Einteilungen der Handformen nimmt der Daumen eine Sonderstellung ein. Deshalb wurde ihm auch das Feuertrigon zugeteilt, das einzige, das die Sonne enthält, diesen Widerschein des absolut geistigen Prinzips, diese einzige Möglichkeit der Bewußtwerdung, wie sich auch der Mensch im Daumen als Persönlichkeit in bewußter Lebensführung von den übrigen tierischen Formen der Schöpfung wie von der Masse abhebt.

Der Einwand, daß einem im Horoskop unbesetzten Feuertrigon nach dieser Einteilung etwa ein fehlender oder verkümmerter Daumen entsprechen, ist nicht stichhaltig, weil in jedem Horoskop alle Trigone an sich vorhanden sind, wie auch am normalen Körper keine Gliedmaßen fehlen können. Ein unbesetztes Trigon kommt nur einer Bedeutungsverlagerung gleich, der im Hinblick auf das Feuertrigon ein wenig ausgeprägter Daumen entspricht.

Greift schon im Daumen durch seine Beziehung zum Feuertrigon und durch sein drittes Glied, den Venusberg der Innenhand, ein dynamisches Moment in die Statik der Außenhand über, so wird diese Verflechtung der beiden Momente durch die Knoten, die Verdickungen der Fingergelenke noch erweitert. Während sich diese Fingerknoten nie zurückbilden, können sie an glatten, unknotigen Händen im Verlauf des Lebens entstehen; nicht, wie oft oberflächlich gemeint wird, durch körperliche Arbeit, sondern allein durch eine sich in ihnen kundmachende Veränderung der Lebenshaltung.

Knotenlos glatte Finger zeigen immer instinktive und spontane Reaktionen, die sich als elementar leidenschaftliche Erregtheit oder als intuitive Beeindruckbarkeit darstellen und Eindrücke und Erfahrungen noch unbelastet von prüfenden Überlegungen und abwägenden Werturteilen wieder umsetzen. Es ist das Ungeknotetsein der Finger, das den lebendigen Strom des Einflusses widerstandslos von außen nach innen und ebenso hemmungslos von innen nach außen führt.

Der *Knoten* dagegen bedeutet immer eine Stauung, die alle einfließenden Kräfte sammelt, um sie nach einer intensiven Sichtung zielgerichtet weiterzugeben. Er verneint also jede Unmittelbarkeit, jede gleichsam mediale Haltung, wie sie der glatten ungeknoteten Hand in mehr oder minder hohem Maße eigen ist. Der Mensch mit den geknoteten Fingern ist allem triebhaft Lebendigen mehr als nur Durchgangsmöglichkeit; der Knoten ist gleichsam ein erstes einfachstes Moment der Verantwortung, eine Schranke für alles Hin und Wider, in der dem Leben die individuellen und persönlichen Merkmale aufgeprägt werden. Mit dem Knoten beginnt demnach die Problematik im Leben. Das Sein und Dasein ist nicht mehr unkompliziert; denn mit den in den Knoten gestauten Kräften setzt der Zwang zum prüfenden Ordnen, zu erwägendem Werten und eigenem Entscheiden ein. Und hieraus erwächst wieder ein sich Rechenschaft geben Müssen für alles Handeln, eine Rechenschaft, die ganz auf das Eigensein gestellt ist und unabhängig sein muß von jeder Norm und Konvention.

Die polare Ergänzung des Knotens ist die spitze Handform, die in ihrem ursprünglich offenen Gerichtetsein die in den Knoten zusammengehaltenen Kräfte am ungehemmtesten umsetzt. Aus der Verbindung von Knoten und spitzer Handform entsteht die ovalförmig endende Philosophenhand. In ihr wird die stete Empfangsbereitschaft, das aller Intuition und

Phantasie geöffnete Wesen der spitzen Hand, durch die Knoten gebunden, einer nie aussetzenden Prüfung unterworfen und in systematische Ordnungen eingegliedert. Menschen mit dieser Philosophenhand versuchen in unabhängig bewußter, selbständiger Arbeit die letzten Erkenntnisse über das Leben und das Geheimnisvolle in und hinter seinen Erscheinungen zu erforschen. Eine ethische sittliche und von Wahrheit getragene Haltung wird ihnen immer höchste Forderung sein.

Beide Fingergelenke können sich zu Knoten erweitern, die aber eine in sich unterschiedliche Bedeutung aufweisen. Der oberste Knoten liegt zwischen Nagel- und Mittelglied, entspricht also dem ersten Fingergelenk. Er unterwirft alle von außen auf den Menschen einstürmenden Eindrücke einer ersten Sichtung, um nur die in sich hereinzunehmen, die durch die Kontrolle der Vernunft gebilligt wurden. Nichts kann bei solchen Menschen zum eigenen Wesensbestand werden, das nicht die Beurteilung dieses Knotens, nicht seine Zustimmung erfahren hätte. Was aber in diesem Knoten richtet und ordnet, aufnimmt oder abweist, ist kein kalter Verstand, kein nüchternes Denken in engen, konventionellen Formen und hergebrachten Schablonen. Dieser oberste Knoten liegt noch zu weit von den Umsetzungen der Stoffhaftigkeit in der breiten Fläche des Handrückens entfernt, ist dem weiten Außen und Oben noch zu nahe, als daß sein Prüfen nicht selbst von umfassender Weite sein müßte. Was im ersten Fingerglied aufgenommen wird, ist ja nichts Stoffliches, sondern der Bereich des Seelisch-Geistigen, über den hinweg alle Kommunikation des Lebens sich vollziehen muß. Deshalb wird hier auch ein erstes Orientieren alles dessen stattfinden, was der eigenen Stoffhaftigkeit gemäß ist und sein kann. Der Einfluß von außen und oben wird gesichtet. Eine Vermittelung zwischen der gesamten geistigen Umwelt und dem eigenen, körperhaft getragenen geistigen Leben ist dieser Knoten, weshalb er in der astrologischen Parallele auch dem Merkur zugeordnet werden muß. Damit eignet dem ersten oder oberen Knoten eine große Subtilität. Die Schwere real praktischer und materieller Erwägungen ist ihm noch fern und beeinflußt seine Entscheidungen nicht, die dem Reich der Ideen und des Idealen angehören. Deshalb nennt man ihn gemeinhin wohl auch den philosophischen Knoten, eine Bezeichnung, die, wie alle Ausdrücke der Cheirognomie und Cheiromantie nicht als Werturteil verstanden werden darf. Menschen mit diesem Knoten sind von ihrer Wesenshaltung her unabhängiger, dem Geistigen bewußt zugänglicher als jene, bei denen dieser

Knoten fehlt. Sie stehen dem Problem an sich nah und werden alle Vorgänge ihres Lebens zuerst von ihrer abstrakten Seite her zu lösen suchen.

Anders der untere Knoten, der dem zweiten Fingergelenk entspricht und zwischen dem Mittel- und untersten Fingerglied liegt. Er sammelt die Ströme anders, seine Sichtung geschieht in anderen Bereichen und verfolgt andere Ziele. Entgegen dem ersten wird dieser zweite Knoten von der Nähe des Handrückens und der größeren Entfernung von der Fingerspitze bestimmt. So wird er auch zuerst zum Prüfstein für das aus dem Handrücken zum Außen drängende Streben. Was von diesem gesammelt nach oben drängt, was sich außen handelnd und gestaltend im Menschen darstellen und auswirken will, muß durch diesen unteren Knoten und seine Zensur hindurch. Diese Richtung aber ist beladen mit der Schwere des Stoffes, mit dem Gewicht aller erdnahen und praktisch realen Vorgänge.

Menschen mit dem unteren Knoten können demnach nicht spontan ihre triebhaften Reaktionen ausleben, sondern werden in irgendeiner Weise schwerer und langsamer sein. Damit stehen sie aber auch gewichtiger und fester im Leben und sind in ihren getroffenen Entschlüssen eindeutiger. Ihr Ziel wird aus der praktischen Erfahrung heraus bestimmt. Sie wissen um Ordnungen und Gesetzlichkeiten, und um das erreichbar Mögliche. Ihre Welt ist mehr jene des Gemüts, und ihre Entscheidungen sind, in ihrer positiven und negativen Form, mehr solche des triebhaften Empfindens als des vernünftigen Denkens. Die Nähe der Materie, aus der die Entschließungen des unteren Knotens noch getroffen werden müssen, scheint ihnen eine gewisse Enge zu geben, die aber in Wirklichkeit wohl nur die Schwere ihres Ordnenmüssens sein wird, weshalb man diesen Knoten auch den materiellen Ordnungsknoten nennt. Die Problematik des unteren Knotens ist eine konkrete Auseinandersetzung mit dem stoffverbundenen Leben und seinen vielfältigen Erscheinungen, die mit in dem Streben nach außen und oben enthalten sind, dem Streben, das eine Sehnsucht nach dem Geistigen ist, wie sie in der Astrologie von Jupiter charakterisiert wird.

Die philosophische Hand wird immer beide Knoten zeigen, birgt also beide hemmenden und korrigierenden Momente in sich. Von ihr werden die einfließenden wie die nach außen sich ergießenden Lebensströme einer genauen Kontrolle unterworfen. Hieraus kann ein ebenso harmonisch ausgeglichenes wie völlig verhemmtes und unfreies Leben geführt werden.

Diese Hand hat von Grund aus größere Möglichkeiten, damit auch eine größere Verantwortung für alles Gelebte. Die Entscheidungen werden aber auch hier wie in jeder Hand von ihrem Innenteil bestimmt.

Die Hand als Bewegung

Die Fläche der Innenhand

Finger und Knoten tragen in die Statik der Außenhand ein erstes dynamisches Moment, das aber zunächst nur in einer Latenz verharrt und als notwendiger Teil innerhalb der Wesenshaltung erkennbar ist. In der absoluten Dynamik der Innenhand aber bilden die Finger das entsprechend ausgleichende statische Element. Dieselben Verhältnisse zeigt der Handrumpf, der als Handrücken in seiner nie sich ändernden Flächenhaftigkeit die absolute Statik darstellt, während er als Innenhand in der beweglichen Lebendigkeit seines Raumes, dieses Raumhafte gleichsam verleugnet und so zum Ausdruck aktiver Dynamik und Spannung wird.

Wie in der Außenhand die unveränderliche Grundwesenshaltung des Menschen erkannt wird, die sich durch die Bewegung der Finger zu einem lebendigen Ganzen schließt, so spricht aus der Innenhand die Vielgestaltigkeit des wandelbaren Charakters, der seine Geschlossenheit durch die unveränderliche Proportion der inneren Fingerglieder empfängt. Damit verkörpert die ganze Hand im Außen und Innen die überall vorhandene polare Beziehung der Urspaltung – doch nicht als Gegensatz, als ewig getrennte Zweiheit, sondern als die Doppelerscheinung derselben Funktion und somit als Symbol aufgespaltener und wieder zur Vereinigung drängender Totalität.

Der Ausgleich zwischen den beiden polaren Elementen – in der Astrologie Erdraum und Planeten, in der Hand Außen- und Innenhand – wird von den Fingern und ihren Gliedern gebildet, die ihre kosmische Entsprechung im Tierkreis und seinen Zeichen haben. Deshalb schreiben einige Cheiromanten, in Anlehnung an die noch wissende Tradition, die einzelnen Tierkreiszeichen den Innengliedern der Finger zu, lassen aber hierbei den Daumen unberücksichtigt. Nun hat der Tierkreis aber keine

selbständige, nur aus und in sich zu erklärende Eigensubstanz, sondern
trägt vielmehr das stoffliche Prinzip in sich, durch das die Planeten mit
den Erdhäusern in Verbindung treten, wie er andererseits das geistige
Element umschlossen hält, das den Erdräumen die Möglichkeit des planetaren Kräfteausgleichs gibt. Deshalb setzt man an Stelle des Tierkreises
besser die entsprechenden Planeten, wenn darunter nicht nur ihr rein Geistiges verstanden wird, sondern jene Mächte gemeint sind, die durch alle
Welten hindurch bis in die stofflichen Bereiche hereinwirken.

Mit den planetaren Tierkreisentsprechungen zu den Innengliedern der
Finger tritt zum erstenmal das Kreuzsymbol als Ausdruck der Dynamik,
Bewegung und Spannung in die Hand. Nicht mehr Raum, Beharren, Zu-
stand bilden hier die tragenden Momente. Das Räumliche unterliegt viel-
mehr einer steten Wandlung. Die Dynamik schafft das Fortschreitende,
Kraftvolle, Lebendige.

Überall, wo Bewegung und Leben aktiviert werden, ist Kampf und
die Tendenz zu Umformung und Entwicklung gegeben, werden die geistigen Kräfte hervorgerufen und der Mensch aus seiner latenten Ruhe zur
Entscheidung und Auseinandersetzung gedrängt. Die Innenfinger sind
nur Vorboten dieser Dynamik. Sie umschließen schon die Kreuze, aber
erst noch in einer statischen Gebundenheit, die in dem Beharrungsvermö-
gen der Dynamik gefunden wird, dem Übergang zwischen dem Ende der
einen und dem Beginn der nächsten Bewegung.

Das unterste Fingerglied umfaßt die Planeten Mars, Mond, Venus, Saturn – das erste Tierkreiskreuz Widder, Krebs, Waage, Steinbock – in
ihrer stärksten Stoffverbundenheit als Impuls, Lebenserhaltung und Tat.
Deshalb sind hier die materiellen Auswertungen aller Fähigkeiten, die
reale Verwirklichung im Stoff und das triebhaft irdische Begehren des
Menschen angezeigt. Finger, die sich am unteren Ende verdicken, so daß
das dritte Glied breit und schwer wird, sind immer bei genußliebenden,
von sinnlichem Verlangen getriebenen Menschen zu finden.

Das Mittelglied entspricht dem zweiten Tierkreiskreuz – Stier, Löwe,
Skorpion, Wassermann –, denselben Planeten also, nur daß hier die Sonne
die Stelle des Mondes einnimmt. Dieses Kreuz umfaßt die formerischen
und gestaltend zeugerischen Tendenzen im Menschen, in den Fingern
also die Ebene, auf der die Auseinandersetzungen und Anregungen liegen, die zu fruchtbarer Betätigung und Lebensgestaltung führen. Hier
zeigen sich auch Kampf und Entscheidungen, in denen die rein trieb-

haften Impulse geformt und umgewertet werden. Das gegenüber den beiden anderen gleichsam eingeschnürte Mittelglied der Finger verrät demnach einen Menschen, der aus Zielwille und Problem lebt, dem aber die Möglichkeit fehlt, die in ihm liegenden Ansätze entsprechend zu verwirklichen. Voller Ideen und Absichten bleibt er im Planen stecken und scheut vor jeder praktischen Umsetzung zurück, die ihm denn auch meist mißglückt, wenn nicht andere Zeichen der Hand hierbei mildernd wirken.

Das dritte Kreuz, das von Merkur und Jupiter gebildet wird und die Zeichen Zwillinge, Jungfrau, Schütze, Fische umfaßt, ist Symbol der Bewegung und Durchgeistung. Ähnlich ist die Bedeutung des Nagelgliedes der Finger, aus dem die Ideale des Menschen, seine Sehnsucht nach geistigen Kräften und intuitiven Eingebungen zu erkennen sind. Die Fingerspitze, das feinfühlige Tastorgan ist das empfindsamste Glied der Hand, denn in ihr liegen die subtilsten Regungen und die am meisten stoffgelösten Wünsche verborgen.

Jedes dieser drei Glieder kann verschieden entwickelt und ausgeprägt sein. Dadurch wird die mehr oder weniger große Bedeutung der entsprechenden Kreuze für den einzelnen ausgedrückt. Nicht nur Länge und Breite der Glieder ist hierbei wesentlich, sondern auch Linien und Zeichen, die in sie geschrieben sind. Längsstriche betonen harmonische Auswirkungen, Querlinien sind Hemmungen, Launen und Minderwertigkeitsgefühle. Sind die Glieder von einem starken Liniennetz durchzogen, überwiegen die Tierkreisfunktionen, deren positive oder negative Auswirkungen den vertikalen oder horizontalen Zeichnungen der Fingerglieder entsprechen und auf den Ebenen die Realisationsmöglichkeit finden, die in ihnen dargestellt sind. Fehlen dagegen bei einer sonst belebten Hand auf den Fingergliedern Linien und Zeichen, können die Tierkreisfunktionen weniger ausgleichend wirken und die triebhaft sinnenmäßige Reaktion der Erdhäuser auf das Geistige ist unmittelbarer. Es ist möglich, daß der Bereich des Seelischen im Menschen gar nicht entwickelt ist. Dann lebt er aus dem absoluten Spannungsverhältnis zwischen Statik und Dynamik. Das Seelische geht in diesem Fall im Statischen, dem Erdraum des Horoskops, dem überwiegend Formalen der Hand auf. In den Händen solcher Menschen wird der Eindruck der Handform auch bei der Innenhand ebenso groß sein, wie das Bild ihrer Linien und Zeichen, denn sie sind zustärkst einer erdhaft unbewußten Triebhaftigkeit verbunden. Dies trifft auch dann zu, wenn die Finger sehr viel kürzer sind als die Handfläche, weil auch hierdurch dem statischen Bereich in der geistigen Dynamik zu wenig Raum gelassen wird. Gerade in diesen Händen wird meist auch das unterste Fingerglied als Ausdruck materieller Interessen am breitesten sein.

Neben ihrer Beziehung zu den Kreuzen fällt den einzelnen Fingergliedern auch noch die Gesamtcharakteristik ihres entsprechenden Fingers als bedeutsames Merkmal zu. Die Anordnung und planetare Zuteilung der Finger offenbart bereits die allem Geschaffenen aufgeprägte Polarität der kosmischen Kräfte. Der Daumen entspricht den Mars-Venus-Prinzipien und wird durch den vermittelnden und ausgleichenden Jupiterfinger mit dem Saturnfinger verbunden. Dieses bildet in seiner hervorragenden Stellung die vertikale Hauptachse der Hand. Durch sie wird wieder die Seite der natura naturata, des Geschöpflichen im Menschen betont, die mit dem Erdraum und Erdgeschehen verflochten ist. Gleichzeitig verkörpert der Saturnfinger als Finger der Mitte die Doppelwesigkeit des Saturn, die dem zweifachen, der Erde und dem Himmel zugekehrten Sein des Menschen entspricht. Wie er über den Jupiterfinger hinweg die Mars-Venuskräfte in sich aufnimmt, so führt er über die härteste Polarität, den neben ihm liegenden Apollo-Sonnenfinger, der die Sonnen-Mondkräfte enthält, über den kleinen oder Merkurfinger und die Horizontalachse der Innenhand zurück zum Daumen, in dessen Mars-Venuskräften der Kreis sich wieder schließt.

Die Bedeutung der einzelnen Finger ergibt sich aus ihren dynamischen Verbindungen mit den zu ihnen gehörenden Bergen und Linien, ebenso wie die Tierkreiszeichen Funktionen der Planeten und nur durch diese lebendig sind. Das dynamische Element liegt demnach in der Innenhand, in diesem bewegten, aus Erhöhungen, Linien und Zeichen zusammengesetzten Schriftbild der zur Aktivität drängenden Kräfte des Menschen. Es ist vollkommen irrig anzunehmen, daß diese Zeichnungen der Handfläche durch Bewegung und Arbeit der Hand entstehen. Denn gerade das Gegenteil beweisen die Hände von Handwerkern und Arbeitern, die in ihrem bildhaften Ausdruck meist ruhiger und weniger linienreich sind als die Hände physisch untätiger, aber seelisch reger Menschen, die sich mit Problemen auseinandersetzen oder von unruhigen Leidenschaften bewegt werden. Nur die inneren Spannungen, die seelischen und geistigen Bewegungen und Kräfte prägen der Innenhand ihre Bildzeichen ein, nicht körperliche Betätigungen oder der Griff der Hand. Schon das neugeborene Kind trägt seine ganzen Linien in der Hand. Einige können im Lauf des Lebens wieder verlöschen, andere neu entstehen, ebenso wie die Erhöhungen, die Berge unter den Fingern und an den Handseiten stärker werden oder abnehmen. Dies alles aber nur in dem Maß, in dem der Mensch sich zu den Ereignissen und Erlebnissen seines Lebens stellt, in dem er seine Kräfte und Fähigkeiten zu gebrauchen sucht oder sie ungenutzt läßt.

Vielleicht ändert sich das Bild einer Innenhand nie; und das ist oft der Fall. Dann läßt sich ein solcher Mensch von all den in ihm liegenden Kräften hin- und hertreiben, von denen er meist selbst nichts weiß. Dann ergreift er nicht die Führung seines Lebens, sondern unterliegt willenlos allen äußeren Einflüssen und dem, was er Schicksal nennt, was aber im Grunde nur ein Mangel innerer Haltung ist. Schicksal oder besser gesagt, unergründliche, göttliche Fügung hat dem Menschen mit seiner Geburt latente Eigenschaften und Anlagen auf den Lebensweg mitgegeben und ihn in eine festgelegte Umwelt eingegliedert; schicksalhaft ist die Erbmasse, in die das Kind gestellt ist, sind die Rassen- und Traditionsmomente, die aus Form, Konsistenz und Proportion von Hand- und Fingergliedern zu erkennenden statischen Momente. Wenn für diese Statik eine Prädestination angenommen werden könnte, so ist doch nie vorherbestimmt, was der einzelne aus den vorhandenen Bedingnissen macht und wie er sie verwertet und umsetzt.

Die Hand enthält Hinweise auf äußere Schicksalsereignisse und -erlebnisse, doch damit ist keineswegs die unbedingte Voraussetzung gegeben, daß der Mensch sie auch erleben muß. Er-leben heißt lebendig machen, aktivieren, heißt sich selbst zu den Dingen stellen und sie in seinen Raum einbeziehen. Nur wenn innere Bereitschaft vorhanden ist, kann eine Umsetzung im Außen und durch das Außen erfolgen. Die unveränderliche Außenhand zeigt nur dieselben triebhaften und instinktiven Reaktionen, denen auch das Tier in ursprünglich undifferenziertem Impuls einer äußeren Wirkung begegnet. So gibt es Menschen, die gemäß ihrem ursprünglichen Linienbild rein triebhaft leben. Jede nicht bewußte Stellungnahme zu den Ereignissen, der mangelnde innere Standpunkt schließt in sich notwendig auch die Bereitschaft ein, sich von allen Strömungen und allen Möglichkeiten zum Ereignis erfassen zu lassen und ihnen zu unterliegen.

Nur das feste In-sich-Ruhen, das innere Ziel, an dessen Größe und Lebendigkeit alles zerbricht, was außer den Bereichen seiner Sehnsucht und seines Glaubens liegt, macht den Menschen zum höchstentwickelten aller Geschöpfe, zum Abbild des Schöpfers selbst. Dadurch aber ist ihm allein die Kraft und Verantwortung gegeben, sein Schicksal nach dem Bilde der in ihm ruhenden göttlichen Idee zu formen und zu verwirklichen. Jedes Ereignis kann den Menschen vor Entscheidungen stellen, die seine Spannungen wecken; und jedes innere Offensein wird von lebendigen kosmischen Schwingungen erfüllt, deren Elementarkraft erst in und durch die Umsetzungstendenz des Menschen einen guten oder bösen Charakter erhält.

Jede entscheidende und verändernde Umstellung in Lebenshaltung und Lebensführung vermag auch dem Linienbild neue Züge zu geben. Diese Änderungen geschehen meist nicht an den Hauptlinien, die nur den großen Lebensrichtungen entsprechen, sondern sie schaffen oder verwischen kleinere, verbindende, aktivierende, positiv oder negativ umwertende Nebenlinien, die differenzierteste und feinste Regungen zum Ausdruck bringen, Regungen, die manchmal nur erst unbewußt hinter dem bewußten Empfinden und Handeln liegen.

Ein klares Linienbild – auch bei einer Vielzahl von Linien – zeigt die Hand, wenn der Mensch ein festes Ziel und einen inneren Standpunkt hat, von dem aus er die seinem Leben gestellten Probleme angehen und seine Anlagen und Eigenschaften je nach ihrer Natur auswerten oder umwerten kann.

Eine von unruhigen Linien kreuz und quer durchfurchte Hand läßt diesen inneren Halt, dies feste, selbstgewählte Ziel vermissen und gehört zu einem ständig hin und her getriebenen Menschen, der, sich leicht verlierend, unruhig und nervös jedes Problem aufgreift, von jedem Impuls bewegt wird, nie zur Entspannung gelangt und zu jedem Kompromiß bereit ist, weil er sich nirgends binden, nirgends hinstellen will. Eine klare, von wenig Linien bewegte Hand ohne Merkmale stark materialistischer Haltung und Uninteressiertheit (etwa sehr großer Handrumpf, übermäßig betonte untere Fingerglieder, kleiner Daumen, eine überwiegend ausgeprägte untere Hälfte der Innenhand) entspricht einem zielstrebigen, von einer Idee geführten und an eine bestimmte Richtung gebundenen Menschen.

Aufschlußreich für die zur Aktivierung, zur lebendigen Entwicklung drängenden dynamischen Kräfte im Menschen ist die Unterschiedlichkeit in linker und rechter Hand. *Links* sind Anlagen und Möglichkeiten mit schon stark individuellen Zügen angegeben, die aber noch nicht klar zum Durchbruch kamen. Sie liegen noch im Wesen des Menschen verborgen, um vielleicht durch die rechte Hand der Realisierung zugeführt oder von ihr zurückgedämmt zu werden. Denn die *rechte* Hand nimmt das Thema der linken auf, um es in die Wirklichkeit umzusetzen und in der Tat auszuführen. Weist die linke Hand gegenüber der rechten ein bewegteres Bild auf, dann bleiben die Anlagen im Menschen unentwickelt, und innere Bewegungen und Empfindungen werden nicht nach außen getragen. Sie gehören aber zur Wesenshaltung und bleiben — wenn auch nach außen hin verborgen und vielleicht nur im Unbewußten — lebendig und wirksam. Doch geschieht dies nicht in einer wahrnehmbaren Form, sondern ein untergründig unruhiges, inneres Erregtsein bleibt, eine Mahnung, daß das gegebene Material nicht in seiner letzten Möglichkeit benützt wird, eine Stauung, die etwa dem entspricht, was heute unter dem ungelösten Komplex verstanden wird. Oft handelt es sich auch um ungreifbare Ahnungen und Intuitionen, die nur gefühlt, aber nicht erkannt werden, oder um eine innere Bildhaftigkeit, die dem Künstler Anregung zum Werk wird. Hinzu kommt, daß Ereignislinien in der linken Hand früher angezeigt sein können als in der rechten, weil eine bestimmte Einstellung, eine Erlebnisbereitschaft schon lange unter der Bewußtseinsschwelle keimt, und es dann nur eines späteren Anlasses bedarf, um diese innere Bereitschaft — nur scheinbar zufällig — zum Eigenerlebnis umzuwandeln.

Eine im Gegensatz zur rechten *linienreichere linke Hand* wird im Horoskop vielleicht ihre Parallele in einem Übergewicht der unteren Horoskophälfte finden, die Zeichen einer größeren Abkehr vom außen und eines konzentrierteren Innenlebens ist. Damit gehört diese so betonte linke Hand auch meist zu Menschen mit einem mehr passiven Verhalten, das einer Sonnenposition in der unteren Westseite, der Deszendentalhälfte des Horoskops entspricht und wie diese Raumhälfte das überwiegend weibliche Prinzip zeigt.

Die *linienreichere rechte Hand* entspricht einer männlichen Haltung und damit der Ostraumhälfte, der Aszendentalseite des Horoskops, wodurch bei der Frau eine Überbetonung männlicher Merkmale die Folge sein wird.

Die belebtere rechte Hand findet sich auch bei tätigen, auf das Außen gerichteten Menschen, deren kosmische Parallele in einer stärkeren Betonung der oberen Horoskophälfte zu suchen wäre. Sie hat damit die Möglichkeit, gewaltsam zur Tat zu drängen und oft mehr hinausstellen zu wollen, als an wirklichen Kräften vorhanden ist. Sie sucht die Tat um ihrer selbst willen, oft auch dort, wo sie erquält werden muß, weil eben die gegebenen Fähigkeiten nicht ausreichen. Diese rechte Hand überspannt häufig ihre Aktivität, da sie um jeden Preis hervortreten will, identifiziert sich so stark mit ihrem Werk, daß sie schlaff zusammenfällt, wenn ihr das Arbeitsfeld genommen wird, weil sie alle inneren Reserven verausgabt und nichts mehr zu realisieren hat. Alle Möglichkeiten des Ansporns sind aufgebraucht, da ihnen in solcher Haltung nie die Zeit zu innerem Wachstum und Reifen gegeben war.

Diese beiden Lebenseinstellungen können mit der Intro- und Extraversion der modernen Psychologie gleichgesetzt werden, wenn in dieser Einstellung eine willensmäßige Zielsetzung gesehen wird. Soll darunter aber eine Grundwesenshaltung verstanden werden, die in der statischen Latenz liegt, so muß diese Frage aus der Raumwelt der äußeren Hand und hier aus der *Proportion zwischen Jupiter- und Apollofinger* gelöst werden. Überragt der Jupiter- den Apollofinger, dann ist das Verhalten des Menschen ein extravertiertes, seine Orientierung geschieht am Objekt; im umgekehrten Fall, bei einem längeren Apollofinger also, ist die Haltung introvertiert, stärker auf das innere Erleben eingestellt und sieht alles Außen nur als Darstellung subjektiver Erlebniskraft. Im Horoskop würde die extravertierte Grundhaltung dem Sonnenstand über dem Horizont, die introvertierte jenem unter dem Horizont entsprechen.

Nicht immer wird ein längerer Jupiterfinger mit einer betonteren rechten Hand zusammen gefunden, wie auch nur manchmal der größere Apollofinger einer linienreicheren linken Hand entspricht. Denn die Beziehung der Grundwesenshaltung zum Raum ist nicht von sich aus mit der lebendig drängenden Zielsetzung identisch, wie auch diese ihre Entsprechung nicht immer im statischen Verhalten findet. Gerade aus dem Nichtübereinstimmen dieser tragenden Momente des menschlichen Seins und Wesens ergeben sich jene Spannungsverhältnisse, aus denen die Entwicklung und Entfaltung der inneren Kräfte und dadurch der äußeren Möglichkeiten sich herleiten. Werden diese Spannungen nicht aktiviert und umgesetzt, werden nicht alle in der linken Hand gegebenen Veranlagungen ausgewertet, und ruft nicht jedes Drängen zur Tat auch ein immer neues seelisches Erleben und Ausweiten innerer Möglichkeiten hervor, dann handelt der Mensch gegen die Forderung der Totalität, und die Folgen hiervon werden getragen werden müssen, sei es als äußeres Schicksal, als körperliche oder seelische Krankheiten.

Das dem Sokrates zugeschriebene Wort »Nur der Nichtwissende sündigt« zeigt in deutlicher Klarheit die Aufgabe des Menschen, die ein bewußtes Sichauseinandersetzen mit sich und seiner Welt verlangt. Der Weg von der linken zur rechten Hand ist das Fortschreiten des Menschen von Anlage zu Verwirklichung und Aktivierung, ist die Auseinandersetzung der natura naturata mit der ihr gemäß dieser Anlagen gestellten schöpferischen Aufgabe. Für diese Auseinandersetzung sind jedem einzelnen dieselben Kräfte, wenn auch in verschiedener Verteilung gegeben, ebenso wie in seinem Horoskop alle planetaren Mächte nur in unterschiedlicher Konfiguration vorhanden sind.

Die Funktionen der Planeten sind aus der Hand ebenso klar zu erkennen wie aus dem Horoskop; in ihrer Innenfläche liegen dieselben Signaturen dynamischer Kraft wie im ganzen Kosmos. Wie das Horoskop durch Horizont- (Äquator-) und Meridianachse in vier große Quadranten geteilt wird, so kann auch die Hand durch Kopf- und Saturnlinie in dieselben Teile zerlegt werden. Der Norden wird von dem oberen Teil umschlossen. Alle zu dieser Hälfte aufsteigenden Linien suchen die Klarheit der Erscheinung, die Konzentration der Tat, deuten auf Kräfte und Bewegungen hin, die zur Darstellung drängen, seien es Fähigkeiten und Begabungen, die erfolgreich herausgestellt werden, seien es Empfindungen, die ihren Ausdruck suchen, positive Impulse, aktivierte Möglichkeiten, oder sei es materiell befriedigtes Begehren und äußerer Erfolg.

In der unteren Handfläche liegt der Süden, der zum Symbol der Betrachtung, der Ruhe, der Passivität wird. Linien, die in diese untere Handraumhälfte streben, tragen keine Spannungsmomente, keine Entwicklungsmöglichkeiten in sich. Sie betonen das Inaktive, den kraftlosen Zustand, die vergebliche, energielose Anstrengung und werden so zum Ausdruck von Verlust und Mißerfolg.

Der Osten ist immer Beginn: in der Hand das Offenbarwerden in der Materie, das Drängen zu Stoff und Leben. Er zeigt den Anfang allen Seins, das zur Formung, zur Reife drängt. So steht auch der Daumen in der Osthälfte der Hand in seinem Willen zur bewußten Gestaltung als Ausdruck der Icherkenntnis und der individuellen Meisterung des Stoffes.

Der Westen, die abendliche Mondseite, drängt von der Materie hinweg zur Entstofflichung und sucht, aus der Ichbetonung heraus zur Ichdarstellung im Objekt zu gelangen. Wie der Osten die große Ichbeziehung, so zeigt der Westen das innige Verschmolzensein des Menschen mit dem Du, um durch und mit diesem zur Wesensganzheit zu gelangen.

Ost und West werden durch die Schicksalslinie, die große in der Handmitte zum Saturnberg aufsteigende Linie getrennt. Durch sie bildet Saturn als Hüter der Schwelle die Vertikalachse der Hand. In ihm und seiner Linie werden alle Kräfte geprüft und gemessen, die Forderungen aufgestellt, an denen der Mensch in seiner stofflichen Enge und Egozentrik zerbrechen oder Selbstaufgabe und geistigen Erfüllung finden kann.

Das erste Kreuz

Mars-, Venus-, Mond- und Saturnberg
Kopf- und Saturn-(Schicksals-)Linie

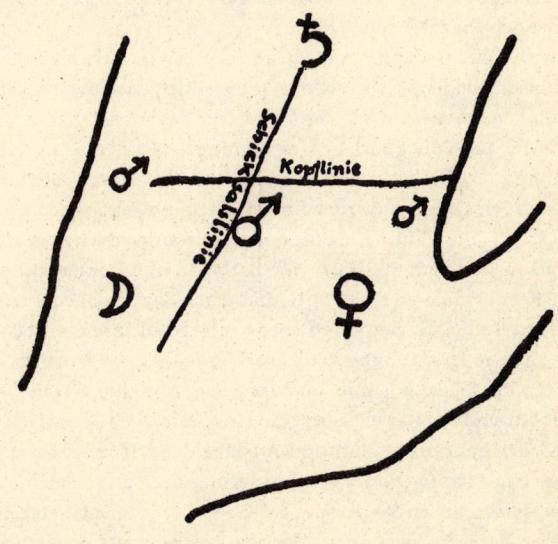

Die ursprüngliche Dynamik der planetaren Funktionen liegt nicht in den Linien der Hand, sondern diese Linien sind nur die Bindeglieder, die großen Zeichen des Kräfteaustauschs, die gegenseitigen Beeinflussungen der Planeten unter sich. Die Planeten selbst finden ihre Entsprechung nur in den sieben Hauptbergen der Hand, in der sie ebenso notwendig enthalten sein müssen, wie sie in der Organentsprechung zum Körper gehören, wie sie ihre Siegel allem Sublunaren aufprägen. Die jeweilige kosmische Situation eines Planeten spiegelt sich wieder in der Beschaffenheit des zu ihm gehörenden Berges. In guter kosmischer Situation wird der korrespondierende Berg klar ausgeprägt, gut entwickelt und frei von verwirrenden Linien sein, während der nicht vorhandene, schlecht entwickelte oder von einem wirren Liniennetz durchzogene Berg, die kosmische Schwäche des entsprechenden Planeten anzeigt.

Ebenso wie die Natur ursprüngliche Polaritäten aufweist, die sich ergänzen, überschneiden, ja sich selbst wieder entgegenstehen und entgegenwirken können, so zeigt auch der Uraufbau des planetarischen Mächtesystems im Kosmos die gleichen Urspannungen. In der Hand muß, ihrer Bestimmung gemäß, dieses polare Verhältnis der kosmischen Welten in den Hauptlinien seinen Ausdruck finden. Denn nirgends anders als gerade in diesem Hin- und Widerfließen, in dieser ununterbrochenen Bewegung der Hauptlineatur kommt all das Wechselvolle und immer in neuen Bildern sich Formende dieser Urkräfte und ihrer Beziehungen zur sinndeutenden Darstellung. So zeigt die Lebens- und Kopflinie die Mars-Venuspolarität an. Die Urspannung zwischen Sonne-Mond-Saturn findet ihren Ausdruck in der Schicksalslinie, und das geheimnisvolle Wechselspiel zwischen Merkur und Jupiter offenbart die Herzlinie.

Jede Abweichung in Beginn und Auslauf dieser Linien zeigt die Veranlagung, Umwertung und Neuorientierung dieser Urbeziehungen und fügt der ursprünglichen Bedeutung die Gewichte jener planetaren Mächte hinzu, deren Bereiche sie berührt. Weitere Faktoren zur Bestimmung ihrer kosmischen Entsprechungen müssen in Farbe, Zeichnung und Führung gesehen werden. Diese Momente lassen die Stärken oder Schwächen, das Fördernde oder Hemmende, das Positive oder Negative in diesen Beziehungen erkennen. So wird die gutgeformte, klargezeichnete und kräftiggefärbte Linie ohne Unterbrechungen und absteigende Äste immer die in ihrer Anlage günstige Beziehung zweier oder mehrerer planetarer Kräfte zeigen, während eine blasse, zerrissene oder in ihrem Lauf abgelenkte und mit absteigenden Ästen versehene Linie das ungünstige Zusammenwirken der entsprechenden planetaren Mächte erkennen läßt.

Gehören diese Hauptlinien in der normal entwickelten Hand zum typischen Urbestand, so wird ihr individuelles Gepräge, dies ganz dem einzelnen Gehörende und ihn bis in seine letzten Wesenszüge Charakterisierende von der großen Zahl der Nebenlinien, der kleineren Verbindungslinien, der Äste und Zeichen dargestellt. Während die Beschaffenheit von Bergen und Hauptlinien jenem kosmischen Bild entspricht, das Kepler als das unveränderliche erkannte, in dem alle Anlagen und Fähigkeiten des Menschen verborgen liegen, offenbart der Reichtum der vielen verbindenden, trennenden, verstärkenden oder abschwächenden Linien und Zeichen all die unzählig kleinen, rein individuellen, eigenmächtigen Gestaltungen des Menschen, die sein Schicksal ausmachen. Ihre Kraft, ihren Ausgang, ihren Wirkungsbereich erhalten sie aus und in den Bergen oder Hauptlinien, mit denen sie in Verbindung stehen.

Die Scheidung zwischen oben und unten im Innenraum der Hand vollzieht das Schwert des Mars. Sein Bereich durchläuft die *Kopflinie*, in der die ganze Handmitte horizontal zusammengefaßt ist. Mars trennt die Impulse zum Tag von der nächtlichen Versenkung, das Streben nach außen von der inneren Beschaulichkeit. In ihm liegen Spannungen, Gegensätze, Kämpfe. Durch ihn pulsiert das Leben; er ist Antrieb und anspornende Forderung. Denn nur aus Gegensätzen und sich widerstreitenden Impulsen wächst Leben und Entwicklung, nur aus Verschiedenheiten wird Harmonie. »Man muß wissen, daß der Streit zu Recht besteht, und daß alles durch Streit und Notwendigkeit entsteht« und »es gäbe keine Harmonie, wenn es nicht hohe und tiefe Töne gäbe und keine lebenden Wesen ohne Weibliches und Männliches, was doch Gegensätze sind« (Heraklit).

Mars und Venus, Männliches und Weibliches, die Urgegensätze, das schöpferisch-zeugerische Element des Lebens sind die dynamischen Kräfte, die der Daumen in der Innenhand umschließt. In der Außenhand war er Symbol des Impulses, der Aktivität, die Gutes von Bösem, Licht vom Dunkel, Schöpfer vom Geschöpf trennt und die Scheidewände doch wieder niederzureißen sucht. In der Innenhand ist er Symbol der auseinanderstrebenden Gegensätze, die aber zur schöpferischen Einswerdung, zur Totalität zurückdrängen: Mars-Venus.

Diese Urpolarität wird über den Daumen hinaus durch die Kopflinie in das Handinnere weitergetragen. Hiermit entspricht sie also der in den

Mars-Venuskräften sich vollziehenden Horizontalspaltung des Horoskops. Dieser horizontalen Achse des Handraums gegenüber steht seine vertikale Aufteilung durch die Saturnlinie, die im Horoskop der Meridianspaltung entspricht und ähnlich dieser von den polaren Saturn-Sonne-Mondkräften bestimmt wird.

In der Kopflinie wirken *Venus* und *Mars*, die demiurgische Polarität, die alles Leben schafft. Mars, der »große Eröffner«, wie Schelling ihn nennt, scheidet das Oben vom Unten und trennt die in heiligen Ordnungen geschaffene Welt vom ewig ungeordneten Chaos. Er bricht die Situationen auf. Die Macht seiner Intensität, die Gewalt seines Impulses zwingt ihn zum Handeln. Seine Aufgabe ist das unerbittliche Wachsein, das unermüdliche Ausschauen nach immer neuen Möglichkeiten und Zielen. Als der große Anreger wirft er seine Intensitäten, seinen Antrieb in die Welt und wird so zum Beginn allen Handelns, das zunächst ohne bestimmte Richtung von einem zum anderen Ziel hindrängt, dann aber immer stärker die Auseinandersetzung mit dem Du sucht. Denn in jedem Impuls und Auftrieb, in jedem Beginn liegt bereits Weg und Ende, das notwendig zur Auseinandersetzung des Menschen mit dem Leben führen muß. Aus Urtrieben und Urinstinkten handelt unbewußt nur das Tier, nicht aber der Mensch, der um seines Bewußtseins willen um das Gute und Böse wissen muß, und mit jedem Impuls, mit jeder aktiven Tat wird die Verantwortung aufgerufen.

Vielleicht um ihren demiurgischen Aspekt zu unterstreichen, vielleicht um der Agressivität und Intensität allen Tuns die letzte, unmittelbarste Härte zu nehmen und sie einem mildernden Ausgleich zuzuführen, beginnt die Kopflinie im oberen Bereich des Venusberges, den man häufig – wenn auch ohne nähere Erklärung – als kleinen Marsberg bezeichnet. Die innere Notwendigkeit dieser Kräfteverbindungen zwischen Mars und Venus kommt auch im Horoskop dadurch zum Ausdruck, daß sie räumlich nebeneinander liegen und so in ihren Zeichen: Widder-Stier und Waage-Skorpion jeweils zu einem großen beherrschenden Raumfeld werden.

Hier, im *kleinen Marsberg* wird die an sich zuerst ungerichtete, im Ziel noch nicht festgelegte Stoßkraft des Mars durch den Einfluß der Venus mit ihrer Bindung an ein Objekt auf eine bestimmte Richtung hingelenkt. Denn der innere Zwang, sich zu betätigen, sich einem Ziel hinzugeben, drängt ihn dazu, alles auf ihn einstürmende Neue, jeden vorwärtstreibenden Impuls aufzugreifen und ihn mit dem anderen, diesem aber voraneilend, zu teilen. Im Grund steht er selbst noch auf zu unsicherem Boden, da der Mars nur den Beginn, nicht die Vollendung des Begonnenen in sich trägt. Deshalb liegt auch in diesem kleinen Marsberg ein Wunsch nach Gemeinschaft, ein Moment der Venus, und hier ist eine – wenn auch noch ganz primitive und selbstische – Liebe zu Heim und Geborgensein zu finden, weil der Mensch in ihnen eine Sicherung seines Bestandes findet, ohne die ihn seine Jagd nach Impuls und Ziel anstatt zur Selbsterhaltung zur Selbstauflösung treiben müßte.

Die *Marslinie*, die als Parallele zur Lebenslinie im Daumenwinkel entspringt und den Venusberg herabführt, trägt in die Venus Züge von starker Vehemenz und Intensität, die manchmal in brutale Gewalt oder seltsame Perversionen umschlagen können, und sie selbst erhält aus dem großen Bezauberungswillen der Venus oft einen Zug zum Abenteuer und Überraschungsvollen.

Noch stärker kommt diese eigentümliche Natur der Venus in der Kopflinie zum Ausdruck, die in ihrem Ursprung kurz mit der Lebenslinie verbunden sein sollte, um in ihrer tragenden Marskraft durch die beigemischten Venusfunktionen eine notwendig ausgleichende Wechselwirkung zu finden. Die Venus gibt der Kopflinie den Willen zu Bindung und Richtung und den Wunsch zur Icherweiterung im Du und damit zugleich die Notwendigkeit zu Auseinandersetzung und Unterscheidung. Liegt die *Kopflinie* am Anfang ganz frei und nicht mit der Lebenslinie verbunden, so überwiegt in ihr das Martiale und die ausgleichende Venuskraft fehlt. Eine innerste Notwendigkeit zum Handeln, die den Mars unerbittlich vorwärtstreibt, von Idee zu Idee, von Tat zu Tat, rastlos, unerbittlich, ohne Ruhe zu Ausbau und Ausgleich wird durch diese nur auf sich selbst beruhende Kopflinie dargestellt. Hier liegt unerschütterliches Selbstvertrauen, eine kindlich einfache Gläubigkeit an den eingeschlagenen Weg und jene letzte Unbeirrbarkeit, die durch keine Erschütterung wankend gemacht, aber von kleinsten Erfolgen in naive Freudenausbrüche versetzt wird: das Merkmal der wirklichen Pioniere und Erfinder, denen ihre Tat Selbstzweck ist, wenn nicht die übrigen Zeichen der Hand diese Anlagen durch verwirrende Einflüsse stören.

Wird aber dies Selbstvertrauen, dieser kindliche Glaube zur verbohrten Verstocktheit, artet es in blindes, rücksichtsloses Getriebenwerden aus, das jede Achtung und Ehrfurcht verliert und nur noch die anmaßende Spiegelung seines Ichs in allem Tun findet, dann äußert sich solch zerstörerisches Wesen, das als tollkühnes, verantwortungsloses Vorwärtsstürmen in Erscheinung tritt, in einer übermäßigen Entfernung von Kopf- und Lebenslinie.

Die Verbindung beider Linien, die Mars- und Venuskräfte miteinander vermischt, zeigt gegenteilige Wesenszüge. Der Mensch verliert das naive Vorwärtsstürmen, die unbeschwerte Problemlosigkeit seiner Aktivität. Er folgt nicht mehr blind einem Impuls, sondern ermißt vom Formalen her bereits seine Wirkung. Die Triebfeder, die ihn zum Handeln zwingt, ist nicht mehr die Überfülle der Stoßkraft, sondern der klar bewußte Wunsch aus sich selbst zu wirken, die subjektive in die objektive Wirkung hinein zu verflechten. So erlangt das Wollen dieses Menschen ein bewußtes Ziel. Aus dem Einbeziehen der Wirkung in die Zielstrebigkeit entsteht zunächst der Wunsch nach einer erfolgreichen Selbstdarstellung, deren Einfluß auf das Du man erproben und empfinden will. Wird diese Wirkung aber zum Selbstzweck, dann müssen notwendig alle Impulse, alle Intensitäten einer abwägenden Prüfung unterzogen werden, aus der dann nur zu leicht ängstliches Zögern, mißtrauische Schüchternheit und hemmungsvolle Scheu erwachsen, Eigenschaften, die einem zu langen Verbundensein von Kopf- und Lebenslinie entsprechen.

Aus dem Daumenwinkel, in dem die vorwiegend martialen Charakter zeigende Kopflinie Venuskräfte in sich aufnahm, führt sie über die in der Handmitte liegende Marsebene hinüber zum Marsberg. Denn nur hier auf der Du-Seite der Hand kann das Ziel aller Auseinandersetzungen liegen. Die Marskraft, die im Daumen als Beginn alles Geschaffenen in selbstherrlichem Tun die Totalität zerreißt und des Menschen Eigenmächtigkeit herausstellt, die im kleinen Marsberg, in der Verbindung mit der Lebenslinie, in seiner Selbstdarstellung die Kraft seiner bezaubernden Wirkung erprobt, muß in der Marsebene das Leiden und Mühen des Menschen erfahren, das ihn seine letzthin doch isolierte Stellung, seine Urschuld in all seiner Weltverbundenheit erleiden läßt. Nun erst kann er sein ganzes Ziel auf den eigentlichen Marsberg richten, der von ihm das Niederreißen der trennenden Mauern, die Auseinandersetzung mit seiner Urtat fordert.

Jeder Impuls, auch die größte Intensität müßten im Grenzenlosen sich in sich selbst verlieren, müßten sinnlos von ihrem Anfang an verlaufen, würden sie nicht zu irgendeinem Zeitpunkt an sich selbst gemessen. Wie die Jugend in all ihrem Aufbruch, in all ihrem himmelstürmenden Tatverlangen, in aller Intensität ihrer Begeisterungsfähigkeit im Leben einmal zur klaren Beantwortung der Frage nach der sinnvollen Lösung all dieser aufgewendeten Kräfte kommen muß, so brechen aus dem Beginn der Kopflinie, aus dem engen Bereich zwischen Jupiter- und oberem Marsberg die ganzen anspornenden und aufwühlenden Intensitäten des Mars hervor, um in der *Marsebene* und ihrem breiten Feld zur Sammlung gezwungen zu werden.

Hier, in dieser Ebene, sind keine Momente mehr wirksam, die von sich aus die Aggression weitertreiben könnten; vielmehr zwingen die in der Handraummitte zusammenströmenden Kräfte zu Besinnung, Konzentration, Entscheidung und Zucht. Aus diesem Raum erhält der Mars jene Züge, die zur Verinnerlichung führen, die in aller Impulsivität die Gewähr für die endliche Erfüllung in sinnvoller Tat ist. Diese Gewähr bietet aber nur eine nicht zu tief eingefallene, ruhig gezeichnete Marsebene.

Ist sie zur Höhlung eingesunken, und drängen von allen Seiten die Verbindungen der anderen planetaren Mächte in unruhigen Wirbeln in ihr durcheinander, dann verliert sich die in der martialen Kopflinie aufgespeicherte Kraft in den ebenso überflüssigen wie unzähligen Erwägungen, die sie in stetem leerem Kreislauf ermüden oder gar zermürben. Das ist der tiefere Grund für die Schicksalsschläge und alles Mißgeschick, das man mit diesem Zeichen verbunden sieht. Denn aus dem müden Leerlauf der sinnlosen Auseinandersetzungen bleibt nur Enttäuschung, Verbitterung, Ressentiment und eine Resignation übrig, die aus dem Wissen um ihr eigenes Unvermögen nicht opferbereiter Verzicht sein kann, sondern zum Ausdruck unfähiger Ohnmacht wird. So ist diese einzige große Ebene der Innenhand das Feld der Bewährung, die Prüfstätte für alle willensmäßig schöpferischen Impulse des Menschen.

Wird dieses Prüfungsfeld überstanden, bricht Schicksal und Bewußtsein hier nicht zusammen, dann ist die Zielhaftigkeit des Strebens von rein subjektiven Einflüssen befreit und richtet sich ungehemmt auf das Objekt, dessen Signifikator der auf der Du-Seite der Hand liegende *Marsberg* ist. Dieser Berg, der in sich gleichsam die ganze Kopflinie in letzter Konzentration noch einmal zusammenfaßt, gibt Aufschluß über die Impulskräfte des Menschen, die als bleibende alle Hemmungen und Widerstände durchstoßen haben. Nur sie erreichen und schaffen immer wieder Tat und Ziel. Um ihrer im letzten Sinn vorhandenen Objektivität willen, fordern alle Tat und alles Ziel die kämpferische Auseinandersetzung. Deshalb liegen auch im Marsberg die Mittel, die im Kampf angewandt, und die Art, wie sie dazu gebraucht werden.

Die gute Entwicklung des Marsbergs, das Freisein von wirren Linien und hemmenden Zeichen, wird demnach auf klare Entschlossenheit, gerade Durchsetzungskraft, offenes Wesen, Mut und Ausdauer schließen lassen. Zu starke Betonung dieses Berges aber zeigt die Tendenz, sich immer an zu große, das Maß der eigenen Kräfte übersteigende Aufgaben heranzumachen, die man dann trotz des empfundenen Kräftemangels zu bewältigen sucht, wozu die Schwäche mit Brutalität, Jähzorn und quälerischem Fordern überdeckt werden soll. Aber ebenso wie das eigene Können zur Bewältigung der vorgenommenen Aufgaben nicht ausreichen kann, so vermag auch das Objekt ein ungeeignetes zu sein, woraus Streit, Widerwärtigkeiten und Anfeindungen entstehen können, die aus einem unruhig gezeichneten Marsberg sprechen.

So zeigt die Kopflinie die Auseinandersetzung zwischen den Impulskräften, die zunächst nur Seins- und Wesensbestand erhalten sollen, und der vom Objekt her umgewandelten Neuorientierung derselben Kräfte, die dann einer bestimmten Zielhaftigkeit unterliegen. Für jede bewußte Auseinandersetzung – und nur um diese kann es sich in den impulsiven und eigenschöpferischen Bereichen des Daumens und der Handmitte handeln – ist reife Erkenntnis und Entscheidung Voraussetzung. Ein in der Auseinandersetzung erhärtetes Ziel im Auge behalten, heißt gegen alles andere ankämpfen, heißt alle Schwierigkeiten bezwingen und sich immer klarer und eindeutiger für dieses Ziel einsetzen. Hieraus ergibt sich für den Menschen in jedem Augenblick der Zwang zur Entscheidung für das, was er aus seinem Wesen heraus bejahen oder ablehnen, erkämpfen oder verlassen muß. Nur eine vom Ziel her bestimmte Unterscheidung führt zur bewußten Tat, aber auch zur Erkenntnis der eigenen Macht und des eigenen selbstherrlichen Willens. Alles dies liegt in der Kopflinie beschlossen, die ihren Namen wohl daher hat, daß man den Kopf als den führenden Träger der Lebenserhaltung sieht, der in der Astrologie dem martialen Widder zugeordnet wird. Aber nicht im Bereich des verstandesbetonten Denkens liegen – wie man irrtümlicherweise aus ihrem Namen schließen könnte – die Unterscheidungen und Zielsetzungen, sondern sie sind noch überwiegend das Ergebnis einer von Trieb und Willen bestimmten Zielstrebigkeit. Aus der Erkenntnis ihrer tieferen Bedeutung heraus wurde die Kopflinie von den Alten vielleicht richtiger media naturalis genannt. Denn sie scheidet das Oben vom Unten und hat so an beiden Welten teil, wie der Mensch als Mitte der Welt in alle Reiche des Lebens hineingestellt ist. In ihm spielt sich der Kampf ab, der den Kräften des Geistes oder denen der Erde zum Ziel verhilft. Deshalb liegt die Kopflinie im Bereich der Marskräfte, um hier immer wieder das Ziel zu erkämpfen, in dem er die Schranken niederzureißen hofft, die ihn vom Licht trennen.

Liegt dieses Ziel nicht in der täglichen Auseinandersetzung mit dem Leben und dem mutig entschlossenen Angehen gegen die Schwierigkeiten, dann endet die Kopflinie unter einem der anderen Berge, in dessen Einflußsphäre nun ihr Ziel liegt. Steigt sie in ihrem letzten Teil zum Merkur hinauf, sodaß der Raum des Marsberges dadurch eng und abgeschnürt wird, dann wird alles offen Kämpferische in kleinlich klügelnde und berechnende Erwägungen abgleiten, und nicht mehr der lebendige Streit, sondern hinterlistige Schleichwege sollen das Ziel erreichen. Drängt die Kopflinie in schwachem oder größerem Bogen zum Mondberg ab, entsteht leicht die Gefahr, daß sich in den schwanken Bildern der Phantasie der Impuls zersplittert oder erstickt. Der Apolloberg gibt der in seinem Gebiet endenden Kopflinie eine zum Künstlerischen gehende Willensrichtung und den Wunsch zur Selbstentfaltung. Endet sie aber unter dem Saturnberg, wie gewaltsam abgebrochen, dann scheint solch ein Mensch vor den Mächten des Schicksals bebend zu stehen, stets ihrer Schläge gewärtig, denen er keine eigene Impulsivität entgegenzustellen hat.

Ein maßloses Sich-Überheben, ein brutal rücksichtsloses Verfolgen egoistischer Ziele, eine ängstlich geizige Besitzgier, zeigt dagegen eine übermäßig entwickelte, von Handrand zu Handrand reichende Kopflinie.

Alles Handeln und jede Tat schickt Impulse in die Welt, die sich selbst fortzeugen, wenn sie klar und stark erklingen. Sind diese Töne aber schwach und unrein, dann lösen sie sich aus ihrer Schwäche selbst auf und der Mensch wird in die von ihnen zurückgelassene Leere hineingezogen. So fordert die Wesenswertigkeit jeder in das Leben gegebenen Intensität in Gedanke, Wort und Tat auch die Erfüllung des Schicksals.

Die Prüfung aber der Intensität erfolgt in der Saturnlinie, die in der Marsebene, dem Prüfungsfeld der Bewährung die Kopflinie schneidet. In dieser *Schicksalslinie* wird der Mensch auf seine Gewichte hin gewogen. In ihr begegnen die in der Kopflinie aufgebrochenen Impulse, Wünsche, Willenstriebe und Zielsetzungen der Summe äußerer Ereignisse und Erlebnisse, die hemmend oder fördernd die Durchschlagskraft und den Lebensweg des Menschen erproben. Sie zwingt ihn zur Verwirklichung seiner Ziele, zur Selbstbesinnung und jener Überwindung des eigenen Willens, die erst die Beherrschung der äußeren Umstände ermöglicht, aus denen dann endlich die Tat sich zusammenfügen und offenbaren kann. So erlangt der Mensch in ihr das Wissen um seine Berufung, die er annehmen und als seinen Beruf bejahen oder verleugnen und zerstören kann. Die Schicksalslinie, die aus den Tiefen der Innenhand nach oben steigt, umschließt die Stationen des Lebens, die aus dem rein triebhaft vegetativen Unbewußten des Kindes durch die leidvollen Erfahrungen der bewußt gewollten Lebensgestaltung zu den Höhen reiner Erkenntnis sich erheben sollen.

Ihren Ursprung nimmt diese Linie in den naturnahen Bereichen des *Mondberges*, der in sich die lunaren Kräfte, die Symbole passiver Stoffverhaftung enthält. Dieser Stoff ist nichts Totes, nichts, das leblos wäre, sondern er ist das weite Urreich, der unendliche Urschlamm, aus dem alle Werdungen und Zeugungen in üppigster Entfaltung hervorgehen. Der Mond ist der große mütterliche Aspekt des Seins, immer zum Empfangen bereit und der Befruchtung geöffnet. Aus dem Boden zieht er die Kräfte in sich hinein, die ohne individuelles Gepräge von Ur her in der Schöpfung liegen. Kein Reich ist so weit, keine Peripherien sind so groß wie seine. Von den tiefsten Tiefen zu den subtilsten Höhen umspannt er die Welt der Urseele mit ihrem Meer an Empfindungen und Gefühlen, an Ahnungen, Träumen und Trieben. Aber in all diesen Reichen wirken die im Kosmos verborgen lebendigen Elementarmächte, die an allem Geschehen beteiligt sind, ohne daß sie je ganz in das Bewußtsein gehoben werden können.

Dieses unbewußte Reich des Mondbergs ist ein ewig undurchdringliches Geheimnis der Natur, in dessen magisch elementare Bezirke der Mensch wie jedes andere Lebewesen hineingeboren wird. Sobald das menschliche Wesen mit dem geschaffenen Leben der Erde in Verbindung tritt, hat es teil an allen unbewußten Naturwirkungen und -einflüssen, die es aus Boden, Stoff und Atmosphäre durchdringen, und die auch dann noch lebendig bleiben, wenn der Mensch bewußt und zur Persönlichkeit gereift ist. Es ist der Urschoß der Mütter, das magische Reich der Bilder, in dem alle Elemente zusammenwirken, und aus dem in Ahnungen und in Träumen die verborgenen Seelenkräften aufsteigen.

Je mehr sich der Mensch aber willenlos und ohne Kontrolle den Einströmungen dieser Welt hingibt, desto größer wird die Gefahr, daß er von

seiner wahren menschlichen Aufgabe abirrt, die eine bewußte Auseinandersetzung mit dem Leben und all seinen Kräften von ihm verlangt.
Deshalb ist bei einem stark betonten Mondberg eine feste Konsistenz der
Hand, ja dieses Berges selbst, ein langer Daumen oder ein guter Marsberg
– Zeichen für Selbstbehauptung und Widerstandskraft – von großer Wichtigkeit. Andernfalls besteht bei einer Überbetonung des Mondbergs in
einer weichen, spitzen Hand die Gefahr, daß der Mensch zum Durchgang
wird für alle Kräfte, die aus Erde, Menschen oder überindividuellen Einflüssen auf ihn eindringen und so einer medialen Empfänglichkeit verfällt, die ihm die Möglichkeit jedes bewußt kritischen Urteils und jeden
eigenen Wertmaßstabes nimmt. Solche, nur zum Werkzeug gewordenen
Menschen stehen wankelmütig, schwach und haltlos dem Leben gegenüber, sind von unbewußten Einflüssen und Eindrücken immer bedrängt,
belastet und getrieben, und haben den äußeren Einwirkungen keine Kraft
und zu wenig Eigensubstanz entgegenzusetzen.

Aus dieser fehlenden Eigenkraft, aus diesem nur Gefäßsein erwächst
dem Mond jene große weibmütterliche Seite, die sein tiefstes und frucht-
barstes Wesen ausmacht. Er gibt der Frau die physische Fruchtbarkeit,
gibt dem Künstler die innere Konzeption seines Werkes und öffnet dem
Menschen die lebendige Welt des Wunsches und der Phantasie. Aber diese
magische Welt, die der Mond öffnet, ist ungeformt und chaotisch. Nur
andere Zeichen der Hand, solche von schöpferischer Kraft, Einsicht und
Klarheit lassen die Möglichkeit der gestalterischen Darstellung der aus
diesen Reichen aufsteigenden Bilder entstehen. Der Mond konzipiert nur
die inneren Vorstellungen, hat aber keine eigenformende Kraft, sodaß
seinem Einfluß verfallene Menschen leicht in einer wirklichkeitsfernen
Traumwelt versinken.

Übermäßig betont und linienlos in einer weichen sinnlichen Hand, die
wenig Dynamik und Aktivität zuläßt, wandeln sich im Mondberg Wünsche und Träume zu Abenteuer- und Sensationslust, oder zu einer senti-
mentalen Romantik, die durch äußere und innere Trägheit nur selten Erfüllung finden können. Die Gleichgültigkeit, die der in seiner Traumwelt
Lebende den peripheren Geschehnissen gegenüber bewahrt, von deren
Lärm er sich in scheuer Verborgenheit abzuschließen sucht, um in tatenloser Beschaulichkeit zu verdämmern, wird bei geistlosen, unlebendigen
Menschen zu tiefster Indolenz. In solchen Menschen lebt immer die Sucht
nach angenehmer, reicher Umgebung, in der sie mühe- und anstrengungs-

los ihre Wunsch- und Traumbilder möglichst auch in der Wirklichkeit ausleben können.

Verwirren den stark entwickelten Mondberg aber viele unruhige Linien, dann wird die Phantasie immer von neuen bildhaften Vorstellungen verführt, die ihr ein Leben von oberflächlicher Lust und flacher Abwechslung vorgaukeln. Solch ein Mensch bleibt immer unzufrieden, weil die Wirklichkeit seine Wünsche und inneren Vorstellungen, die mehr aus Launen und Stimmungen als aus einem intensiven Wollen herrühren, nie zu erfüllen vermag. Je zügelloser die Träume rasen, desto weniger wird der Mensch erreichen, weil er hin- und hergezerrt wird und die Kraft zu einem ersehnten Ziel verliert. Jedes innere Schwanken, jedes wankelmütige, kraftlose Sehnen öffnet der Einbildung das Tor zu Selbsttäuschung, Aberglaube, Irrtum und Lüge.

Es gehört zur Natur des immer aufnahmebereiten, stark passiven Mondes, daß er in seiner großen Eindrucksfähigkeit wenig Eigengesicht behält. Aus diesem Mangel an eigener Form ist sein Schwanken, seine Labilität, sein Hin- und Hergetriebensein zu verstehen. Eindrücke und Erlebnisse, die sich in seine überleicht formbare Stofflichkeit einprägen, ändern immer wieder sein Aussehen. Seine Weichheit und Eindrucksbereitschaft lassen ihn gleichsam zu einem Spiegel werden, der die verschiedenartigsten Bilder aufnimmt und zurückstrahlt. Daher das Schwanken, das Abhängigsein von den leisesten Regungen und von Stimmungen, die leichte Beeinflußbarkeit durch Meinungen und Ansichten anderer.

Menschen, in deren Händen der Mondberg eine beherrschende Stellung einnimmt, sind aus ihrer Sensibilität heraus überempfindlich, leicht verletzbar und gelangen in ihrer Abhängigkeit von Empfindungen und Launen nur schwer zur Synthese, zumal wenn ein wirres, linienreiches Bild dieses Berges die widersprechenden Züge ihres Charakters verstärkt. Die mit dem Mondeinfluß meist verbundene innere Unruhe entspringt einer Haltlosigkeit des Wesens, die keine Widerstandskraft, keinen festen Standpunkt kennt, sondern immer auf irgendeine Weise unbefriedigt ist. Diese Züge werden noch durch eine weiche, spitze Hand verstärkt; denn in ihr tritt jenes unbestimmte, ungefestigte Verhalten hervor, das jedem Einfluß offen ist und von dem geringsten Anlaß aus der Ruhe gebracht werden kann.

In all diesen Eigenschaften des Mondes ist der innerste Zusammenhang mit dem Element des Wassers gegeben, das, stets in Bewegung, jede von außen bestimmte Form annimmt; und hieraus erklären sich wieder die Bedeutungen gewisser Querlinien und ungünstiger Zeichen auf dem Mondberg, die Wasserreisen oder mit solchen verbundene Gefahren anzeigen sollen. Da aber jedes äußere Ereignis vorher im Innern vorbereitet sein muß, so entsprechen diese Wasserzeichen einem unersättlichen, inneren Reiz, der in Reisen die Befriedigung seiner Unrast sucht und sich in dem Wechselvollen seiner Stimmungen vom magischen Bann des sich immer wandelnden Mondes und des von ihm beherrschten Meeres angezogen fühlt.

Unruhige, wirr durcheinanderlaufende Linien auf einem wenig entwickelten Mondberg sind, wie überall, Zeichen aktiver, aber ungelöster Spannungen, die noch keine formale Gestalt erreichen können und wegen der schwachen Ausprägung des Berges auch keine starke Dynamik in sich tragen. So bleiben sie in den Bereichen des triebhaft Empfindsamen und Seelischen, halten von dorther den Menschen in ihrem unbewußten Drängen von klaren Entscheidungen ab und zerstören jede Konzentration. Die Wirkung ihrer Spannung aber bleibt lebendig, auch wenn sie meist unter die Schwelle des Bewußtseins zurückgedrängt wird.

Eine einzige, auf dem Mondberg isoliert liegende Horizontale verstärkt die Verbindung des Menschen mit den magischen Bereichen des Unbewußten, in die jedes Geschöpf allein durch seine Zugehörigkeit zur Natur und ihren Kräften hineinverflochten ist, und die der Mondberg durch seine Lage in der unteren, erdverbundenen Raumhälfte darstellt. Diese Linie zeigt die Möglichkeit, die noch vorindividuellen, magischen Naturkräfte anzuziehen, denen der Schwache verfällt, während eine starke eigenständige in sich wurzelnde Persönlichkeit mit ihnen individuell zu wirken vermag. Der sie bewußt Erfahrende überwindet das magisch Zwangvolle ihrer Bilder; der ohne Selbstkontrolle und Selbstzucht Dahinlebende unterliegt ihm, wird von ihm verwirrt, in seiner Phantasie beunruhigt und immer von dumpfen Ahnungen erfüllt.

Der Linienreichtum des Mondberges dagegen deutet bereits auf das individuelle Umformen dieses magisch Unbewußten in ein eigenes Unterbewußtsein hin. In diesem persönlichen Unterbewußten liegt das unter die Schwelle des Bewußtseins zurückgedrängte Meer der unterdrückten Wunsch- und Traumbilder, die nur zu leicht ein Gefühl der Verbitterung und Gereiztheit zurücklassen. Denn mit dem gewaltsamen Wegschieben wird die Intensität der Phantasie nicht zunichte gemacht, sondern nur verdrängt, und sie wird wie ein gestauter Fluß um so elementarer im Verborgenen wüten und in unkontrollierten Augenblicken pervertiert oder in zügelloser Vehemenz in Erscheinung treten. In richtige Bahnen gelenkt, kann aber jedes unbewußte Empfinden, jeder Traum und jedes Wunschbild zum fruchtbaren Boden für geistige Eingebungen und innere Schau werden.

Die starke Eindrucksbereitschaft und fruchtbare Aufnahmefreudigkeit des Mondes, der in seiner aufgelockerten Stofflichkeit und immer wachen, wenn auch außen kaum erkennbaren Impulsivität die leisesten unbewußten Schwingungen und seelenhaften Regungen aufnimmt, ist auch wieder der innere Boden, der den Charakter im Außen bestimmt, ist der Schoß, aus dem die Hoffnungen und Wünsche hervorgehen, die zum Anfang aller Tat werden. Deshalb nimmt die *Saturnlinie* als Symbol alles inneren und äußeren schicksalhaften Tuns und Wirkens des Menschen – ihrer Urbestimmung entsprechend – ihren Ausgangspunkt im unteren Teil des Mondberges, um die Summe aller im Mond liegenden Ansätze zur Konzentration und Verwirklichung zu führen und Weg und Aufgabe des Menschen von der frühesten unbewußten Kindheit bis hinauf zur vollentwickelten Geistreife des Alters zu zeigen, von dem noch ganz abhängigen Eingebundensein in Familie, Heim und Tradition bis zur letzten bewußten Isoliertheit in der Selbstbeschränkung auf die Tat, in der jegliches Schicksal sich erfüllt.

In der Saturn- oder Schicksalslinie wird die Parallele zu all jenen in der Stoffeswelt erfüllten Handlungen und Taten des Menschen gefunden, die in ihrer Summe sein Schicksal im positiven wie im negativen Sinn ausmachen. Vertikal die ganze Fläche der Innenhand teilend, umspannt sie in sich alle Welten, deren innerer Ordnung sie selbst angehört. So kann auch in ihr ein Spiegelbild jenes alten alchymistisch-animistischen Satzes »Wie oben, so unten« gesehen werden. Stoffwelt, seelische und geistige Ebene, sie alle sind in diese hierarchische Ordnung mit ihren ewig gleichen Gesetzen eingegliedert, die dem erdhaft Gebundenen als Verhängnis, dem Bewußten, sich sinnenhaft mit der Welt Auseinandersetzenden als Prüfung, dem Gläubigen aber als göttliche Führung erscheinen.

Häufig unterbrochen, stark durchkreuzt und unklar gezeichnet, steigt die Schicksalslinie auf, wenn im Leben des Menschen zwischen innerem Ruf und äußerer Verwirklichung Zwiespälte stehen, wenn dem Trieb die Führung des Lebens unterstellt wird und noch kein klar bewußtes Zielstreben den Weg des Lebens bestimmt. Rein und gerade, von keinen Unterbrechungen gestört, durchschneidet sie die Hand, wenn die Aufgabe des Lebens bejaht und auf sich genommen wurde. Diese Aufgabe kann ebenso das Durchsetzen eines selbstbestimmten Geltungsbedürfnisses wie die selbstlose Hingabe an eine Idee sein.

Ganz ungebrochen, ohne jede Durchkreuzung fremder Linien wird sie fast nie sein: das müßte der Tatsache des Lebenskampfes widersprechen.

Sobald der Mensch in den Raum gestellt ist und seine inneren Kräfte lebendig zu werden beginnen, werden ihm seine Unzulänglichkeiten auf irgendeine Weise fühlbar gemacht, und er muß durch Schatten und Dunkelheiten seinen Weg suchen. Nicht ein Äußeres, nicht der Zufall ist es, dem er ausgeliefert scheint: es kann ihm nur begegnen, wozu er sich aufgemacht hat. Und aus seinem Weg wird sich dann sein Schicksal mit unerbittlicher Konsequenz erfüllen.

Wie oft liegt eine Leiden und Schwierigkeiten verkündende Querlinie über der Schicksalslinie, die ihren im Trieb steckenden Ausgang im Venusberg nahm: Ein triebhafter Impuls, dem man sich zunächst nur unbewußt hingab, dringt in das Leben ein und wird zur Quelle des Schicksals, das sich erst viel später als äußeres Geschehen auswirken kann und sich in dem Bereich auslösen wird, in dem die Querlinie endet. Oder eine unglückliche Jugend, belastende Eindrücke der Kindheit, die nicht verlöschen, rufen Spannungen hervor, die erst im späten Leben ihre Lösung als Verbitterungen oder Psychoneurosen finden, wie dies ein Liniengewirr zwischen der unteren Saturn- und der endenden Lebenslinie darstellt. So wird hier der Beginn eines Lebens mit seinem Ende verknüpft. Frühere Schwächen und Fehler, auf der Höhe des Lebens nicht zur Lösung geführt, erfahren ihre harten Spiegelungen in der Nähe des Todes.

Jahre können vergehen, ehe die Wirkung eines Gedankens, einer Handlung im guten wie im bösen Sinn offenbar wird; aber jeder Verstoß gegen die Forderungen des Lebens wird ebenso seine Folgen haben wie ein dem Leben erwiesener Dienst. Und vielleicht liegt gerade hierin die große Gnade, die noch in jedem Schicksalsschlag fühlbar werden kann: daß der Mensch durch Leid und Not sein Fehlen wieder gutmachen kann und ernten darf, was als Positives in seinem Leben gewirkt wurde.

Man spricht gewöhnlich von plötzlichen Schlägen des Schicksals und stellt damit das Schicksal als selbständigen Faktor aus dem eigenen Leben heraus. Vielleicht, um damit der eigenen Verantwortung enthoben zu sein. Die Hand und ihr vielfältig lebendiges Bild aber lehren, daß häufig Saat und Ernte im Menschen selbst liegen, und ein folgerichtig notwendiger Zusammenhang zwischen ihnen besteht, der auch dann noch sichtbar wird und Geltung hat, wenn das Generationsschicksal zur Frage steht, in das jeder Einzelne durch seine äußeren Bindungen verflochten ist.

Am Ende der Schicksalslinie steht der *Berg des Saturn*, des Hüters der Schwelle, der über alles Tun und Lassen in unerbittlicher Strenge richtet. In ihm liegt der Prüfstein, an dem alles Unwahre und Unvollkommene zerbricht; hier steht die überhelle Leuchte, an der das tiefste Wesen aller Dinge und Geschehnisse offenbar wird. Denn dieser Berg erhebt letzte Forderung nach Sinn und Aufgabe des Menschen. So unerbittlich in ihm alles Schwache und Falsche zerbrochen wird, so kommt gerade aus dem Symbol des Saturn dem Menschen auch das Licht der Wahrheit und Weisheit. Das Unvermögen, sich diesem verborgenen Licht zu nahen und aus ihm die Vollendung des Ichs zu finden, bringt das Unbefriedigtsein mit sich selbst, das quälerische Grübeln und Verzagen hervor, das jeder übermäßig entwickelte oder stark durchfurchte Saturnberg in sich trägt. Die Härte und Klarheit des vorwiegend Saturnbetonten fordert die Vollendung in der Tat, im Stoff, die nur unter mühevoller Anstrengung erreicht werden kann. Immer wieder hört er in sich hinein, quält er sich ab und ringt um die Erfüllung seiner Aufgabe.

Äußere Erfolge können ihm begegnen, Anerkennungen ihm gezollt werden, aber sie befreien ihn nicht von diesem zermürbenden inneren Drängen, zumal wenn viele Querlinien den Saturnberg durchziehen. Zutiefst weiß er um den Sinn des Lebens, um sein Geheimnis, das er nicht lösen kann. Deshalb all sein Grübeln und selbstzerstörerisches Abmühen mit den sich ihm stellenden Problemen, um in einer ins Überstoffliche ragenden, stoffhaften Tat dem endlich erfahrenen und nicht erkannten Lebenssinn ein Denkmal zu setzen. Als Künstler versucht er im härtesten Material, dem Stein, das Bild seiner Innenschau zu formen. Er liebt die große Form und den harten Stoff, um an ihnen seine Kraft zu prüfen. Als Denker sucht er in tiefster Verschlossenheit und abseitiger Einsamkeit seinen Pfad zu den Urgründen des Lebens; und daher wohl auch seine Liebe zu allen Geheimwissenschaften, die ihm letzte Offenbarungen vermitteln sollen.

Mit ungeheurer Zähigkeit und Zuverlässigkeit geht er seinen schwerfälligen Weg. Kompromißlos sucht er seine Aufgabe zu lösen und weicht nicht von ihr ab, auch wenn er nie zum Ziel gelangen wird. Hieraus erklärt sich die oft enge und hartnäckige Verbohrtheit und Angst dieser Menschen, die alles an sich raffen, nichts verlieren wollen, geizig über ihrem Besitz wachen, und das alles, weil sie eine geheimnisvolle Macht treibt, die tief innen gespürte Aufgabe in der Tat zu erfüllen. Deshalb die Selbstbeschränkung und das Asketentum, deshalb die Einsamkeit, die Schwere und Bedachtsamkeit des Handelns und all das Mühen und Quälen, das bis zur Selbstvernichtung gehen kann. Und deshalb immer wieder diese tiefste Trauer und Melancholie, wenn sie ihren Weg nicht finden, das beißende Mißtrauen gegenüber anderen, die frei und offen sind und die Welt leichter nehmen. Aus dem eigenen selbstquälerischen Mühen kommt das Quälen anderer, das Geizige, Hartherzige, das sich am Leid des anderen über das eigene Elend hinwegzutäuschen sucht.

Nirgends ist das eigene Wesen so stark die Ursache des Schicksals wie gerade hier. Denn alles enge, melancholisch Schwerblütige und Schwermütige schließt den Menschen in seinem dauernden Auf-sich-selbst-Gerichtetsein, in seiner Angst und Besorgnis um das eigene Ich von den Hilfen und Eingebungen ab, die ihm von außen und oben kommen könnten. Nur wer sich hingeben und verlieren kann, wer sein ganzes Wesen öffnet, wird glauben und lieben und sich den helfenden Kräften überlassen. Freudlosigkeit ist die Wurzel von Depression und Melancholie, und diese sind die Einfallstore für alle harten, unguten Gedanken und inneren Verkrampfungen, die in sich wiederum das Unglück anziehen.

Das ist die Tragik der Saturngeprüften, vor allem, wenn sie durch Stern oder Kreuz auf dem Saturnberg das Stigma des Leids in ihrer Hand tragen: Sie fühlen sich immer unter dem Druck eines Verhängnisses, warten gleichsam auf ein solches und wollen nicht sehen, daß dieses selbstgewählte Verkrampftsein, diese eigene innere Verschlossenheit das Unglück heraufbeschwören muß.

Aber kein Schicksal ist nur böse, nur voll Unglück und Leid; jedes Leben hat seine Lichtseiten und positiven Auswirkungen. Daher ist es nicht nur Euphemismus, wenn die Alten die Schicksalslinie auch Glückslinie nannten. Vielleicht taten sie es auch aus der Erkenntnis, daß oft im augenblicklich so hart erscheinenden Schicksal der Grund für ein zukunftweisendes Glück gelegt ist. Das Schöne im Leben aber wird meist zu selbstverständlich hingenommen, als daß man sich Rechenschaft darüber geben würde. Erst der Kranke weiß um das Glück der Gesundheit; für den

Gesunden ist sie eine geradezu bedeutungslose Tatsache. Und so in allem. Es gibt auch Menschen, die von sich aus immer im Schatten stehen, und gebannt auf das dunkle, leidenverkündende Gesicht des streng richtenden Saturn starren, weil sie nicht den Mut und die Kraft aufbringen, einmal eine ganze Drehung zur Helle und zum Licht hin zu machen. Solche selbstgewählten Umstellungen können am deutlichsten in den Unterbrechungen der Schicksalslinie erkannt werden, denn hier, wo die Schicksalslinie plötzlich abbricht und erst nach einem Zwischenraum wieder fortläuft, kann im Lauf des Lebens eine Verbindungslinie entstehen, ganz fein, kaum wahrnehmbar zuerst, dann immer stärker, bis sie zuletzt das fehlende Stück ersetzt und den leeren Raum völlig überbrückt. Dies geschieht in dem Maß, in dem der Mensch durch innere Umstellung sein Leben bewußt ändert und weiterführt, auch wenn sich ihm von außen her alle möglichen Hemmnisse auftürmen. Ebenso kann bei einer Unterbrechung eine neue Linie, seitlich verschoben, beginnen − zuerst in gleicher Höhe oder oberhalb der Bruchstelle −, die sich dann später nach abwärts verlängert, um nun die vollzogene Neuorientierung und selbstgewollte Umstellung des Lebens anzuzeigen.

Zu dieser Umstellung wird der Mensch immer wieder durch die eigene Frage nach seiner Bewährung geführt, die aus dem impulsiven Drängen und Handeln aufsteht, dessen Beginn in der Kopflinie gesehen wurde. Mit dieser Zielstrebigkeit hat sich der Mensch aus der Allverbundenheit in einer eigenbewußten Wesenhaftigkeit abgesondert und damit die Folgen des Schicksals auf sich genommen. Wenn er nicht mehr in die elementare Welt- und Naturordnung einbezogen ist, sondern aus eigener Triebhaftigkeit einen selbstgewählten Weg geht, trägt er die Verantwortung für sein Leben und Wirken, muß er von sich aus entscheiden, unterscheiden und sich mit der Welt und ihrem Freud- und Leidvollen auseinandersetzen.

In dieser Verwirklichung werden alle Impulse einem klaren Ziel zugeführt. Deshalb sind Kopf- und Saturnlinie, die Bereiche der Mars-Venus- und der Mond-Saturnkräfte dem *ersten Kreuz* der Astrologie, dem Kreuz des Triebimpulses und der Lebensbehauptung gleichzusetzen.

Kopf- und Saturnlinie bilden das Symbol des Kreuzes. In diesem Zeichen ist der Mensch in seiner Eigenwilligkeit und Bewußtheit an die Schöpfung, an Raum und Zeit gebunden. Er ist in die Marsebene gestellt, in der er seine Auseinandersetzungen erfahren und sich bewähren muß.

Mit beiden Armen ist er an das Kreuz gespannt, unter ihm die Erde, über ihm der Himmel, so wie die Kopflinie in der Handmitte die elementar physischen Bereiche von den geistigen Ebenen trennt. Denn im Mond-Venusberg, der unteren Raumhälfte liegt die Stoffverbundenheit und erd-verwurzelte Triebhaftigkeit, während im oberen Raumteil die Sehnsucht nach Einsicht und geistiger Vollkommenheit erwacht. An den Pfahl des Kreuzes ist der Mensch gebunden, in ihm ist sein Ich vom Du, ist Subjekt vom Objekt getrennt.

Die Saturnlinie trennt die Ich- von der Duseite. Es ist schicksalhafte Notwendigkeit, daß der Mensch sich in seiner Egozentrik verlassen und unglücklich fühlt und zum ergänzenden und ausgleichenden Du hinstrebt. Aber hier, auf der Ebene des Impulses und der Tat wird man nie ganz zum Du hinfinden, kann man sich nie ganz in ihm verlieren und muß sich des-halb immer stärker seiner Einsamkeit bewußt werden. Darum gibt es für ihn auf dieser Stufe nur einen Weg, ein Ziel, das aus der freiwillig ge-wählten Tat entstehende Schicksal zu bejahen, zu leben und aus der Liebe zum Schicksal (amor fati) heraus in letzter selbstüberwindender Tat alle Impulse und alle Intensität zusammenzufassen und in ihnen sich selbst aufzugeben, der Weg, der in der Schicksalslinie vom Mondberg zum Sa-turnberg hinaufführt.

Ist die polare Kräfteverteilung in der Saturnlinie verschoben, dann wird auch das Wesen des Menschen geändert. Beginnt sie nicht auf der Du-seite, sondern im Venusberg oder wird sie von der Lebenslinie angezogen, dann kommen triebhafter Egoismus, Abhängigkeit, besonders vom Eltern-haus zum Ausdruck. Ein solcher Mensch wird dem Geschehen unfrei und nicht mehr als geöffnetes, aufnahmebereites Gefäß gegenüberstehen, son-dern von formalen Begriffen oder triebhaftem Wollen abhängig sein, ab-hängig auch von einem falschen Pflichtgefühl gegenüber Eltern, Beruf oder anderen hemmenden Bindungen und wird jedem Ereignis eine starre, vor-gefaßte Meinung entgegensetzen. Es bleibt solchen Menschen nur die Möglichkeit, sich entweder der Pflicht ganz zu beugen oder in einer har-ten Prüfung des Schicksals die eigene Schwäche einzusehen. Eine beson-ders starke Verbindung von Mars und Saturn, die durch den Beginn der Schicksalslinie auf dem Marsberg angezeigt wird, läßt den Menschen nur durch schwere und mühevolle Kraftaufwände, nach hartem innerem und äußerem Ringen seine Aufgaben lösen und sein Ziel erreichen. Überall sucht er sich Rechenschaft zu geben; er handelt nie oberflächlich oder leichtsinnig, sondern kämpft immer wieder um Ziel und Aufgabe seines Lebens.

Die Kämpfe und Auseinandersetzungen der Schicksalslinie beziehen sich auf das Ringen des Menschen mit allen Mächten der Umwelt und den Ereignissen, die aus diesen Kämpfen entstehen. Die Auseinandersetzungen, die in der Kopflinie symbolhaften Ausdruck finden, liegen auf der eigenen Triebebene und umspannen den Menschen. Der Vergleich von Länge und Beschaffenheit beider Linien läßt die jeweilige Gewichtsverteilung im menschlichen Wesen erkennen.

Es gibt aber auch Hände, in denen jede Saturnlinie fehlt, ein Zeichen stark vegetativen Lebens mit überwiegend triebhaften Instinkten. Kommt hier noch ein kurzer Daumen, also der Mangel an Eigenwillen hinzu, dann fehlt der Drang zur Tatvollendung und jeglicher persönlichen Auseinandersetzung mit den Mächten des Schicksals.

Eine gerade, gutgezeichnete und lange Saturnlinie ist nicht der Garant eines glücklichen Schicksals, wie oft irrtümlich gemeint wird. Sie zeigt zunächst nur die selbstherrliche Betonung der eigenen Kraft, mit der das Schicksal meist mehr herausgefordert als überwunden wird. Am positivsten ist eine Schicksalslinie zu werten, die mit einigen Auflockerungen — durch Linien oder kleine Verschiebungen eines zu geraden Verlaufs – die Hand durchzieht.

In den Händen stark traditionell gebundener Menschen liegt zwischen Lebens- und Schicksalslinie eine zweite Saturnlinie, die die Vertikalspaltung der Hand bedeutend verstärkt und damit die Auseinandersetzungen mit der Umwelt besonders herausstellt. Diese Linie darf nicht mit kleinen Parallelen der Saturnlinie verwechselt werden, die nur verschieden gerichtete Interessen anzeigen, sondern sie stellt wirklich und in vollem Umfang eine zweite, selbständige Schicksalslinie dar, die, mit konventionellen Anschauungen und traditionellen Bindungen beladen, die eigene freie Selbstentfaltung des Menschen erschwert.

Die freie Entwicklung der eigenen Kräfte in ihrem lebenserhaltenden Sinn, die das ganze intensive Drängen der Impulse in sich schließt, ist als Grundzug des ersten Kreuzes noch unbeladen von allen formerischen und gestalterischen Elementen, die erst im Bereich des zweiten Kreuzes ihren Ausdruck finden.

Das zweite Kreuz

Venus-, Mars-, Apollo- und Saturnberg
Lebens- und Apollo-(Sonnen-)Linie
Venusring

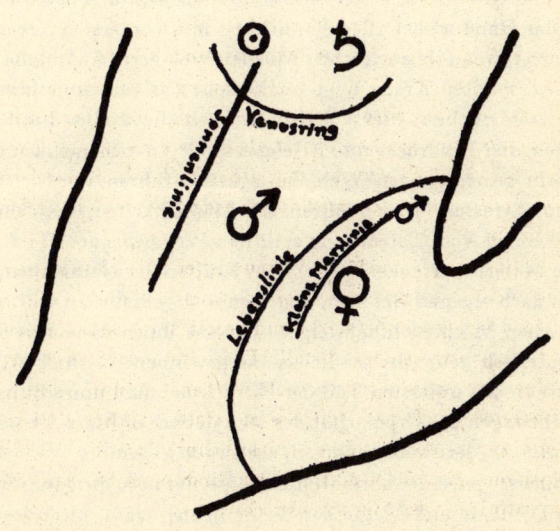

Im Impuls erschöpft sich die Ebene geschöpflichen Darlebens nicht. Der Impuls an sich müßte zur Vernichtung führen, sobald die ihm zu Gebote stehende Substanz aufgezehrt wäre; und das geschähe in kurzer Zeit, würde nicht über dem Trieb der reinen Lebenserhaltung jener der Arterhaltung stehen, der, wenigstens für den Menschen, eine höhere Form der Fortdauer der eigenen Existenz bedeutet. In diesem zweiten übergeordneten Trieb, der ebenso wie jener der Lebenserhaltung die Summe unzähliger Teiltriebe darstellt, steckt all das Zeugerische, Formerische, Gestalterische, das sich den Stoff und die Erde zur Wohnstätte bereitet, sie schmückt und pflegt, um damit den Lebensbestand ertragbar zu machen, um aber auch allem Untergehen und allem Jenseitsverlangen ein Gewicht entgegenzusetzen. Deshalb ist mit diesem Trieb auch ein größeres Bewußtsein und eine breitere Gefühlsbasis verbunden, und seine Entsprechung in der Hand ist bei aller Ähnlichkeit mit dem ersten Kreuz völlig anders geartet, wenn sie auch scheinbar gleichgelagerte Raumteile erfaßt.

In diesem zweiten Kreuz liegt nicht mehr das rein impulsive Fortstürmen des Menschen; hier vollzieht sich ein liebevolles Formen und Ausarbeiten aller Eindrücke und Erlebnisse, ein An-sich-nehmen des Objekts, das in seiner ganzen Wesenhaftigkeit erfahren werden soll, ein Empfinden, Erfassen, Weiterführen der Möglichkeiten, die dem Menschen auf seinem, vom Tatendrang erfüllten Weg begegnen. Tief muß er sich in die Materie versenken, um zu den Kräften der Natur hinzufinden, die er nun nach eigenen Gesetzen gestalten und gebrauchen will, muß zu den magischen Mächten hinabsteigen, um aus ihnen die Kraft für sein eigenschöpferisch zeugerisches Leben zu gewinnen. Deshalb führt die Lebenslinie in den untersten Teil der Hand hinab und umreißt in scharfen Abgrenzungen die Urpolarität der schöpferischen Mars-Venuskräfte, die im *Venusberg*, der Daumenwurzel, verborgen liegen.

Im Venusberg pulst das bluthaft Lebendige, das noch die ganze Schwere, die ganze Dämonie und Magie der Natur in sich trägt, in deren gleichmäßig ewigem Rhythmus der Mensch als Teil der Erde und des Bodens hineingeboren ist. »Wie wohltätig ist uns doch die Identität, dieses gleichförmige Beharren der Natur! — Wenn uns Leidenschaft, innerer und äußerer Tumult lange genug hin- und hergeworfen, wenn wir uns selbst verloren haben, so finden wir *sie* immer als die nämliche wieder und uns in ihr. Auf unserer Flucht durch das Leben legen wir jede genossene Lust, jede Gestalt unseres wandelbaren Wesens in ihre treue Hand nieder, und wohlbehalten gibt sie uns die anvertrauten Güter zurück, wenn wir kommen und sie wieder fordern... Unsere ganze Persönlichkeit haben wir ihr zu danken. Denn würde sie morgen umgeschaffen vor uns stehen, so würden wir umsonst unser gestriges Selbst wieder suchen.« Diese Gedanken Schillers, die Carus über seine »Zwölf Briefe über das Erdleben« schrieb, drücken dies ewig gleiche Beharren der Natur aus, das kein stumpfes Ruhen, kein starrer Stillstand ist, sondern von Leben und Bewegung erfüllt wird, von Urkräften und Urmächten, die in immer neuen Verwandlungen und Gestaltungen umgesetzt werden sollen.

Venus, eine dieser Urmächte, die Göttin der Schönheit und Harmonie, die weibliche Seele steigt in den Stoff hinab, in den »Ursumpf« des Mythos, wird in ihm festgehalten und von ihm beherrscht, bis sie wieder durch Schmerz und Leid geläutert in die himmlischen Sphären von Ruhe und Reinheit zurückfindet. Sinnbild dieser liebenden Hingabe im Irdischen, die alle Stufen und Formen von Genuß, Begierde und Leidenschaft annehmen kann, ist der Venusberg. Als unterstes Daumenglied hat er die Aufgabe, das Physische, Erdhafte in einer steten Bearbeitung zur Hingabe und Sehnsucht nach dem geistigen Feuer der Erkenntnis und Läuterung bereitzumachen. Als unterster Berg der Innenhand umschließt er alle erdhaften, stoffgebundenen Kräfte, denen er in triebhafter Ichhaftigkeit und verirrter Begierde verfallen, die er aber auch in keusche Zartheit, Wohlwollen und Mitleid umwandeln kann.

In dieser Verbindung von Daumen und unterer Handfläche liegt die Doppelwesenhaftigkeit der Venus: Es gibt keine Trennung in Sexus und Eros, beide sind Aspekte der einen zeugerischen Kraft, die aus ihrer Verwurzelung im Physischen mit ewiger Sehnsucht nach Harmonie und Schönheit bis an die erhabenen Sphären religiöser Hingabebereitschaft hinaufreicht. Kampf und schöpferisches Ringen um Vollendung geben ihr jene geistige Haltung, aus der allein die Umbildung und Transmutierung des Stoffes möglich wird. Deshalb liegt auch dieser Teil des Daumens im dynamisch inneren und nicht im äußeren statischen Handraum.

Im Venusberg wird der Stoff in die tiefsten Wurzeln des Wesens hinabgezogen und mit letzter, zärtlichster Hingabe umfangen und gehütet. Aus der natürlichen Beharrungstendenz dieses unteren Handteils erklärt sich das Festhalten am Erworbenen im Materiellen und Seelischen, das Weiterführen eines von außen gegebenen Impulses oder einer als Empfindungseindruck in sich getragenen Idee, der sich der Mensch in innerlich genießender Hingabe überläßt und die er in liebevoller Geduld in immer subtilere Formen umwandelt. In Ton, Farbe und plastischer Bewegung soll der Stoff gestaltet werden, an dem der Mensch in starker Sinnenfreude hängt, und den er liebt, weil er das Leben verschönt. Alles Enge, kleinlich Häßliche ist der innersten Haltung venusbetonter Menschen unerträglich. Denn auch dort, wo ihre Tendenzen nicht produktiv in künstlerischem Schaffen zum Ausdruck kommen, ist die Freude am künstlerischen Genuß vorhanden.

Wird das Leben aber in seiner Schönheit und seinen Reizen gesucht, dann braucht der Mensch notwendig den anderen, um mit ihm zusammen dieses Leben zu genießen, mit ihm den Reichtum, die Fülle der Gefühle zu teilen und damit das eigene Erlebnis womöglich noch größer zu gestalten. Da aber all diese Empfindungen noch in den triebhaft magischen Bereichen der Natur wurzeln, kann die Umsetzungstendenz in subtilere Formen nur von der Außenform der Hand und der Gestalt des Daumens her gefunden werden. In einer breiten Hand werden die ganzen Triebmomente der Venus noch primitiv, urwüchsig und bodennah sein. Treu und zuverlässig wird ein solcher Mensch, wenn der Venusberg in seiner Hand erhöht ist, am Geliebten hängen, ihn mit Wärme und Liebe umgeben, ihn verwöhnen und ihm die Umgebung schön gestalten. Dabei ist all sein Bemühen noch schwerfällig und seine Empfindungen kommen noch unbeholfen nach außen; dafür ist er aber um so ausdauernder, beständiger und tiefer in seinen Gefühlen. Ebenso ist er im künstlerischen Gestalten an schweres, grobstoffliches Material gebunden, denn er fühlt die Form mehr als er sie sieht und findet meist nur im Bildnerischen oder im musikalisch Klangvollen die Möglichkeit seines Ausdrucks.

Mit einer spitzen, weichen Hand ist der Venusbeeinflußte anschmiegsamer, liebenswürdiger, anpassungsfähiger, aber auch leichtlebiger. Er hat alle Mittel und Reize, den anderen zu bezaubern und kann der hingabefähigste, opferwilligste Freund sein. Zwingt ihn aber ein neuer Reiz in seinen Bann, dann wird er alles vergessen, diesem neuen Zauber verfallen und mit derselben, bis zur Selbstaufopferung gehenden Liebe an diesem neuen Menschen hängen. Immer auf der Suche nach dem Idealbild seiner Vorstellung verfällt er zu leicht fremden Verführungskünsten – zumal bei einem kleinen Daumen –, bis die Besinnung auf sein wirkseine stärksten Beziehungen zur Venuskraft hat, sind nur aus dem drängenden Willen zu verstehen, die eigene Welt so erträglich als nur möglich zu gestalten, sie in ein in sich harmonisches Verhältnis zu setzen. Deshalb die Stoffbindung dieser ursprünglich so subtilen Kraft, dieses über die Materie hinausweisenden Strebens. Alle Sehnsucht wird in den Stoff hineingegossen. Aber dies geschieht nicht mit zweckhafter Absicht. Denn dazu sind die Triebe noch viel zu naturverbunden, dynamisch, unmittelbar. Man könnte den ganzen unteren Handraum, der von Venus- und Mondberg beherrscht wird, als den Urschoß des Zeugerischen betrachten. Ein Gegensatz aber besteht zwischen diesen beiden weiblichen Gottheiten, die beinahe den größten Teil der Innenhand unter ihrer Herrschaft haben. Auf der Seite des Mondberges hat das Zeugerische – in absolut unwandelbarer Empfängnisbereitschaft – ein völlig undifferenziertes Sein, während es auf der Seite des Venusbergs mit individuellen Zügen ausgestaltet ist. Dort herrscht gleichsam eine wahllose Formlosigkeit, hier im Venusberg liegt die dem eigenen Wesen angepaßte Form, die bei guter und ungestörter Entwicklung des Berges wie ein Apriorisches wirkt, während die Fülle und Art der Störungen die mehr oder weniger pervertierte Art des spielerischen Suchens nach derselben ausdrückt.

Um dieser individuellen Züge willen wird der Venusberg auch erst ganz zum Symbol der Sinnenhaftigkeit, der Sinnenlust und Sinnenfreude im dynamischen Sinn. Und sie erst ermöglichen die schöpferische Umsetzung, die dieses Teil aktiver Freude und individuellen Charakters voraussetzt. Alles Zeugerische und produktiv Schöpferische, das im Grunde der Arterhaltung dient, bedingt das Objekt und sei es auch nur das selbstgeschaffene. An der Wechselwirkung mit dem Objekt erst erfüllt sich Lust und Freude. Und deshalb wohl werden auf dem Venusberg die Beziehungen der Liebe im Leben des Menschen gefunden: Beziehungen der Liebe, nicht Bindungen der Ehe, die weit über diesem Venusbereich hinausliegen, da sie andere, sittliche Momente erfordern, die hier noch nicht gefunden werden können. Hier ist die Freude am Sinnengenuß noch zu stark und vorherrschend als allein tragendes Moment.

Aus der Sinnlichkeit aber folgt ein Schmuckbedürfnis, das sich hier bis zur Luxusliebe steigern kann, besonders, wenn es sich um eine weichliche Hand handelt. Dann kann die Sinnlichkeit so stark alles überdecken, daß sie nur noch den oberflächlichen Genuß und das satte, unbeschwerte Wohlleben mit allen Mitteln zu erreichen sucht. Je mehr der Berg zum Extrem hin entwickelt ist, desto mehr besteht die Gefahr zu Perversionen, die sich vor allem aus seinen Marsverbindungen ergeben, da sowohl der kleine

Marsberg wie die Marsebene in ihrer Beschaffenheit von der Entwicklung des Venusberges mit abhängig sind.

Die Neigung zur Pervertierung des schöpferisch-zeugerischen Vermögens wird besonders durch Merkmale charakterisiert, die in der Linienrichtung des Berges liegen. Die auf der Daumenwurzel, dem Venusberg, eingezeichneten Linien müssen in der Richtung zum Daumen horizontal verlaufen, um eine zumindest harmonische Wirkung anzuzeigen, während vertikale, also von oben nach unten, mit der Lebenslinie parallel liegende Linien für diesen Berg negative Charakteristika sind, wobei die *Kleine Marslinie* besondere Bedeutung erlangt.

Unter diesen Vertikalen auf dem Venusberg sind zwei Gruppen zu unterscheiden, von denen die erstere häufiger ist, während die zweite seltener gefunden wird. Die erste Gruppe durchkreuzt als nicht besonders stark gezeichnete Linien die Horizontalen, ohne sie abzuschneiden: Fremde Einflüsse suchen von außen her auf die Form der persönlichen Darstellung einzuwirken, und der Mensch kann ihnen zeitweilig mehr oder weniger unterliegen. So können Abweichungen der ursprünglich eigenen Lebensführung entstehen.

Solche aber, die die Wurzel des Wesens erfassen, die von innen her aufbrechen, entspringen aus der zweiten Gruppe dieser Vertikalen des Venusberges. Sie laufen ganz in der Nähe der Lebenslinie mit dieser, aber immer von ihr getrennt, den Berg ganz oder stückweise entlang. Die Horizontallinien durchschneiden sie nicht, sondern werden von ihnen abgeriegelt, sodaß sie nicht auf die Lebenslinie gelangen können: Der in der Lebenslinie sich vollziehende Austausch zwischen den Bereichen des Urmagischen und ihrem individuellen und persönlichen Ausdruck kann nicht mehr stattfinden. Die nach außen drängenden Kräfte der schöpferischen und zeugerischen Darstellung werden von dieser großen Schranke abgeschnitten und richten sich nun wieder gegen das eigene Innere, da sie in ihrer Existenz nicht vernichtet, sondern nur von ihrer ursprünglichen und natürlichen Richtung abgelenkt sind. Hieraus entstehen die Pervertierungen, die im Innern schlimmste Verheerungen anrichten können, weil sich die Kräfte selbst aufzehren müssen, denen das Ventil nach außen fehlt. Von manischer Depression bis zum Verfolgungswahn künden diese Linien Angstzustände, die beim Hinzutreten anderer Faktoren auch umschlagen und sich bis zum selbstquälerischen und zerstörenden Sadismus steigern können.

Perversionen, die aus einem unausgeglichenen Zwiestreit zwischen den Mars-Venuskräften herrühren, finden ihren Ausdruck in einem starken *Liniengitter* auf dem Venusberg, wobei die Horizontalen der Venus, die Vertikalen, wie es die Kleine Marslinie zeigt, dem Mars zuzuteilen sind.

Die Intensität der Venus, die Kraft ihrer Leidenschaft und Triebe wird durch Mars aktiviert und lebendig schöpferisch gestaltet. Darum grenzt der Venusberg in seinem oberen Teil an den kleinen *Marsberg* und erhält so die Kräfte seiner Urpolarität, die seine Impulse und Triebe wecken und sie sogar steigern können. Immer ist Mars der Beginn und muß selbst weiterstürmen und weitersuchen; aber Venus führt aus, was er erjagt hat, und sie wird immer versuchen, das von ihm Geweckte, Aktivierte oder Zerstörte auszubauen, auszugleichen oder neu aufzubauen.

So wurde Venus bei allen Völkern mit Mars zusammen verehrt als erste Emanation des höchsten Wesens, als erste demiurgische Zweiheit. Aus der Vereinigung dieser Urgegensätze erst kann die Schönheit und Harmonie des Weltengesamt erstehen. Mars ist der große Fruchtbringer, die männliche Potenz der einen schaffenden, in zwei entgegengesetzte Kräfte geteilten Ureinheit. Wie in der Hand der kleine Marsberg neben dem Venusberg liegt, so wirkt überall das ewige Zueinanderstreben dieser Polarität, die durch ihre zeugerische Kraft wieder zur Vereinigung, zur Harmonie, zum Leben finden will.

So läuft auch die *Lebenslinie*, die Vitalis, die Anfang und Ende des Lebens, Vitalität und Schöpferkraft zeigt, im Bereich der Mars-Venuskräfte, und man könnte vielleicht behaupten, daß sie die stärkste Zusammenfassung dieser beiden schöpferisch-zeugerischen Triebe sei, die im Venusberg ihre höchste Manifestation erlangen.

An ihrem Anfang im Daumenwinkel ist die Lebenslinie noch erfüllt von den Kräften des kleinen Marsbergs, wie auch der jugendliche Mensch in ungehemmtem Impuls und Drang vorwärtsstürmt und seine Vitalität ungebändigt auszuleben und durchzusetzen sucht. In ihrem Lauf aber entfernt sie sich immer mehr von dem Wirkungsfeld dieses kleinen Marsberges und versinkt immer tiefer in die beharrende, ewig gleichförmige Natur, in die Stoffverbundenheit des Bodens, der in seiner Ruhe und Schwere die Urkräfte birgt, die der Mensch gestalten und verwandeln soll. Auf ihrem Weg berührt sie die *Marsebene*. Hier, in der Mitte des Lebens, sind es wieder die Mars-Venuskräfte, mit denen sich der Mensch auseinanderzusetzen hat. Aber es ist nicht mehr ein egoistisches Vorwärtsstürmen und impulsives Sichdurchsetzenwollen, sondern die drängende Notwendigkeit, im Du aufzugehen und in dieser Verschmelzung das Leiden und Erleben des zeugerischen Schöpfungsaktes in sich zu erneuern.

Querlinien, die im Venusberg entspringen und die Marsebene durchschneiden, sind von der Wucht dieser zeugerischen Kräfte erfüllt, die sich dort aktivieren und darstellen müssen, wo diese Linien enden. In diesem Sinn ist vielleicht auch die Ansicht eines modernen Cheiromanten zu verstehen, der in einer solchen Schnittlinie, die bis zur Herzlinie geht und in ihrem Ursprung oder Verlauf eine Insel bildet, bei Frauen das Zeichen für Geburten erkennen will. Oft werden diese Querlinien der Lebenslinie als Krankheitsmerkmale angesehen; dies dürfte aber nur dann zutreffen, wenn diese Kräfte im Leben keine Auslösung finden.

Die Marsebene, das Bewährungsfeld des Menschen, schließt alle positiven wie negativen Auseinandersetzungsmöglichkeiten in sich. Ihre Kräfte können, mit Venus verbunden, das Zeugnis schöpferischer Darstellung sein, wie sie aber auch den Tod in sich bergen können, das tiefste Geheimnis menschlicher Auseinandersetzungen, die letzte Lösung aller Konflikte und Kämpfe, die unerbittlichste Prüfung menschlichen Seins und Tuns. Alle im Marsfeld endenden Linien werden demnach naturgemäß in das Todesproblem miteinbezogen und tragen zerstörerische Momente, Krankheiten oder Unfälle in sich, die zum fast sicheren Todeszeichen werden, wenn auch die Lebenslinie im Marsfeld abbricht.

Tritt die Lebenslinie aus der Marsebene hinaus, dann nähert sie sich dem Mondberg, um von hier aus allmählich ganz in den Venusberg hineinzuführen oder zu verlöschen. Der alternde Mensch verliert immer mehr an Intensität und Triebkraft und sucht in beschaulich ruhigem Leben seine innerseelische Welt auszubauen. Die Verbindung mit dem Mondberg, die oft durch zu ihm hinführende Äste der unteren Vitalis noch besonders betont wird, ist Symbol der Erfüllung allen naturhaft seelischen Seins, das der weiblichen Seite im Menschen entspricht. So sagt Bachofen in seiner »Gräbersymbolik der Alten«: »In Psyche (Seele) ersteigt Aphrodite selbst die lunarische Stufe, die höchste, welche des Weibes Stofflichkeit zu ersteigen vermag.«

Je klarer und vollkommener die Lebenslinie am Ende den Venusberg umschließt, um so harmonischer und organischer wird sich das Lebensende gestalten. Die ausgleichende Kraft der Venus schließt die Wunden, die Mars schlug und führt den Menschen in eine naturhafte Geborgenheit zurück, in der er sich nach innen kehrt, und alles Warme und Gütige Wurzel und fruchtbaren Boden findet.

Die aufsteigenden Äste der Lebenslinie führen in einer persönlichen Richtung zu geistigen Umsetzungs- und Verwirklichungsmöglichkeiten. Dagegen zeigen abfallende Äste den in der Materie steckengebliebenen, vom Stoff erstickten Versuch einer Darstellungs- und Ausdrucksmöglichkeit an, der jede Intensität und geistige Bereicherung verloren hat und deshalb immer negative Auswirkungen hervorrufen muß.

In der Lebenskraft der Vitalis liegt das ewig wirkende Werden, das aus dem Widerstreit der physischen Kräfte hervorgeht, ohne die alle Erscheinung und zeugerische Kraft vernichtet würde. In der Lebenslinie liegt die Substanz, die allen Ideen, Begabungen und Eigenschaften des Menschen Verwurzelung gibt, wie sich in ihr auch wieder alle Lebensäußerungen, alle geistigen Wünsche und Ideale spiegeln. Ohne Naturverbundenheit und stofferfüllte Lebensnähe bliebe jedes menschliche Wirken eine unorganische, unverwurzelte, intellektualistische Konstruktion, jedes Gefühl eine weichliche Sentimentalität, und alles künstlerische Empfinden verlöre sich in nur ästhetisierendem Betrachten. Die Kräfte aber, die, mit dem bluthaft magischen Naturerfahren des unteren Handteils erfüllt, in die obere Handfläche hinaufsteigen, sind beladen mit der ganzen schöpferisch-zeugerischen Potenz des Menschen, die Bestätigungen und Versuchungen auf der Saturn-Sonnenebene erhalten.

Auf der Sonnenstufe des zweiten Kreuzes, im *Apolloberg*, wird sich das Geschöpf seines Herrseins und seiner Macht bewußt. Was in dem unteren Handteil aus magischer Naturverbundenheit an Freud und Lust erlebt wurde und noch an die Gesetze des Naturgeschehens gebunden blieb, gelangt im Sinnbild dieses Berges zum Eigenbewußtsein, zum Erfahren der persönlichen Macht und Gestaltungsmöglichkeit.

Während in der Mars-Venuspolarität der Lebenslinie die zeugerischen Kräfte einer aus dem Naturgesetz und der Stoffverbundenheit entstehenden Arterhaltung tiefster Sinn des Wirkens sind, liegt in ihrem Vertikalverhältnis – der Sonne und ihrer Achse, der *Sonnenlinie* – ein Moment, das über die Arterhaltung zur Icherhaltung führt. So wie auf der Ichseite der Hand die Lebenslinie in der Daumenwurzel die Kräfte von Mars und Venus umschließt und damit Übergang und Verbindung vom ersten zum zweiten Kreuz herstellt, so ist es auf der Duseite die Sonnenlinie, die – ihrer Uridee gemäß – aus dem Mondberg, der zum ersten Kreuz gehört, zum

Apollo-Sonnenberg aufsteigend, denselben Übergang zwischen den beiden Kreuzen schafft.

Mehr als die Lebenslinie birgt diese Apollolinie das Charakteristikum des zweiten Kreuzes als Icherhaltung und Ichdarstellung durch die Verbindung der Sonne-Mondkräfte in sich. Aus dem lunaren Boden einer übergroßen Empfängnisbereitschaft führt diese Linie zur ichhaften Auswertung und Ausgestaltung der aufgenommenen Kräfte. Das Ich selbst soll sich an ihnen messen, soll in der Machtfülle, die ihm hier bewußt wird, die Größe des eigenen Seins erfahren, das seine letzte Zusammenfassung im Ende dieser Linie, im Apolloberg, erhält. So umfaßt sie alle Stufen der Selbstdarstellung bis hinauf zur harmonischen Entfaltung der Seelenkräfte. Bis aber diese Höhe erklommen ist, sind es oft die in der menschlichen Schwäche liegenden negativen Merkmale der Ichdarstellung, die in der Sonnenlinie offenbar werden, besonders wenn das Handbild wesentlich von materiellen Zeichen bestimmt wird.

Wer über seine Möglichkeiten hinausdrängt oder dem Werturteil der Masse anheimfällt, die den Schein über das Sein stellt und mehr nach äußerem Auftreten als innerem Wesen mißt, wird falschem Stolz, eitler Gefallsucht oder bis zum Größenwahn gehender Selbstüberheblichkeit unterliegen, die Charakterentsprechung der Sonne-Mondverbindung in ihrer negativen Auswirkung.

Immer aber ist es ein nach außen wirkendes, gestalterisches Moment, das aus dieser Linie hervorgeht. Der Prozeß, aus dem die Darstellungsmöglichkeiten sich erschließen, aus dem zuletzt der formerische Wille hervorbricht, ist ein absolut innerer und gehört jener Sphäre an, die man vielleicht die Innenseite des Menschen, die geistig seelische Ebene nennen kann, wenn darunter die Erinnerung an das Urwissen um diese Welt, das Teilhaben an ihrem Leben und das Ahnen um ein vollkommenes Menschentum verstanden werden soll, das zur letzten Ichgestaltung und -entfaltung führen kann.

Nur wenige Menschen sind stark genug, mit dieser innersten Auseinandersetzung mit sich selbst fertig zu werden. Je labiler das Wesen eines Menschen, je glühender der Wunsch einer Idealannäherung, desto mehr wird diese Auseinandersetzung in das Vorbild gelegt, in den Typ, der vorgelebt hat und in diesem Vorleben all die Züge offenbart, die man in sich selbst gesteigert oder vollkommen entwickelt sehen möchte.

Nirgendwo aber sind die Vorbilder so stark als in der Idealsphäre der

Kunst, die selbst aus dem schöpferischen Prozeß hervorging. Deshalb kann man auch aus der Sonnenlinie künstlerische Fähigkeiten und künstlerisches Umsetzungsvermögen herauslesen, ohne in dieser Linie und auf dieser Ebene schon den produktiv Schaffenden erkennen zu wollen. Tatsächlich findet sich die Apollolinie vorwiegend in der Hand reproduktiver Künstler, es sei denn, daß sie aus der Lebenslinie entspringt und so mit schöpferischen Mars-Venuskräften erfüllt ist.

Durch diese Verlagerung der Eigenauseinandersetzung in ein im Äußeren sich abspielendes Nachleben und Nachfühlen wird auch die Resonanz dieser Bemühungen im Außen gesucht. Man will anerkannt werden, will im Erfolg, im Ruhm die Bestätigung für sein Bemühen finden. Das ist das spekulative Moment in der Sonnenlinie, das spielerisch Hoffende, das von dem Ernst übrig blieb, der dieser tiefsten Auseinandersetzung im Menschen zugrunde liegt. Das Spekulative aber wird der wirklich tiefen Arbeit am eigenen Wesen in dem Maß weichen, wie die Hand straff und marsbetont ist, während die Sonnenlinie in einer sehr weichen spitzgeformten Hand ihre Selbstbefriedigung in einem äußeren, satten Wohlleben suchen wird, das der eigenen Selbstgefälligkeit dient und schmeichelt.

Je mehr die Sonnenlinie eine Flucht vor den letzten Konsequenzen des eigenen Wesens in das äußere Leben darstellt und die ganze Bewährungsfrage in ihr zumeist zu einer äußeren wird, desto mehr wird es eine Taktfrage sein, die mit dieser Selbstdarstellung im Außen parallel läuft. Zu leicht gerät der auf seine Wirkung Bedachte in Konflikt mit der Gefühlswelt seiner Umgebung. Je größer und ehrlicher der eigene innere Kampf geführt wird, desto toleranter wird der Mensch auch gegen fremdes Wesen sein. Was also hier als Takt gefunden werden kann, ist der Mangel oder die Stärke des eigenen Herzenserfahrens und -erleidens, nicht das Resultat einer Einfühlung in die Art des anderen, wie es sich in der zum Tastorgan entwickelten Fingerspitze darstellt.

Wenn in der Sonnenlinie oft das negative Moment zu überwiegen scheint, dann deshalb, weil der zum Eigenbewußtsein erwachte Mensch sich an der Auswirkung und Erfüllung seiner Eigenmacht im äußerlichsten Sinn genug sein läßt und weil er über dieser äußeren Erfüllung nur zu leicht die Forderung nach dem vollkommenen Menschsein vergißt.

Diese sittliche Forderung aber ist es, die im *Sonnen-Apolloberg* ihre Darstellung findet. Die Sonne ist Symbol des innersten, geheimsten Seins,

Abbild der höchsten Geistwesenheit, die im Menschen ihre Verkörperung findet. So wird sie auch zur letzten sittlichen Forderung an den Menschen.

Die Sonnenkraft ist kein festumrissener Besitz, den man sicher in sich bewahrt, sondern ein Ziel, eine Richtung, nach der sich die Haltung, das Streben des Menschen orientieren muß. Deshalb kann auch nicht ein gesonderter Teil, ein einzelner Berg oder eine einzige Linie Abbild des Sonnenwesens sein. Die ganze Hand in ihrem Außen und Innen, in ihren Formen und Zeichen, in all ihren Signaturen umschließt diese Grundtendenz, diese innerste Wesenhaftigkeit des Menschen, die Verantwortung und Aufgabe seines Lebens ist, die er bewähren, erfüllen oder verleugnen kann. Im Apolloberg, diesem einzelnen, kleinen Teil der Hand, liegt nur eine besondere Entsprechung der Sonne, die das Geheimnis des individuellen Menschseins und seiner gestalterisch-zeugerischen Kräfte in sich birgt, die sich nicht mehr im Stoff zu erproben und darzustellen suchen, sondern ihre Entfaltung im geistig Ideellen erfahren müssen. Denn der Apolloberg liegt im obersten Teil der Handfläche, wie auch die Ziele und Strebungen, die in ihm ihre Entsprechung finden, jenseits der zum Stoff hindrängenden Bereiche sind.

Die in der Sonnenlinie begonnene Auseinandersetzung zwischen Ich und Umwelt wird hier zum alles beherrschenden Problem. Hier wird dem Menschen die große Frage gestellt, ob und wie er die ihm übertragene Eigenmacht gebrauchen will. Er kann in ihrem Genuß stecken bleiben, wie es ein zu stark entwickelter Apolloberg zum Ausdruck bringt, er kann sein ganzes Tun darauf richten, sie in jeder Begegnung mit dem Du aufs neue zu erfahren, kann sich selbst gleichsam zum göttlichen Herrn aufwerfen, der nur Anerkennung, Ruhm und Ehre fordert, der nicht mehr dienen, sondern nur die Dienstleistungen anderer als Selbstverständliches empfangen kann. Bitten kann er nicht sondern nur fordern, ohne im Grund auch nur zu einer Gegenleistung fähig zu sein. Stolz, herrisch und hochfahrend soll nur seine Meinung gelten, und der geringste und berechtigtste Widerspruch wird bei ihm auf das Gekränkt- und Verletztsein des ewig Mißverstandenen stoßen.

Aber noch eine andere Gefahr ist mit diesem Schöpferbewußtsein des Menschen verbunden, die im wenig entwickelten oder schlecht gezeichneten Apolloberg symbolhaft dargestellt wird: ein nüchtern kaltes Herabsetzen aller fremden Leistung. Hierin liegt die feige Schwäche des Geschöpfs, das sich in einem Gefühl der eigenen Minderwertigkeit durch

Entwerten alles wahrhaft Schönen und Vollendeten über seine Kleinheit hinwegzutäuschen sucht, anstatt in Begeisterung und Verehrung über sich selbst hinauszuwachsen und so den endlosen Raum zu überbrücken, der das vergängliche Wesen vom Ewigen trennt.

Der gut entwickelte und klar gezeichnete Apolloberg trägt immer ein Idealbild in sich, an dem er sich und sein Handeln orientieren kann, und das ihm Ansporn zu immer größerer sittlicher Vollkommenheit sein wird. Deshalb kann er auch in den Händen wirklich bedeutender Künstler gefunden werden, deren Sehnsucht es ist, das höchste Ideal darzustellen.

Da sich das Lebensziel immer auch in der äußeren Erscheinung offenbaren muß, könnte man das ideale Streben eines kosmisch guten Apolloberges in einem gütigen inneren Strahlen gespiegelt sehen. Aus diesem Strahlen erwächst solchen Menschen eine seelische Kraft, die ihre Umgebung in ihren Bann zieht und ihnen damit ein ganz ungezwungenes Selbstbewußtsein verleiht. Hierin liegt auch der Grund für ihren meist großen Erfolg und die Leichtigkeit, mit der sie das Leben meistern. Je materieller die Hand, um so äußerlicher wird auch die Art ihres Erfolgs sein.

Damit der Mensch aber durch äußere Anerkennung nicht zu oberflächlich und leicht befunden wird, liegt neben dem Apolloberg der *Berg des Saturn*, des ewig wachenden und zur Verantwortung mahnenden Prüfers allen menschlichen Tuns. Was aus der Sonnenkraft als Anfang allen selbstbewußt schöpferischen Seins hervorging, wird im Saturn, der letzten Verwirklichung der Tat wieder zusammengefaßt und noch über die Tat hinaus zu einer jenseitigen Erfüllung geführt. Denn es bleibt die ewig lebendige Sehnsucht des Wassermann-Saturn in diesem zweiten Kreuz, jenseitige Hoffnungen und Erwartungen im realen Leben darstellen und ihnen so Erfüllung geben zu können. Die Gesetze von Raum und Zeit sollen aufgehoben werden, um den Stoff in so subtile Formen umzusetzen, daß er zum Ausdruck des innersten Verlangens und Hoffens geeignet ist.

War es in der Lebenslinie die Arterhaltung, die den Menschen zum gestalterisch-zeugerischen Wirken drängte, lag in der Apollolinie die Icherhaltung, die ein individuell schöpferisches Zeugnis des Menschen verlangte, so wird hier auf der Saturnstufe die Fortdauer der menschlichen Wünsche und Erwartungen ersehnt. Deshalb muß sich der Mensch auf dieser Stufe in letzter Verantwortung für sein Tun einsetzen. Denn nur so kann er hoffen, über die Tat hinauszuwirken und über die stoffliche Gebundenheit hinauszugreifen, nur so kann er eine jenseitige Erfüllung seines Handelns erwarten. Wenn er auch längst nicht mehr lebt, seine Taten überdauern ihn.

In der Sehnsucht und Verwirklichung der geträumten Hoffnungen und Erwartungen, die im materiellen Leben nie darzustellen sind, kann auch die Wurzel zu tiefer Weisheit und selbstbeschränkend wissender Ehrfurcht liegen. In solchen Menschen lebt dann eine stete Erwartung, die jenseits aller Wirklichkeit, jenseits aller irdischen Beschränkung ein Ungreifbares sucht, das gefaßt und gestaltet werden kann. Um diese Rätsel und Geheimnisse der metaphysischen Bereiche zu ergründen, werden sie sich in tiefem Ernst mit all den Gebieten beschäftigen, die ihnen neue, geheimnisvolle Erkenntnisse und Weisheiten eröffnen können. Aber was sie auch lernen, erfahren und in mühevollen Versuchen erreichen, es kommt nie an ihre Erwartungen und Vorstellungen heran; deshalb ihre Traurigkeit und Melancholie, wenn sie sehen, daß ihre Mittel zu gering, ihr Wissen doch noch zu erdgebunden war, um letzte Weisheiten zu erfassen und Vollendetes darzustellen.

Die Spannung, die zwischen dem eigenen Drang nach Vollkommenheit und jener Erwartung liegt, die gleichsam schon ihre Prüfung in der irdischen Tat fand, nun aber die Tat als Geistiges, in geistige Bereiche Hineinreichendes erfährt, wird durch das Nebeneinanderliegen von Apollo- und Saturnberg in der Hand symbolhaft dargestellt. Und fast noch stärker und eindringlicher wie in der oppositionellen Löwe-Wassermann-Achse des Horoskops wird in dem räumlichen Zusammenhang dieser beiden Berge der Weg vom Urwesen über das Stoffliche und seine Auseinandersetzungen hinweg zu dem letzten Endziel alles irdischen Lebens gezeigt, in dem der Mensch mit unerbittlicher Strenge vor seine Taten, Wünsche und Hoffnungen gestellt und all sein Wirken und Fordern geprüft und gerichtet wird.

Alles Sein erwächst aus dem Gegensatz, der in seinen beiden Polen ein Gemeinsames haben muß, damit Wirkung und Gegenwirkung überhaupt entstehen können. Nirgends ist diese Polarität in der Hand eindringlicher zum Ausdruck gebracht als gerade zwischen diesen Bergen, zwischen Sonne und Saturn. Geburt und Tod, Icherhaltung und Ichauflösung, alle Steigerungs- und alle Vernichtungskräfte, aller Bewegungswille und alle Starre: dies Nebeneinander und Gegeneinander wird in seinem aufeinander Einwirkenmüssen gleichsam noch bestärkt, wenn eine Linie sich wie ein Ring um beide Berge legt und sie verbindet.

Dieser *Venusring* wird vorwiegend in Händen von Menschen gefunden, die über dem Durchschnittsniveau ihrer Zeit stehen und als bemerkenswertes und auffallendes psychisches Charakteristikum stets zur Selbstdarstellung drängen. Das tiefe Wissen um die großen Zusammenhänge und Analogien in allem Sein brachte diesen Ring in Verbindung mit der Venuskraft. Doppelt dürfte der Grund für diese Zuteilung sein: Einerseits ist es die Kreuzteilung, die wohl die Zusammenfassung dieser Kräfte der Vertikalachse in der führenden Kraft des zweiten Kreuzes, der Venus, erkennen will; andererseits dürfte es aber auch die Binde- und Harmonisierungstendenz der Venus sein, die den frühen Begründern der Cheiromantie diese Zuordnung aufnötigte.

Dieser zweite Grund wiegt schwerer als der erste: In beiden Kräften, in der Sonne wie im Saturn steht die Venuskraft gleichsam als das Verbindende, als das Agens, das diesen äußersten Gegensatz zu einem Aufeinandereinwirken hinführen kann. Nur ist es nicht mehr die unkomplizierte, noch in der Daumenwurzel lebendige physische Triebtendenz der Venus, die im Venusring in Erscheinung tritt. Hier handelte es sich um eine völlig verlagerte Macht, damit auch um andere psychische Bereiche.

Die Erklärung dieser bemerkenswerten Linie, welche die zwei fundamentalen makrokosmischen Kräfte umspannt, ist mit dem oberflächlichen Schlagwort »Perversität« nicht abgetan, wie die Mehrzahl der Lehrbücher meint, sondern bedarf einer tieferen Begründung, zumal es sich gerade um nicht alltägliche Menschen handelt, die dieses Zeichen in ihrer Hand tragen.

Nicht der Durchschnitt, der stumpf dahinlebt, wird von all den Auseinandersetzungen aufgewirbelt, die durch die Verbindung von Saturn- und Apolloberg wachgerufen werden. Es ist die feinere, subtile seelische Veranlagung, der das eigene Wesen und sein Ziel zum Problem wird. Wie sehr aber gerade der Venusring das Ich, die Auseinandersetzung mit dem eigenen Selbst zum wichtigsten Problem des Lebens steigert, zeigt seine Form, die diese beiden Berge von der übrigen Hand abriegelt und sie gleichsam zu einem Sonderdasein zwingt. Eine Welt wird hier aufgetan oder in sich verschlossen, die an den innersten Kern heranführt, die von den letzten Wesenstiefen her die Ziele des Seins formt.

Diese gestalterischen Tendenzen, die nur das eigene Selbst als Bildematerial haben, können, abgesperrt vom Venusring, nicht nach außen gelangen, werden immer wieder gezwungen, am eigenen inneren Wesen sich zu erfüllen, indem sie sich zu Entwicklungskräften umbilden oder einer qualvollen, zunächst selbstzerstörerischen Wirkung zutreiben. Denn hier kämpft höchste geistige Sehnsucht mit einem starren Besitzwillen, der nichts veräußern kann, letztes Offensein mit einem Triebwillen, der über die Tat hinauswachsen möchte, ohne das Material freizugeben, in dem sie geworden. Die Angst zu verlieren, steht gegen den Wunsch zu verschenken, die Freiheit der Wahl gegen die Furcht, etwas aufgeben zu müssen. Und aus all dem entsteht ein Durcheinander von Qual und Leid, das sich am anderen nur wenig oder nur über die eigene Hilflosigkeit hinweg auswirken kann. Wohin das Übergewicht fällt, wird von dem stärker und besser entwickelten der beiden Berge und der mehr oder weniger gut gezeichneten Form des Ringes entschieden.

In einem gut durchgeführten, klaren Venusring liegt als Entsprechung seiner positiven kosmischen Auswirkung die Sehnsucht des bewußt gewordenen, zu seiner ganzen Ichheit erwachten Menschen, der alle Möglichkeiten irdischer Darstellung kennt, und aus der Beschränkung der Materie voll Erwartungen und Forderungen hinausstrebt, um im Überstofflichen eine Sehnsucht mit unstofflichen Mitteln zu erfüllen und in einem nicht mehr bodennahen Material die Erlebnisse darzustellen, denen nichts Reales mehr genügt.

Alles Beengende quält diese Menschen, von allen Fesseln suchen sie sich zu befreien und immer größere Weiten und neue Möglichkeiten zu finden. Sie brauchen Reize, die sie aus ihrer stofflichen Bedrückung hinausheben, und können sich nicht an vorgeschriebene Normen halten. Daraus erwächst ihre Sehnsucht nach Unabhängigkeit, ihre Begeisterung für alle Neuerungen und ihr Leugnen aller Grundsätze auf ethischem und moralischem Gebiet. Sie sind nicht unmoralisch, sondern im wahrsten Sinn aus der Leugnung aller gegebenen Normen heraus amoralisch. So werden sie leicht zu Übersteigerungen kommen, die sie auch auf erotischem Gebiet auszuleben versuchen. Niemals kommen sie zur Ruhe, jeder Reiz sucht neue Anregung, alle Sehnsucht größere Befriedigung. Denn nie reicht die physische Erfüllung aus, nie kann ihr Verlangen im Stoff Verwirklichung finden. Immer subtiler werden die Formungsversuche, die Darstellungsmöglichkeiten immer schwerer.

Im schlechtgeformten, verdoppelten oder durchkreuzten, unruhigen Venusring kommen die gefährlichen Momente zum Ausdruck, die in der kosmisch gestörten Sonne-Saturnverbindung, vor allem in einem kosmisch ungünstigen Wassermann zu finden sind. Dies wird durch eine weiche, in der unteren Raumhälfte stark betonte Hand mit schwach entwickeltem Daumen noch besonders verstärkt. Solchen Menschen, denen Trieb, sinnenhafter Genuß und phantastische Traumfiktionen Leben und Erfüllung bedeuten und denen Energie und Widerstandskraft fehlen, suchen auch jenseits des Stoffes diese Befriedigung in immer stärkeren Reizauslösungen, immer neuen Genußsteigerungen und in zu Perversionen ausartenden lasterhaften Ausschweifungen. Ihr Leben wird nie ruhig und ausgefüllt sein, sie verlangen andauernde Übersteigerungen und Aufreizungen, deren Reaktionen sich in Nervenüberspannungen und qualvollen seelischen Belastungen auswirken müssen.

Die innere Auseinandersetzung spielt sich hier auf einer über der Stoffeswirklichkeit hinausgelegenen Ebene ab, die vielleicht als schizoide Abspaltung des Ichs angesehen werden muß. Denn man fühlt sich selbst nicht mehr Herr dieser inneren Vorgänge, sondern wird von ihrem drängenden Muß wie von einer dämonischen Gewalt besessen. Wenn man ihr zu entrinnen oder sie zu leugnen sucht — die Versuche einer harten Hand —, treten diese unheimlichen, abgespaltenen Kräfte nur um so stärker und fordernder auf. Hier geht es nicht mehr um die Hoffnung auf überstoffliche Umsetzungsmöglichkeiten, in denen sich die Vorstellungen ausleben könnten, sondern um eine von Dämonen gehetzte Unruhe, die den Menschen aus sich selbst hinaus in das Überstoffliche treibt und ihn zu anormalen Erregungen und unbefriedigten Störungen führt.

Die hier angezeigten Perversionen haben ihre Wurzel in der eigenen Wesenheit, dem eigenen Selbst, mit dem der so Gezeichnete nicht fertig werden kann. Sie sind meist Übersteigerungen oder Übertreibungen von Grund aus, die in dem gegebenen Rahmen des Seins keine Erfüllung mehr finden können.

Im Verlangen nach Steigerung und Erfüllung, die außerhalb des irdisch Gegebenen liegen, erwächst im schlecht gezeichneten, häufig angesetzten Venusring auch die Auflehnung gegen alles Althergebrachte und Überkommene, entstehen asoziale und amoralische Tendenzen, die sich in exzentrischer Neuerungssucht und überspannt aufreizender Haltung äußern — Entsprechungen der Uranusseite des Wassermanns.

Aber auch alle Formen der Übersteigerung und negativen Auswertung dieser Sonne-Saturnverbindung entspringen nur dem zeugerischen Darstellungsdrang im Menschen, den er als Teil der Schöpfung von Urher mitbekommen hat. Dieser Gestaltungswille ist so mächtig, daß ihm nicht am Stoff, nicht am Menschen genug ist, sondern daß er weit über die Erde hinausgreifen möchte. Aber hier fühlt er plötzlich seine Unzulänglichkeit, und die heraufbeschworenen Geister wenden sich nun als selbstgeschaffene Dämonen gegen ihn. Oder er findet den einzigen Ausweg aus seiner Kleinheit: die Ehrfucht vor dem Göttlichen, die sich im dritten Kreuz als religiöse Sehnsucht und Hingabefähigkeit offenbart.

In Hand und Horoskop werden die beiden ersten Kreuze von den gleichen planetaren Mächten gebildet, da Sonne und Mond im Menschen nur eine Entsprechung finden, während das dritte Kreuz – die Herzlinie – von zwei gänzlich anderen Planeten, Jupiter und Merkur getragen wird. Ausgangspunkt und letztes Wegziel sind nicht die gleichen im menschlichen Leben. Der Mensch, der vom Schicksal gereift in Sehnsucht und Gläubigkeit den Weg zu Gott und in ihm die Icherlösung sucht, ist ein anderer als der von Trieb und Eigenbewußtsein gelenkte. Dieses Anderssein ist aber nur eine Frage der Haltung und Einstellung. Als Mensch bleibt er dem Schöpfer gegenüber immer derselbe, trägt er die Züge der natura naturata; aber seine Dynamik, seine Impulse ändern sich und suchen ein neues Ziel, eine andere Lebenseinstellung, die sich im oberen Teil der Hand widerspiegelt, in dem das innerste Wesen des rein Menschlichen zum Ausdruck kommt.

Die untere Raumhälfte ist Symbol der Erd- und Naturkräfte, die im Menschen wie in jedem Geschöpf lebendig sind. Sie wird von den Impulsen der Lebenserhaltung und den zeugerischen Funktionen getragen.

Getrennt werden beide Raumteile von der Kopflinie, die schon in ihrer horizontalen, der Handform entgegengesetzten Lage die eigenmächtige Impulskraft des Geschöpfes zeigt, das, vom Ich und Willen geleitet, sich allen kosmischen Gesetzen entgegenstellen kann und sich zur Erhaltung seines Lebens und zur Steigerung seiner eigenen Kraft die Ziele selbst auswählt und setzt, die seinen Sinneswahrnehmungen erreichbar sind.

Wie im ersten Kreuz die Marsfunktion in der Kopflinie ihre stärkste Entsprechung findet, so wird das Hauptgewicht des *zweiten Kreuzes* in der Lebenslinie von der Venus getragen. Diese Linie führt in die Stoffwelt, in den unteren Handraum, der in der Tierpfote noch allein entwickelt ist, und so das bildhafte Zeichen der Naturverbundenheit alles Geschöpflichen darstellt. Denn in jedem Lebewesen ist der zeugerische Ur-

trieb und ebenso der Wunsch wach, die eigene Macht dem Du gegenüberzustellen.

Tier und Mensch sind in diesen Bereichen gleich, haben dieselben
Triebe und Regungen, nur daß sie beim Menschen verfeinerter, manchmal aber auch nur übertünchter und ihre Reaktionen subtiler sind. Alles,
was als Naturkraft und Naturwesen den Menschen in seiner Geschöpflichkeit umschließt, stellen diese beiden Kreuze dar, und deshalb nehmen
sie auch den größten Raum der Hand ein. Der überwiegende Teil der
Menschen lebt nicht über diese Naturhaftigkeit hinaus und läßt dadurch
eine fast immer genaue Deutung der Handzeichen zu, die von den makrokosmischen Kräften in die Hand eingegraben sind, weil er in seiner Trieb-
abhängigkeit den Naturmächten kein eigengeistiges Streben entgegenzustellen bereit ist.

Die in einem Kreuz umschlossenen planetaren Kräfte sind durch ihre
Kreuzbeziehung so eng miteinander verbunden, daß sie nur aus diesem
Spannungsverhältnis heraus zusammen betrachtet werden können. Es ist
sogar möglich, daß die Funktion einer Kraft das Wirkende einer anderen,
zu diesem Kreuz gehörenden mit übernimmt. So gibt es Hände, in denen
die Lebenslinie in der Handmitte abbricht und in die von unten aufsteigende Saturnlinie einmündet, sodaß diese an die Stelle der Lebenslinie
tritt. In diesem Fall nimmt die Schicksalslinie die zeugerischen Mars-
Venuskräfte in sich auf. Damit übernimmt die Schicksalslinie – jetzt vielleicht in einer Verbindung mit dem zweiten Kreuz – in ihrer Sonnen-
verbindung die Mars-Venuselemente und erhält die Führung über die
vitalen Kräfte des Menschen.

Kann solch ein Mensch in seinem Leben vor den Prüfungen und jenseitigen Forderungen des Wassermann-Saturn bestehen, hat er dieses Leben
in Verantwortung und ehrlich-sittlichem Hoffen geführt, dann wird er
hieraus die Kraft zur Überwindung der mit dieser Linienverschmelzung
verbundenen physischen Schwäche schöpfen, dann verdankt er dem Glauben an seine Aufgabe die Lebensmöglichkeit, die nach den so gegebenen
Verhältnissen der körperlichen Konstitution längst ihre Spannungsfähig-
keit verloren hätte. Im allgemeinen aber sind diese Menschen am Leben
und seinen Forderungen zerbrochen und unterstellen ihre eigene Lebensgestaltung völlig den gesicherten Normen von Konvention und Schicksals-
zwang. Sie sind die eigentlichen Fatalisten.

Auch in den beiden ersten Kreuzen führen schon Linien aus der stoff-

verhafteten Triebsphäre nach oben: die Saturn- und Apollolinie. In ihnen
wird all das, was gemeinhin der Lebensintensität und Zielstrebigkeit, was
der Sinnenhaftigkeit in all ihren Formen von lustgeborener Sinnlichkeit
entspricht, in metaphysische Bereiche hinausgehoben. Denn nur von einer
überstofflichen Ebene her können die rein geschöpflichen Funktionen geprüft und sinnvoll gerichtet werden. Nur als Geistwesen kann der Mensch
für die Erfüllung seiner Triebe und die Zielsetzung seiner Impulse ver-
antwortlich gemacht werden. Und nur der Mensch kann in seiner bewußten Auseinandersetzung mit den Naturkräften ihr ursprüngliches Wesen
derart in Macht- und Sexuallust übersteigern, daß es modernen psychologischen Schulen möglich war, hierin die Wurzeln allen menschlichen
Wollens zu sehen.

Die Zusammengehörigkeit der beiden ersten Kreuze entspringt dem
Geschöpfsein des Menschen, dessen Abbild sie sind. In ihnen steht der
Mensch gleichsam als Naturwesen auf dem Boden der Erde, nimmt ihre
Kräfte und Bilder auf und ist ihrer Gesetze und Bindungen teilhaftig.

Die planetaren Funktionen der beiden ersten Kreuze werden in drei
Fingern dargestellt. Der Daumen umfaßt die Mars-Venus-, der Apollofinger die Sonne-Mondkräfte, und im Saturnfinger liegt die Doppelwesenhaftigkeit des Saturns verborgen, wie auch im Urhoroskop diese Elemente nebeneinander liegen als Teile einer Ureinheit, die in diese Polaritäten gespaltene, doch wieder zur Einswerdung zurückdrängende Kräfte
in sich birgt. Der Jupiter- und Merkurfinger, die im dritten Kreuz die
tragenden planetaren Mächte umfassen, liegen durch zwei Finger getrennt voneinander entfernt, wie dies auch im Horoskop in ihrem oppositionellen Spannungsverhältnis zum Ausdruck kommt. Vielleicht soll hierin die Weite des Raums dargestellt werden, die der Mensch überbrücken,
die große Spanne Wegs, die er durch sein ganzes Leben zurücklegen muß,
um diese geistigsten Auswirkungen in sich wachzurufen und wirksam zu
gestalten.

Das dritte Kreuz

Merkurberg – Jupiterberg
Merkurlinie – Herzlinie

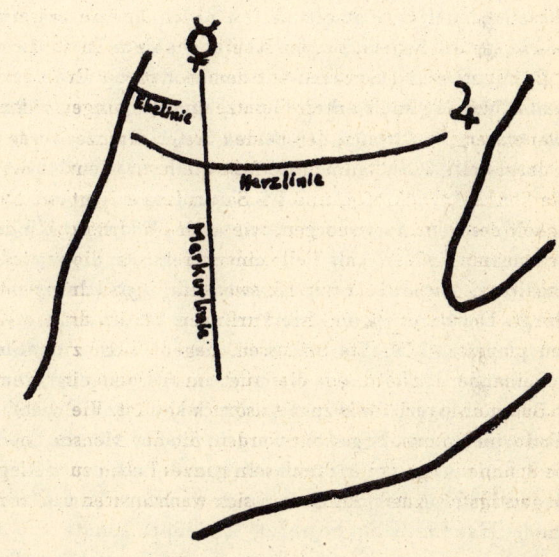

Während im ersten und zweiten Kreuz der untere Teil der Innenhand, die materielle und Stoffeswelt, das tragende Moment war, aus dem die Linien nach oben streben, zeigt sich im dritten Kreuz eine völlige Loslösung vom Stoff dadurch, daß sein Bereich auf die obere Hälfte der Innenhand allein beschränkt bleibt, aus dem sich als einzige Linie die *Merkurlinie* in die unteren Teile der Hand hinabsenkt.

Da im oberen Raum der Innenhand die Entsprechungen zu allem Metaphysischen, Metapsychischen, überhaupt zu aller Transzendenz liegen, muß eine aus diesem Bereich nach unten führende Linie notwendig auf der Duseite beginnen; denn es ist das Allumfassende, das Allseiende, das in dieser Linie seine Weisungen und Eingebungen mitteilt. Es ist für diese Behauptung kein Gegensatz, daß die Merkurlinie in vielen Händen nur in ihrer letzten Hälfte gezeichnet ist, dann nämlich, wenn über der Höhe des Lebens ein Schwinden der Nerven-, also auch der Lebenskraft einsetzt. Damit stimmt auch die traditionelle Behauptung überein, daß eine fehlende Merkurlinie starke, robuste, eine schlecht gezeichnete oder häufig unterbrochene Hepatika — der zweite Name für diese Linie — schwache oder kranke Nerven kennzeichnet. Diese sind offenbar mit zunehmendem Alter nicht nur an und für sich labiler, sondern das Rückwenden des Menschen zu seinem Ausgangs- oder Endpunkt hin macht ihn auch notwendig sensibler, empfindlicher und in seiner Gesundheit der schwindenden Lebenskraft entsprechend anfälliger. Daher der dritte Name, der die Merkurlinie als Gesundheitslinie bezeichnet. Um auch ihre vierte Benennung als Magenlinie zu erwähnen, die sich in manchen Lehrbüchern findet, so dürfte dieser Name einerseits von dem griechischen γαστήρ: Bauch, Magen, als dem Sitz der Seelen- und Lebenskraft (als Ausdruck des plexus solaris, des Sonnengeflechts) herrühren. Andererseits beruht ihre Beziehung zum Magen als Organ darauf, daß sie mit Mondkräften in Verbindung steht, da sie in ihrem regulären Verlauf den Mondberg nach der Handmitte hin begrenzt. Schließlich könnte man der Merkurlinie jeden Organnamen beilegen, da sie auf ihrem Weg alle Organentsprechungen in der Hand schneidet oder berührt.

Alle diese Bezeichnungen weisen aber letzten Endes auf eine Substanz hin, die hinter allem Stofflichen, hinter allem Organischen liegt und der die Nervenbahnen nur Wegleiter sind. Es ist jene Kraft, die über das Nervennetz hinweg den Eindruck des Lebendigen, Bewegten hervorbringt, die aus den Zentren des Gehirns die motorischen Bewegungen der Körperglieder lenkt und durch das Sonnengeflecht — die Körperentsprechung zum Tierkreiszeichen der Jungfrau — mit den seelischen Reaktionen in Zusammenhang steht. Irrig wäre hier, außer Neigungen zu Psycho- und Organneurosen, Krankheitsanzeichen rein organischer Natur finden zu wollen. Denn die dieser Linie entsprechende, geheimnisvolle, sich auf keinem Seziertisch zeigende Kraft ist ein absolut flüchtiges, an den Stoff wohl gebundenes, aber nicht in ihm aufgehendes Agens. Das, was Merkur in der Mythologie ist: die weder der Menschen- noch der Götterwelt ganz angehörende Wesenheit, das große Bindeglied, die große Mittlerschaft zwischen den sichtbar unteren und den sinnlich nicht wahrnehmbar oberen Bereichen der Schöpfung.

In dieser Mittlerrolle senkt sich die Linie aus den Geistebenen der Hand in den Stoff herunter und strebt meist von oben und unten als Vermittler dem Venusberg zu.

Wer diese Linie stark und gut gezeichnet in seiner Hand hat, dem gibt sie die Fähigkeit der Umsicht, der leichten Orientierung, des schnellen Bereitseins und Eingreifens. Es ist die Linie des Organisators und des Pädagogen. Denn die Aufgabe des Vermittlers verlangt ein ursprüngliches, aus dem psychischen Erkennungsvermögen stammendes erzieherisches Talent. Zu keiner Begabung als der des Erziehers ist aber auch ein gleiches Maß an Gedächtnis nötig. Er darf nichts vergessen, muß jeden Zug des Gegners oder Schülers kennen, um auf dem unmittelbarsten Weg auf ihn einwirken zu können. Und hierzu muß ihm naturnotwendig die Sprache zu Gebote stehen, für die er sowohl eine formale Begabung besitzt, wie ihm auch die fremde Sprache als Verständigungsmittel leicht erlernbar ist. Das alles, weil er die Mittlertendenzen des Merkur, der ihm in dieser Linie sein großes Siegel aufgedrückt hat, auf irgendeine Art zu erfüllen suchen wird.

Das Hauptcharakteristikum der Merkurlinie oder Hepatika bleibt die große Beweglichkeit, die sich bis zu nervöser Hast und Ruhelosigkeit steigern kann. Dann entstehen krankhafte Zwiespälte zwischen der inneren Anlage und dem Instrument des Körpers, der dieses innere Muß zur Ausführung bringen soll. Verständlich, daß dort, wo die Linie nicht vorhanden ist, diese Neigungen fehlen und damit die entsprechenden Belastungen der körperlichen Seite des Merkur — Nerven, vor allem Sonnengeflecht — nicht aufkommen.

Je näher die Linie an ihrem Ausgangspunkt, dem Merkurberg, auftritt, desto früher setzt die Unruhe ein, das äußere Geschehen kontrollieren und mitbestimmen zu müssen, um so stärker wird die Nervensubstanz beansprucht, um so früher treten gesundheitliche Störungen auf, die sich in den von ihr berührten Organzonen auswirken werden. Dabei sind jene Zonen besonderer Belastung und Gefährdung ausgesetzt, bei deren entsprechenden Stellen in der Hand Unterbrechungen der Merkurlinie erfolgen. Eine relativ kurz vor der Lebenslinie, in der Höhe der Marsebene beginnende, sich nach der Vitalis jäh und stark entwickelnde Hepatika läßt vermuten, daß ein sich Übernehmen, ein nicht Haushalten in der Jugend und auf der Höhe des Lebens einen rascheren Verfall der Lebenskräfte herbeiführt.

Nur Merkur kann den Übergang aus der Stoffwelt zum Geistwesen hin schaffen, dem höchsten Aspekt allen Menschseins. Weg hierzu ist ihm Merkur, der Götterbote, der zwischen oberen und unteren Welten vermittelt, und seine Verkörperung im *Merkurberg* im oberen Teil der Hand findet. Denn er weiß um die göttlichen Ratschlüsse, kennt den göttlichen Willen, den er den Menschen verkündet.

Die unselbständige, rein vermittelnde Kraft des Merkur aber vermag sich, wie das ihm zukommende luftige Element, allen stofflichen Gegebenheit derart anzupassen, daß sich sein Streben mit jeder triebhaften Veranlagung im Menschen verbinden kann. Deshalb unterstützt er die geistig konstruktiven und spekulativen Fähigkeiten des Gelehrten und Philosophen ebenso wie eine rein kaufmännisch industrielle oder gewerbliche Begabung.

Gerade bei der Beurteilung des Merkurberges ist Form und Proportion der übrigen Hand von ausschlaggebender Bedeutung. Es kommt auf die Reinheit des Gemüts, die Klarheit der Unterscheidung und die innere Ruhe an, mit der die erfahrenen Weisheiten und Wahrheiten empfangen und umgesetzt werden. Denn jeder Mensch wird versuchen, sie seiner Wesenshaltung gemäß einzuordnen, wird sie in geistiger Beweglichkeit zu wahrer und fortschrittlicher Erkenntnis umwandeln, oder sie in oberflächlicher Verantwortungslosigkeit zu leerem, neugierig interessiertem Geschwätz verflachen, selbst in Trug und Lüge verkehren.

Der zum Geistigen führende Aspekt des Merkur, der in dem Menschen das Heimweh nach einem überstofflichen Sein weckt, gibt ihm zugleich die Erkenntnis, daß die wahre Kommunikation zwischen oben und unten die Liebe ist, daß nur durch sie die Vereinigung von Geist und Stoff ermöglicht werden kann.

Das ist wohl der tiefe Sinn, warum auf dem Merkurberg, an der Außenseite der Hand, im äußersten Ende der Duseite die *Ehelinie* als kleine Horizontale eingezeichnet ist.

Die Ehelinie führt von der Außenseite der Hand in ihre Innenfläche zum Merkurberg: In der Statik wie in der Dynamik, im Zustand ruhenden Verharrens wie in jenem schöpferischen Werdens, in Raum und Zeit liegt diese Verbindung als ein von urher gewußtes Gebot, das der Mensch durch sein Leben verwirklichen muß. Deshalb sollte nur eine einzige, klar gezeichnete Ehelinie in der Hand liegen im Gegensatz zu den häufigeren Querlinien, die im unteren Teil der Hand die Lebenslinie vom Venusberg her durchschneiden und Zeichen sinnlicher Einflüsse sind. Die Ehelinie liegt in der geistigen Ebene als Sinnzeichen der göttlichen Uridee vom Menschen, dem Männlichen und Weiblichen in einem, und diese Gemeinschaft kann, wenn überhaupt, nur einmal vollzogen werden.

Die vielen Ehelinien aber, die oft auf dem Merkurberg gefunden werden, zeigen die Unzulänglichkeit des Menschen der vollkommenen Uridee zu leben. Sie sprechen von den Beziehungen, die ohne letzte innere Verantwortung, ohne Wissen um die tiefste menschliche Bestimmung zu Gemeinschaft und Totalität eingegangen werden. Unterbrechungen und Kreuzungen der Ehelinie sind Zeichen von Disharmonien und Schwierigkeiten in diesen Verbindungen.

Die Stärke der Liebesfähigkeit aber wird erst in der großen, mit der Ehelinie parallel laufenden, aber nun die ganze Handbreite durchziehenden Horizontalen, der zum Jupiterberg führenden *Herzlinie* dargestellt. Sie läuft, ausgehend von der Wurzel des Merkurberges am Apollo- und Saturnberg vorbei zum Jupiterberg als der einzig große Fluß, der alle dynamischen Kräfte des oberen Handraums untereinander verbindet.

In dieser Linie werden sinnbildhaft die vom Höheren empfangenen Geisteskräfte zum Ich und über dieses hinaus dem Göttlichen zugeführt.

In dieser Hingabe und dem Sehnen nach dem einen Ziel liegt die geistige Entwicklung des Menschen und die Entfaltung seiner Kräfte. Bleibt dieser Weg durch das Leben hin klar, das Ziel wahr und lebendig, dann ist die Herzlinie gut und ohne Unterbrechung gezeichnet. Sie endet unter der Mitte des Jupiterberges, wenn die Liebe zum Anderen einer tiefen Sehnsucht nach Gemeinschaft und Selbstaufgabe um des gemeinsamen Zieles willen entspringt.

Die Wurzel dieser Liebe liegt nicht mehr in Leidenschaft und sinnen-
haftem Verlangen, das im Venusberg dargestellt ist; ihre Triebkraft ist
das Streben nach Einung und Verbindung, die Sehnsucht nach dem Wahren, Ewigen und Göttlichen. Aber ihre Kraft schöpft diese Liebe zustärkst
aus der Sinnenkraft, die sie emporzuziehen und zu vergeistigen sucht.
Deshalb muß auch die gute Herzlinie in ihrer Wirkung kraftlos bleiben,
wenn nicht die Intensität und Triebkraft des entwickelten Venusberges
das starke Fundament aller Umwertung und Vergeistigung bildet.

Der vitale, lebenerhaltende physische Zeugungstrieb liegt im Venusberg; die Herzlinie ist Sinnzeichen eines gleichsam geistig Zeugerischen,
das nur in der Erkenntnis der Prinzipien des Wahren, Guten und Schönen seine volle Befriedigung findet. Jede individuelle Liebe sollte in der
universalen Menschenliebe und in der Hingabe an die höchste geistige
Wesenheit gipfeln. So führt die Herzlinie im oberen Handraum zum Jupiterberg hinauf als Symbol der Sehnsucht nach dem Aufgehen im All,
das nur auf einer geistigen Ebene möglich ist. Nur in einer unegoistisch
reinen Liebe kann der Mensch weit werden, über sich selbst hinauswachsen und schon im Erleben des Alltags eine ferne Ahnung von der Ewig-
keit göttlichen Seins gewinnen.

Wird dagegen die Erfüllung irdischer Wünsche zum Ziel, dann wird
der tiefste Sinn dieser Liebe verleugnet, und nicht mehr die Gemeinschaft
in und zu Gott ist Wegrichte des Lebens, sondern ein selbstgeschaffenes,
im Materiellen zu verwirklichendes Bild wird nach eigenem Ermessen und
aus ehrgeizigem Machtbedürfnis heraus dem geliebten Menschen aufgeprägt, der nun die Befriedigung aller Sehnsucht und aller Ideale in sich
tragen soll. Diese Zielverlagerung, die nicht mehr zum religiösen Erleben
führen kann, sondern zur herschsüchtigen Icherfüllung durch den anderen
drängt, offenbart sich in einer Herzlinie, die, den Jupiterberg durchquerend, in das unterste Jupiterfingerglied einschneidet und so wieder zu
einer materiellen, ungeistigen Ebene hinführt.

Noch stärkere egoistische Motive und Gefahren zeigt eine zu lange, von
Handrand zu Handrand gehende Herzlinie, die als große Schranke die
Hand durchschneidet und in vehementer Weise ohne Ausgleichsmomente
Ich und Du, Subjekt und Objekt zusammenzwingt. Hier herrscht in der
Liebe nicht nur der Wunsch nach Machtbewußtsein; das leidenschaftlich
heftige Wollen schließt letzen Egoismus, Eifersucht und Zwang in sich.
Hier geht es nicht um den gemeinsamen Weg zu höheren Zielen, sondern

nur um die Befriedigung des einen durch den anderen, die Quelle zu Leid und Schmerzen, die kein seelischer Ausgleich, keine Sehnsucht zu erlösen vermag.

Nach Aristoteles ist jede Tugend die Willensrichtung, welche die rechte Mitte einhält, das Maß in allem bewahrt. So liegt auch die harmonisch entwickelte Herzlinie zwischen zwei Extremen, zwischen dem Übermaß an Ausdehnung und einem zu frühen Abbrechen.

Ihr Ende unterhalb des Saturnbergs oder am untersten Glied des Saturnfingers verliert jede Beziehung zu ihrem ursprünglichen Ziel, dem Jupiterberg. Religiöse Ehrfurcht und sittliche Verantwortung fehlen dann gemeinhin, und nur der materielle Besitz wird zum Ausdruck einer Liebe, die keine Sehnsucht, keine Erfüllung im Du mehr erstrebt. Deshalb ist hier auch eine wirkliche Selbstaufgabe, ein sich von sich selbst und seinen egoistischen und materiellen Wünschen Befreien unmöglich. Das Leben wird hier so lastend schwer und voller Leid, weil es sich zuletzt in sich selbst und ohne Hingabe an einen Menschen oder an eine Idee, ohne ein geistiges Ziel beschließt, das dem Menschen Hilfe sein könnte.

Die kosmisch gute Herzlinie wird voll lebendiger Bewegtheit und ästereich sein. Denn lebendige Liebe und Wärme können nie einem unvitalen oder ganz in sich ausgewogenen Seelenzustand entspringen (eine ästelose glatte und flach gezeichnete Linie). Sie müssen von einem ewig glühenden und intensiven Feuer unterhalten und immer wieder erneuert werden, damit sie nicht im sicheren Gefühl des Besitzes oder in träger Gelassenheit verflachen.

Wahre Güte, die nichts mit der Schwäche und Sentimentalität des oberflächlich Gutmütigen gemein hat, kann nur aus einem über alle Leiden und Enttäuschungen hinweg lebendig erhaltenen Glauben hervorgehen, aus einem tiefen Verstehen des anderen und einem letzten Wissen um das höchste Ziel, in dem sich alles irdische Kämpfen und Leiden in einer unendlichen Sehnsucht auflöst. Nur wer selbst ganz gelebt und das Schöne und Schwere des Lebens erfahren hat, kann sich zu dieser verstehenden Liebe emporringen, kann sich wirklich nach der letzten Hingabe sehnen, die ihm die Erlösung bringt.

Das sind die Äste der Herzlinie, von denen die vorwärtsweisenden, die zum Jupiterfinger hinführen, positive Zeichen sind, die Liebe und Glauben verstärken, während jene Äste, die zum Handrand zurückstreben, Enttäuschungen und unglücklichen Erfahrungen entsprechen, die das

Gefühl belasten und beunruhigen. Denn mit diesen Zeichen wird der Mensch immer wieder aufgehalten. Er muß zurücksehen und an alles leidvoll Erfahrene, Verlorene und vergangen Schmerzhafte zurückdenken. Daraus aber erwächst ihm leicht ein Gefühl der Erbitterung und Verzweiflung, zu dem die Wurzel meist in einer falschen Einstellung liegt. Denn die Herzlinie ist in ihrer Verbindung von Merkur- und Jupiterberg Ausdruck eines seelenhaften Herzdenkens, eines Denkens, das nicht im Verstand oder im Trieb wurzelt, sondern ein Wissen um die letzten wesenhaften Dinge ist. Im Augenblick, in dem es dem Menschen von oben geschenkt wird — durch Merkur von den Göttern auf die Erde gebracht —, werden in ihm die Lichter umgestellt und ihm ein neuer Weg gezeigt. Was dieses schauende Denken nicht umwandeln kann, was von ihm im Menschen nicht lebendig aktiviert wird, führt zu Leid und Enttäuschung, die auch den Körper affizieren und wirkliche organische Herzschmerzen hervorrufen können. Dies bringt eine schlecht gezeichnete Herzlinie zum Ausdruck.

Die Herzlinie stellt in ihrer tiefsten Bedeutung die Wechselbeziehung zwischen Merkur- und Jupiterberg dar, diesen beiden Pfeilern menschlichen Schauens aus dem Ewigen und in das Ewige. Allein ist der Mensch zu schwach, der Welt der Schauungen gerecht zu werden und in ihr zu leben; denn sie ist weder mit dem reinen Trieb noch mit dem triebbedingten Denken zu erfassen. Deshalb sehen die Cheiromanten hier Gefühl und Liebe, deren ichhafteste Form die Anlehnung ist, die sich auf den anderen stützen muß, weil der Mensch allein nicht stehen kann. In ihrem ursprünglichen Wesen hat aber diese Anlehnung nichts mit irgendwelcher Triebhaltung gemein, sondern ist das aus dem Geistigen (Merkur) kommende und zum Geistigen weisende (Jupiter) Sehnen des Menschen. Diese starke Verbindung von Merkur- und Jupiterkräften offenbart schon die äußere Gestalt der gemischten Hand, bei der meist die diesen beiden Planeten zugeordneten Finger die gleiche Form aufzeigen.

Was durch Merkur als Innewerden, eines Transzendenten, eines außerhalb des Irdischen Liegenden in den Menschen eindringt, wird durch Jupiter zur Rückbindung des Seienden an die Transzendenz.

Dieses ewig Seiende findet Ausdruck im *Jupiterberg*. Alles Erfahren und Erleben des Menschen, all sein Wollen und bewußtes Erkennen wird in seinem Bild gewandelt der Geistwelt zurückgegeben. Deshalb umfaßt er das religiöse, sittliche Streben, die Hingabe an das geistige Ideal und die höchste Form der Liebe. In ihnen können die Engen und Fesseln menschlicher Begrenzung überwunden, das Persönliche ganz ausgeweitet werden.

Was als Philosophie im Jupiterberg enthalten ist, stellt keine an Norm und System gebundene Weltbetrachtung, kein abstraktes Theoretisieren dar; es ist vielmehr die Synthese aus lebensnaher Wirklichkeit und geistiger Idee, aus ichhafter Erkenntnis und gläubiger Erfahrung. Eine Fülle inneren Reichtums und sich verschenkender Wärme strömt aus diesen Menschen. Es ist ihnen Notwendigkeit, den anderen zu helfen, ihnen ihre eigenen Erfahrungen zu vermitteln. Diese Güte ist auch die Wurzel ihres intuitiven Schauens und ahnenden Erkennens des anderen, das sich in tiefstem Wissen und priesterlichem Führen darstellt und das besonders stark der *Salomonring* ausdrückt, der sich als Halbkreis um den Jupiterfinger legt.

In den Händen geistig entwickelter Menschen ist er das Zeichen für die Verwirklichung einer großen menschlichen Liebesfähigkeit, zumal, wenn die Herzlinie in ihn führt. In diesem Symbol liegt das wahre Priestertum verborgen, das Helfen und Wissen um den anderen, das kein herrisches Führen ist, sondern sich aus den tiefsten Notwendigkeiten des fremden Wesens selbst herleitet.

Bei guter Entwicklung des Jupiterberges setzt sich der Mensch für seinen Glauben und sein liebendes Erkennen bis zum letzten ein. Seine religiöse Neigung, die einem gütigen Verstehen, Gerechtigkeitssinn und Mitgefühl entspringt, bleibt aber immer an Autorität und Tradition gebunden, weil ihn seine Schau die Ordnung in der Hierarchie lehrt. Deshalb weiß er um die Notwendigkeit von Gesetz und Disziplin in allem Handeln und Geschehen. In diesem Sinn ist die Entsprechung dieser Berges zu Jupiter, dem Herrn der Götter, am klarsten zu erkennen.

Der Jupiterberg ist von Venus- und Saturnberg eingeschlossen. Die von Trieb und Eigenwillen getragene Lebenserhaltungstendenz der Mars-Venuskräfte kann nur in einer freiwilligen Bindung, in einem höchsten Ziel zu Vollendung und Ruhe kommen. Alle Erfahrungen, Leiden und Schicksalsschläge können nur in tiefer Gläubigkeit und Ehrfurcht fruchtbar durchlebt werden. Ohne das Vertrauen auf eine allwissende Macht, die dem Menschen auch das Leid zum Heil schuf, ohne die Sehnsucht nach einer geistigen Welt, in der die Erlösung aus irdischer Verzweiflung liegt, müßte der Mensch oft an der scheinbaren Ungerechtigkeit seines Lebens verzweifeln. Aber zutiefst weiß er um den Weg, der ihn über alle Engen und Bedrückungen der Welt hinausführt und nur in der Verwirklichung der geistigen Schau gefunden werden kann.

Wird dieser Weg nicht zu Ende gegangen, verliert sich der Mensch, der um seine Fähigkeiten weiß, in einer materialistischen Einstellung, glaubt er, sich selbst alle Macht verdanken zu können, dann wird er zum herrschsüchtigen und hochmütigen Menschen, der seine Kraft im Außen erproben und sich vor den anderen hervortun will. Seine »Geistigkeit« wird zum Prahlen und führt ihn zu überheblichem Ehrgeiz und Stolz. Sein verstehendes Innewerden des anderen wird zu egoistischen Zwecken ausgenützt und seine Ziele erschöpfen sich in ehrfurchtslosem sich selbst Überschätzen und in äußerlicher Macht. Die ursprüngliche Freude an allem Schönen und Erhabenen in Natur und Leben wird von ihm in einem rein sinnenhaften Genuß und prunkvollen Übersteigerungen erstickt. Nicht Ideal und sittliche Forderung bestimmen sein Leben, das nur von Herrschsucht, Anmaßung und Geltungsbedürfnis geleitet wird, Zeichen eines zu stark erhöhten Jupiterberges, denen bei mangelnder Entwicklung Nörgelei, Übernüchterung und Interesselosigkeit gegenüberstehen.

Beide Extremformen des Berges tragen aber trotzdem die Urtendenz des Jupiter in sich. Richtet sich der Glaube des Menschen auch nicht mehr auf das Ideelle und die geistig-göttliche Welt, so lebt ein Schimmer dieses Strebens doch in all seinem Handeln und Tun. Alles begleitet ein abergläubisches Wähnen, das so die innere Abirrung vom eigentlichen Ziel verrät und eine hohle Haltlosigkeit verbirgt.

Wie bei allen Bergen ist auch hier die letzte Aussage von der Proportion der jeweiligen Fingerglieder und der äußeren Gestalt der Hand abhängig.

In der breiten Handform und einem stark vergrößerten dritten Glied des Jupiterfingers liegt die Gefahr einer materiellen, zu persönlichen Zielen mißbrauchten, hochmütigen Überspannung der Jupiterkräfte. Die Daumennähe und die Ichseite, in die auch der Jupiterberg eingegliedert ist, ermöglichen dem Ehrgeizigen, große Macht und führende Stellung zu erlangen und eine Rolle in der Welt zu spielen, wenn er die Sehnsucht zur geistigen Welt verleugnet, was durch die Entsprechung dieser Formen zur materiellen Welt angedeutet wird.

In einer spitzen Hand mit langem oberstem Jupiterfingerglied dagegen wird die Sehnsucht offen und lebendig gehalten, denn diese Menschen haben in stärkstem Maß die Möglichkeit des Sichvergessens und der subtilsten Empfangsbereitschaft. In dieser Verbindung höchster statischer Ent-wicklung des Wassertrigons (spitze Hand) mit den großen dynamischen Funktionen des *dritten Kreuzes* der Hand liegt die vollkommene Synthese von Sein und Werden. Hier schließt sich der Kreis des Lebens. Wie hier der schwache, widerstandslose Mensch den tiefsten Täuschungen verfallen kann, so wird ein gläubig reines, empfangsbereites doch widerstandsfähi-ges Wesen, das durch einen gut entwickelten Daumen gekennzeichnet ist, die intuitiven Eingebungen aufnehmen und umsetzen.

Für beide aber ist Zeit und Raum gleichsam aufgelöst, und der schein-bar unüberbrückbare Gegensatz von Stoff und Geist scheint in ihnen auf-gehoben, zumal, wenn eine klargezeichnete und gutgelagerte Herzlinie zu diesen Merkmalen hinzukommt.

Der ewige Kreislauf in Raum und Zeit, Ruhe und Bewegung, Stoff- und Geistwelt wird noch einmal symbolhaft dadurch dargestellt, daß sich in der geschlossenen Hand der unterste Handraum mit den Fingern trifft: das Untere, Stoffverhaftete wird vom Oberen, Geistigen berührt. Nur der Daumen ragt in eigenmächtiger Selbständigkeit aus diesem Kreis hinaus. Er legt sich über die Finger, wenn ihn nicht ein ängstlich scheues Verber-gen des individuellen Wesens in der Faust verkrampft. Der bewußte Mensch hat die Kraft, sein Ich der Welt und allen einströmenden Mächten entgegenzustellen, sich aufzulehnen oder bewußt unterzuordnen.

Geist und Stoff

Großes Dreieck und Handtisch-Viereck
Uranus- und Neptunlinie

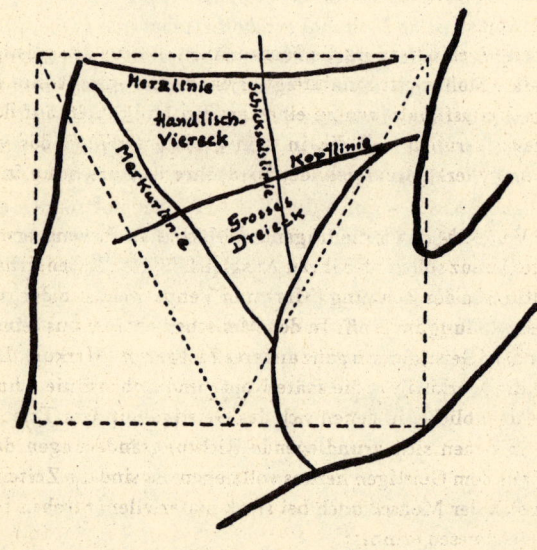

Das Oben und Unten in der Hand trägt kein Werturteil im Sinne eines Höher- oder Niederentwickeltseins in sich, wie es der in sich geschlossene Kreis zeigt, in dem Oben und Unten nur Fiktionen sind. Denn im Handraum liegen alle drei Weltebenen nebeneinander und auch die geistige wird in der Hand, dem stofflich Sichtbaren, verkörpert.

In der Handfläche, die, im Gegensatz zu den Fingern, die Körperlichkeit des Menschen darstellt, ist im oberen Handraum ein geistiges Moment wirksam, wie in dem geistigen Element der Finger die stoffliche Gebundenheit in den untersten Gliedern symbolisiert wird. In der geistigen Welt liegen starke seelische und raumstoffliche Elemente, durch die jede geistige Erscheinung erst sinnenhaft wahrnehmbar wird. Ebenso ist auch im Stoff ein seelisch Geistiges lebendig, das die Sehnsucht nach dem Transzendenten hervorruft. Wie ein Geistiges im Stoff, so ist ein Stoffliches im Geist immanent.

Für diese Verbindung ist die Merkurlinie, die aus der geistigen Ebene in die tiefste Stoffeswelt hinabsteigt, Symbol. Sie vereint ihre Kräfte mit den Mars–Venusfunktionen zu einer großen Urdreiheit, auf der alle Lebensprozesse beruhen und die in dem *großen Dreieck*, das von Kopf-, Lebens- und Merkurlinie gebildet wird, ihre Entsprechung in der Hand findet.

Mars, Venus, Merkur, die tragenden Mächte des Lebens, erstes, zweites und drittes Kreuz sollen hier ihren Ausgleich finden. Lebenserhaltung und Arterhaltung in der Zeugung (Mars und Venus) genügen der rein animalischen Darstellung im Stoff. In den Menschen aber ist aus seiner Verbindung mit dem Geistigen ein ganz anderes Ziel gelegt (Merkur). Die Punkte, in denen die Merkurlinie die späte Kopf- und Lebenslinie schneidet, zeigen die Augenblicke, in denen sich das Geistige mit dem Trieb auseinandersetzt, in denen sich grundlegende Richtungsänderungen der Lebensführung aus dem Geistigen heraus vollziehen. Es sind die Zeiten im Leben, in denen sich der Mensch auch bei stark materiellem Streben seiner Aufgabe als Geistwesen erinnert.

Das Dreieck ist Zeichen geistiger Ausgewogenheit und liegt als Sinnbild der ewig polaren Verspannung von Stoff und Geist in der Mitte der Handfläche.

Wie diese Harmonie im Irdischen und in den einzelnen Aufgaben, die der Tag stellt, erreicht werden kann, wie die Kräfte beschaffen sind, die zu ihr hinführen, wie sich das Verhältnis der drei großen, lebenbewegenden

Mächte und Funktionen im einzelnen Menschen darstellt, diese Fragen beantwortet die Art seiner Zeichnung.

Je reiner und klarer die Form des Dreiecks sich in der Hand hervorhebt, je mehr es sich dem gleichschenkligen nähert, desto größer wird das Streben des Menschen sein, in all seinen Handlungen und in der ganzen Haltung seines Lebens zum inneren Ausgleich zu gelangen, der nicht mit satter Ruhe und Stagnation verwechselt werden darf. Wird das Dreieck aber von einem zu spitzen oder stumpfen Winkel beherrscht, dann ist die innere Ausgewogenheit von dem Verhältnis der beiden Kräfte her gefährdet, die diese Winkelform bilden.

Die Reinheit der Form ist nur dann gewahrt, wenn die drei Winkel vollkommen ausgeprägt sind. Das Nichtzusammentreffen zweier Linien stellt ebensosehr eine Störung des Harmoniestrebens dar wie die Verworrenheit der das Dreieck bildenden Linien. Die Störungen liegen entweder in der Kraft, deren Linie unterbrochen, doppelt, schlechtgezeichnet oder im Lauf ausweichend ist oder in den beiden Kräften, deren Linien auseinanderstreben und so die Winkelbildung verhindern.

In der normalen Hand können Lebens- und Kopflinie zwar schwach gezeichnet, in ihrem Lauf starken Verlagerungen ausgesetzt und zerrissen sein, fehlen wird aber keine von ihnen. Denn in ihnen drücken sich die ursprünglichsten Lebensvorgänge aus. Die Merkurlinie dagegen kann vollkommen fehlen. Ein bewußtes Leben kann auch, vielleicht viel stärker, wahrhaftiger und unbelasteter, aus Kopf- und Lebenslinie allein geführt werden. Die fehlende Merkurlinie ist deshalb nicht etwa ein sittlicher Mangel, sondern eher ein Zeichen von einfacher, gesunder und naturverhafteter Lebenshaltung. Denn mit ihr setzt erst die beunruhigende, von intellektuellen Erwägungen bestimmte Belastung ein. Mit ihr beginnt erst die Auseinandersetzung mit einem geistig belebenden, einem ungreifbar unstofflichen Element. Die einfache Form genügt nicht mehr, ihre lebendige Wirkung im Raum wird berechnet und erwogen. Dies geschieht auf Grund eines Bildes, das man auf anderen Wegen in sich hineinsieht. So drängt sich hier ein Vergleich mit dem Geistigen auf, das im Intellekt — der Einsicht — seine irdische Entsprechung findet. Je mehr sich das Bild der vollbrachten Tat mit dem von der Einsicht Erschauten oder Erahnten deckt, desto vollkommener wird auch der gewonnene innere Ausgleich sein.

Zwei Kräfte dieses Dreiecks, Mars und Merkur, Kopflinie und Merkurlinie, haben auch Teil an der zweiten geometrischen Figur im Innen-

raum der Hand, dem *Handtischviereck*, das außer ihnen noch von Herz-
und Saturnlinie gebildet wird. Es sind die beiden Kräfte, die auch in der
Astrologie Tag und Nacht, aktivem und passivem Sein angehören. Denn
Mars trennt mit seinem goldenen Schwert das Oben vom Unten, und Merkur ist der Mittler zwischen beiden. Da die Saturn- oder Schicksalslinie,
die auch in den unteren Handraum hinabreicht, hier im Viereck in die
geistigen Sphären hinaufragt, zeigt sie die Spiegelung des irdischen
Schicksals in den Geistwelten.

Saturn- und Merkurlinie vervollständigen erst das Viereck, während
Kopf- und Herzlinie seine apriorischen Gegebenheiten in der normalen
Hand sind. Wie die Merkurlinie die Kraft darstellt, die aus den oberen
Geistsphären das Ideelle in das Leben hineinträgt, so kehrt in der Schicksalslinie dieser Strom gleichsam zurück und legt Zeugnis ab für die stoff-
hafte Verwirklichung der geistigen Ideen durch den Menschen. Getragen
aber wird das Handtischviereck (mensa) von der Herzlinie, die daher von
den alten Cheiromanten Mensalis genannt wurde, an die es gleichsam an-
gehängt und so in die Geistbereiche eingebettet ist. Es ist das Bild des
Kubus, des stoffgebundenen Menschen, wie er sich in der transzendenta-
len Welt einprägt und seine Eindrücke hinterläßt.

Diese stoffverhaftete Form des Kubus, die an die Herzlinie gebunden
ist, zeigt, daß die eigene Kraft des Menschen nicht ausreicht, in die ewigen
und jenseitigen Geheimnisse um Sein und Werden einzudringen. Hier
kann das Wunder der Verwandlung erlebt werden, in der das eigene Handeln nutzlos wird und nur noch ein hingebungsvolles Geschehenlassen
zum Ziele führen kann. Im unteren Handraum durchdringt die Dynamik
der Dreiheit den Stoff, während im oberen Handraum die Vierheit als
Zeichen geschöpflich statischen Beharrens verweilt. Wieder die polare
Wechselbeziehung von Geist und Stoff, von Oben und Unten.

In der Kopflinie wird nicht nur Oben von Unten, Licht von Dunkel,
Ordnung von Chaos, sondern auch Mensch von Tier geschieden. Von ihr
aus hört die Pfote auf und beginnt die Hand. Über ihr wird das Geschöpf
zum Menschen, liegen die Möglichkeiten und Kräfte zu ethisch sittlichem
Entscheiden. Unter ihr herrscht der reine Trieb, steht die animalische
Welt des Tieres. Denn sie erst gibt dem Trieb die Richtung, reißt ihn aus
dem Blindwaltenden und zwingt ihn zum erstenmal zu einem bestimmten Ziel. Eine ähnlich zwiefache Kraft stellt die Herzlinie dar, die, von
Merkur- und Jupiterkräften getragen, das doppelte Sehnen des Menschen

in sich birgt, das im Grunde ein überstoffliches ist und in das Metaphysische hineinragt. Sie kann nicht im Tier sein und stellt ähnlich wie der Daumen vielleicht das menschlichste Moment im Innenraum der Hand dar.

Diese beiden tragenden Linien des Handtischvierecks sollen in der normalen Hand voneinander geschieden sein. Die Herzlinie muß die Freiheit haben, sich mit der Sehnsucht über die Stoffbindungen zu erheben. Sie ist die Macht, die das ärmste Leben verschönern kann, weil sie von den Bereichen unbelastet ist, an die noch die Kopflinie grenzt; und doch ist es kein günstiges Zeichen, wenn diese beiden Linien ohne jede Verbindung sind. Sehnsucht und triebhaftes Leben stehen sich dann zu isoliert gegenüber, die Lebensfülle der einen kann mit den Sehnsuchtsbildern, mit dem Streben der anderen nichts beginnen; und umgekehrt: Diese letzteren laufen leer für sich, ziehen den Menschen von seinen Aufgaben ab und vermögen nicht den Trieb in größere, weitere Bahnen umzusetzen. Der Mensch bleibt zerrissen und wird sowohl in seinem oberen wie in seinem triebhaft unteren Streben gehemmt. Es ist der Mensch ohne Erfolg, weil er eine wirkliche Geschlossenheit seines Seins nicht zu erreichen vermag.

Die beiden Seitenbegrenzungen des Handtischvierecks, Merkur- und Saturnlinie, stellen diese Verbindungen her und empfangen aus dieser Aufgabe für ihr eigenes Wesen vertiefende Merkmale. Hier wird ihre Bedeutung, ihr Wesen und ihre Natur offenkundig. Hier werden sie ganz aus ihren Isolierungen herausgenommen und werden zu tragenden Faktoren der Wesensauseinandersetzung des Menschen.

So wie beide, kann auch nur eine Linie als Verbindung fehlen. Ist die Schicksalslinie nicht vorhanden und vermittelt demnach allein die Merkurlinie zwischen Kopf- und Herzlinie, dann wird vom Menschen immer wieder versucht werden, die Wunschbilder seiner Sehnsucht in seinem Triebleben zur Geltung zu bringen. Hierzu muß aber die ganze Hand sehr gute Begabungen aufweisen, damit der Mensch nicht in der Ein-bildung stecken bleibt, weil er sonst einseitig versuchen wird, diesen Bildern nachzuleben, zu deren Realisierung ihm aber oft das innere Vermögen oder die Kraft fehlt. Denn die Merkurlinie ist der Herzlinie (da sie aus derselben Wurzel stammt) verwandter als der Kopflinie. Das Unwägbare von Gefühl und sehnendem Empfinden überwiegt dann meist die Stoffschwere; und im Leben steht ein Mensch, der aus unbefriedigten Wünschen zum Nörgler und Hypochonder wird oder aus dem besten Willen und Gefühl heraus mit großer Begeisterung Versprechungen gibt, ohne diese halten zu können.

Fehlt im Handtischviereck aber die Hepatika und wird die Verbindung zwischen Mars- und Herzlinie nur durch die Schicksalslinie hergestellt, fehlt also demnach das Unwägbare der Einsicht, des Hereinragens übersinnlicher Bilder und wird die Überbrückung nur aus der Erfahrung heraus vollzogen, dann sind die Ausgleichsmomente zwischen diesen beiden Ebenen in das schicksalhafte Erlebnis des Menschen selbst gelegt. Nicht die Wesensauseinandersetzung, sondern die Seinsdarstellung wird zum Träger der Kämpfe zwischen Trieb und einfühlendem, sehnendem Vermögen. Das Schicksal leidet in diesem Fall gleichsam unter der Härte der aufeinander eindrängenden und sich in ihm erfüllenden Kräfte. In seinen Bereichen soll der Ausgleich zwischen oberem Fühlen und Sehnen und unterem Trieb gefunden werden.

Wie bei der fehlenden Schicksalslinie das Übergewicht nach der Empfindungsseite hin verlagert war, so ist es nun die Triebsphäre, die aus der größeren Verwandtschaft von Kopf- und Schicksalslinie her überwiegt. Der Mensch tendiert also immer zum Stoff hin, wird schwerfällig und versucht in der Realisierung des Stoffs die Wunsch- und Sehnsuchtsbilder zu überwinden. Dies geschieht nicht durch Darstellung, sondern durch den Versuch, mit ihnen fertig zu werden, indem er sie verleugnet. Hier also steckt der Realist, dem alles Greifbare und sinnlich Wahrnehmbare oberste Instanz ist und der alles Unwägbare, Unfaßliche, mit dem Trieb nicht mehr zu Erreichende von Grund aus ablehnt. Er kann zuverlässig und in seiner Arbeit strebsam und erfolgreich sein, wird aber alles leugnen, was ihn an Gefühlsbindungen belasten könnte.

Wenn in diesem Viereck von einer Polarität gesprochen werden kann, dann wird sie einerseits aus Merkur- und Herzlinie als dem von oben Eindringenden und der Kopf- und Schicksalslinie andererseits als der großen unteren kosmischen Triebsphäre gebildet, in die der Mensch wie jedes Geschöpf eingebettet ist. Zwei Möglichkeiten des Stromkreislaufs der Kräfte sind demnach in diesem Viereck möglich: Einer, der aus dem Merkurwinkel aufbricht und Welt- und Lebenshaltung gleichsam von oben her, aus einem unstillbaren Sehnen heraus bestimmt; und ein zweiter, der sich aus dem Daumenwinkel herleitet und die Welt mit den eigenen Seinstrieben zu erfüllen trachtet — eine objektive Haltung der erste, eine subjektive der andere. Gerade diese Polarität zeigt die Bedeutung des Handtischvierecks in ihrem ganzen Umfang. Es scheint nicht zuviel gesagt, wenn man hier die Wiederspiegelung der letzten Auseinandersetzung im Wesen des Menschen zu finden glaubt. Denn nirgends wird der Gegensatz zwischen apollinischer und dionysischer Lebenshaltung in der Hand stärker zum Ausdruck gebracht als in dem Aufeinanderwirken dieser beiden Linienpaare. Hier steht wirklich das magische im Kampf mit dem mystischen Weltbild. Hier streitet der animalisch triebhafte gegen den göttlichen Anteil im Menschen.

Das Verhältnis der Linien zueinander, ihre gegenseitige Verschiebung zeigt die Verteilung der Kräfte, ihre Stärke und ihre Gewichte, die sie in diesem Kampf einzusetzen haben, und die Art, wie sie sie einsetzen. Deshalb befindet sich diese Figur auch im oberen Teil der Innenhand, weil diese Auseinandersetzungen geistiger und wesenhafter Natur sind, weil sie nichts mehr mit dem gemein haben, was man den Charakter nennt. Ihre Bereiche sind tiefere oder höhere, jedenfalls umfassendere und spielen sich auf Ebenen ab, die das Zentrale des Menschen in sich bergen.

Wenn das Rezept in dieser Zeichnung äußerliche Charaktermerkmale feststellen will, so kann es sich dabei nur um die Spiegelungen innerster Wesensvorgänge handeln. Wird etwa die Kopflinie am Ende vom Merkurberg angezogen und dadurch das Viereck enger, dann wird der Mensch im Außen intolerant, kleinlich, eng und von Normen und Meinungen abhängig erscheinen. Denn er muß in seiner Wesensauseinandersetzung versuchen, Geistiges im elementisch Stofflichen einzuschließen. So trägt er als tiefsten Wesenszug ein theoretisierendes, kalkulierendes oder spekulierendes Moment – niedere Merkurfunktionen – in sich.

Wird dagegen die Kopflinie zu stark zum Mondberg abgelenkt, dann sind die Urwunschbilder in seinem triebhaften Denken so groß, daß er, von diesen abgezogen, der Umwelt gegenüber zutiefst gleichgültig ist, was im Außen den Anschein von Großzügigkeit, Weitherzigkeit und Toleranz erweckt.

Ist es dagegen auf der anderen Seite des Vierecks die Herzlinie, die durch ihr Herabneigen zur Kopflinie das Viereck einseitig zusammendrängt, dann wird sie vom Daumenwinkel angezogen. Ziel des Strebens und Sehnens ist nun nicht mehr die religiöse Hingabe, sondern ein triebhaftes und ichhaftes Wollen, das eine heftige Unruhe, Depression und unfreie Angst zur Folge hat. Die Sehnsucht will und muß sich ohne höheres Ziel in der eigenen Welt erfüllen, in der sie aber nie zur Ruhe kommen kann. Eine Erweiterung des Vierecks durch die Herzlinie kann nur erfolgen, wenn diese vom Saturnberg angezogen wird. Dadurch wird in die Verwirklichungstendenz des Menschen ein Moment getragen, das den Stoff zu überwinden und aufzulösen trachtet, während er aber selbst nur in den Stoffesbereichen wirken kann. Deshalb liegt hier eine revolutionierende Umwälzung, eine auflösende und zersetzende Haltung.

Diese Kreislaufstörungen im Viereck müssen naturnotwendig Disharmonie und Unausgewogenheit im Seelischen und im ganzen Wesen hervorrufen. Die Tendenz des Kreislaufs bleibt aber immer bestehen. Sein Ausgangspunkt kann entsprechend der Form der ganzen Hand ein doppelter sein. Nähert sich die äußere Handform selbst dem Viereck, dann wird der Kreislauf im Handtischviereck seinen Ausgang im Schnittpunkt von Schicksals- und Kopflinie nehmen. Die aus den unteren Triebstoffwelten aufsteigenden Erfahrungen bestimmen von diesem Schnittpunkt ab die Impulsrichtung und damit das ganze Leben des Menschen. Nun ist dieser, seiner Handform nach im Stoff verhaftete Mensch für die Wandlungsmöglichkeit vorbereitet. Die einfallenden intuitiven Kräfte des Merkur treffen auf einen empfänglichen Boden und ziehen den Stoff und alles stoffliche Bemühen zu dem großen Wendepunkt hin, in dem die vereinten Merkur- und Jupiterkräfte wirken. Mit ihrer Hilfe kann der Mensch die Verwandlung in sich erleben, die immer ein Gnadengeschenk bleibt, da das Handtischviereck als statisches Moment nur einen Zustand der offenen Bereitschaft und des Beharrens darstellen kann.

Aufgabe des vorwiegend materiell orientierten Menschen wird es sein, sich seiner geistigen Wesenheit und Berufung immer bewußt zu bleiben, während der subtiler veranlagte, weniger stoffverhaftete Mensch – die zum Dreieck zugespitzte Handform – lernen muß, sich seiner Geschöpflichkeit bewußt zu werden und nicht selbstsüchtigem Hochmut zu verfallen; denn eine solche Überheblichkeit ist nur von einer geistigen und wissenden Ebene aus möglich. Bei solchen Menschen ist der Ausgang des Kreislaufs demnach im Schnittpunkt der Merkur- und Herzlinie zu suchen. Von hier aus führen die intuitiven Ströme über die Kreuzung von Merkur- und Kopflinie in die Triebbereiche, um sich dann in der Schicksalslinie und ihren Erfahrungen zu bewähren.

In diesem Kreislauf, der von unten nach oben und aus den Höhen in die Tiefen führt, kann sich die Verwandlung des Menschen nur im Sinne eines Anderswerdens und nicht in dem eines Besserseins vollziehen.

Der Kreislauf ist zerstört, wenn die Kopflinie, die aus der Ichseite zum Du hinüberdrängt, um hier ihre Intensität in den Verwandlungsprozeß hineinzustellen, mit der Herzlinie, die die transmutierten Kräfte zu einem neuen, sehnsüchtig gläubigen Ich zurückführen sollte, verschmilzt, und zu einer einzigen großen Horizontalen zusammenfällt: die sogenannte *gesperrte Hand.*

In dieser erscheint die wahre Totaliät des Lebens, die nur aus diesem Hin und Wider, aus dieser inneren Wandlungsmöglichkeit erreicht werden kann, nicht mehr erfüllbar. Denn hier liegt die Betonung nur noch in einer der beiden Tendenzen, im Ichwollen oder im Dusehnen. Auch jede innere Ordnung wird von dieser zusammengezwängten Linie aufgelöst, die ohne den Raum des Handtischvierecks, ohne die Basis der Umsetzung die obere Handfläche von der unteren abriegelt.

Es besteht nur noch die Welt der Triebe und Impulse auf der einen und die Welt der geistigen Möglichkeiten auf der anderen Seite. Der Austausch zwischen beiden fehlt; denn eine große Schranke ist aufgebaut, die nur durch brutale Gewalt gesprengt werden kann, meist aber eine aussichtslose Begrenzung bildet. Die Kräfte der einen Welt können nicht in die andere hinüberspielen, denn Brücke und Wirkungsbereich ist das menschliche Bewußtsein, der menschliche Gestaltungswille, die Ebene der Auseinandersetzung und des Menschlichen an sich. Diese breite Wirkungsebene des Marsfeldes wird durch die eine zusammengelegte Linie in den oberen oder unteren Bereich abgedrängt.

Wird diese Horizontale von der Herzlinie gebildet, die somit über die Kopflinie dominiert, dann liegt sie mehr zu den Fingerwurzeln hin. Dies ist meist in weichen, widerstandslosen Händen der Fall. Da der obere Teil der Hand gegenüber dem unteren unverhältnismäßig schmal wird und die Linie sich den oberen Bergen nähert, nimmt die Triebsphäre einen zu großen Raum ein, während die Dynamik der oberen Berge unvermittelt von der vereinten Herz- und Kopflinie aufgenommen werden muß. Es besteht demnach eine unverhältnismäßig große Sehnsucht zum Geistigen neben einer beinahe unstillbaren Triebbegierde. Dieser Gegensatz wird sonst im Handtischviereck einer sinnvollen und ausgleichenden Umsetzung zugeführt und damit lebbar gemacht. Hier steht er schroff im Raum der Seele. Da der Kräftestrom aber im oberen Handraum verläuft, muß dieser Mensch mehr in der Sehnsucht als in der Erfüllung leben. Deshalb macht er sich ein Idol zum Träger aller Sehnsucht, zum Traumbild der Erfüllung.

Die breite untere Fläche der Innenhand, dieses übergroße Triebfeld ist geduldig und ergänzt in einem immer bereiten Warten die nur allzu große Gläubigkeit der starken Herzlinie, die das Triebdenken der Kopflinie in sich aufgesogen hat und dadurch unschwer zur Leichtgläubigkeit gelangt, die in den spärlichsten und ärmlichsten Resten des Genusses sich noch einen Schimmer von Erfüllung vortäuschen kann. Hat sich das Idol dieser Menschen erbarmt, dann sind sie ihm verfallen und folgen ihm in abhängiger Hörigkeit.

Die Unerfüllbarkeit ihres Sehnens, die sie sich so lange einzureden vermochten, bricht bei zunehmendem Alter meist mit furchtbarer Gewalt über sie herein und führt sie dann nur allzu oft in tiefste Verzweiflung.

Den Gegensatz hierzu bildet die Horizontale, in der die Kopflinie von der Herzlinie Besitz ergreift und sie nach unten zieht. Die größere Entfernung der beiden in eine verschmolzenen Linien von den oberen Bergen läßt die intuitiven Möglichkeiten der Geistbereiche zurücktreten, steigert dagegen die aus Urtrieben und Naturmagie hervorbrechenden Bilder und Tendenzen, die bewußt und egozentrisch ausgenützt werden. Keine wirklich geistigen Gesichtspunkte, keine wahre künstlerische Schau, keine Verantwortung, keine tief religiöse Sehnsucht läßt in diesen Triebumsetzungen ein höheres Ziel aufkommen. Die aus untersten Tiefen aufsteigenden bewußten wie unbewußten Kräfte werden hier nur zur eigenen Machtsteigerung gebraucht.

Ist die Handform breit, der Daumen stark entwickelt und sind die unteren Berge ausgeprägt, dann verfügt der Mensch über genügende Energie, Triebkraft und Selbstbehauptung, um die drängenden Impulse auszuführen, auch wenn sie ihn zu verbrecherischer Gewalttat treiben sollten. Solche Menschen leiden meist unter der Vehemenz der elementisch magischen Einbrüche in ihr Wesen, die sie dann außerhalb jeder Norm und Konvention stellen und sie für den Durchschnitt immer seltsam und unheimlich erscheinen lassen. Sie sind nie die Lenker, sondern die Opfer ihrer magischen Naturverbundenheit, und ihr unbewußtes magisches Handeln ist nicht Beschwörung, sondern Beschworensein von Mächten, die für sie unkontrollierbar sind.

Wie in diesen beiden Arten der Verschmelzung von Kopf- und Herzlinie sich Geist und Kopf ohne vermittelnden Ausgleich hart gegenüberstehen und damit immer zur gewaltsamen Lösung drängen müssen, so würde auch die menschliche Hand zum Ausdruck eines unharmonischen Wesens, fehlte eine der beiden Figuren – das Handtischviereck oder das große Dreieck – in ihrer Anlage völlig. Die normale Hand enthält aber nicht nur beide Zeichen, sondern diese sind darüber hinaus noch einmal, nun aber in einem anderen Bild wiederholt.

Wo immer der Mystiker die Idee des Menschen in ihren kosmischen Urbeziehungen bildhaft darstellen wollte, zeichnete er ein im Quadrat stehendes Dreieck, ein Bild, das die menschliche Hand in wunderbarer Weise zeigt. Die Innenfläche des Handrumpfs stellt mit angelegtem Daumen ein Viereck dar, in das ein Dreieck aus Herzlinie, Merkur- und Lebenslinie eingezeichnet ist: die im Stoff verkörperte geistige Idee. Stoff ist die Handfläche, das Dreieck Symbol des Geistes, in dem sich die drei Ebenen des Menschen ideenhaft darstellen: die zeugerisch-physische in der Lebenslinie, das seelische Zwischenreich in der Merkurlinie, das reine Geistwesen in der Herzlinie.

Liegt hier die Geistidee des Menschen, dann stellt das große Dreieck der Cheiromantie die Schicksalsidee des Menschen dar, da es aus den drei Kräften gebildet wird, die alle Schöpfung tragen: Mars, Venus, Merkur, männlicher Impuls, weibliche Empfänglichkeit und ihre Vereinigung in der Idee Mensch.

Die subtilste Entsprechung dieser Dreiheit findet in der Hand in der *Uranus*- und *Neptunlinie* noch einmal ihren Ausdruck.

Die Sonnenferne von Uranus und Neptun ist zu groß, als daß sie in der raumkörperlichen Beziehung eines Berges in der Hand erscheinen könnten. Ihre Wirkungen sind derart seltsam fluktuierend, daß ihre Darstellung in der Handfläche nur mit Hilfe des Strombildes der Linie stattfinden kann. Damit erfährt die Geschlossenheit des Aufbaus der Hand nach der Siebenheit der sonnennäheren Planeten durch das Hinzutreten dieser spät entdeckten Raumkräfte keine wesentliche Veränderung, sondern vielleicht nur eine Differenzierung in der Möglichkeit ihrer Deutung. Die große Sonnenferne dieser Planeten läßt vielleicht auch die Annahme möglich erscheinen, daß beide außerhalb des Individualschicksals stehen und sich in ihrer Entsprechung nur auf das Gesamtschicksal der Generationen erstrecken.

Der Ausgangspunkt dieser beiden Linien im untersten Teil des Mondberges dürfte seine Erklärung darin finden, daß sie ihrer subtilen Natur gemäß nur in diesem stofflich aufgelockertsten Gebiet Wurzel fassen können. So berühren sich die Extreme größter Nähe und unendlichster Ferne. Vielleicht bedarf es dieser äußersten Stoffhaftigkeit des untersten Handteils, um noch die Wirkungen dieser fernsten Mächte festzustellen, deren Wesen im Unfaßbaren versinkt und nur Ahnungen zuläßt.

Die noch faßbarere Wirkung gehört dem näheren *Uranus*, einer höheren Synthese von Mars-Venus-Kräften an, die er in seiner Linie durch den Mondberg zum Merkurberg hinaufträgt, um damit dieselbe Zusammenfassung der großen Dreiheit zu erreichen, wie Neptun, die höhere Stufe des Merkur, dessen Linie diese subtilen Merkurkräfte mit den in der Lebenslinie wirksamen Mars-Venus-Kräften verbindet.

Alle Wirkungen des Uranus sind blitzhaft und zerstörend. Sie höhlen alte Formen aus, um oft nur den Willen zu verraten, Neues an Stelle des Alten zu setzen. Nur selten und ungenügend vermag der Mensch diesen subtilen gestalterischen Bestrebungen zu entsprechen. Die Haupttendenz des Uranus geht immer dahin, zu einer Stoffauflösung zu drängen, wie die untere Seite seiner Kräfte, Mars und Venus, in der stofflichen Zeugung den materiellen Bestand zu sichern bemüht sind. Das ist der tiefe Sinn der Hyperbel, die von den Halbkreisen der Uranus- und Lebenslinie gebildet wird.

Wie die Elektrizität, deren unerforschtem Wesen dem des Uranus am ehesten vergleichbar ist, alle Materie durchsetzt, so liegt auch in der Natur dieses fernen Wandlers ein Wille zur Alldurchdringung. Deshalb seine plötzlichen, unkontrollierbaren Einfälle und Einsichten, die nie das Ungewisse der Ahnung, sondern immer das Bestimmte der Entscheidung auszeichnet und die jede Situation, wenn auch oft in verzerrtem Gesicht, bis in ihre letzten Tiefen aufschneidet und ihre verborgensten Wurzeln bloßlegt. Aus dieser Tendenz heraus, aus dieser gleichsam absoluten Einsicht in Dinge und Verhältnisse entsteht jenes revolutionierende Moment, das diese Menschen charakterisiert, und das deshalb eine zerstörende Wirkung hat, weil die uranische Einsicht nie auf die Dauer gebannt werden kann, weil sie ebenso wie der Blitz vergeht und jeder Versuch einer Verwirklichung unvollkommenes Stückwerk bleiben muß.

Die Sehnsucht, alles Raum-Zeitliche zu überwinden, läßt den von Uranus beeinflußten Menschen im »zufälligen« Gesicht von Erfindung zu Erfindung jagen, was ihn schließlich zu einem Wahnglauben an die Technik treibt, mit deren Hilfe er alles, selbst das sittliche Gesetz zu überwinden hofft. Gleichgültig ist ihm dabei, ob in der realen Welt das Chaos als Resultat stehen bleibt und alle Dämonien entfesselt werden, seine Unruhe drängt ihn zu immer neuen Steigerungen, die dem gewöhnlichen Blick als Überreizungen oder Exzesse erscheinen müssen. Hier steht der phantastische Träumer, der in Idee und Wirklichkeit Leistungen hervorbringt, die in ihrem letzten Sinn von der Menschheit in ihrer heutigen Organisation noch nicht erfaßt werden können.

Noch seltsamer, noch geheimnishafter und unfaßbarer sind die Wirkungen des *Neptun*. Stellten sich jene des Uranus als plötzliche und vollkommene Erschütterungen eines gewohnten Zustandes dar, dann sind die des Neptun dem Einfluß des Giftes zu vergleichen, das sein Opfer allmählich immer mehr in seinen Bann zieht.

Geheimste Wurzel alles Neptunhaften ist eine über alles Stoffliche hinausgreifende Sehnsucht. Vor dem neptunbetonten Menschen stehen Bilder von solch letzter Unkörperlichkeit und höchster Stoffauflösung, daß nur noch der Wunsch, sich diesen einzueinen, wirklich sein Leben ausmachen kann. Das ist der Grund seines Willens zu Traum und Schlaf. Nur in ihnen kann er sich jener körperlich unvorstellbaren Bilderwelt nahen, die ihm eine Erfüllung aller Wünsche und Sehnsüchte verspricht, die in der Leibhaftigkeit nicht gestillt werden können. Deshalb die Narkotika und Stimulantien jeder Art, die vom Neptunbeeinflußten gebraucht werden.

Nicht der Körpertrieb, sondern der Erlösungswunsch, aus dem Körpergefängnis zu entfliehen, bestimmt das Handeln des Neptun. Je mehr das Triebdenken zum Schweigen gebracht wird, je mehr das Schauen konturloser Bilder, das Hören unkörperlicher Schwingungen diese Menschen erfüllt, desto glücklicher sind sie. Der Äther-, Kokain- und Morphiumrausch ist im tiefsten Grunde keine triebhafte Genußsucht, sondern das Zeichen eines Unbefriedigtseins, das zu schwach und zu labil ist, um auf dem Wege der Anstrengung und des Willens zur Ekstase zu gelangen.

Aber dieser unstillbare Wunsch nach Stimmen, die nur ein Schwingen und Schweben, nach Bildern, die nur unscharfe, farbige Lichter sind, nach Formen, die sich nur aus dem übereinander Hinweggleiten heller und dunkler Flächen ergeben, die alle in einer unerhört und unvorstellbar raschen Aufeinanderfolge abrollen, sodaß Gegenwart, Vergangenheit und Zukunft, jeglicher Zeitbegriff zu einer Einheit verschmilzt, läßt diese Menschen dann zu merkwürdigen Aussagen gelangen, wenn sich ihnen die Bilder aus einer Zwischenwelt in seltenen Augenblicken verdichten und ihnen, noch seltener, Identifikationen möglich sind. Dann erstehen durch sie Bruchstücke und Fetzen von Rekonstruktionen des Geschehens, die man mit Hellsehen bezeichnet.

Die Gefahren, die von diesen beiden Linien ausgehen, sind für den normalen Lebensablauf besonders große. Mediumismus, Trance, Hellsehen und alle sogenannten okkulten Phänomene sind Folgeerscheinungen, die gewöhnlich der Ausbeutung verfallen, weil der Mensch in eine Vorstellungswelt sinkt, in der er sich selbst und jeder Kontrolle entgleitet. In der gut geformten Hand können sie zu hilfreichen Werkzeugen werden, die in das Gesamtbild des Menschen reizvolle Züge tragen und ihn selbst zu mehr oder weniger großem Lebensernst führen. Läßt aber die ganze Handform und ihre Konsistenz auf Labilität des Wesens schließen, dann werden diese Linien zu unübersehbaren Gefahrenmomenten, die von außen her kaum einer wirksamen Beeinflussung zugänglich sind. Die Beobachtungen dieser beiden Linien sind aber noch zu unvollkommen, als daß ins Einzelne gehende Angaben möglich wären.

Eines nur machen auch sie offenbar: Eine Körperlichkeit ohne geistigen Aspekt ist unvorstellbar. Die Leugnung des Geistigen wird zu seiner stärksten Bejahung. Der Mensch als höchste Stufe irdischer Schöpfung führt in seinem ganzen Leben nur den einen Kampf, beide Welten in sich zu einem harmonischen Ausgleich zu bringen. Er kann nach der einen oder anderen Seite abgleiten, aber all sein Leiden geht nur aus der Disharmonie von Körper und Geistwesen hervor, all sein Glück kommt aus seinem inneren Ausgleich der beiden Welten.

Die äußere Signatur hierfür steht in der menschlichen Hand, in ihrer Proportion und Struktur, ihren Bergen und Linien. Sie alle aber zeigen zuletzt, daß alle Anstrengungen des Menschen, all sein Leiden und Mühen, so materialistisch es auch oft verlaufen mag, immer aus dem Heimweh nach dem geistigen Ausgangspunkt hervorgehen. Hier heißen sie Erkenntniswille, dort Geltungstrieb, dort wieder Liebe; und immer ist es nur die Sehnsucht, aus der Leibisolierung zu entfliehen und ganz zum Geistwesen zu werden. Deshalb das Dreieck im Viereck, das Viereck über dem Dreieck, die Uranus- und die Neptunlinie, die das Stoffliche durchdringenden Zeichen der Hand.

Der ewige Fluß

Nebenlinien und Zeichen der Hand
Die Individuation

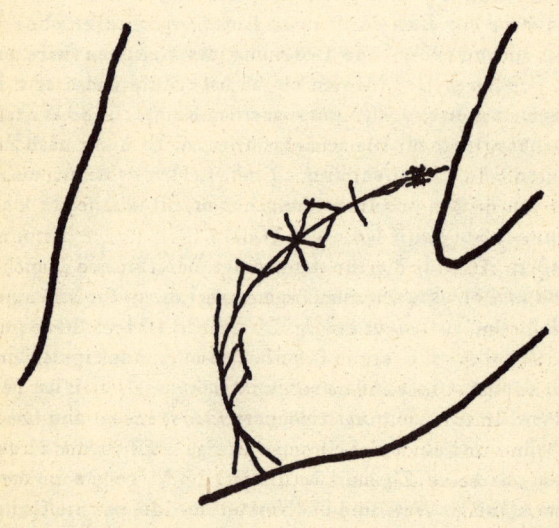

Linien und Berge sind das Charakteristikum des inneren Handraums. Sie beleben die Fläche. Gleichmäßig entwickelte, in harmonischer Proportion zueinander stehende Berge und glatte, hindernislos verlaufende Linien würden die Idealhand darstellen. Sie müßten einem Menschen angehören, der unbewegt von allen äußeren Einwirkungen, gleich entfernt von allen Beeinflussungen durch Freud und Leid das höchste Ziel ohne Schwanken erstrebte. Die Verhaftungen an das stoffliche Sein und die auf den Stoff gerichteten Wünsche des Menschen aber verwandeln dieses Idealbild und schaffen in jedem neuen Menschen eine neue Variante, die sich in den Linien fast noch mehr als in den Bergen auswirkt.

Linien sind wie große Flüsse, die von einer Quelle am Hügel oder Berg aufbrechen, um gleichsam in einem Meer einzumünden. Aber kein Fluß, der ohne Hemmnisse, ohne Stromschnellen oder seinen Lauf störende Ebenen eintönig durch das Land zöge. Auch in der Hand sind die Linienflüsse nicht einförmig. Wie auf der Landkarte empfangen sie Nebenflüsse, stellen sich Hindernisse in ihren Weg, bilden sie größere oder kleinere Inseln. Deshalb stellt der Fluß mit seinen natürlichen Gegebenheiten auch den besten Vergleich für die mannigfachen Zeichen der Hand dar, die zumeist mit den Linien in Verbindung stehen. Finden sie sich auf Bergen, erscheinen sie wie Wasserläufe mit ungenügendem Gefälle.

Wie in der Natur und dem natürlichen Flußlauf nur bestimmte, aus der ganzen Struktur der Landschaft bedingte Hindernisse entstehen können, so sind auch die zahlreichen Zeichen der Hand von ihrem gesamten architektonischen Aufbau abhängig. Der steil abfallende Fluß läßt keine Inselbildung zu, die sich nur in der Ebene und dem ruhigeren Lauf entwickeln kann; das Auseinanderstreben in mehrere Äste an der Mündung und die Zusammenfassung verschiedener Quellgerinsel zum Bach kann nur zu Beginn und Ende des Stromes erfolgen. Es ist die Struktur der Landschaft, die seine Eigenart ausmacht. Nicht anders in der Hand, deren Gesamtanlage Wesen und Charakter des Menschen offenbart. Der bildhafte Vergleich mit dem Flußlauf läßt die Zeichen auf Linien und Bergen der Hand und ihre Bedeutung plastischer hervortreten und bietet gleichzeitig die Möglichkeit einer sinnvollen, nicht mehr an das Schema gebundenen Erklärung. Hierbei erscheint eine Beobachtung von besonderer Bedeutung: Es besteht ein Unterschied zwischen der kleinen Wassermenge im Quellgebiet des Flusses und seinem durch viele Bäche vermehrten späteren Lauf. Bei der Linie der Hand kommen noch einige Momente hinzu, die auch beim Fluß nicht fehlen, wie die Zusammensetzung des Wassers, der Einfluß des Gebietes, aus dem sie gespeist werden.

Schon der Beginn einer Linie kann aus verschiedenen Quellen gebildet werden, nur werden hier die Intensitäten noch gering sein, ähnlich dem schwach strömenden Wasser. Dann setzen schon frühe Wirren ein, Belastungen, die die Reinheit des Wassers, die Einfachheit des Wesens stören. Die Naivität fehlt auf dem entsprechenden Lebensgebiet. Und der Fluß muß dies Wasser mit sich führen, die Linie trägt die Wurzel zum Ressentiment, zur Schwäche und Verbitterung aus frühem Erfahren durch die Jahre hin. Auch die Gestaltungen der Umgebung sind kaum schon vorhanden. Wie eine kleine Furche wirkt das Rinnsal am Anfang, und die Linie wird oft nur durch das Biegen der Hand sichtbar. Noch völlig eingebunden in die Umwelt, fehlt gleichsam die Kraft, das Umgebende aus eigenem Impuls umzuformen.

Dasselbe gilt für die Zeichen. Punkte, Inseln, die kleinen Bodenstrudel und Grasbüschel, die der Quellaustritt noch kaum zu überwinden vermag. Hierin liegt die Gefahr, daß sich die Wasser zu stark zerstreuen: Entwicklungsstörungen, sei es auf körperlichem oder seelischem Gebiet. Wenn hier zu Beginn mit diesen Merkmalen ein negatives Zeichen verbunden ist, dann ist ihr Vorkommen am Ende der Linie, an der Mündung des Stromes positiver zu werten, wenigstens soweit es die Verteilung in mehrere Arme und Inseln angeht. Denn die ersteren stellen die fügsame Überwindung eines Gegenstroms dar und ermöglichen eine noch greifbare Ablagerung der mitgeführten Schlamm- und Erdteile, die meist fruchtbarster Boden sind; die letzteren sind angesammelte Mengen dieses Bodens, die aber in sich die Tücken haben können, das Flußbett aus seinem ursprünglichen Lauf abzudrängen und den Fluß zur Stagnierung zu treiben. In der psychologischen Entsprechung würde also eine noch im Leben liegende, kluge und vielleicht erfolgreiche Anwendung der Erfahrungen aus dem Seinsbereich dieser Linie gefolgert werden müssen, während die zu große *Insel* eine Sattheit, ein träges Angefülltsein mit der Erfahrung darstellen würde, die zu Schädigungen führen könnte. In diesen Inseln am Schluß einer Linie liegt der langsame Prozeß, die schleichende, verzögernde Entwicklung, die sich lähmend über das ganze Leben erstrecken kann, wie ja auch der Fluß von der Mündung her weit in seinen Lauf hinein Stauungen erfahren kann.

Diese verschiedene Bedeutung der Zeichen in den Linien wird meist zu wenig berücksichtigt. Wenn auch die Merkmale oft ähnlich, fast gleich sind: die Bedeutungen sind es nicht. Denn die Momente, die am Ende der Linie, an der Flußmündung, die charakteristischen Formen bilden, sind viel zahlreicher und komplizierter als jene, die sie entstehen lassen. Für die Diagnose der Hand ist die Beachtung dieser Unterschiede von ausschlaggebender Wichtigkeit.

Daß Anfang und Ende der Linie, Quelle und Mündung Ähnlichkeiten aufweisen können, ist nicht verwunderlich. Der Hauptlauf des Flusses aber stellt gleichsam einen besonderen Körper dar, ein für sich abgeschlossenes Ganzes, das auch allein für sich steht. Nichts vermag diesen Umstand klarer zu machen als die Tatsache, daß die Quelläufe und Deltaarme der Flüsse häufig andere Namen tragen als der Hauptstrom, der dann oft erst von der Geographie her seinen Namen nachträglich bis in Quellgebiet und Mündung ausgedehnt erhält; eine seltsame Parallele zum Kindes- und Greisenalter, zu den Zeiten vor der Pubertät und nach dem Klimakterium, die beide an Persönlichkeitsgeltung verlieren und in andere Bereiche hineinragen als die der Persönlichkeit auf der Höhe der Entwicklung im Zeitraume zwischen diesen beiden charakteristischsten Wendepunkten innerhalb des menschlichen Daseins. So steht auch der entwickelte, aus dem Quellgebiet herausgetretene Strom als ein gleichsam Neues da. Was ihm auch an Nebenflüssen zuströmen mag, es kann seine Natur, sein Wesen, seine Hauptzüge nur allmählich und kaum wesentlich ändern.

Eine wesenhafte Veränderung müßte auch die Grundbedingnisse verändern können, also die Uranlagen und Formen der Hand, ihrer Berge und Linien, oder im Horoskop etwa die Grundpositionen des Geburtsbildes. Eine solche Veränderung wird aber höchst selten möglich sein. Was dagegen einer, wenn auch oft kaum merklichen Abwandlung im Lauf der Zeiten unterliegt, ist die Stromrichtung, die einer in der Linie minimalen Abweichung, Ausbuchtung, einer kaum feststellbaren Windung entsprechen würde, die sich beim Einmünden des Nebenflusses, der Seitenlinien oder Äste ergibt. Die psychologische Bedeutung und Entsprechung dieser äußerst wichtigen Feststellung kann nur im Zusammenhang mit der Betrachtung von Wesen und Natur der Äste ganz geklärt werden.

Wenn aber – und darauf kommt es besonders an – der Hauptstrom eine in sich geschlossene Körperwelt, ein in sich ruhendes Ganzes darstellt, wobei gerade die Zusammenfassung der Quellflüsse und das Auseinander-Streben und Sich-Auflösen im Mündungsbereich bemerkenswert ist, dann werden in diesem Gebiet der Hauptlinie auch die Zeichenbedeutungen ihrer Natur nach wenigstens keine besonderen Verschiedenheiten aufweisen, sondern gleichgewertet werden müssen. Punkte, Äste, Inseln, Gitter, also Strudel, Nebenflüsse, Inseln, Stauungen und Versumpfungen des Flusses, werden sich innerhalb der Hauptlinien gleichbleiben, da es sich ja um eine ähnliche Wassermenge und Wasserbeschaffenheit handelt, die etwa nur noch von den größten Nebenflüssen in ihrem Bestand verändert werden können.

Wenn im Quellgebiet das kleine Erdloch eine unbedeutende Strudelbewegung des Wassers hervorruft, die sich mehr in der Erde als im Wasser selbst auswirkt, dann sind die möglichen Schädigungen gering. Anders wenn die größeren Wassermassen des Hauptstroms sich im Flußbett verfangen und Strudel und Wirbel bilden, wenn sich *Punkte* auf der Hauptlinie befinden. Beim Flußwirbel und Linienpunkt geht es nicht um das Fließende, das Wasser allein, sondern in ihm findet eine Auseinandersetzung zwischen Gefäß und Inhalt statt. Es sind zwei Kräfte, die hier aufeinander einwirken, ähnlich wie bei der astrologischen Konjunktion, die dem Punkt in der Linie am meisten entspricht. Nicht die Umwelt, nicht die Landschaft an sich wirkt hier auf den Fluß ein, sondern nur die Beschaffenheit einer Stelle seines Bettes, in der sich seine Wasser gleichsam verfangen und in einem an der Oberfläche kaum sichtbaren Ring die Weiterbewegung erzwingen.

Psychologisch handelt es sich demnach um innere Prozesse, die nach außen nicht in Erscheinung treten müssen. Sie fallen den Menschen, auch wenn er sie längst für überwunden hält, immer wieder an, bohren, wenn auch meist unbewußt, immer wieder in den gleichen Schwächen, um im gegebenen Augenblick und bei den geringsten Anlässen heimtückisch und hinterhältig die alten Probleme in unverminderter Stärke von neuem aufzurollen. So liegt in den Punkten etwas Zermürbendes, das vor allem die Organnerven befällt und schwere Schädigungen hervorrufen kann.

Was aber das Gesamtbild des Flusses belebt, was ihm seine Stärke gibt, ist neben dem Quellreichtum die Zahl seiner mehr oder weniger kräftigen Nebenflüsse und Bäche, die das Ufer und die ganze Umwelt des Flusses abwechslungsreich gestalten. Hier springt ein Bach voller Leben in den größeren Fluß, dort schiebt sich ein anderer nur widerwillig heran, als sei er selber kräftig genug, um des großen Bruders nicht zu bedürfen; dort wieder sind alte, leere Läufe, die längst überwachsen, nur noch als Bodenbewegungen zu stehen scheinen. Nicht anders die kleinen *Seitenlinien* oder *Äste* in der Hand.

Wie der Nebenfluß die Landschaft erfüllt und gestaltet, so belebt auch die Nebenlinie das Bild zwischen den Hauptlinien. Die Annahme, daß ihre Zahl von der Handbewegung herrühren soll, ist zu oft widerlegt worden, als daß man sich besonders mit ihr auseinandersetzen müßte. Sie haben vielmehr etwas Zufälliges an sich, etwas, das über die großen und selbstverständlich wirkenden Hauptflüsse und -linien hinausgeht. Dies wird vor allem eindringlich und klar, wenn man beobachtet, daß sie im Lauf der Zeiten wieder versiegen oder verschwinden können. Eine Quelle kann mit einem Mal durchbrechen, in der nächsten Nähe aber schwach und unergiebig wieder versickern, dann zunehmen, stärker werden und sich einen Weg bahnen, um als kleiner Bach dem größeren Wasser zuzueilen. Setzen lange Trockenperioden ein, dann erlahmen oft starke Quellen, um sich nie mehr zu erholen, und das kleine Bachbett wird von Jahr zu Jahr trockener, bis es, ganz von Unkraut überwuchert, nur noch in seiner Form den einstigen Bach verrät, wie beim Falten der Hand da und dort noch ausgetrocknete, nicht mehr befruchtete und gelebte kleine Seitenäste auftauchen, die bei geöffnetem Handteller unsichtbar werden. Was in der Natur Jahrzehnte dauert, ist in der Hand des Menschen oft nur der Prozeß eines Jahres, weniger Monate.

So kann man beobachten, daß im menschlichen Wesen aus den weitläufigen Bereichen des seelischen Lebens Quellen aufbrechen, die sich dann als anfänglich haarfeine Striche in der Handfläche offenbaren, um stärker und stärker zu werden und den Weg zu der Hauptlinie zu suchen, derem seelischen Feld sie zugehören. Oft werden sie zu Kanälen, die zwei große Wasserläufe verbinden und den Strom des einen auf den anderen übertragen: starke psychische Vorgänge, die im Menschen wach werden. Sie können auch wieder vergehen, eintrocknen, versanden, wie diese kleinen, feinen Äste in der Hand, wenigstens für die oberflächliche Wahrnehmung, auslöschen können.

Hier liegt ein Moment im menschlichen Sein, das jedem Determinismus widersprechen muß und ihn beweiskräftig widerlegt. Die Grundbegabungen und Anlagen sind in der Außenhand und in der Form der Berge und Hauptlinien der Innenhand festgelegt. Freies Wollen, eigene Arbeit und Entscheidung aber lassen die feinen Äste im Innenraum der Hand entstehen und vergehen. Dieses freie Entscheiden und Wollen ändert das Gesamtbild und fügt ihm neue Züge ein, die die ganze Erscheinung oft nicht nur verändern, sondern in ein völlig neu Gewordenes verwandeln. Dies trifft besonders dann zu, wenn solche Äste zu Kanälen werden, sich durch eine ganze Landschaft hinziehen und so die sonst nur vielleicht im Unbewußten sich vollziehende Verbindung der Wasser in die sinnlich wahrnehmbare Erscheinungswelt heraufheben. Der Ast, die Nebenlinie, die nicht zur Hauptlinie hindurchstößt, entspricht dem wesentlich im Unbewußten ablaufenden Vorgang, wie der an einer vom Mündungsstrom entfernten Stelle versiegende Bach nur mutmaßlich wirklich irgendwo in diesen einmündet. Der Mensch hat Angst, das in ihm Aufgebrochene, den ans Licht drängenden Keim, die zur Erscheinung strebende innere Kraft in sein Außenleben einzubeziehen, sie in das Wechselspiel der Weltenmächte einzugliedern und sie an diesen zu messen. Der innere Ansatz ist vorhanden, aber es fehlt der Mut, für diese Überzeugung, für die innere Welt auch einzustehen. So muß der Reichtum des Wesens, der in sich lebendig gemacht wurde, wieder versiegen.

Solchen unbewußten Vorgängen entsprechen auch oft die *freistehenden Zeichen*, Kreuze, Sterne und Figuren in der Hand: Quellen, die einen großen Wasserreichtum verraten, aber in ihrer nächsten Umgebung wieder verschwinden und damit einen armen, sandigen und unfruchtbaren Boden, oder eine zu geringe Intensität der Wassermenge vermuten lassen.

Freistehend sind diese Zeichen, wenn sie zwischen Hauptlinien liegen und zu keiner derselben hingelangen, wenn sie wie Oasen in weiten Wüsten stehen und sich in sich selbst aufzehren, im Gegensatz zu jenen Zeichen, die sich auf den Bergen befinden und dort wie reiche Zerklüftungen wirken, die eine Besteigung erleichtern oder erschweren können.

Die freistehenden Zeichen entsprechen immer einem reichen Fruchtansatz, der aber nie zur Reife gelangen kann. Sie tauchen wie Irrlichter im seelischen Leben auf, schießen wie Raketen in die Höhe, beleuchten einen Augenblick das verborgene Gelände, lassen den unfruchtbaren Boden in der nächsten Umgebung fruchtbar erscheinen und sind doch letzten Endes immer nur Trug und Täuschung. Deshalb ihre überwiegend unglückhafte Bedeutung. Sie gleichen unerfüllbaren Versprechungen, weil ihre Wirkungsbereiche zu eng sind, zu kurzlebig, als daß sie in der Dauer des Lebens einen positiven Einsatz darstellen können.

Freistehende Figuren dürfen aber nicht mit Zeichen verwechselt werden, die keine ursprünglichen selbständigen Gebilde sind, sondern nur

Teile größerer Linien und aus *Unterbrechungen* dieser hervorgehen. Es ist also sorgsamste Beobachtung erforderlich, um Fehlschlüsse zu vermeiden. Handelt es sich bei diesen Zeichen nur um Teilabschnitte größerer Linien – einer der beiden ist dann gewöhnlich stärker gezeichnet –, dann entsteht das Bild einer unterbrochenen Hauptlinie mit kleinen Nebenlinien, eines Hauptflusses und seiner Nebenflüsse. Der Mensch erscheint in dieser unterbrochenen Linie in seinem Wesen zerrissen. Unbewußte Momente ziehen ihn von den äußeren Aufgaben ab; die Welt des Traums nimmt ihn gefangen, macht ihn widerstandslos und läßt ihn im Realisieren für Augenblicke unfähig erscheinen. Die Klarheit seiner Erscheinung ist zerstört, der geeignete Augenblick verpaßt. Ohne es sich erklären zu können, findet er sich neuen Situationen gegenüber, für die ihm der innere Zusammenhang fehlt, den er sich dann im: »Wenn ich...« und »Hätte ich...« nachträglich herzustellen bemüht.

Nebenlinien sind nicht zu verwechseln mit *Ästen* der Hauptlinien. Bei diesen kommt es vornehmlich auf die Richtung an, in der sie dem Strom zueilen. Stehen sie in der Flußrichtung, dann findet die Ergießung in die Hauptlinie reibungslos statt, ihre Wasser werden vom großen Fluß gleichsam aufgesogen. Der *aufsteigende Ast*, der besser der in der Flußrichtung liegende genannt würde, ist demnach für die Hauptlinie eine positive Kraft und führt zur Wesensstärkung oder wenigstens zur erfolgreichen Verbesserung der von der Hauptlinie umschlossenen Seelenlage. Für die schicksalhafte Seite des Lebens stellt er ein günstiges Moment dar, das seinen Höhepunkt in dem auf der Hauptlinie angezeigten Lebensabschnitt erreicht, in dem die Mündung des kleinen Baches, die Bereicherung des Hauptflusses erfolgt.

Kommt der Nebenfluß aber aus der Gegenrichtung des Hauptstroms, handelt es sich um die sogenannte abfallende Linie, den *absteigenden* Ast, dann fließen im Sinn des Hauptflusses die Wasser des Nebenflusses zu Berg. Durch ihren Einfall in den großen Strom bringen sie eine Kraftrichtung, die von diesem überwunden werden muß. Die Wasser sind gleichsam Widerstände, die den Hauptfluß in seinem Lauf aufhalten. Die große Wesenshaltung muß sich gegen Einwirkungen von außen verteidigen, muß Kraft aufwenden, um sich weitertragen zu können. So stellt der Bach, der der Flußrichtung entgegen verläuft, ein negatives Moment dar, eine schlimme Erfahrung, Enttäuschungen, die aus dem Zwiespalt zwischen Wesenshaltung und dem von außen her Erfahrenen entstehen.

Die Kräfteverhältnisse in dem der Hauptlinie entsprechenden Seelenraum sind nicht ausgewogen.

Hier und dort brechen von beiden Seiten Bäche oder kleine Flüsse in den Hauptstrom ein, die in ihrer Richtung gegeneinander drängen, senkrecht zur Stromrichtung stehen und für den Augenblick ihres Einmündens den Hauptfluß abzuriegeln scheinen: die sogenannten *Querstriche* in den Hauptlinien, die in Wirklichkeit zwei verschiedene, sich am gleichen Punkt der Hauptlinie treffende Äste sind. Diese Ästepaare, die sich ergänzen und gegenseitig fortsetzen, werden als Hemmungen und Hindernisse empfunden. Denn der Augenblick des Einfalls in den Hauptstrom scheint einer momentanen Lähmung zu gleichen, einem überraschenden, plötzlichen Untätigseins, das aus der Beobachtung des Widerstreits zweier entgegengesetzter Momente hervorgeht und für Augenblicke, die vielleicht entscheidend sind, den inneren Blick vom eigentlichen Ziel abziehen und damit eine Verzögerung herbeiführen. Strömen aber in rascher Aufeinanderfolge von beiden Seiten die Wasser dem Strom zu, durchziehen sie weite Niederungen, dann muß eine Versumpfung des ganzen Geländes eintreten, in der der Hauptstrom kaum noch oder überhaupt nicht mehr festzustellen ist. Da ist nur noch Sumpf, Wasser und Feuchte, zwischen denen sich schmale Land- und Grasstreifen hinziehen, die einen tückischen Boden darstellen, der nicht gangbar ist, über den des Nachts Irrlichter tanzen und den Wanderer ins Verderben ziehen. Diese weitflächige Landschaft mit ihrem elementaren, irgendwo tieftraurigen und an sich armen Charakter steht als sogenanntes *Gitter* im Feld der Hauptlinie, ein wirres Gefüge von Querlinien und Netzgeflechten, die den Sumpfcharakter dieses Linienbereichs geradezu bildhaft darstellen.

Das Wesen verliert sich vollkommen in Umwelteinflüssen, unterliegt den hin- und herzerrenden Einwirkungen von Meinungen und Ansichten und wird bis zur Aufgabe des eigenen Standpunktes getrieben. Nirgends findet es einen wirklichen Halt, überall scheint es anzustoßen, alles wird falsch und eine Selbstdarstellung zuletzt völlig unmöglich. Wie immer aber auch das Wesen sich durch diese Irrungen und Wirrungen hindurchzwängen mag, immer bleiben langwährende und schwer erkennbare Schädigungen psychischer und physischer Art zurück. Eine große Trägheit befällt das ganze Wesen durch die vielen Stauungen, denen die Linien, Flüsse und Wasserläufe unterworfen sind. Die von außen her niedergehaltenen seelischen Betätigungen drängen nach innen und treiben dort ein übersteigertes Phantasiewesen, das jede klare Entscheidung mit seinen überdimensionalen Gebilden zudeckt.

Wenn *Inseln* im Hauptlauf des Stromes entstehen, sind dies vom Fluß mitgeführte Ablagerungsstoffe, die sich langsam anhäufen, um endlich nach langen Zeiten über dem Strom zu erscheinen, Sandbänke, die vom Fluß selbst nicht mehr ganz beseitigt werden können oder Hindernisse, die sich dem Fluß entgegenstellen.

Der Mensch kann in diesem Bild seine Kräfte nicht mehr zusammenballen, um die Schwierigkeiten seines Lebens zu meistern. Er erlahmt vorzeitig und versucht sich müde um die Probleme, die ihm sein Weg aufgibt, herumzuwinden, sucht ihnen auszuweichen, sich ihnen nicht zu stellen und unterliegt ihnen am Ende doch. Der Fluß strömt weiter, aber dies Fließen trägt die Ermüdung des Widerstandes in sich; der Körper scheint mit Müdigkeitsstoffen angefüllt. Das Wesen ist von einer seltsamen Unentschlossenheit und sucht jede Entscheidung, jedes Entweder-Oder zu vermeiden. Oft tritt auch eine Krankheit auf, die sich längst vorbereitet hat.

Die Wasser strömen jahraus, jahrein, verbinden die Weltgegenden untereinander, ohne von ihrem eigenen Weg abgedrängt zu werden und prägen das große Bild der Landschaft. Die Hauptlinien der Hand gleichen diesen großen Strömen. Wie das Land ohne Fluß, wie die Wüste den Inbegriff des Leblosen, Erstarrten, Erstorbenen und Toten darstellt, so ist die normale Hand ohne Hauptlinie undenkbar. Je weiter der Fluß seine Arme in das Land ausstreckt, desto bedeutungsvoller ist er, je tiefer sein Bett, je rascher sein Lauf und je hindernisloser der mit ihm gegebene Weg, desto nützlicher wird er dem Menschen. Das ist die Forderung nach der klaren Zeichnung, guten Färbung und dem von unheilvollen Zeichen freien Ablauf der Linien.

Die Hauptlinien aber genügen nicht. Der höher differenzierte Mensch muß über sie hinaus ein Liniennetz in der Hand tragen oder im Lauf seines Lebens entwickeln, das die Verbindung zwischen den großen Wegen der elementaren und ursprünglichen Dynamik herstellt. Denn erst mit diesem Liniennetz treten im Wesen und in der psychischen Haltung jene feinen und überfeinen Merkmale auf, die den persönlichen Menschen auszeichnen. Auch hier kommt es auf die Klarheit der Neben- und Verbindungslinien an.

Nicht die verwirrende Fülle der Verbindungen ist der Maßstab für die organische Entwicklung, sondern vielmehr die Übersichtlichkeit ihrer Lage und Anordnung. Je mehr diese Linien im Laufe des Lebens in den einzelnen Feldern zwischen den großen Hauptsträngen entstehen, desto mehr kann eine Eigenarbeit des Menschen vermutet und sein Bemühen um sinnvolle Anwendung seiner ursprünglichen Kräfte erkannt werden.

Nichts verrät mehr vom Innenleben, von den inneren Ratlosigkeiten und Irrwegen menschlichen Strebens als diese neu entstehenden und vergehenden, im Ansatz steckenbleibenden oder durchgehenden Verbindungslinien. So wird die Geschichte dieses Linienkanalsystems zur Geschichte des Werdens des Menschen.

Wie die Nebenflüsse in ihrem Zusammenströmen Figuren von Kreuzen und Sternen bilden können, die nur aus der Bedeutung dieser Bäche zu erklären sind, so entstehen durch das Netz der Verbindungslinien auch geometrische Figuren. Je klarer und regelmäßiger diese Figuren gezeichnet werden, desto klarer und organischer verläuft die Linie der Entwicklung, desto eindeutiger ist die äußere Erscheinung.

Quadrat, Rechteck, Rhombus, Rhomboid und Dreieck tragen einen stärker zur praktisch materiellen Umsetzung weisenden Zug. Sie sind gegenständlich und zeigen die Bemühung um eine nüchtern klare Darstellung und Durchsetzung der inneren Vorgänge. Sie sind die Zeichen des Praktikers, der mit offenem Blick die Situation erfassen will, um ihr in all ihren möglichen Schwierigkeiten gerecht werden zu können. Sie symbolisieren, soweit es sich vor allem um Quadrat und Rechteck handelt, das Feststehenwollen des Menschen, eine gewisse Unbeugsamkeit und Unnachgiebigkeit, die sich nicht überraschen lassen, sondern jeder Situation vorbeugen will.

Rhombus und Rhomboid dagegen sind eher geneigt, sich der Situation anzupassen, sie für den eigenen Vorteil auszunützen. Sie haben etwas Schmiegsameres und Fügsameres und suchen Härten zu vermeiden, wodurch aber auch wieder eine größere Empfindsamkeit in das Wesen getragen wird. Die Anfälligkeit in Seele und Körper ist größer; und was bei Quadrat und Rechteck Halt, Standpunkt und unbeugsame Festigkeit ist, wird hier nur allzu leicht zu Voreingenommenheit und vorgefaßter Meinung, die sich in den mehr oder minder großen Spitzwinkeln dieser Figuren kundgibt.

Im Gegensatz hierzu stehen die kleinen *Dreiecke*, die das Prinzip des übergeordneten Ausgleichs erkennen lassen. Nicht die materielle Situation allein wird solchen Menschen zum Gegenstand ihrer Bewährung; sie suchen die seelisch-geistigen Hintergründe zu erfassen und werden in gewissem Sinne weise sein.

Wenn die Zeichen der Linien (Punkt, Äste, Querstriche, Gitter, Inseln) vorwiegend dynamischen Charakter tragen und schicksalbildende Faktoren darstellen, dann sind die geometrischen Figuren der Verbindungslinien (Quadrat, Rechteck, Rhombus, Rhomboid, Dreieck) mehr statischer Natur und gehören der Wesenshaltung an.

In allen Nebenlinien und Zeichen der Hand aber drücken sich Möglichkeiten aus, die um so positiver verwirklicht werden, je differenzierter und zugleich harmonischer sich das ganze Linienbild gestaltet.

Es wäre falsch, an eine absolut festgelegte Lebensabfolge zu glauben, »weil es in den Sternen oder in der Hand so geschrieben steht«. Nicht die Planeten am Horizont, nicht die Berge und Linien der Hand bestimmen Schicksal und Leben des Menschen, sie wären machtlos, wenn nicht der Mensch ihnen entsprechend reagieren würde. Ihnen entsprechend, nicht von ihnen bestimmt.

Wohl liegen im körperlich Triebhaften die biologischen Gesetze verankert, die den Menschen in unbewußter Willenlosigkeit zu festgelegten Handlungen und Erfahrungen treiben. Diese Gesetze binden ihn ein in die elementar natürliche Weltenordnung, der er in seiner Geschöpflichkeit angehört. Das zeigt die Hand mit ihren unveränderlichen Ebenen und Zuordnungen, das Horoskop mit seinem Tierkreis und den Erdhäusern, in denen sich die Planeten verkörpern. Ebenso fest umrissen sind auch Anlagen und äußere Bedingnisse, in die der Mensch hineingestellt wird. Sie werden durch die Konstellationen und Aspekte der Gestirne im Augenblick der Geburt dargestellt und durch das Schriftbild der Hand, das schon im kleinsten Wesen seine Zeichen offenbart.

Aber zugleich mit der kosmischen Verbundenheit, mit dem Einbezogensein in einen vorgezeichneten Rahmen ist dem Menschen auch die Möglichkeit seiner bewußten Willensentscheidungen und damit die Größe und Verpflichtung seiner Verantwortung gegeben. Diese Willensfreiheit ist nicht die Freiheit, alles tun und erreichen zu können, was egoistische Träume und ehrgeizige Wünsche vorgaukeln, es ist die Freiheit, in sich Ordnung zu machen, seiner innersten Grundhaltung nach zu leben und dem Geschehen sein willensmäßig bewußtes Ja oder Nein entgegenzustellen. Für diese Entscheidung aber muß er sich seines Lebens und Wesens klar bewußt werden und nach den Gesetzen seines Gewissens, nicht nach den Normen des Fleisches handeln. Die Einflüsse der planetaren Kräfte, die Transite und Progressionen im Horoskop, Linien und Zeichen in der Hand können ohne Wirkung bleiben, günstiges oder unglückliches Geschehen sich nicht auslösen, wenn die im Menschen korrespondierenden Bedingungen nicht gegeben sind, wenn es der Mensch in sich nicht aktivieren will. Auf der anderen Seite werden neue Kräfte angezogen, wenn der Mensch sich ihnen bewußt öffnet, wie es die neu entstehenden kleinen Linien zum Ausdruck bringen.

Alle freien Entscheidungsmöglichkeiten, alle bewußten Auswertungen oder Unterlassungen sind Zeugnis der großen menschlichen Verantwortung, während die Leugnung der Willensfreiheit ein Freibrief für ein leichtsinniges, verantwortungslos träges, von Trieb- und Sinnenfreuden bestimmtes Leben ist. Der Glaube an die Willensfreiheit und das Wissen um die Rechenschaft, die das eigene Leben verlangt, ist der Ansporn zu unermüdlicher Arbeit und innerer Auseinandersetzung, ist der tägliche Kampf zwischen den Triebreizen und den geistigen Forderungen im Menschen. Deshalb die große Bedeutung der Mars-Venus-Achse in Hand und Horoskop. Alle Kräfte, die im Inneren bewußt und lebendig aktiviert wurden, können mit derselben Gewalt gegen den Menschen aufstehen, wenn er sie nicht immer wieder neu erkämpft und zu einem Ziel zusammenhält. Der Mensch, der seinen einmal gewonnenen geistigen Weg verleugnet, fällt tiefer in die elementaren Welten magischer Dämonien zurück als zuvor, da er noch nicht die in ihm wohnenden Mächte weckte. Alle nicht gelebte Dynamik wird zur Wurzel von inneren Störungen und Krankheiten, wie jede gelebte Spannung produktive Erfahrungen und Kräfte auslöst.

Je stärker der Mensch seinen elementaren Trieben, seinen primitiven Wünschen der Lebenserhaltung nachgeht, umso eindeutiger wird eine Prognose seines Lebens und Handelns möglich sein. Nicht weil es in Hand und Sternen so steht, sondern weil sich der Mensch nicht über die elementare Stufe seiner kosmischen Naturverflochtenheit erhebt. Je geistiger seine Entwicklung, je subtiler und bewußter seine Entscheidungen, umso unmöglicher wird jede Zukunftsdeutung und Vorhersage.

In einem Gedicht von Hebbel stehen die Worte: »Und der ich bin, grüßt trauernd den, der ich könnte sein.« Solange der Mensch seine Aufgabe allein in seiner stofflich irdischen Erfüllung sieht, wird er noch weit von dem Wesensbild entfernt bleiben, das er sein könnte. Ihm aber auf dem

Weg zu seinem wahren Sein zu helfen, ist das höchste und größte Ziel von Cheiromantie und Astrologie.

Anhang

In der Astrologie bedeutet:

Das *erste Kardinalkreuz*:
Anfang, Aufbruch, Triebimpuls, Lebenserhaltung und Lebensbehauptung.

Das *zweite, fixe Kreuz*:
Formung, Gestaltung, Zeugungswille, Ichentfaltung, Selbstdarstellung.

Das *dritte, gemeinschaftliche Kreuz*:
Sehnsucht nach Vergeistigung und Liebe, Hingabefähigkeit.

Das *erste Kreuz umfaßt die Planeten*:
Mars, Mond, Venus, Saturn.

Das *zweite Kreuz umfaßt die Planeten*:
Venus, Sonne, Mars, Saturn.

Das *dritte Kreuz umfaßt die Planeten*:
Merkur und Jupiter.

Bedeutung der Planeten:

Sonne:
Lebenswille, Selbstbewußtsein, Gestaltungskraft.

Mond:
Fruchtbarkeit, Wunschkraft, seelische Empfänglichkeit, Gemütsleben.

Merkur:
Geistige und körperliche Beweglichkeit, Anpassungsvermögen, Feinfühligkeit der Nerven.

Venus:
Bindung, künstlerisches Empfinden, Sinnenfreude, Gefühl für
Schönheit und Harmonie.

Mars:
Impuls, Aktivität, Antrieb, Streit, Fortpflanzungstrieb.

Jupiter:
Weisheit, Frömmigkeit, Ethos, Gerechtigkeitssinn, Kraft der Hingabe.

Saturn:
Verwirklichung, Konzentration, Handlung, Vertiefung.

Uranus:
Plötzliche Erkenntnisse, Erfindungen, Originalität, Umwälzungen.

Neptun:
Auflösung, Medialität, mystische Sehnsucht, übersteigerte Sensibilität.

Da das vorliegende Buch kein cheirologisches Lehrbuch ist, sondern nur
eine Gesamtschau der Hand und ihrer Aussagen geben will, sei auf die
weiteren Arbeiten von Ursula von Mangoldt hingewiesen:

Die Innenhand – Die Bedeutung der Handberge und Handlinien – Ein
cheirologisches Lehrbuch – 216 Seiten – 145 Zeichnungen im Text – 6
ganzseitige Abbildungen – Ganzleinen DM 16.80.

Der Mensch im Spiegel der Hand (in Zusammenarbeit mit Graf Dürckheim) – 2. Auflage – 276 Seiten – 12 Abbildungen – Ganzleinen DM 24.80.

Zeichen des Schicksals im Bild der Hand – Anlagen und Möglichkeiten –
222 Seiten – 60 z. T. ganzseitige Abbildungen – Ganzleinen DM 16.80.

Gertrud Huth

Das Bild der Papillarlinien

Das Bild der Papillarlinien

In unseren Händen, die oft so verschieden sind wie die beiden Hälften unseres Gesichtes, liegt unser Maß und auch die Gnade der Anlagen, die uns gegeben sind; die Hände können nicht lügen oder wie das Gesicht zur Maske werden.

Jede Hand zeigt in ihrer unwandelbaren Einmaligkeit im Zusammenspiel der verschiedenen Zeichen das individuelle Sein des Menschen. Wir müssen den Menschen immer so annehmen wie er von »Oben« her gedacht ist, aber auch er selbst muß bereit sein zu seinem »So-sein« ja zu sagen. Wohl können wir durch Selbsterziehung manches abrunden, oder etwa nach langer Krankheit weichere Hände bekommen, da wir geduldiger geschehen lassen mußten, aber die Form der Hand, ihre Proportionen, die Anlage der Hauptlinien und vor allem die Papillarlinien ändern sich nie. Das Kind lebt naturgemäß, der Erwachsene muß die Ganzheit seines »Ichs« über das Bewußtsein herstellen. Wenn wir unsere Hände studieren, können wir vieles über uns erfahren.

Gerade das Muster seiner Papillarlinien, besser gesagt der Tastwarzenlinien, in der Handfläche und vor allem in den Fingerkuppen sollte jeder kennen. Wer aber weiß, ob er auf dem Daumen ein Schleifen- oder Schnekkenmuster hat? Noch bis in die Zwanziger Jahre unseres Jahrhunderts kannte jede chinesische Mutter die Fingerspitzenmuster ihres Neugeborenen genau, so daß sie das Kind jederzeit identifizieren konnte.

Schon dreitausend Jahre vor Christus wurde bei den Assyrern und den Babyloniern der Fingerabdruck als Unterschrift oder Siegel benutzt. In China finden wir im Gesetzbuch Yung-Hwuium 650 vor Christus folgendes: »Bei der Ehescheidung muß der Gatte der Gattin ein Dokument überreichen, in dem der Ehescheidungsgrund genannt ist. Dieses Dokument muß vom Gatten selbst geschrieben sein. Wenn er nicht schreiben kann, muß er mit seinem Fingerabdruck signieren.« Bereits am Anfang des 12. Jahrhunderts wird von Su Tung-Po das Wirbelmuster auf den Fingern erwähnt. Im Abendland beschäftigt sich zum erstenmal der italienische Mediziner Marcello Malpighi (1628–1694) mit den Papillarlinien. 1812 erschien in Leipzig ein prächtiges Buch mit farbigen Bildern der Hand-teller und der Fingerbeeren unter dem Titel: »Das menschliche Gefühl oder Organ des Getastes.« Der Psychologe Henry Faulds in Tokio kommt

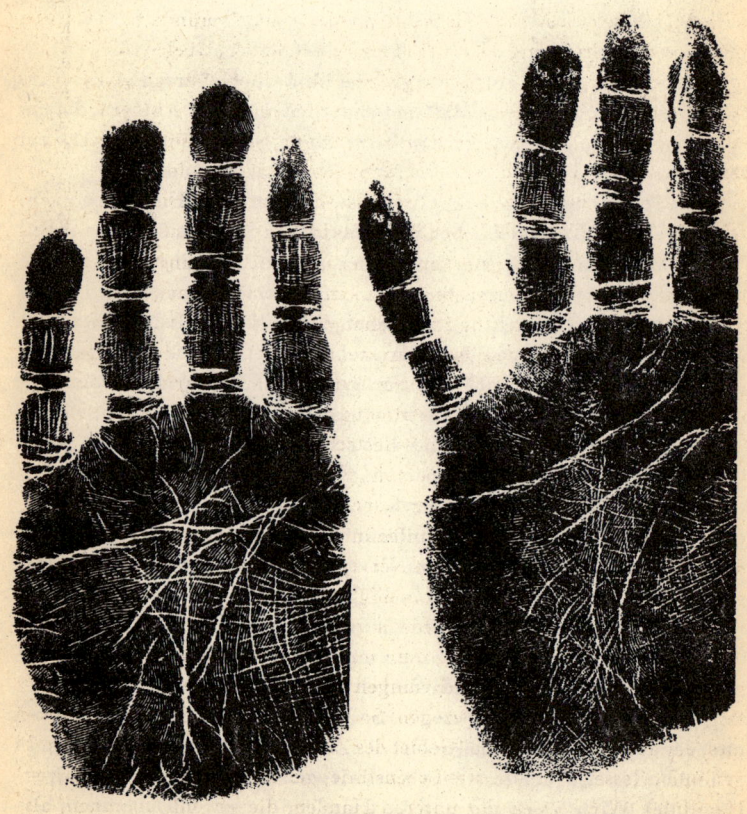

Abb. 1   Abb. 2

um 1880 darauf, daß man durch die an Töpferwaren gefundenen Finger-
abdrücke den Hersteller, also auch den Dieb feststellen kann. Erst 1901
wird in England und seit 1903 in Deutschland die Daktyloskopie als
Identifizierungsmittel verwendet.

Kein zweiter Mensch hat das gleiche Papillarlinienbild, sogar bei ein-
eiigen Zwillingen werden verschiedene Papillarzeichnungen gefunden.
Eine Mutter weiß ihre Kinder ja auch auseinanderzuhalten, während
Außenstehende volle Ähnlichkeit feststellen. Die Papillarlinien entstehen
bereits im dritten Embrionalmonat und bleiben bis zum Verfall des Körpers. Man kann das Muster nicht durch Operationen verändern, es wächst
nach einer Verbrennung oder Verletzung unverändert wieder nach.

Man unterscheidet primär eine gröbere (Abb. 1) und eine feinmaschige
(Abb. 2) Struktur, wie die Abdrücke zweier zehnjähriger Kinder deutlich
erkennen lassen. Je feiner die Papillarzeichnung, desto höher, aber auch
sensibler ist das Gesamtniveau des Menschen, je gröber, desto derber und
einfacher ist es, was nicht ausschließt, daß ein einfacher Handwerker ein
feineres Papillarlinienbild haben kann als ein Bankdirektor.

Das Papillarlinienbild jedes Einzelnen kann man an kleinsten, bestimmten Abweichungen und Einzelheiten erkennen, wenn es auch im Ganzen
gesehen einer Grundstruktur zugeordnet werden kann. Gleichen die Papillarlinien aneinandergereihten Punkten (Abb. 3), so ist das Zellgewebe
des Körpers gestört, was wir oft nach Typhus oder Malaria, auch häufig
nach schweren eitrigen Mandelentzündungen finden. Meistens hatte man
im Säuglingsalter unter starken Darmstörungen gelitten, was oft auch im
Gehirn nicht ganz schadlos vorübergeht.

Wer seine Handflächen mit der Lupe betrachtet, kann feststellen, daß
der Hauptstrom dieser feinsten Linien in der Handfläche vom Zeigefinger,
der von allen Fingern die meisten Nervenendigungen aufweist und einen
eigenen Muskel hat, ausgeht und in die Hand hineinläuft bis hinüber zum
Handrand (Abb. 4). Die Kopflinie, die auch Sinngebungslinie genannt
wird, ist gleichsam in diesem Strom eingebettet und auch die Herzlinie
soll in ihm nach oben hin geschwungen enden. Die Lebenslinie ist ebenfalls in diesen Fluß mit einbezogen. So können wir den Sinn dieses Stromes, der aus der Jupiterzone (Gebiet des Zeigefingers) einströmt, empfangen und erfassen (körperlich=Lebenslinie, geistig=Kopflinie, seelisch=
Herzlinie). Wir müssen mit unseren Händen, die sowohl Antennen, als
auch feinste Vibrationsgeräte sind, versuchen mitzuschwingen, um uns in

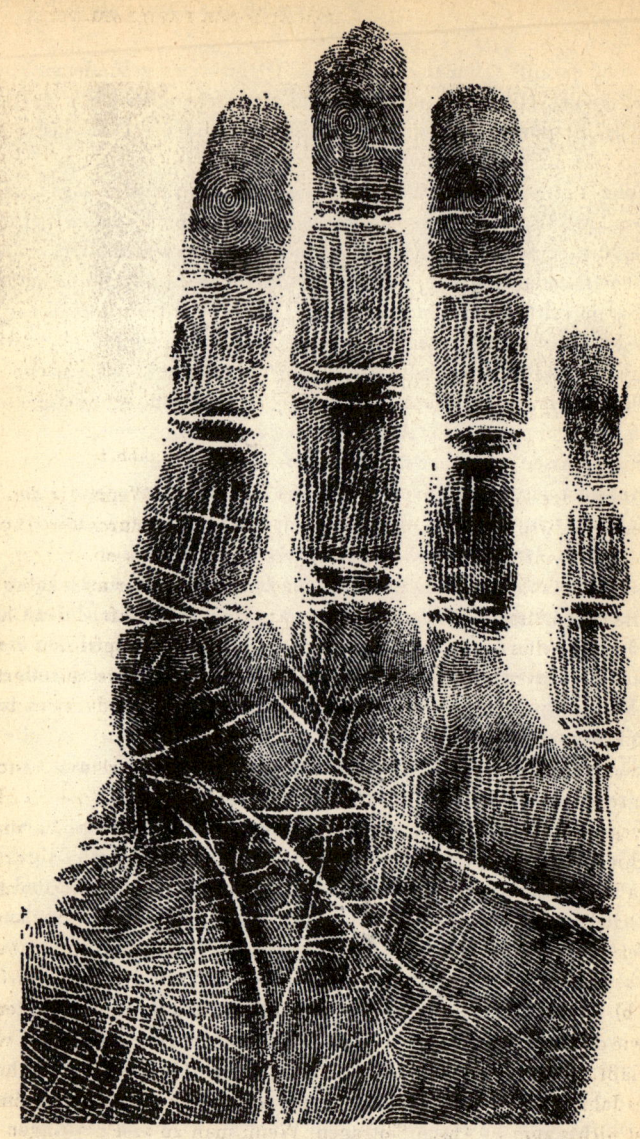

Abb. 5

Abb. 4   Abb. 5

die Dinge der Wissenschaft hineintasten zu können. Wenn wir den Mut
haben, um diese Kraft zu bitten, die von »Oben« her durch den Jupiterfinger, also auf der aktiven Seite unserer Hand in uns eindringen will,
wenn wir uns ihr anpassen und das Leben meistern, aber auch fähig sind
geschehen zu lassen – da der Strom zur passiven Seite läuft –, dann haben
wir den Sinn dieses großen Papillarstromes erfaßt. Die Kopflinie soll nicht
in diesen passiven Raum hineinreichen, denn sonst will sie auch dort, wo
das Denken aufhören soll, noch regieren und schneidet dabei meist die
Papillarstruktur (Abb. 5).

Je schräger die Grundstruktur des Papillarstromes verläuft, desto dynamischer ist der Betreffende. Manchmal ist das äußere Drittel der Hand,
die vegetative, passive Seite, durch hinzukommende Papillarlinien wie abgeschnitten und oft, vor allem bei Jugendlichen, bewegungslos verdrängt,
so daß es dann sehr wesentlich und interessant ist, den Handabdruck aus
der Kinderzeit danebenzulegen, denn dieser Raum wird sich im späteren
Leben wieder mehr beleben. Die Abdrücke ein- und desselben Menschen
mit sechzehn und siebenundzwanzig Jahren machen dies deutlich (Abb.
6 a, b). In diesem passiven Teil der Hand liegt das »Reich der Mütter«, es
ist wie die Erde, die sich umgraben läßt, das Samenkorn aufnimmt, wachsen läßt und wieder herschenkt. Die Erde ist geduldig und läßt geschehen,
jedes Jahr neu bereit; sie behütet warm das ihr anvertraute Gut, kann aber
sonst nichts zum Wachsen beitragen. Wenn man zu viel erzwingen will,
zeigt dieser Raum kleinste oder größere Querlinien und Unruhen, die das

Abb. 6a   Abb. 6b

Nervensystem belasten. Denn das Gleichgewicht im Vegetativen wird dann auch organisch gestört (Abb. 7). Wer diese Abbildung genau betrachtet, kann deutlich den Wirbel in dieser feinen Papillarzeichnung erkennen.

 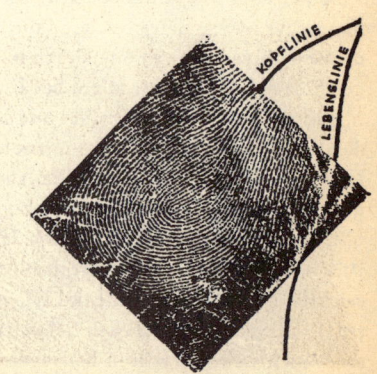

Abb. 7   Abb. 8

Oft sehen wir im Papillarstrom kleinste Inseln und Störungen; diese bedeuten immer Erbstörungen. Je unruhiger und gestörter die Zeichnung
ist, desto gestörter ist der Mensch. Darum muß man sehr genau feststellen,
wo diese Störungen liegen und ob sie aufgelockert sind, oder ob sich ein
Qudrat darüber legt, was immer einen gewissen Schutz bedeutet.

Bei Menschen, die mit ihrer Phantasie etwas erarbeiten und produktiv
sind, erscheint hier auf dem oberen Mondberg oft eine von diesen feinsten
Tastlinien geformte Traube (Abb. 8), in die dann die Endspitze der Kopflinie hineinragt; diese darf jedoch nicht bis an den Grund der Traube
reichen. Im unteren Mondberg ist solch eine Zeichnung nicht positiv zu
werten, da sie eine zu starke Einbildungskraft gibt; das gleiche gilt für
einen hier erscheinenden Wirbel.

Oberhalb der Herzlinie, also unterhalb von Saturn, Apollo und Merkurfinger findet man meist wieder einen geschlossenen Strom (Abb. 9). Manchmal aber ragt eine Traube zwischen Ring- und kleinem Finger in diese
Papillarzeichnung hinein. Dieser Mensch hat an anderen Menschen eine
Aufgabe zu erfüllen, ebenso, wenn der ganze Teil unter dem Ringfinger
bis zur Herzlinie hin eine große harmonische Zeichnung der Papillarlinien
aufweist (Abb. 10). Es ist wie eine Sonne, die hier unter dem Sonnenfinger
strahlt; auch die Fähigkeit andere zu führen liegt darin angezeigt. Das
heißt, man wird nicht nur aus der Sinngebung seines eigenen, sondern
auch der anderen Menschen viel Positives und Schöpferisches gestalten.
Natürlich müssen vertikale Linien diesen rein geistigen Strom durchbre-

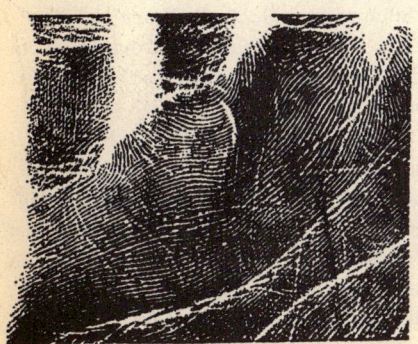 

Abb. 9   Abb. 10

Abb. 11   Trirade

chen, denn hier finden wir die wirkliche Zone, die zu ausgeprägter Reife
führt.

Wenn in einer Arbeit die Rede von den Handbergen unter den Fingern
ist, dann liegt der Höhepunkt des Berges in seiner Trirade, also dort, wo
drei Ströme sich begegnen und ein kleines Dreieck unter dem Finger gebildet wird (Abb. 11). Diese Trirade liegt in vielen Händen nicht direkt
unter dem Finger, sondern nach der einen oder anderen Seite hin verschoben, was immer aussagt, daß die Bedeutung des anderen Berges oder Fingers mehr oder weniger mitgewertet werden muß. So kann auch festgestellt werden, welches der mächtigste Berg ist, denn hoch entwickelte Berge haben die höchste Wirksamkeit und ziehen oft andere Berge zu sich
hinüber. Der Betreffende gehört dann zu jenem Typ, den der Berg symbolisiert. Bei sehr ausgeglichenen Menschen, die immer sehr schwer zu beurteilen sind, findet man gleichmäßige Berge und alle haben ihren exakten
Mittelpunkt unter dem Finger. Sind in einer Hand alle Berge gleich entwickelt, bei einem aber liegt das Zentrum besser als bei den anderen, dann
wird dieser dominieren. Vertikale Linien auf den Bergen sind immer positiv, horizontale negativ zu werten.

Mindestens 60 % der Kinder und deren Mütter, die um Rat in eine Er-
ziehungsberatungsstelle kommen, haben ein schwaches vegetatives Nervensystem, was man an der Außenhand durch den mehr oder weniger ge-
krümmten kleinen Finger bereits beim Kleinkind feststellen kann. Meist
geht im späteren Leben eine Unterleibsschwäche nebenher, so daß man
verstehen kann, daß solche Menschen den robusteren gegenüber unsicher,
dadurch noch nervöser und anfälliger in körperlicher und seelischer Hinsicht werden; der Geist kann sich nicht frei und konzentriert entfalten.
Eine sehr feine Papillarzeichnung vermehrt hier die Sensibilität.

Abb. 12 a, b, c

Auffallend oft zeigt sich bei Kindern, die von der Mutter als schwierig bezeichnet werden, im Daumenabdruck eine Doppelschlinge (12 a, b, c), die durch ihr Ineinandergreifen immer eine Unsicherheit, ein irgendwie Hin- und Hergerissensein anzeigt. (Bildlich kann man sich das leicht klar machen, wenn man die Fingerspitzen der beiden Hände ineinanderhängt und dann versucht zu ziehen.) Es hat natürlich etwas zu sagen, ob die Schlinge sehr groß und deutlich ist, oder nur einen Ansatz erkennen läßt.

Bei harmonischen Menschen zeigen alle Fingerkuppen der beiden Hände das gleiche Tastartenmuster. Je höher der Mittelpunkt des Musters in die Fingerspitze hinaufreicht, desto höher ist das geistige Streben des Betreffenden. Es sollen sich aber zumindest in beiden Händen die Zeichnungen der Fingerkuppen handschuhartig decken, sonst ist der Mensch zu unausgeglichen. Die Grundformen des Papillarlinienbildes auf den Fingerkuppen können natürlich in unendlicher Vielzahl variiert in Erscheinung treten. Sehr häufig findet man das Schlingen- oder Schleifenmuster (Abb. 13), das entweder zum Daumen hinstrebt, also zum kleinen Finger hin ausläuft und geöffnet ist und daher von der Daktyloskopie Ulnar-Schlinge genannt wird (ulna = Elle). Eigentlich aber ist es wesentlicher, wohin die Schlinge strebt, nicht wohin sie geöffnet ist; danach sollte sie ihren Namen erhalten. Das Schleifenmuster bei dem die Kuppe dem Daumen zugewandt ist, darf als ein introvertiertes Zeichen angesehen werden, denn es neigt zur »Ich-Seite« der Hand, im Gegensatz zu jenem, das zum kleinen Finger, zum »Du« hin geschwungen ist, also extravertiert und zum Daumen hin geöffnet erscheint, daher auch Radial-Schlinge (radius = Speiche) genannt wird (Abb. 14). Solches Schleifenmuster zeigt immer nur eine Trirade, und zwar an der Seite, nach der die Schlinge strebt.

Abb. 13

Eine Hand mit Schlingenmustern auf den Fingerkuppen deutet auf die Impulskraft eines Menschen hin, der starke Ideen, Spannkraft und Initiative und mehr ein gewolltes Denken zeigt, da die Knospe immer wieder etwas Neues in die Welt setzen will. Der Betreffende ist jedoch nicht immer ausgewogen, nicht gelöst aber meist ehrgeizig. Liegt die Schlinge tief, dann ist er revolutionär, erregend, maskulin; es besteht die Gefahr zu Explosivhandlungen, die natürlich stärker sind, wenn die Schlinge an allen Fingern gefunden wird. Eine starke seitliche Verschiebung verdeckt den

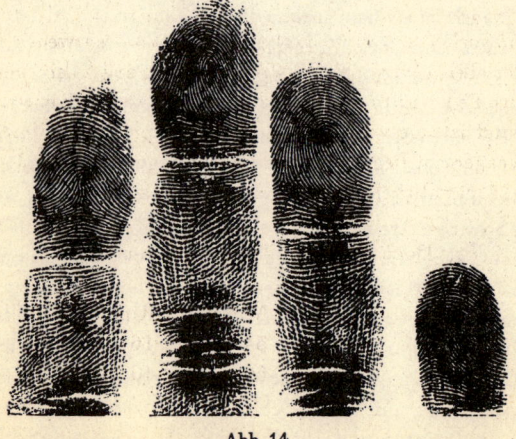

Abb. 14

Impuls, er kommt nicht so stark zum Vorschein; dieser Mensch kann nach außen hin anders erscheinen. Bei 300 Handabdrücken aus einer Beratungsstelle sind nur Ulnarschleifen zu finden, aber ein introvertierter Mensch tut sich eben schwerer, steht einsamer in der Gemeinschaft, weil er nicht aus sich herausgehen kann.

Es ist bezeichnend, daß nach einer Aufstellung der Münchner Polizei das Ulnar-Schleifenmuster bei männlichen Kriminellen am häufigsten vorkommt. Bei 1523 Händen zeigten sich solche

am	Daumen	Zeige-	Mittel-	Ring-	kleinen Finger
rechts:	738	428	1 037	553	1 149
links:	925	546	1 058	802	1 267

Es wurde hierbei nicht darauf geachtet, ob die Schleife hoch oder tief, mehr gerade oder sehr schräg lag.

Bei der Radial-Schleife liegt folgendes Ergebnis von der gleichen Anzahl bei 1 523 Händen vor:

am	Daumen	Zeige-	Mittel-	Ring-	kleinen Finger
rechts:	1	341	35	12	8
links:	4	267	37	7	5

Die schon vorher erwähnte Doppelschlinge, die entweder oben zum Daumen oder oben zum kleinen Finger hin liegt, drückt ein inneres Zerrissensein aus. Es kommt natürlich darauf an, ob sie stark entwickelt oder nur angedeutet ist; sie wird meist in senkrechter Lage gefunden, kann aber auch waagerecht liegen. Bei der Polizei liegen von der gleichen Anzahl von 1 523 männlichen Händen folgende Zahlen vor:

Doppelschlinge oben zum Daumen

am	Daumen	Zeige-	Mittel-	Ring-	kleinen Finger
rechts:	336	34	34	16	26
links:	266	100	60	40	47

Doppelschlinge oben zum kleinen Finger

am	Daumen	Zeige-	Mittel-	Ring-	kleinen Finger
rechts:	11	26	5	2	0
links:	19	49	4	2	1

Das Schneckenmuster, auch Spirale genannt (Abb. 15), im Chinesischen »tou« oder »lo«, was »Glück« bedeutet, ist das Zeichen der Lebenskraft. Denn aus der Spirale wird alles gleichsam hinaus geworfen und ausgegeben, aber sie nimmt im Zusammenziehen auch wieder herein. Es ist ein Ruhen in der Mitte und ein Abgeben aus Überschuß. Alles vibriert bei einer Erschütterung, aber dann ist die Spirale wieder in Ruhe und zieht sich in sich zurück. Sie ist, besonders wenn sie am Daumen gefunden wird, ein Zeichen für gutes Gedächtnis. Das Gehirn kann sich immer wieder völlig ausruhen; sobald es aber angeregt wird, schwingen alle Teile mit. Solche Menschen kommen leicht ins Gespräch, sie sind populär, denn sie zeigen Bereitschaft. Sie erscheinen zwar oft launenhaft, weil sie verkümmern würden, wenn sie zu viel in geschlossenen Räumen leben oder sich nur dem Studium zuwenden müßten. Es sind meist einfache schlichte Naturen. Liegt solche Spirale auf dem Ringfinger, dann wird dieser Mensch nie vergessen, wenn ihm von jemand Leid zugefügt wurde. Man muß beachten, ob die Spirale zur Daumenseite hin oder vom Daumen fortläuft. Führt sie zum Daumen, zur »Ich-Seite« hin, besteht die Gefahr des »Hineinfallens« bis zur tiefsten Passivität.

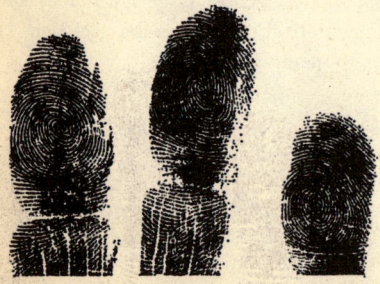
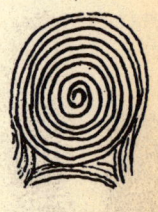

Abb. 15

Abb. 16 zeigt die Fingerzeichnung eines Homosexuellen bei biegsamen Daumen an weicher Hand, wobei zu beachten ist, daß am Zeigefinger der linken Hand die Spirale zum Daumen hin, in der rechten vom Daumen wegläuft, so daß letzteres in dieser Hand sehr positiv zu werten ist, zumal der linke Daumen ein Schlingenmuster zeigt.

Eine Sammlung von 1 523 kriminellen männlichen Händen zeigt dieses Zeichen am Daumen und Ringfinger am häufigsten:

Spirale zum Daumen hin

am	Daumen	Zeige-	Mittel-	Ring-	kleinen Finger
rechts:	324	148	137	358	142
links:	185	136	150	355	99

Spirale zum kleinen Finger hin

am	Daumen	Zeige-	Mittel-	Ring-	kleinen Finger
rechts:	18	123	26	55	5
links:	10	81	13	13	2

Der bekannte Zauberer Marvelli hat auf Zeige-, Mittel- und Ringfinger die Spirale zum kleinen Finger zulaufend in beiden Händen. Ist eine Spirale sehr hochgezogen, so zeigt sie eine Spannung an, die aber nach außen hin nicht zum Ausdruck kommt. Bei der Spirale finden wir immer zwei Triraden.

Abb. 16

Abb. 17

Das nächste Muster, der Wirbelkreis, auch Overal-Muster (Abb. 17) genannt, da es ein »Passivsein«, ein »Sichbefruchten-lassen« bedeutet, ist ein sehr sensibles Zeichen. Denn es bedarf nur eines feinen Anstoßes, um dann immer größere Schwingungen zu erzeugen, so als ob man einen kleinen Stein in einen See wirft, und die Ringe und Kreise im Wasser werden immer größer. Solche Menschen haben oft mediale Impulse, sie müssen es sich gefallen lassen, daß man sie anstößt; sie sind leicht reizbar, weil sie die Gedanken der anderen zu leicht erfühlen. Sie sprechen oft auf Erotik an, leiden durch ihre Empfindlichkeit, besonders in einem ungünstigen Milieu und neigen dann zu Szenen, Klagen und Jammern. Solcher Mensch wird sich schwer behaupten können, aber in einem behüteten, harmonischen Lebenskreis wird er durch seinen Charme und seine Güte sehr geliebt werden. Am Ringfinger ist dieses Zeichen am günstigsten, am schädlichsten auf dem Daumen. Bei den romanischen Völkern finden wir dieses Zeichen sehr viel häufiger.

Es ist ganz anders zu deuten, wenn man auf dem Zeigefinger ein Overal-Muster findet und auf der Kuppe des Ringfingers eine Schlinge. Je reifer der Mensch wird, desto mehr vermag er seine Antennen zu entwickeln. Darum sollten Eltern, die bei ihrem Kind ein solches Zeichen finden, ihm möglichst gute Ausbildung geben, damit es sich im späteren Leben besser behaupten kann. Wenn das Muster auf dem Mittelfinger liegt, wird der Mensch sich sehr isolieren, da es ein statisches Zeichen ist. Der Wirbelkreis zeigt ebenfalls zwei Triraden an der Basis der Fingerkuppe. Bei der Sammlung von 1 523 männlichen Händen zeigt sich der Wirbelkreis:

am	Daumen	Zeige-	Mittel-	Ring-	kleinen Finger
rechts:	63	99	63	242	34
links:	14	76	32	99	15

Abb. 18

Zuletzt noch das einfache Bogen- oder Arcos-Muster und das Tannen-
bogen-Muster (Abb. 18). Das Bogen-Muster wird vor allem bei nordi-
schen Völkern gefunden, es ist ein einfaches, mehr männliches, organisa-
torisches Zeichen und hat keine Triade.

Das »T«-Muster (Abb. 19) zeigt in der Mitte eine senkrechte Papillar-
leiste, die als Achse bezeichnet werden kann, so daß die Linien darum steil
aufsteigen und meist ebenso abfallen und eine gewisse seitliche Symmetrie
erkennen lassen. Solche Menschen stehen wohl aufrecht und gerade im Leben, erfüllen ihren Arbeitsplatz pflichtgetreu, aber sie werden kaum sehr
bahnbrechend in Erscheinung treten. Auf dem Ringfinger deutet dieses
Papillarlinienbild auf einen braven Liebhaber und Ehemann, aber Höhe-
punkte und Abwechslung wird es kaum geben. In der Sammlung von 1 523
kriminellen männlichen Händen zeigen Arcos-Bogen und »T«-Muster die
geringsten Zahlen:

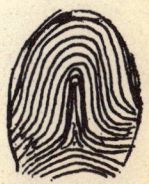

Abb. 19

Arcos-Bogen

am	Daumen	Zeige-	Mittel-	Ring-	kleinen Finger
rechts:	21	101	74	19	13
links:	48	90	81	22	9

»T«-Muster

am	Daumen	Zeige-	Mittel-	Ring-	kleinen Finger
rechts:	2	67	19	2	0
links:	0	43	19	3	2

Diese Arbeit wollte manche Anregung geben, um darauf weiter aufzubauen; denn ein Menschenleben ist zu kurz, um den ganzen Sinn und die Bedeutung der Signatur zu erfassen. Es wäre interessant an diesen Papillarmustern der Fingerkuppen festzustellen, ob die Beobachtung stimmt, daß beim Mann in der rechten Hand mehr das Erbe der Mutter, bei der Frau in der rechten das Erbe des Vaters zu finden ist.

Ob uns die Zukunft auch diese Geheimnisse der Signatur in den Händen noch klarer vor Augen führen und lösen wird? Immer aber müssen wir beim Beurteilen auf das Zusammenspiel sämtlicher Zeichen und Merkmale der Außen- und Innenhand achten, denn alles hat positive und negative Bedeutung und die Aussage hängt von dem Zusammentreffen und den Kombinationen in den Händen ab, die oft sehr verschieden sein können. Vergessen wir nie die Ehrfurcht vor dem Verborgenen im Menschen und vor dem Geheimnis, daß er so und nicht anders in der Welt steht.

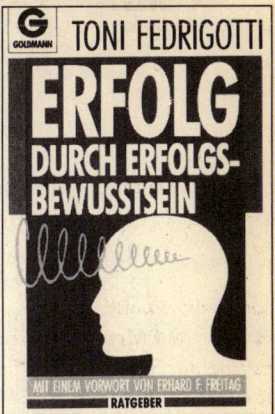

Goldmann
Taschenbücher

Allgemeine Reihe
Unterhaltung und Literatur
Blitz · Jubelbände · Cartoon
Bücher zu Film und Fernsehen
Großschriftreihe
Ausgewählte Texte
Meisterwerke der Weltliteratur
Klassiker mit Erläuterungen
Werkausgaben
Goldmann Classics (in englischer Sprache)
Rote Krimi
Meisterwerke der Kriminalliteratur
Fantasy · Science Fiction
Ratgeber
Psychologie · Gesundheit · Ernährung · Astrologie
Farbige Ratgeber
Sachbuch
Politik und Gesellschaft
Esoterik · Kulturkritik · New Age

Goldmann Verlag · Neumarkter Str. 18 · 8000 München 80

Bitte
senden Sie
mir das neue
Gesamtverzeichnis.

Name: _____

Straße: _____

PLZ/Ort: _____